SV

Kindheit und Jugend vor Neunzehnhundert

Hermann Hesse in Briefen
und Lebenszeugnissen

Zweiter Band
1895 – 1900

Suhrkamp Verlag

Herausgegeben von Ninon Hesse
Fortgesetzt und erweitert von Gerhard Kirchhoff

Erste Auflage 1978

Druck: Poeschel & Schulz-Schomburgk, Eschwege
Printed in Germany

Hermann Hesse in Briefen
und Lebenszeugnissen

1895–1900

498] *H. H. an Karl Isenberg*[1]

Calw, 14. September 1895

Lieber Karl!

Wenn Du eine Ahnung hättest, welche Freude wir an Deinen Briefen haben, mit welchem Interesse wir Deine Schicksale und die Deiner Gelder, Deines Frohsinns, Deines Himbeersaftes etc. etc. verfolgen, Du würdest mit der Kaiserlichen Post einen Kontrakt schließen und riesweise Briefe schreiben.

Nicht ohne Neid sah ich Dich fremder Menschen Städte und Sitten kennen lernen. Doch jetzt sitzt Du ja fest, denn der Weg nach Alschanka[2] scheint eine Sackgasse zu sein. Doch wirst Du wenig einsam sein, außer Walja wird wohl auch Herr Selteneck, der Liebling Apolls, Dich gelegenlich in Anspruch nehmen. Eigentlich kann ich mir Dein Leben in jener aristokratischen Waldeinsamkeit kaum recht vorstellen. Auch die Gegend nicht. Baut Ihr Rüben, Mais, Kohl oder Reis? Ihr werdet doch nicht gar statt eines honetten Winters eine Regenzeit haben?

Politische Nachrichten, die Du zu entbehren scheinst, kann ich Dir leider auch nicht geben. Der 2. September ist glänzend gefeiert worden. Die Sozialisten schimpften darüber, daß dieser Tag frei, also verdienstlos sei, sie arbeiteten

meist an jenem Montag und machten dafür am Dienstag Blauen. Immer was Apartes!
In der Literatur noch der alte Sumpf, kein Heros erstanden. In der Kunst, scheint's auch wenig Neues. Doch hat Possart[3] in München (im Gegensatz zu Bayreuth) eine Reihe von Wagneropern mit lauter Deutschen, guten Künstlern gegeben, und der Erfolg soll in jeder Hinsicht ganz glänzend gewesen sein.
In Leonberg sind 70 Häuser, darunter 42 Wohnhäuser, abgebrannt, und über 70 Familien obdachlos. Seit 8 Tagen ist's Herbst geworden, feucht und sehr kühl. Mutter war diese Woche sehr elend, heute (Sonntag) scheint sie mir etwas frischer. Darüber wird wohl Adele[4] oder Martha[5] berichten. Papa ist heute in Stuttgart. Dein Brief kam gestern zu Theos und Marthas Geburtstagsfeier[6] eben noch recht.
Eben grüßte ich Mama; sie läßt Dir sagen, Dein gestriger Brief sei ihr wie Medizin gewesen. Wirklich ist sie heut früh gegen die letzten schlechten Tage recht munter.
Es geht alles den gewohnten Gang. Hauptunterbrechung das Sedansfest. Schöner Festzug, Totenfeier der Veteranen auf dem Kirchhof etc. Nachmittags waren wir, wie früher, auf dem Brühl bei Obstkuchen, Most und Wein. Alle höchst vergnügt, Musik, Turnervorstellung etc. Im Festzug 30 weißgekleidete Fräulein, Adele darunter. Jetzt ist es wieder still, Hans[7] geht abends zum Fackeln auf Brühl und Hohenfelsen. Vor einigen Tagen war Bethels Hochzeit mit Herrn Stadtpfarrer Schmidt, wozu Adele eingeladen war. Jetzt ist das Paar auf der Hochzeitsreise, Tirol und Oberitalien. Von Dir sprechen wir tagtäglich und erschöpfen uns in Vermutungen über Dein Leben, Arbeiten, Essen, Trinken, über Exzellenza, das Haus, die Musik, die Hunde, das Dorf etc. Deine Briefe werden verschlungen.
Apropos, hast Du nicht im Sinn, die Eindrücke Deiner Reise und Deines Aufenthaltes in Rußland in geordneter

Form für den Druck zu beschreiben? Etwa für eine Zeitschrift, oder für den Calwer Verlag in Buchform? Das wär'etwas! Suche nur recht viel zu erleben, Talent dazu hast Du ja.
Habt Ihr deutsche Kost?
Mit Gruß und Kuß Dein Hermann

1 Jüngerer der beiden Halbbrüder H. Hs. aus der ersten Ehe von H. H.'s Mutter Marie, verwitwete Isenberg, geb. Gundert; s. Anm. I, alphab. sowie Anm. II, Nr. 6).
2 K. I. reiste im Juli 1895 zunächst zu den Verwandten nach Weißenstein, dann als Hauslehrer nach Alschanka, Rußland; s. auch Nr. 512.
3 Possart, Ernst; geb. 1841, gest. 1921 in Berlin; 1897: Ritter von; Schauspieler und Theaterleiter; 1872-1905 in München: Regisseur, Schauspieldirektor, Generaldirektor, Intendant; schuf das »Münchener Gesamtgastspiel« und Richard-Wagner-Musteraufführungen (seit 1893 im Hoftheater, seit 1901 im besonders für Wagner-Aufführungen gegründeten Prinzregententheater).
4 Ältere Schwester H. Hs.; s. Anm. I, alphab.
5 Cohen; heiratete am 2. Mai 1896 H. Hs. älteren Halbbruder Theodor Isenberg.
6 Theo Isenberg (s. Anm. I) wurde am 9., Martha Cohen am 14. September geboren.
7 Hans Hesse, jüngster Bruder.

499] *H. H. an Dr. Ernst Kapff*[1]

Calw, 1. Oktober 1895

Verehrter Herr Doktor!
Besten Dank für Ihren Brief! Sie erwiesen mir eine Wohltat, indem Sie mich, namentlich durch Beilage des Nascholdschen[2] Briefes, über die bras[ilianische] Frage näher aufklärten. Meine nebelhaften bras[ilianischen] Träume und Pläne beginnen konkreter zu werden. Aber eben deshalb will ich nun auch über meine persönliche Lage und Stellung zur Sache Konkretes mitteilen.
Zunächst, was meinen Beruf betrifft! Wie früher erwähnt, ward ich durch besondere Umstände ins technische Fach (Maschinenbau) gedrängt. Diese Laufbahn, die mir von vornherein wenig zusagte, begann ich in üblicher Weise als

»Praktikant« in einer mechanischen Werkstätte[3], wo ich wie irgendein Arbeiter drehte, feilte, schmiedete, meißelte etc. Nun zeigt sich allerlei Widriges: wenig Lust am Beruf, wenig Aussicht auf gute Zukunft, vor allem auch scheint meine sonst leidliche Gesundheit das Leben in Werkstätte und Fabrik nicht zu ertragen. Mein praktisches Lernen ist nun abgeschlossen, nachdem ich 14 Monate geschlossert. Der erwähnten Übelstände halber und weil meine völlige Ausbildung zum Techniker noch einige Jahre (Studium etc.) erfordern würde, bin ich im Einverständnis mit meinen Eltern zum Entschluß gekommen, statt der Technik einen einfachen, zugleich elastischeren Beruf zu erlernen, d. h. Kaufmann zu werden. Da Buchführung etc. doch Hauptsache ist, werde ich vielleicht statt einem andern Handlungsfach mich dem Buchhandel widmen, also eine regelrechte buchhändlerische Lehrzeit durchmachen. Die Zeit, die ich in der Werkstätte war, ist gewiß nicht verloren, im Gegenteil wäre manchen solches Schmieden, Feilen und Hammerschwingen zu empfehlen; es hat mir Blick und Hand gefestigt und mich zu einem »praktischen Menschen« gemacht. Jedenfalls habe ich gelernt, vor Arbeit, auch Handarbeit und Schweiß, mich nicht zu scheuen. Gegenwärtig sucht mir mein Vater eine günstige Lehrstelle. So wird es wohl drei Jahre oder mehr noch dauern, bis ich selbständig sein werde.

Über das Auswandern sprach ich öfters mit meinen Eltern. Mein Vater meint, wenn ich soweit bin, daß ich mein Brot verdiene, sei es ja meine Sache, wohin ich mich wende. Auf seine Kosten jedenfalls komm' ich nicht fort, ehe ich das Zeug habe, in der Fremde ganz selbständig leben zu können. Und im Grunde hat er recht; ich denke stets an Brasilien, und schaden kann es nicht, wenn ich dahin erst abreise, wenn ich mir selber Brot schaffen kann. Auch handelt es sich ja nur um ein paar Jahre – wer weiß, ob ich nicht das neue Jahrhundert in Br[asilien] begrüßen werde! Mir steht der Entschluß fest, baldmöglichst Deutschland und Europa zu verlassen.

Also heute oder morgen kann ich noch nicht wandern, später aber, sobald ich mein eigener Herr bin. Inzwischen habe ich Zeit, Tüchtiges zu lernen und mich mit Brasilien, Land und Leuten dort etc. bestmöglich bekannt zu machen. Das von Ihnen empfohlene Zöllersche Buch[4] werde ich zu bekommen suchen.

Ich bin seit 5 Jahren württembergischer Untertan, also militärpflichtig. Wissen Sie, wie sich das mit dem Auswandern verträgt? Und noch eine Frage: Wie soll ich Portugiesisch lernen? Ist es ohne Lehrer möglich und lohnend? Dies die Hauptfragen. Und wie hoch kommt etwa die Hinreise zu stehen? Sie sehen, es liegt mir ernstlich daran, mich zu orientieren[5].

Daß ich bei all dem im stillen Ihren großen befreienden Gedanken im Sinne trage, wissen Sie ja. Erlauben Sie mir nun, auf einige Stellen Ihres Briefes wörtlich einzugehen! Sie sagen: »Wir müssen diese Provinzen (Riveti) zu bekommen suchen durch eine von einem geheimen Bund in Deutschland unterstützte Erhebung der D[eutschen] drüben«[6]. Besteht, wenn ich fragen darf, schon ein solcher geheimer Bund? Besteht er nur in der verbindenden Idee, so bin ich schon Mitglied. Haben Sie vielleicht schon Versuche gemacht, Schritte getan für das Zustandekommen des geh[eimen] Bundes? Das würde mich ungemein interessieren. Als Lernender, der eigene Gelder nicht besitzt, könnte ich einem organisierten Bund jetzt allerdings noch nicht beitreten. Dann über die Chancen drüben! Sie schreiben: »Das im N[aschold]schen Brief Ges[agte] gilt ebenso für Sie. Sie könnten geradesogut v[or] d[er] Hand eine Lehrstelle annehmen oder Musterreiter werden, wie ein technisches Fach ergreifen«. Mit dem »technischen Fach« ist's nun zu

Ende. Zweifelhaft scheint mir, ob ich wirklich eine »Lehrstelle« oder ähn[liches] annehmen könnte, d. h. in eine solche angenommen würde. Reicht dazu meine allgemeine Bildung? Ich habe nicht studiert, kein Maturitas gemacht. Der Musterreiter scheint mir schon eher erreichbar, bes[onders] wenn ich jetzt noch mich kaufmännisch bilde. Das von Naschold skizzierte Bild gefällt mir sehr wohl, es muß ein solches Musterreiterleben, wenn der Gehalt anständig ist, besonders für den Anfang ungemein interessant und für das Kennenlernen der Sachlage, der Leute und Wirtschaft etc. nützlich sein. Zum Rekognoszieren scheint mir eine solche Stellung trefflich geeignet, und wird sich, wenn man erst soweit ist, auch zur Agitation famos qualifizieren. Die allgemeine Lage kann ich mir jetzt schon leidlich vorstellen, Zöllers Buch soll mich weiter aufklären.
Haben Sie Aussicht, schon bald reisen zu können? Zu der Aussicht auf gutes Unterkommen in Porto Allegre gratuliere ich, besonders zu der winkenden Redaktorstelle, deren Erreichung gewiß wichtig ist. Der Nascholdsche Brief folgt hier zurück, ich danke Ihnen sehr dafür, er gab mir mehr Anhalt als viel theoretisches Erklären.
Soweit, was Brasilien betrifft! Nun müssen Sie mir aber schon gestatten, auch ein wenig mein Steckenpferd zu reiten, d. h. von Literatur zu plaudern.
Gelesen habe ich in diesen Monaten wenig Nennenswertes. Doch muß ich ein vortreffliches Buch hier nennen. Es ist Ludwig Richters Selbstbiographie, ein interessantes Künstlerleben, warm und liebevoll, oft herzig naiv geschildert und voll goldener Worte. Auch über trübe Zeiten und Seiten wirft Richters liebenswürdiges, kindlich heiteres, feines Gemüt reizende Lichter. Das ganze Buch erinnert Seite für Seite an Richters prächtig-einfache Holzschnitte, aus denen aus jedem Eckchen Liebe und Sinn lächelt. Ich liebe überhaupt diese freundlichen Romantiker des Holzschnittes, die

demütig dem großen Stil entsagen in der Erkenntnis, daß über Raphael doch keiner hinauskomme, und die sich dafür mit liebevollem Blick und geübter, künstlerischer Hand ihren romantisch-naiven Bilderträumen hingeben. In der Literatur gibt es wenig Analoges, außer dem Novellisten Riehl[7], dessen freundliche Dichtungen, meist sinnige, feingebaute Novellen mit kulturhistorischem Grund, Sie gewiß kennen. Durch Richter veranlaßt, las ich auch wieder ein wenig Kunstgeschichtliches, was ich früher sehr gern trieb, ließ wieder die wenigen antiken Statuen, die ich aus eigenem Anschauen kenne, den Apoll, den Herkules, Laokoon u[nd] einige a[ndere] an mir vorüberziehen, und fühlte beim Betrachten der Florentiner, der Renaissance, vor allem beim Bestaunen des Raphaelschen Triumphzuges, wieder wie in meiner Knabenzeit den süßen Schauer der Verehrung edler Kunst, der das Herz so lebendig schwellt und doch das Ich so beschämend winzig zeigt. Ein bißchen Melancholie kam über mich – wie reich war ich doch damals in meiner ahnenden Unwissenheit, wie süß beklommen schlug mein Herz dem antik Schönen entgegen, wenn ich einen Nachguß des Apollo sah und scheu mit schüchternem Finger die feinen kühlen Umrisse betastete! In meinen ästhetischen Ansichten bin ich meinen Knabenträumen nach vielem Irren, auch im Kot, – wieder nahe gekommen; aber wie viel süßer, berauschender, göttlicher war jenes frühe, scheue Ahnen ewiger Schönheit und ihrer Gesetze! In Göppingen, als ich 13-jährig war, bat ich einst einen Kameraden, der zeichnen konnte, mir den Zeuskopf, dessen Photographie wir gesehen, nachzuzeichnen. Das Gewaltigschöne des alten Gebildes hatte mir's mächtig angetan, und ich wollte ein sichtbares Bild davon haben, um es nie zu vergessen, um noch öfter den mächtigen Eindruck mit allen glücklichen Schauern auf mich wirken zu lassen. Und als der Freund Blatt um Blatt begann und wegwarf, und immer nur Zerrbilder entstanden, tat mir's weh, und wenn mir dann, so oft ich an das schöne Bild denken wollte, die geistlosen Fratzen jener verunglückten Nachbildung vorgaukelten, ergriff mich ein quälender Schmerz, und ich habe sogar einmal bitter geweint. Und später, als ich meine knabenhaften Götterträume verlacht und vergessen hatte, in Cannstatt, als ich, innerlich haltlos und zerrissen den Nebelbildern Heines und der Naturalisten nachjagte und die ganze klassische Kunst für Kot achtete, – da war es einmal, daß das Sehnen meiner Knabenjahre, die klassische, antike Schönheit, mich plötzlich aus den weiten, weißen Augen so voll Schmerz und Vorwurf anschaute, daß mir, dem Nihilisten, die Tränen nahe waren. Sie erinnern sich vielleicht jener Stunde: Es war in einer Nachmittagslektion und Sie zeigten der Klasse eine Reihe von Photographien bedeutender Bildwerke. Ich aber saß die ganze Stunde vor den Bildern des alten Zeus und des Canova'schen [unleserlich] Napoleon –. Sie werden den Kopf schütteln über meine Phantasien; ich bin, ohne es zu wollen, hineingeraten; ich habe so gar keine Gelegenheit, derart zu sprechen, und das Papier ist geduldig. Ich war eben als Knabe schon, und als Knabe am meisten, anders als alle Kameraden, auch viel einsam, und mußte manchmal darunter leiden. Aber eben das, was mich von andern unterschied und trennte, was mich einsam und oft elend machte, das hob mich auch immer wieder zum Glauben und Hoffen empor – der dunkle Drang, das Sehnen und Suchen nach dem Begriff dessen, was wahrhaft schön ist. Und am Ende komme ich darauf zurück, daß die Philosophie, die Ästhetik die beste ist, welche das Schöne und Wahre zugleich, das eine im andern, sucht und findet.

Doch jetzt genug. Nehmen Sie mir solches Phantasieren nicht übel! – Ich wollte von Literatur sprechen und bin auf andere Gebiete geschweift. Jetzt nur noch ein paar Worte!

Unter dem Schwarm der Russen, den ich weder liebe noch sehr schätze, finde ich einen, dessen zarte Poesie mich bekannt und freundlich grüßt, den ich liebe. Es ist Korolenko, der einzige Russe, den ich noch aus Liebe lese. Von seinen »Sibirischen Novellen« glaube ich Ihnen geschrieben zu haben. Ich las nun auch seine Erzählung: »In schlechter Gesellschaft«, und war ergriffen von der schlichten Poesie dieser kleinen Schöpfung. Der Schauplatz der Novelle ist nicht, wie wohl der Titel vermuten ließe, etwa Paris oder Algier oder eine deutsche Universität, sondern ein entlegenes Städtchen in den Hügeln Weißrußlands. Und die haupthandelnden Personen sind Kinder, der Held der Verfasser selbst als Knabe. Ich kann den Zauber dieses Werkchens, den es wenigstens auf mich ausübt, nicht mit Worten bezeichnen. Das ist kein Ibsen'scher mystisch-atavistischer Dunst, auch keine Turgenjew'sche Photographie, auch kein Gogol'sches Phantasiefeuerwerk –, und ich freue mich, unter dem lärmenden Haufen der modernen Slawen eine so sympathische Gestalt zu finden. Ich las und lese jetzt noch sehr viel und bin von Phrasen und Romaneffekten nicht leicht zu bestechen, wenigstens war dies bei Jensen[8], Zola, Ibsen, Sudermann etc. nicht der Fall, um so mehr freut es mich, beim Lesen eines modernen Dichters an Fausts Wort erinnert zu werden:

»Wenn aus dem schrecklichen Gewühle
Ein süß bekannter Ton mich zog ...«.

Ein »schreckliches Gewühle« freilich in der modernen Literatur; auch in England beginnen naturalistische Kräuter zu wuchern, wenigstens zu keimen –. Wie wird's noch werden? Wird wirklich der einseitige Naturalismus[9] als Kunst der Zukunft aus dem Kampf hervorgehen? Kommt es so weit, dann werde ich froh sein, mich weit vom Gestank in Rio Grande zu befinden.

Bestens grüßend Ihr ergebener Hermann Hesse

P.S.) Ich habe mir erlaubt, Ihnen als Grüßchen eine Abschrift meiner nun abgeschlossenen »Nord[ischen] Lieder« beizulegen.

1 »... Dr. Kapff, der in Canstatt kurze Zeit mein jüngster und nettester Lehrer war ...« (H. H. in einem Brief an Adele Gundert, 1948).
S. Anmerkungen I: Personen um H. H., alphabetisch, und »Kindheit und Jugend«, Bd. I, S. 500.
Dr. Kapff war während der ersten Tübinger Zeit H. Hs. der Briefpartner, mit dem Hesse alles diskutierte, was ihm wichtig war. Im Brief vom 23. 1. 1899 (Original im Deutschen Literaturarchiv Marbach) schrieb Dr. Kapff auch ausführlich über die »Romantischen Lieder«. Auch H. H. setzte sich kritisch mit dem Autor Kapff auseinander; vgl. z. B. Brief Nr. 510 u. 552.
2 S. Anmerkungen II, Nr. 1)! – Vgl. unten: Fußn. 6.
3 Bei Heinrich Perrot in der Calwer Turmuhrenfabrik; vgl. »Kdht. u. Jgd. I«, Seiten 426, 495, 511 sowie GS VI, S. 102/103 über Bastian Perrot als Erfinder des Glasperlenspiels.
4 Zöller, Hugo: »Die Deutschen im brasilischen Urwald«, 2 Bde., illustr., Stuttgart, 1883.
5 Dr. Kapff antwortete am 30. 10. 95, er lerne nicht Portugiesisch, »ohne gleich die richtige Aussprache durch das Gehör mit zu lernen«. H. H. empfahl er eine »womöglichst junge portug. Dame« als Lehrerin zu suchen und für die Überfahrt eine Offizierskabine im Zwischendeck zu nehmen, wie die Brüder Naschold; die sei »nicht sonderlich teuer«.
6 S. oben: Fußnoten 1 und 2!
7 Riehl, Wilhelm Heinrich, geb. 1823 in Biebrich/Rhein, gest. 1897 in München; bedeutender Kulturhistoriker und Novellist; »Geschichten und Novellen«, Gesamtausgabe, 7 Bde., Stuttgart, 1899 und 1923; Auswahl 1928.
8 Vgl. »Kdht. u. Jgd. I«, Brief Nr. 479, bes. S. 489!
9 Vgl. Fußnoten 3, 4, 5 zum Brief Nr. 509!

500] *Anzeige im Mittagsblatt des Schwäbischen Merkur*[1] *vom 3. Oktober 1895*

In einer Buchhandlung
wird für einen jungen Mann mit Lateinbildung Lehrstelle gesucht. Off. unter A. H. befördert das Compt[oire] d[ieses] Bl[attes]

1 Früher: »Der über See und Land dahereilende Mercurius«; ab 1785 »Schwäbischer Merkur«, Stuttgart.

501] *Antwort der Heckenhauerschen Buch- und Antiquariatshandlung, Tübingen*

Tübingen, 4. Oktober 1895

P. P.

Auf Ihr Gesuch im *Merkur* Morgenbl[att] No 232 biete ich dem jungen Mann Lehrstelle in meinem Hause unter Zusicherung gewissenhaftester Ausbildung in Sortiment, Antiquariat u[nd] Verlag.

Lehrzeit ist 3 Jahre. Kost und Wohnung kann im Hause *nicht* gegeben werden, ich bin aber bereit, einen Beitrag dazu zu geben und die außergeschäftliche Führung des jungen Mannes zu überwachen, wenn es gewünscht wird.

Event[uell] bitte ich um Einsendung von Zeugnissen, wenn möglich Vorstellung des jungen Mannes.

Hochachtungsvoll
C. Sonnewald
in Fa. J. J. Heckenhauer

502] *H. H. an die Heckenhauersche Buchhandlung, Tübingen*

Calw, 7. Oktober 1895

Unterzeichneter ist geboren am zweiten Juli 1877 in Calw, war mit seinen Eltern 1881 bis 86 in Basel und besuchte von 1886 an das Calwer Realgymnasium, von 1890 bis 91 die Göppinger Lateinschule. Er machte 1891 das ev. Landexamen und erhielt im Sommer 1893 am Cannstatter Gymnasium die Qualifikation zum Einjährig-Freiwilligendienst. Seither ist er in Calw im Elternhaus und hat von dort aus in einer mechanischen Werkstätte gearbeitet. Derselbe wünscht nun, in einem Buchhändlergeschäft als Lehrling aufgenommen zu werden.

Hermann Hesse

503] *Johannes Hesse an H. H.*

[Calw] 12. Oktober 1895

Für Tübingen

1. Wohnung und alle Mahlzeiten bei Frau Dekan Leopold,[1] Herrenbergerstraße 28.
2. Vormittagsvesper gibt sie mit; Nachmittagsvesper läßt Herr Sonnewald kommen (Bier und Brot).
3. Taschengeld, 1 1/2 Mk. wöchentlich, zahlt jeden Samstag Frau Dekan Leopold.
4. Alle Rechnungen für Schuhflicken u[nd] dergl[eichen] notwendige Dinge bezahlt Frau Dekan u[nd] muß die betr[effende] Rechnung quittiert ihr wiedergebracht werden zum Aufheben für mich. Für Haarschneiden u[nd] dergl[eichen] gibt Frau Dekan das Nötige.
5. Alle anderen Ausgaben zu vermeiden. In besonderen Fällen jedenfalls *vorher* bei mir anfragen. Schulden dürfen absolut nicht gemacht werden. Ich werde keine Rechnung für Dinge bezahlen, die ohne meine vorherige Erlaubnis gekauft sind.
6. Kein Buch aus der Buchhandlung heimnehmen ohne vorherige Erlaubnis des Prinzipals.
7. Das Rauchen auf ein Minimum beschränken, weil es den Appetit vermindert, die Nerven reizt und Geld kostet. Nur wenn man sich ganz bestimmt ein festes *Maß* setzt u[nd] daran streng und regelmäßig festhält, kann man ein mäßiger Raucher bleiben. Im andern Fall wird das Rauchbedürfnis immer größer und unwiderstehlicher, gerade wie bei anderen feinen Giften, die in kleinster Dosis etwa anregen, über das wirkliche Bedürfnis hinaus gebraucht aber furchtbaren Schaden anrichten.
8. Kartenspiel um Geld u[nd] dergl[eichen] einfach abweisen mit der festen Erklärung: »ich habe kein Geld zum Verlieren, und durch Spielen will ich auch keins gewinnen.«
9. Wäsche zum Waschen und Flicken nach Calw schicken.

10. Papier, Federn u[nd] ähnliches nicht kaufen, sondern aus Calw erbitten. Mit der Wäsche kann man immer was schicken.

1 Hesse bewohnte dort während seiner ganzen Tübinger Zeit, von Oktober 1895 bis August 1899, »außerhalb der eigentlichen Altstadt ein nüchternes, ödes Erdgeschoßzimmer« (H. H.). Vgl. Brief Nr. 506! Vgl. auch »Kdht. u. Jgd. I«, S. 589, die Eintragungen unter dem 25. Oktober bis zum 3. November 1893. Hesse verließ damals die Lehrstelle bei dem Buchhändler S. Mayer in Eßlingen nach 2 Arbeitstagen.

504] *Aus H. H. »Erinnerung an Hans«*[1]

[1935]

... Outsiders waren wir beide. Dagegen hatte ich, anfangs unklar und nur mit halbem Glauben, dann immer energischer und konzentrierter mich auf die Zukunft hin bewegt, von der ich seit Knabenzeiten träumte. Auch als ich, nach schweren Kämpfen, den Eltern nachgab und mich einem Beruf und einer Lehrzeit unterzog, als Buchhändler, hatte ich es im Blick auf mein Ziel getan, es war eine Anpassung, ein vorläufiger Kompromiß gewesen. Ich war Buchhändler geworden, um zunächst einmal von den Eltern unabhängig zu werden, auch um ihnen zu zeigen, daß ich im Notfall mich beherrschen und etwas im bürgerlichen Leben leisten könne, aber es war für mich von Anfang an nur ein Sprungbrett und Umweg zu meinem Ziel gewesen ...

1 GS IV, S. 714.

505] Nummer *167* Königreich Württemberg
Staatsangehörigkeits-Ausweis
(Ausschließlich zur Benützung innerhalb des Deutschen Reichsgebiets giltig.)

Dem *ledigen Hermann Hesse hier*, geboren am *2.* ten *Juli 1877* zu *Calw*, wird bescheinigt, daß derselbe und zwar durch *Naturalisation* die Eigenschaft als Württemberger besitzt.[1]

Calw, den *16* ten *Oktober 1895*

Königlich Württembergisches Oberamt:

[gez. Voelter]

Stempel:

Königl. Württ. Oberamt Calw

Sportel (Tarif Nr. 69, Ziff. 5) 1 M. Sportelrechnung *S 12*

[Kursiv Gedrucktes = handschriftlich in das Formular Eingetragenes.]

1 H. H. wurde im Hinblick auf seine in Württemberg vorgesehene Ausbildung im November 1890 ins württembergische Bürgerrecht aufgenommen.

506] *H. H. an Johannes und Marie Hesse*

Tübingen, 18. bis 20. Oktober 1895

Freitag abend.

[*Erster Brief aus Tübingen; H. H. trat seine Lehrzeit am 17. Oktober an.*]

Liebe Eltern!

Zwar hatte und habe ich den festen Vorsatz, Sonntag zu schreiben, aber wer weiß, ob's dazu kommt – ich werde müde sein, auch muß ich das Einräumen der Bücher etc. noch bis Sonntag verschieben, da Zeit fehlt, und Sonnt[ag] nachmittag bin ich zu Tante Elisabeth[1] geladen. So beginne ich heute schon, wenn's auch nur ein Stückchen wird.

Die Stadt gefällt mir wohl, besonders da ich nicht drin, sondern vor derselben draußen wohne. Eng und winklig, mittelalterlich romantisch, voll Richterscher Bildchen, aber auch etwas dunstig und schmutzig. Das Schloß ist prächtig,

vor allem der Ausblick vom Schloßberg, und die Alleen sind herrlich.
Von m[einem] Zimmer sehe ich das Schloß. Frau Dekan[2] bemuttert mich aufs sorglichste, bringt mir Butter, Wecken, Würstchen etc. und scheint mich für den verwöhntesten Schlecker zu halten. Vom Mittagstisch komme ich nur mit Mühe los, da sie voll Erzählungslust ist. Sie kennt alle Welt, Calwer, Basler, Livländer, Missionare etc. und weiß von tausend interessanten Todesfällen, Verlobungen, Krankheiten, Reisen und ähnlichen Freuden zu erzählen. Den Tod ihres Mannes kenne ich schon mit allen Details, bald werde ich von ihrer Kindheit, Verlobung, Hochzeit, Ehe, Freuden und Nöten ebenso genau unterrichtet sein. Sie ist wie aus einem Dickens'schen Roman exzerpiert, beweglich, heiter, lustig, sorglich, zum Platzen voll von alten und neuen Geschichten, und dabei voll Gutmütigkeit und Liebe. Heute bat sie mich flehentlich um Entschuldigung, weil sie mir eine Flasche neuen Most ins Zimmer gestellt habe, aber sie habe es nicht lassen können, der Most sei gut, nur habe sie mehr Äpfel gebraucht als sonst, und der Zentner habe 6,50 gekostet. Sie fragte, ob ich abends gern Wurst oder so was esse, und ich sagte, wenn es gut gehe, wäre mir 1 Tasse Tee am liebsten, ich brauche dann nur Brot oder Wecken dazu. Nun gibt sie mir zum Nachtessen Tee und Wecken, bringt auch Butter dazu; ich esse mich satt und sie räumt ab, ich will eben aufstehen, da kommt hinterdrein noch eine warme Wurst mit Salat. Frau Dekan erinnert leise an Fr[ieda] Montigel[3], ist aber viel feiner. So viel und so gern sie redet, fällt es ihr doch nie ein, mich inquisitorisch auszufragen oder zu klatschen, und deshalb schmeckt mir das Essen bei ihrem Gespräch sehr gut und fühle ich mich dabei höchst behaglich, obgleich sie durch eifriges Zusprechen dafür sorgt, daß ich nicht zu wenig esse oder gar einschlafe.

Samstag nacht.
Marulla[4] will meinen Brief morgen einschließen, so muß ich bis morgen fertig sein.
Im Geschäft geht es so Stunde für Stunde, ich sehe die Tage kommen, wo mich das Vielerlei der Arbeit verwirren wird. Regelmäßige Geschäfte, die ich jetzt schon immer tun muß, sind folgende: alle kommenden Facturen ordnen, jeden Morgen die Ladenkasse (20 bis 60 M) nachzählen, die Zeitschriften expedieren und die Bücher registrieren. Sonst muß ich antiqu[arische] Bücher auf ihre Vollständigkeit prüfen (collationieren), evtl. einen Ausgang machen etc. Das Geschäft ist sehr groß, Hauptfach Theologie, auch Jus und Philologie, wenig Medizin etc. Kunstwerke und Musikalien Nebensache. Für die Studenten sind eigene Conti da,

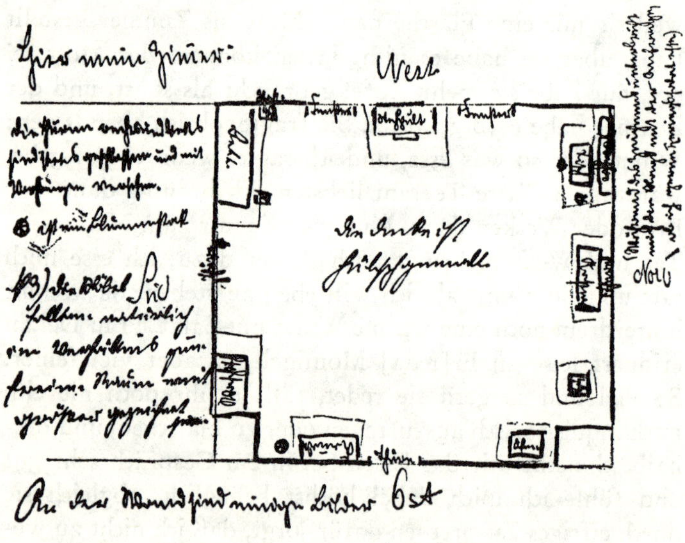

darunter manche ungezahlte Rechnung, deren Herr verduftet ist. So was scheint oft vorzukommen. Die Herren im Geschäft sind lauter Leute, die ich wegen ihrer Bildung und Kenntnisse achten muß, bes[onders] die ältesten, Herr Hermes und Herr Straubing. Herr Sonnewald arbeitet im geheizten Kontor in Hut und Mantel, letztern legt er meist ab, wenn er ausgeht. Statt zu sprechen säuselt er. Ich habe heillos Respekt vor ihm.

Wir haben eine eigene, wohleingerichtete Buchbinderei, große Räume, Laden, Comptoires, Lager, Keller (Hades genannt), zwei (Raupen) Ausläufer.

An der Wand sind einige Bilder in Glas und Rahmen, eins davon sogar recht hübsch (Columbus). Über meinem Bett hängt ein großer, farbiger König Karl, über dem Stehpult ein Heiligenholgen[5]. Versehen bin ich mit allem, nur Handtücher brauche ich noch, da solche scheint's privatim geliefert werden müssen. Zwei oder drei habe ich, die andern schickt mir, bitte, bei Gelegenheit. Wenn Ihr einige Bogen billiges Fließpapier oder so was beilegt, wird es mich sehr freuen, da mir eine Schreibunterlage fehlt. Nun lebt wohl; seid herzlich gegrüßt von Eurem

Hermann

Tagesplan.
Aufstehen: 20 Minuten vor 7 Uhr
Kaffee: nach 7 Uhr.
Geschäft beginnt: 1/2 8 Uhr.
Zum Essen: 12 oder 12 1/4 Uhr.
Ins Geschäft: 1 1/4 oder 1 1/2 Uhr.
Abends heim: 7 1/2 bis 7 3/4 Uhr.
zu Bett: zwischen 9 3/4 und 10 1/4.

Gevespert wird während der Arbeit.

HIER MEIN ZIMMER:[6]

Die Türen rechts und links sind stets geschlossen und mit Vorhängen versehen.

*) ist ein Blumenstock

NB) Die Möbel sollten natürlich im Verhältnis zum freien Raum weit größer gezeichnet sein.

St = Stuhl

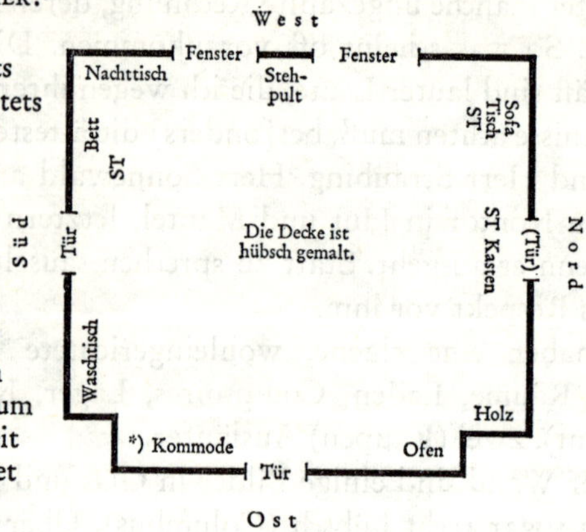

(Während des Zeichnens unterbricht mich die Magd mit der Anfrage ob ich gern Heringssalat esse).

1 *Gundert, Elisabeth*, geb. Isenberg; geb. 17. 1. 1846 in Bombay, gest. 3. 2. 1923 in Höfen/Enz; s. Anm. I.
2 *Frau Dekan Leopold* schrieb H. H. auch nach Basel.
3 H. H. wohnte vom 7. November 1892 bis Mitte Oktober 1893 während seiner Cannstatter Schulzeit bei *Frau Montigel*. Vgl. auch »Kdht. u. Jgd. I«, S. 594 und die dort angegebenen Seiten.
4 *Hesse, Marulla*, H. Hs. jüngere Schwester; verbrachte die Zeit von Ostern 1895 bis Ostern 1896 im Mädchenpensionat des Fräuleins von Reutern, Tübingen. S. auch Anm. I.
5 »Holgen«: schwäbisch für »Bild«, ursprünglich »Heiligenbild«.
6 S. Anm. II, Nr. 42.

507] *H. H. an Johannes und Marie Hesse*

Tübingen, Mittwoch, 23. Oktober 1895
abends.
bis Sonntag, 27. Oktober 1895,
morgens.

Liebe Eltern!
Da ich nicht weiß, wann ich Zeit finde, beginne ich heute schon. Laßt mich zunächst ein wenig vom Geschäft berichten!

Es sind folgende Herren da: *Sonnewald, Hermes, Straubing, Schmidt, Kapp, Klett* und ich, ferner zwei Austräger. Ich arbeite mit obigen Herren den ganzen Tag (7 1/2–7 1/2 Uhr) im Comptoir. Mein nächster Vorgesetzter, Herr Straubing, ist derjenige, den mir Papa als wortkarg und mürrisch schilderte. Wirklich sieht er so teilnahmslos, verbittert und staubig aus, als wär' er selber einer der gelben, verwitterten Folianten, mit denen er Tag für Tag beschäftigt ist, und wüßte nicht, was Lachen oder Plaudern heißt. Seine Sprache läßt vermuten, er sei vor sehr langer Zeit im Hessischen oder dortherum geboren worden. Und doch arbeite ich gern mit ihm, er ist so ruhig und sachlich, und keineswegs so verbittert und lieblos, wie er aussieht. Er kann auch lächeln, und es steht ihm wohl. Seine Spezialität ist das Antiquariat, meist lateinische (theolog[ische] u[nd] juristische) Werke, darunter sehr alte und wertvolle. Nach ihm ist es Herr Kapp, mit dem ich am meisten zu tun habe, ein junger, munterer Mann, der den Ladendienst besorgt. Herr Schmidt, ein Licht in sprachlichen Kenntnissen, ist auch im Antiquariat beschäftigt, still und etwas reizbar. Herr Klett, mit dem ich bis jetzt noch kein Wort gesprochen habe, ist wenig geachtet, etwas schlappig und kein sonderliches Licht. Herr Hermes ist der Stolz des Hauses, dick und bequem, ein Lebemann, gewandt und mit raschem Blick, der das Haus repräsentiert, mehrere Sprachen sehr gut spricht etc.! Er ist sehr vielseitig und wälzt mit Leichtigkeit 10 Dinge zugleich im Sinne, besorgt Repräsentation, Reklame, die schwerere Korrespondenz (auch das Juristische), weiß mit Drucker und Buchbinder zu sprechen, Kataloge anzuordnen etc. Er ist ein perfekter Literaturkenner, auch ein wenig Politiker, und schreibt selbst manchmal in Zeitschriften. Auch ist er Leiter von 1 oder 2 Vereinen. Er ist ungemein witzig, geniert sich vor Herrn Sonnewald nicht im mindesten, und weiß oft das

Comptoir plötzlich zum Lachen zu bringen und zu unterhalten, da er für das Künstlerische, und vor allem für das Humoristische einen feinen Blick hat.
Von dem Privatgespräch der Herren, auch der jüngeren, bin ich ausgeschlossen, lache aber über die Witze des Herrn Hermes immer lustig mit.
Ich muß fast den ganzen Tag schreiben, auch schon Rechnungen, doch ist über meine Handschrift noch nichts Schlimmes verlautet. Auch schreibe ich gern, nur an das viele Lateinschreiben muß ich mich noch gewöhnen. Mein bißchen Englisch kommt mir sehr zustatten, da ich mit englischen Büchern oft zu tun habe und doch die Titel in der Hauptsache verstehen muß. Heute z. B. hatte ich einen Zettelkatalog von allen bei uns vorrätigen *Tauchnitz-Editions* zu machen. Ausgänge muß ich sehr selten machen, und meist nur solche, zu denen man die Laufburschen nicht gut brauchen kann, auf die Post etc. Gestern z. B. mußte ich auf die Schloßbibliothek, hatte also einen schönen kleinen Spaziergang, sah die prachtvolle Bibliothek, das Schloß, und genoß einen Augenblick die wundervolle Aussicht. Donnerstag nachts (24. Oct.) [...] Wenn ich etwa 7 1/2 Uhr ins Geschäft ging, stieg immer gerade mir gegenüber die Sonne auf. Dann waren die Türme und die Häuser am Berg rotumflossen, während unten die Stadt im weißen Nebel lag – ein malerischer Anblick, an dem ich mich jedesmal freute. Von außen, besonders von meiner Straße aus, bietet die bucklige, altertümliche Stadt mit Schloß und Stiftskirche überhaupt einen reizenden Anblick, innen ist's eng und duster und jetzt beim Regen ist in mehreren Straßen, durch die ich gehen muß, ein Kot, gegen welchen der Platz vor dem Morofschen Haus[1] in Calw der reinste Parkettboden ist. Jenseits des Schloßbergs sieht's besser aus. Als ich heute in der Gägerei unvermutet in zolltiefen, schlammigen Kot geriet und erschreckt zu-

rückprallte, rief mir ein alter Raupe zu: »No zua, Herr, no zua, ma muaß da Dreck ett schpara.« Diese Raupen (alias Gägen) sind ein horribles Geschlecht, schmutzig und vierschrötig, und gegenwärtig voll neuen Weins. Ihr Schwäbisch ist echt und faustdick und mahnt ans Slowakische. Mein Weg führt gerade durchs ärgste Räuberviertel, und ich betrachte, je nachdem, mit Lachen oder mit Mitleiden die versoffenen Männer, die magern, schlampigen Weiber und die schmutzigen frechen Kinder. Doch scheint es ein gesunder Schlag zu sein.[2]

[...]

Samstag abend. (26.) Samstagabend! Es liegt ein Zauber in dem Wort. Ich bin schrecklich müde und habe mancherlei Sorge, aber morgen ist Sonntag, also keine Angst! Vielleicht werde ich in die Kirche gehen, gewiß weiß ich's noch nicht. Ich spiele gern einen Choral und lese gern, besonders Sonntag morgens, ein Kapitel der Bibel, am liebsten in I Mose, Jeremias, Prediger oder Psalmen; aber es kostet mich viel Überwindung, in die Kirche zu gehen. Der Gottesdienst macht mir immer den etwas peinlichen Eindruck eines Erzwungenen, Berechneten, dem ich ein stilles, einfaches Nachdenken weit vorziehe, besonders da das musikalische und liturgische Stückwerk mehr zerstreut, als zusammenhält. In dieser Beziehung haben mich einige katholische Gottesdienste wohltuender berührt, weil alles einheitlich, ja fast künstlerisch komponiert war, alles als müßte es so sein. Doch davon nicht mehr; ich vermag eben etwas Festes, Einheitliches, eine Kirche, in der protestantischen »Kirche« nicht zu finden und bin noch zu sehr Kunstenthusiast, um nicht zu bedauern, daß die Protestanten sich wie vom Papst, so auch von Raphael getrennt haben; Luther wollte, wenn ich nicht irre, alles Äußere über Bord werfen, und später wurde die Kirche aus den verschiedenen, entgegengesetzten Elementen zusammengefügt, ist nicht Geist und nicht Körper. Aber ich bin zu müde und habe zu wenig Zeit, darüber deutlich zu reden; mir liegt nur daran, Euch einen Begriff von meinem Zustand zu geben, und wenn Ihr erlaubt, will ich ein andermal mehr und klarer darüber schreiben. Soweit wenigstens haben sich meine Ansichten geändert, daß ich die Bibel wieder verehre und liebe und lese, daß ich staunend und ehrfurchtsvoll diese großen, schlichten Worte anschaue wie ein altes, unwandelbares Urgebirg, und mir daneben unsäglich winzig und ärmlich vorkomme. Die poetischen Stellen freilich schätze ich am höchsten und lese wieder und wieder Kapitel wie das letzte im Prediger: – »Wenn der Mandelbaum blühet und alle Lust vergehet – denn der Mensch fähret dahin und die Klageleute gehen umher auf der Gasse.« Nichts hat mir jemals so ans Herz gegriffen wie diese Worte. Dieses Ewige, Ergreifende finde ich in den Evangelien wieder, nur verjüngt und verklärt, wie mit Sonnenlicht übergossen; aber schon in der Apostelgeschichte verklingt mir allmählich der unbeschreibliche, mahnende Ton, und in den Paulusbriefen finde ich nichts mehr, was mich so faßt und erschüttert; auch die wenigen schwungvollen Stellen wie das Liebe-Kapitel im Korintherbrief erinnern mich, so gern ich sie lese, weniger ans alte Gotteswort, als vielmehr an die Rhetorik klassischer Redner, bei denen Paulus gelernt hat: Das Herzliche, Junge ist da, aber es wird weislich benutzt, nach rhetorischen Regeln gesteigert u.s.f.

[...] Sonntag morgens.

Aber ich muß dem langen Brief ein Ende machen, sonst weiß ich das nächstemal nichts mehr. Grüßt alle, auch Kathrine[3] und die Seegerle![4] Es küßt Euch Euer

Hermann

1 »Es gab drei Morof als Lohnkutscher in Calw, und zwar in verschiedenen Straßen, doch sehr wahrscheinlich ist die Lohnkutscherei Morof in der Stuttgarter Straße (Haus Nr. 392) gemeint, Fortsetzung der Bischofstraße; nicht

weit vom Wohnhaus der Hesses entfernt; dieser Morof war auch Besitzer des Gasthauses zum ›Rappen‹« (Siegfried Greiner).

2 H. H. spricht von den Tübinger Weingärtnern, die schon ein halbes Jahrtausend lang »Gog« oder auch »Raup« genannt werden. Mit der Zeit wurden die Bewohner der »unteren« Stadt so genannt. – S. Anm. II, Nr. 2.

3 Dienstmädchen im Haus Hesse, auch »Dadi« genannt.

4 Missionar *Seeger*, (Bremer Mission) zog im Februar 1887 mit seiner Familie nach Calw. Die Familien Seeger und Hesse waren befreundet; die Seegerle sind die Kinder der Familie Seeger.

508) *Johannes Hesse an H. H.*

Calw, 29. Oktober 1895

Lieber Hermann!

Deinen l[ieben] langen Brief haben wir mit Aufmerksamkeit u[nd] Interesse gelesen. in betreff der Bibel habe ich ähnliche Erfahrungen u[nd] Beobachtungen gemacht wie Du. Aber gerade das ist das Einzigartige an diesem Buch, daß vieles darin, was mir mehr oder weniger ungenießbar ist, einem anderen besonders wichtig erscheint u[nd] daß auch ich selbst zu verschiedenen Zeiten meines Lebens von *verschiedenen* Teilen desselben vorzüglich ergriffen oder erbaut werde. Eine zeitlang las auch ich mit Vorliebe den Prediger, dann wieder das Ev. Joh., jetzt u[nd] schon lange die Psalme. Aber freilich, das erste Buch Mose, die ersten Evangelien u[nd] einige Stücke in den Propheten – denen gebührt der Preis. [...]

Dein Papa H.

509] *H. H. an Johannes und Marie Hesse*

[Tübingen,] 31. Oktober bis 2. November 1895

Ihr Lieben!

[...] Freitag nacht (1. Nov.)

Ich will wieder ein Stückchen schreiben, so müde ich bin. Wenn ich zu Nacht gegessen habe, arbeite ich meist ein wenig, studiere Buchhändlerkataloge oder treibe Latein etc., oder geige ich, dann lese ich zwei bis drei Seiten im Wilhelm Meister und gehe darauf zu früher Stunde ins Bett. Ich lebe ganz nach der Schnur, eine Ausnahme war nur vorgestern abend, wo ich als Gast auf der Kneipe der Lichtensteiner war, einer harmlosen, nicht farbentragenden Verbindung, in der besonders viel frühere Göppinger[1] sind (meist Stiftler). [...]

Samstag abend (2. Nov.)

Samstag abend bin ich immer extra müde, teils weil eine ganze Woche hinter mir ist, teils weil samstags der Leipziger Ballen kommt und viel Arbeit bringt. Jetzt ist's überstanden, morgen ist Ruhetag; ich will morgen Härings[2] besuchen und womöglich einen dicken Leipziger Verlagskatalog durchgehen. Literatur studieren kann man da reichlich, wenigstens literarische Statistik, was immerhin auch interessant ist. Man erfährt, wieviel Neues erscheint, wieviel Auflagen dies und jenes Werk erlebt, ob Zola[3] noch »geht«, ob Ibsen[4] oder Sudermann[5] noch gelesen wird, man bemerkt bei diesem oder jenem Schriftsteller, ein Steigen oder Fallen der Produktionskraft u.s.w. Mir ist es besonders interessant, das Lesepublikum kennenzulernen, wozu ich beim Expedieren der Zeitschriften, meiner stehenden Arbeit, alle Gelegenheit habe. Auf 20 Stück der »Gartenlaube«[6] kommen etwa 10 »Daheim«, 12 »Über Land u. Meer«, 2 Christenboten, 25 bis 30 Modezeitungen, 15 »fliegende Blätter« etc. Daraus läßt sich wohl ein ziemlich genaues Urteil bilden. Die Calwer Blätter[7] haben auch einige Leser. Die »Christliche Welt« und »Die Wahrheit« (von Schrempf)[8] haben überraschend viele Abonnenten. Es werden bei uns zwei oder drei Christenboten gelesen, dagegen dutzendweise »Bazar«, »Elegante Welt«, »Wiener Mode«, »Wäschezeitung«, »Kindergarderobe«, »Modebühne« etc. Englische Blätter nur wenige, darunter *London News*. Es ist zu Beginn des Semesters, dazu vor Weihnachten, natürlich sehr viel Arbeit. So ziemlich *jeder neue Student* erhält zur Ansicht eine Büchersendung ins Haus geliefert, Kataloge etc. werden hundertweise versendet. Außer den Studenten sind wohl die Pfarrer unsere Hauptkunden. [...]

Seid alle vielmal geküßt von Eurem

dankbaren Hermann

1 Absolventen der »Göppinger Lateinschule« von Rektor Bauer, geb. 1830 in Ludwigsburg, gest. 1898 in Göppingen; s. »Kdht. u. Jgd. I«, S. 591 sowie auf den dort verzeichneten Seiten. – H. H. besuchte die Schule vom 1. Februar 1890 bis Mai 1891 und bereitete sich dort auf das Landexamen vor.

2 S. Anm. I (Personen um H. H., alphab.); außerdem »Kdht. u. Jgd. I«, S. 380.

3 Zola, Emile, geb. 1840 und gest. 1902 in Paris; Hauptvertreter des franz. lit. Naturalismus.

4 Ibsen, Henrik, geb. 1828 in Skien, Norwegen, gest. 1906 in Oslo; norweg. Dramatiker; wird von romantisierenden Anfängen her über das Gesellschaftsdrama zum Wegbereiter des Naturalismus und entspricht damit den sozialen und naturwissenschaftlich-kritischen Tendenzen in der zweiten Hälfte des 19. Jahrhunderts.

5 Sudermann, Hermann, geb. 1857 in Matzicken, Ostpreußen, gest. 1928 in Berlin; Dramatiker und Erzähler; gutes Gespür für alle Zeittendenzen; vor allem als Dramatiker mit dem Naturalismus erfolgreich. –

3 bis 5 Vgl. Brief Nr. 499, Schluß!

6 Die Gartenlaube, illustriertes Familienblatt, gegr. 1853 in Leipzig von E. Keil; Wochenzeitschrift; 1884 vom Kröner-Verlag, 1903 vom Scherl-Verlag übernommen; seit 1938 als »Die neue Gartenlaube«; April 1943 bis September 1944 noch als Monatsschrift; bekannteste und exemplarischste Familienzeitschrift des deutschen Bürgers. – Vgl. »Facsimile-Querschnitt durch die Gartenlaube«, hrsg. von H. Klüter (1963). – S. Anm. II, Nr. 3)!

7 Calwer Missionsblatt; Monatsblätter für öffentliche Missionsstunden; Evangelisches Missionsmagazin; Missionsblatt für Kinder. S. auch »Kdht. u. Jgd. I«, S. 338; dort nähere Angaben.

8 S. Anm. I (alphab.) sowie »Kdht. u. Jgd. I«, S. 157 f. Im »Nachruf auf Christoph Schrempf« in »Gedenkblätter«, GS IV, S. 768 ff. besonders die Seiten 769 f. über H. Hs. wahrscheinlich »erste[n] Versuch, etwas von mir Geschriebenes zum Druck zu bringen« und über Schrempfs Kritik an H. Hs. früher Arbeit. – S. Anm. II, Nr. 4)!

510] *H. H. an Dr. Ernst Kapff*

Tübingen, 6. Nov. 1895

Verehrter Herr Doktor!

Ihren Brief, für den ich bestens danke, erhielt ich ein paar Tage zu spät, da er mir hierher nachgeschickt wurde. Ich bin jetzt in Tübingen, aber nicht als Student, auch nicht in der Irrenklinik, sondern in der Heckenhauerschen Buchhandlung. Seit 4 Wochen bin ich hier, studiere eifrig Kataloge, Fakturen, Saldi etc., etc. Die bunte Schar der Studenten flattert an mir vorbei, je nachdem mit durchgeistigten, asketischen, leichtsinnigen, betrunkenen, verliebten Gesichtern; ihr Treiben erscheint mit im ganzen recht arm und flitterartig, zuweilen allerdings komme ich mir in meinem soliden, einsamen Leben recht philisterhaft vor, besonders des Nachts, wenn ich am Pulte ernste Gedanken im Sinne wälze und von der nächsten Kneipe die jauchzenden Stimmen klingen: »Noch ist die blühende, goldene Zeit, noch sind die Tage der Rosen.« Tage der Rosen bringt mir freilich mein hiesiges Leben selten oder nie, aber doch Tage oder wenigstens Stunden, wo mir mein bis jetzt etwas verfehltes Leben ernster, tiefer, zielbewußter und daher glücklicher vorkommt als seit langer Zeit. [...]

Für Privatstudien etc. habe ich vorerst nicht die mindeste Zeit, ist doch auch die Berufsarbeit an sich höchst interessant. Und was ich in freien Stunden lese? Ein Buch, das Sie in meiner Bibliothek nicht gesucht hätten: Mendelssohns »Phaedon«[1]. Ich lese es nicht ohne eine gewisse Andacht und halte diese Lektüre meiner momentanen Verfassung angemessener, als etwa Nietzsche, an dessen Werke, die mir nur durch tausend Rezensionen bekannt sind, ich nicht so bald kommen werde. Daß mir Ihre Worte über die entstehende Novelle (oder Drama?) sehr interessant waren, können Sie sich denken. Darf ich mehr darüber erfahren?[2] Ich beneide Sie um den Stoff, dessen kurze Schilderung mich gepackt hat. Ohne bedeutende ästhetische Gründe dafür zu haben, habe ich das Gefühl, als wäre die Novelle die dem Stoff adäquateste Form; mir graut überhaupt ein wenig vor dem Drama, dessen Erfolg von tausend Nebensachen abhängt, es scheint ja oft beinahe, als sei bei gewissen Stoffen fürs Drama künstlerische und theatralisch wirksame Behandlung ein zwingendes Entweder – Oder, also jedenfalls ein mißliches Dilemma. Auch habe ich für die *echte* Novelle von Natur eine Vorliebe; was freilich heutzutage eine Novelle ist oder sonst eine dichterische Geburt, läßt sich meist nur aus dem Titelblatt ersehen. Dies Verschwimmen und Verschwinden der scharf gegrenzten künstlerischen Form ist es vor allem, was mich fast mit Leidenschaft der »modernen« Kunst und Dichtung opponieren heißt. Es ist so leicht, fesselnde Stoffe in willkürlicher Form oder Formlosigkeit fesselnd darzustellen, Form und Maß macht erst den Künstler, und *Künstler* in erster Linie soll meines Erachtens der Dichter sein. Wo der Stoff über die Form hinauswächst, selbst der reichste Stoff über die engste Form, da ist ein Mangel dichterischer Begabung. Was den »Tasso« über die »Räuber«, die »Wahlverwandtschaften« über den »Geisterseher« stellt, das alte offenbare Geheimnis, das alte Gesetz, das muß auch jetzt noch gelten und sich rächen und dies Formgesetz, das dem Dichter eingeboren sein muß, die Gabe, jeden Stoff beim ersten Sehen im künstlerischen Rahmen zu erblicken, das ist's, was den Dichter macht. Diesen Rahmen meint wohl auch mein Lieblingswort, das schlichtalte μηδεν ἄγαν[3]. Diesen Rahmen hat für die Kunst das Rococo verwischt, und dem Rococo reiten die Sperrsitzabonnenten des deutschen Parnaß, wie mir scheint, eben jetzt Hals über Kopf nach – wohin?

Nehmen Sie diesmal mit diesem Wenigen vorlieb, mich entschuldige der Zeitmangel für heute. Bitte, schreiben Sie baldmöglichst wieder, auch über den »letzten Reichsgrafen«[2]! Die »Grenzboten«-Nummer[4] haben Sie wohl erhalten? Verzeihen Sie, daß ich dieselbe nicht eher sandte! Es grüßt Sie hochachtungsvoll

Hermann Hesse

Meine neue Adresse ist:
H. H.; Herrenbergerstraße 28.
in *Tübingen.*

1 Mendelssohn, Moses; geb. 1729 in Dessau, gest. 1786 in Berlin; Philosoph; mit G. E. Lessing befreundet. Im 1767 erschienenen »Phädon« unterstützte Mendelssohn die Argumente von Platon und von Leibnitz für die Unsterblichkeit durch einen eigenen moraltheologischen Beweis.
2 S. Nr. 499, Fußn. 1.
3 »in nichts zuviel«; der spartanische Staatsmann Chilon, Mitte des 6. Jahrhunderts v. Chr., ist die erste Person, von der dieser Ausspruch bekannt ist.
4 »Der Grenzbote«, Heidenheim, 1849-1930 ff.

511] *H. H. an Johannes und Marie Hesse*

[Tübingen,] Mittwoch, 20. November 1895

Ihr Lieben!

Da ich jetzt immer erst um 8 Uhr heimkomme, fällt mir das Schreiben zuweilen schwer. Die Abende sind kurz, zwischen Nachtessen und Bettgehen nur wenig Zeit, und die Sonntage werden verträumt, d. h. vergeigt, verschlafen, verbummelt und verlesen. [...] Meine Bekannten, die Studenten sind, sind zu beschäftigt mit Studieren und Kommersieren, als daß sie mich aufsuchen könnten. Nicht so mein lieber Lang[1], der mit rührender Aufmerksamkeit sich jede Woche einen Abend (meist freitags) im Stift losmacht und den weiten Weg zu mir kommt, um bis 10 Uhr auf meiner Bude zu bleiben. Ich rechne das ihm hoch an, besonders da er Fuchs und Stiftler ist. Er grüßt Euch. Er ist meist still und läßt mich schwatzen und ist vergnügt, daß ich ihm für seine Anhänglichkeit dankbar bin. Er hat mich mit einem Bundesbruder bekannt gemacht, einem Theologen *Gös*[2], einem der begabtesten und dabei bescheidensten Menschen, die ich kenne; schon in seinen großen, hübschen Augen liegt etwas Ruhiges, Klares, Sicheres und doch so viel Güte und Wohlwollen, daß man ihn gerne haben muß. Ich hoffe, ihn öfters zu sehen, und vor allem freut mich, daß Wilhelm Lang einen solchen Freund gefunden hat. Rümelin[3] ist freundlich, aber voll von seinen Normannenfarben[4], jetzt auch Soldat, sodaß ihm Zeit fehlt, mich öfters zu sprechen. [...]

Euer Hermann

1 Lang, Wilhelm; Jugendfreund H. Hs.; Kompromotionale im Seminar Maulbronn, Stube Hellas; s. Anm. I (alphab.); vgl. »Kdht. u. Jgd. I«, S. 594 und die dort angeführten Seiten!
2 Goes, Eberhard, (geb. 1874, gest. 1958); Vater von Albrecht Goes (geb. 1908; »Rede auf Hermann Hesse« 1946). »Mein Vater war Kandidat der Theologie und Hesse Buchhändlergeselle bei Heckenhauer, die Freundschaft stammt wohl aus dem Jahr 1895 oder 96. Da gibt es eine Menge herzliche, ja: zärtliche Briefe von H. H. Nicht die Freundschaft, aber die Lebensbeziehung hat gedauert bis zu meines Vaters Tod 1958; gesehen haben sie sich wohl nur noch selten. Ich lernte Hesse 1926 als Student kennen, und wir hatten dann eine gute Beziehung bis zu Hesses Tod. Mein letzter Besuch bei ihm war wohl im Jahr 1961 in Montagnola. Briefe in größeren Abständen, aber doch beständig fast zwischen 1947 und 1962« (Albrecht Goes, 31. 3. 1977).
3 Rümelin, Theodor; Jugendfreund H. Hs. s. Anm. I (alphab.) sowie »Kdht. u. Jgd. I«, S. 595 und die dort angeführten Seiten! S. auch Anm. II, Nr. 5)!
4 Die Normannen sind eine der 36 Tübinger Studentenverbindungen. 18 tragen Mütze und Band. Die Verbindungen sind teilweise nach Gaststätten benannt: Die Normannen wählten ihren ursprünglichen Namen Nordland nach der »Nördlingerei« des Gastwirts Nördlinger.

512] *Karl Isenberg an H. H.*

Alschanka, 20. und 21. November 1895

Lieber Hermann!
Du kannst Dir denken, wie ich mich für die neue Wandlung Deines Lebensgangs interessiert habe, zuerst mit einiger Sorge, dann mit steigender Befriedigung[1]. Wie würde es mich freuen, wenn Du mit der Zeit auch am Beruf des Buchhändlers selbst eine Freude finden würdest. Gerne

hätte ich Dir heute auch mal einen ordentlichen Brief geschrieben; aber ich bin ganz ausgepumpt; denn meine kleinen Erlebnisse oder Beobachtungen habe ich alle schon in andern Briefen niedergelegt, die Du wohl auch zu lesen bekommst. Aber ich wollte Dir doch auch noch sagen, daß mich Dein letzter Brief vom Oktober (oder September) sehr gefreut hat, u[nd] ich würde mich freuen, wieder einen zu bekommen, wenn Du mal Zeit hast. Ich weiß ja wohl, daß Deine Zeit durch das Geschäft recht besetzt ist; aber so ist's überall, wenn man recht in der Arbeit ist: man muß sich die Zeit zum Briefeschreiben abkaufen. Also, wie's grad einmal geht!

21. Nov. Heute war der Geburtstag der Baronin[2], der beim Mittagessen durch Sekt gefeiert wurde, was ich zwischenhinein auch vertragen kann. Außerdem hatte ich keine Schule zu geben[3] & lag deshalb bis 3/4 10 Uhr im Bett. Im übrigen muß ich jeden Morgen eine Hungerkur durchmachen: um 8 Uhr steh' ich auf & um 10 bekomme ich erst das Frühstück. Ich bin übrigens jetzt daran gewöhnt.

Wir haben etwas Schnee; aber recht gefrieren will's immer noch nicht. Das wäre mir lieber als der schauderhafte Dreck, bei dem man nicht spazieren kann. Wenn's gefroren ist, fährt oder geht man auf dem See; das ist doch eine Abwechslung. Leb wohl! Ich wollte Dir nur wenigstens ein Lebenszeichen geben.

Innig küßt Dich

Dein Bruder Karl

1 Im Oktober 1893 hielt es H. H. nur knapp 3 Tage in einer Buchhändlerlehre aus; vgl. »Kdht. u. Jgd. I«, S. 589 und Nrn. 432-435 und 437. In Tübingen schien es aber nun gut zu gehen.

2 Frau von Baur-Breitenfeld in Alschanka. S. Anm. II, Nr. 7.

3 Karl Isenberg war in der zweiten Hälfte des Jahres 1895 Hauslehrer im Haus Baur-Breitenfeld.

513] *H. H. an Eberhard Goes*

[Tübingen; ohne Datum; sehr wahrscheinlich Ende November bis Anfang Dezember 1895]

Mein lieber Freund!

Als Dein Brief mir gebracht wurde[1], erwartete ich eines jener liebenswürdig väterlichen, wohlmeinend niederträchtigen Schreiben, wie ich sie in früheren Zeiten nicht selten von Kompromotionalen etc. erhielt. Nun hat es mir wohlgetan, in meine fast vollständige geistige und seelische Einsamkeit hinein einen lebendigen Freundesgruß zu erhalten. Ich wollte auch bei Dir um Freundschaft und Austausch nicht betteln, nun kommst Du mir selber entgegen, herzlich und offen, und ich hoffe auf manche liebe Plauderstunde mit Dir.

Was Du über Ähnlichkeit und Verschiedenheit unserer Naturen sagst, leuchtet mir ein. Freilich dürften zwei Momente nicht zu vergessen sein, erstens, daß Du ein bedeutendes Talent für Humor hast, das mir ganz fehlt, und dann, daß ich von Hause aus kein echter Schwabe bin. Ich habe nie gelernt, Leber- und Blutwürste und Sauerkraut zu essen, so wenig, als »Tapp« spielen etc., ich habe Goethe und Beethoven vor Mörike und Silcher gekannt. Du weißt aber, daß ich kein »Fazge« bin, auch daß ich nicht in ästhetisch-platonischen Unendlichkeiten lebe, von Äther lebe. Ich habe das Leben lieb, die Natur und ihre Geheimnisse, überhaupt jedes Reale, das meine Anschauung zu einem sittlichen und ästhetischen Wert machen kann. Freilich, meine zum Teil selbstgewählte Vereinsamung hat mich in manchen Dingen spröde und reizbar gemacht, aber dagegen kämpfe ich selbst immerfort. Das Alleinsein erzeugte mir nach einer längeren materialistischen Periode neue Ideale, und einsam gepflegte Ideale machen strenge und stolz. Du sollst mir helfen, duldsamer und liberaler zu werden.

1 Dieser Brief war bisher leider noch nicht auffindbar. – Vgl. Brief Nr. 511, Fußnote 2!

514] *H. H. an Johannes und Marie Hesse*

[Tübingen,] 27. November 1895

Liebe Eltern!

Vielen Dank für den Brief! [...] ... morgen kommt der Stuttgarter, dann der Leipziger Ballen[1], da ist an Besinnen nicht zu denken; ich arbeite gleichgiltig drauf los und sehe kein Ende. Die Zeit wird bald kommen, wo ich lächelnd auf die Arbeit dieser ersten Zeit blicken werde, aber jetzt, solange ich drinnen bin, ist's sauer. [...] So sehr es mich manchmal nach den Quellen des Wissens zieht, so gern ich zuweilen mit dem bunten Schwarm in die Aula wanderte, – im Ganzen erscheint mir das akademische Treiben[2] doch nicht ganz ideal, sondern eng und lückenhaft wie alles Irdische, das Geheimnis, dem jeder nachjagt, was jeder »Glück« nennt, die ewige Jugend, ist auch hier nur gesucht und geahnt – von Lehrern und Hörern. Es muß doch jeder selber sorgen, daß er lernt und wird, daß er frei wird und sich das Auge bewahrt für's Wahre und Edle. »Sehe jeder, wie er's treibe[3]!« Ich freue mich, daß mir Müdigkeit und Anstrengung und Ärger noch dies Freihinsuchen und allmählich Finden nicht nimmt und jenes Auge für's Große nicht sonderlich trübt, wenn auch Schatten und Jammer überall sich finden. Wer muß nicht zuweilen sich fragen: »Ist's denn wirklich, daß unsere Zeit so gar durchkrankt ist, daß Alles und Jeder mit dem faulen Kern zur Welt kommt und nur zum Sinken bestimmt scheint? Warum kommt Talent und Genie unsrer Zeit mit diesem schmutzigen Schleier zur Welt, der die sonnige Höhe verhüllt, warum erscheint nicht mehr im Künstler, im Weisen, im Dichter der blühende, lachende Mut, der Krankes zu heilen vermag?«

Marull[4] kommt eben [den] Brief holen. Also adieu!

Nächstesmal weiter!

Hermann

1 Büchersendungen aus Stuttgart, bzw. Leipzig.
2 Vgl. Brief Nr. 499, vor allem Nr. 1) der Anmerk. II zu diesem Brief.
3 Goethe, J. W.; Bd. 8 von G.s Schriften, 1789; Schlußstrophe des Gedichtes »Beherzigung«; Zeile 2. Die Schlußstrophe lautet:

»Eines schickt sich nicht für alle!
Sehe jeder, wie er's treibe,
Sehe jeder, wo er bleibe,
Und wer steht, daß er nicht falle.«

4 H. Hs. jüngere Schwester; s. Anm. I (alphab.) sowie Nr. 506, Fußn. 4.

515] *H. H. an Dr. Ernst Kapff*

Tübingen, 6. Dezember 1895

Verehrter Herr Doktor!
Mit Ihrer Sendung haben Sie mir die angenehmste Überraschung bereitet – herzlichen Dank dafür[1]! [...]
Mit Freuden hörte ich von Ihrem Vorsatz, nach T[übingen] zu kommen. Wäre dies an einem Sonntage möglich und würden Sie mich vorher benachrichtigen, so würden Sie mich glücklich machen. Am Sonntag vor dem Weihnachtsfest muß ich arbeiten, sonst sind meine Sonntage ganz frei. Es wäre mir eine große Freude, Sie hier zu sehen und zu sprechen.
Ich habe das Vergnügen, fast jede Woche Gast einer Verbindung zu sein, da ich überall ein paar »Bekannte« habe und in Seminaristenkreisen für etwas Interessantes gelte. »Der Kerl kanzelt den Sudermann nur so ab«, sagen sie, »drum ist er auch ein durchgegangener Seminarist«[2]. Morgen soll ich die »Normannen«[3] beglücken, nachdem ich zweimal ausgewichen bin. Es liegt etwas Poetisches im Studenten-, d. h. Verbindungsleben, aber lauter längst gemünztes Gold, wenig wertvolle Anregung – fahrendegesellenliederliche Anwandlungen gestatte ich mir ungern.
[...] Nun leben Sie wohl, schreiben Sie recht bald wieder und vergessen Sie nicht, mir den Schluß der Novelle zu senden[4]! Bestens grüßend Ihr dankbarer

Hermann Hesse

1 Dr. Kapff hatte H. H. den ersten Teil seiner Novelle »Das letzte Recht« geschickt.
2 H. H. floh am 7. März 1892 aus dem Seminar Maulbronn. Vgl. »Kdht. u. Jgd. I«, Telegramme, Briefe Nr. 191 ff.
3 S. Brief Nr. 511, Fußnote 4.
4 Dr. Kapff schickte den Schluß der Novelle am 11. 1. 1896 an H. H. Im Begleitbrief bat er um Rücksendung der Novelle »nebst Kritik ... bis nächsten Donnerstag«.

516] *H. H. an Johannes und Marie Hesse*

[Tübingen,] 8. Dezember 1895

Ihr Lieben!

Herzlichen Dank für Eure Briefe und Süßigkeiten! Ich kann heute nur kurz schreiben, da ich meine Zeit auf beiliegenden Brief an Karl[1] verwandt, den ich zu befördern bitte.

Nachdem es einen Tag lang in den fußtiefen Dreck hineingeschneit hat, ist endlich die Gegend weiß geworden. Daß es Dezember ist, merke ich sonst nur an der gehäuften Arbeit, denn die fröhliche Weihnachtszeit ist für den Buchhändler ein Fegefeuer. An Weihnachten habe ich 2 Tage frei, muß aber dafür am Sonntag vor Weihnachten den ganzen Tag arbeiten. Soll ich der 2 Tage wegen nach Calw reisen – lohnt es sich? Wenn ich reise, so würde ich den Frühzug benutzen, um wenigstens zwei volle Tage zu haben. Meine Stimmung ist nicht festlich, da ich Schnupfen und ein Geschwulst unter dem rechten Arm habe, das bei der vielen Bewegung im Laden und Magazin recht schmerzhaft ist. Seit einer Woche etwa war ich vor allem bei [der] Einrichtung des Ladens für Christtag, der sog[enannten] Ausstellung, tätig, nun prangt alles in Goldschnitt, Bilderbücher und kostbare Prachtwerke liegen auf, müssen jeden Abend geordnet und bedeckt und nach dem Fest sämtlich wieder fortgeschafft werden, was besonders bei den teuren Prachtbänden mit Goldschnitt, Elfenbein und ähnlichem Zierrat eine peinliche, mühsame Arbeit ist. Zum Anschauen solcher Bücher komme ich nur minutenweise abends beim Aufräumen. Außer ein paar seichten Humorwerken führen wir zum Glück fast lauter »gute« Literatur, Klassiker, Christliches, Richterbilder etc., Schundlektüre wird bei uns fast nie verlangt. Die wissenschaftlichen Werke, sonst die Hauptsache, sind für die Festzeit beiseite geschoben. Die Calwer Familienbibliothek[2] ist vollständig ausgestellt, ebenso Funke[3], Frommel[4] etc. Ich werde anständig behandelt, aber manche langweilige Arbeit, die einer nicht gerade tun mag, wird eben mir hingeschoben. In die Mysterien des Bank-, Post- Kassenfaches etc. bin ich noch nicht eingeweiht, habe mehr mit Rechnungen, Versendungen etc. zu tun, Ergänzen der Reclambände, ein paar Ausgänge zur Druckerei, Expedieren der Zeitungen etc. ist mein Hauptgeschäft.

Jetzt adieu! Schickt, bitte, den Brief an Carl[5]! Ist der an Onkel Hermann[6] fort? Herzlich küßt Euch

Hermann

Martha[7] kann ich heute nicht antworten – einstweilen besten Dank!

1 Isenberg. Dr. phil. Karl, Halbbruder H. Hs.

2 S. Anm. I (alphab.: »Calwer Verlagsverein«)!

3 *Funcke, Otto Julius;* geb. 1836, gest. 1910. S. Realencyklopädie für protestantische Theologie und Kirche, 3. Auflage, Bd. 23, Ergänzungen und Nachträge.

4 Frommel, Emil, evang. Theologe und Volksschriftsteller; geb. 1828, gest. 1896; 1873-1897 erschienen Fs. »Gesammelte Schriften« (11 Bde.). Vgl. E. Beyreuther in Neue Deutsche Biographie, 5, 1961.

5 H. H. schrieb, wie Marie Hesse, manchmal auch »Carl« statt »Karl«.

6 Gundert, Hermann, Pfarrer in Mount Clemens, Michigan; s. Anm. I (alphab.).

7 Cohen, Martha, Verlobte von H. Hs. älterem Halbbruder Theodor Isenberg, den sie am 2. Mai 1896 in Calw heiratete.

517] *H. H. an Karl Isenberg*

[Tübingen, ca. 10. Dezember 1895]

Lieber Karl!

Besten Dank für Deinen lieben Brief! Ich will versuchen, mein Schreiben fertig zu bringen, was schwer halten wird, da ich erst 8 bis 8 1/4 Uhr heim komme und früh zu Bett muß, um morgens wieder annähernd munter zu sein. Du hast recht, die Zeit zu Briefen muß man sich abkaufen – aber was man sich nicht abkaufen kann, das ist die Frische und Sammlung zum Schreiben. Weiter als bis zum nächsten Leipziger Ballen[1] reichen meine Gedanken selten; Heimweh, Weihnachtsfreude, gar politische, philosophische oder andere »höhere« Gedanken sind mir fern. Über deutsche Zustände kann ich nicht berichten, man spricht von Armenien[2] und Bulgarien[3], wenn man Zeit hat, von andrem als von Stöcker[4] und Hammerstein[5] zu tratschen. Stöcker war mir nie sympathisch; seit er auch noch schmutzig erscheint, mag ich nimmer von ihm lesen.

Ich denke an große Dinge nicht zu viel, meine genialische Periode ist verraucht, und ich beginne, mich zum Philister zu entwickeln; ich bin sogar solid geworden, indem ich nimmer ins Wirtshaus gehe und die paar Freistunden darauf verwende, das eng gewordene Gärtchen meiner ästhetischen Ideale zu mustern und da und dort noch etwas Weltbewegendes zu schaffen. Da mir Lesestoff selten fehlt, vergehen mir auch die Sonntage rasch und still; ich bin müde und von neuer Lektüre übersättigt, so leistet mir Vater Goethe gern Gesellschaft, und ich genieße ihn, indem ich etwas unkritischer Weise mich an einzelnen edelgefügten Säulen oder Arabesken seiner marmorartigen Prosa vergnüge als an Dingen, die sein und nicht wirken wollen.

Die Details meines Berufes können Dich nicht interessieren. Ärger, Kopfweh und andre Feuden mangeln nicht, aber ich bin jetzt mit bestimmten Zwecken und Absichten Buchhändler geworden[6] und lasse mich nicht draus bringen. Es freut mich zu finden, daß meine Kenntnis der Literatur, auch der modernen, weit nicht so lückenhaft ist, als ich fürchtete, und daß mein Systemchen beim Studium derselben nicht verfehlt war. Ich beginne doch, dem Verständnis der innersten Konsequenzen und Daten nahe zu kommen, und hoffe mein Ziel, Wesen und Geschichte der europäischen Dichtung wirklich zu verstehen, doch noch, so weit möglich, zu erreichen. Ich bemerke, daß ich in literarischen Dingen reaktionär gesinnt bin; ohne festes Prinzip, ohne radikal zu sein, dürfte man schwerlich die neue und neuste Literatur mit Erfolg studieren können. Für die Schwäche unsrer Zeit dürfte am bezeichnendsten sein, daß bei unsern doch mindestens verzweifelt wackelnden Zuständen sich in dem einzigen poetischen Gebiet, in dem heute etwas bleibend Wertvolles geschaffen werden könnte, der Satire, nichts der Rede Wertes gezeigt hat. Es ist für mich, den ästhetisch Blickenden, schmerzlich, in unsrer Zeit selbst Talent und Genie mit dem kranken zuckenden Nerv zur Welt kommen zu sehen, der vor allem in der Dichtung sich selbst vernichten muß. Und da, wo heutzutage der Hauptplatz dichterischen Schaffens ist, auf der Bühne, muß eben dieser zuckende Nerv ein moralisch und ästhetisch gesunkenes Volk unterhalten. Mich faßt oft ein Grauen vor diesen »psychologischen« Dramen und Romanen mit ihrer kranken Lust am Schmutzwühlen und Sezieren. In Calw, in unsrem guten Schilda, in Calw war diesen Sommer eine Wandertruppe, die Sudermanns Dramen[7] gab! Und Sudermann ist noch der Bessern einer.

Wenn das die Knospen des gepredigten Frühlings, die ersten Frühlichter der erwarte[te]n Ära der »neuen Kunst« sind, dann wehe der Zeit, in der keine Kämpfer der »alten Schule« mehr sein werden, in der die »neue Kunst« sich entfalten und herrschen wird! Ich vermag in diesen düsterroten Lichtern nicht Boten eines kommenden Morgens zu erkennen, sondern nur den Fackelschein der fessellosen Orgien einer künstlerisch tief gesunkenen Zeit. Und am Ende ist kein Moderner in diesem seinem Genre weitergekommen als Goethe im »Werther« und den »Wahlverwandtschaften«. Vielleicht haben die Historiker doch recht, die im »Faust« die Blüte auch der jetzigen und der kommenden Zeiten erblicken, obgleich ich noch immer nicht völlig an die Unabwendbarkeit des Epigonenfluches glauben mag. Oder gehen wir der Zeit entgegen, wo Kunst und Poesie überhaupt ihre Sonderstellung verlieren und als gleichwertige, vielleicht minderwertige »Branchen« der Gewerbestatistik gelten werden? Es scheint fast so, aber es gilt hier zu überwinden und allem zum Trotz zu glauben, so schwer es dem Literaturtreibenden werden mag, Idealist zu bleiben. Wenn nur das Volk rein bliebe, wenn nur nicht die alten, guten Bräuche und Lieder in Vergessen gerieten und der Fabrikluft und der Unpoesie des »Grunewald«[8] zum Opfer fielen!

Du lächelst wohl über meinen Eifer, ich bin eben wieder auf dem einen Gebiet angelangt, das mir lieb und wichtig ist. Nichts für ungut!

[...]

Ich hoffe Dir in ruhigerer Zeit wieder schreiben zu können und werde Briefe von Dir immer mit Freude und Dank sehen. Und nun Gott befohlen, lieber Bruder!

Herzlich küßt Dich Dein

Hermann

1 Büchersendung aus Leipzig, das damals als Sitz des 1825 gegründeten Börsenvereins der Deutschen Buchhändler *die* deutsche Buchhandelsstadt war.

2 1895-96 (und später 1914-15) kam es durch Türken und Kurden zu Verfolgungen, Deportationen und Ermordungen von Armeniern.

3 Bulgarien war im letzten Viertel des 19. Jahrhunderts ein Hauptunruheherd in Europa.

4 *Stoecker,* Adolf, geb. 1835, gest. 1909; evang. Geistlicher und sehr aktiver und vielseitiger Politiker; s. Anm. II, Nr. 8.

5 *Hammerstein*, Wilhelm, Freiherr von H.-Gesmold, geb. 1838, gest. 1904; Politiker; 1896 zu Zuchthaus verurteilt; s. Anm. II, Nr. 9.

6 »Dann wurde ich Buchhändler, um endlich einmal mein Brot selber verdienen zu können.« (H. H. 1925 in »Kurzgefaßter Lebenslauf«, zitiert aus dem insel taschenbuch 36: H. H., Leben und Werk im Bild, S. 12, von Volker Michels, 1973.

7 Vgl. die Fußnoten, bes. 5, im Brief Nr. 509.

8 Vgl. »Gesammelte Briefe I«, hrsg. von Ursula und Volker Michels, in Zusammenarbeit mit Heiner Hesse, S. 9, Fußnote 3.

518] *H. H. an Johannes und Marie Hesse*

T[übingen,] 12. Dezember 1895

Ihr Lieben!

[...] An Weihnachten werde ich also kommen, bitte aber, daß Ihr Bescherung habt wie immer, also am heiligen Abend. Ich möchte nicht alles aus dem Geleise bringen, seit ich denken kann, war unsre Bescherung immer am 24sten; auch weiß ich nicht bestimmt, *welche* 2 Tage ich frei haben werde. [...]

Verzeiht die Kürze, da ich heute fertig sein muß! Herzlich küßt Euch

Hermann

Gruß an Kathrine[1]!

1 Dienstmädchen im Haus Hesse.

519] *H. H. an Johannes und Marie Hesse*

Eutingen, 25. 12. 95

Ihr Lieben!

Ich benutze den Aufenthalt, Euch ein paar Worte zu schreiben. Das Schinkenbrot ist vortrefflich. Von Tüb[ingen] dann Näheres! Bitte, vergeßt nicht, Tante Jettle[1] Dank und Entschuldigung von mir zu sagen, sowie Marulla mein Sach (Hosen) mitzugeben. Ein Glück, daß bald wieder

Sonntag ist! Recht vergnügte Feiertage vollends und herzlichen Gruß von Eurem

Hermann

1 Enßlin, Henriette; s. Anm. I (alphab.)

520] *H. H. an Johannes und Marie Hesse*

[Tübingen,] 29. Dezember 1895

Liebe Eltern!

Besten Dank für Papas Karten! Hoffentlich geht es ihm nun besser. Heute ist Tante El[isabeth][1] und Agnes[2] für den halben Tag eingeladen, und ich soll Vetter[3] Gesellschaft leisten, so langt es [zu] keine[m] Brief. Tante hat mich beschenkt, von ihr und T[ante] Jettchen[4] und Vetter bekam ich Gudle, Handschuhe, 2 Bilder und einen Thermometer. Alle danken und grüßen Mutter. Vorgestern war ich den Abend mit sechs Studenten bei Prof. Häring[5] (Christbaum, Tee und Nachtessen), war aber durch Kopfweh die ganze Zeit zur Rolle des Stummen verurteilt und hatte wenig von Fisch, Kompott, Wein und Unterhaltung, mußte zu meinem Schrecken auch die »Träumerei« vortragen. Professors lassen grüßen. Ich hoffe, diese Woche noch schreiben zu können, weiß es nicht ganz gewiß, da ich etwas matt bin und auch an Dr. Kapff[6] schreiben sollte. Den Sylvesterabend will ich mit Vetter ›chez nous‹, auf m[einem] Zimmer, verbringen, wir wollen einen Grog zu brauen versuchen. Zum Neujahr meine herzlichen Wünsche für Euer Wohlergehen, möge es besonders Theo und Hans Glück bringen! Mit Kuß

Euer Hermann

1 S. Brief Nr. 506.
2 Gundert, Agnes, geb. 1879 in Mangalur, gest. 1913 in Lome, Togo; Kusine H. Hs.; Tochter des Onkels Samuel Gundert (1840 bis 1880).

3 Gundert, Hermann, Sohn von H. Hs. Onkel Samuel Gundert und Tante Elisabeth, geb. Isenberg; s. Anm. I (alphab.).
4 Wahrscheinlich eine Schwester von Tante Elisabeth Gundert, geb. Isenberg; s. oben: 1.
5 S. Brief Nr. 509.
6 S. Brief Nr. 499.

521] *Theo Isenberg, Hans, Marulla, Adele*[1] *Hesse und Martha Cohen*[2] *an H. H.*

Calw, 31. Dezember 1895

Lieber Hermann!
Da ich noch so riesig viel zu tun und zu schreiben habe, fange ich an, Dir zu schreiben, und die andern können dann weitermachen. Die li[ebe] Mama hat leider solche Schmerzen, daß sie nicht schreiben kann, aber sie wünscht Dir von Herzen Gottes Segen! So auch ich, mögest Du immer mehr Freude an Deinem Beruf finden!
Ich habe immer noch nichts gefunden[3]; es herrscht augenblicklich ein merkwürdiger Mangel an Stellenangeboten, und die Pharmac. Zeitung kann ich leider hier nicht bekommen. Da heißt's halt auch, sich in Geduld üben! Grüße alle Lieben von mir, ich wünsche ihnen und Dir von Herzen ein fröhliches Neujahr! Mit Kuß Dein Theo

Lieber Hermann!
Am Freitag ging Adele mit mir nach Stuttgart. . . . im Königsbau . . . tranken [wir] einen feinen Schoklad. Nachdem der Schoklad ausgetrunken war, gingen wir zu Herrn Chevalier. Wir mußten ein wenig warten, aber dann erschien Herr Chevalier[4], der mich ein bißchen ausfragte, warum ich denn nicht studieren wolle und Kaufmann werden wolle; Adele half mir im Antworten. Dann führte er uns zum Christbaum und zeigte uns all die schönen Sachen [. . .] Ja so, ich habe Dir ja das Resultat noch nicht gesagt,

er hat gesagt, an Ostern könne er es gewiß sagen, und ich soll nur bis in den Herbst noch recht lernen. [...]
Es grüßt und küßt Dich Dein Hans

Hans läßt sich sehr entschuldigen, so wüst geschrieben zu haben, da er in der Vakanz ganz außer Übung kam. Die Anstrengung spürt er noch in seinen Gliedern. Auf baldiges Wiedersehn! Marulla

Lieber Hermann!
Prosit Neujahr! und viele Grüße von der lieben Mutter, die leider heute so müde ist, daß sie selbst nicht schreiben kann. Sie hat eben immer wieder so arge Schmerzen. Heut' reist der Karl[5] von Alschanka ab, der gute. Bei uns regnet es immer noch getrost weiter, die Nagold ist nächstens am Überlaufen. Nun ade!
Mit herzlichem Gruß Adele

Lieber Hermann!
Alles was sich seit Deiner Abreise ereignete, wird Dir eins von den lieben Geschwistern geschrieben haben, deshalb sende ich Dir heute nur herzliche Glück- und Segenswünsche zum neuen Jahr und herzliche Grüße von Deiner Martha

1 *Hesse, Adele*; H. Hs. ältere Schwester; s. Anm. I (alphab.).
2 *Cohen, Martha*; aus Hannover; heiratete am 2. Mai 1896 H. Hs. älteren Halbbruder *Theodor Isenberg*; s. auch Nr. 516, Fußn. 7.
3 *Isenberg, Theodor*; s. Anm. I. Th. I. fand Anfang 1896 eine Stelle in Freudenstadt. S. auch Nr. 530 und Nr. 557 sowie Anm. II, Nr. 10.
4 *Hesse, Hans,* jüngerer Bruder H. Hs., suchte eine Lehrstelle als Kaufmann; eine Zeit lang schien es, Herr Chevalier werde ihn als Lehrling annnehmen. Hans H. kam jedoch erst nach seiner Lehrzeit nach Stuttgart;. s. auch Nr. 791; seine Lehrzeit trat er am 1. 10. 1896 bei Herrn Hinderer in Calw an; s. auch Nr. 569.
5 Karl Isenberg nutzte Hin- und Rückreise nach Alschanka zu Bildungsreisen. S. Anm. II, Nr. 7 und Nr. 522.

522] *Karl Isenberg an H. H.*

Kiew, 1. Jan[uar] (20. Dez. 95) [18]96[1]

Lieber Bruder!

Herzlichen Dank für Deinen lieben Brief, der mich sehr gefreut & interessiert hat. Ich denke womöglich einmal in der nächsten Zeit nach Tüb[ingen] zu kommen. Die Reise war bis jetzt ganz nett[2]. Hier in Kiew ist's sehr schön; ich hätte gute Lust, mich länger aufzuhalten, wenn ich nur Russisch könnte & ein billiges Unterkommen fände. Aber teuer ist's hier. Man muß eben immer denken, 1 Rubel sei nur 1 Mark, dann ärgert man sich nicht über die Ausgabe. Das Eisenbahnfahren ist dagegen äußerst billig. Morgen komme ich nach Lemberg, dann wahrscheinlich nach Budapest. In Österreich muß ich III Klasse fahren, um mein Budget wieder ins Gleichgewicht zu bringen. Im allgemeinen freue ich mich doch darüber, wieder aus Rußland herauszukommen. Mit Gruß & Kuß

Dein Karl

Grüße auch Herrn Hermes von mir!

1 Daten nach dem Gregorianischen (beziehungsweise dem Julianischen) Kalender.
2 Rückreise nach der Zeit als Hauslehrer in Alschanka.

523] *H. H. an Johannes und Marie Hesse*

[Tübingen,] 2. Januar 1896

Ihr Lieben!

Verzeiht, daß ich jetzt erst schreibe! Ich war viel bei Tante Elisabeth[1] und im übrigen wieder etwas schwindsüchtig dran mit Kopf- und Zahnweh. Freitag letzter Woche also war ich bei Pr[ofessor] Härings, mit sechs oder sieben Studenten, meist Medizinern, lauter Norddeutschen in Böllern[2] und Gehröcken, zwischen denen ich trotz meines »Neuen« eines gewissen pompösen Glanzes entbehrte. Es

gab erst Tee mit Backwerk und Zigarr[en], später Nachtessen (zweierlei Fisch, Sauce, Wein etc.), jeder mußte ein Gedicht vorlesen, wobei mich H[err] Professor sehr freundlich mit einem der schönsten (von Mörike) bedachte. Das Gespräch war nicht gelehrt, ich schwieg aber von Anfang bis zum Ende wie ein Stock, konnte auch keinen Wein trinken, da mir das gemeine Kopfweh einen besonders vertraulichen Abendbesuch machte. Jetzt droht mir ein moralischer Rippenstoß von Rektor Hory's[3], die ich nicht besucht; wann ich bei solchen Umständen zu Fräulein Oehler[4] kann, ist im Schoße der Götter. Am Erscheinungsfest möchte ich, wenn's geht, ganz daheim bleiben. Gestern (Neujahr) war ich bei Vetter[5]. Mit diesem hab' ich in der Sylvesternacht bei mir einen Grog gebraut und auf aller Lieben Wohl mit den dicken Tassen von Frau Dekan[6] angestoßen – es war recht fidel. Unsre Karte wird Adele erhalten haben. [...]
Für Eure Grüße und Mitteilungen besten Dank. Ich kann nicht sagen, wie leid mir die liebe Mama tut[7] und wie herzlich ich an sie denke und ihr bessere Tage wünsche – –
Lebt wohl und seid geküßt von Eurem

Hermann

1 S. Nr. 506, Fußn. 1.

2 »Böller« ist die Bezeichnung für einen steifen runden Hut (»Melone«).

3 Gustav Hory (1869-1908), Dr. phil. u. Pfarrer; heiratete 1897 Emma Gundert (1870-1950), eine Tochter von Adolph Gundert (1836-1898), einem Halbbruder von H. Hs. Großvater Dr. Hermann Gundert (1814-1893).

4 *Oehler, Luise*; geb. 1842, gest. 1926; Schriftstellerin und Übersetzerin; mit Marie Hesse gleichaltrig und zeitlebens befreundet. Tochter des Tübinger Theologieprofessors Friedrich Oehler, gest. 1872. Die Familien Gundert, Hesse und Oehler waren befreundet. Luises Bruder Theodor Oehler (1850 bis 1915) war Missionsdirektor in Basel.

5 S. Nr. 520, Fußn. 3.

6 *Leopold*, s. Nr. 506 u. Fußn. 2.

7 S. Nr. 527, u. »Tagebuch 1895«, in »Marie Hesse«, S. 260; s. auch Anm. II, Nr. 7.

524] *Marie Hesse an H. H.*

Calw, 6. Januar 1896

Mein lieber Hermann!

Morgen geht Marulla und sie muß Dir doch von mir einen Gruß mitnehmen, so schreibe ich abends 8 Uhr, während alle vom Haus in der Kirche sind, außer Kathrine[1] und mir. Wir haben jetzt hohe geistige Festtage durch den lieben Schrenk[2]. Er kam am Samstag um 2 Uhr, Papa ging nach Hirsau und fuhr mit ihm her. Zum Tee hatten wir abends Schnürle, Zahn, Blank und Olpp eingeladen. Ich war zum Empfang von Schrenk auf dem Sofa, aber abends hörte ich alles nur vom Bett aus. Gestern hatte Schrenk die kirchliche Bibelstunde in der Kirche und abends seine Predigt. Heute war er im Dekanat zum Essen eingeladen und hielt die Missionsstunde in gedrängt voller Kirche. Das Landvolk strömte heute herein und auch die Calwer selbst sind ergriffen von der Gewalt seiner Predigt.

Gestern waren Theo, Martha und Hans in Gechingen, aber heute sitzen sie zu Schrenks Füßen. Theo reist morgen früh nach Göppingen, vorerst nur Aushilfsstelle, mit dem Tuttlingerplan[3] hat sich's zerschlagen. Marulla reist um elf, morgen und Mittwoch hat Hans wieder Schule.[...]

Nun habe ich dir mancherlei berichtet. Ich bin müde und habe heute viele Schmerzen gehabt, aber ich möchte mit dir in Liebesverbindung bleiben. Ich freue mich sehr, daß der liebe Schrenk bei uns wohnt, da hatten wir gestern Vormittag mit ihm das heilige Abendmahl. Auch sonst kann ich teilnehmen am Segen, den Gott uns durch ihn schenkt und hoffe, Calw lasse diesen Geistes Regen nicht von sich abprallen. An dich denkt oft und viel in Liebe

deine Mutter

1 Dienstmädchen im Haus Johannes Hesse, Calw.

2 Elias Schrenk, geb. 1831; gest. 1913; Altpietist; Kaufmannslehre; 1854 bis 1879 im Dienst der Basler Mission. S. »Evang. Kirchenblatt für Württem-

berg«, hrsg. von Dekan Chr. Römer, Nagold, 57. Jg., 1896, Nr. 5, S. 36 bis 38, Verlag D. Gundert, Stuttgart. – Johannes Hesse berichtet da über E. Sch. und seinen Aufenthalt in Calw vom 5.-16. 1. 1896. – Bäkkermeister Schnürle, Schuhmachermeister Zahn, Fabrikant Blank und Juwelier Olpp waren alle vier »Stundenleute« und auch »Stundenhalter«; die beiden zuerst Genannten waren auch Kirchengemeindenräte. S. auch Nr. 534.
3 S. Nr. 521, Fußn. 3 und Anm. II, Nr. 10.

525] *H. H. an Johannes und Marie Hesse*

Tübingen, 11.-13. Januar 1896

Ihr Lieben!
Aus dem »Heckenmops«,

»dem alten, lieben, traulichen Hause«,
»der alten, trüben, traurigen Klause«,

bin ich wieder für einen Abend entronnen. Da es jetzt kalt ist, wird mein Heimzug des Abends meist ein fluchtähnlicher Dauerlauf, mit Mantel und Handschuhen renne ich klappernd durch's Räuberviertel, hinter mir bellen die Hunde der Rauben[1] (nicht »Raupen«). Erst vor Marullas Bude[2], wo es bergan geht, hemme ich meinen Schritt und werfe meist einen allerlei sagenden Blick zu dem Haus empor, wo sich die Schar der glattgestirnten Backfische an Nachtessen und französischen Versen vergnügt. Wenn ich erst bei Horys, die Marull gegenüber wohnen, attachiert sein werde, dann muß ich auch jene bergige Stelle im Laufschritt passieren, um Scylla und Charybdis zu entrinnen. [...]

Auch ist mir nun meine Freizeit doppelt kostbar, da ich Herrn Hermes durch einen Besuch und sonstige Liebenswürdigkeit bestochen habe, mir eine schöne Bibliothek, deren Verwalter er ist, zugänglich zu machen. Sobald im Geschäft stillere Zeit kommt, werde ich auch Fachsimpeln (Bank, Wechsel, Druckerei, Verlagsvertrag, Buchhändlerrecht etc.). Herr Straubing meinte gestern, ein rechter

Buchhändler habe immer einen Sparren zuviel und eigentlich einen alljährlichen Sommeraufenthalt bei Simmerling[3] nötig.
Da ich vor dem Dorf draußen wohne, ist mir Neckartübingen als Stadt noch nicht verleidet. Ich lebe eigentlich feinfein: Die Bürostunden im Zentrum der Stadt, Privatlogis auf dem Lande. Die Freuden des Landlebens hat schon Horaz genügend besungen, ich kann seinen Idyllen noch die Gestalten mistführender Gagen, halbwilder Hündlein und Kinder und einer himmelan qualmenden Brauerei zufügen. Zweimal wöchentlich singen die Kneipanten in die Nacht hinein, im Sommer werden die Herren Wengerter (Gagen)[1] gegen 5 Uhr ihr Morgenlied – singen. [...]
Daß mein Privatstudium der Ästhetik und Literatur im Einklang mit meinem Berufe steht, erfrischt mich natürlich sehr. Ich treibe noch immer Geschichte der deutschen Literatur von 1790 bis 1890 und hoffe, verhältnismäßig bald dies Stück Geistesgeschichte wirklich innezuhaben. Merkwürdig hat sich mir Lernen und Urteil erleichtert, seit ich mich zu Goethe schlug und damit einen bestimmten Standpunkt für die Beurteilung gewann. Es ist eigen, wie von Goethe aus sich auch die neusten Regungen verstehen lassen. Zum literarischen Evangelium ist mir übrigens nicht »Faust«, sondern »Wilhelm Meister« und »Wahrheit und Dichtung« geworden. Verliebt bin ich in »Reineke Fuchs«, dessen sorgfältig konstruierte Reliefs ich mit vergnügtem Fleiß und mit einem reinen Genusse studiere, wie ihn das Leben mir nie bietet oder geboten hat. Man wird wieder Kind bei solcher Lektüre und kann doch den gewohnten Ballast dichterischer, ästhetischer Vorbildung mitnehmen, ohne je enttäuscht zu werden. Und dies gilt nicht vom einmaligen Lesen – im Gegenteil, fast alles Goethesche liest sich beim zehnten, zwölftenmal ebenso schön, meist schöner als beim erstenmal. Ich glaube, daß ich im Notfall, etwa

in Brasilien[4], meine Bibliothek sehr wohl auf Goethes Werke beschränken könnte. Ich habe versucht, mir ästhetisch diese Ungestörtheit des Genusses Goethescher Werke zu erklären, überhaupt deren zufriedene Ruhe. Der Vergleich mit Schiller liegt auf der Hand. Aber abgesehen davon, daß Goethe naiver, d. h. objektiver Schöpfer ist, fand ich den Hauptgrund in dem Gefühl der Sicherheit, mit dem man Goethe liest, indem dieser in seiner innern Welt stets eine[n] Ort der Stille zu bewahren weiß oder scheint, ein Letztes, wovon er schweigt, während Schiller immer drängt, eben sein Letztes, Bestes zu opfern, mitzuteilen. Wir haben deshalb bei Schiller in den ergreifendsten Momenten stets Angst, es könne ihm der Atem ausgehen, es könne der Punkt kommen, wo es zu Ende ist. Das macht Schiller so liebenswürdig, doch steht meines Erachtens der Genuß von Goethes Poesie ästhetisch höher, indem das Lesen im Schiller dem Betrachten einer himmelan schlagenden Flamme gleicht, die uns nicht durch Form noch Farbe, sondern einzig durch ihr elementares, ideales Emporstreben imponiert, die uns ergreift, weil wir wissen, daß sie sich selbst verzehrt, und fürchten, sie möchte bald vor unsern Augen verwehen. Goethes Schöpfungen sind marmorne Bilder, die wir nicht eines Gedankens, nicht ihrer Taten wegen lieben, sondern allein wegen ihrer sich selbst genügenden stetigen Schönheit und weil wir wissen, daß diese Bilder nicht zerrinnen können, sondern dauerhafter sind. Schiller hätte auch einen Faust zeichnen können, aber keinen Wagner und keinen Mephisto, einen Schillerschen Faust würde unversehens ein stolzer Monolog entführen ins Blaue, in den Himmel, und dann wäre kein Strick mehr, ihn zu halten.
Doch all das hat wohl nur für Papa einiges Interesse. Auch sollt Ihr nicht fürchten, ich verbohre mich einseitig in Vater Goethe und vergesse andres darüber. Im Gegenteil, Goethe erzieht einigermaßen, vor allem lehrt er Harmonie und

eine Art von Takt, die sonst kaum gelehrt und gelernt werden kann.
Heute war Samstag. Wenn Ihr zufällig samstags zwischen 3 und 6 Uhr nachmittags an mich denkt, so wißt, daß ich gerade in dieser Zeit die letzte, schrecklichste Leidensstation der Woche durchmache. In diesen Stunden nimmt mir jedesmal das gedrängte Geschäft alle Luft und Lust, in diesen Stunden erscheint mir der Zustand eines Typhuskranken als ein Sommervergnügen, in diesen Stunden preise ich die Toten selig, die vor mir gewesen sind. Eigentlich sollte auf diesen Schlauch das raffinierteste Faulenzen folgen, und wirklich arbeite ich Samstag abends, schon vor Kopfweh, fast nie; aber da mir so viele und vortreffliche Bücher zu Gebote stehen, kann ich unmöglich hinliegen, und jede Stunde scheint mir verloren, die ich nicht über guten Büchern oder Zeitschriften hinbringe. Das lange Schlafen des sonntags habe ich daher aufgesteckt und stehe etwa zur selben Zeit auf wie werktags, d. h. sobald es möglich ist, Kaffee zu bekommen. Doch gehe ich meist beizeiten (selten nach 10, fast nie nach 10 1/2 Uhr) zu Bett und schlafe mit wenig Ausnahmen recht gut. Morgen hoffe ich ein wenig Schlittschuh laufen zu können.
Da der Brief doppelt zu werden droht, lege ich gleich ein Paar Hosen bei, deren Nordseite Ihr durchgesessen finden werdet. Nehmt sie, bitte, in die Kur, oder besser, gebt sie Freund Schlatterer zur Reparatur, da der die Sache versteht und ich hier keinen bedrohlichen Schneiderpump anhäufen möchte. Jetzt trage ich wieder die alten von Karl, die Ihr geschickt habt. Für sie und Eure andern Beilagen herzlichen Dank, ebenso für Eure Briefe, besonders für die von Mutters Hand, die ich oft lese. Jeden Abend, wenn ich im Bette liege, muß ich an die Mama denken und beten, daß sie schlafen könne und bessere Zeiten habe[5]. Die Bilder der Eltern stehen vor mir auf meinem Stehpult und

erinnern mich abends an Euch, an die Andacht, in der auch für die auswärtigen Kinder gebetet wird, und mir tut all das viele Unrecht, das ich Euch getan, namenlos leid.
Das Lesen philosophischer Schriften ist mir verleidet, ich habe es ganz aufgesteckt. Ein leicht erregbarer Mensch muß von dem vagen Suchen nach Glück und Wahrheit verrückt werden, der Weltschmerz kommt auch ungerufen und ist, nach meiner Erfahrung, mit den Waffen des Lebens, der Ästhetik, kurz mit allen Waffen leichter zu bekämpfen als mit denen der Philosophie. Was ich bei Goethe fand, scheint mir überhaupt das Beste und Einzige, die Kunst nämlich, bei allem Interesse, bei aller Phantasie, aller Beweglichkeit sich doch ein Stückchen Seele, einen Raum in der Brust, still und stumm zu bewahren, damit der Grund ruhig sei, wenn auch oben Stürme gehen – ein Letztes zu wahren, in das kein Sturm, kein Staub der Welt kommen darf, von dessen Inhalt kein Wort reden darf. Dieser Winkel, der einzige, in den keines Menschen Blick dringen kann, dessen Glück niemand belauschen kann, dieser Winkel ist es, aus dem nach den Stürmen der Interessen, der Gedanken, der Leidenschaften die guten Hausgeister steigen und die bewegte Oberfläche glätten. Halb und halb ist dies wohl der δαίμων[6] des Sokrates, der ein εὐδαίμων[7] sein muß. Gerade in unsrer eiligen Zeit, wo alles aufgehen will in beweglicher Vielseitigkeit, muß dieses Stück jungfräulichen Bodens gewahrt und zum regelnden Schwerpunkt werden.
Heute war ein Jüngling im Laden, der den im Fenster ausgestellten »Gnomon«[8] Bengels kaufen wollte, den er für ein englisches Werk hielt! Das war ein gemähtes Wiesle für unsern Kapp, der sich in Positur stellte und ein Unglaubliches über Bengel, über alte Sprachen, klassische Bildung etc. predigte, während dessen der Jüngling sich beschämt empfahl. Als Kapp gefragt wurde, ob er sich nicht auch

bald in der Ehe binden lassen wollte, antwortete er: »Nein, ich bleibe broschiert.« Broschiert ist er allerdings und, wie es scheint, nur erst zur Hälfte aufgeschnitten.

Montag

Nun geht es mir wie dem guten Jean Paul beim Schriftstellern: keck und tatenlustig fing ich an, und nun wird mir die achte Seite zu viel! Morgen ist Karl da, so würde sich der Brief zu sehr verzögern, ich will also schließen.

Seid geküßt von Eurem Hermann

1 S. Brief Nr. 507, Fußnote 1 und Anm. II, Nr. 2).
2 S. Nr. 506 sowie Anm. I.
3 Siemerling (nicht Simmerling), Ernst; geb. 1857, gest. 1936; 1. Ordinarius und 1. Direktor der Univ. Nervenklinik für Neurologie und Psychiatrie.
4 S. Brief Nr. 499, Fußnote 2 und Anm. II, Nr. 1).
5 S. Brief Nr. 527, u. Fußnote 1.
6 Die – ausschließlich vor Bösem warnende – ›Stimme‹ in Sokrates (nach Platon).
7 ›Innere Stimme‹, die zu Handlungen aufruft, aus denen Glück und Zufriedenheit erwachsen.
8 Bengel, Johann Albrecht (1687-1752); »Gnomon ... Auslegung des Neuen Testamentes«, 1742, Neuausgabe 1915. Vgl. auch »Der vierte Lebenslauf Josef Knechts« in »Prosa aus dem Nachlaß«, 1965, S. 441 ff.; bes. 490 ff. – Vgl. im »Glasperlenspiel« das Gespräch zwischen Pater Jakobus und J. Knecht, GS VI, S. 247 ff.

526] *H. H. an Dr. Ernst Kapff*

[Tübingen, Sonntag, 12. Januar 1896]

Verehrter Herr Doktor!

[*H. H. befaßt sich etwa 3 Seiten lang mit der Novelle »Das letzte Recht«*[1]. *Dafür blieb ihm wenig Zeit. Dennoch führte auch das »rasche Lesen« (H. H.) zu einer Reihe von Einzelbeobachtungen wie zu grundsätzlichen Äußerungen über das Publizieren.*]

[...] Zum Veröffentlichen gerade dieser Arbeit in einem Journal, wenn sich nicht eine ganz besondere Gelegenheit bietet, rate ich entschieden nicht, schon da die Menge beim Journallesen oberflächlich ist, vor allem Namen kaum beachtet. Nicht mit Unrecht fragt man nach dem Verfasser eines Buches, während beim Lesen nichtpolitischer Journalartikel fast niemand an den Namen des Schreibers denkt, von der Flüchtigkeit des Zeitungsruhmes gar nicht zu sprechen. Eine Journalnovelle ist bald vergessen, und eine Buchnovelle will man nicht aus einem frühern Zeitungsdruck »ausgegraben« wissen. [...] Sie fragen, was ich mit »Compagnie-Geschäft« meine. Ich meine damit das Eingehen auf den gegenwärtig beliebten Vorschlag des Verlegers, einen Teil der Verlagskosten zu tragen und dafür eine Tantieme zu beziehen. Bei diesem »Geben mit Scheffeln, Nehmen in Löffeln« kam fast nie mehr als ein Defizit heraus. Nur wenn der Verleger allein alle Kosten trägt, zeigt er damit, daß er die Arbeit des Autors schätzt, und nur wenn er das ganze Verlagsrisiko selber hat, wird er sich mit genügendem Eifer für den Vertrieb bemühen. Man muß ihm die Gefahr lassen, die ihn allein spornt, ein Werk möglichst zu verbreiten. Dann wird ihn auch ein etwaiges anfängliches Stocken im Verkauf desto mehr zum Eifer treiben.[...]

Nehmen Sie mein bißchen Kritik von der besten Seite; wenn Sie es gerne tun, schreiben Sie mir auch bald wieder und seien Sie bestens gegrüßt von Ihrem

Hermann Hesse

1 H. H. erhielt den Brief von Dr. Kapff mit dem zweiten Teil der Novelle am Sonntag, dem 12. 1. 1896. Er antwortete umgehend, da Dr. Kapff das Manuskript bereits am Donnerstag wieder in Canstatt haben wollte.

527] *Marie Hesse an H. H. und an Marulla Hesse*

Calw, 16. Januar 1896

Meine lieben teuren Kinder Hermann und Marulla!

Eine große Freude möchte ich Euch mitteilen[1], daß Ihr Euch mitfreuen und dem barmherzigen Gott mit mir danken

könnt. Ich sitze auf meinem alten Arbeitsplatz, am Fenster auf dem Trippel, dies zu schreiben. Ich bin zum Frühstück allein aufgestanden und saß mit am Tisch. Die Heilung hat sichtbar und spürbar angefangen. Gott sei Lob und Dank! Ich war ja ganz getrost und bereit, nach Gottes Willen zu leiden und stille den Todesweg zu gehen und bat Herrn Schrenk[2], mir d a z u eine Stärkung zu geben, durch Handauflegen und Gebet. Aber Gott wendete es zu Leben und Heilung [...]
Tante Elisabeth[3] und Fräulein von Reutern[4] dürft Ihr es sagen, aber sonst wünsche ich nicht, daß es darüber ein Geschrei gebe, sondern daß wir still, gesammelt und anbetend Gottes Güte preisen. [...]
Innigliebend Eure Mutter

1 Marie Hesse berichtet in ihrem Tagebuch (unter dem 12. Januar 1896, Sonntag), wie Herr Schrenk um 11 Uhr gekommen sei, ihr die Hände aufgelegt habe und um Geist und Kraft für sie gebetet habe. Es sei eine hochfeierliche Stunde gewesen. Nachts habe sie dann schlafen können, die Schmerzen hätten abgenommen. Am 14. Januar abends legte Schrenk ihr nochmals die Hände auf »unter herzlichem, gläubigem Gebet. Ich fühlte, daß etwas geschah, es flossen Kräfte auf mich herab«. Am nächsten Morgen sei sie munter gewesen und ohne Schmerzen, war aufgestanden und am Frühstückstisch erschienen, habe noch einige Gehversuche gemacht, sei aber meistens still auf dem Sofa gelegen. »Beim Nachtessen, da ich auf dem Sofa lag, meinte Herr Schrenk, er hätte mich gern auch am Tisch. Ich stand auf und aß am Tisch mit allen zusammen. Das war Mittwoch, den 15. Januar, ein unvergeßlicher Tag in meinem Leben.«

2 E. Sch., S. Nr. 524.

3 Elisabeth Gundert, die H. H. oft besuchte. S. auch Nr. 506.

4 Leiterin des Mädchenpensionats, in dem Marulla Hesse von Ostern 1895 bis Ostern 1896 ausgebildet wurde.

528] *H. H. an Marie Hesse*

[Tübingen,] 17. Januar 1896

Meine liebe, einzige Mutter!
Mir fehlt Besonnenheit und Zeit – und was sollen heute die armen Worte! Der Herr hat Großes an uns getan, des

sind wir fröhlich. In mir ist ein Frühling aufgegangen, seit ich Deinen Brief gelesen[1]. Ich kam so bekümmert und müde heim, und nun ist alles voll Licht geworden.
Daß ich Dich doch sehen und küssen könnte! Aber es ist gut, daß wir nicht alle da sind, du brauchst Ruhe.
Ich sehe neuer Nachricht erwartungsvoll entgegen.
Sonntag hoffe ich zu schreiben. Mein Herz ist unruhig heute abend und ich finde nicht Worte. Gott helfe weiter, heute und immerdar, bis uns allen die große, ewige Heilung wird. Leb' wohl, liebe Mutter, der ich nie so ganz angehört, wie heute; mir ist, als sollt' ich jetzt wieder ein Kind werden, da der liebe Sonnenschein in's Haus gefallen ist. Dich küßt innig
dein Kind Hermann

1 Nr. 527.

529] *H. H. an Johannes und Marie Hesse*
[Tübingen,] Montag, 20. Januar 1896
Ihr Lieben!
Ich weiß nichts zu schreiben und mein Sach' soll doch mit Marullas Korb fort. Ich bin voll Dank und Freude über das Genesen der lieben Mama, wünsche vor allem ihr und Euch nun eine stillere Zeit zum Ausruhen, wenn Wäsche und Sitzung vorbei sind. Daß Mutter sich nur nicht überanstrenge!
Die Bildchen für Adele oder Hans! Für Papas Karte herzlich Dank, bitte, laßt uns öfters wenigstens kurz Nachricht von Mutters Befinden zukommen!
Zu einem Plauderbrief komme ich vielleicht nächstesmal. Unter dem ersten Eindruck eines Großen, Überirdischen sollte man schweigen und den Staub der kleinen Dinge der

Welt möglichst lange fernhalten von dem inneren Schatz, daß er den ersten, reinen Glanz nicht verliere.
Lebt wohl, Euch allen wünscht glückliche Zeit Euer

Hermann

Bitte schickt mir die Wäsche, sobald sie fertig ist, besonders die Kragen und Sacktücher.

530] *Marie Hesse an H. H.*

Calw, 27. Januar 1896

Mein lieber Hermann!
Nun will ich mich aber gleich nach dem Frühstück hinsetzen, dir zu schreiben. Es kommen immer so viel Abhaltungen, doch heute muß es mir endlich gelingen. Gestern war Theo[1] da, kam Samstag abend und reiste Sonntag abend zurück, es geht ihm gut in Göppingen. Heute soll dort die Apotheke versteigert werden, aber Theo bleibt bis April. Dann handelt es sich in erster Linie um Freudenstadt, wo er zwar nur Gehilfe wäre mit sehr mäßigem Gehalt, aber freier kleiner Wohnung im Hause für Familie, andre Anfragen tauchen ab und zu auf, bis jetzt unentschieden.
Dann war Carl[2] geschwind einen Tag da, ehe er in Rottweil antreten mußte. Beide waren voll Freude, mich auf zu sehen. [...]
Gott sei Lob und Dank, es geht jeden Tag ein wenig besser, wenn auch die Kniee noch schwach und schnell ermüdet sind. Gestern trug man mich die Treppe hinauf, dann konnte ich selbständig auf die Veranda hinausmarschieren und frische Luft einatmen, worauf ich Studierzimmer etc. besuchte. Darauf schlief ich bis drei und konnte dann wieder auf sein bis nach Theodors Abreise. – Zwischen diesen Brief hinein las ich für Papa eine Korrektur – das Leben geht vorwärts, man wird mitgerissen und muß sich wehren,

daß man seine stillen Zeiten der Sammlung und zum Lesen von Gottes köstlichem Wort nicht preisgibt dem Alltagsgetriebe. [...]

1 H. Hs. älterer Halbbruder Theodor Isenberg.
2 H. Hs. jüngerer Halbbruder Karl Isenberg. (Die Mutter schreibt manchmal »Carl«, manchmal »Karl«.)

531] *H. H. an Johannes und Marie Hesse*
[Anfang – undatiert – zwischen dem 28. und dem 30. Januar,] Fortsetzung, Freitag [= 31. Januar], Schluß, Sonntag [= 2. Februar 1896]

Ihr Lieben!
Herzlichen Dank für die sehnlich erwartete Wäsche, für Theodors Balsam und vor allem für Mutters lieben Brief!
Daß ich im Konzert war, wißt Ihr ja schon. Ich hatte von einem Commis der Osianderschen Buchhandlung ein Freibillet erhalten. Chor und Orchester leisteten etwas Bedeutendes, Herbst und Winter[1] waren fast vollkommen. Auch die Sängerin war fein, besonders im »Winter«, wo auch der Chor mir am meisten imponierte. Nur war ich sehr müde, da ich von 1/2 2 bis 11 Uhr unausgesetzt stehen mußte, erst am Pult, dann im Konzertsaal.
Heute war ich, nachdem ich mehre[re] der Tübinger Olympier früher kennen gelernt, auch einmal bei dem Götzen der hohen Juristenfakultät, dem berühmten Strafrechtslehrer Professor Hugo von Meyer[2], um Geschäftliches zu besprechen. Ein hoher, prächtiger Mensch mit herrlichem, langem Bart und schönem Gesicht, der idealisierte Jakob Staudenmaier[3]. Er war äußerst liebenswürdig, ehrte mich durch einen Händedruck und beliebte, sich mit mir über die Dauerhaftigkeit eines gewissen Papieres zu unterhalten. Mir ist es höchst interessant, diese Götter von nahem besehen zu können, und etliche sind darunter, die bei solcher

Besichtigung den Glanz nicht verlieren. So Meyer. Gestern war ich bei einem Siebenbürgen, um über die Gymnasialverhältnisse seiner Heimat einiges zu hören; morgen gehe ich in recht heikler Angelegenheit (Schulden) ins Wingolfhaus[4], das ich auf diese Weise kennen lerne. Ich hoffe, mit der Zeit auch noch andre, z. B. die Corpshäuser, besuchen zu können, was mir sehr interessant wäre. Heute traf ich Hermann Nestle[5], der mich aber »Sie« nannte, und nichts von mir zu wollen scheint. Er sieht gut und nett aus und sehr gescheit – zu Ephorus Bucher[6] komme ich manchmal, er scheint jetzt meinen Namen zu wissen woher, kann ich mir nicht denken. Er trieft von Liebenswürdigkeit, wenn er gerade Zeit hat, denn er hat furchtbar viel Arbeit.
Besuche habe ich noch keine gemacht, Sonntag nachmittags komme ich meist zur lieben Tante[7], um ein wenig Klavier zu hören, sonst und auch dort leide ich seit Wochen an einer auffallenden, fast ängstlichen Menschen-, d. h. Gesellschaftsscheu, die wohl ihr Gutes hat, aber auch viel verdirbt. Ich geniere mich nie, aber die Gesellschaften, auch bei Härings[8] etc., sind mir zuwider, d. h. vor allem das Sprechen, und ich sitze meist zuhörend stumm wie ein Blatt. Ich weiß nicht, woher mir dieser melancholische Hauch angeflogen ist, aber er ist da und verleidet mir auch die geringste Geselligkeit. Am zufriedensten bin ich eigentlich, wenn ich allein über einem Stückchen Goethe sitze, mich an den Marmor gewordenen Sonnenstrahlen, an dem Licht gewordenen Marmor erbauend. Was Goethe zum Einzigen, Größten macht, ist eben das, daß in ihm allein das Rätsel der Neuzeit sich gelöst hat, Feuer und Wasser sich verbunden haben, nämlich das klassische und romantische Element in Denken und Dichten, Ja und Nein, Plato und Aristoteles, Idee und Ironie, Homer und Dante. Für jeden, der nicht Goethe ist, ist zwischen Iphigenie und Faust ein klaffender Abgrund. Von all den Millionen den-

kender Menschen, die seit hundert Jahren gelebt haben und leben, ist *er* der einzige, für den es keine französische Revolution[9] gab, dessen Stand höher war als selbst dieses Höchste, diese rote Sonne der Neuzeit.

Verzeiht meine literarisch-ästhetischen Ausflüge, aber da jetzt mein Privatstudium mit meinem Beruf sich fast völlig deckt (denn ich studiere auch Gottschall[10], Kataloge und Zeitschriften), ist ja mein Denken und Arbeiten keine Sünde, kein Allotria mehr und hat auch äußerlich das Recht erworben, mein Leben zu erfüllen. Und immer bleibt noch Raum, mit dankbarer Liebe an Euch zu denken, mich für Mutter jedes warmen Tages zu freuen und beim Expedieren der Calwer Blätter[11] im Geist kurze Einkehr im Studierzimmer zu halten.

Fortsetzung Freitag [= 31. Januar]

Bald ist wieder eine Woche um. Sonntags würde ich am liebsten ganz daheim bleiben und gehe auch vor Nachmittag nie aus, aber trotz meinem schwachen Appetit ist's mir von 1 bis 7 1/2 oder 7 Uhr zu lange, und, wenn ich nicht bei Tante[7] bin, oder, was rar ist, einen Stiftskaffee schinden kann, muß ich eben einen Schoppen trinken. So oft ich von Calw fort war, habe ich immer nichts so sehr vermißt, als den Nachmittagskaffee.

Heute kam das nagelneu erschienene Werk Kübels »Die christliche Ethik« (2 Bände) an, und ich habe schon über zehn Stück versandt. Morgen gehe ich ins Stift und nagle ein Plakat an die Tür, um auch die Studenten darauf aufmerksam zu machen. Kübels »Predigten«[12] sind dutzendweise gekauft worden, zum Teil von ganz armen, geringen Handwerkern etc.

Schluß, Sonntag [= 2. Februar 1896]

Eigentlich sollte ich heute mehr schreiben, da ich nicht weiß, wann ich nächste Woche dazu kommen werde, der vielen Arbeit wegen, die jetzt kommt. Aber es geht nicht. Ich bin

durch und durch müde, obwohl die Arbeit jetzt erst recht angehen soll. Drum nehmt vorlieb und seid geküßt von
Eurem Hermann

1 Vivaldi, Antonio; geb. um 1678, gest. 1741. – Die vier Jahreszeiten.
2 von Meyer, Hugo Friedrich Bleichet; geb. 1837 in Stettin, gest. 1902 in Tübingen; dort von 1874 bis zu seinem Tod ordentlicher Professor des Strafrechts.
3 Bisher nichts Genaues zu ermitteln; im Archiv der Universität Tübingen wird nach Auskunft von Herrn Wandel weder ein Student noch ein Professor Jakob Staudenmaier erwähnt.
4 Haus der christlich-konservativen Studentenverbindung »Wingolf«; auch noch an den meisten Universitäten der Bundesrepublik Deutschland ist der Wingolf anzutreffen. Über den Tübinger »Wingolf« vgl. die »Festschrift zum 100jährigen Bestehen des Tübinger Wingolfs«, Tübingen 1964. Das Haus der Tübinger Wingolfs steht in der Gartenstraße 38; es wurde 1894 eingeweiht (a.a.O., S. 13).
5 Nestle, Hermann; Staatsanwalt in Stuttgart; verheiratet mit Marie Oehler, einer Freundin von Marie Hesse. – S. auch »Kdht. u. Jgd. I«, S. 369 sowie Nr. 523, Fußn. 4.
6 von Bucher, Paul; geb. 1836, gest. 1914; seit 1877 ordentl. Prof. der Theologie in Tübingen; seit 1872 Ephorus des Evangelischen Stifts; legte 1910 seine Ämter nieder. Nachruf s. der »Württembergische Nekrolog für das Jahr 1914«, Stuttgart 1917, S. 100-11.
7 Gundert, Elisabeth; s. Anm. I.
8 Haering, Theodor; Professor; s. Anm. I und Nr. 509 u. Nr. 520.
9 Vgl. z. B. J. P. Eckermann »Gespräche mit Goethe«, 3. Teil. Schluß der Aufzeichnungen vom 2. Januar 1824. S. Anm. II, Nr. 11.
10 von Gottschall, Rudolf (geadelt 1877); geb. 1823, gest. 1909; Schriftsteller, Rechtswissenschaftler, Dramaturg (in Königsberg und in Hamburg); »Die deutsche Nationalliteratur im 19. Jahrhundert«, 2 Bde., 1855.
11 S. Nr. 509, Fußn. 7.
12 Kübel, Prof. D. Robert: »Die christliche Ethik« (2 Bde.), München 1896 und »Predigten für alle Sonn- und Festtage des Kirchenjahres«, München 1895.

532] *H. H. an Dr. Ernst Kapff*

Tübingen, 7. Februar 1896

Verehrter Herr Doktor!

Beatus ille, qui procul negotiis –[1]! Ich bin von meiner Berufsarbeit diese Wochen fast übermäßig in Anspruch genommen und werde es wohl bis zur Ostermesse sein. Interessante, aber anstrengende Arbeit! Es gehen mir beim Lagersturz täglich viele hundert Bücher, lauter *Nova* von

1895, durch die Hände, und wenn ich einigermaßen literarisch davon profitieren will, muß ich mein Gedächtnis tüchtig schinden. [...]
Ich bringe außer lyrischen Nippes und Stoßseufzern sehr wenig hervor. Gelesen habe ich hauptsächlich Gottschall's Nationalliteratur[2], die mir aber wenig neue Lichter aufgesteckt hat. Am besten hat er die Berliner Romantik, Hegel, und vielleicht Freytag begriffen, ihn über Gutzkow, Prutz, Jordan zu Ende zu hören, ist mir nicht gelungen. Im ganzen macht Gottschall die Epigonen der Jungdeutschen mit seinem Essig und Oel an und verabschiedet sich mit einem wunderbar ernst gemeinten: »Prosit Mahlzeit!« Gottschalls eigene Dichtungen kenne ich nicht. Wenn es mir einmal einfiele, in Literaturgeschichte zu pfuschen, so ginge ich wenigstens etwas kecker und gewagter zu Werk und würde etwa die Rückenmarkstarre unsrer Literatur direkt und allein vom romantischen Element, von Tieck und Brentano, ableiten; das gäbe doch einen winkelrechten Rahmen, wenn auch viel Späne abfielen. Wenn ich Zeit hätte, Privatier wäre und an eigene literarische Zukunft nicht dächte, so würde ich den Tag über ins Gras liegen oder Billard spielen, mich um all die Götterchen von Varnhagen bis Hauptmann den Teufel scheren, und die Abendstunden mit Tausend und Einer Nacht, Boccaccio, Cervantes, Fielding und solchen Schnurrpfeifereien füllen, Heines Gedichte exzerpieren, und als Dessert jeweils ein Stückchen Goethe genießen. Ich hielte mir ein Orchester und Pferde, verböte in meinem Bezirk das Radfahren und die Leihbibliotheken, vielleicht auch das Theaterspielen, würde der freien Liebe die Liebe im Freien vorziehen, meine Gedichte auf Velin drucken etc. etc. etc. Die Literatur würde ich wenig unterstützen, dagegen jährlich einige Familien auf meine Kosten auswandern lassen, um die Luft reiner zu machen.

Verzeihen Sie meine Narrheiten, ich bin geistig von der Arbeit erschöpft und da gilt das Alte: »Verstand wird Unsinn, Wohltat Plage«[3] etc. [...]
[*H. H. teilt einige seiner* »allerneusten Verse« *mit,* »lauter erste Konzepte«, *wie er sie nennt.*]
Die Sehnsucht nach einem gesunden Dasein, nach einer schlichten Kultur, nach wahrem Leben, nach Brasilien, schläft bei mir nimmer, den Röntgenschen Strahlen entflöhe ich gerne, gern der Halbwissenschaft, die Knospen gewaltsam öffnen will, der Literatur ohne Gesetze, der Kunst ohne Ästhetik; es zieht mich nach Westen wie die tagmüde Sonne, und ich würde dort wie die Sonne neuen, roten Glanz gewinnen, wenn der Ozean den Firnis und Staub von meiner Seele gewaschen hätte. Das lebendigste Herz wird in diesem hastigen, gereizten, übersättigten Leben vor der Zeit alt und weltmüde. »Gebt mir einen großen Gedanken, daß ich lebe!« Dies grelle Blühen unserer Literatur, unserer Geschichtsschreibung, dies Sterngucken und Schatzgraben ist so ganz das Zeichen einer sich selbst ungenügenden Zeit, eines unwahren, gesteigerten Schattenlebens, unsere ganze Zivilisation ist morphiumsüchtig: Und ich möchte leben, nicht wie ein hastiger Schatten, wie ein Schwindsüchtiger, nein, warm und wahr und blühend. Ich möchte die Musen als fröhlicher Beter im Tempel aufsuchen, nicht immer wieder als gehetztes Wild. Mein tägliches Gebet ist, daß ich meine eig'ne, innere Welt mir wahren, daß ich nicht verkümmern, daß das süße Gift, das ich Tausende schlürfen sehe, nicht auch mich verzehren möge. Mir ist von Heines Versen keiner so verzweifelt, so qualvoll zerrüttet erschienen, daß ich nie mit ihm klagen möchte, wie jener:

»Vergiftet sind meine Lieder,
Wie könnt' es anders sein;

Ihr habt mir ja Gift gegossen
Ins blühende Leben hinein[4].«

Seine Knabenideale muß jeder einmal begraben; aber was ich erlernt und erkämpft habe, was ich nun, oft menschenscheu, in mir bewahre und vor der allgemeinen Fäulnis und Verflachung zu hüten strebe, das möchte ich ganz behalten, und was ich wünsche, sind Lebensgrundlagen, auf denen ich ohne Angst und Rückhalt bauen und wohnen kann. Und das Leben zu einem Kunstwerk gestalten, das kann man nur auf dem Boden der Natur und der Wahrheit, daher kann es bei uns der Reiche so wenig wie der Arbeiter. Zum Kunstwerk wird in weiterem Sinn das Leben eigentlich durch jede Kultur, jede gemäße einfach begrenzte Lebensform. An eine Reformation des Lebens, der sozialen Zustände Deutschlands und Europas glaube ich eigentlich nicht; ich denke, das faule Blatt muß von selber fallen und dem Neuen Platz machen. Zurückdämmen läßt sich dieser »Fortschritt«, dieses Fieber der Nerven nicht, aber es wird sich überleben. Ich glaube nicht, daß einer der jetzt Lebenden in Deutschland eine neue Epoche erleben wird, ich glaube, es wird eine lange Zeit der Öde und Barbarei zwischen dem Zusammenbruch unsrer Lebensformen und dem neuen Frühling liegen. Dieser Frühling mag dann immerhin »von der Peripherie«, etwa von Brasilien, her kommen[5]. Dieser Frühling wird eine soziale Frage nicht kennen, und statt den Produkten unsrer greisen Zivilisation möchte ich ihm lieber den Apoll vom Belvedere und etwa das Bild Goethes hinüberretten. Ganz sicher weiß ich, daß es im 21. Jahrhundert einen Bellamy-Staat[6] nirgends geben wird.

Ob man nicht in sehr später Zeit unsre Epoche als das sagenhafte Zeitalter der Maschinentitanen kennen, sie noch später mit der Legende vom Turmbau zu Babel verwechseln wird – ob unsre Zeit nicht für die Geschichts- und

Menschenkunde dieser späten Jahrhunderte nur von pathologischem Interesse sein wird?
Sie sehen, wie mir Zeit und Stimmung fehlt, meine Gedanken logisch darzustellen und zu entwickeln, Sie sehen aber auch, daß ich eines Lebens in unsren Verhältnissen müde bin und mit rauschendem Flügelschlag nach Besserem, nach Sonne und Bergluft strebe, hinaus aus den Tälern der Vereinsabende, der Fabriken, der Agrariernot, der Zola-Romane, der Enzyklopädien, der Reimlexika, der Kleinheit und Gemeinheit. Die Pläne, Gedanken, Perspektiven sind immer weiter und größer, die Menschen selber immer kleiner geworden, sie sind überfüttert mit Emanzipationsidealen, Populärphilosophien, mit Caviar- und Reclamliteratur, man ist gewöhnt, mit den Sternen zu spielen, große und größte Gedanken als Dessert zu genießen, alles ist entwertet, die Kunst, das Wissen, die Leistung, nicht zum mindesten auch die Sprache, was immer ein Symptom der Fäulnis ist. Worte wie »schön«, »gut«, »licht«, »rein«, »schlecht«, »böse«, »häßlich« etc. gibt es kaum noch, kaum genügen die verschwenderischen Feuilletonphrasen noch dem verwöhnten Geschmack der Masse, da muß alles »dämonisch«, »phänomenal«, »frappant«, »hochgenial«, »wildschön«, »wahnsinnig verliebt«, »zauberschön«, »scheußlich«, »feenhaft«, »entzückend«, »wildschmerzlich« etc. sein. Da werden massenhaft die wunderbarsten Tragelaphen[7] von neuen Wortbildungen ersonnen, die entkeuschte Sprache von einem Brautbett ins andere gequält, und was bei Gaudy[8] und Heine noch frappant und originell ist, wird bei Voss, Jensen und den zahllosen Epigönchen absurd und albern. Wie schlicht und naiv ursprünglich klingen daneben die lächelnden Bildungen Meister Goethes, wenn er etwa den Bauer schildert, der den Schatz aufpflügt

»und findet golden-gold'ne Rolle,
Erfreut, erschreckt, in kümmerlicher Hand«[9].

(Ich zitiere, wie immer in Briefen, nach dem Gedächtnis.) Sie verstehen gewiß, was ich meine. Ich denke, es gäbe für Germanisten Besseres zu tun, als ängstlich den heimisch und klassisch gewordenen »Fremdwörtern« mit Spieß und Messer nachzulaufen, unsre modernen Literaten brauchen solche eigentlich wenig. Und dann sind diese alten Fremdwörter nicht griechisch noch lateinisch noch französisch, sondern international. Ich spreche auch nicht von Corridoren, Palais, Souterrains, Fauteuils etc., aber ich gebrauche mit Bewußtsein Wörter wie klassisch, antik, Renaissance, Germanismus, Epigone etc. etc., und es gibt eine Menge von Dingen, die nur der Lateiner so fein, klar, prägnant bezeichnen kann, so geistreich einfach – z. B. tertius gaudens etc.[10].

Ich habe nun allerlei berührt, ohne das einzelne jetzt klar ausführen zu können, lassen Sie sich das Stammeln zu Herzen gehen und erfreuen Sie mich bald wieder durch einen Brief! Leben Sie recht wohl!

Mit bestem Gruß Ihr Hermann Hesse

1 »Glücklich der, der fern allen Pflichten (lebt)«, Horaz ›Epodon Liber‹, Ode II, Vers. 1.

2 S. Brief Nr. 531, Fußnote 10.

3 Goethe, Faust I, 3. Akt, Studierzimmer (Mephisto).

4 Nach dem Original: H. Heine »Buch der Lieder«, Lyrisches Intermezzo zitiert. In H. Hs. Brief stand in der vorletzten Zeile nicht »gegossen«, sondern gegeben«.

5 S. Brief Nr. 499 mit allen Fußnoten und Anmerkungen.

6 Nach Bellamy, Edward (1850-1898); B. entwirft in seinem Roman »Rückblick aus dem Jahre 2000« (»Looking backward«, 1888) die Utopie eines Sozialstaates. Hesse las das Buch im Juni 1892. In einem Brief vom 12. 6. 1892 an den Vater berichtet er darüber. Vgl. »Kdht. u. Jgd. I«, S. 218.

7 »Bockhirsche«, altgriechische Fabeltiere.

8 Gaudy, Franz, Freiherr von, 1800-1840; 1818-33 Offizier, dann freier Schriftsteller; Gedichte und Novellen; zwischen Spätromantik und Frühmoderne.

9 Goethe, Faust II, 1. Akt (Mephisto).

10 »Der dritte freut sich (, wenn sich zwei streiten)« – »Der lachende dritte«.

533] *Johannes Hesse an H. H.*

Calw, 8. Februar 1896

L. H.

Onkel David [Gundert][1] hat uns Grüße von Dir geschrieben. Wir sind munter, auch Mama. Gestern ging sie ein wenig im Garten umher. Adele ist vergnügt in Carls Zimmer in Stuttgart. Bei Onkel H[ermann] in Reval ist ein Töchterlein[2] geboren.

Bitte sieh nach, ob Ihr im Antiquariat habt: I. Baumann, 79 Predigten über die Evangelien, 1865, Stuttgart, Hasselbrink. In Stuttgart ist's nirgends mehr zu kriegen. Herzlich grüßt Dein Papa H.

Solltest Du Professor Häring sehn, so sag' ihm Dank von mir für [die] Kreuzbandsendung (Abriß seiner exegetischen Vorlesungen). Gruß an Frau Dekan, Marulla, etc.

1 S. Anm. I.

2 Hesse, Elisabeth *(Lieschen)*, geb. 17. 1. 1896; Tochter von Benjamin, Karl, *Hermann* Hesse; geb. 1854 in Weißenstein, gest. 1910 in Berlin.

534] *H. H. an Johannes Hesse*

[Tübingen,] Sonntag, 16. Februar 1896

Lieber Vater!

Ich hatte den ganzen Abend so wildes Kopfweh, daß ich erst jetzt und nur wenig schreiben kann. Mutters Brief an Marulla las ich heute mit großer Teilnahme. Sonst kann ich wenig denken, auch lese ich momentan nichts Neues, sondern erbaue mich jeden Abend an großen, stärkenden Werken, so diese Woche an Vergil; bleibt meine Stimmung, so soll Homer folgen.

Bei Euch ist Gott eingekehrt und ich kann es nicht sagen, wie ich mit ganzer Seele an Euch denke, an Mama, an die »Stunde«[1], an alles. Mir gelingt es nicht, das Innigste und Höchste, das in mir ist, auszusprechen, es sei denn zuweilen

in einem Lied. Ein solches lege ich bei, das mir beim Anschauen des »Ecce homo« aufgegangen ist. Verzeih, daß ich letzte Woche nicht schrieb und heute nur die Verse schicke, ich will versuchen, bei der Regel zu bleiben und immer wenigstens kurz zu schreiben.
Die Arbeit ist nimmer ganz so viel, aber vielerlei, und ich spüre so wenig Leben und Kraft; etwas wie Schwermut macht mich müde und menschenscheu, nur zu Tante gehe ich oft, um ein wenig Klavier zu spielen; es tut mir wohl, so ohne Gedanken Akkorde zusammen zu suchen.
Hier ist das Lied[2]! Nimm es wohl auf, es sagt wenigstens, daß ich an Golgatha nimmer vorbeigehn kann – [...]
An Adele habe ich kurz nach St[uttgart] geschrieben, auch an Theo. Dir und den Lieben kann ich heute nicht mehr sagen, als daß ich täglich an Euch denke und jeder Mitteilung erwartend entgegensehe. Nur bangt mir immer, daß Mama sich überanstrenge! Herzlich küßt dich und alle

Hermann

P.S. Bitte, teile mir gelegentlich mit, ob wir dir den Baumann verschaffen sollen! H.

1 Wöchentliche Singstunde des Bekenntnisses zur Herrnhuter Brüdergemein(d)e, die sich seit 1722 auf dem Gut von Nikolaus Ludwig von Zinzendorf (1700-1760) in Berthelsdorf in der Oberlausitz bildete, den Pietismus als Quelle und urchristliche Brüderlichkeit als Ziel hat. In Korntal bei Stuttgart besteht seit 1819 eine Niederlassung der Herrnhuter Brüdergemeinde (ca. 1200 Mitglieder). Hesses Vater wie seine beiden Schwestern Adele und Marulla starben in Korntal. Vgl. »Kdht. u. Jgd. I«, Nachwort von Ninon Hesse, S. 513 ff.; bes. Sn. 544/545. S. Anm. II, Nr. 12.
2 S. Anm. II, Nr. 13.

535] *Maria Hesse an H. H.*

Calw, 19. Februar 1896

Mein teurer Hermann!
Dein Brief und Deine Verse freuten mich. Darfst keine Angst um mich haben, ich tu vorsichtig, bin aber sehr froh,

daß ich wieder arbeiten und ins Gärtchen kann. Ich hoffe, du freust dich nun auch auf die uns bevorstehenden Feste: am 12. April Hansles[1] Konfirmation, und 2. Mai Hochzeit [Theodor und Martha][2]. Es ist vorher Feiertag und nachher Sonntag, dazwischen der Samstag zur Hochzeit. Da hoffe ich, die drei Tage dürfest du dasein. Ich bin dankbar, daß nun für Martha so nett gesorgt ist in Freudenstadt.
Die Frühlingsmüdigkeit macht dir wohl auch jetzt etwas aus. Ich hoffe, du bekommst auch wieder neuen, frischen Mut. [...] In treuer Liebe küßt dich

Deine Mama

1 Johannes, genannt Hans Hesse, H. Hs. Bruder; s. Anm. I.
2 S. Brief Nr. 516, Fußnote 7.

536] *Johannes Hesse an H. H.*

Calw, 19. Februar 1896

Lieber Hermann!
Danke für Brief und Karte. Was Baumann, 79 Predigten betrifft, so habe ich von Tante Clara in Hirsau ein Exemplar erhalten und ihr 3 M dafür gegeben. In Stuttgart aber sagen sie, wenn man die Stadt umdrehe, so sei kein Ex[emplar] mehr aufzutreiben; daher wäre es mir immerhin interessant, wenn du die Sache im Auge behalten und gelegentlich in antiquarischen Katalogen nachsehen wolltest, wo etwa ein Exemplar zu haben ist und was dafür verlangt wird. Vielleicht würde ich dann sogar noch 1 Ex. kaufen. Zunächst aber habe ich jetzt nur noch ein Interesse der Neugier daran. Strenge dich also damit nicht an.
Dank auch für dein Gedicht[1]. Es ist ein unerschöpflicher Gegenstand und kein Mensch kommt zum Ziel außer eben hier, wo sich Gottheit und Menschheit so wunderbar vereinigt haben. »ECCE DEUS« kann man gut sagen. Ich glaube,

es gibt sogar ein Buch mit diesem Titel. Merkwürdig wie das Kreuz trotz alles Abstoßenden doch immer wieder zieht! und ebenso die Bibel!

[..]

Was meinst du, wer letzten Donnerstag abend mit mir aus der Stunde im Vereinshaus[2] durch die Ledergasse und über die Brücke ging? Niemand anders, als der alte Perrot[3] und seine Frau! Und vorher schon hatte er mir erzählt, wie er jetzt seine Bibel von der Bühne heruntergeholt habe, wo sie jahrelang gelegen, und wie er mit seiner Frau darin lese! Auch der katholische Zahnarzt R. liest jetzt in der Bibel, wie er mir selber sagte.

Es freut uns immer so sehr, von dir zu hören, daß du in gutem Gang und soweit zufrieden bist. Nur hätte ich dich gern noch gesunder und frischer, und da ist mir der Gedanke gekommen, daß vielleicht der Tabak dir schaden möchte. Ich sage nicht, daß du gerade zuviel rauchst, den größten Teil des Tages bist du ja im Kontor, aber weil alle Gegenstände, die von dir kommen, so einen intensiven Taböldduft haben, wie ich es sonst nirgends finde, [...]

Zu Theodors Hochzeit, 2. Mai, wirst du doch kommen dürfen? Wir machen's möglichst still und »familienhaft«. Mit Gruß und Kuß

dein Papa H.

1 S. Anm. II, Nr. 13.

2 Im Vereinshaus hielt die Brüdergemeinde ihre Gottesdienste, die sogen. »Versammlungen« ab.

3 Johann Immanuel Perrot (1835-1898), Vater von H. Hs. Lehrmeister Heinrich Perrot; s. Nr. 499 u. Fußn. 3.

537] *H. H. an Johannes und Marie Hesse*

Tüb[ingen], 21. Februar 1896

Liebe Eltern!

[...] Von Euren Berichten hat mich der über den alten Perrot fast am meisten gefreut. Trinkt er auch nimmer? Eine

Art von Schriftkenntnis hat er als Lehrerssohn immer noch gehabt. Was macht denn sein Sohn, der junge Meister?
Ich lese immer noch Vergil, nebenher einiges Dramaturgische, später wohl einige Italiener, Ossian, auch etwa Wieland, alles als Vorarbeit zu Goethe. Ich muß dazu jedenfalls auch griechische Mythologie und Ähnliches treiben, doch schiebe ich das hinaus, da ich vor etwaigen philosophischen Anwandlungen sehr Respekt habe, besonders vor Religionsphilosophie etc., dem Unfruchtbarsten, was ein Laie treiben kann. Es mögen Jahre vergehen, ehe ich etwas vom Ziel sehe, aber ich bin begierig, ob ein möglichst vollkommenes Begreifen Goethes meiner Bildung wirklich einen Abschluß geben wird[1]. Jetzt schon ist es jedenfalls gut, von der neusten Massenliteratur, die mich täglich umgibt und beschäftigt, öfters zu den alten, kräftigen Quellen, zur griechischen und lateinischen Literatur, zurückzugehen. Ich freue mich auf Homer und Sophokles, bei Vergil mischt sich schon allerlei Neues, Gemachtes in die naive Ursprünglichkeit, ist doch schon das nimmer naiv, daß die ganze Aeneis auf einer breiten Tendenz ruht, die trotz ihres patriotischen, frommen Gehaltes nicht die epische, absichtslose Sachlichkeit und Selbstgenügsamkeit des Homer ersetzen kann. Es kommen mir beim Vergil allerlei Gedanken, vor allem der, daß ohne eine Maschinerie von Göttern, an die der Dichter wie sein Volk glaubt, kein Epos sein kann, daß deshalb die ganze Neuzeit kein Epos hervorgebracht hat und hervorbringen kann, am meisten fraglich scheint mir, ob ein christliches Epos möglich ist. Von den monströsen Epen, der »Messiade« etc. ganz abgesehen, glaube ich, daß einem christlichen Epos neben der bunten Göttermenge vor allem ein *Volk* fehlt; es wäre daher das Alte Testament eher ein epischer Stoff, wenn es nicht von Anfang an einen so scharf bestimmten, drängenden Grundgedanken hätte, der es ebenfalls unepisch macht. Aber wenn es eine

griechische Bibel gegeben hätte, wäre auch kein Homer möglich gewesen, die Bibel ist so groß, so einzig, daß sie meines Ermessens selber eine dichterische Behandlung ihres Inhaltes verbietet, es ist eben nicht in Menschenkraft, dies Große, Einzige zu bewältigen. Die großen Schicksale alter Griechen, das Entstehen der Weltmacht Rom, beide fanden den Meister, der sie in schöne Form fesselte, die Bibel ist dafür viel zu groß, sie kann mit Menschen-, mit Dichtermacht nicht bewältigt werden, weil sie über uns steht und dem, der sie liebt, in ein paar kleinen Versen, in einem einzigen Kapitel für ein ganzes Leben zu staunen und zu sinnen gibt. Die Paulusbriefe hat ein Mensch verfaßt, aber die Inspiration des ganzen alten Testamentes steht mir fest, das ist von Gott geschrieben, wie das Buch der Berge, Wälder, Meere, nur größer und ewiger.

Es reicht heute nicht weiter, Besseres zu schreiben weiß ich nicht, und möchte doch, solang es geht, womöglich wöchentlich einmal schreiben. Eure Briefe sind mir immer so lieb und wohltuend! Schreibt mir wieder und wißt, daß ich täglich an Euch denke, wenn es auch unmöglich ist, dem einzelnen zu schreiben. Grüßt diesmal besonders Hans, dem ich von Konfirmation und Vorbereitung reichen Segen wünsche. Hat er sich darüber getröstet, daß es mit Chevaliers nicht geht[2]? Und ist sonst etwas für ihn im Werden?

Herzlich küßt Euch Euer

Hermann

1 Vgl. Hermann Hesse: Dank an Goethe: Betrachtungen, Rezensionen, Briefe, mit einem Essay von Reso Karalaschwili, neu zusammengestellt von Volker Michels; insel taschenbuch 129, 1975.

2 Hans Hesse suchte eine Lehrstelle als Kaufmann. S. Nr. 521.

538] *Marie Hesse an H. H.*

Calw, 22. Februar 1896

Mein lieber Hermann!

Heute erhielt ich ein Brieflein von Herrn Schrenk[1]. Ich hatte ihm gesagt, er möchte auch für Dich beten, daß Du ein glücklicher Mensch werdest, und das ist nun seine Antwort. Ich denke, Du nimmst's von ihm und von mir in Liebe auf, weil's aus Liebe floß. [...] Ich hoffe, in der Karwoche kriegst Du doch einige Tage zum Heimkommen. [...] Carl schrieb, er gehe Montag nach Stuttgart zurück, Adele haust noch dort auf seiner Bude und wollte morgen Schrenk hören, der bis zum 8. März in Stuttgart ist. [...] Alle grüßen Dich schön. Innig küßt Dich

Deine Mama

1 S. Nr. 524 und Nr. 542.

539] *Elias Schrenk an H. H.*

Barmen, 20. Februar 1896

Lieber Hermann!

Deine Mama hat mir gesagt, ich soll für Dich beten. Das will ich tun; aber ich dachte, ich wolle Dir auch ein Brieflein schreiben, obschon Zeit und Kraft nicht reichen wollen, da so viele Anliegen an mich kommen u[nd] meine abwesenden Söhne auch ihre Ansprüche machen. – Du bist dem Heiland nahe, u[nd] Er ist Dir nahe. Nun mache es kurz: in dem schönen Liede N 286 Württemberg[isches] Gesangbuch Vers 1, heißt: »Wie Du bist, so darfst Du kommen u[nd] wirst gnädig aufgenommen.« Dasselbe sagt der Heiland Joh. 6, 37: »Wer zu mir kommt, den werde ich nicht hinausstoßen!« Was hast Du also zu tun? Du hast Dich dem Heiland einfach zu übergeben mit Leib und Seele; gerade wie Du bist. Er hat Dich erkauft mit Seinem Blute,

Du gehörst Ihm. Sage ein herzliches, glückliches Amen dazu und danke Ihm. Der Herr hat sich in Deinem Elternhause erwiesen als einen lebendigen Heiland; nun kommt Er zu Dir, und will es bei Dir tun. Ihm sei Dank!
Mit herzlichem Gruß und Fürbitte

Dein E. Schrenk

540] *Johannes Hesse an H. H.*

Calw, 22. Februar 1896

[...] Kriegst Du auch das Ev[angelische] Kirchenblatt für Württemberg[1], das jetzt Dekan Römer herausgibt? Ich habe schon ziemlich viel hineingeschrieben, in Nummer 5 auch über Herrn Schrenk[1], sonst über Mission.
Hast Du auch schon Professor Gottschick[2] gesehen? Ich habe ihn noch nie getroffen. Und wer ist wohl der Professor Meyer[3], der neulich, wie ich in der Zeitung las, im akademischen Missionsverein ein warmes Wort für die Sozialdemokratie soll geredet haben? Ich weiß nicht, werden die letzteren dort als Missionsobjekt oder als Missionssubjekt besprochen! [...]

1 S. Nr. 524, Fußn. 2.
2 Gottschick, Johannes Friedrich (1847-1907), evang. Theologe; 1872-1882 im Schuldienst tätig; 1882 Prof. für praktische Theologie in Gießen, seit 1892 in Tübingen; Vertreter der Schule von Albrecht Ritschl (1822-1889).
3 S. H. H. im 4. Absatz des Briefes vom 27. 2. 96, Nr. 541.

541] *H. H. an Johannes und Marie Hesse*

Tübingen, 27. Februar 1896

Liebe Eltern!
Herzlichen Dank für die Briefe vom Sonntag, sowie den heutigen von Papa! Ich habe den Brief von Herrn Schrenk nicht mißverstanden, ich weiß, »daß es aus Liebe floß«,

wie Mutter sagt; obwohl es mich anfangs befremdete. Ich bitte nur, laßt uns selber zusammenhalten und herzlich verkehren – weshalb durch Dritte? Wie ich zur Bibel stehe, daß ich sie mehr lese und liebe als jedes andre Buch, auch als Goethe, wißt ihr; es mag Euch schmerzlich sein, daß unsre Gottesdienste mich nicht fesseln, daß ich nicht zum Abendmahl gehe, überhaupt lieber im eignen Zimmer und Herzen mich erbaue als mit tausend andern, und vielleicht wird sich mein Empfinden auch hierin noch wesentlich ändern, aber daß dies durch eine Absicht Dritter in plötzlicher Weise geschehe, widerstrebt im Innersten meiner ganzen Eigenart. Versteht mich nicht falsch, und laßt durch nichts unsern offenen, herzlichen Verkehr trüben!
[...]
Nun will ich in Kürze Papas Fragen beantworten, soweit ich kann. Rümelin[1] bittet, ihm das Manuskript hierher (Adr. stud.theol. im evang. Stift) zu senden. Der Verfasser ist inzwischen gestorben, und [es besteht] kein dringender Wunsch mehr, es zu drucken.
Das »ev. Kirchenblatt«[2], von dem Papa schreibt, ist doch das bei Onkel David [Gundert] erscheinende? [...]
Professor Gottschick ist ein großer, etwas auffallender Mann, Ritschlianer, seine Haupttätigkeit ist praktisch, er hat die Leitung der Predigtübungen. Seine Kollegen machen nicht von sich reden. Was er eben liest, weiß ich nicht, will aber doch danach fragen.
[*H. H. erklärt sich bereit, über jenen Professor Meyer (vgl. Nr. 540) genauere Auskunft einzuholen* – »doch dürfte es sich kaum lohnen« ... Bedeutung können seine Worte kaum haben« (H. H.).]
Meine Abende füllt neben Buchhändlerischem noch immer Vergil. Ich bin am zehnten Gesang. Mir steigert sich immer noch die Freude an dem Werke, und es war mir interessant, daß der gepriesene vierte Gesang nicht der Kulminations-

punkt meines Genießens war. Von den letzten Gesängen war mir der achte und neunte (beide sehr kontrastierend) am liebsten. Ich bemerke mit Freude, wie es mir allmählich gelingt, die Gesetze des Kunstschönen, die ich bei Lessing und Goethe–Schiller gelernt, in den antiken Dichterwerken wieder zu finden, nach ihnen zu genießen und zu urteilen. Ich hoffe, mit vielfach geklärtem Urteil und Geschmack zu Goethe vorzuschreiten, wenn mich auch zunächst ganz andere Lektüren, wie Ossian, beschäftigen werden. Auf Ossian bin ich gespannt; er ist von allen den Großen jener Epoche wohl der einzige, von dem ich noch kein Wort gelesen, also wohl der, über den mir ein freies Urteil, wenn ich ihn nun lese, am ehesten möglich sein wird. Ich denke möglichst rasch zu Goethes Studium vorzudringen, so schwer es ist, den Plan der Vorarbeiten zu begrenzen. Das letzte vor Goethe selber wird wohl Lessings Laokoon und vielleicht Winckelmann sein, Herdern, und noch mehr Klopstock, denke ich zunächst möglichst beiseite zu lassen, Shakespeare-Studien werden kaum nötig sein. Am ungernsten denke ich an Tasso oder gar an Dante, da ich fürchte, wenn ich sie beginne, werden sie mich in einen Wust neuer Studien verwickeln und mehr ablenken als vorbereiten. Da ich keineswegs im Sinn habe, ein Faustkritiker zu werden, wird wohl Dante für mich auch kaum in Betracht kommen. In der Hauptsache ist mein Plan, die antike Dichtung, in die mich jetzt Vergil einleitet, in großen Hauptzügen (Homer, Sophokles, Euripides – Vergil, Ovid) zu erfassen, dann Ossian und andre, die Goethe'n direkt beeinflußten, etwas vollständiger kennen zu lernen und mit der Ästhetik Lessings die Vorarbeiten zu schließen. Eine seltsame Scheu habe ich jetzt noch vor Sophokles, den ich auch wenig kenne, und lieber läse ich dreimal die ganze Odyssee, als einmal den ganzen Sophokles. Der Begriff des Dramatischen ist ein so ganz anderer bei Shakespeare, überhaupt bei den Germanen, als bei den Griechen; und außerdem ist die dramatische Kunst fast von allen diejenige, die meinem Empfinden am wenigsten verwandt scheint, deren Ästhetik mich am wenigsten lockt. Damit mag meine Vorliebe für Goethe zusammenhängen, in dessen Wesen auch das Dramatische nirgends kräftig hervortritt. Außer »Götz« (und der »natürlichen Tochter«?) hat Goethe ja eigentlich kein echtes Drama geschrieben, d. h. kein Bühnendrama, und gerade später, als er die Bühne selber als Intendant genau kennen lernte, hat er nichts Bedeutendes mehr für die Bühne hervorgebracht. Seinem gesunden Wesen war in dieser künstlichsten aller Künste, in der der Dichter nur halb Dichter sein darf, nicht wohl. Ich glaube, er arbeitete für die Bühne, wie er auch Osteologie[3] oder orientalische Poesie trieb. Ganz anders Schiller! Er war nur dann ganz Dichter, wenn er Dramatiker war, seine Begabung drängte in diese dramatische Spitze, er besaß die schöne, aber beschränkte Einseitigkeit, während Goethe nirgends dramatisch anschaut, nirgends Zwecke sieht; nirgends Absichten hat, sondern sich in der breiten, allseitigen Wirklichkeit wohlfühlte. Einem tollen Mathematiker müßte Schiller als Pyramide oder Kegel, Goethe als Kugel erscheinen. So ist es bezeichnend, daß Schiller in Zeiten, da er das Theater kaum kannte, besser für die Bühne schrieb als Goethe, da er das ganze Theaterwesen kannte. Im Drama muß alles auf den Schluß hin drängen und weisen, und Goethe liebte viel mehr die Gegenwart, die er malte und mit seinen sinnigen Arabesken umrankte, er hat, was er auch schreibt, nur die Absicht, eben dies möglichst vollkommen zu tun, und einem notwendigen Schluß vorhergehende schöne Episoden zu opfern, mußte ihm im Innersten widerstreben. Deshalb bieten seine Dichtungen nicht das, was wir spannende Unterhaltung nennen, was im Wilhelm Meister am deutlichsten ist, der gar keinen Schluß hat, in dem lange,

breite Episoden, wie die Bekenntnisse der schönen Seele, sich finden, die der Entwicklung auch einer inneren Handlung in keiner Weise dienen, sondern eben da sind, wie Bäume und Berge, weil sie natürlich gewachsen sind. So Goethes dramatische Figuren, selbst seine Helden! Man darf sie nicht fragen, warum sie so und so reden und handeln, sie stehen da wie Statuen, ohne viel Zweck, existenzberechtigt nur durch ihre fröhliche Fülle und Schönheit. Goethe sagte sich eben, daß die Kunst keinem Zweck dienen dürfe, auch keinem theatralischen, künstlerischen Zweck, gerade wie Statuen nicht dazu da sind, etwa Hüte dran aufzuhängen. Wo diese Anschauung krank wird, wo sie die Selbstherrlichkeit des Poeten auf alles, auf Denken und Leben, anwendet, nenne ich sie Romantik. Wenn die Goethesche Anschauung krank wird, was sie bei Goethe selbst nicht tut, wird sie zur romantischen, und Goethe allein steht fest wie auf festem Boden auf diesem schlüpfrigen höchsten Gipfel, zwischen Real und Ideal, zwischen Griechisch und Deutsch, zwischen Antike und Romantik. Wenn er Romantiker ist, wie manche wollen, so ist er doch der einzige Romantiker, der das Roß der Ottaverime, der Alexandriner und Distichen zu lenken versteht.
Hier bemerke ich mit Schrecken, daß es schon 11 Uhr ist; ich muß jetzt ins Bett und kann nur noch Euch gute Nacht wünschen. Nächstesmal mehr! Herzlich küßt Euch Euer dankbarer

Hermann

1 S. Anm. I. – Am 30. September 1895 hatte Theodor Rümelin ein Manuskript seines 80jährigen Onkels: »Geschichte der Vereinigten Staaten«, an Johannes Hesse geschickt, mit der Bitte zu prüfen, ob es für den Calwer Verlagsverein geeignet wäre.
2 S. Nr. 524, Fußn. 2.
3 Griech.: Knochenlehre.

542] *Johannes Hesse an H. H.*

Calw, 27. Februar 1896

[...] Vom jungen Perrot weiß ich nichts, außer daß er viel in Schrenks Vorträgen war. Eben hab' ich ein Monatsblatt über die armenischen Greuel[1] fertig gemacht. So etwas Schauerliches ist aber doch in diesem Jahrhundert noch nicht dagewesen. Auch ein lieber Freund von mir, Pastor Hajop Abuhejatan in Urfa ist als Märtyrer gefallen. Anno 1877 war er bei uns in Calw.

Wir alle grüßen. Dein Papa H.

1 S. Brief Nr. 517, Fußnote 2).

543] *Johannes Hesse an H. H.*

Calw, 1. März 1896

Lieber Hermann!

Danke für Deinen Brief. Es ist Sonntag morgen. Mama ist mit Frau Oberförster [Hepp] nach Stuttgart gefahren, damit diese auch etwas von Schrenk habe, und Mama selbst möchte ihn auch gern noch einmal sehen. Sag' von dieser Expedition aber niemand etwas, auch bei Tante Elisabeth sollte man nicht davon sprechen. Sonst gibt's ein großes Geschrei, was die Mama alles ausführen könne; und ihre Beine sind doch noch sehr schwach, so daß sie hier noch nie über die Straße gegangen ist. Das ist auch ein Zeichen der Zeit, der unter dem Zeichen des Verkehrs stehenden, daß man leichter von Calw nach Stuttgart kommt als aus dem eigenen Haus z. B. in die Kirche oder ans andere Ende der Stadt.

[...] In Eile grüßt Dein Papa H.

544] *H. H. an Johannes und Marie Hesse*

Tübingen, 7. März 1896

Liebe Eltern!

Papas Mitteilung von der Reise der lieben Mutter hat mich gewaltig überrascht, und ich bin äußerst gespannt, über Verlauf und Folgen zu hören. Ich habe doch Angst, es möchte ihr zu viel werden. Laßt mich darüber nicht lange im ungewissen!

Letzten Sonntag war ich einige Stunden bei Fräulein von Reutern[1] und habe mich sehr gut mit ihr unterhalten, da wir beide mit viel Interesse, zum Schrecken der zahlreich anwesenden Jugend, über russische und französische Literatur sprachen. Nächsten Sonntag will ich zu Frau Landgerichtsrat Kieser[2] (früher in Göppingen), die ich nicht zu besuchen wagte und die mir jetzt sagen läßt, ich möchte doch einmal kommen. Vorgestern war ich bei Professor Häring, dessen Schrift δικαιοσύνη θεοῦ[3] bei uns in Kommission ist. Ein Exemplar, sagte er, habe er schon an Papa geschickt. Er war wieder sehr freundlich. Die Sonntagabende bin ich gewöhnt, meist bei Tante Elisabeth[4] zu sein. Wir musizieren, spielen viel Halma, zuweilen mache ich mit Vetter[5] auch ein Kartenspiel, natürlich nicht um Geld oder Gewinn. So ungern ich in Gesellschaft bin, d. h. so ungern ich spreche, so fällt es mir doch schwer, einen ganzen Sonntag völlig allein zu sein, und ich bin für Tantes Gastfreundschaft sehr dankbar, besonders weil ich ihren Kaffee nimmer in Anspruch nehmen muß, da mir Frau Dekan[6] jetzt sonntags solchen aufwartet. Sehr lieb wäre es mir, wenn ich bei Kiesers bekannter und etwas heimischer würde, das sind liebe, feine Leute. Frau Kieser hat drei Theologen, zwei Söhne und einen Neffen.

Den Vergil habe ich fertig gelesen und fühle Mut, gleich den Homer anzugreifen, und zwar beide Gedichte. Ich werde längere Zeit dazu brauchen, doch was schadet's?

Eine gewisse Feigheit läßt mich den Sophokles immer hinausschieben. Papa möchte ich fragen, ob er eine recht gute metrische Horaz-Übersetzung kennt, sowie ob er Vergils »ländliche Gedichte« gelesen hat und sie mir empfiehlt. Ovid lese ich jedenfalls. Der Stoff häuft sich, aber ich kann manches abschneiden, da ich einige Griechen (Xenophon, Isokrates etc.) schon genügend kenne, und dann eile ich ja auch nicht, für Homer z. B. will ich, wenn die Stimmung anhält, gern zwei, drei Monate rechnen, da ich langsam lese, manches wiederhole und überdenke etc. Nur den Plan zum Lesen der Alten möchte ich möglichst bald übersichtlich vor mir haben. Ich hätte nie gedacht, daß ich mit solcher Wärme zu den Alten zurückkehren würde, daß ich, was mir früher lächerlich schien, ein Goldsucher würde, der mit Wonne in den Büchern der antiken Welt den lachenden Goldadern nachläuft. Wäre nicht Goethe mein Ziel, so würde mich wohl nichts so bald aus der trojanischen Ebene und dem steinigen Ithaka, aus dem attischen Treiben und aus dem Mikrokosmos des forum Romanum hinweglocken. Ehe ich Homer beginne, muß ich am Ende nochmals die mannigfachen Irrgänge der griechischen Mythologie durchlaufen, mir über das Wesen der Nymphen, über die Abstammung der Titanen u.s.f. wieder klar werden, um die sinnvollen, reizenden Götterintriguen Homers recht genießen zu können, die schon in ihrer abgedeckten Gestalt bei Vergil mich ergötzten. Diese bunte Welt ist mir, vom eigentlichen Olymp an abwärts, etwas fremd und wirr geworden, und doch, wenn man die griechische, frohe und doch immer sinnige Art verstehen will, sind dazu diese Faune, Nymphen, Dryaden, Halbgötter etc. in ihren endlosen Abstufungen wichtiger als alle alten Bücher. Ich denke dieser Tage irgend eine kürzere Götterlehre anzusehen und zugleich mich in die Ilias einzuleben. Zuweilen lese ich etwas Latein, seltener Griechisch, aber ich sehe, daß ich unmöglich die Alten, besonders die Griechen, im Original lesen könnte – es würde unsäglich viel Zeit und Mühe kosten, und im Griechischen müßte ich mehr lernen, als ich schon weiß. Leid tut es mir freilich, daß ich nicht aus der Quelle schöpfen kann, doch gibt es zum Glück treffliche Übersetzungen, die mir zur Verfügung stehen.

den 11. März

[*Äußerungen zum Alltag im Haus J. Hesse, Calw, insbesondere auch zu Plänen von Hans und zum Sonntag.*]

Herzlich küßt Euch Euer dankbarer Hermann

1 Leiterin eines Mädchenpensionats in Tübingen, das sowohl Adele wie Marulla Hesse besuchten.

2 Mutter von Hermann Kieser. Kieser wurde Primus im Landexamen. Er wohnte mit H. H. in Maulbronn in der Stube »Hellas«. Vgl. »Kdht. u. Jgd. I«, S. 94, 103, 169.

3 Th. Haering: »δίκαιοσύνη θεοῦ bei Paulus«, Tübingen, 1896.

4 S. Nr. 506, Fußn. 1.

5 S. Nr. 520, Fußn. 3.

6 S. Nr. 506.

545] *Marie Hesse an H. H.*

Calw, 10. März 1896

Mein lieber Hermann!

Ob es bei Euch auch so unaufhörlich regnet wie bei uns? Wir haben seit vorgestern Abend Überschwemmung in Calw; gestern früh flutete die Nagold rauschend an unsrem Haus vorbei, erst gegen 11 Uhr konnte die Haustür geöffnet werden, der Hausflur war ganz voll Wasser und jetzt noch können bei Staudts und am Waldhorn die Leute nicht ohne Bretter und Notstege heraus. Alles geht jetzt die Notwege hinten am Garten. [...]

Wann und wie lange darfst du kommen? Wir richten dir jedenfalls ein Zimmer allein. Leider kann Onkel David[1] nicht zur Hochzeit[2], weil er [am] 2. Mai in Leipzig ist. Er war an Tante Jettles[3] Geburtstagsfeier auch im Steinhaus[4], es war zugleich meine Genesungsfeier, und ich konnte zu Fuß nach Hause, war auch am Donnerstag im Vereinshaus in Vaters Bibelstunde, wo er dann im Gebet dankte für meine Genesung. Gott mit dir! liebes Kind!

Innig küßt dich deine Mutter. Alle grüßen.

1 S. Anm. I: Gundert, David.
2 Theo Isenberg und Martha Cohen heirateten am 2. Mai 1896 in Calw.
3 S. Anm. I: Ensslin, Henriette.
4 1650 schlossen sich zwölf Calwer Tuchmacher- und Färbereifamilien zur sogenannten Calwer Compagnie zusammen, die bis 1797 bestand. Einer der Compagnie-Verwandten: Johannes Schill (1664-1736) ließ sein Haus von Südtiroler Baumeistern zum Schutz gegen Feuer in Stein errichten. H. Hs. Onkel Friedrich Gundert bewohnte dieses »Steinhaus« 1875-1925.

546] *H. H. an Dr. Ernst Kapff*

Tübingen, 14. März 1896

Verehrter Herr Doktor!

Nehmen Sie meine herzlichen Glückwünsche zur Verlobung! Ich denke, Sie sind zu festlich gestimmt, um einen meiner gewöhnlichen Briefe zu goûtieren, und lasse daher für heute alles Theoretisieren. Aber schreiben wollte ich doch und meiner angenehmen Pflicht nicht durch eine frostige Gratulationskarte genügen.

Offen gestanden, seit 14 Tagen liegt in meinem Pult ein begonnener, süß-saurer Klagebrief, da mich Ihr langes Schweigen betrübte. Ich beschwor darin den Dichter, den Lehrer, den Politiker, mich nicht gar zu vergessen. Nun freut es mich, ein so freudiges Motiv Ihres Schweigens zu sehen – nochmals herzlichen Glückwunsch!

Nun aber möchte ich Sie bitten, trotz Ihres Glückes, trotz der neuen Freuden und Sorgen, sich gelegentlich meiner zu erinnern. Stellen Sie mich Ihrer verehrten Braut als zarten Musensäugling vor, der noch Ihres Rates bedarf! Es wird mir schwer, Ihre vielfach anregende Korrespondenz zu vermissen[1]. Es ist natürlich, daß ich jetzt, in diesen Tagen, Sie nicht um einen Brief bitte, aber später denken Sie an mich! Sie wollten etwas über meine *Lyrica* schreiben, noch lieber hörte ich von Ihren Dichtungen (»letzt.Recht«, »Sekundant«, etc.) etwas.

Mich nimmt in meiner kargen Freizeit das Lesen der Alten zu sehr in Anspruch, als daß ich viel Eigenes hervorbringen könnte. Vergils Aeneis habe ich gelesen, und bin nun an der Ilias. Doch pocht zuweilen die lyrische Ader, und dieser Tage erschien ein Gedicht von mir im »Deutschen Dichterheim«[2].

Mir macht Homer unendlich viel Vergnügen und ich fühle Lust, noch einige Zeit mich der lustigen Götterfamilien und ihrer Intriguen zu freuen. Diese homerische Welt, voll Sonne und Kraft, seine Bilder, die lärmenden Städte, die schwarzen Schiffe, seine Menschen, die ewigen Gestalten des Achill, des Nestor und Odysseus, ist doch das Reichste, Größte, was wir besitzen. Und gar die Götter Homers, die an langen Tischen Schmausenden, deren unsterbliches Gelächter den hinkenden Schenken Vulkan begleitet, der Herrscher Zeus, der so gewaltig die Geschicke im Geist wälzt und so vielerlei daneben umzutreiben hat, worüber er mit der goldenthronenden Hera in Zwist gerät.

Doch kann ich darüber ein andermal plaudern, heute darf ich mich nicht in *aestheticis* verirren. So soll denn etwas Lyrisches den Platz füllen[3]. [...] Nun genug! Daß Sie so aufmerksam waren, auch mir die Anzeige zu senden, dafür besten Dank! Es hat mich so sehr gefreut, von Ihnen gute Kunde zu erhalten! Denken Sie zuweilen an mich und lassen Sie mich mit wiederholtem Glückwunsche schließen!

Ihr Hermann Hesse

1 S. Brief. Nr. 499, Fußn. 1.
2 S. Nr. 548, Fußn. 3.
3 S. Anm. II, Nr. 14.

547] *Johannes Hesse an H. H.*

Calw, 21. März 1896

[...] Als ich neulich wegen Carl bei Rektor Weizsäcker war, fragte ich ihn, was jetzt die beste Horaz-Übersetzung sei. Er nannte Kayser für die Oden und Bacmeister für Satiren und ich glaube auch Episteln; meint aber, die Übersetzung vom alten Wieland sei immer noch sehr lesenswert. Nicht besonders gut war er auf Vergils Bucolica zu sprechen, die Georgica dagegen empfahl er sehr. [...] Heute kam ein Brief von Herrn Hinderer[1], der das Leukhardtsche Geschäft gekauft hat: er sei bereit, Hans vom 1. Oktober an zu nehmen, doch so, daß der Junge bei uns Wohnung und Mahlzeit hat. Es wird wohl dabei bleiben. [...]

1 Vgl. Brief Nr. 521, Fußn. 4.

548] *H. H. an Johannes Hesse*

[Tübingen, undatiert;
zwischen 22. und 25. März 1896]

Lieber Vater!

Dank für Deinen lieben Brief! Die Beilage will ich heute noch Herrn Professor Häring bringen. Von Tübingen wird Euch Marulla erzählen. Ich freue mich des mächtig einbrechenden Frühlings. Ich beginne seit zwei Tagen die Arbeit um 1/2 8 Uhr und darf um 7 Uhr aufhören. In der Nachmittagspause steige ich jeden Tag auf den Schloßberg, liege eine Viertelstunde in der Sonne und genieße die weite, prächtige Aussicht auf die Alb. Seit du vom Rauchen geschrieben hast, versuchte ich, es zu beschränken, und ich kann jetzt berichten, daß es mir gelungen ist, weniger und gleichmäßig zu rauchen, d. h. täglich nur *eine* Zigarre (resp. Pfeife) und nicht mehr. Nur der Sonntag macht noch eine Ausnahme.

Meine Lektüre ist jetzt die Ilias, sowie das Prellersche Werk über griechische Mythologie[1], zunächst ist es die Theogonie, die mich beschäftigt. Ich merke, daß ich früher bei den Alten, besonders bei Homer, manche bedeutsame Stelle überlesen, und bewundere bei Homer nicht bloß die frische, sonnige Kraft des Ganzen, sondern auch die poetisch-mythische Fülle der einzelnen Verse. Ich verspüre große Lust, auch Hesiod vorzunehmen, muß es mir jedoch zunächst versagen, um meinem Plan treu zu bleiben. Dir und Herrn Rektor Weizsäcker [Calw] Dank für die Auskunft über Horaz! Ich denke die Wielandsche Übersetzung zu lesen. Zunächst wird mich Homer noch längere Zeit beschäftigen, da ich beide Epopoeen lesen will. Freilich, da verblaßt der Vergil, und ich bin froh, daß ich ihn vor Homer gelesen. Von den Lateinern zieht mich nebst Horaz besonders Ovid an. Das *nil admirari*[2] verläßt mich gänzlich beim Lesen der Alten.
Ich bin heute recht vergnügt und nicht ganz in der ästhetisch-philologischen Stimmung, lassen wir daher Homer für heute ruhen! In Ermangelung besserer Mitteilungen setze ich ein paar harmlose Verse her, die ich heute in der Morgenfrühe geschrieben. [...]
Das »Deutsche Dichterheim« in Wien beginnt nun einige Gedichte von mir zu drucken[3].
Daß Martha wohlauf und so vergnügt ist, freut mich herzlich, ebenso, daß für Hansli[4] etwas Sicheres gefunden scheint. Daß er zuhause wohnen kann, wird ihm die Lehrzeit sehr erleichtern.
Durch Marulla schickte ich Euch einen alten Uhland und die vier Bände Goethes ausgewählte Werke zurück, die ich mitgenommen hatte.
Uhland hab ich jetzt selber, auch schon den größeren Teil von Goethes Werken. Von Euch habe ich nur noch den 2. Band von Scherrs Weltliteratur (broschiert)[5], den ich ge-

legentlich zurücksende. Wenn Ihr Euch von Geibel für einige Zeit trennen und mir das Buch durch Marulla seinerzeit schicken könntet, wäre ich sehr dankbar.
Vetter Hermann schreibt zufrieden von Ulm, auch mir eine Karte. Von Dr. Kapff, der die letzte Zeit geschwiegen, kam neulich eine Verlobungsanzeige.

Nachmittags

Herr Professor[6] dankt für Deinen Brief – er werde beherzigen, was drin steht. Mir will er nächstens eine neue, vorzügliche Übersetzung der Chöre des Sophokles leihen. Es ist jetzt recht schwül und droht Regen, den Abend will ich zu Tante Elisabeth flüchten. Lebt wohl!
Herzlich grüßt Alle Euer Hermann

P.S. Goethe schreibt einmal von einem »Räderalbus«. Weißt du, was das ist?

1 L. Preller: »Griechische Mythologie«, 2 Bde., Leipzig 1854.
2 »Nichts anstaunen (oder bewundern)«; von Plutarch (ca. 50-125 n. Chr.) dem Pythagoras (ca. 570-496 v. Chr.) zugeschriebener Ausspruch; lateinisch bei Cicero: »Tusculanen«, III/14, 30 und bei Horaz: »Episteln«, I, 6, 1.
3 Im »Dichterheim« 16, S. 312 erschien von H. H.: »Makuscha I« (In der Nacht, im Traum) und »Makuscha II« (Es war ein Traum – vor mir unendlich).
4 S. Nr. 521, Fußn. 4.
5 Scherr, Johannes; 1817-1886; Schriftsteller, Kultur- und Literarhistoriker; Politiker; seit 1860 Prof. der Geschichte in Zürich; »Bildersaal der Weltliteratur«, 3 Bde., 1848; »Allgemeine Geschichte der Literatur«, 2 Bde., 1851.
6 Haering; Brief bisher nicht aufgefunden.

549] *Johannes Hesse an H. H.*

Calw, 25. März 1896 [Postkarte]

Lieber Hermann!
Dank für Brief und Gedicht. Beiden spürt man den Frühling an.
[...] Räder*albus* ist nach Adelung[1] kölnischer Name für die Kaisergroschen wegen des darauf geprägten mainzischen Rades, nach Grimm[2] = Rädergroschen = Reichs-

pfennig = Räder*weiß*pfennig, d. h. Weißpfennig mit dem Mainzer Wappen, dem Rad. Adele riet gleich, es werde wohl eine Münze sein; weiß nicht, wie sie darauf kommen konnte. Herzlichen Gruß von Papa

1 Adelung, Johann Christoph, 1732-1806; Sprachforscher und Lexikograph; »Versuch eines vollständigen grammatisch-kritischen Wörterbuchs der hochdeutschen Mundart, 5 Bde., 1774-86.

2 Grimm, Jacob, 1785-1863; Germanist, Begründer der germanischen Philologie wie des »Deutschen Wörterbuchs« (16 Bde., 1852-1961; 1965 ff. neu herausgegeben, Dt. Akad. d. Wiss., Berlin und Akad. d. Wiss., Göttingen).

550] *H. H. an Johannes und Marie Hesse*

Tübingen, 29. März 1896

Liebe Eltern!

Bei dem abscheulichen Wetter bin ich heut ganz zu Hause. Von den Dächern schmilzt der gestern reichlich gefallene Schnee und der Schmutz ist bodenlos. [...]

Im Geschäft geht es unregelmäßig zu, oft fehlt es mir für Stunden fast an Arbeit, dann kommt wieder Überfülle. Mit Beginn des neuen Semesters wird es wohl wieder lebhafter werden. [...]

Dem lieben Papa danke ich für seine Karte mit der Auskunft über den Räderalbus. Eine Münze dachte auch ich mir darunter, Albus (= Weißpfennig, Weißgroschen) kommt, wenn ich nicht irre, schon im Simplex Simplicissimus vor.

Papa wird es auch interessieren zu hören, daß ich dieser Tage die Reise des Cheirisiphos[1] (Handweis) durch Boeotien las. Das ist köstlich geschrieben, die Gestalt des Bauern aus Kolon ist famos, auch die Versammlung des bötischen Schulmeistervereins. Und Apollo wird als relegierter Student und Staatsgefährlicher strafrechtlich verfolgt! Das Ganze ist klassisch und hat mich sehr ergötzt, da es nicht

bissig, sondern mit gutmütig überlegenem Spott, also im guten Sinn humoristisch geschrieben ist. Dies gilt besonders von der Parodie auf Darwin'sche Entwicklungslehren, sowohl in der Beschreibung der Tierentwicklungsschule, als besonders in der kräftigen Ironie, die dem Entwicklungsprofessor einen unwiderlegbaren Pudel geboren werden und diesen sich darob freuen läßt. Man merkt auch mit Behagen, daß der Verfasser Xenophon wirklich kennt und begreift, denn die sorgliche Schreibweise der »attischen Biene« ist famos nachgeahmt.
Ich besann mich, ob ich Ostern nach Calw kommen solle, gab den Gedanken aber wieder auf. Wenn es doch nur ein Tag oder zwei sein soll, so ist etwa Pfingsten besser. Freilich wäre ich gern gekommen, Mama zu begrüßen, auch tut es mir seltsamerweise leid, die Krokusblüte zu versäumen. Nun, *qui vivra, verra!* Ich bin sehr zeitgeizig und ein schrecklicher Egoist, vor der Reise graut mir förmlich. Dieser Zeitgeiz hat aber wenigstens das Gute, daß er mich nicht ins Wirtshaus läßt. Ich bin tatsächlich, die unumgänglichen Einladungen einiger Studentenverbindungen und des Buchhändlervereins ausgenommen, hier kein einziges Mal im Wirtshaus gewesen, dafür hab' ich Goethe, Freytag, Gottschall, Heyse, Vergil und ein Stück Homer gelesen. Mich freut jedes Wissen oder geistige Genießen, das ich der kargen Zeit abtrotze, und glaube, daß ich bei gänzlicher Freiheit kaum mehr studieren würde. Die Tagesarbeit ermüdet wohl, weckt aber auch das Verlangen, den Staub abzuwaschen, und verdoppelt den Reiz geistigen Genusses.
Ich bin optimistischer geworden, und Herr Professor Häring verfehlt nicht, wenn er mich sieht, jedesmal auszurufen: »Jetzt sehen Sie schon wieder besser aus«. [...]
Letzten Sonntag war ich bei Tante und mußte Agnes in ihr feuerrotes, plüschenes Poesiealbum schreiben. Ich wählte aus Übermut und gewiß zu ihrem Entsetzen zwei Verse

aus Goethes »Edel sei der Mensch«, die nun neben den Dutzenden von Vergißmeinnicht und Edelweiß und ähnlichen zarten Artikeln recht einsam stehen. Mit herzlicher Freude hörte ich Tante erzählen, wie Papa in Stuttgart so fröhlich und gehoben war, und freute mich von neuem über Mutters Gesunden. Vor allem deshalb möchte ich den Frühling nicht vergehen lassen, ohne heimzukommen, weil ich jetzt das einzige Kind bin, das die liebe Mutter noch nicht gesehen hat, seit sie uns wieder geschenkt ist. Mama ist mir doch nicht böse, weil ich jenes Blatt von Herrn Schrenk[2] wohl nicht in erwarteter Weise aufnahm? Es hat mich gewiß gefreut, aber ich gestehe, daß mir die Zeilen nicht als Besonderes, Göttliches, Apostolisches erschienen sind, und daß ich Briefe von Euch bewahre, die mir viel, viel werter bleiben! Aber es ist wohl nur Zufall, daß ich seither von Mutters Hand nichts erhielt, und ich wiederhole, daß ich oft, ja täglich daran denke, ob sie nicht sich überanstrenge, gerade jetzt beim Wetterwechsel.
Dank auch für Marullas Gruß! Vielleicht, daß mir in den Feiertagen ein längerer Brief gelingt, versprechen will ich's nicht! Ich besinne mich immer, wie ich schreiben soll: Erleben tu ich fast nichts, das Geschäft ist immer gleich, und wenn ich von meinen lieben Büchern, von meinem Denken und Lesen schreibe, so ist mir immer, als könnte Euch das nur von sekundärer oder tertiärer Bedeutung sein, Papa ausgenommen. Goethe sagt von Lavater[3], er schreibe von seiner Reise ohne jeden Anlaß fast täglich seinen Lieben, bloß um ihnen jeden Tag zu sagen, daß er sie noch immer lieb habe. Mögt Ihr dies auch aus meinen Vorlesungen über Goethe und Homer herausfinden, steht's nicht drin, so steht es zwischen den Zeilen, und dann ist das zwischen den Zeilen das Wichtigste.
Gruß und Kuß an alle, auch an Polly[4], wenn er das »Küßlegeben« noch versteht. Zuweilen vermisse ich seine gewohn-

ten, freundlichen Laute – man ist doch gleich zu zweien, wenn man »so ein Tierle« um sich hat.

In herzlicher Liebe Euer Hermann

1 Ebrard, Dr. Johann Heinrich August: »Cheirisiphos' Reise durch Böotien«, Gotha, 1872.

2 S. Nr. 539, auch Nr. 538.

3 Lavater, Johann Kaspar; geb. 1741, gest. 1801 in Zürich; 1769 Diakon, 1775 Pfarrer in Zürich; Hauptwerk: »Physiognomische Fragmente zur Beförderung der Menschenkenntnis und Menschenliebe«, 4 Bde., 1775-78, mit Bildnissen; Nachdruck 1908.

4 Papagei im Haus Hesse. – S. auch »Kdht. u. Jgd. I«, S. 141.

551] *Adele Hesse an H. H.*

Calw, 1. April 1896

Lieber Hermann!

[...] Am Karfreitag wird dies Jahr kein Oratorium gegeben[1], nur eine Reihe von Passionsgesängen, »Ave verum«, »Führwahr, er trug unsere Krankheit« etc. und zwei Soli von Frau Bareiss werden gesungen. Wir haben acht Calwer Geiger. Ihr Hauptvergnügen scheint darin zu bestehen, sich einzeln hören zu lassen, indem jeder wo anders einsetzt und aufhört, was einen etwas merkwürdigen Effekt hervorbringt. [...] Schreib nur bald wieder, deine Briefe freuen uns so, Marulla sagte auch von dem »Deutschen Dichterheim«, ich möchte so gern mal eine Nummer sehen, wo was von dir kommt. Wenn du sie doppelt bekommst, schick mir doch mal eine. Alle grüßen herzlich. In treuer Liebe wünscht dir recht schöne Feiertage Deine Adele

Es ist so schade, daß du nicht kommst, doch verstehe ich wohl, daß du die Ruhe viel besser brauchen kannst als unsern Trubel.

1 »H. H. hat am Karfreitag, wenn es möglich war, am liebsten eine Bach-Passion gehört.« (*Fanny Schiler*)

552] *H. H. an Dr. Ernst Kapff*

[Tübingen,] April 1896

Verehrter Herr Doktor!

Besten Dank für Ihren interessanten Brief! Fast hätte ich Lust, den romantischen Panzer anzulegen und die schwermütig sentimentalische Poesie gegen Ihre herben Stöße zu vertreten; doch gestehe ich selbst, daß ich die meisten meiner lyrischen Seufzer noch als Brücke ansehe, die mich dahin führen soll, wo ich erst Dichter sein werde, in die Höhe, zur Sonne. Doch haben Sie unrecht, wenn Sie es für unmöglich halten, ein Weh »wegzudichten«[1], in den Versen bleibt oft ein gut Teil des Giftes hängen, jedenfalls machen sie den Schmerz flüssig, er rinnt oft durch die holperigsten Trochäen aufs gutmütigste weg. Ich bitte, meine Lyrika ganz nur als Versuche in Bildern und Metren zu betrachten, im übrigen will ich alles sein, nur kein Romantiker. Das Land meiner eig'nen, besten Lieder, das Land, das ich ersehne, liegt über jenem Strich draußen, vor dem wir jetzt fast alle noch vergebens den Gaul der Philosophie und Poesie spornen – vielleicht »jenseits von Gut und Böse«. Aber ich hoffe noch, daß die Stunde kommt, daß ich nimmer mit Reimen spiele, da der Pegasus den Satz macht oder die Schranke fällt, und dann, glaube ich, werde ich ein Dichter sein. Wenn ich die Grenze erreiche, von der an meine Lieder in ursprünglicher, zwangloser Kraft eigene Wege in natürlich verwandter Form wandeln, wenn bis dahin meine wachsenden Flügel tragen, dann erst wird mir's genügen, nur ein Sänger zu sein, dann erst wird eben der Sänger Schöpfer sein.

Ich habe ein Gefühl, als müßte beim Rauschen des Meeres und des Urwaldes die Hülle bersten, die mich drückt und in Dunkel hüllt, daß ich blühen und mich dehnen könnte, daß mir ein erlösendes Lied gelänge. Dann freilich, dann wäre es mir egal, ob Cotta oder Brockhaus meine Lieder druckte, denn für das Ideal der Dichtung, wie ich es hege, wäre unsre liebe literarische Welt von heute ein Golgatha. In einem meiner Lieder heißt es:

– Mich lässest du allein –
Es treibt der Wind die Rosen hin,
Und einsam muß ich sein,
Weil ich die heiße Sonne bin.

Seltsam, daß ich seit meiner Schulzeit immer zur Einsamkeit verdammt war, die mir endlich zur Freundin geworden ist. Ich finde keinen Freund, vielleicht weil ich stolz bin und nicht werben mag, und seit drei Jahren bin ich gewohnt, allein zu denken, allein zu singen; beim Glas, auf Spaziergängen, zuhause, überall ist's, als wäre ein Kreis um mich gezogen, der mit mir sich bewegt und der nicht zu überschreiten ist. Seit mindestens zwei, drei Monaten bin ich Abend für Abend, Sonntag für Sonntag allein gewesen. Zum Hypochonder werde ich nicht, weil ich täglich meine anstrengende Arbeit habe, aber zum Teil mag der Schatten, der »Alpdruck«, den Sie in meinen Liedern tadeln, von meinem wunderlichen Leben herkommen. Daß ich mitteilen, teilnehmen, vergnügt sein, sogar schwatzen kann, sehen Sie wohl an meinen Briefen, und wirklich ist mir der Briefwechsel mit Ihnen fast der einzige lebendige Umgang[2]. Vielleicht auch deshalb lebe ich zuweilen in Erinnerung und hat sich mir die »erste Liebe« als Zeit des Glückes, der harmlosen Jugend, zu einem festen, oft wiederkehrenden Begriff verdichtet oder verklärt. So im »Jasmin«. So in nachfolgenden Versen. [...] *Wieder in B[oll]*[3] [...]
Obwohl Sie uns Lyriker nicht verstehen wollen, werden Sie doch wohl empfinden, was ich etwa mit dem »Striche« meine, was ich »Jenseits« heiße. Das »Land« ist keineswegs die Traumwelt, die Dichterwelt, es ist auch nicht Brasilien, jenseits der Grenze, wo sich die kecken Reiter finden,

gibt es keine Schubladen und Grenzpfosten, auch kein Deutschland mehr.

[...]

Daß meine Briefe neben denen Ihrer verehrten Braut unterkommen dürfen, ist mir eine rechte Freude, und ein Zeichen, daß Sie durch Ecken und Härten nicht abgeschreckt werden, mir ein ratender Freund zu sein – Dank dafür! Was die Ecken und Härten an mir betrifft, so denken Sie den schönen Vers:

»Die Erde ist rund, Und das ist gesund; Denn hätte sie Ecken und Spitzen, Wie könnten wir darauf sitzen? Daß Sie aber rund ist und wir länglich, Darüber sei nur ja nicht bänglich; Denn wären wir einerlei Statur, So kugelten wir durch die ganze Natur.« Wovor uns Gott bewahre! Amen.

Ihr heute etwas phantastischer Hermann Hesse

1 S. Anm. II, Nr. 14).
2 S. Nr. 499, Fußnote 1.
3 S. auch »Kdht. u. Jgd. I«, Nr. 248, Brief von Eugenie Kolb an H. H.

553] *H. H. an Adele Hesse*

Tübingen, 16. April 1896

Liebe Adele!

Nimm herzlichen Dank für Deinen Osterbrief. Leider fehlte mir ganz die Zeit, Dir zu antworten, und ich komme nur mit einer Bitte, wie gewöhnlich.

Möchtest Du nicht an Theos Hochzeit etwas von mir vorlesen, damit ich doch auch dabei bin? Ich habe dazu ein neu Lied verfertigt, gar zart und zierlich. Ecce! [...[1]]

Hast Du Bedenken, so magst Du die Verse den Eltern zeigen, ob sie einverstanden sind, sonst sollte niemand davon wissen. Hast Du Zeit dazu, so wär' es am besten, wenn Du es Dir auf ein eigenes Blatt abschriebest.

Küsse alle und sage den lieben Eltern, daß es mir diese

Tage unmöglich ist zu schreiben. Ich bitte, mir zu verzeihen – vielleicht kommt nächste Woche ein Brief.
In Eile Dein treuer Bruder Hemme

1 S. Anm. II, Nr. 15).

554] *Theo Isenberg an H. H.*

Freudenstadt, 23. April 1896

Mein lieber Hermann!
Mit Schrecken habe ich vernommen, daß Du nicht zu unsrer Hochzeit kommen werdest, das wird aber doch hoffentlich nicht Dein Ernst sein? Wir brauchen Dich doch so nötig, und paß auf, es wird ganz gemütlich! Wenn Du nicht kämest, hätten wir ja keinen Festordner, denn Karl[1] versteht sich auf so etwas nicht. [...]
[*Th. I. bietet H. H. an, Herrn Sonnewald zu schreiben und diesen um Urlaub für Hermann zu bitten.*]
Ich freue mich recht darauf, mein eigenes Heim zu haben, wenn's auch noch so bescheiden ist; gemütlich wollen wir's schon machen. [...]
In inniger Liebe Dein Bruder Theo

1 Theo Isenbergs Bruder; s. Anm. I.

555] *Marie Hesse an H. H.*

Calw, 24. April 1896

Mein teures Kind!
Immer will ich Dir schreiben und komme nicht dazu, es war so sehr viel Unruhe. Nun sind gestern Marthas Möbel und Gepäcke glücklich fortgefahren[1], und ich atme leichter auf. [...]
Gestern kam für Carl das ersehnte Dekret, er ist nun drei

Monate in Calw Amtsverweser, bis im Herbst Herrn Professor Staudenmayers Stelle neubesetzt wird. Das ist nett! Carl hat Marthas Zimmer bekommen, und Martha haust im Gastzimmer, da ihre Sachen fort sind. Adelchen zeichnet eben fleißig Tischkarten, und Hans zerbricht sich den Kopf, um auf irgend besondere Witze zu fallen, die er an der Hochzeit loslassen könnte.
Onkel Hermann aus Reval[2] grüßt Dich herzlich und freut sich über Dein Frühlingslied. Adele läßt Dich schön grüßen und will Deinen Auftrag[3] pünktlich erfüllen. Aber wir alle meinen, Du sollest, wenn irgend möglich, zur Hochzeit kommen. Du kannst Samstag morgen reisen und Sonntag abend [zurück]. Frage doch um Erlaubnis und gib uns dann Auskunft, ob Du kommst oder nicht, daß wir uns danach richten können. Ein solches Familienfest ist ja doch etwas Seltenes und Erhebendes.
[...]

1 Nach Freudenstadt, wo Theo Isenberg eine Anstellung gefunden hatte.
2 Hesse, Benjamin Karl Hermann; 1854-1910; Pastor; Sohn aus der zweiten Ehe von H. Hs. baltischem Großvater (mit Lina Karolina Müller). Die Mutter starb am Tag nach der Geburt dieses Sohnes.
3 S. Nr. 553 und Anm. II, Nr. 15).

556] *Hermann Gundert an H. H.*

Ulm, 26. April 1896

Lieber Vetter!
Schon ist's keine Woche mehr und wir sind frei[1]. Damit stehen wir aber auch vor der Hochzeitsfrage. Ich kann höchstwahrscheinlich nicht kommen. Wir haben nämlich in dieser Woche noch Examen, das unter Umständen noch den Samstag in Anspruch nimmt. Ich habe alle Hoffnung aufgegeben. Und wie stehts mit dir? und mit der Moritat? Ist Jehle damit zustande gekommen? Wenns gelungen ist, und

wenn du nach Calw gehst, so bist du so gut und nimmst's mit und bittest den Karl, es für uns vorzutragen. Vielleicht macht es Adele auch Spaß, mitzusingen. Wenn du selber aber nicht nach Calw gehst (was ich dir aber nicht wünsche), so schicke es eben nach Calw mit der Adresse an Karl oder wie du's für gut befindest. Mich schlaucht es ziemlich, daß ich nicht nach Calw kommen kann. Ich werde zwar morgen noch mit meinem Feldwebel sprechen, aber ich glaube kaum, daß sich etwas machen läßt.
Letzten Freitag hatten wir Kompagnievorstellung vor dem Oberst und den verschiedenen Generälen, die hier sind. Die Vorstellung war nach dem Ausspruch des Oberst eine der besten im Regiment, was ich besonders unserem Hauptmann und Kompagniechef gönne, es ist nämlich seine erste Kompagnievorstellung gewesen. Auf das hin hat er sich gleich einen Rausch geholt und ist bis Sonntag abend in Urlaub gefahren, vermutlich zu seiner Braut. Wir Reserveunteroffiziere haben die Abwesenheit unseres Chefs nun auch benutzt und uns vom Feldwebel bis Samstag abend vom Dienst dispensieren lassen. So macht's die Reserve!
[...]
Heute morgen war ich im Münster, wo Dekan Bilfinger[2] predigte. Heute mittag gedenke ich den Münsterturm noch einmal zu besteigen. [...]
Hoffentlich geht die Moritat ihrer Bestimmung entgegen. Jehle hat doch eine Abschrift der Verse. Im übrigen wünsch ich Euch allen viel Vergnügen. [...]
Mit Gruß dein Vetter Hermann

1 Hermann Gundert absolvierte im Frühjahr 1896 als Reserveunteroffizier eine Übung in Ulm.
2 Im 4. Lebenslauf Josef Knechts spielt ein Spiritual Bilfinger eine entscheidende Rolle. Über den Dekan B. von Ulm s. Anm. II, Nr. 15 a).

557] *Theo Isenberg an H. H.*

Freudenstadt, 27. April 1896 [Postkarte]

Mein lieber Hermann!

Herzlichen Dank für Deinen lieben Brief. Von Übelnehmen kann natürlich keine Rede sein, so leid's mir tut, daß Du nicht dabei sein kannst[1]; ich begreife die Stimmung. Wenn wir dann ganz eingerichtet sind, mußt Du eben dann uns hier einmal aufsuchen. [...]

1 Bei der Hochzeit am 2. Mai.

558] *H. H. an Johannes und Marie Hesse*

[undadiert, wahrscheinlich gleich nach dem 2. Mai 1896 geschrieben]

Ihr Lieben!

Herzlichen Dank für die Briefe und all das Gute! [...] Im Geschäft einiger Ärger, seit Herr Sonnewald fort ist[1], aber immer wieder Interessantes. Der Schreibkurs[2] hat statt 15 M 17,50 M gekostet, dafür erhielt ich noch ein großes Schreibheft, einen Federnhalter und zwölf Dutzend (144) Federn, natürlich die einzig richtigen. Der Kurs dauert immer noch, ich schinde ihn natürlich aus, solang möglich. Wenn ich langsam schreibe, so kann ich leidlich schön, d. h. lesbar schreiben (z. B. Land, Eid, Hand, Wild, Ende, Jesaia, Kaiser etc.). In den Geschäftsbüchern merke ich den Unterschied wohl. Ein Schreibkünstler werde ich aber nie.

Von der griechischen Mythologie glaube ich jetzt einen ordentlichen Begriff zu haben, d. h. von der Theogonie und dem Götterpersonal, über Kultsysteme sowie über die zahllosen halben und Viertelsgötterchen (Faune, Nymphen etc.) bin ich noch ziemlich im dunklen. Doch hat mir die Götterfamilie feste Gestalt bekommen, außer Aphrodite und vielleicht Hera; besonders begreife ich nun Hephaest, Artemis und Hermes, deren Sinn mir vorher ganz unbekannt war. Ich hoffe in kurzem mit neuem Genuß die Ilias deutsch zu lesen. Über Iphigenie brüte ich wohl noch länger. Daß ich Goethe aus seinem Leben, seine Bildung und deren Quellen zu verstehen beginne, sehe ich nächst dem Werther besonders am Tasso, dessen Ideen mir allmählich klar werden, so daß er mir überraschend reich und reizend entgegenwächst. Ich forsche in G[oethe]s Leben und Briefen, in wieweit er selber zu den verschiedenen Zeiten des werdenden Stückes Tasso oder Antonio war, finde bis jetzt aber nur die undeutliche Meinung, daß er als Antonio nach Italien ging und deshalb davor bewahrt blieb, ganz als Tasso zurückzukommen; er mag Rom als Tasso verlassen haben, in Weimar ist er's nur kurze Zeit noch, hat aber die Antonioperücke doch abgelegt, freilich nur, um sie für später zu schonen. Mit Italien, mit Iphigenie und Tasso beginnt in G[oethe]s Entwicklung das Zweiseitige, Vieldeutige, er ist verändert, er ist vollkommener, selbstbewußter geworden, aber seit Italien ist er der Stillschaffende, Rätselhafte, der dem Volk fremd wird und seine eigene Vergangenheit in zweierlei Licht sieht. Es ist arg schwer, die *Dicta* des älteren Goethe über seine Werdezeit richtig zu benützen, sie scheinen trübe, wo sie richtig sind, und umgekehrt, es beginnt jene Doppelwahrheit, der Doppelweg, den man nicht verfolgen kann, ohne die Füße zu weit voneinander zu bringen, und es ist selten eine Mitte da. Aber es lohnt sich, den Riesen zu studieren, der alles enthält, man lernt die Welt, die Kunst, den Menschen, und vor allem sich selber kennen. Goethe scheint oft ein Adler, der fast zur Sonne steigt und doch über sich selber nicht hinausfliegen kann; seine Entwicklung ist so reich, daß ihn die völlige Kenntnis seiner selbst hin und wieder verläßt, daß er im Alter sich zuweilen Dingen (z. B. der nordischen Kunst) fremd gegenüberstehen findet, die ihn im Innern ansprechen; das läßt ihn als Greis oft schroff und steinern erscheinen, daß für Dinge, die ihm verwandt wären, in seiner mühsam gerundeten Bildung kein Raum mehr ist – so hätte der junge Goethe dem Faust, den er doch erst spät bezwang, nicht den zweiten Teil angehängt. Tief in Goethes Talent und Charakter liegt der Glaube ans Dämonische, ein Zug, der mit ihm vom Knaben bis zum Greise wächst, und der fertig gewordenen Bildung des Greisen mußte es Bedürfnis, ja Pflicht sein, auch diesen deutsch-romantischen Zug in das Klassisch-Griechische des zweiten Faust zu übersetzen.

Doch Faust wird mich noch nicht so bald ernstlich beschäftigen, ist Iphigenie und Tasso erst begriffen, so muß (Egmont), später vor allem Wilhelm Meister folgen, dann viele Fragmente, dann ein Stück Lyrik, dann die natürliche Tochter etc. etc. bis zum Faust II. Wenn das einmal soweit ist und wenn ich's erlebe, dann werde ich vermutlich wieder bei Lotte und bei Friederike in Sesenheim anfangen und mich wundern, daß mir so vieles und oft das Beste entgangen ist. Jetzt und wohl mein Leben lang wird mir Tasso und [werden mir] die Lieder der ersten Sammlungen ein Schatz sein, auf den kein Staub kommen darf, und eine Quelle des Genusses, der ewigen Jugend.

Fortsetzung

Gestern trank ich mit Vetter [Hermann Gundert] den Bordeaux – herzlichen Dank! Er war sehr gut! Soll der Brief nicht doppelt werden, so muß ich schließen – au revoir also! Mit herzlichen Grüßen und Wünschen für Euer Wohlsein bin ich
Euer Hermann

1 Zur Erholung.

2 H. H. absolvierte mit Zustimmung von Johannes Hesse im Frühjahr 1896 einen Schreibkurs. Vgl. den Brief vom 15. 4. 1896 von Johannes Hesse an H. H. Original in Marbach, Deutsches Literaturarchiv.

559] *H. H. an Adele Hesse*

[Tübingen, Mai 1896]

Liebe Adele!

»... doch auf des Königs Augen ruhte kein Schlaf,
er erhob sich inmitten seiner Waffen
und stieg langsam den Berg an,
zu schauen die Flamme von Starnos Turme.
Die Flamme war matt und ferne,
der Mond barg im Osten sein rot Gesicht;
ein Windstoß kam vom Gebirge,
auf seinen Schwingen war Loda's Geist ...[1]«

So lese ich eben in Ossians Gedichten. Die mischen sich wunderbar aus kräftigem Urmenschentum und rührseligem Pathos und schmecken meist wie sanfter Pfannkuchen mit rohem Schnittlauch. Auf felsiger Warte über schwarzbraunem Moorgrund sitzt Malvina, ihre Locken rafft der schwarze Wind, der fernher ein zerrissen Lied trägt von der wogenden Schlacht. Sie aber hebt weiße Hände empor, ihrer Harfe Lieder entführt der Sturm, und ihre Seele ist traurig. Denn gefallen ist ihr Held, ihr Lieber, auf seinem geborstenen Schilde weilt der glitzernde Mond, und sein letztes, unvollendetes Lied ist gebrochen und ein Spiel dunkler Winde. Malvina entrafft ihre Locken dem Sturm und singt die Klage über ihren Lieben, den Edelgefallenen. Auf seinem Grabhügel flattert im weißlichen Nebel sein Geist.

So geht es seitenlang fort, zuweilen lächerlich, aber manchmal mit glücklichen, sogar ergreifenden Stellen, wenn z. B. Ossian, der blinde Barde, sein blindes Greisenalter besingt.

»Warum singt Ossian noch?
bald wird er liegen im engen Hause ...«

Wer Homer kennt und kein übersentimentaler Sonderling ist, den muß die Lektüre Ossians für immer zur Antike bekehren. Ossian versteht nicht zu lächeln, nicht zu scherzen, aber er kann auch keine männermordende Schlacht schildern, der düstere Norden Schottlands und Irlands gähnt neblig, herbstlich, feucht und trostlos überall herein, es fehlen Licht und Wärme, Farbe und Gestalt, Sonne vor allem. Es mag ergreifend sein, das Bild des greisen Barden, überm schäumenden Wasser, auf dem Mooshügel sitzend, das blinde Haupt abwärts nach vergangenen Taten gesenkt, in der Hand die rauhe, dreisaitige Harfe – aber Homer, der auch zu lächeln, ja zu lachen weiß, singt doch ernster und wahrer von Liebe und Treue zu Weib und Heimat, vom ernsten Tod und der dunklen Schattenwelt. Und Homer kennt und liebt die Sonne, die warme, südliche Sonne und den goldenen Blauhimmel, mit verborgener Kunst führt er farbenreiche, sonnige Bilder an uns vorüber, man sieht schimmernde Städte sich türmen und wohlgefügte, feste Schiffe übers glänzende Meer zur Schlacht eilen. Und wenn er Gestalten, etwa Helena, beschreibt, so steht sie vor uns, Fleisch und Blut, kräftig und blühend, eine Freude selbst der Alten im Rat. Ossians Frauen kann man sich nicht vorstellen; weißhändig sind sie, harfenkundig, und der Wind rafft ihre Locken, sonst weiß man nichts, als daß sie zarten Gemütes sind und mit Vorliebe auf den Gräbern der gefallenen Lieben mit überraschender Eile an innerem Gram sterben. Das steht ja einzelnen immer gut, auch Shakespeare hat einen Hamlet gemacht, aber wenn ganze Völker so in Nebel und Tränen schwimmen, so macht das Ganze den lächerlichen Eindruck einer rationellen Tränenzüchterei, welche auf Tränenhelden wie Werther und Siegwart[2] hohnlächelnd wie auf Schuljungen herabsehen kann. Denn so ein Ossian'scher Held weint solche Massen von Tränen, daß er notwendig darin ersaufen müßte, wenn sie nicht zum Glück den Hügel hinab und in den rollenden Strom liefen. »Und ihre Tränen fließen wie Bächlein auf den Wiesen«, der Vers fiel mir des öfteren ein. Vielleicht weinen diese Jünglinge

eben deshalb immer auf »Hügeln«, um vor den Wassermengen sicher zu sein.
Genug! Ich schreibe all das nur zum Beweise, daß ich nicht rein in Goethe aufgegangen bin wie ein williger Divisor, sondern daß ein starker Bruchteil übrig ist. Ich habe neulich sogar Sudermann gelesen, um mit der Zeit voranzuschreiten, und mehr gefunden, als ich erwartete. »Frau Sorge« ist kein Meisterwerk, dagegen haben mir die Novellen »Im Zwielicht« imponiert; sie sind so graziös aufgebaut und aneinandergeknüpft wie persische Märchen, und fast alle technisch vollendet. Wenn Sudermann will, kann er ein sehr gutes Deutsch schreiben – er will aber häufig nicht.
Ich höre, Du seiest in Baden-Baden gewesen[3]. War's schön?
[*Weitere kleine Familiennachrichten*]
Leb' wohl und schreib' bald Deinem Hemme
Für Deinen Brief und den von Mama besten Dank!

1 Ossians Gedichte; Carricthura, Gesang der Vinvela; s. Anm. II, Nr. 16).
2 Miller, Johann Martin; 1750-1814; »Siegwart, Eine Klostergeschichte«, 1776; also 2 Jahre nach Goethes »Werther«.
3 Die Eltern zu besuchen; s. Nr. 561.

560] *H. H. an Johannes und Marie Hesse*

Tübingen, 29. Mai 1896

Liebe Eltern!
Nehmt meine verspäteten Glückwünsche zum neuen Aufenthalt[1]! Es wird Euch wohltun, das Alte eine Zeitlang abzutun, Ihr werdet aufleben in der schönen Umgebung, den Frühling genießen und neue Kraft sammeln.
Den Sonntag war ich in Freudenstadt, da hat es mir wohlgefallen und ich spüre etwas wie Heimweh nach Sonne und Freiheit. Der Palmenwald[2] hat mich so freundlich angemutet, und ich bin noch bemüht, den lieben Eindruck möglichst zu tilgen, denn hier gilt es praktisch und fleißig zu sein.

Deshalb vermeide ich meist alle Feste, weil mir nachher mein Leben so tot, so unsäglich dürftig vorkommt – ein Krämerleben! Es gelingt mir, das zu unterdrücken, aber in den Stunden, wo ich mit Kopfweh oder sonst schlaflos liege, faßt mich doch das Heimweh nach reinerer Umgebung und Beschäftigung, das Heimweh nach dem Ideal, das Verlangen, auch im Tagesleben zu tun und zu sein, was ich in den Gedanken der Freizeit tue und bin.

29. Mai, abends 10 Uhr

Ein vor meinen Fenstern wandeln[der] Student hat eben das schöne Lied »Hab oft im Kreise der Lieben« beendigt und ist jetzt bemüht, einen mir gegenüber wohnenden Studio ans Fenster zu locken. »Mammutsch, altes Kamel!« ruft er eben, »du Skandalwart im lockigen Haar, mach's Fenster auf, oder ich kei' dir's nei! Dich drücken deine sieben Semester – komm raus, Schufterle!« Der Nachbar antwortet nicht, und der Student zieht ab, wobei er wieder anstimmt: »Hab oft im Kreise der Lieben ...«!

Solcher Lärm ist fast allabendlich, außerdem bin ich von der neuerlichen Hitze angegriffen und war die letzte Woche ohne Schlaf und Appetit. Dies zur Entschuldigung für mein spätes Schreiben!

Diese letzte Zeit sah ich mich veranlaßt, Goethe ein paar Tage ruhen zu lassen und »mit der Zeit zu schreiten«, d. h. die neuste Literatur in meinem Gedächtnis nicht verrosten zu lassen. All das wächst einem über den Kopf, und ich begnüge mich meist mit dem Lesen der neusten Kataloge etc. Doch habe ich einiges nachgeholt, z. B. ein paar Romane von Sudermann, die ich schon länger lesen sollte und wollte, während mir Zeit und Lust ganz fehlten. Sudermann hat mich nicht abgestoßen, so fremd er mir bleibt; ich merke gerade an ihm, daß meine Urteilskraft an Goethe sich bedeutend herangebildet hat, freilich auch, daß Belletristika neusten Datums zu kritisieren keine Kunst ist. Immerhin fand ich in Sudermann, der mir ganz aus den Augen gekommen war, mehr als ich suchte. Unsre Dichtung ist seit zehn Jahren doch anders – und vielleicht wertvoller, jedenfalls ernster geworden. Freilich ist der Fortschritt auch hier über manchen Edlen, z. B. Geibel[3], gegangen, um den es schade ist. Aber Geibel repräsentiert doch wohl den Höhepunkt einer Gattung, durfte also nicht geschont werden, da sein Name für die Geschichte der Dichtung gesichert ist. Ob für andre Kleingroße, wie Heyse[4], vollends wie Hack – länder[5] u. a., nicht die Götterdämmerung anbricht, ist eine andre Frage. Mir ist die deutsche Dichtung von heute lieber als die der 50er bis 70er Jahre.

Fürs nächste ist der Abstecher zur Moderne beendet, und ich schwelge in Lessings Laokoon, in dem mir recht heimisch zu mute ist. In Ossian habe ich auch schon hineingeblickt, wovon ein Brief an Adele[6] Kunde gibt. Neben all dem her geht für ganz ruhige Stunden des Genusses die Lektüre der Ilias.

Verzeih den zerrissenen, oberflächlichen Brief – ich wartete immer auf mehr Sammlung und schreibe jetzt doch ohne dieselbe, da das Schweigen sonst zu lange dauerte. Hoffentlich bald Besseres!

Eben gehen die ersten Blitze eines aufsteigenden Gewitters nieder; die Luft ist noch bang und heiß; du kannst dir meine Erschöpfung wohl denken. Herzliche Grüße an Alle, an Mama die meisten. Mit innigem Kuß

dein Hermann

1 H. Hs. Eltern waren Ende Mai/Anfang Juni in Baden-Baden zur Erholung.

2 Kurhaus Palmenwald, Freudenstadt, in enger Verbindung zur Basler Missionsgesellschaft; begründet im Sommer 1895. – S. Anm. II, Nr. 17).

3 Geibel, Emanuel; 1815-1884.

4 Heyse, Paul Joh. Lud.; 1830-1914.

5 Hackländer; 1816-1877; vgl. z. B. Robert Koenig: »Deutsche Literaturgeschichte«, Bielefeld und Leipzig, 1878. In jüngeren Literaturgeschichten und -lexika nicht mehr aufgeführt.

6 S. Nr. 559 und Anm. II, Nr. 16).

561] *Marie Hesse an H. H.*

Pension Jäger, Baden-Baden, 2. Juni 1896

Mein lieber Hermann!

Dein Brief hat uns recht gefreut, nur tut's mir leid, daß du scheint's doch nicht ganz munter bist. Die Hitze wird dich am Ende auch angreifen, so froh man jetzt am warmen Sommerwetter ist. Gestern saßen wir den Vormittag im Wald, besahen uns den lieblichen Waldsee, und ich war froh und dankbar, daß ich doch über zwei Kilom[eter] hin und dann wieder heimlaufen konnte in den prächtigen Waldungen. Es war noch mein weitester Gang. Am Nachmittag waren Papa und ich in einer benachbarten Pension zu einem Missionsverein eingeladen, wo etliche alte Damen Kaffee und Tee zu Kuchen tranken, die ersten Kirschen aßen, sich lebhaft unterhielten und dann auch noch was erzählt haben wollten. Es kam Papa drollig vor, doch war's schließlich nett. – Heute früh vor dem Frühstück trank Papa schon das warme Wasser in der Trinkhalle unten in der Stadt, das ihm für seinen Katarrh gut tut. Wir wohnen nämlich hoch auf dem Berg, ganz im Grünen; wundervolle Wälder, Anlagen und Villen ringsum, überall Vogelsang. In der Pension sind etwa 30 Herren und Damen, von denen nicht die Hälfte zur Morgenandacht kommen, die Papa hält, was ihn oft bedrücken will. Aber alles lebt hier seiner Gesundheit. Manche bleiben lange liegen, andre springen in aller Frühe schon ins Bad, an Kurbrunnen oder in den Wald. Es herrscht ein netter, freundlicher Ton im Hause und es läßt sich ganz gemütlich da leben. Man wird freilich recht faul, sitzt am liebsten still im Grünen und mag nicht einmal gern Briefe schreiben. Adele war acht Tage bei uns, sie hatte leider Katarrh und Kopfweh und hätte wohl eine längere Erholung brauchen können. [...]

Wir haben Bettex, »Naturstudium und Christentum«[1] zum

Lesen mitgenommen. Manches ist sehr schön, aber das Theosophische stößt Papa ab. Dann las ich mit Adele von Charlotte Niese[2] ein paar Geschichten aus Holstein, die uns eine Freundin der Verfasserin, eine Dame aus Holstein in unsrer Pension, geliehen.
Ihre Büchlein »aus dänischer Zeit« haben mir damals besser gefallen. Am nettesten sind ihre kurzen Kindergeschichten, [...]
Sonntag abend hält Papa einen kurzen Gottesdienst in der Pension für die Dienstboten und wer kommen will. – In den Wald nehmen wir unser N[eues] T[estament] oder Psalter mit zum Labsal. [...]
Mein lieber Hermann, leb wohl! Wir denken oft an dich und bitten Gott, dich auszurüsten mit Kraft, Mut, Geduld. Grüße Tante Elisabeth herzlich und Agnes[3] und Hermann. Innig küßt dich deine Mutter
Von Amerika, gottlob, gute Nachrichten. Onkel H[ermann][4] erholt sich und kann wieder predigen. Er schrieb nur Postkarten.
Von Calw aus schicken wir Dir dann in etwa 10 Tagen wieder Geld für Frau Dekan und auch Dein Gewünschtes.

1 Bettex, Frédéric; geb. 1837, gest. 1915; »Naturstudium und Christentum«, Bielefeld 1896; 1898 bereits in 4., 1923 in 35ster Auflage. – »Modern Science and Christianity«, translated with additions and notes by Edmund K. Simpson; London 1903.
2 Niese, Charlotte, (Ps. Lucian Bürger), 1854-1935; »Aus dänischer Zeit, Bilder und Skizzen«, Leipzig 1892; »Geschichten aus Holstein«, 1896.
3 Base H. Hs.; Schwester von Vetter Hermann Gundert.
4 S. Anm. I: Gundert, Hermann; Pfarrer in Mount Clemens.

562] *Marie Hesse an die Kinder in Calw*

Baden-Baden, 7. Juni 1896

Herzliebe Kinder daheim!
Es ist gar nicht so leicht mit dem Briefschreiben hier, als

Ihr's Euch wohl denkt. Immer will ich schreiben und allemal ist's nichts. [...]
In der Andacht waren wir heute zu 17 und der Gesang war schön und kräftig. [...]
Ich saß bei Tisch heute neben Herrn Volger im Saal und er äußerte seinen Ärger über Schiller, daß er unter den deutschen Strömen die Weser nicht besungen habe. Der Stadtdekan sagte, ja, die Nagold habe er auch nicht erwähnt, worauf der arme Sachse bösartig meinte, ein Bächlein, das gar nicht ins Meer fließe, sei ja der Rede überhaupt nicht wert. Den Schwaben Schiller, Uhland, Hauff und Gerock stellte er seinen Dichter Hölty entgegen und sagte mit Rührung und Nachdruck dessen bekannteste Leistungen her: »Üb' immer Treu und Redlichkeit bis an dein kühles Grab«, und dann »Freut euch des Lebens« etc.
Wir waren heute morgen in der Michaels Kapelle beim wundervollen Gesang und sinnverwirrenden Hocus Pocus der von Gold strotzenden Priester. [...]
Jetzt sollen wir Kaffee bekommen und dann hält Papa den Dienstboten Sonntagsandacht. – Ich freue mich von ganzem Herzen aufs Heimkommen und Euch-Wiedersehen! [...] Den Plan mit Freudenstadt[2] haben wir aufgegeben und kommen spätestens Freitag heim, vielleicht, wenn Papa sich elend fühlt, früher. Es ist so schade, daß er die Schönheit der Umgebung so wenig genießen kann, ich habe eigentlich mehr davon als er. Gott mit Euch, Ihr Lieben und Adele Dank für den Brief. Innig grüßt und küßt Euch

Eure Mutter

1 Besuch bei David Huppenbauer, Kurhaus Palmenwald; kam dann im Juli zustande; s. Nr. 564. S. auch Anm. II, Nr. 17).

563] *H. H. an Johannes und Marie Hesse*

[Tübingen, vor dem 8. Juni 1896]

Liebe Eltern!

Herzlichen Dank für Mutters Brief. Gott sei Dank, daß Du so wohlauf bist!

Es war sehr heiß und ich brachte die Abende zum Teil damit zu, unten am Fenster zu liegen und durch meine lange Pfeife »den Neid der besitzlosen Klassen« zu erregen. Die übrige Freizeit nahm Heinemanns »Goethe«[1] und Lessings Laokoon ein.

Die Niese'schen Novellen, von denen Mutter schrieb, sind als was Besonderes schon dadurch bezeichnet, daß sie in Grunows Verlag sind, den Vater wohl kennt (Christliche Welt, Grenzboten[2] etc.). Da erscheint fast immer Originelles. Die Niese schreibt gut und ist originell, freilich eben im Verhältnis zu andern »Werten zweiter Klasse«. Sie sind etwa für die Leser der »Konserv[ativen] Monatsschrift«[3] berechnet, und zwar mit Glück, werden sich daher wohl auch halten. Ich glaube zum Hausbrauch, z. B. zum Vorlesen eignen sie sich sehr. [...]

Heckenhauer hat vom neuen Spurgeon[4] volle 150 Exemplare à cond. bezogen und ich gebe mir für den Verlag meines Onkels alle Mühe durch Empfehlen etc. Ich sende das Buch an alle hiesigen Theologen und lege es, wo es geht, den Ansichtssendungen nach auswärts bei.

Ich bin jetzt Gast bei Pr[ofessor] Härings[5] offenen Abenden. Da raucht man gute Zigarren, trinkt einiges Bier, und jeder darf der Korona die qualvollsten Fragen vorlegen. Es geht frei und munter zu, und ich wundere mich, von theolog[ischen] Dingen das meiste zu verstehen. Herr H[äring] ist ungemein scharfsinnig geistreich und – diplomatisch dabei und imponiert mir, obgleich die Gespräche auch über Theologisches, wohl selten zu tatsächl[ichen] Resultaten führen. *Ecce ego* kann H[äring] nie sagen. Er ist immer ruhig, klar, fein, nur gegen die »Stuttgarter Herren«[6], wie er sie nennt, hat er hie und da eine ganz kleine Spitze. Eben daß er fast nie Dinge und Namen unter Etiketten bringt, das gefällt wohl diesen »Herren« nicht; mir scheint er zu fein, zu nobel für die Stuttgarter, denen eigentlich doch nur wohl ist, wenn sie über das entartete Tübingen brummen können. [...]

Das Moskauer Unglück[7] hat mich sehr ergriffen. Seit ich Turgenjew und besonders Korolenko[8] gelesen, habe ich für russisches Volkstum einige Vorliebe. Mir ist nie ein großes *Unglück* so nahe gegangen.

Die hiesigen Studenten tollen diese Zeit ärger als je. Zwei hiesige Corps haben solchen Unfug getrieben, daß einzelne strafrechtlich belangt werden. Der Besuch nimmt im ganzen ab, deshalb tut der akademische Senat alles, möglichst geringe Strafen zu erwirken. Auch ich leide darunter, indem viele Nächte vor Lärm nicht zu schlafen ist. [...]

Bitte, grüßt überall! Herzlich wünsche ich Euch eine schöne Zeit der Stärkung! Mit herzlichem Kuß

Euer Hermann

1 Heinemann, Karl: »Goethe«, 1.-4. Halbband; Leipzig, 1895.

2 Damals vielgelesene Zeitschriften.

3 Sehr wahrscheinlich »Allgemeine konservative Monatsschrift für das christliche Deutschland«; begründet 1843 als Volksblatt für Stadt u. Land. Hrsg.: Dietr. von Oertzen und Prof. D. Martin von Nathusius. 53. Jahrgang 1896, 12 Hefte, Leipzig.

4 Spurgeon, Charles H.; 1834-1892; engl. baptistischer Prediger; verfaßte viele Schriften. Bei D. Gundert in Stuttgart erschien nur »Tägliche Andachten, ausgewählt aus den Schriften von Spurgeon. Mit einem Anhang für besondere Tage und Lagen des Lebens«. Stuttgart, 1896.

5 S. Anm. I.

6 Gemeint sind sicher die Herren des Stuttgarter Konsistoriums, der Evangelischen Oberkirchenbehörde Württembergs. Wahrscheinlich Angehörige der »Gesellschaft Stuttgardia«. Verbindungshaus Österbergstraße 14, Tübingen. Vgl. »90 Jahre Stuttgardia«, Stuttgart, 1959.

7 Tod von gegen 2000 Personen am Ende der Festtage aus Anlaß der Zarenkrönung. S. Anm. II, Nr. 18).

8 Korolenko, Wladimir G.; geb. 1853, gest. 1921; z. B. »Sibirische Novellen«.

564] *H. H. an Johannes und Marie Hesse*

Tübingen, 14. und 15. Juni 1896

Liebe Eltern!

Ich schicke Euch hier meine Rechnung (bis ersten Juni). Von Oktober 95 bis Juni 96 etwa 120 Mark. S'ist viel, vor allem wegen der Kohlen- und Holzrechnungen, auch ist der Schreibkurs[1] dabei. Bitte, schickt das Heft wieder, wenn Ihr's durchgesehen habt.

Besten Dank für Vaters Karte! Ich hoffe, Ihr seid erstarkt und frisch heimgekommen. [...]

Mit Heinemanns Goethewerk[2] und Lessings Laokoon bin ich fertig, mit der Ilias noch nicht. Allmählich lese ich die schon gelesenen Werke Goethes wieder mehrmals durch und bin gerade an den Wahlverwandtschaften, einem seltsamen Buch, das als Ganzes mir sehr imponiert und dessen Details mich doch selten anziehen – das Gegenteil vom Wilhelm Meister und Faust II! Als Ästhetiker, als reiner Kunstdichter steht mir G[oethe] im Tasso am höchsten; ich denke, Tasso ist etwa das Ideal Lessings in dichterischer Hinsicht. Daß Goethe kein großer Dramatiker ist, ist mir gerade sympathisch, auch ich Ketzer huldige nicht der Bühne und stehe daher Schiller, dem einseitigen Theaterdichter, immer etwas ferne. Die Bühne treibt am meisten in die Manier, ins Konventionelle, sie macht die meisten Kriecher nächst der Journalistik. Beweis: Die beiden Sterne der modernen Bühne, Dumas fils[3] und Henrik Ibsen[4], von denen besonders der erste am Ende täppisch erscheint mit seiner Schablone. Wie bezeichnend!: Schiller, der große Theaterdichter, kennt das Praktische der Bühne kaum, ist dort ein Fremdling, und Goethe, dessen Dramen fast nie recht dramatisch werden wollen, studiert und kennt die Bühnentechnik, Bühne, Spieler, Aktion, Vortrag etc., ohne es zum großen Dramaturgen zu bringen. Ihm war auf der Bühne, wo Persönliches aufhört, nicht wohl, so schrieb er lieber

Massen von Librettos, Festspielen, Maskenzügen etc., in denen er Gruppen stellen, gleichsam bildhauen kann. Und dann – Goethe war Hofmann, und indem man ihn zum Intendanten machte, waren ihm die dramatischen Flügel, wenn er welche hatte, beschnitten. Kein Intendant schreibt gute Dramen, wofür noch im Jahr 1896 sämtliche Hofbühnen Beweise liefern. Aber das ist's ja bei Goethe, dem »lieben Hätschelhans« von Weimar, daß ihm alles und alles ein Segen wird, sogar seine Intendantur, die ihn eben doch sehr gebildet hat, nur nicht zum Theaterdichter. Die ungemein glückliche Anlage G[oethe]s, sein tatsächliches enormes Glück, frappiert einen immer wieder, er hat die Gabe, aus allem Gold zu schlagen. So war sein Glaube, zum Zeichner geboren zu sein, gewiß ein Wahn; und doch – hätte er nicht ewig gezeichnet, skizziert, probiert, so hätte er nicht Bücher wie die Schweizerreise schreiben können, die zum Besten gehören.

Montag, 15. Juni

Es ist so schwül, daß ich kaum schreiben kann, ich bin sehr matt und erhitzt. Doch gelang es mir heute, von Frau Dekan einen Kübel zu erbetteln, und werde nun womöglich täglich Kneippen. Des Abends kann man vorm Haus in der Laube sitzen, die zu eng, aber sonst fein ist. Sie ist so dicht, daß es ganz dunkel drin ist, und man kann durch die Rebranken die Vorübergehenden beschauen, ohne selbst sichtbar zu sein. Mit guter Laune und ein paar bengalischen Zündhölzern lassen sich da ein paar Nachtstunden, die zum Schlafen zu warm sind, behaglich verplaudern; man singt, trinkt zuweilen Bier, plaudert und neckt die Straßengänger. Wenn ich mal üppig werde, hänge [ich] [einen] Lampion hinein. So habe ich doch meinen Sommer im kleinen.

Du, lieber Papa, schriebst neulich ein paar Worte über Nietzsche. Ich kenne ihn einigermaßen, und im ganzen ist mir seine vornehme, ästhetische Art nicht zuwider, man kann bei ihm hie und da ein paar Züge Höhenluft genießen. Ich schätze am meisten sein ganz gewaltiges sprachliches und poetisches Genie, von seinen Gedanken nur einzelne, poetische, »Tugend ist Wille zum Untergang und ein Pfeil der Sehnsucht«[5], und den Satz »Schäme dich nicht, von deiner Tugend zu stammeln«[5] mit der feinen Ausführung. Es ist schade um ihn, er hätte eine Herrenästhetik schreiben sollen, die wertvoller wäre als seine Herrenmoral. Im Gegensatz zu anderen Kraftgenies ist er, wie mir scheint, gerade für sehr belesene Leute besonders gefährlich. Einmal begeht er die (übrigens überlegte, gewollte) Frechheit, Schiller »das zweite dramatische Genie der Deutschen nach Kotzebue«[6] zu nennen. Eigentlich ist er mir da, wo er naiv ist, sympathischer als sein Lehrmeister Richard Wagner. Seinen geliebten Schopenhauer kenne ich fast gar nicht.

Doch genug! Viel Glück für Basel[7], vor allem leidliches Wetter! Ich bin begierig, vom Fest zu hören. Mit herzlichem Kuß

Euer Hermann

1 H. H. nahm im April und im Mai 1896 an Schreibkursen teil. – S. auch Nr. 507, Absatz 4; Nr. 558,Absatz 1.
2 S. Nr. 563, Fußn. 1.
3 Dumas, Alexandre, fils; (1824-1895); z. B. »Die Kameliendame«; Mitglied der Académie Française (1874).
4 Ibsen, Henrik; (1828-1906). S. auch Nr. 509, Fußn. 4.
5 »Also sprach Zarathustra«, I, Zarathustras Vorrede 4.
6 »Menschliches, Allzumenschliches«, vgl. Kap. 170.
7 Johannes Hesse reiste im Juli zum Basler Missionsfest nach Basel; von dort zur Erholung nach Freudenstadt, wo er bis in den August hinein blieb.

565] *Marie Hesse an H. H.*

Calw, 17. Juni 1896

Lieber Hermann!
Herzlichen Dank für Deinen soeben gekommenen Brief.

Du hast scheint's Papas Geburtstag am 14. vergessen gehabt.
[...]
Freitag hatten wir von 4 bis $1/2$ 9 eine heiße, ermüdende Eisenbahnfahrt von Baden-Baden nach Calw. [...] In Calw empfingen uns die Kinder mit Jubel und hatten alles so fein geschmückt, mit Blumen, Tannenreis und Kränzen. Auch Schubert hatte einen Kranz auf! Am folgenden Tag hatte Papa rasend Kopfweh. Tante Plebst[1] und Marull kamen überraschend mit dem 4-Uhr-Zug und blieben bis Sonntag abend (d. h. Tante wohnte im Steinhaus)[2]. Sonntag ging's Papa besser, er konnte zur Kirche und den fußkranken Oberamtmann besuchen. Nachmittags rückte die »konfirmierte« Verwandtschaft an zum Kaffee auf der Veranda, und es war sehr heiter und gemütlich, alle sehr vergnügt. Wir mußten viel von Baden-Baden erzählen. Später kam Herr Pfarrer Würz von Basel mit seinen Schwestern dazu, auch Frau Oberförster Hepp, so daß wir zu 18 auf der Veranda hausten. Abends sprach Papa in der Stunde[3] sehr lebhaft. [...]

1 Plebst, Emma, geb. Gundert; 1841-1904; jüngste Schwester von Dr. Hermann Gundert, H. Hs. Großvater. Marulla Hesse wohnte 1897 während ihrer Stuttgarter Zeit bei ihr.
2 S. Nr. 545, Fußn. 4.
3 S. Nr. 534, Fußn. 1.

566] *H. H. an Johannes Hesse*

Tübingen, 21. Juni 1896

Lieber Papa!
Bitte, verzeih' mir meinen sträflichen Leichtsinn und laß meinen herzlichen Glückwunsch jetzt noch gelten! Ich hatte ganz und gar keine Ahnung vom Geburtstag und war ganz erstaunt, ihn von Mama zu erfahren. Es tut mir arg leid!

Ich habe mit großer Teilnahme von Deinen letzten Kopfwehtagen gelesen und wünsche Dir von Herzen bessere Zeit. Hier ist's auch ewig schwül, trotz aller Gewitter, doch ist es, glaube ich, in Calw ärger. Ich vermisse den Wald. Dafür freue ich mich an einigen schönen Gärten hier, auch am botanischen, den ich fast täglich besuche. Man sieht hier viele Pfingstrosen und Türkenbund, auch bei den Rauben[1], die krasse Farben lieben.
Besten Dank für die schöne Sendung! Auch für das Geld für Freudenstadt[2]; ich werde es morgen Tante El[isabeth] zurückgeben. [...]
Leider habe ich dir gar nichts zu schenken. Um aber nicht gleich wieder hereinzufallen, lege ich heute schon meine Geschenke für Hansens und Adeles Geburtstag bei, und bitte dich, sie seinerzeit abzugeben. Für Hans das Buch polnischer Märchen, für Adele die »Elisabeth«[3].
Wie geht es dir jetzt? Und wann reist du nach Basel? Ich wünsche dir gute Reise und einen schönen Aufenthalt. Herrn Inspektor Oehler[4] hätte ich hier einmal bei Härings treffen sollen, leider wurde nichts daraus. Bitte, grüße dort und überall auch von mir, am meisten bei Pfarrer Pfisterers[5] und Frau Huber-Burckhardt[6], wenn du die siehst. Es ist schön, daß Adele mit darf, d.h. eigentlich ist's scheußlich, daß sie immer den Alten fängt, wenigstens was das Reisen betrifft.
Meine besten Grüße der russischen Base Lina[7]! Wie lange soll sie denn da bleiben? Ich hoffe, sie wird einen recht freundlichen Eindruck vom lieben Winkel Calw erhalten, und bedaure sehr, sie nicht selber sehen zu können. Zwar, wenn sie doch einmal unser Land sehen will, ist ein Streifzug nach Tübingen fast notwendig. Nächst dem dunklen Schwarzwald müßte Lina doch das Tübinger Schloß, die Kirche, die Stadt und Akademie, den Roßberg und – *last not least!* – das Tübinger Gestift gesehen haben, um zu wis-

sen, wie Württemberg aussieht. Vielleicht ließ' es sich mit der Rückreise von Basel verbinden. Man besuchte etwa Tante El[isabeth], besähe das Schloß und die Kirche und stärkte sich in der Senfhütte oder ginge in den Reutlinger Wald (eine starke Stunde), und sähe von Wankheim aus die ganze Alb bis zum Zollern. Diese Aussicht ist ein reizendes Gegenstück zu der vom Grunbacher Turme, landschaftlich wohl ebenso schön und doch auch historisch interessant, die Kette vom Staufen zum Zollern. Da es zum Lichtenstein kaum langen würde, und um der lieben Base Appetit zu machen, lege ich ihr ein Bild vom Lichtenstein bei.

Weiter reicht es nun nicht. Bitte, verzeih meine Vergeßlichkeit und laß den Brief noch als Gruß zum Geburtstag gelten!

Mit den herzlichsten Wünschen für's neue Jahr und vielen Grüßen an Mama und alle küßt dich dein dankbarer

Hermann

1 S. Nr. 507 u. Fußn. 2.
2 S. Nr. 560, Absatz 2.
3 Näheres bisher nicht zu ermitteln.
4 S. Oehler, »Kdht. u. Jgd. I«, S. 280 f. sowie Nr. 523, Fußn. 4.
5 Pfisterer, Jakob; s. »Kdht. u. Jgd. I«, S. 294-296, 306 f., 378 und die anderen auf Seite 595 angegebenen Stellen. – Pfarrer Pfisterer, Basel, war für H. H. in seiner Jugendkrise nahezu der einzige, der ihn verstand und ihm half.
6 Bislang, auch in Basler Ämtern, nicht zu ermitteln.
7 Lina Hesse aus Thëal; Marie Hesse hatte am 17. Juni geschrieben: »heut' oder morgen erwarten wir Lina Hesse aus Thëal zu Besuch«.

567] *H. H. an Johannes und Marie Hesse*

Tübingen, 25. Juni 1896 [Postkarte]

Ihr Lieben!

Besten Dank für Adeles Karte und die Grüße der andern! Wann geht es nach Basel[1]?

Wünsche habe ich nicht, es sei denn, daß der Verlagsverein einen Schwarze[2], Erdkunde, hergeben wollte, doch ist der sehr teuer (wenn ich nicht irre), da ich ihn nur gebunden brauchen könnte; und ich warte lieber bis Weihnachten. Dürfte ich, wenn Ihr trotzdem eine Sendung habt, bitten, *keinen* Kuchen beizulegen, d. h. nichts, was nicht aufgehoben werden kann, da ich seit einigen Tagen fast gar nicht essen kann. Bald mehr! In Eile küßt Euch Hermann

1 Zum Missionsfest; s. auch Nr. 564, Fußn. 7.
2 Ed. Schwarz/Fr. Behr, »Lesebuch der Erdkunde«, Calw, 1884.

568] *Marie Hesse an Marulla Hesse*

Calw, 1. Juli 1896

[...] Vielleicht muß ich zwar reisen, weil Hermann, dessen Geburtstag morgen ist, seit Wochen appetitlos und unwohl ist. Gestern kam von Frau Dekan Leopold ein Brief, es gehe gar nicht besser, Hermann sei so schrecklich gedrückt und schwach und erlaube ihr nicht, einen Doktor zu holen. Ich bin der Ansicht, daß er eine Vakanz ganz notwendig braucht. Es ist möglich, daß ich Sonntag hinreise, um nachzusehen, vielleicht um Urlaub zu bitten für ihn. [...]

569] *Marie Hesse an H. H.*

Calw, 1. Juli 1896

Mein lieber Hermann!
Mit großer Teilnahme denke ich an Dich. Es geht Dir scheint's anhaltend schlecht. Da wäre gewiß eine kleine Vakanz das nötigste; ich hoffe, Du kannst sie bekommen. Ich habe hin und her gedacht, Dich zu besuchen, weiß aber nicht, ob sich's ausführen läßt; es zieht mich recht zu dir.
Gott gebe dir morgen einen ordentlichen Tag und lasse auch im neuen Jahr jeden Morgen seine Güte über dir neu sein. Er bleibt treu, wie es auch bei uns auf und ab gehen mag nach innen und außen.

Von Basel kommen Karten, bisher ordentliche Nachrichten. Ich denke, heute schreiben sie auch an dich. Ich habe gestern abend die liebe Frau Oberförster[1] zu uns geholt, sie hat gerade schwere Zeit. [...]
Am Samstag reiste Papa erst um 2 Uhr mit verschiedenen Fräulein von hier nach Basel ab, bekam unterwegs von Martha[2] Milch am Freudenstädter Bahnhof, wo Tante Plebst[3], Lisel, Adele und Lina Hesse[4] alle auch einstiegen, die schon morgens hingefahren waren, zu Marthas Jubel. [...] Lina Hesse ist ein gar zartes, feines, liebes Kind; sie bleibt noch etwa acht Tage nach Basel bei uns und reist dann mit russischen Cousinen an den Rhein und später heim. Sie grüßt und dankt für deinen freundlichen Gruß und lernte dich sehr gerne auch kennen. [...] Karls Stimme in der Schule hört man im Ob.Amtgarten[5]. Jette[6] war dort und lauschte »relativ«, »Superlativ«. Dienstag und Samstag gibt Karl drei spätern Landexaminanden[7] Stunden, gestern im Saal bei uns. Gestern fiel Polly mitsamt seiner Schaukel herunter, und war sehr verzagt. Glücklicherweise kam vor Nacht der Flaschner und machte ihm sein Schlafgemach zurecht. [...] Heute übernehmen Hinderers das Leukhardtsche Geschäft[8], sie gefallen Hans gut. Hansel soll aber erst 1. Oktober dort eintreten, plagt sich jetzt noch in der Schule redlich und darf in den Ferien dann nach Freudenstadt. [...] Laß dir Schweizerbraten und Würste schmecken und studiere jetzt lieber nicht in der Erdkunde.

1 Frau Hepp, Calw.
2 Isenberg, Martha, geb. Cohen; seit Mai 1896 mit Theo Isenberg in Freudenstadt, Apotheke. S. auch Anm. II, Nr. 10.
3 S. Nr. 565, Fußn. 1.
4 S. Nr. 566, Fußn. 7.
5 S. Nr. 555, Absatz 2.
6 Jette Hunnius, die damals im Verlagsgebäude wohnte.
7 Prüfung, die über die Aufnahme in eines der vier evangelischen Studienseminare entscheidet, in denen die künftigen Pfarrer und Theologen Württembergs auf Staatskosten auf das ebenfalls vom Staat finanzierte Studium in

Tübingen vorbereitet werden. Seminare in Maulbronn, Schönthal, Blaubeuren, Urach.
8 Besteht nicht mehr. Um die Jahrhundertwende wurden da Lebensmittel und Dinge für den Haushalt verkauft.

570] *Johannes Hesse an H. H.*

Basel, 3. Juli 1896

L[ieber] H[ermann!]
Gestern haben wir Deiner viel gedacht. Morgen etwas vor 6 nachm[ittags] hoffe ich in Tübingen anzukommen und habe bei Härings um Quartier bis Montag gebeten. Lina[1], die mich begleitet, ist bei Tante Elis[abeth] angemeldet. Wenn Du gut kannst, komm' an den Bahnhof. Mama wollte Dich am Sonntag besuchen; da ich aber schon auf der Reise bin, und sie doch nicht gut allein reisen könnte, dachte ich, es sei besser, ich besuche Dich, zumal da Lina bei mir ist. Herzlich grüßend Dein Papa

1 Hesse, Lina, aus Thëal. S. auch Nr. 566, Fußn. 7.

571] *H. H. an Marie Hesse*

Tübingen, am Abend des 2. Juli 1896
[und 3. Juli, und 13. Juli 1896]

Liebste Mutter!
Nimm einen herzlichen Kuß von Deinem Geburtstagskind und vielen Dank für die überreiche Bescherung! Am meisten freute mich natürlich das Buch. Von Marulla kam ein Brief, von Theo und Martha eine Karte, ebenso von Basel[1]. Tante El[isabeth] und Kinder[2] schickten einen schönen Deckelschoppen mit Dedikation.
Ich denke herzlich an Dich und bin heute abend etwas kindisch, vermisse Tischchen, Gesang und Mitfreude und hab' nach Dir und Euch allen ein wenig Heimweh. Um so mehr hat Dein Brief mich erfreut. [...]

Am liebsten wäre ich eine Weile in Calw, im Garten zu sitzen, genügend zu schlafen und das Geldzählen ein wenig zu verlernen. Ich tue meine Arbeit gerne, aber manches fällt mir schwer und strengt mich an, und im ganzen ist auch da das zu Wenig, das Ungenügen. Eigentlich ist es doch die Privatarbeit, die mir das Leben wert macht, mein bißchen Studieren. Aber das geht nah zusammen und der Mangel an Zeit, an Freiheit läßt einen nie zur Erholung kommen, die versäumten Augenblicke haben mir nie schwerer gewogen als jetzt.
Du liebe Mutter, an Dich muß ich heute so ganz besonders denken. Da hast du wieder gesorgt und geschafft für mich. Ich danke dir tausendmal. Du hast sogar an einen Besuch in Tübingen gedacht! Davon muß ich freilich selber abraten, schon der Fahrt wegen. Meiner Gesundheit wegen sorge dich nicht; ich konnte ja selten normal essen. Ich habe Schlaf, sogar zu viel Schlaf, und schlafe sonntags manchmal bis 1/2 9 Uhr. Auch das Kopfweh ist selten und nie sehr heftig.

[*Fortsetzung folgt.*]

572] *Marie Hesse an H. H.*

Calw, 3. Juli 1896

Mein lieber Hermann!
Mit Erschrecken und Beschämung finde ich soeben einen Brief, den mir Papa dagelassen hatte, Dir zum Geburtstag zu schicken. Verzeih' meine Vergeßlichkeit! – [...] Es kommen nur Karten von Papa, kein Brief, es scheint ihm aber ordentlich zu gehen, und das Fest sei bisher sehr schön verlaufen. [...]
Herzlieber Hermann, Gott wolle Dir sein Antlitz leuchten lassen und Dir neue Lebenskraft schenken! Ist Dir's recht, wenn ich komme? Innig küßt Dich Deine Mutter

[*Fortsetzung des Briefes vom 2. Juli 1896*] [571]

[Tübingen,] am 3. Juli [1896]

Gestern unterbrach mich ein lieber Besuch von Vetter H[ermann Gundert], und eben kam dein und Papas Brief. Vielen Dank! Du wünschst mir neue Lebenskraft – die habe ich freilich nötig. Glaube aber nicht, daß mir die Lebens*lust* fehle! Seit ich geistig etwas gewachsen bin, ist mir das Leben wertvoll geworden. – Du fragst nochmals, ob du hierher kommen sollst. Ich weiß nicht, was ich dazu sagen soll – ich bin nur Deinetwegen ängstlich. Von Werktagen könnte ich fast nur den Montag (oder Dienstag) loskommen. »Der Heckenhauer«, der Gewalt über mich hat, hat mich in diesem Stück sehr zum Philister gemacht, er steht wie ein Berg hinter mir und wirft überallhin einen langen Schatten. Das Staubschlucken und Geldzählen macht einen zum elenden Kerl; Freunde, Verwandte, Vater, Mutter, ich selber – alles kommt erst in zweiter Linie, das erste ist immer »Der Heckenhauer«. Aber zufrieden ist man nicht mit mir[3]; die Arbeit ist ohne Einheit, alles nebeneinander, lauter Kleinigkeiten, wie's eben ein Lehrling hat. Da kommen öfters Fehler vor – heute z. B. zahlte ich in der stille eine Mark in die Kasse, die durch mein Verschulden verschwedert war.

[*Fortsetzung – und Schluß – folgt.*]

573] *Marie Hesse an Marulla Hesse*

Calw, 6. Juli 1896

Liebes Kind!

Heute abend 4 [Uhr] erwarten wir von Tübingen her Papa und Lina[4] und wohl auch Hermann. Frau Dekan Leopold hatte so besorgt geschrieben von seinem anhaltenden Unwohlsein und Trübsinn, daß Papa von Basel direkt hinreiste, um ihn zu sehen und die nötigen Schritte zu tun; ich hoffe nun, er kriegt Vakanz zur Erholung. [...]

574] *Marie Hesse an Marulla Hesse*

Calw, 9. Juli 1896

[...] Montag waren Papa und Lina um 11 glücklich angekommen von Tübingen her. Hermann fanden sie viel besser als sie Frau Dekans Brief nach erwartet, doch sollte er etwas ausschnaufen dürfen. Da aber Herr Sonnewald noch nicht von Arosa zurück ist, muß er noch auf Vakanz warten, und diese wird wohl sehr kurz ausfallen. Da ginge er nach Freudenstadt. [...]

575] *Marie Hesse an H. H.*

Calw, 12. Juli 1896

Lieber Hermann!

Wir sind besorgt um Dich und wüßten gern, daß Du frei hast, Dich zu erholen. Du hast die Wahl, ob Du hierher kommen willst oder nach Freudenstadt. Mittwoch haben wir hier Sitzung des Verlagsvereins. [...] Im Gärtchen reifen die Beeren, die Veranda ist am Morgen und Abend köstlich, tags zu heiß. Nächsten Sonntag kommen Theo und Martha jedenfalls zu uns, das ist längst verabredet, Du kämest dann mit ihnen, oder wenn Du hier wärest, könntest Du mit ihnen vielleicht noch nach Freudenstadt. Gott helfe, daß Du Dich erholst. [...]

[*Zweite Fortsetzung – und Schluß – des Briefes vom 2. und vom 3. Juli 1896)* [571]

[Tübingen], am 13. Juli 1896

Ich war diese ganze Zeit zuhaus und nicht imstande, den Brief zu vollenden, bin immer noch schwach und dumpf im Kopf. Herr Hermes wollte keinen Urlaub geben ohne ärztlichen Befehl. So mußte ich mich von Dr. Keller untersuchen lassen, der einen Ortswechsel für unnötig hält. Mit Calw oder Freudenstadt ist's also nichts.

Ich bin aber, wie ich sehe, ganz unfähig zu schreiben. Bitte sagt den Tanten Jettle und Jettchen herzl[ichen] Dank für ihre Geschenke, bis ich's selber tun kann.
Wenn diese Tage der ärgsten Hitze, der Schwäche und des Ekels vorbei sind, hoffe ich schreiben zu können, augenblicklich ist es furchtbar heiß.
Mit Kuß Euer Hermann

576] *H. H. an Johannes und Marie Hesse*

Freudenstadt, 30. Juli 1896 [Postkarte][5]

Ihr Lieben!
Ich hatte mich für übermorgen (Samstag) in Tüb[ingen] angemeldet, bekam nun aber von dort die Aufforderung, entschieden noch länger zu bleiben, von Herrn Sonnewald, der wieder dort ist.
Wenn Ihr einverstanden seid, komme ich übermorgen (Samstag) zu Euch, um noch acht Tage zu bleiben. Marulla kann dann etwa Montag kommen. Mit Kuß Hermann

1 Von Johannes Hesse, der mit Verwandten am Missionsfest teilnahm, vgl. Nr. 569.
2 E. Gundert, mit H. Hs. Vetter Hermann und Base Agnes.
3 Am 15. April 1896 hatte Johannes Hesse in einem Brief an H. H. geschrieben: »Sehr freute es mich, daß Herr Sonnewald bei dieser Gelegenheit auch ein Brieflein geschrieben, in welchem er sagt, daß er zufrieden mit Dir sei und Du Eifer und Interesse bekundest. ...«
4 S. Nr. 566, Fußn. 7.
5 Sehr wahrscheinlich hatte Herr Hermes dem Urlaub H. Hs. doch noch zugestimmt und hatte Herr Sonnewald diese Entscheidung bestätigt.

577] *Marie Hesse an H. H.*

Calw, Donnerstag [, 30. Juli 1896]

Lieber Hermann!
Du bist uns herzlich willkommen. Marulla und Hans möchten beide auch noch nach Freudenstadt, aber nicht gerade,

wenn Du hier bist. [...] Heute sind glücklich die Examina vorüber, die Carl und Hans sehr mitnahmen und ermüdeten[1]. [...]

1 Karl als Lehrer, Hans als Schüler. S. Nr. 569.

578] *H. H. an Johannes und Marie Hesse*

[Tübingen, Montag, 10. bis Sonntag, 16. August 1896]

Ihr Lieben!

Samstag abend 7 1/2 Uhr kam ich glücklich an. Ich fand bei Dr. Kapff so freundliche Aufnahme, daß ich bis zum Abendzuge blieb. Um 11 Uhr ging ich mit ihm in sein Römerkastell, in dem mir am meisten die Statue eines »reitenden Jupiter« gefiel, den K[apff] für den *genius alae*[1] hält. Um 12 1/2 Uhr aß ich bei ihm (nicht beim *genius alae*, sondern bei Kapff) in seiner recht eleganten Wohnung und blieb bei einer Flasche Wein und Kaffee dort bis gegen 5 Uhr, wo ich weiterfuhr. Es kam manches literarisch Interessante zur Sprache, zum Schluß auch Religiöses.

Heute (Montag) war ich im Geschäft und bin nun recht müde, fand mich aber besser hinein, als ich geglaubt hatte. Herr Sonnewald sieht wesentlich besser aus, er fand dasselbe bei mir. Herr Hermes war sehr freundlich, beabsichtigt aber, um mich vom Stubenhocken abzuhalten, wie es scheint eine planmäßige Protektion. Wenn er mich ernstlich zu sich und in seine Kreise ziehen will, würden Schwierigkeiten kaum zu umgehen sein, da ich mich jedenfalls wehren werde. Denn mich ekelt die oberflächliche Bildung und vor allem die blasierte Gottlosigkeit eben dieser Kreise an.

Eine, wenn auch bescheidene, literarische Ermutigung hat mich auch erwartet. Dem Dichterheim[2] hatte ich vor vier Wochen zwei Lieder geschickt mit der Bitte um Prüfung, da ich selbige nur als »lyrische Versuche« bezeichnen konnte und an ein Erscheinen gar nicht dachte. Nun bringt in der vorletzten Nummer die Redaktion, die immer sehr kühl und meist grob urteilt, die Notiz: »*Beide* Beiträge werden erscheinen; man sieht es deutlich, Sie schaffen mit Fleiß und Liebe«. In dem einen der Gedichte habe ich zum erstenmal fünffüßige Trochäen mit männlichem Reim in Zweizeilern versucht, einen der einfachsten, aber schwer wirksam zu machenden Rhythmen.

Samstag, den 15. August 1896

Jetzt endlich komme ich wieder ans Schreiben. Ich hatte die Woche viel zu tun, mußte auch zwei Abende im Wirtshaus sitzen, das eine Mal beim Buchhändlerverein, der mich einlud, das andre Mal mit Vetter H[ermann] und meinem Freunde Gös[3], der in aller Stille Abschied feierte. Er geht jetzt nach Gniebel, wo er eine Woche lang den Pfarrer vertritt, von da nach Hause, wo er bis Frühjahr 97 aufs theologische Examen arbeiten will.

Ich habe mich nun so ziemlich wieder hereingefunden. Anfangs war mir's nicht wohl, trotz des freundlichen Empfangs und trotz des Blumenstraußes, der mein Zimmer[4] zierte, kam ich mir fremd und hereingeschneit vor. Der erste Abend besonders hat mich gar nicht heimisch-freundlich angemutet. Im Lampenschein lagen Blätter und Bücher über'm Tisch, der etwas mißfarbene Strauß daneben, die Bilder und Pfeifen wie immer etwas regellos an den Wänden, und auch mein schöner Hermes in seiner Herrscherecke sah aus, als hätte er's wohl noch eine gute Weile ohne mich ausgehalten. Überm Bette der alte, scheußliche König Karls-Helgen[5], auf dem Pult eine zerknitterte Zeitschrift, die ich vor dem Weggehen gelesen, vorm Fenster die Gâgen mit ihrem derben Geschrei[6] – es machte mir das Ganze keinen schönen Eindruck. Mir war und ist noch zumute, als könnte man in diesem Geschäftsleben, bei dem man sich gewöhnt, in den kurzen freien Stunden mit Hast und Leidenschaft dem Vergnügen, auch dem geistigen, sich zu widmen – als könnte man in diesem Leben und im ewigen Umgang mit durchweg seichten, frivolen, in Geld und Genuß verliebten Menschen nicht gut bleiben, oder besser! nicht gut werden. Dieses anstrengende und doch fast leere Tagestreiben macht einen schlecht, und ich bat Gott, mich vor dem letzten Sinken zu bewahren, vor dem Zustand der Millionen, die keine Seele mehr haben, und deren einziges Ideal das Gelderwerben ist.

Nun, im Geschäft ging es recht ordentlich, nun ist ja auch der erste Schlachttag, der Samstag, überstanden – und dabei fällt mir ein, daß Ihr heute Adeles Geburtstag feiert. Das Büchlein[7] von mir hat sie wohl bekommen, auch meine Karte. Ich wünsche ihr Gottes Segen, vor allem Besserung ihrer Gesundheit!

Der nächste Geburtstag ist wohl Theos? Bitte, erinnert mich seinerzeit daran, ich muß ihm schreiben.

Sonntag

Heute kam der Anzug von Lämmle, der aber leider 60 statt 50 M kostet. Ich glaube, 50 M hatte Mama erlaubt. Wenn die Rechnung innerhalb 4 Wochen bezahlt wird, gibt Lämmle 5 % Rabatt, so daß das Ganze 57 M kosten würde. Die 7 Mark kann ich nötigenfalls vielleicht in einigen Wochen zahlen, wenn Mutterle zu sehr an dem hohen Preis erschrickt.

Sonntag nachts!

Nun zum Schluß! Ich war den ganzen Tag aus, morgens Besuch bei Fr[äu]l[ein] Oehler, die mich zum Tee einlud, den ganzen Nachmittag bei Tante Elisabeth, sehr nett und behaglich, zum Tee bis 10 Uhr bei Oehlers[8]. Dort war Frau Staatsanw[alt] Nestle mit Kindern[9]. Sie grüßt Mama, Maria grüßt Adele, beide Euch alle. Ein komischer Genfer, Herr Auber (oder Aubère) unterhielt uns durch sein naives Wesen. Jetzt herzlichen Kuß und gute Nacht! Euer dankbarer Hermann

1 Flügelgeist.
2 S. Nr. 548, Fußn. 3.
3 Goes, Eberhard; s. Nr. 511 + Fußn. 2.
4 S. Nr. 506.
5 Bildnis Karls v. Wttbg.
6 S. Nr. 507 + Fußn. 2 sowie Anm. II, Nr. 2.
7 »Elisabeth«, s. Nr. 566, Fußn. 3.
8 Oehler, Luise, Tochter des 1872 verstorbenen Tübinger Theologieprofessors Friedrich Oehler. S. Nr. 523, Fußn. 4.
9 Marie Nestle, geb. Oehler. S. auch »Kdht. u. Jgd. I«, Namensregister unter Nestle.

579] *Johannes Hesse an Dr. Rudolf Wackernagel*[1]

Calw, 13. August 1896

Verehrter Herr Doktor!

In den Tagen des letzten Basler Missionsfestes war ich zweimal an der verschlossenen Tür des Eptinger Hofes und hörte erst später, daß Sie nicht mehr dort wohnen.

Nun komme ich brieflich mit einer Bitte. Es handelt sich darum, daß meine 16j. Tochter Marie[2] Württembergerin werden soll und zu diesem Behuf einen Entlassungsschein von der zuständigen Basler Behörde braucht. Ich habe beiliegendes Gesuch an den Basler Bürgerausschuß gerichtet, weiß aber nicht mehr, ob das die richtige Instanz ist, fürchte auch, mein Brief ist zu formlos. Darum komme ich zu Ihnen mit der Bitte, Sie möchten die Güte haben, falls dieser Brief genügt, denselben der betreffenden Stelle zuzustellen oder, falls er nicht genügt, mir mitzuteilen, an wen und wie ich mein Gesuch richten muß. Ich denke, in Basel wird man nicht so sehr auf die Form sehen wie hierzulande.

Der hiesige Stadtschultheiß drang neulich gewaltig in mich, ich möchte doch mit meiner ganzen Familie württembergisch werden. Aber dazu kann ich mich einstweilen nicht entschließen.

Wie es wohl bei Ihnen steht? Hoffentlich gut.
Meine Frau, die im Januar d. J. nach 20monatlichem Krankenlager wunderbar geheilt worden ist[3], grüßt mit mir Sie und Ihre Frau Gemahlin.
In alter Anhänglichkeit Ihr dankbar ergebener

Joh. Hesse

1 Geb. 1853 in Basel, gest. 1925 in Riehen bei Basel. Staatsarchivar und Verfasser einer »Geschichte der Stadt Basel«. Lud H. H. während dessen Basler Buchhändlerzeit häufig in sein Haus. S. auch Anm. II, Nr. 19).
2 Marie = Marulla Hesse. S. Anm. I.
3 S. Nr. 527, Fußn. 1.

580] *H. H. an Johannes und Marie Hesse*

Tübingen, 1. September 1896

Ihr Lieben!
Herzlichen Dank für Papas Karte und Mamas Brief! [...]
Hier ist es still, doch genug Arbeit, die Vorbereitung aufs Semester, zum Teil schon auf Weihnachten! Darin ist der Buchhandel toll! Wir haben schon zehnerlei *Kalender* für *1897* auf Lager! Von Professoren fast niemand hier, nur Buder[1], wohl auch Gottschick[2], Häring längst verreist.
Die Kollegen sind freundlich, laden mich oft in ihren Verein, in den zum Glück Lehrlinge nicht zu treten pflegen. Für Sonntag habe ich sogar eine äußerst schön gedruckte Einladung in Quart zu einem Ausflug Neuffen – Nürtingen vom schwäbischen Gehilfenverein erhalten. Natürlich gehe ich nicht, doch freute es mich.
Es gelingt mir gegenwärtig, sehr wenig und dann nur leichten Tabak zu rauchen (gar keine Zigarren mehr). Ich spüre im Magen einen ganz kleinen, im Gelde einen etwas größeren Einfluß. Ob es mir gelingen wird, in absehbarer Zeit diesen seltsamen, mir gewohnten Reiz ganz zu entbehren[3], weiß ich wirklich nicht. Bei geistiger Arbeit z. B. gibt das

Rauchen den Nerven eine feine, momentan wohltuende Anregung und Energie, an die man sich sehr gewöhnt. Arbeiten tu' ich weniger, meist nur Statistisches (Novitäten etc.) und die gewohnten rhythmischen und ähnl[iche] Studien. Gerade Rhythmik etc. gibt mir viel Überraschendes, Interessantes; es ist eine eigenartig reizende Beschäftigung, den Gesetzen sprachlichen Wohlklanges, den jeder exakten Forschung entrückten Rätseln der innern Rhythmik nachzugehen bis auf jene geheimnisvollen Gebiete, wo dunkel und ahnend in ewigem Werden das liegt, was ich »Gesetze der Stimmung« nennen möchte. Es gibt in der Poetik, wie überall, jene feine, aber doch scharf gezogene Grenze, von welcher aus der Handwerker und der bloße Dilettant ins Leere zu sehen glauben, während für andre, tiefer suchende Naturen da erst die farbige, wirkliche Welt beginnt. Dies ist auch ein Gebiet, wo nur ausgesprochenes Talent oder besser, wo nur Liebe noch Augen hat, das Gebiet, in dem die Kreise der Poesie, des poetisch Ideellen, sich berühren mit denen der Poetik. Es kann jeder einen Daktylus von einem Anapäst, Ottaverimen von Alexandrinern, männliche von weiblichen Reimen unterscheiden lernen, aber dann hört der Geist des Laien und hören die Lehrbücher auf. Von hier aus läßt sich allerlei denken, auch Literarhistorisches. Z. B. sind die Römer von Ennius[4] bis Ovid[5] sämtlich an der Grenze der groben Prosodie stehen geblieben und vermochten höchstens, wie vor allem Horaz[6], noch einen engen Kreis letzter technischer Finessen um das Überkommene zu ziehen. Überwunden hat kein Lateiner die Prosodie. Bei uns Deutschen hat z. B. der Held der Poetik, Graf Platen[7], doch nur sehr selten sich über die Poetik zu den feineren, dem Leser unsichtbaren Gesetzen sprachlicher Musik erhoben. Gewöhnlich schreibt er sich sein Schema vor:

–◡◡–◡◡–◡–◡◡–◡

–◡◡–◡◡– u.s.w.

und dann mag man ihm seine Silben nachzählen, man wird selten ein Versehen finden, aber fünf kurze und vier lange Silben sind noch lange kein Vers. Wenn uns bei Platen auch außer der Eleganz des Silbenfalls etwas frappiert, so ist es meistens Esprit –, nicht Poesie der Sprache (von den poetischen Ideen und Stoffen immer noch ganz abgesehen). Es gibt auch hier unverständige Übertreibung in Fülle, Freund Eichendorff[8] z. B., um einen der besten zu nennen, schwimmt häufig in seinen Gedichten auf gar zu trüben Wellen, man merkt, wie ihm mit dem Bewußtsein der Taktsicherheit fast immer auch die Reinheit der Sprache verloren geht, und die Lieder, in denen uns sein abscheuliches Deutsch ärgert, sind meist auch prosodisch die haltlosesten. Von Früheren hat fast nur Heine[9] mit Bewußtsein die Ecken der steifen Form abgeschliffen, daher sind die bessern seiner Gedichte sämtlich auch singbar. Die Neueren leisten hierin doch manches, z. B. Greif[10] und Born[11]. Geibel[12] ist hier ein Muster, bloß vermißt man bei ihm manchmal das Originelle, einen großen Zug, der eben seiner ganzen Epoche nicht eigen war.

So muß immer etwas vom Steckenpferd schuld sein, wenn ich einen längeren Brief zustande bringen soll. Ich befliß mich, nicht von Goethe zu schreiben, dessen italienische Briefe ich mit einem Genuß lese, wie noch nie ein Buch, und dafür bin ich auf Poetik gekommen. Verzeiht! Mir fehlt eben die Zeit, etwas zu erleben oder Erlebtes zur Erzählung reifen zu lassen. [...]

Nun lebt wohl. Herzlich küßt Euch und wünscht Euch Gesundheit Euer dankbarer Hermann

1 Buder, Paul von; 1836-1914; ordentl. Prof. der Theologie in Tübingen von 1877 ab; seit 1872 Ephorus des Evangelischen Stifts. Trat 1910 in Ruhestand.

2 Gottschick, Johannes Friedrich; 1847-1907; evang. Theologe, zunächst im Schuldienst; seit 1882 Prof. für prakt. Theologie in Gießen, seit 1892 in Tübingen.

3 S. Anm. II, Nr. 20.
4 Ennius, Quintus; altlateinischer Dichter; 239-169 v. Chr.
5 Ovid (Publius Ovidius Naso); römischer Dichter; 43 v. Chr.-ca. 17 n. Chr.
6 Horaz (Quintus Horatius Flaccus); 67-8 v. Chr.
7 Platen, August Graf von; 1796-1835.
8 Eichendorff, Joseph Freiherr von; 1788-1857.
9 Heine, Heinrich; 1797-1856.
10 Greif, Martin (bürgerl. Name bis 1882 Hermann Frey); 1839-1911.
11 Born, Stephan; 1824-1898.
12 Geibel, Emanuel; 1815-1884.

581] *H. H. an Eberhard Goes*

Tübingen, [?] September 1896

[...][1]
Dies ist alles, was von einem Stück Leben überbleibt, ein paar Verse, die irgendeine Zeitschrift abdruckt – und das ist alles. Dieses hastige Skizzieren, dieses flüchtige, tropfenweise Schaffen verdirbt mir oft alle Lust.

Den Teil meiner Freizeit, den nicht statistische und kritische Literargeschichte in Anspruch nimmt, verwende ich teils auf meine eignen Versuche, teils und fast am liebsten auf das Erforschen der letzten, geheimsten Rätsel der Poetik.
[...][1]
Man beginnt mit der simplen prosodischen Grammatik, lernt einen Jamben von einem Spondeus unterscheiden, die Nibelungenstrophen von den Ottaverimen, und dann erschließt sich dem, der den exakten Teil völlig überwunden hat, unversehens eine Welt lockender Geheimnisse, deren Rahmen unendlich weit ist, die Musik der Sprache.

Es kann ebenso lehrreich und packend sein, den keuschen Reizen südlicher Ottaverime und Sonnette nachzugehen, als dem Wind und den Bäumen zu lauschen, um die wildwachsenden Rhythmen Ossians begreifen zu lernen. Gerade jene, aller exakten Forschung entrückten Gebiete sind unendlich fesselnd und erschließen immer neue, überraschende Perspektiven, jene unformulierbaren Gesetze, die

den Wohlklang lebendiger Prosa bedingen und mit der Rhetorik verwandt sind, jene rätselhaften Gesetze, die über der Geburt jedes Sprachschönen walten, – die Gesetze der Stimmung! Es ist äußerst bedeutsam, den Einfluß dieser ursprünglich rein lautlichen ungeschriebenen Gesetze auf die Wort- und Gedankenwahl und umgekehrt zu beobachten. Am wunderbarsten hat Goethe diese »fröhliche Wissenschaft« besessen, von jenen unglaublich naiven und doch wirkenden Wortbildungen mancher seiner kunstloseren Sprachschönheiten bis zu den letzten, verwehenden Farben-Nuancen seiner edelsten Dichtungen. (Ich denke bei jenen »naivsten« Versuchen an Bildungen wie »die golden-goldne Rolle« in Faust II[2] etc., bei den »letzten Nuancen« etwa an »Über allen Gipfeln«.)
Unsere moderne Lyrik hat trotz ihrer Unverschämtheit und gelegentlichen Ungenießbarkeit hierin, im Befolgen jener Gesetze der Stimmung, doch manches Interessante und Wertvolle geschaffen, z. B. Hieronymus Lorm[3], auch Gustav Falke[4] etc. Freilich, wenn auch die allzu satte, biedere Lyrik der Epoche Redwitz – Geibel – Heyse – Storm etc.[5] überwunden ist, einen großen, gewaltigen Liedersänger haben wir eigentlich nicht, aber unsre Lyrik ist tätig, sie treibt und wächst und ahnt, und ich glaube daran, daß gerade unsre Zeit Ihn hervorbringen wird, auf den die Propheten unter den Modernen warten. Kommen wird er, und plötzlich eines Tages unter uns stehen, und uns werden die neuen, mächtigen Lieder berauschen. Dann wird auch unsre gar zu viel experimentierende Lyrik wieder einen Stil bekommen.
Nun hab' ich Dir ein langes Lied vorgesungen, suche Dich in die krausen Worte zu finden!
Nimm meinen herzlichen Gruß! Vetter Gundert ist auf Ferienfahrten (Calw, Herrenberg, Stuttgart).
In Freundschaft Dein Hermann Hesse

1 S. Anm. II, Nr. 21.
2 S. Nr. 532, Fußn. 9.
3 Lorm, Hieronymus (Pseudonym für Heinrich Landesmann); 1821-1902; Gesamtausgabe seiner Gedichte 1880.
4 1853-1916; s. auch Anm. II, Nr. 31.
5 Geibel (geb. 1815) ... Storm (gest. 1888).

582] *Marie Hesse an H. H. und Hans Hesse*

Calw, 12. September 1896

[*Die Mutter berichtet, daß Karl gestern nach Biberach abgereist sei und ihr sehr fehle; ferner von der Diözesanversammlung zum Abschied von Dekan Braun*[1]*, am Donnerstag, 3. September, im Waldhorn. Sie erzählt, wer geredet hat und was gesagt wurde; dann von dem Abend im Stadtpfarrhaus, dem Abschied von Dekan Braun und seiner Abreise am nächsten Morgen.*]

Kopf an Kopf dicht gedrängt stand Calws Bewohnerschaft in den Gäßchen und Gärten ums Stadtpfarrhaus. Der Abschied der lieben Dekansleute ging jedermann recht nahe und Kesselbach weinte Bäche von Tränen. Mittwoch früh war die Abreise und ganz Calw winkte zu allen Häusern hinaus dem Stuttgarter Zuge nach. Tante Elisabeth war bei uns zum Essen, Adelchen durfte ihren ersten Ausgang machen, [...] Papa war etliche Tage sehr unwohl und kaputt; heute ist er glückselig, daß er an seiner Mission auf der Kanzel[2] arbeiten kann, und dafür war's höchste Zeit, denn Onkel David[3] fängt nächste Woche an zu drucken, da gibt's Hetze! Donnerstag um 1 Uhr fährt ein Motor-Wagen mit Geblase vors Haus und drunten herauf grüßt Freund Huppenbauer[4]! Flugs alles die Treppe hinab gestürzt. In 4 1/2 Stunden waren sie von Freudenstadt über Pfalzgrafenweiler und Nagold hergefahren und wollten nach zwei Stunden zurück. Zuerst saßen wir mit ihnen ins Waldhorn, da sie dort Essen bestellt, und dann kamen sie

herüber, tranken Kaffee bei uns und warteten ab bis das arge Gewitter vorüber war. [...]
[*Adele bedankt sich in einer Nachschrift für die Glückwünsche und das Buch zu ihrem Geburtstag.*]

1 Nachfolger von Dekan Berg, Vorgänger von Dekan Roos.
2 Hesse, Johannes: »Die Mission auf der Kanzel«, Stuttgart 1889; 1897 in vermehrter, völlig umgearbeiteter Gestalt; Calwer Vereinsbuchhandlung, Stuttgart. – 32 Jahre nach der zweiten Auflage wurde das Buch von G. Hermelink und N. Rösler neu bearbeitet. Es erschien wieder im gleichen Verlag, 1930, mit dem Untertitel: Ein missionshomiletisches Hilfsbuch.
3 Gundert, David; s. Anm. I.
4 Huppenbauer, David; s. Nr. 560 u. Anm. II, Nr. 17).

583] *H. H. an Johannes und Marie Hesse*

[Tübingen, 13.-19. September 1896]

Liebe Eltern!
Herzlichen Dank für Mutters lieben Brief und Adeles Gruß! Gottlob, daß sie wieder auf sein kann!
Heute (Sonntag) war ich zum Essen bei Tante [Elisabeth] und blieb bis vier Uhr. Gestern waren Vetter und Hans einen vergnügten Abend bei mir, heute war ich konfus und verstimmt, so daß ich nur die paar Stunden dort sein konnte. Ich bitte Hans um Verzeihung, daß ich so bald wegging, aber das Musizieren und ziellose Schwatzen machte mich nervös. Ich grüße ihn und danke ihm nochmals herzlich dafür, daß er meine Geige hergerichtet hat, ich bin sehr froh daran.
Ich bin nervös und launisch, denn auch die Arbeit hilft nicht über das Empfinden der Enge, des Ungenügens hinaus, die mich quält. Die Eindrücke von Freudenstadt kommen wieder, ich bin dort ein »Gottsucher« geworden[1]. Und immer wieder sehe ich den Sonntagsgott der Kirchenchristen und sehe, wie er des Werktags nicht helfen kann. Solche Christen sind doch wohl viele auch unter unsern Be-

kannten. Ich gestehe, mein eigenes Lebensideal, meine Poesie, mein bißchen Goethekult sogar, sind bessere und treuere Götter als jener Sonntagsgott. Sie stehen zu mir, auch wenn es trüb und trostlos aussieht, aber das ist der wunde Punkt – sie leiden mit mir und klagen mit mir, aber sie sind zu sehr meine Geschöpfe, als daß sie stark genug wären, mich hinauf zu ziehen, mich zu retten. Und wenn die böse Stunde an mich kommt, wo meine Arbeit und mein Träumen zu Ende sind, die böse Stunde, vor der mir manchmal unsäglich gegraut hat, wo diese Hand, mit der ich jetzt arbeite und schreibe und spiele, wo diese Hand kalt und welk sein wird, wo mein lichtdurstiges Auge trübe werden und auslöschen wird – was dann? Keiner meiner Götter, keines meiner eigenen Lieder wird mit mir gehen.

An einem Abend, dem letzten in Freudenstadt, da ich mit Pfarrer Strauß und dem lieben Herrn Huppenbauer spazieren ging, da schien mir eine Türe aufzugehen, da hörte ich ihn vorübergehen, den ich suche, und ich lag die lange Nacht wach und betend, er möge bei mir bleiben, er möge mir alles nehmen für die Gewißheit, daß er mir helfen wolle. Und diese Nacht kam wieder, und wieder – und jetzt bin ich oft leer wie ein ausgeschöpfter Brunnen, und nur ärmer geworden.

Ich suche wieder die Sterne meiner bisherigen Ideale und will wieder versuchen, durch den poetischen Pantheismus zum Geheimnis des Friedens und der Gesundheit zu dringen. Mir ist wieder, als seien meine Augen mehr dazu geeignet, in den Offenbarungen der Dichter als der Bibel zu lesen. Aber ich weiß jetzt, wenn auch mir keine Offenbarung ward, ich weiß doch, daß der Christenglaube keine Form und kein Gleichnis, sondern eine starke, lebende Kraft ist, und daß keine andere Macht eine solche heilige Gemeinschaft und Liebe zu schaffen und zu erhalten vermag.

Verzeiht! Aber warum in diesen wichtigsten, einzig wichtigen Dingen nicht offen sein. Ich habe einen Gott noch nicht gefunden, aber ich bin dankbar, doch einige Offenbarung gefunden zu haben. Ihr mögt meine Gedankenwelt für ein Kindergärtchen ansehen, aber da ich nichts Besseres gefunden, will ich dieser Welt der Schönheit, deren letzte Grenzen unsren Augen verborgen sind, treu bleiben. Daß alles, auch das Höchste, was Dichter geschaffen haben, Stückwerk ist, weiß ich, und es fehlt nicht an Stunden, wo mir unsre ganze Dichtung so recht klein und ärmlich erscheint; aber mit der »Welt der Poesie« meine ich mehr, meine ich eine Welt, zu welcher alle bestehenden Dichtungen bis zur Ilias und Hamlet und Faust, nur eben ein dürftig angelegter Vorhof sind. [...]
In herzlicher Liebe Euer Hermann

584] *Marie Hesse an Marulla Hesse*

Calw, 22. September 1896

[...] Von Hermann ein merkwürdiger Brief, den ich Dir später zum Lesen schicke. [...]

1 S. Nr. 560, Fußn. 2.

585] *Marie Hesse an H. H.*

Calw, 23. September 1896

Mein lieber Hermann!
Herzlichen Dank für Deinen lieben Brief, schreibe nur immer ganz offen, wir leben mit dir weiter, und unsre Gebete begleiten dich überall hin.
Ich war von Freitag bis Montag in Stuttgart, zu einer Missionsgeschwister-Zusammenkunft, die sehr besucht und interessant war, und um Marulla und die Lieben zu sehen.

[...] Leider traf ich Papa schrecklich angegriffen bei meiner Rückkehr, auch Adele ist noch gar nicht recht erholt. Nun sollen sie beide für acht Tage nach Freudenstadt. Papa ist an der neuen Auflage seiner Mission auf der Kanzel[1], das er ganz umarbeitet. Student Leube[2] hilft ihm dabei und auch Adele und ich helfen da und dort. Ich hoffe nur, Papa lebt in Freudenstadt etwas auf, damit er am Missionskurs recht mit Lust mittun kann; es kommen über 80 Theologen dazu.

Wir haben kürzlich abends vorgelesen, ein sehr schönes Gedicht – etwa so groß wie der Trompeter [von Säckingen] und auch in der Art – von Frau Supper-Schmitz[3]. Sie kam sehr bescheiden und bat, ihr Werkchen anzusehen und ihr offen zu sagen, ob man es drucken könne. Wir erwarteten wenig und wurden dann ganz überrascht und hingenommen von dem »Mönch von Hirsau«[3]. Es spielt im Jahr 1100 ungrad; die Grafen von Calw mit dem Kloster in bitterer Fehde, der Abt Marquardt häuft Schulden auf Schulden durch sein ewiges Bauen; ein junger Graf Sponheim (?) vom Rhein, Neffe des Erzbischofs von Köln kommt als Beschützer von Calwer Handelsherren nach Hirsau und wird dort vom Abt festgehalten und mit List zum Novizen gemacht. Der eigentliche Mönch von Hirsau ist der ernste, fromme Ignaz, eine wirklich großartige Gestalt. Es kommen allerlei interessante Szenen vor, Nagold-Überschwemmung, Brand im Kloster am Weihnachtsabend, Pest und dergleichen. Natürlich spielen auch Liebesgeschichten drein. Der historische Hintergrund tritt gut ans Licht. Onkel David hat jetzt das Manuskript zum Lesen und will sein Bestes tun, damit die Verfasserin den rechten Verleger kriegt. Das junge, nette Fraule wird in der Supperfamilie recht von oben herab behandelt, der hochnäsige Regierungsrat ging ja nicht zur Hochzeit seines Bruders wegen der Mésalliance. Da freut mich's, wenn das Talent zur Anerkennung kommt; sie hat sehr fleißig gearbeitet. Der arme Theodor Supper mußte nach Amerika verschickt werden.

Heute marschiert Hans nach Pforzheim, darf bei Trittlers übernachten und will morgen den Rhein sehen bei Maxau. Eine tiefe Sehnsucht befiel ihn nach diesem Strom. Er hat mit einem Mal Freude und Interesse für Karten und Geographie bekommen. [...]

Innig küßt und liebt dich deine Mutter

Papa, Adele und Jette grüßen schön.

1 S. Nr. 582, Fußn. 2.

2 Leube, Albert; einige Zeit lang Gehilfe von Johannes Hesse.

3 Supper-Schmitz, Auguste: »Der Mönch von Hirsau«. Erschien 1897 bei Greiner & Pfeiffer, Stuttgart.

586] *H. H. an Johannes und Marie Hesse*

Tübingen, 23. September 1896

Ihr Lieben!

Herzlichen Dank für Mamas Brief! Die bösen und die guten Neuigkeiten waren mir alle interessant. Papa und Adele wünsche ich von Herzen Erholung, und dem Missionskurs[1] rechtes Gedeihen. Das ist schön, daß sich so viele Teilnehmer fanden!

Mit Schrecken höre ich von dem armen Theodor Supper. Was ist's eigentlich mit ihm? Es hieß früher immer, er werde gewiß ein brauchbarer Techniker.

Ich weiß zur Zeit nicht recht, wer der Supper ist, dessen Frau den Hirsauer Sang verfaßt hat (denn den schönen Namen »Sang« führt es doch wie alle ähnlichen Ep'chen). Bitte, erklärt mir's! Daß in der guten Stadt Calw die Stimme eines Dichters und gar einer Dichterin sich erhoben hat, ist freilich verwunderlich. Mir muß dieser »Sang« in zweierlei Licht erscheinen. Einerseits freut es mich sowohl für die Dichterin als für Hirsau, wenn das Gedicht gedruckt wird, andrerseits ist es für den Buchhandel kein großes, für die junge Literatur aber gar kein Glück, wenn ähnliches erscheint. Doch würde es mich freuen, wenn das Büchlein wirklich wertvoll ist, denn über die »schreibende Frauenwelt«, d. h. über die *Werke* dieser Frauen, besonders über poetische, denke ich sehr pessimistisch, – fast der einzige wichtige Punkt, in dem sich mein Urteil, seit ich zu urteilen versuche, noch nie verändert hat! Mir war nie wohl bei Namen wie Eschstruth, Reichenbach, vollends Suttner etc., seit aber Johanna Ambrosius »entdeckt« wurde und den besten Platz in den Reihen moderner Lyriker gepachtet zu haben scheint, seither graut mir einigermaßen vor unsern Dichterinnen. Auf dem Gebiet der »Sänge«, d. h. der romantischen, episch-lyrischen Dichtungen, ist ja freilich weder viel zu gewinnen, noch etwas zu verderben, Neues und Besseres, als was wir schon haben, dürfte in diesem Genre unmöglich sein. Wenn die süddeutsche Dichtung neben den Herren Ostpreußens und Berlins wieder aufkommen will, so darf sie, wie ich glaube, ja nicht ins liebe alte Waldhorn der burschikos-sentimentalen Romantik blasen.

All dies paßt ja kaum auf unsern Fall. Es wird mich interessieren, mehr von dem Büchlein zu hören. In einem passenden Verlag (womöglich Stuttgart; etwa Bong oder Krabbe?) könnte es ja wohl einiges Glück machen. Mir ist tragikomisch zumute, so oft ich an solche Sachen erinnert werde; dann schweben mir immer die zahlreichen Gold- und Rotschnittbändchen mit Blau- und Silbereinband à la »Adelgunde« vor, die in ihren schmucken, neuen Röcken schon so ältlich und vergessen ihren Weg durch die »modernen Antiquariate« gehen, ohne trotz aller Preisherabsetzungen je gesucht zu werden. Doch sind ja immer einzelne, die mehr Glück haben. [...]

Ich wünsche Hans einen schönen Tag am Rhein und dann einen fröhlichen Anfang. Er soll nur recht im Jünglingsverein mittun und munter bleiben, der »Ernst« kommt im Geschäft von selber, wenn man mit Willen daran geht[2].
Ich dachte schon daran, den Sonntag nach Freudenstadt zu gehen, es war aber nur ein flüchtiger Einfall. Für einen Tag lohnen sich Anstrengung und Kosten nicht.
Letzten Sonntag besuchte ich Fräulein von Reutern, die herzlich grüßt und äußerst freundlich war. Ich sah auch Häring kurz, bei dem die Besuchszeit erst mit dem Semester wieder losgeht. Von Fräulein von Reutern soll ich beiliegenden Brief senden, mit Dank und Entschuld[igung] f[ür die] Verspätung. Da der Brief nun doch doppelt wird, will ich die letzten von Calw entlehnten Bücher gleich mitsenden und ein Paket machen.
Nun ist's spät. Lebt wohl! Herzlich küßt Euch Euer

Hermann

1 Im Kurhaus Palmenwald, Freudenstadt, einer »Erholungsstätte mit christlicher Hausordnung« (Siegfried Greiner); s. auch Anm. II, Nr. 17).
2 Hans Hesse begann am 1. 10. 1896 bei Herrn Hinderer in Calw die Kaufmannslehrzeit.

587] *Marie Hesse an H. H.*

Calw, 3. Oktober 1896

Mein lieber Hermann!
Herzlichen Dank für Deinen lieben Brief. Er kam am Tage vor Papas und Adelens Abreise nach Freudenstadt, und wir waren da alle sehr im eiligen Geschäft, da Papa vorher noch von seiner »Mission auf der Kanzel«[1] den größten Teil zum Druck fertig haben mußte, jedoch so elend und kopfwehig war, daß er viel im Bett liegend diktieren mußte. Adele und ich und Student Leube halfen, was wir konnten, und so gelang es noch: Freitag, 25. September um

2 reiste Papa ab. [...] Eben kommt Albert Leube[2] von Freudenstadt direkt zurück und ist ganz begeistert von den herrlichen Tagen dort. Der Missionskurs sei sehr gelungen durchweg und trotz öfterem Kopfweh habe doch Papa ganz ausgezeichnet vorgetragen. [...] Ich hoffe, daß alle Freude und Anregung (neben der gehäuften Arbeit) doch dem l[ieben] Papa recht gut getan hat.
[... *Das Gedicht von Auguste Supper, geb. Schmitz*[3], *habe Onkel David dem Buchhändler Bong empfohlen, der es wohl drucken werde.*] Ich sehe nichts Beklagenswertes darin, wenn eine wirklich begabte Frau etwas dichtet und drucken läßt. [...]

1 S. Nr. 582, Fußn. 2.
2 S. Nr. 585, Fußn. 2.
3 S. Nr. 585, Fußn. 3.

588] *H. H. an Marie Hesse*

[Tübingen, 17. Oktober 1896]

Liebe Mutter!
Nimm meine herzlichsten Grüße und Glückwünsche zum Geburtstag!
Ich denke mit inniger Freude daran, wie anders Du ihn feiern magst als den letzten! Möge doch Deine Gesundheit und Dein in diesem Jahr neu begonnenes Leben weiter und weiter sich stärken und heben[1]!
Ich denke an Dich und an das Familienfest, an das fröhliche Leben im Hause, die Besuche, die kommenden Briefe, und schließe mich der Menge von Wünschenden und Dankenden von Herzen an.
[...]
Dir und uns allen wünsche ich von Herzen, daß noch lange diese Tage uns, in Gedanken wenigstens, so nah und glücklich zusammenführen möchten, daß sie noch lange uns Ster-

ne sein möchten, Tröster zugleich und Mahner zu Dank und Hoffnung!
Ich wünsche auch, daß dich mein kleiner Gruß freundlich ansprechen möge. Die Verse mußt du mir schon verzeihen[2], ich erwarte dafür gewiß keinerlei Dank; aber ich empfand eine kindische Lust, da ich den Geburtstagschoral nicht mitsingen darf, doch auf meine Weise dir ein Weniges zu singen.
Denk an mich und wisse, daß ich den Sonntag in Gedanken mit dir zubringe und mich herzlich mitfreue. Grüße alle von mir! Von andern Dingen das nächste Mal.
Es grüßt und küßt dich dein dankbarer Sohn Hermann

P.S. Solltest du den Richter[3] zufällig schon besitzen, so ist ein Umtausch möglich. H.

1 S. Nr. 527 + Fußn. 1.
2 Bisher noch nicht aufgefunden.
3 Es war bisher nicht festzustellen, welche Reproduktionen Ludwig Richters gemeint sind.

589] *Marie Hesse an H. H.*

Calw, 19. Oktober 1896

Mein lieber Hermann!
Viel herzlichen Dank für Deinen lieben Brief und die schöne Sendung. Du hast damit nicht nur mir in erster Linie, sondern auch der ganzen Familie eine große Freude bereitet. Dein Brief und die Gedichte freuten mich besonders, an den Richterbildern ergötzten sich gestern alle unsere Eigenen und Gäste. [*Die Mutter dankt Gott für ihre Genesung und berichtet von den Geschwistern. Theo und Martha fürchten sich vor dem neuen Doktor in Aidlingen*[1]. *Die Mutter hilft dem Vater beim Fertigstellen des Buches*[2], *das Register sei nun fertig. Sie fragt, was er sich zu Weihnach-*

ten wünsche, berichtet von vielen Besuchen, die inzwischen bei ihnen gewesen und grüßt von allen.]

1 Theodor Isenberg übernahm im Herbst 1896 eine Apothekerstelle in Aidlingen.
2 J. Hesse: »Die Mission auf der Kanzel«; s. Nr. 582, Fußn. 2.

590] *Marie Hesse an H. H.*

Calw, 5. November 1896

Mein lieber Hermann!
Wir warten sehnsüchtig auf Nachrichten, denn außer jener Karte an Hans von Bebenhausen[1] kam seit dem 18. Oktober kein Lebenszeichen von Dir. [...] [*Adele und Papa seien am 24. Oktober in Aidlingen gewesen; Bericht über den neuen Doktor dort. Hans gehe es ordentlich, er werde von seinem Prinzipal gelobt*[2].] Ich habe am Mittwoch abend wieder meinen Mädchenverein [...]
Hast du Wilhelm Müller[3] kennengelernt und siehst du Albert Leube zuweilen? Die beiden halfen ja Papa an seinem Buch und freuen sich nun, es gedruckt in Händen zu haben[4]. Könntest du mir vielleicht die Familie Schönberg-Cotta englisch besorgen für Adele zu Weihnachten? es dürfte sogar antiquarisch sein (Tauchnitz). Mußt aber nicht im allgemeinen Brief es erwähnen, sonst liests Adele. [...]
Innig küßt dich in zärtlicher Liebe

deine Mutter

1 Gemeinde im Kreis Tübingen; ehemalige Zisterzienserabtei; das Kloster war von 1556-1807 evang. Klosterschule.
2 Von Herrn Hinderer; s. Nr. 569, Fußn. 8.
3 Wie Eberhard Goes Stiftler, und wie A. Leube eine Zeitlang Gehilfe Johannes Hesses.
4 »Die Mission auf der Kanzel«.

591] *H. H. an Johannes und Marie Hesse*

[Tübingen, 7. November 1896]

Ihr Lieben!

Verzeiht mein Schweigen! Ich war überzeugt, für die Sendung von Wäsche und Kuchen mich bedankt zu haben. Herzlichen Dank also! auch für Mutters neuen lieben Brief.

Auch heute will ein Brief mir nicht gelingen. [*Er habe seit acht Tagen mit Darm und Magen zu tun und sei*] zu allem Guten unfähig. Gestern war ich sogar einen halben Tag nicht im Geschäft. Ich faste jetzt und ließ mir heute Opium geben.

Für morgen war ich zu Prof[essor] Grill's eingeladen, schrieb aber heute wegen Unwohlsein ab.

Bei Tante Elis[abeth] ist gegenwärtig Albertine zu Besuch. Ich denke sie morgen (Sonntag) wieder zu sehen.

Im Geschäft ist arg viel Arbeit. Semesterbeginn und bald Weihnachten. Mir graut vor der bunten Festliteratur, den Bilderbüchern u.s.f.! Unter den neuen Studenten sind die Mehrzahl Juristen. Auch Hermann Haffner[1] war schon im Laden. Er ist »Stuttgarter«, reitet und scheint ein ganz flotter Student zu werden. Auch Wilhelm Dreiß (»Sauberle«) kommt viel zu Heckenhauer, doch ist schwer mit ihm zu verkehren.

Letzte Woche kamen die Calwer Novitäten an. Die Mission [auf] d[er] Kanzel ist ein stattlicher Band geworden.

Letzten Sonntag war ich zum Kaffee im Stift bei Eurem Müller, der ein netter, lieber Mensch ist. Mit Leube komme ich nicht zusammen, doch grüßen wir einander. Müller steht scheint's mit Dekan Römer[2] neuerdings in Briefwechsel. Hermelink[3] ist Rothenburger, ebenso ein Basler Pfleiderer[4].

Ich hoffe, bald doch einen Brief zustande zu bringen – verzeiht heute meiner Unfähigkeit. Ich liebe und grüße Euch herzlich.

Euer dankbarer Hermann

[*Bleistiftnotiz:*] Könntet Ihr mir beiliegende Hosen flicken lassen? Ich könnte sie notwendig brauchen. H.

1 Mitschüler H. Hs. in der Lateinschule Calw, Sohn des Stadtschultheißen.
2 Chr. Römer, Dekan in Nagold; Herausgeber des »Evang. Kirchenblattes für Württemberg«.
3 S. Anm. I, alphab.
4 S. »Kdht. u. Jgd. I«, Nr. 2).

592] *Marie Hesse an H. H.*

Calw, 20. November 1896 [10-11, vormittags]
[Postkarte]

Lieber Hermann!
Papa hat auch an Onkel D[avid] geschrieben und bekommt von ihm die 2 Bücher neu zum halben Preis, also ist's besorgt. Wir hatten Mittwoch netten Pfarrkranz – (seit 3 Jahren nimmer bei uns gewesen wegen meiner Krankheit), an dem auch Dekans teilnahmen. [...] Carl soll am Adventskonzert singen[1], da nacheinander acht Sänger für Baß-Solo Onkel Fr[iedrich][2] im Stich ließen. [...] Schreibe uns deine Wünsche, bitte, es ist mir eine Erleichterung. [...] Wann darfst du fort von Tübingen? Alle grüßen schön.

Herzlichen Kuß von Mutter

1 S. Anm. II, Nr. 6).
2 Gundert, Friedrich; s. Anm. I; s. Nr. 545, Fußn. 4.

593] *Marie Hesse an H. H.*

Calw, 20. November 1896 [6-7, nachmittags]
[Postkarte]

Lieber Hermann!
Der teure Großvater[1] in Rußland ist heute heimgegangen, sanft, still und selig, wie er gelebt. Nach 6 kam ein Telegramm, das Tante Jenny[2] um 5 aufgegeben: »Heute Vater ohne Krankheit sanft entschlafen«. – Gott sei gelobt,

der ihn so freundlich geführt. Wir müssen nun sein Ende anschauen und seinem Glauben nachfolgen. Gott helfe dir auch dazu! Mit Kuß Mama

Teile es Tante mit und Fräulein von Reutern, bitte.

1 Dr. Karl Hermann Hesse, 1802-1896; s. »Kdht. u. Jgd. I«, S. 520 ff.
2 Jenny Lina Hesse, 1840-1926; dritte und jüngste Tochter aus der ersten Ehe von H. Hs. Großvater; geb. und gestorben in Weißenstein; Lehrerin.

594] *H. H. an Marie Hesse*

Tübingen, 21. November 1896 [Postkarte]

Liebe Mutter!

Verzeih, daß ich meine Wünsche nicht früher meldete!

Ein schwarzer steifer Hut zu Besuchen, an den ich zuerst dachte, ist nach einigen Überlegungen weniger wichtig erschienen als ein Paar Pantoffeln (nicht lederne), die ich mir hiermit wünschen möchte, nebst einem Fläschchen Kölnisch Wasser. Wollt ihr auf den Pantoffelwunsch eingehen, so ist Herr Zahn vielleicht so gut, einige zur Auswahl übers Fest zu geben. Über Urlaub etc. weiß ich nichts, werde aber wohl sicher kommen können. In Eile küßt Euch Euer dankbarer Hermann

595] *H. H. an Johannes Hesse*

[Tübingen, 22. November 1896]

Mein lieber, lieber Vater!

Das war mir eine erschütternde und schmerzliche Nachricht, daß Großvater heimgegangen ist, den ich im Herzen so sehr verehrte, den ich zu sehen und selbst zu kennen so sehr wünschte und hoffte. Ich lese nun wieder seine herzlichen Briefe, die er mir nach Maulbronn[1] etc. schrieb, und aus denen so viel goldene Jugend spricht. Ich habe mich

auch dir nie so nahe gefühlt als in diesem Schmerz, und selten ein solches Heimweh gehabt.
Ich kann in diesen Tagen das Gefühl der Schuld nicht los werden, der Sünde an Ihm, an Dir, an Euch allen.
Ich spreche auch heute nur immer *von mir,* denn ich weiß nicht, wie ich es sagen soll, wie sehr ich im Geiste bei dir bin, wie sehr ich eben jetzt dir etwas sein möchte! – Ich habe selbst bei Großvater Gunderts Tod nicht dieses Herbe, Unbegreifliche empfunden, wie in diesen Tagen. Wenn ich an Weißenstein, an Großvaters Haus, an Tante Jenny denke, an dieses ganze Heim, das mir von klein auf so wert und bekannt war, dann ist mir, als sei jetzt aus der Welt meiner liebsten Erinnerungen ein Stück gebrochen, denn eben, weil dieses Heim, diese Lieben mir nicht von Augen bekannt waren, konnte ich hier nie an ein Ende denken. Ähnlich wie bei Großvaters Tod in Calw[2] ist mir, als wäre mir nun ein unwiederbringliches Stück Kindheit genommen worden, ich kann mir nun Großvaters Haus und deine ganze Heimat nicht wieder so ganz vorstellen wie sonst.
Es wird mir schwer, heute Worte zu machen – verzeih' meinem Schmerz – und meiner Scheu! Ich bin im Herzen bei Dir und mit meiner ganzen Liebe, denn mein Schmerz ist doch vor allem der, zu wissen, daß du leidest.
Herzlich küßt dich und die liebe Mutter dein Hermann

1 S. »Kdht. u. Jgd. I«: Nrn. 151, 165, 169, 183, 188. – S. Anm. II: Nr. 22).
2 Dr. Hermann Gundert; s. Anm. I.

596] *Marie Hesse an H. H.*

Calw, 3. Dezember 1896

Mein lieber Hermann!
[...] Von Rußland haben wir verschiedene Briefe erhalten. Tante Jenny[1] ist jetzt in Reval bei Onkel Hermann[2], der

nicht nach Weißenstein konnte, eines kranken Fußes wegen. Jetzt gehts damit wieder besser, so daß er sein Amt zur Not wieder versehen kann.

Vetter Theodor[3] von Thëal vertrat seine Stelle und hielt die Leichenrede. Es kamen neun Mann von der »Livonia«[4] um Vater noch zu ehren. Tante Jenny schrieb, sie habe 45 Leute am Tisch! Auch Monika[5] von Riga kam und sonst viele Leute und Verwandte. Vater sei noch am fünften Tag unverändert schön dagelegen, voll Würde und selgem Frieden, so konnte man den Sarg bis zuletzt offen lassen, daß alle noch das edle Antlitz dieses Gottesmanns sahen.

Mittwoch, 25ten [November] um 1 Uhr war die Beerdigung. [...]

Tante Jenny habe sich ritterlich gehalten und für jeden Gast ein liebes Wort gehabt. Ihre Nerven sind aber sehr angegriffen, so daß sie nicht schlafen kann. Ich hoffe, in Reval beim teuren Onkel[2] und den lustigen Kindern erholt sie sich wieder.

[...]

Wir alle grüßen dich herzlich und freuen uns, dich in den Festtagen wieder einmal da zu haben. Innig küßt dich

deine Mutter

Die Briefe alle, bitte, gelegentlich zurück.

1 S. Nr. 593, Fußn. 2.

2 Hesse, Benjamin Karl Hermann; geb. 1854 in Weißenstein, gest. 1910 in Berlin; 1896 Pastor zu St. Olai in Reval.

3 Hesse, Theodor Paul; geb. 1874 in Thëal, gest. (gef.) 1918 in Jewe; Forstmann.

4 Livonia=baltische studentische Landsmannschaft.

5 Hunnius, Monika; 1858-1934; Schriftstellerin; Nichte von H. Hs. Großvater Dr. Hermann Hesse, Weißenstein.

597] *H. H. an Johannes und Marie Hesse*

Tüb[ingen], 15. Dez[ember 18]96

Ihr Lieben!

Dank für Eure letzte, liebe Sendung! Ich hoffte noch einmal schreiben zu können und mich zugleich für Weihnachten anzumelden. Nun sehe ich, daß an einen Brief nimmer zu denken ist, habe auch über Weihnachtsurlaub etc. noch nichts erfahren.

Ich möchte nun fragen, ob ich in der Nacht vom 24. auf 25. Dezember im Notfall mit dem letzten Zug kommen dürfte, um wenigstens das Fest ganz zu haben. Ich hoffe dann bis Sonntag[1] bleiben zu können. Vielleicht kann ich aber doch am 24. schon mit dem Abendzug kommen, wie letztes Mal.

Ich komme abends müde und faul nach Hause. Die Christtagsarbeit macht viel Mühe und Ärger; ich weiß nicht, ob Herr S[onnewald] eigentlich zufrieden ist, er hatte in letzter Zeit oft zu schimpfen, manchmal freilich völlig ohne Grund.

Als Wunsch möchte ich noch einmal Pantoffeln nennen. Einen neuen Hut habe ich mir gekauft, da ich neulich ein kleines Honorar erhielt für einige Verse.

Ich freue mich sehr auf Weihnachten, ich bin in den letzten Wochen müde und verstimmt. Ein paar mal probierte ich's mit dem Wirtshaussitzen, aber das ist, wie ich sehe, das allerdümmste. Ich arbeite, so weit die Nerven erlauben, Literaturgeschichtliches und Ästhetisches, auch noch Goethe.

Kopfweh habe ich fast nie, Schlaf eher zu viel als zu wenig, nur plagt mich zuweilen Herzklopfen und Fußschmerz.

Ich sende die erhaltenen Briefe zurück, die ich wiederholt mit herzlichster Teilnahme las, am meisten die von Onkel Hermann[2] und Herrn v. Hüne[3].

Nun zum letztenmal vor dem Wiedersehen seid herzlich geküßt von Eurem dankbaren Hermann

N.S. Frau Dekan [Leopold] liegt schon im Bett – ich werde ihre Quittung dann eben an W[eihnachten] mitbringen.

1 = 27. Dezember.
2 Gundert; Pfarrer in Mount Clemens, U.S.A.; s. Anm. I.
3 In Basel wohnte die Familie Huene-Hoiningen. Frau H. war eine geborene von Stackelberg. Identisch mit den »Huenes aus Estland«, S. auch Nr. 617; während seiner Basler Buchhändlerzeit kam H. H. auch mit v. Huenes in persönlichen Kontakt.

598] *Johannes Hesse an H. H.*

Calw, 19. Dezember 1896

Lieber Hermann!

Danke für Deine Zeilen und für die Rücksendung der Briefe. Anbei noch ein Brief von Onkel Gustav[1]. Ich glaube, daß ich im Sommer werde reisen müssen. Ich habe so ein Gefühl wie: Jetzt oder nie!

Sobald du genau weißt, *wann* du abreisen und wann du hier eintreffen kannst, schreibe es, bitte. Da Hans auch nicht vor acht oder neun heimkommen wird, könnten wir die Bescherung ja am Donnerstag abend um 9 haben oder aber am Freitag nachmittag 5 Uhr. Uns ist es einerlei. Wir richten uns ganz nach dir.

Gestern abend war der erste Weihnachtsabend bei uns für Jette Hunnius[2], und für die beiden Tanten Jettle[3] und Jettchen[4]!

Habt Ihr antiquarisch Tersteegen, Leben heiliger Seelen[5]? Wieviel Bände und welcher Preis? Aber nicht lange suchen! Ich würde es nur nehmen, wenn's ganz billig ist und glaube aber eher, daß es ein gesuchtes Buch ist. [...] Mama, Adele etc. grüßen. Auf baldiges Wiedersehn Dein Papa

1 Jüngerer Bruder von Johannes Hesse; geb. 1856, gest. 1920; Landwirt.
2 Cousine von H. H.
3 Ensslin, Henriette; s. Anm. I; Cousine und Hilfe von H. Hs. Großvater Dr. Hermann Gundert.

4 Isenberg, Henriette; Schwester von Tante Elisabeth Gundert, geb. Isenberg.
5 Tersteegen, Gerhard; 1697-1769; Mystiker, Pietist, Wanderprediger; Dichter von Kirchenliedern; »Auserlesene Lebensbeschreibungen heiliger Seelen«, 3 Bde., 1733-53.

599] *H. H. an Karl Isenberg in Biberach an der Riß*

T[übingen], 22. Dezember 1896

Leider kann ich morgen nicht am Bahnhof sein. Bitte komm von der Bahn (etwa nach einem Besuch bei Tante)[1] *gegen 8 Uhr zu Heckenhauer.* Von da gehen wir auf meine Bude. Nachtessen ist für beide *bei mir* bestellt. Wegen Nachtlagers morgen Beratung.
Reisen kann ich Donnerstag abend 5 Uhr.
Auf fröhliches Wiedersehen! Dein Hermann

Meine Bude mit Ofen, Büchern etc. etc. steht immer zur Verfügung. Leider arg viel Geschäft.
[P.S. mit Bleistift] Übernachten bei Tante. Vetter[2] holt dich ab.]

1 Gundert, Elisabeth, geb. Isenberg; s. Nr. 506, Fußn. 1.
2 Gundert, Hermann; Sohn von Tante Elisabeth; s. Anm. I.

600] *Aus dem Tagebuch von Marie Hesse*

[1896]

[...] Mit Hermann ging es im ganzen recht gut, im Herbst brauchte er Ausspannung für seine Nerven und bekam Vakanz; dann ging's wieder. [...]

601] *Marie Hesse an Marulla Hesse*[1]

Calw, 20. Januar 1897

Mein liebes Kind!
Dein Vater kam nach Calw, um Großpapa das Missionsmagazin abzunehmen und bei ihm in die Missionsliteratur sich einzuleben.

In Basel war er als Herausgeber des Missionsmagazins und gab daneben im Missionshaus einige Lektionen.
Deine Mutter war Tochter von Dr. Gundert und in erster Ehe mit Missionar Isenberg in Nordindien verheiratet gewesen, aus welcher Ehe zwei Söhne da sind. [...] Sonst braucht's ja nicht ausführlich zu sein, meine ich. Hat man Euch darüber nichts gesagt? [...] Es handelt sich überhaupt nicht um Vollständigkeit in allen Teilen, sondern man soll davon einen Eindruck kriegen, wie du selbst dein Leben auffaßt. Daß Gott dich freundlich geführt und dir viel Gutes erwiesen hat, wird der Grundton sein. Daß Du *selber* den Wunsch hattest, Lehrerin zu werden, erwähne auch. [...]
Mit herzlichem Gruß Mama

1 H. Hs. Schwester Marulla wurde von 1896-1899 im Katharinenstift Stuttgart zur Lehrerin ausgebildet. S. Anm. I.

602] *H. H. an Johannes Hesse*

Tübingen, 24. Januar 1897

Lieber Papa!
Herzlichen Dank für Deinen lieben Brief! Verzeih mein langes Schweigen. Als ich neulich einen Brief für »nächstens« verhieß, dachte ich zu schreiben, sobald die Erledigung der Militärsache zu berichten wäre. Nun, gestern abend kam der ersehnte Berechtigungsschein [...] Ich war doch aufgeregt durch diese *militaria* [...] Gottlob, daß ich von morgen an für drei Jahre wieder ein ungestörtes Bürgerdasein haben werde! [...]
Frau Grill[1] besuchte ich an Neujahr. Sonst niemand. Bei Häring denke ich mich zum nächsten »Offenen« (5. Februar) zu melden.
Daß die Sommerreise[2] nun endgültig im Programm ist, ist

mir eine große Freude. Über die werdenden Pläne zu hören, wird mir wichtig sein. [...]
Ich las diese Wochen sehr viel von den Schriften Gottfried Kellers[3], dessen Novellen vor allem wahre Schmuckkästchen sind, so altertümlich vornehm und gedämpft und doch so blank und farbig. Dann um diese Lust abzubüßen, las ich viel Neuestes, Falke[4], Dehmel[5], Evers[6], Sudermann[7], um wieder ins laufende zu kommen. Da fiel mir auch Gerhart Hauptmanns[8] Novität »Die versunkene Glocke« in die Hand. Diesen Hauptmann, den genialsten der jungen Berliner, hatte ich für verdorben gehalten, ich glaubte ihn durch seine Problemwut und die leidige Politik verpfuscht, und hatte ihn als Toten betrauert. Nun schreibt der Kerl seine Glocke! Ein fünfaktiges Märchen, mit allem Undinenflitter und Zwerggold, und darin der Glockengießer, ein großer, starker Mensch, der Unmöglichkeiten will, eine verwegen gezeichnete Faustnatur. Ich war völlig baff, und manch Berufskritiker mit mir, zu sehen, wie dieser Berliner Theatermann, der »Die Weber« geschrieben hat, plötzlich den großen Mut besitzt, nichts als ein Dichter sein zu wollen. Und es gelang. An wenig Stellen blickt noch die Lust am Berlinerdeutsch und Platt durch, aber sie muß helfen, eine gräuliche Hexe zu verunstalten. Sonst ist die Sprache meist ungeheim warm und eigen, sie bildet nicht glatte, kühle Satzbauten, sondern hebt sich und senkt sich mit heißen Pulsschlägen. Z. B. wie der Gießer sein Ideal, seine geträumte, herrliche Glocke beschreibt –

»Und nun erklingt mein Wunderglockenspiel
In süßen, brünstig süßen Lockelauten,
Daß jede Brust erschluchzt vor weher Lust« etc.

Ich habe absichtlich die Kritik dieses Werks nicht verfolgt, bin aber überzeugt, daß Otto Krauß, falls er daran gerät, das Ganze ungemein komisch finden und darstellen wird. Hauptmann hat es durch seine früheren Sachen, die auch

mich nie ergötzt haben, mit weiten Kreisen gründlich verdorben. Und jetzt, wo ihm plötzlich einzufallen scheint, daß er ein großer Dichter ist, jetzt geht es nach der alten Erfahrung, daß die Menge nichts mehr ärgert, als wenn einer sie nötigt, ihre Meinung von ihm zu ändern.
Ob freilich im allgemeinen von der nervösen Seziertechnik Ibsens und den unreinen Effekten der neueren französischen Theaterleute der Weg zum guten Neuen gerade durch Glockenmärchen und Sprachmusik führen muß, ist mir recht zweifelhaft. Daß diese Traumdichtungen, so prächtig sie zuweilen sind, selbst schon die »neue Kunst« sind, auf die wir warten, das wird Hauptmann selber kaum glauben. Auch Fulda[9] und Wilbrandt[10] konnten Zauberstücke schreiben, und was Hauptmanns Märchen- und Waldszenen groß macht, ist nicht Wald und Märchen, sondern die Innerlichkeit und schaffende Leidenschaft seiner Sprache. Um ein neuklassisches Werk hervorzubringen, müßte mit dieser wirklich »neuen« Sprache sich das tektonische Talent Sudermanns verbinden. Doch ich glaube an die Zukunft. Es ist nicht Zufall, daß literarische Zustände dieser Tage oft so sehr an die Zeit Klinger–Schiller–Lenz–Goethe[11] erinnern, obgleich ja mit historischen, wenigstens literarhistorischen Parallelen eigentlich nie etwas gesagt ist.
Ich habe Adele an Weihnachten meine Ballade »Nocturno«[12] versprochen, die auf der Stimmung eines Nocturno von Chopin aufgebaut ist. Das Gedicht liegt nun seit Wochen druckbereit in Wien, ohne noch erschienen zu sein, und ich besitze davon keine Abschrift. So sende ich ihr ein andres, welches denselben Stoff freilich in absolut andrer Form und Sprache variiert. Ich füge andres Kleine hinzu, alles noch im Entwurf. –

Montag

Heute nachmittag war ich in Geschäftssachen von 2 bis 4 1/2 Uhr bei einem reichen Privatdozenten. Wir saßen bei einer Zigarre ganz behaglich in seinem eleganten Studierzimmer, das mit Sekretär, Bibliothek, Bildern, Bronzen, Nippes etc. geschmackvoll geschmückt war. Am meisten interessierte mich ein Porträt seiner jungen, sehr schönen Frau, das überlebensgroß und wie mir schien sehr gut in Öl gemalt war, Weiß in Weiß, lauter lichte Farben, ich weiß nicht von welchem Maler. Der feine Herr wollte mir absolut nicht glauben, daß ich bei dem Schneewetter ohne Schirm und Galoschen gekommen sei!

Jetzt bin ich sehr schläfrig und weiß nichts mehr. Ich grüße und küsse Euch alle! Euer dankbarer Hermann

1 Julius Grill, 1840-1930; von 1888 bis zu seiner Emeritierung 1913 Ordinarius für Altes Testament in der Evangelisch-theologischen Fakultät, Tübingen; wirkte gleichzeitig im Inspektorat des Ev. Stifts. – 1 a S. Nr. 523.
2 Von Johannes und Adele Hesse; Ziel: Weißenstein, also das Elternhaus des Vaters.
3 Gottfried Keller (1819-1890).
4 Falke, Gustav; (1853-1916).
5 Dehmel, Richard; (1863-1920).
6 Evers, Franz.
7 Sudermann, Hermann; (1857-1928).
8 Hauptmann, Gerhart; (1862-1946).
9 Fulda, Ludwig; (1862-1939).
10 Wilbrandt, Adolf; (1837-1911).
11 Also an einen neuen fruchtbringenden Aufbruch der deutschen Literatur.
12 Nicht ins Werk aufgenommen. – S. Anm. II, Nr. 23).

603] *H. H. an Eberhard Goes*

Tübingen, im Januar 1897

Mein lieber Freund!

Dank für Deine Karte! Ich habe diese Tage manchmal Heimweh nach Dir gehabt[1], mir hat immer ein Freund gefehlt, der, selbst eine ausgesprochene Persönlichkeit, in Freudestunden meinen Übermut versteht und zu andern Zeiten ohne billige Trostworte meine Schwermut sieht und begreift, der mir gerne schenkt und sich gerne von mir beschenken läßt. Was diese Schwermut ist, sagte Dir wohl zum Teil mein Psalm »Ein Dichter sein« mit dem Schluß:

»Und stets an ungebor'nen Liedern kranken«. –

Dieses »Kranken« ist im Grunde des Dichters treibendes Leben, das ihn bald zum Gotte, bald zum Verzweifler machen kann; – das Verlangen des Künstlers, einer, auch nur einer Schöpfung den vollen Zauber alle der großen Schönheit zu geben, die er liebt und besitzt, die doch so spröde ist und so wunderselten zum reinen, flüssigen Golde wird. Es ist die Sehnsucht, sein eigenes, eigenstes, gewaltigstes Lied zu singen, von dem Gerhart Hauptmann so prächtig sagt:

(Der Glockengießer sagt)
»Und nun erklingt mein Wunderglockenspiel
In süßen, brünstig-süßen Lockelauten[2],
Daß jede Brust erschluchzt vor weher Lust.«

Das wäre mir den Preis des Lebens wert, einmal, nur einmal ein Lied zu singen, süß und schön in fremdbekanntem Wohllaut, darin mein eignes pulsendes Leben, meine eigne Liebe, mein ganzes Glück und seliges Leid sich in brünstigen Wogen ergösse.

In den einsamsten Tagen meiner Zweifel besucht mich auf scheuen Flügeln der Traum jenes Liedes in berauschender Schönheit, einem Sommervogel seltener Art gleichend, so daß ich schweige und wünsche, seine vertrauliche Gegenwart zu verlängern und doch mich scheue, nach seinen schillernden Flügelfarben mit Händen zu greifen. Wenn ich dann nach Verwandten meines Traumes suche, so komme ich gar oft zu meinem großen Liebling Chopin[3], dessen süße, sehr aristokratische Musik mit den Wundern ihrer fremdartigen Rhythmen, mit ihren pöbelfeindlich feinen, farbigen Stimmungen einen mächtigen Reiz auf mich übt. Ich weiß nicht, ob Du Chopin kennst, er ist selten zu genießen, da seine Musik durchweg unglaublich schwer wie-

derzugeben ist und auch, was die reine Technik betrifft, selbst Virtuosen anstrengt. Ich liebe ihn, wie ich außer Mozart keinen Musiker[3] liebe, und ich wünsche meinem geträumten Liede eben die Wirkung, die Chopin auf mich ausübt. Diese zarten, fremdrhythmischen Klangreihen, zuweilen etwas nervös, packen mich wie jenes »Wunderglockenspiel« Hauptmanns, »daß meine Brust schluchzt in weher Lust«. Ihm danke ich ja auch mein Nocturno, das zum Druck bereit liegt, aber noch nicht heraus ist.
Seit gestern besitze ich Dein Bild. Besten Dank! Du hängst jetzt eben über mir und schaust aus Frack und Sonntagsbinde wohlhabig und kalt mir zu, wie ich mich am Träumen freue und ärgere. Wenn Du innerhalb der nächsten Wochen keinen Brief zuwege bringst, wird Deinem Bilde vielleicht ein Platz zweiten Ranges überm Sofa angewiesen.
Hier noch ein paar neue Verse[4]!

1 S. Nr. 511, u. Fußn. 2.
2 S. Nr. 580 und Nr. 581 (an E. Goes).
3 Chopin – Mozart, s. Anm. II, Nr. 24).
4 S. Anm. II, Nr. 25).

604] *H. H. an Richard Dehmel*

Tübingen, im Januar 1897 [Brief 1]

Verehrter Herr Dehmel!
Darf ich Ihnen, ohne mich breit zu entschuldigen, aus dem schwarzen Tübingen einen herzlichen, dankbaren Gruß in Ihre Dichterklause senden? Sie sind mir mit den Lebensblättern[1], mit »Aber die Liebe«[1] und »Weib und Welt«[1] ein Freund und Meister geworden, dem ich gerne eine kleine Zeit nahe sein möchte. Mir, dem »freilich kleineren Poeten« haben Ihre lebendigen Dichtungen manchmal die scheuen Flügel gelöst. Ich glaube nicht, daß Sie den Weih-

rauch lieben, aber es freut Sie vielleicht ein wenig, aus dem schwäbischen Süden, dessen Literatur im Bann des greisen Stuttgart zu stehen scheint, einen Gruß fröhlicher Liebe zu hören. Wie mir, dem jungen Lauscher, Ihre Lieder zum erstenmal ins Herz trafen, können Ihnen vielleicht einige rasche Knittelverse sagen, die ich vor einigen Monaten beim Lesen Ihrer »Lebensblätter«[1] schrieb. Sie heißen unverändert in meinem Notizbüchlein:

Ob einem Wunderbuche saß ich gebuckt:
»Lebensblätter, in 1050 Exemplaren gedruckt.
Im Verlag der Genossenschaft Pan.«

Mein Herz fand viel große Freude daran,
und doch sah mich der Titel seltsam an.
Das von den 1050 Exemplaren
war mir neu. Ich dachte an etwelche Bände,
die man gedruckt in diesen Jahren:
da waren Auflagen ohne Ende –
Mich plagte dies Rechenexempel sehr,
Auch an den »Pan« dacht' ich und an andres mehr,
An gewisse feiste Zeitungsrichter,
Aktiendruckereien und Aktiendichter,
An die Poesie zu Stuttgart am Neckar –

Und da ist wirklich einer, der so keck war,
Trotz alldem Lebensblätter zu schreiben,
Trotz alldem ein stolzer Dichter zu bleiben!
Ich dachte im Stillen an jenen Mann,
der in Not und Nacht seine »Räuber« sann,
Und an jene armen 300 Gulden,
Die er dem Drucker so lange mußte schulden.

Doch bald hatt' ich neue Freude gewonnen,
Stieg tief unter in Deinen Liederbronnen.

Das ist wie Flügelrauschen an mich gekommen,
Als ich frohstolz dann Dein Lied vernommen:
»Ich weiß ein Wort,
das setzt mich über alles fort –
– Ich und die Zukunft!«

Und jetzt kommt – die Absicht. – Ich möchte Sie recht herzlich bitten, wenn Sie mein Schreiben nicht verstimmt hat, mir durch ein paar Worte die schwache Huldigung zu quittieren. Freilich, im Hintergrund steht das Verlangen, Ihnen einmal einige Verse zur Besichtigung vorlegen zu dürfen, doch bitte ich Sie, auch wenn dieser Wunsch zu keck war, mir doch ein kurzes Wort zukommen zu lassen, auch ein Scheltwort *si hoc placet.* Bis dahin und ferner werde ich mich an Ihren Werken ergötzen und erbauen und Ihnen als einem Meister dankbar sein. Ich möchte Ihnen jenes Wort aus Falke's Lied zurufen –
Du bist im Licht[2]!
Ich grüße Sie in herzlicher Verehrung!

Tübingen
Hermann Hesse
(Herrenbergerstraße 28)

1 Dehmel, Richard: 1863-1920; »Aber die Liebe«, 1893; »Weib und Welt«, 1896; »Lebensblätter«, 1895.
2 S. Anm. II, Nr. 26).

605] *H. H. an Richard Dehmel*

Tübingen, Januar 1897 [Brief 2]

Verehrter Herr Dehmel!
Nehmen Sie für Ihre guten Worte meinen herzlichen Dank[1]! Es war mir, da ich in unsern hiesigen und Stuttgarter Literaturkreisen Ihren Namen und die Ihrer großen Genossen wunderlich wenig hörte, ein Anliegen, Ihnen ei-

nen Gruß der Bewunderung und Dankbarkeit zu senden; nun freut es mich, daß Sie ihn so verstanden haben, wie er gemeint war.
Die kräftigen Worte an mich selbst habe ich verstanden und geehrt. Ich bin kein Schmeichler und Urteilsucher, und nur bei Ihnen, dem ich doch zu schreiben entschlossen war, hat es mich gereizt, meine Lieder in Meisternähe zu sehen, besonders da unter unsern mir persönlich bekannten Literaten keiner ist, den nicht die Stuttgarter Literaturfabriken mehr oder minder verdorben hätten.
Nochmals also herzlichen Dank und alle Glückwünsche für die Zukunft, für die angekündigten »Zwei Menschen«[2] zunächst!
Ich bin in treuer Verehrung Ihr ergebener

Hermann Hesse

1 Dehmels frühe Briefe an H. H. waren bisher nicht auffindbar.
2 Versepos, erschien 1903.

606] *Marie Hesse an Marulla Hesse*

Calw, 31. Januar 1897

[...] Von Hermann kam kürzlich ein zufriedener Brief und einige Gedichte, die schwermütig genug klingen. [...]

607] *Marie Hesse an H. H.*

Calw, 8. Februar 1897

[...] Dienstag, Lichtmeß, reiste ich mit Papa nach Nagold zur jährlichen Missionskonferenz, wo es sehr nett und anregend war. Das Wetter war unterm Strich, es blies und schüttete den ganzen Tag; bei der Abreise waren die Wege lebensgefährlich vor Glatteis und abends war Überschwemmung und wir konnten noch mit knapper Not ins Haus gelangen. [...]

Karl schreibt heiter von allerlei Fußtouren im tiefen Schnee, Marulla ist im ganzen auch munter, nur hie und da kommt die Examensangst[1] über sie. [...] Samstag waren die Mädchen und Hans zu Frau Inspektor Haug zum Nachtessen eingeladen, aber der arme Hans kam erst 1/2 10 aus dem Geschäft, todmüde. Sie hatten viel neue Waren bekommen und im Magazin Platz machen und aufräumen müssen. Gewöhnlich kommt er zwischen 8 – 9 heim und morgens 8 fängt's an. Er ist gern dort und meist vergnügt, sein schwarzes Schnurrbärtle macht sich immer sichtbarer. Ich bin viel in Papas Studierzimmer und helfe ihm, es gilt vorausschaffen, womöglich, damit er im Mai nach Bremen und Rußland kann. Leider hat Papa gegenwärtig viel Kopfweh und Adele ebenso. Das nasse, stürmische Wetter hilft vielleicht auch dazu.

Am 22. ist Tante Jettchens'[2] Geburtstag. Grüße Frau Dekan von uns. Ich hoffe, es geht Dir gut. Ich wünsche dir frohen Mut und gute Engel ringsum, dich zu behüten und zu locken, nach den besten, höchsten, ewigen Idealen zu dürsten und wie einst Paulus dich zum tapfern Wettlauf nach dem Kleinod zu gürten! Mit herzlichem Kuß

deine Mutter

1 Examen in Stuttgart, vom 2.-5. März; Marulla Hesse war Stipendiatin; sie wurde Dritte im Examen; s. auch Nr. 613.

2 Isenberg, Henriette; Schwester von Tante Elisabeth Gundert, geb. Isenberg.

608] *H. H. an Eberhard Goes*

Tübingen, im Februar 1897

Lieber!

Das war ein guter und kluger Brief[1] von Dir! Vertraulich und herzlich und mit jenen lieben Fragezeichen durchmustert, die uns die Briefe von »Muttern« so wert machen.

Über meine Gesundheit kann ich nicht berichten, ich bin eben *schwach und reizbar*. Doch geht es ordentlich. Meine Militärverhältnisse sind noch im Werden, indem ich in diesen Tagen, nachdem neulich mein Einjährigen-Schein gekommen, meine Zurückstellung (wohl auf 3 Jahre) erwarte.

Und Elise[2]? Elise, die Du mein »Civilverhältnis« nennst, hat – leider oder zum Glück – wenig Fleisch und Blut. Sie ist ein liebenswürdiges Weib, das ich seit Monaten nimmer gesehen habe. Elise war meine erste Liebe, und da diese durch ihren dunklen Verlauf auf mich entscheidend eingewirkt hat, ist mir die Gestalt jenes Mädchens zum innern Eigentum geworden. Gewiß, diese erste Liebe ist vorüber, aber Elisens Name und Bild ist mir teuer geblieben. Sie wurde in mir zu einer Wunderblume, indem ich ihrem Bild allmählich fremde, an andern mir liebe Züge und Eigenheiten lieh. Ich möchte diese Elise mit Paul Verlaines[3] Kosewort »meinen Lieblingstraum« nennen. Das ist nun so ein Stück wunderliche Poesie in mir, das Du wohl erst allmählich wirst kennenlernen. Diese Elise ist häufig bei mir, und ich kenne genau ihre Züge, ihren Gang, ihren Blondkopf, sie trägt crèmefarbene Kleider, ist nicht groß und nicht stark, besitzt ein bescheidenes Maß süßester Koketterie und – das ist das Seltsamste – sie spielt Chopin, wie sonst niemand. Ich kann es zuweilen so deutlich hören, wie denn freilich mancher sich einen idealen Vortrag seiner Lieblingsmusik mag träumen können. Nun ja, ich habe auch mich zuweilen verliebt und Küsse gebettelt oder geraubt, aber das sind farbige Augenblicke, dann höre ich bald wieder mit Wohlgefallen den weichen Schritt meines schönen Hausgeistes, der mir oft ein guter Engel ist. Auf meinem Zimmer darf nicht von »Physiologen« über Liebe gesprochen und nie gezotet werden, denn dann fühle ich Elisens erschreckten Kinderblick und spüre, wie es ihr weh

tut, mich erniedrigt zu sehen. Sie bittet mich zuweilen um ein Liedchen und liebt es bei aller Bescheidenheit, ihr lichtes Haar und Auge durch klingende Verse schimmern zu sehen; zuweilen auch, wenn ich ihr ein neues Lied vorsage, singt sie es leise nach oder gibt ihm durch ein besseres Wort oder Bild Farbe und Klarheit.
Du magst über mein Heimchen denken wie Du magst – ich kann Dir sagen, daß die Zeit, da sie nicht bei mir ist, und das sind oft lange Wochen – für mich eine böse oder verlorene Zeit ist.
Und nun Deine erste und größte Frage! Ich will sie nicht beantworten. Ich bin gewohnt, über die Tempel, in denen ich bete und kniee, nicht zu reden. Du weißt und glaubst mir, daß ich nicht »gottlos« bin, sondern einen *Gott habe*, der nicht tot und nicht mein eignes Machwerk ist. Ich denke, das ist Dir nicht unerklärlich und auch nicht allzu störend, daß ich die Scheu vor vielen Mitwissern auch in meinem Gottesglauben und -dienst mitbringe. Ich gehe fast nie zur Kirche, wenn auch nicht aus Prinzip, und noch weniger lokken mich die Stuben und Betpulte der Pietisten. Aber ich kann Dir ins Gesicht sehen, wenn Du mich nach meinem Gotte fragst. Daß sich für mich, den Tag- und Lärm- und Politikscheuen, eine etwas absondre Lebensethik gebildet hat und noch bildet, wirst Du verstehen. So wenig ich wie Wächter um der Tagelöhner willen selbst ein Tagelöhner werde, so wird ein Dichter, der »einer ist«, selten darauf angewiesen sein, Stimmung zu suchen. Mir ekelt vor einigen betrunkenen Romantikern, die aus Wald und Mond und Marmorbildern Kapital schlagen, ohne je einer persönlichen Stimmung fähig zu sein. Noch schlimmer ist die Bilderjagd. Ich glaube, es sind gewiß nicht die »Bilder« in erster Linie, die einem Dichter Eleganz und Wirkung geben, so sehr ich Naturtalente wie Lenau[4] und Lebenstalente wie Heine[5] in dieser speziellen Begabung bewundere. Ich

selbst bin an Bildern arm und empfinde zuweilen diesen Mangel.

Hier noch ein paar Verse! [...][6] Das stammt aus einer vergangenen, romantischen Zeit und steht mir in mehrerer Hinsicht jetzt fern.

Da doch ein Paket geht, lege ich allerlei Liederkram von mir bei. Über mein Nocturno[7] mußt Du ein paar Worte sagen. Es ist fast mein Neustes. Die letzten Zeiten verschwendete ich in bunten Versen an ein liebes Kind; da ist keine Ernte geblieben. Gedruckt wird zunächst wohl das Nocturno.

In Tübingen wird es mir zuweilen recht eng, dies ganze Leben drückt mich wie ein Rock, der zu klein wird und aus Sparsamkeit noch getragen wird. Ich sehne mich nach Menschen, nach Leben und Fülle, nach einem Land und einer Gesellschaft, wo ich mich hingeben und verschwenden könnte[8]. Es findet wohl hie und da ein junger Idealist sich zu mir, der mich auf ehrgeizigen Pfaden vermutet, und bietet naiv das kleine Geld seiner Ideale mir zum Wechseln an. Einem solchen schrieb ich unter anderem:

Mein Freund, und hast Du den kecken Mut
Das Kreuz des Erlösers zu tragen,
Durch der Feinde und durch Dein eig'nes Blut
Mit des Siegers Trotz Dich zu schlagen?

etc. etc.

1 Bisher unauffindbar.
2 Vgl. »Albumblatt für Elise« in »Eine Stunde hinter Mitternacht«, GS I, S. 28/29.
3 1844-1896.
4 1802-1850.
5 1797-1856.
6 S. Anm. II, Nr. 27).
7 S. Anm. II, Nr. 23.
8 S. Nr. 499 (Brasilien).

609] *Marie Hesse an Marulla Hesse*

Calw, 4. März 1897

[...] Vergebens erwarteten wir immer Nachricht von Aidlingen, noch scheint's dort still zu sein[1]. Von Hermann kam schon lange kein rechter Brief mehr, nur heute wieder eine Karte, daß es gut gehe. [...]

1 Am 17. März wurde Hermann Isenberg geboren. S. Nr. 610.

610] *Marie Hesse an H. H.*

Calw, 10. März 1897

Mein lieber Hermann!

Es war doch schön, daß du Sonntag hier warst, man muß sich von Zeit zu Zeit wiedersehen. Marulla und Adele sind jetzt beisammen, wollten gestern Nestles besuchen. Heute ist Onkel Ernsts[1] Geburtstag, vielleicht fährt Adele dahin mit Tante Plebst[2] zum Gratulieren. Bei uns schneit es alle Morgen, doch bleibt's nicht liegen. [...]

1 Onkel Ernst: Ernst Gundert, geboren 10. März 1830 in Stuttgart, jüngerer Bruder des Großvaters Hermann Gundert; Oberschulrat; gest. 6. August 1915 in Stuttgart.

2 Emma Plebst, geb. Gundert (1841-1904); jüngste Schwester von Dr. Hermann Gundert; Marulla Hesse wohnte 1897 wohl bei ihr; s. auch »Kdht. u. Jgd. I«, S. 20.

611] *Theo Isenberg an H. H.*

Aidlingen, 17. März 1897 [Postkarte]

1/2 3 Nachmittag

Lieber Hermann!

Soeben Dein gleichnamiger Neffe angekommen, gesund, kräftig, 9 Pfund schwer, sicher blickend und im Besitz ausgezeichneter Stimm-Mittel. Martha wohl [...]

612] *Johannes Hesse an H. H.*

Calw, 31. März 1897

Lieber Hermann!

Heute kam dies Schreiben vom Basler Kreiskommando[1]. Du bist ja nach Schweizer Gesetz bis zur Volljährigkeit noch Basler Bürger. Fülle also das Formular aus und schick's an das Kreiskommando Basel-Stadt.

Eigenes Vermögen Null
Erwerb oder Einkommen Null
Elterliches Vermögen 12000.- Frcs.
Kinderzahl 6

Gut wird es sein, wenn du beifügst, du seiest seit 1890 in Württemberg naturalisiert und werdest den gesetzlichen Verzicht auf das Basler Bürgerrecht sofort nach erlangter Handlungsfähigkeit (wahrscheinlich Juli 1897 oder 98?) leisten[2].

Ich sende dir ein paar alte Strumpfschuhe. Vielleicht passen sie dir und tun deinen wunden Füßen wohl. Ich halte das fürs beste Mittel zur Heilung. Zu tragen sind sie freilich nur im Zimmer und im Geschäft.

Danke für deinen Brief.

Herzlich grüßend dein Papa

1 Bisher noch nicht aufgefunden.
2 S. auch Nr. 89 a); Nachlese 1977, Brief v. 31. Oktober 1890.

613] *Marie Hesse an H. H.*

Calw, 31. März 1897

Lieber Hermann!

Dank für Deinen heitern Brief, trotz unheitern Gesundheitszuständen[1]. Hoffentlich vergeht Dein Zahnweh bald, sonst müßtest Du doch zum Zahnarzt. Mit den Füßen dauerst Du mich auch, vielleicht geht's doch bei vorsichtiger Behandlung bald vorüber. [...]

Heute kam die Basler Militärsache, über die Papa dir selbst geschrieben. Nichts als amtliche Schreibereien in letzter Zeit! Marulls Bürgerrechtssache ist noch immer nicht im Reinen. Ist sie bis 1. Mai wirklich Württembergerin[2], so hat sie – als die Dritte im Examen – nicht nur Freistelle im Seminar, sondern auch 300 Mark Stipendium im Jahr für die Seminarzeit. [...] Es ist nett, daß es unsrer fleißigen Marulla so gut gelungen ist. Sie ist noch in Stuttgart bis nächsten Mittwoch, dann kommt sie über Aidlingen Donnerstag heim zur Ostervakanz. – Karls Brief lege ich bei. [...]

Am Gründonnerstag nachmittags wollen die Aidlinger Taufe halten und erwarten dich sicher dazu; du kannst direkt dorthin und dann mit uns heim. Karfreitag ist Matthäuspassions[3] Konzert, an dem Karl singt. Und der weiß noch nicht, was er singen soll! Ganz Karl! Adele bittet dich, ihrer Freundin – wenn du Zeit und Gnade hast – den versprochenen Aufsatz über Baltische Literatur zu schicken, hier die Adresse: Frl. Gertrud Fischer bei Herrn Dr. E. Fischer 5113 Liberty Avenue, Pittsburg Pa[4]. [...]

Wir freuen uns, Dich wieder ein paar Tage daheim zu haben. Grüße von allen.

Mit herzlichem Kuß Deine treue Mutter

1 Bisher nicht auffindbar.

2 S. Nr. 579.

3 Fanny Schiler, geb. Gundert, die Jüngste der sieben Steinhaustöchter von Onkel Friedrich Gundert und Tante Emma, geb. Heermann, geb. 1890, schrieb im April 1977: »H. H. hat am Karfreitag, wenn es möglich war, am liebsten eine Bach-Passion gehört.« – S. auch »Kdht. u. Jgd. I«, S. 48.

4 S. Nr. 614; der Aufsatz in Anm. II, Nr. 28).

614] *H. H. an Johannes und Marie Hesse*

Tübingen, 2. April 1897

Ihr Lieben!

Herzlichen Dank für Wäsche und Briefe! Daß Ihr schon wieder mit Militärschreiberei belästigt wart, tut mir sehr leid. Ich habe den Brief nach Basel sofort abgefertigt, ebenso ein etwas klägliches Schreiben an Trud Fischer, Pittsburg. Von den Funden an neuerer baltischer Dichtung war ich selber enttäuscht[1].

Dem lieben Papa danke ich sehr für die wirklich angenehmen Strumpfschuhe, die mir genau passen.

Im Geschäft ist etwas Ruhe vor Semesterbeginn. Ich arbeite nun von 7-12 1/2, dann von 2 bis 7 Uhr, wesentlich angenehmer als im Winter.

Für Karls Brief besten Dank. Grüßt ihn! Marulla gratuliere ich nochmals herzlich[2]!

Ich freue mich sehr auf Ostern, auf das Konzert, auf das Ausruhen, und auf Euch alle! Zur Taufe werde ich nicht kommen, da ich sowieso für Ostersamstag um Urlaub bitten muß und Donnerstag ein solcher nicht gern erteilt wird. Auch habe ich zu Festlichkeiten keinen Mut, ich bin zwar leidlich fidel, aber diese Zeit meist nervös, etwas überreizt. Bitte, entschuldigt mich bei Theo und Martha[3]! Ich behalte mir natürlich vor, meinen lieben Neffen später, etwa im Sommer, bei gutem Wetter zu besuchen. Zur Zeit scheue ich vor dem umständlichen Weg nach Aidlingen auch wegen kranker Füße und empfindlicher Zähne und Lungen. Doch sind die Füße, seit ich beim Arzt war, besser; privatim versuchte ich es mit meinem »Mittel für alles«, mit Eau de Cologne, was sehr gut tat. Das Lanolin, für das ich herzlich danke, kam sehr willkommen.

Verzeiht mir die Eile und greuliche Schrift! Ich bin eben mit 6 Seiten an Frl. Fischer fertig geworden! Auch hatte ich diese Tage oft stundenlang mit der Papierschere (zu Kata-

logen) zu arbeiten, was dem ausruhenden Kopf sehr wohl tut, aber die Hand ganz krampfig macht.
Ich lese zur Zeit nicht so viel, einige Essays »Studien zur Moderne« von Bahr[4] und Diner-Dénes, auch zu Erholung und Genuß zum xten-male den »Niels Lyhne« von Jacobsen[5], den ich halb auswendig kann. Er ist für mich etwas Ähnliches wie der »Faust«.
Grüßt Alles, besonders die lieben Tübinger Gäste[6], die ich noch für meine Nervosität letzten Sonntag um Nachsicht und Verzeihung bitten muß.
Wenn möglich, schreibe ich vor Ostern noch einmal. Mit Weißwäsche eilt es nicht besonders. Mit Kuß Euer dankbarer
Hermann

1 S. Anm. II, Nr. 28.
2 Zum 3. Platz im Examen; s. Nr. 607.
3 Isenberg; Eltern des zu taufenden Namensvetters H. Hs.
4 Bahr, Hermann; 1863-1934; »Zur Kritik der Moderne« (1890), »Der neue Stil« (1893).
5 Jacobsen, Jens Peter; 1847-1885; »Niels Lyhne« (1880); H. H. schrieb über ihn in »Plauderabende«, dem schwarzen Wachstuchheft, das er der Mutter zum Geburtstag am 18. 10. 1897 schenkte. – S. Anm. II, Nr. 29.
6 Tante Elisabeth Gundert mit Vetter Hermann und Base Agnes.

615] *Marie Hesse an H. H.*

Calw, 4. Mai 1897

Mein lieber Hermann!
Es war mir eine schmerzliche Enttäuschung, bei Deiner Wäsche kein Wörtlein von deiner Hand zu finden. Ich hoffe doch, du seiest munter und vergessest uns daheim nicht. [...] Bei uns geht's immer bewegt zu. Freitag brachten russische Gäste bei uns zu, eine Baronin Stackelberg, die wir in ihrem Schloß vor 21 Jahren auch besucht hatten und die Papa von klein auf kannte, mit ihrer Enkelin Amata von Benekendorf, die vor kurzem von Onkel Hermann in Reval[1] unterrichtet und konfirmiert worden, 17jährig. Es

war sehr nett und besonders Papa bekam neue Freude und Mut zur russischen Reise, die ihm sonst bange machte. Am 21. Mai wollen Papa und Adele von Bremen abreisen, am 29. in Lübeck aufs Schiff und 1. Juni Ankunft in Reval. [...] Marulla reiste gestern fort und tritt also heute im Seminar ein. [...] Acht Tage war auch eine Diakonissin aus Reval, die in Deutschland sich noch weiter ausbildet, um Kinderschulschwestern erziehen zu können, bei uns, Schwester Lisa Rütel, sehr bescheiden, still und lieb. Onkel Hermann[1] hatte sie uns empfohlen. Papa hat sehr viel Arbeit, hatte auch einige Tage Hexenschuß; er grüßt herzlich.
Schreibe auch wieder einmal, liebes Kind, es braucht ja nicht viel zu sein, wenn du nicht Zeit hast, aber doch müssen wir im Austausch bleiben.
Gott segne dich und helfe dir nach Leib und Seele und erfreue dein Herz!
Mit innigem Kuß deine treue Mutter

1 S. Nr. 555, Fußn. 2.

616] *H. H. an Johannes und Marie Hesse*

Tübingen, 9. Mai 1897

Ihr Lieben!
Herzlichen Dank für Mutters Sendung und Brief! Es tut mir leid, wieder so lang geschwiegen zu haben. Ich habe ungewöhnlich viel lästige und häßliche Arbeit, die mich ungenießbar und elend macht, ohne daß ich körperlich eigentlich unwohl wäre, die Füße ausgenommen. Alles Briefeschreiben fällt mir merkwürdig schwer, doch war ich schon entschlossen, heute einen Brief zu beginnen, als Mutters Brief kam.
[...] [*Es folgen einige – nur für den jeweiligen Augenblick*

wichtige – Informationen über H. Hs. Tübinger Leben, vornehmlich über Besucher und Besuchte[1].]
Arbeiten (privatim) und lesen kann ich jetzt wenig, von Novitäten las ich außer Bahrs Studien zur Kritik der Moderne[2] fast nichts. Doch habe ich einiges von Goethe, Tieck, Uhland behaglich gelesen und merke, daß ich der Versöhnung zwischen Klassizismus und Moderne, d. h. dem Verstehen beider, näherkomme. Goethe selbst steht vielen Modernen noch am nächsten. Aber freilich! zwischen den »Inseln Goethes« und unsrer Ibsen-Nietzsche-Hauptmann-Periode liegen Abgründe.
Hauptmann stand mir schon längere Zeit näher als Sudermann, und seit Hauptmanns »Glocke« und Sudermanns »Morituri« ist dies noch mehr der Fall. – –
(Es ist jetzt abends 9 Uhr und ich gehe jetzt mit Aberle[3], der arbeitet und nimmer trinkt, um noch eine Limonade zu nehmen und eine Partie Billard zu machen, die Aberle verlieren wird. Nachher weiter!)
10 Uhr. – Aberle hat nun die Partie verloren und ich bin meiner gesellschaftlichen Verpflichtungen ledig. Übrigens freut es mich, diesen verbummelten Studio nun seit zwei bis drei Wochen solide und leidlich fleißig zu sehen.
Es war mir lieb, über die Baltische Reise nun Näheres[4] zu hören. Bitte, teilet mir die Pläne ganz mit, da auch Fräulein von Reutern lebhaft darüber fragt. Es freut und beruhigt mich so sehr, daß der liebe Vater Kraft und Mut zu der großen Unternehmung fühlt! Werde ich ihn und Adele vor der Reise nicht mehr sehen? Die Angelegenheit hat mich viel umgetrieben.

Sonntag

[*Im Briefschluß vom Sonntag kleine private Augenblicksinformationen. Vgl. auch die Bemerkungen in der Klammer oben.*]
... lebt wohl! Es küßt Euch Euer dankbarer Hermann

1 S. Anm. II, Nr. 30).
2 S. Nr. 614, Fußn. 4.
3 S. Nr. 659.
4 S. Nr. 615.

617] *Johannes Hesse an H. H.*

Calw, 15. Mai 1897

Lieber Hermann!

So, jetzt haben wir doch wieder einen Brief von Dir. Herzlichen Dank! Ich wollte gleich antworten und dich auf morgen einladen, damit wir uns vor der Reise noch einmal sehn. Da kam aber die Taufe in Stuttgart[1], bei der ich so unwohl wurde, daß ich nur mit knapper Not abends nachhause fahren konnte und die nächsten Tage ziemlich elend war. So ist's Samstag geworden! Nun, es macht auch nichts. Wir sind ja keine Zusammenhocker und Abschiednehmer! Wenn ich mich auf der Reise erhole und wenn du inzwischen geruhig dem Buchhandel obliegst und zunimmst an allem Guten, so ist das wohl der beste Dienst, den wir uns gegenseitig tun können. Ich meinerseits empfinde es gerade gegenwärtig mehr als je, wie wenig ich infolge meiner Kränklichkeit den Meinigen und auch dir sein kann. Und das treibt mich an, ernstlich nach mehr Gesundheit zu trachten – natürlich auf den einfachen, gottgewiesenen Wegen des Gebets, der Selbstbeschränkung, des dankbaren Genusses der Ruhe und Erholung. Ich glaube, es wird mir doch gut tun, wenn ich zwei Monate lang ganz aus dem Alltagsgeschäft herauskomme und nichts oder fast nichts arbeite.
Die Reiseaktien stehen jetzt so: Die Pässe sind da, ein großer Reisekorb ist heute nach Lübeck abgegangen, die Billete von dort nach Reval auf dem finnischen Dampfer Storfurstea sind bestellt, und nächsten Freitag wollen wir hier abgehen, in Frankfurt übernachten und Samstag abend in Bremen ankommen, wo in der Himmelfahrtwoche die

Miss.Vfz.[2] ist, Freitag nach Himmelfahrt dann ab nach Lübeck und Samstag 29. aufs Schiff. Gott gebe, daß ich gesund bleibe und alles programmäßig verläuft! Zwei Monate bleiben wir wohl fort. Dir wünsche ich gute Gedanken und Frieden für Kopf und Herz. Der große Geber gebe, was wir brauchen! Dein Vater H.
In Tübingen studiert Friedrich von Huene aus Basel[3] (von Rußland) Geologie, etc. Es würde mich freuen, wenn Ihr bekannt würdet.

1 Von Friedrich Gundert; geb. 14. 4. 1897, gest. 14. 3. 1946; Verlagsbuchhändler; Sohn von David Gundert (s. Anm. I).
2 Eine Missionsveranstaltung.
3 S. Nr. 597, Fußn. 3.

618] *H. H. an Johannes und Marie Hesse*

[Tübingen, 16. Mai 1897]

Ihr Lieben!
Herzlichen Dank für Eure Briefe! Heute zu kommen, wie ich selber plante, war mir aus mehrern Gründen fast unmöglich.
Es ist jetzt 9 1/2 Uhr morgens (Sonntag) und ich erwarte einen gewissen Textor zu Besuch, einen ehemaligen Schneider, wie ich glaube, der früher epileptisch und viele Jahre in Stetten war, wo ich ihn kennenlernte. Seither hatte ich nie mehr von ihm gehört. Er ist, so weit möglich, geheilt und hier Bibliothekdiener im Schloß. Damals in Stetten schloß sich der arme, etwas zarte Mann sehr an mich an. Er litt unter dem dortigen Leben Jahre lang und viel ärger als ich, unter dem ewigen Druck der Einförmigkeit und noch mehr unter der Umgebung von Kranken, Blöden etc., von Halbtieren, an die ich mich ohne Angst und Ekel nie erinnern kann. Damals war mir Textor durch seinen fabelhaften Wissensdurst merkwürdig, wohl einer Folge seines un-

befriedigten und einsamen Lebens, die ihm Qual und Trost zugleich war. Ich mußte mit ihm auf seine Bitten etwas Cornelius Nepos[1] lesen und fand bei ihm ein recht gutes Talent, trotz seines Alters (ca. 30). Auch war er ein Grübler und Philosoph; obgleich in beschränktestem Sinn.

Fortsetzung

Textor war da, etwas ruhiger als früher, sehr bescheiden und zutraulich. Er ist, scheint es, im Jünglingsverein mit tätig.

Papas Brief war mir eine Freude und Stärkung. Ihm und Adele sende ich herzliche Küsse und meine wärmsten Wünsche zur Reise. Ich bitte auch allen Verwandten, besonders Onkel Hermann[2], meine Grüße zu sagen. [...]

Lebt wohl! Nochmals meine herzlichsten Reisewünsche!

Euer dankbarer Hermann

P.S. Bitte teilt mir gelegentlich mit, ob eigentlich das Vesperübereinkommen mit Herrn Sonnewald[3] noch besteht. Ich habe seit mindestens 3-4 Wochen weder Geld noch Vesper erhalten. Wenn Ihr die Sache aufgehoben habt, ist es mir auch recht, da das Bedürfnis nicht groß ist; aber ich möchte doch wissen, wie ich dran bin. Allerdings hat Herr Sonnewald zur Zeit so viel Arbeit, daß ein Vergessen wohl möglich wäre. H.

1 Ca. 100 – ca. 30 v. Chr.; römischer Biograph.
2 Hesse; Pastor zu St. Olai, Reval. S. Nr. 555, Fußn. 2.
3 S. Nr. 503, Punkt 2.

619] *Marie Hesse an H. H.*

Calw, 19. Mai 1897

Mein lieber Hermann!

[...] Das ist nett, daß der Textor noch so gutes Vertrauen zu dir hat; es sollte uns immer zum Dank stimmen, wenn

wir andern was helfen und Liebe erzeigen dürfen und können. Die Welt ist im Ganzen so arm an Liebe und wo solche sich zeigt, ist es eine Gottesgabe, die wir pflegen müssen und ihr auch ein Opfer bringen. [...]
Nun geht's lebhaft zu mit Abschied, Abreise, Missionsfest etc.
Des Vespers wegen wissen wir nichts. Herr Sonnewald kriegte Anfangs nur 10 Mark; da er angeboten, ob er am Kostgeld was zahlen solle, und wir nichts verlangten, dachten wir, das Vesper gebe er wohl, hörten aber überhaupt nie etwas darüber bis jetzt von dir. Wahrscheinlich wurde es vergessen. Im Notfall mußt du dir morgens etwas mitnehmen, was du bei deinem Kostgeld gut darfst, oder wenn dich's geniert, sag an wie. In Eile mit herzlichem Gruß und Kuß deine treue Mutter

620] *Adele Hesse an H. H.*

Freudenstadt, 23. Mai 1897
Kurhaus Palmenwald

Lieber Hermann!
Da Du Dich so für unsre Reise interessierst, will ich Dir doch gleich sagen, daß wir leider genötigt waren, unsere Pläne aufzugeben. Wir reisten am Freitag ab nach Frankfurt. Es ging auch ganz gut, war aber doch schon zu viel für Papa. Er mußte sich dort (im christlichen Hospiz Basler Hof) gleich ins Bett legen. Herr Missionar Thumm war bei ihm, während Frau Thumm Martha Würz und mich in den Palmengarten führte. Als wir heimkamen, hatte Papa schon den Entschluß gefaßt, am nächsten Morgen nicht weiterzureisen, sondern wahrscheinlich umzukehren. Die Nacht war dann, durch Unruhe im Haus, Hundegebell etc. so schlecht, daß das Umkehren beschlossene Sache war. So fuhren wir denn ab, Martha Würz weiter nach Hamburg,

Harzhof, wir dem Süden zu. Papa beschloß gleich, direkt hierher zu fahren, so benützten wir nur den Aufenthalt in Stuttgart zu einem Besuch bei Marull, d. h. Tante Plebst[1], und fuhren dann vollends hierher. – Hier ist's herrlich, Papa fängt schon an, sich zu erholen. Du kannst dir denken, wie leid es uns tut, daß aus der Reise nichts wurde. Dir wird's auch leid tun. Ich glaube aber auch, daß Papa sich hier, oder vielleicht später noch irgendwo in den Alpen besser erholt als auf der Reise. Vorderhand sind wir froh, hier geborgen zu sein. Es ist noch recht still und angenehm, noch nicht sehr voll. Das ist ein großer Vorteil. [...] Wir bleiben, soviel ich weiß, jedenfalls 14 Tage hier.
Nun will ich schließen. Papa will auch noch etwas schreiben. Mit vielen Grüßen, auch an die Verwandten, bleibe ich deine treue Schwester Adele

1 S. Nr. 610.

621] *Johannes Hesse an H. H.*

Freudenstadt, 23. Mai 1897

Lieber Sohn!
Die Reise nach Frankfurt war ein Experiment, das mir gezeigt hat, daß ich ohne vorhergegangene gründliche Erholung nichts Großes und Anstrengendes unternehmen darf. Ich war in Frankfurt so erschöpft und vertrug die Unruhe im Hotel so schlecht, daß ich ganz elend wurde und den bestimmten Eindruck erhielt, ich dürfe mich nicht weiter von daheim entfernen. Die Hoffnung gebe ich aber nicht auf, daß ich doch noch einmal meine Geschwister besuchen kann. *Erst* aber muß ich gesunder werden. Jetzt habe ich die schönste Gelegenheit dazu: für zwei Monate vorausgeschafft, ich habe Urlaub, jedermann glaubt mich in der Ferne u.s.w. So fange ich denn an mit Nichtstun, Luftkneip-

pen und berufsmäßigem Essen, wozu hier alle Gelegenheit ist. Ich danke Gott auch für diese Wendung so schmerzlich und demütigend es auch ist. Sage es auch Tante Elisabeth mit Gruß. Dein Papa

622] *H. H. an Karl Isenberg*

Tübingen, 24. Mai 1897

Lieber Bruder!

Leider dachte ich an Deinen Geburtstag zu spät, um noch einen rechten Brief verfassen zu können. Begnüge Dich mit diesem Gruß und meinen herzlichen Wünschen für Dich und Deine Zukunft im neuen Jahr.

Es hat mir oft weh getan, mit Dir so gar nicht in Verbindung zu stehen[1]. Vielleicht wäre ein Brief oder zwei im Jahr doch schon viel wert. Wir sollten einander doch ein wenig besser kennen, obgleich ich von allzu nackten brieflichen Konfessionen kein Freund bin. Heute wollte ich nur sagen, daß ich schließlich zu der Überzeugung gekommen bin, daß jeder – die »Seelenlosen« ausgenommen, die überhaupt zum Glück unfähig sind – daß jeder, sein Bekenntnis sei irgend welches, erst glücklich und reif sein kann, wenn er von seinen Göttern zu seinem Gotte gekommen ist, wenn er auf irgendeine Art *beten* gelernt hat. Ohne diese Fühlung mit dem Ewigen, der Wahrheit, der Unwandelbarkeit, bleibt das Leben ein sinnloses, ordnungsloses, buntes Bild. Es gewinnt erst durch jene »Fühlung« Sinn und Ordnung und Beziehungen, indem es ein Bild und Gleichnis *der* Welt, *des* Zustandes wird, die wir alle in sehnsüchtigen Träumen gesehen haben und für welche kein Dichter oder Weiser Worte zu finden vermag. Freilich, ehe diese große Hoffnung und Sehnsucht erreicht ist, müssen viele Jugendgötter verlassen, viele kecke Ideale zerbrochen werden.

Doch genug! Mir fehlt Zeit und Fassung zu einem ordentlichen Schreiben.
Nochmals herzliche Glückwünsche! Mit Kuß dein

Hermann

1 S. Anm. II, Nr. 6. S. Anm. I.

623] *Marie Hesse an Marulla Hesse*

Calw, 31. Mai 1897

Liebe Marulla!
Nur schnell einen herzlichen Gruß mit Blumen, die Dir Hans gestern bei Aidlingen gepflückt hat. [...]
Heute kommt von Onkel Hermann[1] ein betrübter Brief, sie seien in »Trauerstadt«, da Papa von »Freudenstadt« aus an sie schreibe! Es war eine furchtbar bittre Enttäuschung; sie hatten schon alles ganz gerichtet für die sehnsüchtig erwarteten Gäste! Tante Jenny[2] wollte zum Empfang auch in Reval sein. Ja, es ist ein harter Schlag.
Ich habe Papa gebeten, Liebermeister zu befragen, damit doch diese Zeit für seine Besserung möglichst ausgenützt werde. Die langen Postfahrten bis St. Moritz wären wohl schlimmer als die schöne Seereise nach Rußland. Ich bin sehr, sehr drunten und muß mich fest an Gottes Wort halten. Es ist mir alles so ungewiß und ich habe weder zu Gästen noch zum Hausputz den geringsten Mut. [...]

1 S. Nr. 555, Fußn. 2.
2 Hesse, Jenny Lina; geb. 1840, gest. 1926 in Weißenstein; Lehrerin; dritte der vier älteren Schwestern von Johannes Hesse.

624] *Marie Hesse an H. H.*

Calw, 31. Mai 1897

Mein lieber Hermann!
Muß Dir doch schicken, was von Wäsche von Dir noch da

ist und 200,- Mark Geld. Ist's wahr, daß der April noch nicht bezahlt ist, das Kostgeld?

Also für April Kostgeld		46,50
Mai	„	48,50
das Zimmer bis Oktober		70,–
bleiben zum Extrasach:		35,00
		200.–

Martha mit dem herzigen Kleinen, der aber blaß und mager aussieht, ist da zum Besuch und zugleich soll hier ihre Sommergarderobe gerichtet werden, wozu in Aidlingen keine Gelegenheit. Theo brachte sie Samstag vormittag, mußte selbst abends zurück, von Hans begleitet, der den Sonntag beim einsamen Bruder zubrachte.

Wir hatten also am Himmelfahrt ein sehr schönes Missionsfest mit voll gedrängter Kirche und dann bei uns ganz vollem Saal. Die Redner waren Pfarrer Würz, Missionar Reusch aus China und Dekan Roos[1]. Auch im Saal wurde gesungen und nett geredet, Dekan Römer[2] war auch dabei. Herr Dekan Roos forderte sehr auf zur Fürbitte für Papa. – Ich hatte mich ritterlich gehalten bis nach dem Fest, aber jetzt bin ich sehr müde an Leib und Seele und sehr drunten in den Nerven. Papas Rückkehr war für mich ein entsetzlicher Schlag, eine zu bittre Enttäuschung. Gott gebe ihm wirkliche Ruhe und Erholung, er ist doch viel kränker, als man glaubt.

[...]

Nimm vorlieb, es gibt kaum Ruhe zum Schreiben. Martha grüßt dich herzlich, und der Bub lacht seinem Onkel Hermann zu.

Gott behüte dich nach Leib und Seele, Seine guten Engel seien um dich! Innig küßt dich deine Mutter

1 Calw.
2 Nagold.

625] *H. H. an Marie Hesse*

Tübingen, 3. Juni 1897

Liebe Mutter!

Herzlichen Dank für Sendung, Brief und Geld! Ich bin leider schlaff von Arbeit und Hitze, total unfähig zu denken und schreiben und in Furcht vor dem lauernden Kopfweh. Vaters Rückkehr und Elendsein war auch mir ein großer Schmerz – neulich fand ich ihn sehr elend[1]. Den Sonntag werde ich ja wieder dort sein[1]. Hier ist schönes, aber arg heißes Wetter. Leider will mir das Baden im Freien, das ich gestern begann, gar nicht gut tun.

Hoffentlich finde ich Papa wohler. Daß er an Liebermeister schrieb, wirst du wissen. Mit Kuß Hermann

1 Im Kurhaus Palmenwald, Freudenstadt. – S. auch Nr. 560, Fußn. 2.

626] *H. H. an Marie Hesse*

Tübingen, 8. Juni 1897 [Postkarte]

Liebe Mutter!

Ich wollte Dir doch heute noch erzählen, daß ich über Pfingsten im Palmenwald war. Ich fand Papa Sonntag früh arg elend, doch schlief er auf Montag besser und war an diesem Tag viel wohler. Im ganzen geht es – scheint's – schlecht. Donnerstag wird er nach Urach reisen (vielleicht mit Herrn Professor Cremer (?).

Ich bin heute (Dienstag) sehr müde. Das Kopfweh beginnt sich bei der Schwüle doch wieder zu melden. Die zwei Tage in Freudenstadt haben mir sehr gut getan. Gleich am Montag hatte ich droben einen prächtigen Appetit.

Frau Dekan grüßt. Ihre Quittung will ich nächstens mit der Wäsche senden. Vetter Hermann ist ins Stift aufgenommen[1] (Ich schreibe das im Geschäft und muß eilen). Mit Kuß dein Hermann

1 S. Anm. I.

627] *Aus H. Hs. Tagesnotizen. Persönliches*[1]

[Tübingen,] 9. Juni 1897

Morgen! morgen! – das ist, wenn mein Leben ein ebener Strom sein, wenn meine Liebelust in Rosen wohnen wird. Morgen – das ist die Zeit, wo ich mich und den Schwerpunkt meines Wesens werde gefunden haben, wo meine Lieder Spiegel meines Glückes und meine Gedanken selber Seligkeiten sein werden. Morgen – wenn meine fressende Schuld erschlagen ist, und viele Monate meines Lebens vertilgt sein werden. Morgen – der Sonnenaufgang meines Geistes, der die Welt mir in lichter Wahrheit zeigt!
Morgen – der Tag, der nie Heute sein wird.

1 Aus »Plauderabende«. S. Nr. 650, Fußn. 1.

628] *Karl Isenberg an H. H.*

Biberach, 2. bis 10. [Juni] 1897

Lieber Bruder!
Du hast mir durch Deinen Geburtstagsbrief und das feine Buch eine große Freude gemacht. Der Rösch[1] ist ein ganzer Kerl, so einer, der durch seine kräftige, kantige Individualität sofort Widerspruch fordert, aber noch viel mehr imponiert. Ich habe das Buch auf einen Sitz durchgenommen und es dann zunächst Herrn Musikdirektor Braun geliehen; später werde ichs noch öfter lesen. Es steckt viel mehr dahinter, als man hinter dem »Kritischen Waffengang« auf den ersten Blick vermuten wollte.
[...]
Das Thema des in diesem Jahr geforderten Professoratsaufsatzes ist ganz interessant. Ich möchte mir gerne die Sache einmal genauer ansehen, wenn ich auch nicht weiß, ob ich zur Ausführung komme. Jedenfalls bitte ich, strenges Schweigen darüber zu bewahren, damit ich keinem Gelächter im Fall des Nichtfertigwerdens ausgesetzt bin. Ich

wäre Dir aber sehr dankbar, wenn Du mir ein Verzeichnis einiger dazu nötigen Bücher verschaffen könntest. Früher verfaßte die Heckenhauersche Buchhandlung jedes Jahr ein solches Verzeichnis. War das dieses Jahr auch der Fall? Könnte ich dasselbe vielleicht einen oder zwei Tage haben? Oder könntest Du vielleicht das Wichtigste herausschreiben? In so einem Nest wie Biberach ist man eben schrecklich auf der »Fehlhalde«, was Bücher anbelangt (sonst ist's ja nicht so übel).

10. Juni. Im Kampf um die Weltanschauung wird jeder einzelne, der sich überhaupt daran wagt, verschiedenartige Phasen, d. h. andere als jeder Nebenkämpfer durchmachen. Ohne Zweifel ist die Neigung, für die ganze Weltanschauung ein Zentrales, einen Ruhepunkt, einen Gott zu suchen, ein unabweisbares Bedürfnis des Menschenherzens. Nur tritt aber immer an den, der einen Augenblick diesen Ruhepunkt gefunden hat oder glaubt, ihn gefunden zu haben, immer wieder so viel Neues, so viel frischer Erfahrungs- und Bildungsstoff heran, den er aufnehmen muß, daß sein Schwerpunkt sich leicht verändert, ja, daß er in steter Gefahr ist, denselben zu verlieren. Neben solchen mehr stoßweisen Veränderungen der Anschauungen (den Krankheiten des Körpers zu vergleichen) vollziehen sich aber auch ganz unmerkliche, allmähliche Änderungen in der Anschauung und im Charakter, sozusagen ein geistiger Stoffwechsel. Diese Entwicklung wird für jeden eine andere sein. Freilich werden sich auch Gesetze finden lassen, nach denen sich im allgemeinen diese Veränderungen vollziehen. Das Merkwürdige im Geistesleben ist aber, daß neben dem hier wie in der mechanischen Welt wirkenden Kausalitätsgesetz, nicht anstelle desselben, noch ein Zweites da ist, die Freiheit, die Selbstbestimmung. Wie diese mit dem Kausalitätsgesetz zu vereinigen ist, das ist aber das große Rätsel, das die Menschheit niemals ganz lösen wird. Und so

sind in meinen Augen alle diese großen Fragen Rätsel, die eine geistreiche Umgehung zulassen, aber keine Lösung.
Wie stellt man ein Ei auf den Kopf? Kolumbus macht's, indem er ihm den Kopf einschlägt. Wie löst man die Welträtsel? Der Christ macht's, indem er an Gott glaubt, in welchem all diese Rätsel gelöst sind.
Hat Kolumbus eigentlich das *statische* Problem gelöst, das in Frage kam? – Nein, er hat es witzig ignoriert.
Löst der Gläubige sein Rätsel?
Nein, er schiebt es auf einen zurück, der's weiß.
Wer aber die Lösung nicht gelten läßt? Nun, der ist ein Haarspalter, dem nicht zu helfen ist.
Was ist (praktisch) gescheiter: sich lange damit abgeben, das Ei auf den Kopf zu stellen, oder ihm den Kopf einzustoßen?
Ist aber der Theoretiker zu tadeln, der sagt, jene Lösung sei ausgezeichnet, aber eigentlich doch nicht die, welche man wollte? Der einfach sagt, dem Menschen gelinge die richtige Lösung nicht, und sie sei mathematisch nicht möglich, weil ein Körper nur auf einer (noch so kleinen) Ebene, nicht auf einem Punkte (d. h. nichts) ruhen kann?
Das ist eben der Unterschied zwischen theoretischer Philosophie (auch Metaphysik genannt) und praktischer (Ethik).
Die theoretische Philosophie braucht Gott, aber als Grenzbegriff (mathematisch: das unendlich Große und unendlich Kleine).
Die praktische Philosophie braucht Gott als Angelpunkt ihrer Existenz.
Ja, über diese einfachen Grundgedanken lassen sich Bände schreiben, ohne daß man darüber auch nur gänzlich klar wird, was die Probleme sind und wie sie ineinander greifen. Wohl dem, der Praktiker ist! Er steinige aber nicht den Theoretiker, sofern dieser ihm seine Freude läßt.
Nun leb' wohl! Nochmals herzlichen Dank! Es küßt Dich

Dein Bruder Karl

1 S. Nr. 630, Fußn. 3.
Wahrscheinlich hatte H. H. seinem Halbbruder Karl Isenberg das Werk von Friedrich Rösch geschickt: »Musik-ästhetische Streitfragen. Streiflichter und Schlagschatten zu den ausgewählten Schriften von Hans von Bülow. Ein kritischer Waffengang.«, Leipzig 1897.

629] *H. H. an Marie Hesse*

Tübingen, 11. Juni 1897

Liebe Mutter!
Es tut mir leid, daß mein Schriftliches in letzter Zeit so dürftig ausgefallen ist! Um so mehr hab' ich an Dich und an Euch gedacht, Euch geliebt und Euch Gutes gewünscht. Die Nachricht von deinem Kranksein hat mir Sorge gemacht, ich bitte um recht baldige weitere Nachricht! Am Himmelfahrtsfest dachten wir an dich und das Fest im Saal und fürchteten, es möchte dir zu viel werden.
An Pfingsten sah ich Papa wieder. Es war schmerzlich, ihn, der so standhaft ist und nie klagt, so schwach und elend zu sehen. Der Montag war viel besser als der Sonntag. Adele ist wohl etwas müde und niedergeschlagen, sah aber gut aus und schien wohl zu sein. Gott gebe seinen Segen für den Uracher Aufenthalt!
Am 14. ist Vaters Geburtstag! Traurig, daß er ihn allein und krank verbringen soll!
Dank für Marullas Karte! Die Wäsche wurde sofort gepackt und ist hoffentlich noch rechtzeitig angekommen.
Es ist hier regnerisch und kühl, ganz angenehm. Die Arbeit im Antiquariat wächst uns unter den Händen und ist (besonders körperlich) ziemlich anstrengend. Doch wird sie zuweilen interessant, z. B. neulich der Abschnitt Kirchengeschichte – ein Fach, das mich immer interessiert hat. Es fanden sich alte Ketzergeschichten und Sektenbeschreibungen, Märtyrerbücher und Erzählungen von Kloster- und Kirchenbauten, Bistümern etc., die mich von neuem die

schreckliche Kürze der Zeit in ihrem Mißverhältnis zur Menge des Wissenswerten beklagen ließen.
Doch hat meine Speziallektüre mir auch manches schöne Neue gebracht. Vor allem freue ich mich, die Sachen des Lyrikers Gustav Falke[1] nun genauer gelesen zu haben.
[...]
Er ist mir der liebste aller modernen Lyriker. Über ihn und andere ein nächstes Mal mehr!

Montag, 14. Juni

Der Brief liegt noch unvollendet und ich komme zu etwas Gescheitem dieser Tage doch wohl nicht, so daß ich schließe. Es ist heiß, sehr heiß; das Wetter nimmt Appetit und Arbeitslust. Bitte, laß' mich bald hören, ob du wieder ganz hergestellt bist, liebe Mutter, und sei geküßt von deinem

Hermann

1 S. Anm. II, Nr. 31.

630] *H. H. an Karl Isenberg*

Tübingen, 12. und 13. Juni 1897

Lieber Bruder!
Dank für Deinen lieben und klugen Brief. Ich habe eben eine unbesetzte Stunde, den Faden fortzuspinnen.
Meine »Centrale« habe ich im Glauben an das Schöne gefunden, der mit dem Glauben an die Kunst annähernd zusammenfällt. Du bist Pädagog und daher in der Praxis mehr oder weniger Kunstfeind, denn Dir muß im Praktischen hinter dem Begriff Kunst immer das häßliche Aufsatzthema »Kunst und Moral« stehen.
Ich wünsche gewiß nicht, eine Art ästhetischer Moral eingeführt zu sehen, indem die Kunst (»das Schöne«) dadurch nur leiden würde, d.h. weil sie für 90 unter 100 zu gut ist. Die Ästhetik als Erzieherin – eine Gesetzgebung ohne Strafrecht! Mir ist diese meine »Centrale« aus einem inter-

essanten Ding und einem Spielzeug infolge innerer Erfahrungen zu einer Religion geworden, über die Du, Akademiker und Lehrer, als [über] eine unwissenschaftliche Schöngeisterei lächeln magst. Diese Religion ist aber reich an Trost, reich an Lebensfülle, an Geheimnissen und Offenbarungen. Ich weiß jetzt erst, was Religion ist, und seither bin ich gegen allen »Glauben« unglaublich milde geworden, denn ich selber glaube entschieden, jetzt auf einer höheren Lebensstufe zu stehen.

Das Schöne in der Natur und das Schöne in der Kunst (auch Dichtung) stehen mir ziemlich auf einer Stufe, obwohl ich für das letztere fast empfänglicher bin. Als Mutter der Kunst und primäre Daseinsform des Schönen erscheint mir die Natur nicht, sondern ebenso wie die Kunst als Bild, als Symbol, als Versuch, das Ideal Schönheit abzubilden. Weder Kunstwerk noch Naturbild schließt je alle Gesetze und Möglichkeiten der Ästhetik in sich, die in seinem Rahmen gelten können. So scheinen mir z. B. viele Landschaften gewissermaßen als subjektive Schöpfungen, mit dem Stempel einer Künstlerpersönlichkeit gezeichnet.

Für meinen Geschmack mag Dir meine Liebe zu Chopin bezeichnend sein – aber nur für die Musik. In der Dichtkunst liebe ich, so sehr ich Rhythmus und Wohllaut verehre, mehr den durch einzelne Worte, einzelne bedeutende Lautformen sich ergebenden Takt, als die vollendete, komplizierte Klangtechnik, die mir bei Chopin imponiert.

Sonntag, den 13. Juni

Ein schöner, warmer Sonntagmorgen, so einer, den ich bei offenen Fenstern und niedergelassenen Jalousien am liebsten zu Hause im Zimmer genieße. *Fuyons! rentrons dans l'artificiel*[1]! Im kühlen, geschützten Zimmer beim grünen Dämmerlicht genieße ich die lieben Sommerlaute draußen besser, als wenn ich selber mich durch Hitze und Staub quäle, die Schritte und Stimmen der Ausflügler und hereinkommenden Bauern, das Atmen der Büsche, die singenden Vögel. Man wird raffiniert, wenn man wie ich nur zur Hälfte Herr seines unbeholfenen Leibes ist. Das Gehen fällt mir immer schwerer, seit ich im Geschäft täglich 10 1/2 Stunden fortwährend *stehen* muß. Bebenhausen ist schon eine Leistung[2].

Es freut mich sehr, daß der Rösch[3] dir von Wert ist. Ich habe ihn nicht gelesen. Außer rein belletristischen oder literarkritischen Schriften, die dem Dutzend nach verdaut werden müssen, las ich seit langer Zeit – Goethe ausgenommen – nur etwas Nietzsche und – in den letzten Tagen – Höffdings[4] Buch über Rousseau. Über letzteren komme ich nie ins Reine – einerseits freut mich das Elementare an ihm und viele Züge seiner Ästhetik, andrerseits ist er mir doch meist zu – zu ungekämmt, beniter dictu[5]. Von Nietzsche lernte ich einiges ästhetisch Große; im übrigen ist er mir ein großer, Denkwege gehender Dichter, seine Schriften ein Wunder und ein Born künstlerischer Freude – denn er kann deutsch, wie Luther und Bismarck. Man kann, wenn man nicht Philosoph ist, vieles von ihm lesen wie Stücke des alten Testaments. Nietzscheaner bin ich nicht. Das Wesentliche seiner Philosophie, das Gut – böse = Gut – schlecht, das Totschlagen der Moral, berührt mich nicht viel, da meine Anschauung, meine Religion fromm, aber recht moralfrei ist. Da mir als Ende und Ziel jeder Weltanschauung eine persönliche Religion erscheint, war das einzige Resultat, das ich fand, die Bestätigung meiner Ansicht, daß eine Moral das Ergebnis einer Religion sein kann, daß aber nie, gar nie aus einer Moral eine Religion erbaut werden kann. Denn das Höhere ist die Religion. Ich glaube, daß es keine Religion gibt, die mit dem Sinai beginnt, während die meisten Weltanschauungen dort beginnen.

Doch da stoßen wohl Dichter und Philolog, Egoist und Pädagog zusammen. Verzeih! Aber man muß, wenigstens ge-

gen Brüder und Freunde, je seltener man schreibt, desto offener sein – sonst im Leben ist's ja umgekehrt. Gerade auch Dir gegenüber tut es mir leid, immer nur so aus dem Alltag heraus in gestohlenen Freistunden schreiben zu können, ohne Wahl der Worte, ohne Sammlung. Nimm vorlieb! Du hast mich lieb genug, um Dein kritisches »Lächeln« über meine philosoph[ischen] Darstellungsversuche nicht »arg« werden zu lassen. Ich für mich bin, die neuern Sprachen abgerechnet, froh an jeder Wissenschaft, die ich *nicht* verstehe, an jedem Gegenstand, der mein Interesse, meine Kraft, meine Liebe *nicht* in Anspruch nimmt. Gott sei Dank, ich bin weder Philosoph noch Politiker. Dafür liebe und übe ich in den Gebieten, die mein Interesse fesseln, den Fleiß fürs Detail, das gewogene und gemessene Wort, die Nuancierung der Werte und Urteile. Es ärgert mich, wenn einer über einen neuen Falke oder Ibsen oder Verlaine nur zu sagen weiß: »Ein famoses Buch«, freilich, man kann auch das im richtigen Ton sagen.
Nun genug der Theorie!
Kennst du schon das Mailied für 1897?

Im wunderschönen Monat Mai,
als alle Knospen sprangen,
da hat es gleich am ersten Tag
zu regnen angefangen.

Im wunderschönen Monat Mai,
den alle Menschen segnen,
hat's bis zum einunddreißigsten
nicht aufgehört zu regnen.
Verfasser unbekannt.

Über den Aufsatz ist wenig Literatur da, anbei der Bücherzettel[6]! Meist eben Programme und Sonderdrucke! Ich schweige natürlich. Doch ist jetzt die Zeit zu Ende. Bitte, laß wieder von dir hören! Mit Kuß dein Bruder Hermann

Der 21jährige Hermann Hesse
als Buchhändlerlehrling in Tübingen, 1898.

Helene Voigt-Diederichs.
Das Portrait, das sie Hesse nach Tübingen schickte.

Hermann Hesse und seine Geschwister während
der Hochzeit seines Halbbruders Theo Isenberg im April 1896.
Von links nach rechts: Marulla Hesse, Karl Isenberg,
Hermann Hesse, Martha und Theo Isenberg, Adele Hesse
und Hans Hesse.

Der »Petit cénacle« in Tübingen.
Rechts unten: Hermann Hesse.

1 »Fliehen wir, kehren wir zurück ins Künstliche!«
2 Ortschaft mit sehr gut erhaltener ehemaliger Zisterzienserabtei, ca. 8 km nördlich von Tübingen.
3 Wilhelm Rösch, »Über das Wesen und die Geschichte der Sprache«, Berlin, 1873; vgl, auch Nr. 628, Fußn. 1.
4 H. Höffding, »Rousseau und seine Philosophie«, Frommann, Stuttgart, 1897.
5 »Freundlich, mit Wohlwollen gesagt.«
6 Vermutlich das Heckenhauer'sche Verzeichnis der Literatur zum Thema des Professoratsaufsatzes; s. Nr. 826.

631] *Marualla Hesse an H. H.*

[Stuttgart,] 1. Juli 1897

Lieber Hemme!

Recht herzlichen Glückwunsch zu Deinem morgigen Geburtstag! Du freust Dich gewiß sehr, Mama in Tübingen zu haben! [...] Im stillen hoffe ich, in den Ferien ein wenig nach Tübingen zu dürfen, und habe mir schon eine schöne Rundreise ausgedacht. An einem Samstag fängt meine Vakanz an. Da könnte ich dann mit einem Rundreisebillet über Urach und Tübingen heimkommen, wenn Papa in drei Wochen noch in Urach ist. Doch sind es ja nur Luftschlösser. [...]

Dich, Euch, umarmt in herzlicher Liebe Marulla

632] *Karl Isenberg an H. H.*

Biberach, 1. Juli 1897

Lieber Bruder!

Die besten Glückwünsche zum morgigen Geburtstag! Gerne hätte ich Dir auch ein Geschenk herausgesucht; aber es fiel mir leider nichts Passendes ein. Mit Büchern bist Du ja so versehen, daß es mir schwer fallen würde, etwas Neues u. Anregendes herauszufinden. So schicke ich eben eine Kleinigkeit in Briefmarken, die Du beliebig verwenden magst! Wir leben in einer Zeit der Hitze, die mich förmlich lahm u. schläfrig macht. Mittags ist alle Augenblicke frei; ob nun

Hitzevakanz oder Feiertag ist. Trotzdem kann ich nichts leisten. [...]
Für Deinen lieben Brief nebst Angabe der Aufsatzliteratur herzlichen Dank[1]! Ich habe den Brief mit Interesse gelesen u. wollte auch wieder richtig schreiben; bei besagter Schwüle des Wetters u. Stumpfheit des Sinnes bin ich aber leider nicht imstand, etwas Anregendes zu schreiben. Mit Stumpfsinn will ich Dich lieber verschonen; u. so muß ich's halt auf ein ander Mal aufsparen. Also nimm vorlieb!
Mit herzlichem Kuß Dein Bruder Karl

Grüße an Vetter, Tante [Elisabeth], Base.
[*Auf einem beiliegenden Zettel:*] Der Glückwunsch zur bezahlten Heckenhauersrechnung ist wohl angebracht; besten Dank! Es ist was wert, wenn der Mensch allmählich sparen lernt, noch wertvoller, wenn er's nicht zu lernen braucht!

1 S. Nr. 630, letzter Absatz u. Fußn. 6.

633] *Adele Hesse an H. H.*

Urach, 1. Juli 1897

Lieber Hermann!
Vor allem empfange meine herzlichsten Glückwünsche zu Deinem Geburtstägle morgen! Ich wünsche Dir von Herzen viel Gutes und Schönes für Dein neues Jahr, besonders auch einen frohen Mut und kein Kopfweh. Wie nett ist es, daß Mama Deinen Geburtstag durch ihre Anwesenheit verherrlicht. Ich freue mich so für dich. Es war fein, daß sie bei uns war, Papa kommt sich seither hier viel heimischer vor. In acht bis zehn Tagen werde ich wohl auch in Tübingen erscheinen, da Tante Elisabeth so freundlich war, mich einzuladen und der Vetter mir das bevorstehende Konzert in so glühenden Farben schilderte, daß ich nicht anders kann, als dazu gehen, wenn Papa mich bis dahin

nimmer braucht. Ich würde dann am Samstag kommen, um Sonntag Dich zu genießen. Das wär doch fein und findet hoffentlich auch Deinen Beifall. [...]

634] *Theo Isenberg an H. H.*

Aidlingen, 2. Juli 1897

Lieber Hermann!

Viele Grüße und herzlichen Glückwunsch nebst unserem Bild senden wir Dir zu Deinem Geburtstag. Wir sind immer in Unruhe. Ich sehr beschäftigt mit Sodawasser etc. Martha im Bett, das Kind kräftig und unbändig, will nimmer liegen, sondern sitzen und stehen etc., macht viel Freude, aber auch Mühe. Wir lasen heute morgen im »Blättle« den Tod von Fräulein Eugenie Kolb[1], wissen aber nichts Weiteres, weißt Du etwas? Grüße die Lieben alle von uns und sei selbst umarmt von Deinen drei Aidlingern. In Eile!

1 Vgl. »Kdht. u. Jgd. I«, S. 233 ff., 238.

635] *Marie Hesse an Marulla Hesse*

Calw, 5. Juli 1897

Liebe Marulla!

Samstag abend kam ich heim, recht müde, da ich auf der Reise fast nie schlafen konnte bei Nacht. [...] In Tübingen war Hermann recht lieb; die arge Hitze nahm natürlich ihn auch mit, doch ging's an. Bei Professor Härings war ich einmal zum Essen eingeladen und dann blieb ich beim »Repetenten-Kaffee«, es waren aber nur Repetent Buck, Metzger und Rohrer da. Die lieben Professors grüßen dich. Von ihm hörte ich auch Sonntag eine gute, wiewohl sehr eigentümliche Predigt. [...] In Urach traf ich Papa ungefähr,

wie er hier vor der Abreise war. Adele hatte viel Kopfweh. Im ganzen habe ich aufs neue recht eingesehen, daß es für mich ein Unsinn ist zu reisen. Ich fühlte mich heimatlos und war nachts meist schlaflos und sehnte mich heim in mein Bett und die Einsamkeit und Stille meines eignen Zimmers. Allerdings war ja die Hitze oft fast unerträglich, besonders im engen Gastzimmer zu zweien. [...]
Behüt dich Gott, liebes Kind! Innig küßt dich

deine Mama

636] *Marie Hesse an Johannes und Adele Hesse*

Calw, 16. Juli 1897

Meine Lieben!
Eben ist Onkel David[1] fortgefahren (11 Uhr 40), der mit dem Frühzug kam. Er sagt, die Hauptsache sei, daß du, lieber Johannes, jemand vorschlagen könnest als Gehilfen, dann wird's keine Schwierigkeit haben. Besinne dich also auf einen Mann. [...]
Kathrine[2] kam gestern Abend 1/2 9 Uhr wieder zurück und das ist gut. Ich bin so froh, daß in den fünf Tagen ihres Fortseins keine Gäste kamen. [...]
Schreibt mir dann vorher, wie Ihr's mit dem Heimkommen machen wollt. Ich hatte gedacht, Adele könne nach Tübingen drei Tage, während Marull bei Papa wäre. Macht's eben, wie's Euch paßt, aber laßt mich's dann vorher recht wissen. David meinte freilich, Papa solle noch länger dort[3] bleiben. [...]

1 Gundert, David; 1850-1945; Verlagsbuchhändler; s. Anm. I.
2 Dienstmädchen bei Johannes Hesse.
3 In Urach.

637] *Aus H. Hs. Tagesnotizen. Persönliches*[1]

[Tübingen,] 18. Juli 1897

Du sollst das Leben und die Bilder Deines Lebens in den tiefen Brunnen Deiner Seele senken, bis sie rein und nackt gewaschen und Dir lieb und eigen geworden sind. Du sollst selber in Deine Seele steigen und Dich rein und nackt waschen und Ehrfurcht lernen vor der Brunnentiefe Deiner Seele.

1 Aus »Plauderabende«. S. Nr. 650.

638] *Johannes Hesse an Adele Hesse in Tübingen*

Urach, 19. Juli 1897 [Postkarte]

[...] Marulla will scheint's, um der lieben Mama willen auf Urach verzichten. Aber da meine ich, sollst lieber du bälder heimreisen – falls Mama es wünscht, direkt von Tübingen, oder aber am Samstag von hier aus. Ich habe nun Marulla geschrieben, daß ich sie Freitag hier erwarte, und daß wir dann zusammen Montag, den 26. Juli nach Calw reisen. Der Doktor ist einverstanden. Er könne mir von längerem Aufenthalt dort nichts Besonderes versprechen. [...]

639] *Marie Hesse an Marulla Hesse*

Calw, 20. Juli 1897

Meine liebe Marulla!

Geh' Du nur ruhig nach Urach, und kommt alle drei miteinander heim am Montag. Papa hat mit dem Arzt gesprochen, und der sagt, er solle nur heim, er könne ihm von längerem Bleiben eigentlich wenig Erfolg in Aussicht stellen. Das ist freilich nicht ermutigend. Papa ist eben nicht eigentlich nervenkrank, sondern im ganzen zu schwach und

elend. Da müssen wir uns dann Mühe geben, ihm möglichst für Ruhe und Stille zu sorgen und ihn nach Kräften zu pflegen. Gott gebe uns Weisheit und Gnade! Es ist mir bange auf sein wieder da sein mit den vielen Postsachen, die inzwischen sich für ihn angehäuft und aller Arbeit, die auf ihn wartet, wo es ihm doch noch so fehlt an der nötigen Kraft. Aber der treue, starke Gott wird weiterhelfen. Hoffentlich zeigt sich für Papa eine passende Hilfe, daß ihm doch einiges abgenommen wird.
Von mir war's nur ein Schwäche- und Verzagtheits-Anfall, daß ich eins von Euch wollte. Ich lasse Eure Stube, wie sie ist und ihr könnt sie dann nach eigenem Geschmack ausschmücken [...] Also genießet zusammen die kurzen Tage in Urach und kommet miteinander heim. Ich sehne mich sehr danach. [...]

640] *H. H. an Johannes und Marie Hesse*

Tübingen, 7. August 1897

Ihr Lieben!
Ich schäme mich sehr, so lange, lange geschwiegen zu haben. Ich war viel müde, gereizt, stumpf, durch allerlei neue ärgerliche Arbeit. Wir haben Anfang Juli das eingegangene Laupp'sche Sortiment hier gekauft und viel Ärger und Mühe damit gehabt. Jetzt ist's besser.
Assmuth[1] liegt für einige Tage magenkrank. – Neulich war ich einen Augenblick bei Finckh's[2] in Reutlingen, wo ich Fräulein Seeger und Fräulein Fechter traf. Ich hatte im Sinn, etwa morgen nach Calw zu kommen. Nun ist aber mein Freund Hammelehle[3] (früher in Maulbronn) mir zulieb noch diesen Sonntag (er hat schon Vakanz) hier geblieben, so daß ich bleiben muß. Im August hoffe ich doch noch einmal zu kommen, kann aber im voraus nichts festsetzen.

Von Karl kam eine Karte aus Göschenen. Wo ist er denn jetzt?
An Mutters und Adeles Besuch[4] denke ich mit Vergnügen, dir, liebe Mama, bin ich dafür sehr dankbar! Mein Zimmer ist viel heimeliger, seit du darin gewesen bist! Ich weiß nichts von Euch, hoffe und wünsche aber, daß Papa doch die guten Folgen der Ruhezeit spürt! Bitte sagt mir bald, wie es Euch geht!
Hier wird die Vakanz etwas Ruhe bringen. Die letzte Zeit war auch durch allerlei Verkehr gesellschaftlich anstrengend. Doch freut es mich, in Hammelehle einen fast vergessenen Mitseminaristen wieder lieb gewonnen zu haben.
Ich bin so beschämt über meine Unart, so lang nicht zu schreiben, und bin doch auch jetzt so zerstreut und verbummelt, daß ich nichts Gescheites zu sagen weiß. Aber ich denke viel an Euch und am meisten an den lieben Papa, für den ich Sorge habe, weil ich gar nicht weiß, wie es ihm nun geht. Verzeiht und habt mich dennoch lieb!
Und schickt mir, bitte, bald einige Nachricht! Grüßt alles, auch gelegentlich die l[ie]b[en] Aidlinger[5]!
Es ist spät und eine schwüle Nacht, die Träume und Kopfweh bringt. Aber morgen ist Sonntag. Da will ich mit meinem Freund in irgend einen nahen Ort oder Hof liegen und ausruhen. Hans soll von dort, wenn ich dran denke, eine Karte erhalten.
Lebt wohl, ihr Lieben, Lieben! Es küßt euch alle

Euer dankbarer Hermann

1 Mitarbeiter H. Hs. in der Buchhandlung Heckenhauer; verließ die Firma gegen Ende August 1897.

2 Familie des Jugendfreundes Ludwig Finckh, genannt Ugel, Mitglied des Tübinger *petit cénacle*. S. Anm. I.

3 Hammelehle, Karl (Carl); Ökonomensohn von der Rauhen Alb, war Rechtsanwalt in Stuttgart; Mitglied des Tübinger *petit cénacle*. – In Marbach finden sich im Deutschen Literaturarchiv auch von C. H. eine Reihe

Briefe, aus der Zeit von 1898 bis 1907. Diese Briefe legen die Frage nahe, ob hier einer der wenigen Fälle vorliegt, in denen die Verbindung H. Hs. zu einem Freund abriß. – S. auch »Kdht. u. Jgd. I«, S. 173 f.

4 Marie Hesse besuchte H. H. am 2. Juli in Tübingen, Adele kurze Zeit später.

5 H. Hs. Halbbruder Theo Isenberg mit Frau Martha und Sohn Hermann.

641] *Marie Hesse an H. H.*

Calw, 18. August 1897

Lieber Hermann!

Hier schicken wir Dir Deine Wäsche und zwei neue Wollhemden. Jetzt ist's still bei uns geworden nach ordentlichem Tumult und Umtrieb. [...] Ich bin froh, wenn jetzt ein paar stille Tage kommen. Gott sei Dank! Papa hat heute einen ganz ordentlichen Tag; gestern litt er recht an Kopfweh und Schwächegefühl. Es wechselt eben.

Es war doch nett, daß wir Dich Sonntag wieder hier hatten, obschon man ja wenig vom einzelnen hatte. Wir alle grüßen Dich herzlich und wünschen Dir gute Zeit und Gelingen in der Arbeit. [...]

642] *H. H. an Johannes und Marie Hesse*

Tübingen, 19. August 1897

Ihr Lieben!

Herzlichen Dank für Mutters Sendung und Brief! Ich habe mich Sonntag nacht im Zug erkältet und lag bis Dienstag mittag mit abscheulichem Kopf- und Zahnweh im Bett. Ich bin nun auf, habe aber noch Schmerzen und bin nervös, muß Schlafmittel nehmen. Sobald einer der zwei guten Zahnärzte hier, die beide verreist sind, zurück ist, will ich ein bis zwei Zähne ziehen lassen – mit Narkose.

Zu meinem Bedauern muß ich melden, daß Frau Dekan[1], obgleich ich spare und Schneider, Arzt, Arznei etc. diese Zeit her selber zahlte, längst kein Privatgeld mehr für mich hat, sondern von ihrem das Taschengeld gab. Wegen Hosen sprach ich seinerzeit mit Adele, sie kosten M. 11,50.– (sehr billig). Ich selber besitze nicht so viel Geld mehr. Verzeiht die Kürze! Ich bin in Eile und noch ganz schachmatt. Mit Kuß Euer Hermann

1 Leopold; s. Nr. 506.

643] *H. H. an Johannes und Marie Hesse*

Tübingen, 29. August 1897

Ihr Lieben!

Für Vaters Karte herzl[ichen] Dank! Daß Papa ein wenig wohler ist, freut und beruhigt mich sehr. Gebe Gott, daß es doch wieder bergauf gehe!

Ich bin noch angegriffen und kopfmatt, der zweite Zahn schmerzt nicht und soll noch eine Weile drin bleiben.

Ich höre mit Bedauern, daß T. kränker ist. Ist er in Stetten[1]?

Von Theo kam heute eine Karte. Dem kleinen Hermännle scheint es recht gut zu gehen. – Heut bin ich wieder von meinem Reutlinger Freund[2] eingeladen, bei dem ich neulich einen wirklich reichen, prächtigen Sonntag hatte. Mit Kuß Euer Hermann

1 Wahrscheinlich ist Theo Supper gemeint; s. Nr. 585, vorletzter Absatz.
2 Ludwig Finckh.

644] *H. H. an Johannes und Marie Hesse*

Tübingen, 10. September 1897

Ihr Lieben!

Herzlichen Dank für Mutters Brief! Und hier auch gleich die Wäsche! [...]

Bei Euch geht es ja wieder arg lebhaft mit Besuchen und Gästen[1] – etwaige Freunde, die sich zeigen, grüßt auch von mir! Ich denke viel nach Hause und bedaure, den Sonntag neulich so geschwänzt zu haben. Ich war mit Karl und Theo länger nimmer recht beisammen gewesen, und dazu scheint ja leider der Biertisch notwendig. Vielleicht hört Ihr gern, daß ich seit vier Wochen, die Sonntagsvesper ausgenommen, in keinem Wirtshaus war. Wenn die Studenten erst wieder hier sind, werden die guten Prinzipien sich von selber auf das gewohnte bescheidene Maß reduzieren.
Ich las, von belletristischen Novitäten, wovon ich ein andermal erzähle, abgesehen, dieser Zeit Rousseau's Konfessionen[2] (deutsch) zum erstenmal vollständig, nachdem ich fast alle Einzelheiten des merkwürdigen Buches kannte. Eine interessante und, mir wenigstens, belehrende Lektüre. Ich hatte gegen den »Bären« Rousseau immer ein Aber; schon weil ich für keinen Pfennig Interesse an Sozialwissenschaft besitze – nun ist er mir doch ein wenig sympathischer geworden. Mich reizt die französische Kultur und Literatur des vorigen Jahrhunderts immer ungemein, und Diderot[3] ist ein Liebling von mir. – In nächster Zeit hoffe ich etwas Nietzsche[4] zu lesen – eine anregende, aber schwere Arbeit. Ich beginne von ihm Nutzen zu haben, seit [ich] von den ersten bestrickenden Eindrücken des »Zarathustra« frei geworden bin.
Nächsten Sonntag werde ich (nun zum 3. Mal) vielleicht wieder bei meinem Reutlinger Freund Finckh sein (mit unsern Finckhs, scheint's, weitläufigst vervettert). Dieser Finckh ist ein Student der Jurisprudenz, ein begabter, recht wohlhabender, aber in seltener Weise bescheidener und liebenswürdiger Mensch. Er hat literarische, meist aber künstlerische Interessen und kennt eine Anzahl unsrer besten Münchener und Berliner Modernen. Von Karl Busse[5] ermutigt, hat er auch einige Sachen geschrieben, aber ohne,

scheint's, sehr produktionslustig zu sein. Einige Verse und Skizzen von ihm haben ungemein viel Zartheit, Duft und Stimmung. Duzbrüder sind wir noch nicht. Zu Eurer Beruhigung kann ich versichern, daß er sehr »solide« ist. Ich fahre als sonntags 1 Uhr mittags hin und bleibe bis 10 oder 11 Uhr abends. Zu Kaffee und Nachtessen bin ich in der Familie. Wenn ich komme, werde ich mit Kaffee bewirtet, dann sind wir einige Stunden in Haus oder Garten mit Plaudern, Besehen seiner Sammlungen etc. beschäftigt, gegen Abend wird irgendwo ein Glas Bier oder Wein getrunken, darauf Nachtessen in der Familie. Die Eltern und eine (etwa 23jährige) Tochter sind sehr behagliche, an Besuche gewöhnte, freundliche Leute. Es ist mir gelungen, mich in die Tochter nicht zu verlieben, so daß der Verkehr dort überaus angenehm und für mich sonntags eine herrliche Erholung ist.

Die nächste Nummer des »Dichterheim«[6] bringt wahrscheinlich ein kleines Chopingedicht von mir. Ich werde sie schicken. In Wismar wird von Oktober an ein neues Blatt für Lyrik[7] erscheinen, an dem ich mit zwei oder drei Liedern beteiligt bin.

Nun lebt wohl! Ich bin ordentlich froh, doch wieder mal einen richtigen Wäschebrief mitzusenden. Für meine Stehkrägen muß man der Büglerin sagen, daß die »Ecken«, um nicht zu brechen oder zu fasern, vor dem Bügeln etwas anzufeuchten sind.

Mit herzlichem Kuß Euer dankbarer Hermann

1 S. Anm. II, Nr. 32).
2 Rousseau, Jean-Jacques; 1712-1778; »Confessions« 1781, postum.
3 Diderot, Denis; 1713-1784.
4 Nietzsche, Friedrich; 1844-1900.
5 Busse, Carl; 1872-1918; s. Anm. II, Nr. 33).
6 S. Nr. 548, Fußn. 3. »Deutsches Dichterheim«, Wien, 1897 im 17. Jg.
7 Vermutlich »Hessische Blätter«, vgl. Nr. 654, letzter Absatz.

645] *Marie und Johannes Hesse an H. H.*

Calw, 21. September 1897

Mein lieber Hermann!

Herzlichen Dank für Deinen lieben Brief, der uns freute. Das ist ja ganz nett, daß du zur Abwechslung deinen Freund in Reutlingen besuchst. Sein Vater war scheint's Apotheker und gab das Geschäft auf wegen Augenleidens. Freund Emil Finckh war kürzlich geschwind da, von dem er ein Vetter ist. [...] Wir hatten lange Zeit täglich Gäste und Besuche von auswärts, meist Missionsleute. Bald wird wohl Ida Frohnmeyer[1] ganz zu uns kommen. [...]

Denke Dir! von Herrn Boller-Schnorf kam ein Brief! Er empfiehlt seiner Schwester Gedichte und schickt ein Exemplar. Der Titel heißt: »Von Gott – zu Gott, Lieder einer Volksdichterin im Schweizerland, von Frau Regula Erb in Männedorf. Ausgewählt von Hermine Gros.« (Detloff.) Weißt Du, wer Hermine Gros ist? Die arme Erb-Boller ist Wäscherin, sie dichtet im ganzen sehr nett. [...]

Nun behüt' Dich Gott, lieb's Kind, Papa will auch grüßen.

Mit Kuß Mama

[*Johannes Hesse:*] Auch von mir herzlichen Dank für deinen Brief, sowie die unter Kreuzband gesandte Nummer vom Dichterheim, die freilich nichts enthält, was ich zu würdigen in der Lage wäre. An den französischen Prosaisten des vorigen Jahrhunderts habe aber auch ich meine Freude gehabt. Jetzt ist Hauptlebenszweck, einigermaßen gesund werden, sofern das nicht gelingt, doch den Mut nicht verlieren ..... Gott Lob, es ist möglich. Wir haben doch schon viel Glaubenstärkendes erfahren! Dein Papa

1 Geb. 31. 12. 1882 in Malabar/Kalikut, gest. 29. 8. 1968 in Basel; Schriftstellerin und Redakteurin; verbrachte von 1897-1902 glückliche Jahre in H. Hs. Elternhaus, während ihre Eltern wieder in Indien waren. – S. Anm. II, Nr. 34); zum 80. Geburtstag Hesses hielt Ida Frohnmeyer im Basler Lyzeumsclub die Rede auf H. H.; im Druck erschienen im Schweizerischen Frauenblatt, 36. Jg., 5. Juli 1957.

646] *H. H. an Johannes und Marie Hesse*

Tübingen, 25. und 27. September 1897

Liebe Eltern!

Herzlichen Dank für den lieben Brief und Vaters Zeilen. Die Bilder waren mir lieb und zum Teil bekannt. Es freut mich sehr, daß Tante Plebst wieder gesund ist! Auf Karls Reisebrief bin ich gespannt.

Viel Spaß macht es mir, wieder von Bollers in Basel zu hören. Und gar auf diese Art! Gott sei mit der Kunst, wenn sogar die Schweizer beginnen, Volksdichterinnen zu entdecken! Diese Branche blüht ja zur Zeit. Und gar religiöse Lyrik! Das heikelste und im ganzen trostloseste Gebiet, das ich kenne. Je lyrischer, desto weniger fromm – und umgekehrt! Dieser Gattung ist von den Herrnhutern doch eigentlich der Hals abgedreht worden.

Verzeiht! Aber die religiöse und speziell nichtkirchlich, protestantisch, pietistisch religiöse Lyrik ist von Anbeginn etwas Tragikomisches – was mit den Perlen der Gerhardt und Claudius gar nicht im Widerspruch zu stehen braucht.

[...]

Daß Euch mein Chopinlied[1] nicht zusagt, begreife ich. Es ist nichts Berühmtes. Aber was für Nietzsche Wagner war, ist für mich Chopin – oder noch mehr. Mit diesen warmen, lebendigen Melodien, mit dieser pikanten, lasziven, nervösen Harmonie, mit dieser ganzen so ungemein intimen Musik Chopins hängt alles Wesentliche meines geistigen und seelischen Lebens zusammen. Und dann bestaune ich an Chopin eben immer wieder die Vornehmheit, die Zurückhaltung, die vollendete Souveränität seines Wesens. An ihm ist alles adlig, wenn auch manches degeneriert.

Noch eins! Ich schrieb in diesen Wochen einige Aufsätzchen, alle von vornherein nicht zum Druck bestimmt, zur intimen Mitteilung in Briefen u.s.w. Diese sind nun so ziemlich fertig und waren für Mutters Geburtstag bestimmt[2] als Ersatz für meine so mangelhafte Korrespondenz. Alle sind ganz persönlich und nur für Euch geschrieben. Aber ich bin nun wieder schwankend geworden und weiß nicht, ob ich sie Euch senden soll. Erfolg werden sie wenig haben – wir werden um das Einanderverstehen doch immer im Kreis herum tappen.

27. September 97

Fortsetzung

Nun erhielt ich Karls Brief und die neuen Bilder. Besten Dank! Es freut mich, daß Karl so munter und glücklich war trotz des mäßigen Wetters. Noch mehr freut mich seine Schilderung der Münchener Kunst, besonders daß er meinen Liebling Böcklin[3], von dessen Originalen ich leider nur drei gesehen, so verstanden hat. Ich selbst würde sehr gern einmal München besuchen, obwohl ich nicht zweifle, daß Auge und Nerven das Viel und Vielerlei noch weniger vertragen würden. [...]

Ich wünsche Euch und am meisten dem lieben Vater von Herzen gute Tage!

Es liebt und küßt Euch Euer dankbarer Hermann

1 Chopin, Grande Valse; s. Anm. II, Nr. 25).
2 H. H., »Plauderabende«, unveröffentlichtes Manuskript.
3 Böcklin, Arnold; 1827-1901; vgl.: M. F. Schneider: »Böcklin, ein Maler aus dem Geist der Musik« (1943). – S. auch Anm. II, Nr. 24.

647] *Marie Hesse an H. H.*

Calw, 3. Oktober 1897

Mein lieber Hermann!

Schön[en] Dank für Deinen lieben Brief. Papa meinte damals mit jener kurzen Bemerkung mehr im allgemeinen jene Nummer des Dichterheims, als speziell Deine Gedichte drin. Ich möchte also bitten, mir die zugedachten Aufsätze nicht vorzuenthalten, Du darfst sicher drauf rechnen, daß mich Deine Arbeit freut, auch wenn ich in manchem Punkt vielleicht anders denke als Du. Was Du mir noch so geschrieben hast, war mir immer lieb; es läßt mich etwas hineinschauen in Dein Gemüt und Deine Gedankenwelt und das ist einer Mutter bei ihren Kindern Bedürfnis. Also bitte, mach Dir keine solchen Sorgen!

Du urteilst sehr hart über fromme Lyrik. Aber es verdrießt mich nicht, und nimmt mir nicht, was ich genossen und – Gott sei Dank! – immer wieder so reichlich genieße. Für die Welt zum Bewundern sind ja solche Lieder nicht gedichtet worden, sondern der Mund ging über, wovon das Herz voll war, und die gottgeweihten Klänge sind für die, die als Pilger und Fremdlinge hier weilen und an dem, was die Welt von Kunst und Weisheit hat, einmal eben durchaus nicht satt werden können, Melodien aus der Heimat. Was Gerhardt, Tersteegen, Arnold, Claudius, Hiller, Richter, Spitta, Woltersdorf und Zinzendorf gesungen, mag's oft etwas mangelhaft im Ausdruck und der Form sein, es ist tägliches Manna meiner Seele.

Wenn man einmal droben das Lied Mosis und des Lammes singt, dann hoffe auch ich mit neuer Zunge einzustimmen. O was wird das herrlich sein! Einstweilen kann ich mich freuen an einfachen Liedlein, die Gotteskinder stammeln. Ich glaube auch ganz gewiß, daß Gerhardts und Tersteegens Lieder tausendmal mehr Gutes in der Welt ausgerichtet haben als Goethes, Schillers und Shakespeares Werke, wiewohl ich diese auch hoch schätze als gute Gaben Gottes. Kurz, es gibt so verschiedene Bedürfnisse, daß wir jedem seinen Geschmack und seine Freude lassen wollen. »Singet und spielet dem Herrn in euren Herzen« heißt's, und da darf eins auch lallen.

Allerdings zu *drucken* braucht man nicht soviel, das gebe ich zu. Aber in einer Zeit, wo so viel böser Schund in den Druck kommt, schadet am Ende etwas Mittelmäßiges nicht viel.

[...]

Viele Grüße von allen. Der Leimsieder Roller ist gestorben. Behüt Dich Gott! Zärtlich küßt Dich Deine Mutter

Hoffe Dir bald Wasche und Geld zu schicken.

648] *Johannes Hesse an H. H.*

Calw, 3. Oktober 1897

Ich möchte nur danken für Deinen Brief und Dich bitten, jene Manuskripte, die Du der lieben Mama zum Geburtstag widmen wolltest, doch ja nicht zu unterdrücken. Mit dem Einander-verstehen oder -nichtverstehen ist es ein eigen Ding. Wer versteht denn nur auch sich selbst!? Wir lernen alle und sind alle im Werden. Die Hauptsache ist, daß man einander trägt und liebt und füreinander hofft und glaubt. Und das tun wir doch. Das Vollkommene wäre freilich besser, aber ich möchte sagen: Wer das Unvollkommene verachtet, ist des Vollkommenen nicht wert.
Vorgestern sagte uns Häring Grüße von dir. Er war wieder sehr lieb und höchst originell. Rührend ist, wie er noch am Großpapa hängt.
Mir ist nun bewilligt worden, einen Gehilfen anzustellen, sobald ich es für nötig halte. Kannst Du Dir keinen jungen Theologen denken, der *gern* zu mir käme, zunächst nur auf ein paar Wochen? Häring hat mir ja viele genannt, aber ich kenne keinen davon und möchte eben nur einen solchen, dem es selbst *lieb* wäre zu kommen. Kennst Du einen cand. theol. Ziemssen, einen Deutschrussen, jetzt wohl in Schorndorf, früher Winnenden?
Heute habe ich auch an Professor Minner geschrieben, der neulich auf einer Kollektivkarte schrieb: »Wieder in Aurich, s'ist ebe traurig!« Seinem »*Uno* vere vernat vita mortalium« habe ich entgegengesetzt: »Morte per Christum victa *perenni vere* vernat vita fidelium«[1].

Dein Papa H.

1 »*Einen* Frühling nur blüht das Leben der Sterblichen. – In *immerwährendem* Frühling blüht, nach Christi Sieg über den Tod, das Leben der Gläubigen.«

649] *H. H. an Johannes und Marie Hesse*

Tübingen, 4. Oktober 1897

Liebe Eltern!

Herzlich haben mich Eure Briefe gefreut. Besten Dank! Ich habe Lust, gleich zu antworten.

Mutters Verteidigung der protestantischen Poesie hat mich gerührt und gefreut. Ja, ich habe über diese „hart« geurteilt und bleibe dabei, Einzelerscheinungen abgerechnet. Mutter hat dennoch recht. Nur, daß die religiösen Dichter Gerhardt, Spitta etc. »mehr Gutes ausgerichtet« haben als Goethe und Shakespeare, ist mir zweifelhaft. Und wenn auch, so ist ja damit nichts gesagt. Denn ich bin schlechterdings seit langem des festen Glaubens, daß die Moral für Künstler durch die Ästhetik ersetzt wird (was aber auch nicht *nötig* ist) und daß die Kunst, die Dichtkunst voran, nicht dazu da ist, Gutes zu wirken im moralischen Sinn.

Es hat wohl einige Moralisten und Pädagogen gegeben, denen es gelang, für ihre Sätze bedeutende poetische Formen zu finden, aber 1.) sind diese Leute Ausnahmen und 2.) sämtlich nicht Dichter ersten Ranges. Z. B. Rousseau, z. B. Schiller!

Übrigens möchte ich zur religiösen Lyrik noch bemerken, daß sicher ganz wenige von uns, die sehr fleißige Gesangbuchleser sind, den reinen Eindruck derselben bekommen; wir andern alle stehen viel zu sehr unter dem Eindruck der Melodie und des Gemeindechors, um die liturgisch-musikalische von der rein poetischen Anregung ganz trennen zu können.

Mein Haupteinwand gegen alle *religiös* fromme Poesie ist der, daß diese eben immer der höheren Tendenz unterge-

ordnet ist, nie Selbstzweck, also überhaupt nie wahre Kunst ist. Die Kunst als Mittel ist höchstens halbe Kunst. Und wieviel tausendmal muß hier leider der Zweck die Mittel heiligen.
Drei Viertel der ganzen Herrnhuter Poesie wären doch, wenn sie den erbaulichen Zweck nicht hätte, einfach strafbar. Ich schimpfe über so heikle Dinge ungern, aber, offen gestanden, sind alle deutschen und französischen geckenhaften Schäfer- etc. Poesien des letzten und vorletzten Jahrhunderts noch Gold im Vergleich mit den Geschmacklosigkeiten dieser Kirchenlieder. Leider hat ja auch unser gutes Gesangbuch ein paar ähnliche Verse.
Zweitens ist eben ein großer Teil der religiösen (z. B. Herrnhuter) Lyrik von andächtigen oder verzückten *Ungebildeten* verfaßt. Hier liegt die Hauptgefahr, die der Lächerlichkeit. Die Phantasie und Poesie unsrer Schriftsprache ist nicht ganz die des Volkes. Wer je selber sprachliche Versuche gemacht hat, weiß, daß es einem »aus dem Volk«, einem Nichtgebildeten, schlechterdings unmöglich ist, in der Schriftsprache ganz heimisch zu werden. Es ist, als ob ich französisch schreiben wollte.
Doch wozu der Lärm! Ihr versteht gewiß, wie ich's meine, und daß ich's gut meine.
Der alte Roller ist also nun auch tot! Es geht einem doch nah, so einen nun nimmer am Ort zu wissen. Alle diese Alten schienen so notwendig, so unentbehrlich, und jetzt ist schon eine Reihe von denen tot, die in den Calwer Jahren zu meinem Inventar gehört haben. Gerade »der Leimsieder« war so einer, der zu uns gehörte, wie ein gewohntes, liebes Stück Möbel. Ich gönne dem armen Mann die Erlösung von Herzen.
Neulich las ich die Briefe, die ich von Großvater Hesse habe, alle durch und alle zweimal. Es sind sechs Briefe[1], alle ganz köstlich voll junger Kraft und alter Weisheit! Ei-

ner beginnt: »Lieber, lieber Kamerad! Mein Herzenssohn!« Ich muß sie einmal nach Calw mitbringen.
Nun habt mich lieb und seid nachsichtig mit mir! Ich bin viel bei Euch und küsse Euch alle herzlich! Euer dankbarer

Hermann

[*Undatiertes Blatt*]:
Von jungen, »fertigen« Theologen kenne ich nur zwei oder drei näher. Der eine, mein Herzensfreund E. Gös[2], der gewiß passen würde, ist Hauslehrer im Elsaß und scheint – leider! sag ich fast – noch länger dort bleiben zu können. Ein »Stiftskopf« natürlich, aber ein gescheiter, klarer, ehrlicher, und ein Mensch voll Güte, Freundschaft, Herzlichkeit, so wenig er's merken läßt.
Ziemssen kenne ich dem Namen nach als tüchtigen Kandidaten.
Ist Ehrhard nichts? Ich weiß wenig von ihm. Soll ich bei Gös anfragen?
Es wird mich glücklich machen, dem lieben Papa irgendwie in dieser Sache dienen zu können. Von Häring glaube ich, daß er die meisten der Leute nicht sehr genau kennt. Auch daß er oft mißbraucht wird.

1 S. Anm. II, Nr. 22), s. Nr. 595.
2 S. Nr. 511.

650] *H. H. an Marie Hesse*

Tübingen, 17. Oktober 1897

Liebe Mutter!
Zum 18. meine herzlichen Glückwünsche!
Ich war bis heute mittag beschäftigt, meinem Heftchen[1] einen Schluß zu geben. Aber es reichte nimmer. Nimm also das Bruchstück. Zum Lesen des Buches wünsche ich viel Vergnügen.

Es ist zu spät, d. h. ich bin von einem Gang nach Bebenhausen[2] zu müd, um noch viel sagen zu können. Ich grüße Dich herzlich und wünsche Dir Kraft und immer noch wachsende Gesundheit und Jugendlichkeit. Und dann danke ich Dir, viele, vielemal für alles Liebe und Gute, was Du an mir tust! Gott erhalte Dich gesund und fröhlich!

Viele Grüße an Papa und die Geschwister! Und ein recht frohes Fest!

Mit vielen Küssen Dein Hermann

1 »Plauderabende« (Schwarzes Wachstuchheft; Manuskript; Original im Deutschen Literaturarchiv, Marbach; »Meiner lieben Mutter«. Zum Geburtstag am 18. 10. 1897. Enthält Verse, Tagebuchblätter, Fragmente der ›Wallfahrt‹; Äußerungen über Chopin und über einige Dichter. – S. Anm. II, Nr. 35).

2 S. Nr. 630, Fußn. 2. B. ca. 8 km von Tübingen entfernt.

651] *H. H.: Lieben. Fragmentarisches*

[1897][1]

»Wir lieben in den andern immer uns selber.«
Der das zuerst gesagt hat, war ein großer Mensch.

Der Künstler liebt die Natur, weil seinem Auge die Gnade gegeben ist, schön zu sehen und darum immer Schönes zu sehen. Er freut sich dieser Gnade, wenn Ihr glaubt, er freue sich des fremden Schönen.

Der Maler sieht einen schönen Kopf. Er sieht ihn aber in *der* Beleuchtung, in *dem* Geist, in welchem *er* diesen Kopf porträtieren würde. Und er freut sich zumeist *der* Eigenheiten, die er allein vermöge seiner besonderen Gabe entdeckt oder ausgewählt hat, die den Kopf ihm zu eigen machen.

Jeder Schöpfer liebt alles, was er liebt, als sein eigenes, ungeborenes Werk, als sich selber, als seine Kunst und seine Zukunft.

Dem Dichter ist dies Leben, das er liebt, die Summe seiner ungesungenen Lieder.

1 Teil VII, Seiten 20 und 21 des Manuskripts »Plauderabende«.

652] *Aus H. Hs. Tagesnotizen. Persönliches*[1]

[Tübingen, 1897]

Damals! jene erste Liebe!
Sie war rein, wie meine Liebe zu Wald und zu den Rosen.
Und ich tat wohl, sie zu gestehen.
Ich wußte nicht, daß Ideale Schmetterlinge sind, nach deren Flügelsamt man nicht greifen darf.
Ich glaubte noch an die Vorherbestimmung der Seele.
Ich glaubte noch, ein Leben allein an eine Leidenschaft knüpfen zu können.
Ich sah noch, wie alle Jungen, in der Frauenliebe das Höchste, was ein Leben zu geben vermag.
Denn ich glaubte noch an ein Genügen.

1 Aus »Plauderabende«.

653] *Adele Hesse an H. H.*

Calw, 22. Oktober 1897
[auf einem rosa Briefbogen]

Lieber Hermann!
Ich muß Dir schreiben, um Dir zu sagen, welch große Freude Du mir gemacht hast durch Mamas Geburtstagsgeschenk. Das Buch[1] ist wunderschön und freut mich doppelt, nachdem ich in deinem Heft gelesen, was du über Meyer[2] schreibst. Es ist mir aus der Seele gesprochen. Was mir als

unklares Gefühl das Herz bewegte beim Lesen des herrlichen Pescara[3] hast du in Worte gefaßt, ich bin ganz glücklich darüber. Schon vor einigen Jahren hab ich in Esslingen einmal Jürg Jenatsch[4] gelesen, habe aber nur noch die undeutliche Erinnerung an einzelne Szenen, besonders an die Paßhöhe des Julier, wo, glaub ich, die Geschichte anhebt. Ich denke mir immer aus, wie schön es wäre, wenn ich einmal wieder nach Tübingen käme und in deinen Büchern schwelgen könnte. Was du für Mama geschrieben, hat uns beide außerordentlich gefreut. Schon die Widmung[5] finde ich ganz reizend. Sie bringt einen gleich in die rechte Stimmung für das, was folgt. Deine Gedanken über Chopin sind fein, jetzt verstehe ich auch dein Gedicht über die VALSE[6] besser zu würdigen, es ist ein großartiger Gedanke und fein ausgedrückt. Ich wollte nur, ich könnte meinen lieben Tschaikowskij so auslegen, den ich gegenwärtig besonders gern studiere. Ein Stück »Chanson triste« muß ich dir noch an Weihnachten vorspielen, ob es dir nicht auch gefällt, ich bin ganz entzückt davon. Es ist so einfach und bringt mir doch die wunderbarsten Bilder und Geschichten vor die Seele. Pescara möchte ich jetzt abends vorlesen, wenn man nur mehr Ruhe dazu hätte! Gestern konnte man ja nicht dran kommen. Mama hat sich über deine Plaudereien so sehr gefreut, sie will dir schreiben, sobald sie kann. Heute hat sie Schneiderei, da geht's nicht. [...]
Nun ade! Dank dir tausendmal! deine Adele

1 »Plauderabende«.
2 Conrad Ferdinand Meyer; 1825-1898.
3 C. F. M., »Die Versuchung des Pescara«, 1887.
4 C. F. M., »Jürg Jenatsch«, 1876.
5 S. Anm. II, Nr. 35).
6 S. Anm. II, Nr. 25).

654] *H. H. an Adele Hesse*

Tübingen, Oktober 1897
[auf einem grünen Briefbogen]

Mein liebes Schwesterle!
Gegen Dein liebes Schreiben das meine, gegen Dein schönes Briefbögle dasselbe in Grün – du siehst, ich bin honorig.
Dein Brief hat mir viel Freude gemacht. Ja, Meyer! Man merkt ihm den Schweizer an, nicht wahr? Daß mein kleiner Essay[1] dir gefiel, tut mir wohl. Ich kann dir von Meyer gelegentlich etwas leihen, und später mußt du auch Gottfried Keller lesen.
Ehe ich für deinen famosen Brief endgültig danke, möchte ich bemerken, daß ich gerne etwas vom 18. Oktober gelesen hätte. Darüber mußt du mir noch schreiben, nicht?
Leider spüre ich, daß mein Brief um's Leben nicht in Fluß kommen, nicht »Stil kriegen« will. Ich bin müd und habe Kopfweh. Gestern abend hab ich seit längerer Zeit zum erstenmal etwas Bier getrunken, und das vertrage ich nimmer. Ich hatte darauf wenig Schlaf und viel Herzklopfen.
Um den Kopf frei zu kriegen und auch aus Genußsucht, begann ich in letzter Zeit, die Gegend ein wenig anzusehen. Ich habe in den zwei Jahren fast nichts davon gehabt und mich jetzt endlich dazu aufgerafft. Ich war auf dem Lichtenstein[2], im Schloß Bebenhausen, und will heute womöglich an die Echazquelle. Gehen freilich kann ich noch weniger als früher, und muß meist die Bahn benutzen.

Fortsetzung. *Mittwoch*
Den Sonntag bestieg ich den Lichtenstein von einer andern Seite. Ich werde noch manchmal hingehen. Seit langer Zeit war mir nimmer so wohl und frei, wie da droben, wo man im alten Trinkstüble am runden Fenster sitzt und die grüne Tiefe mit den winzigen Häuschen drunten sieht, wie ein Bild von Hans Thoma[3]. Um diesem Aufenthalt einen

neuen Reiz zu geben, blieben wir (3)[4] abends, als alle Gäste gingen, noch da. Die Lampe wurde angezündet, eine neue Flasche gebracht, und die Oberförsterin saß zu uns und erzählte von den Winterabenden, wo es droben totenstill und weiß und einsam ist. Dann stiegen wir abends – es war stockdunkel – mit Windlichtern den schwarzen Bergsteig hinunter und sangen ein paar kräftige Lieder trotz des Stolperns. Wenn du einmal hier bist, mußt du mit hinauf, aber nur in kleiner Gesellschaft.

Diesen Sommer und Herbst habe ich sehr viel gelesen und werde nun eine längere Pause machen, um wieder eigene Gedanken zu bekommen. Es war manches Interessante: Pastor, Bierbaum, Falke, Scheerbart, Dehmel etc.

Etwaige neue Lieder von mir stehen ja in Mutters Heft – der Ertrag dieses Sommers war arg gering, und auch jetzt noch kommt selten ein Vers. Mir fehlt Ruhe, mir fehlen Lichter und Farben, mein Leben müßte reicher an Menschen und Leidenschaften sein, um mich wieder zu wecken. So komme ich fast nie zu mir selber.

Da die »Hessischen Blätter« dir gefallen, wirst du – zunächst ein Vierteljahr – die Nummern zugeschickt erhalten. Mir sind sie zu schwächlich, aber zunächst liegt mir daran, daß das Blatt sich hält. Es ist neu gegründet und scheint auf schwachen Füßen zu stehen (am schwächsten der Zinsfuß). Jetzt weiß ich nichts mehr. Meine Abende sind so kurz, seit ich erst nach 8 Uhr heimkomme!

Grüße Alles! Herzlich dein Hermann

1 S. Anm. II, Nr. 36).

2 Lichtenstein; 817 m hoher steiler Weiß-Jura-Felsen über dem Echaztal bei Honau, Kreis Reutlingen. Darauf ein 1840-41 erbautes Schloß.

3 Hans Thoma; 1839-1924.

4 Wahrscheinlich L. Finckh, O. Rupp und H. H., vgl. Nr. 659!

655] *Marie Hesse an Marulla Hesse*

Calw, 25. Oktober 1897

[..] Hermann schickte mir zum Geburtstag »Pescara« von Meyer und ein Heft eigener Aufsätze und Gedichte, viel wirklich Schönes und viel Rührendes, alte Erinnerungen. – [...] Für Tante Jenny[1] war der Abschied vom Elternhaus und Weißenstein herzbrechend, und Gustav[2] sei davon ganz krank geworden. [...]

1 Dritte Tochter aus der ersten Ehe des Großvaters Dr. Karl Hermann Hesse; 1840-1926.

2 Gustav Hesse; 1856-1920; Landwirt in Weißenstein, später in Allika (Estland); ältester Sohn aus der 3. Ehe des Großvaters Hesse mit Adele, geb. von Berg.

656] *Adele Hesse an H. H.*

Calw, 4. November 1897

Lieber Hermann!

Vielen Dank für Deinen schönen Brief und drei Nummern der lyrischen Blätter, die mir seither geschickt wurden. Es freute mich sehr, daß du mir gleich antwortetest und dein schöner grüner Briefbogen hat mir sehr imponiert. [...] Ich möchte wohl arg gern einmal mit dir auf den Lichtenstein steigen oder auch in Tübingen herumfesten, wenn du nur auch mehr Zeit hättest, Besuche zu genießen. Nun, vorderhand winkt mir keine derartige Aussicht. Ich habe gerade genug zu tun, bin noch nicht einmal an die neuen »lyrischen« gekommen, die seit Montag erwartungsvoll auf meinem Tisch liegen. Wir hatten diese Woche Wäsche, du wirst auch bald deine Sachen bekommen, hoffe ich. Doch du wolltest ja von Mamas Geburtstag hören. Nun, es war recht festlich. Papa und ich waren vorher beim Gärtner und kauften einen ganzen Wald Pflanzen, die ich dann höchst malerisch auf dem Geburtstagstisch ordnete, wobei mir Idy[1] mit Rat und Tat beistand. Dann gab's allerlei Herrlichkeiten, sechs Handtücher von unserem Kaufmannsjüngling[2], »eigene« natürlich, eine schöne Tischdecke von Maru und Karl und Apothekersgrüße aus Aidlingen ... [...]

Die Tübinger Verwandten[3] haben zum erstenmal seit Menschengedenken einen Geburtstag vergessen, was mir ganz tröstlich ist wegen ihrer sonstigen Vollkommenheit in dergleichen Dingen. Nun muß ich schließen. Nimm nochmals vielen Dank und herzlichen Gruß von deiner Adele

1 Ida Frohnmeyer; s. Nr. 645, Fußn. 1.
2 Hans Hesse, der seit 1. Oktober 1896 seine kaufmännische Lehre bei Herrn Hinderer in Calw absolvierte; s. Nr. 586, viertletzter Absatz.
3 Tante Elisabeth, Vetter Hermann, Agnes Gundert.

657] *Marie Hesse an H. H.*

Calw, 5. November 1897

Mein lieber Hermann!

Hier ist ein sehr langer aber äußerst interessanter Brief von meinem lieben Bruder Hermann in Amerika[1], den Du vielleicht gerne liest und dann bitte Tante Elisabeth zum Lesen geben möchtest. Der Überbringer ist jener Kandidat Renz, der Papa mit Schreiben hilft und hätte ganz herkommen sollen als Gehilfe. Papa war aber zu nervös ängstlich, ihn ganz herzuberufen.

Dein Heft macht mir viel Freude, ich danke dir herzlich dafür und werde es noch manchmal lesen. Manches hat mich sehr bewegt. Deine Welt ist mir ja nicht so fremd, wie du meinst, denn ich habe in jungen Jahren für Poesie und Dichter so geschwärmt, daß meine Oberen es fast gefährlich fanden[2]. Ich muß leider immer eilen, lebe jetzt ganz nur für Papa, meist oben, für ihn schreibend, ihm vorlesend, etc. Innig küßt dich deine Mutter

1 Hermann Gundert; Pfarrer in St. Clemens; s. Anm. I.
2 S. H. H. »Beschwörungen«, 1954; in GS VII, S. 882 ff. sowie »Marie Hesse«, Ein Lebensbild in Briefen und Tagebüchern, Von Adele Gundert, Stuttgart. Taschenbuchausgabe mit einem Essay von Siegfried Greiner, 1977; insel-taschenbuch 261.

658] *Adele Hesse an H. H.*

Calw, 8. November 1897

Lieber Hermann!

Mama schickt Dir noch ein Weniges von ihrem Geburtstag.

Nur schnell ein paar Worte mit der Wäsche. Wir sind alle noch mehr oder minder kaputt, da wir gestern abend einen großen Schrecken hatten. Um 7 Uhr ertönte Feuerlärm, die Lutz'sche Mühle[1] stand schon in hellen Flammen. Natürlich rannte gleich alles fort, Papa lag im Bett und Mutter blieb bei ihm. [...] Um halb zehn war die Gefahr so ziemlich vorbei, da die Mühle vollends ganz zusammenstürzte. Wir sahen's natürlich aus nächster Nähe, es war grauenhaft. Die Frucht brannte lichterloh und die Funken prasselten nur so aufs Dach herunter. [...] Man sieht von Papas Zimmer noch den Rauch aufsteigen. Die Feuerwehr war einfach großartig. Sie waren gleich zur Stelle und leisteten das Unmögliche. Eine zeitlang war der Qualm und die Hitze so, daß wir's am Fenster nimmer aushalten konnten. Wenn ein Wind gegangen wäre, so wäre nach allgemeiner Ansicht das Würzsche Haus[2] unrettbar verloren gewesen. Wir sind so froh, daß es noch so gut gegangen und für den Lutz ist's jedenfalls besser, daß die Mühle vollends ganz abbrannte. Wunderbarerweise ist der Schauplatz deiner Tätigkeit, die Buhlsche Werkstatt[3] nicht angegangen, wie erwartet wurde. [...]

1 Am der Stadtmitte zugewandten Nagoldufer, in der Nähe der Marktbrücke; heute ist dort ein Parkhaus.

2 Haus des Kaufmann Würz in der Lederstraße.
3 Schreinerei in der Lederstraße. In der Lederstraße wohnte von 1889-1893 (18. Juni) auch die Familie Johannes Hesse. – Nebengebäude der Lutz'schen Mühle, in dem sich H. Perrots Werkstatt befand, als H. H. dort eintrat. Noch 1894 kaufte Heinrich Perrot die heute noch existierende Fabrik.

659] *H. H. an Johannes und Marie Hesse*

Tübingen, 10. November 1897

Ihr Lieben!
Dank für Mamas und Adeles Briefe, für die Wäsche und für die süßen Sachen! Ihr habt Euch ja aller Schäumle[1] beraubt. Onkels Brief las ich mit viel Interesse und Teilnahme.
Ich war überrascht, Mutters Brief durch Herrn Renz zu erhalten. Leider hat mich dieser Herr aufgefordert, ihn zu besuchen, was ich nicht ganz rund ablehnen mochte, aber höchstwahrscheinlich doch nicht tun werde. Dürfte ich bitten, daß Ihr bei anderer Gelegenheit mir Briefe etc. direkt oder durch Bekannte sendet? Ich wäre Euch sehr dankbar, da ich neue Bekanntschaften fürchte, am meisten mit Kandidaten etc. oder mit ganzen Familien. Unsre Art von Verkehr ist mir eine Qual, und hier bin ich zu meinem Bedauern schon zu sehr als Grobian bekannt, seit ich Leute wie Grills[2] etc. so auffallend vernachlässigte. Auch Härings habe ich so lange nimmer besucht, daß ich jetzt dort ziemlich unmöglich bin. Die solenne Einladungskarte zu Härings Abenden ist in diesem Semester ausgeblieben.
Aber nichts für ungut!
Ich habe viel Arbeit und komme wenig zu Erholung oder Privatarbeit, auch weniger zum Lesen etc. Dieser Tage besah ich bei meinem Fr[eun]d Finckh eine Mappe mit Kartons von Sascha Schneider[3]. Es hat noch nie ein Stück bildender Kunst mich so plötzlich und stark ergriffen.
Da ist ein Blatt »Um eine Seele«, wo ein ernster, schöner

Engel und ein häßlicher, gemeiner Satan über eine Leiche weg sich ansehen.
Dann – „Ein Wiedersehen«. Ischarioth am jüngsten Tag vor dem richtenden Christus. Es waren zwölf Blätter, alle fast auf gleicher Höhe, deren fabelhafte, fatalistische Art riesig und bedrückend wirkt, stärker und nachhaltiger, als mich z. B. je ein Trauerspiel ergriffen hat.
Sonst komme ich zu Kunstfreuden selten und vermisse z. B. sehr eine gute Musik, die ich schon lang nimmer gehört habe.
Cand. theol. Aberle[4] hat am Sonntag seine Schloßpredigt gehalten. Ich war dort und sah den langen, dicken Schlingel beklommen an. Die Predigt war nicht schlecht, der Vortrag aber scheußlich. Er stand steif mit Glotzaugen über seinem Manuskript, das er völlig wörtlich ablas, und einigemal war sein Brünnlein am Versiegen.
Meinen Verkehr bilden zur Zeit drei Juristen (Studenten), Finckh, Hammelehle[5] und Rupp[6], der erste ein freundlicher, naiver Mensch, etwas oberflächlich, die andern tiefer, aber unter sich grundverschieden. Hammelehle sehr leidenschaftlich, voll von Fragen ohne Antwort, Jurist und Philosoph – Rupp ein ruhiger, sehr fleißiger, abgeklärter Mensch; er hört mehr zu, als er spricht, und fehlt einem doch, wenn er nicht da ist. Wir vier kommen ziemlich jede Woche einen Abend von 8 1/2 bis 11 Uhr beim Bier zusammen, gar nicht studentisch und doch fröhlich. In solcher Gesellschaft schmeckt mir auch das Trinken wieder, das ich sonst seit Monaten nur schlecht vertrug. Doch ist mir der hiesige Kneipstil endgültig zuwider geworden. Außer diesen Abenden sehe ich die einzelnen manchmal auf meiner Bude oder mache mit Rupp ein Billard. Ich bin sehr froh, diesen harmlosen, aber doch anregenden und erwärmenden Umgang gefunden zu haben.
Nun genug. Nochmals Dank für die Sendungen! Ich denke

immer an Euch und grüße Euch alle, besonders die lieben Eltern, mit herzlichen Wünschen für Euer Wohlsein! Mit Kuß Hermann

1 Schwäbisches Gebäck aus Eierschaum und Zucker.
2 S. Nr. 602, Fußn. 1.
3 Sascha Schneider; geb. 1870 in Petersburg, gest. 1927 in Swinemünde; Maler und Radierer; 18 Zeichnungen, vortreffliche Holzschnitte, einseitig gedruckt, mit Text von A. Fendler, Gesamtausgabe, Leipzig 1897; = Meisterwerke der Holzschneidekunst, 3.
4 S. Nr. 616.
5 Carl Hammelehle; Kompromotionale schon aus der Maulbronner Seminaristenzeit; Freundschaft mit H. H. ab 1897; vgl. »Kdht. u. Jgd. I«, S. 173/174. Mitglied des »petit cénacle« (s. Anm. I). – S. auch Nr. 640, Fußn. 3.
6 Oskar Rupp; Mitglied des Tübinger Freundeskreises »petit cénacle«.

660] *Marie Hesse an H. H.*

Calw, 13. November 1897

Mein lieber Hermann!
Daß Dich's ärgerte, daß Dir Kandidat Renz den Brief brachte, tut mir leid. (Papa sagt, bloß sein Portogeiz sei dran schuld). Wir schickten an ihn ein sehr großes Paket und legten verschiedene Beischlüsse hinein, die er besorgte. Er nimmt dir's nicht übel, wenn du fort bleibst, er wohnt mit seinem alten pensionierten Vater Gartenstraße 11 allein in einem Häuschen. Er macht jetzt immer Arbeiten für Papas Blätter[1]. [...]
Ich hoffe, diesmal darfst du an Weihnachten länger daheimsein, wir alle freuen uns schon drauf. Jenes Bild »Um eine Seele« sah ich im Illustrierten Blatt wiedergegeben, und es hat mich auch ergriffen.
Morgen wird Kandidat Erhardt hier ordiniert, wir haben Erntedankfest. Der arme Aberle! Wird er doch sein Examen bestehen können?
Daß du so nette Freunde hast, freut mich außerordentlich für dich. Ein lieber Umgang ist viel wert.

Am Mittwoch waren wir endlich auch wieder einmal in Gesellschaft, es war in Hirsau bei Pfarrer Weiß der Kranz. Wir Alten fuhren mit der Bahn, die Mädchen gingen zu Fuß. Es ging so gut, daß Papa Mut faßte und gestern beim herrlichen Wetter nach Hirsau hin und her marschierte [...]
Carl wünscht sich zu Weihnachten was Schönes zum Lesen, vielleicht könntest du mir was besorgen. Ich bitte dich, mir deine Wünsche offen zu sagen, es ist mir so lieb, früh zu wissen, was ich etwa besorgen soll. Sag nur frei heraus. Gottlob ist's Papa die letzten Tage wieder besser gegangen, das herrliche Wetter hilft wohl auch dazu. [...]

1 Die 3-4 ›Calwer Blätter‹; s. Nr. 353, »Kdht. u. Jgd. I«, Fußn. 4 u. 5; S. 338.

661] *H. H. an Marie Hesse*

[Tübingen, 14. November 1897] [Postkarte]

Liebes Mutterle!
Herzlichen Dank für Deinen schönen fleißigen Brief! Ich antworte nächster Tage. Verzeih, daß ich mich wegen Renz beklagte! Es war nicht schlimm gemeint. Ich bin so froh, daß Papa gute Tage hat! An Weihnachten länger als sonst zu kommen, wird kaum angehen, da ich jetzt im Geschäft noch weniger entbehrlich als früher zu sein glaube. Ich spüre es ein wenig, daß ich dies Jahr gar keinen Urlaub hatte. Auf Weihnachtswünsche besinn ich mich vergeblich. Mit Briefpapier, Heften, Federn etc. bin ich überreich versehen und kann noch abgeben.
Eben fällt mir ein, daß ich eine prächtige Photographie vom Maulbronner Faustturm neulich gekauft habe. Wenn Ihr mir diese in einfach[em] Holz (dunkel-braun oder grau) wolltet einrahmen lassen, würde mir das ein liebes Geschenk sein. Ich kann das Bild gelegentlich schicken. Karls

Rundbrief[1] las ich schon. Der Amerikaner[2] ist bei Tante. Bald Brief!

Tausend Grüße Dein Hermann.

1 War bisher nicht auffindbar.
2 Brief von Onkel Hermann Gundert, Mount Clemens; s. Nr. 657 u. Nr. 662.

662] *Marie Hesse an H. H.*

Calw, 20. November 1897

Mein lieber Hermann!

Seit Donnerstag hat Papa den lieben Missionar Jakob Flad von China zur Hilfe da. Ich denke, er bleibe einen Monat. Kandidat Renz's wegen möchten wir ihn nicht als Gehilfen bezeichnen. Es ist natürlich für Papa ganz anders, einen Freund und alten Schüler da zu haben, als einen neuen Fremden, obschon jedenfalls Renz im Schreiben gewandter ist. [...]

Frau Suppers »Mönch von Hirsau« hat Greiner & Pfeiffer[1] nun gedruckt. Die Photographie schicke zum Einrahmen und sage frei, was dir sonst etwa von Wünschen einfällt.

Tante Elisabeth hat immer noch den Amerikaner[2], wenn du sie besuchst, bitte drum und steck ihn in ein Couvert, an uns adressiert; ich brauche ihn. Es fällt uns sehr auf, daß Tante und Hermann so stumm sind; du hast doch nichts Unangenehmes mit ihnen gehabt? [...] Hans wünscht sich sehr eine ganze Geige, er hat nur 3/4, aber wir warten einen guten Gelegenheitskauf ab. [...]

1 S. Nr. 585.
2 Brief von Onkel Hermann Gundert; s. Nr. 661 u. Nr. 657.

663] *Helene Voigt an H. H.*

Adl. Gut Marienhoff bei Holzdorf, Prov. Schleswig, 22. November 1897[1]

Herrn Hermann Hesse!

Ich hätte Ihnen gern gleich geschrieben, nachdem ich Ihre Phantasie zu Chopins »grande valse«[2] gelesen. Aber mein Kürschner wußte Ihre Adresse nicht und erst jetzt erfuhr ich sie durch das Deutsche Dichterheim.

Was ich Ihnen sagen wollte? Ach was sagt man, wenn jemand mit ein paar Worten eine Saite in uns berührt hat, die nun lange, lange nachschwingt. Immerfort muß man den Kopf wenden und auf den tiefen geheimnisvollen Ton lauschen. Diese Stimmung ist zu fein, als daß man sie mit den Händen greifen und nach Wesen und Heimat fragen darf ...

Wird der Dichter unwirsch die Achseln zucken, wenn ein junges Mädchen kommt und ihm die Hand gibt und – schweigt? Nein, denn er muß fühlen, daß dies der schlichte Ausdruck ist für ein großes innerliches Ergriffensein.

Helene Voigt

1 Erster Leserbrief an H. H.
2 S. Anm. II, Nr. 37).

664] *H. H. an Helene Voigt*

Tübingen, 27. November 1897

Herzlichen Dank für Ihren Brief,
mein verehrtes Fräulein!

Ich saß bei einem Bekannten, hatte Ärger und Sorgen gehabt, und war von der Arbeit müde. Mein Freund, ein lieber Künstler ohne Namen, geigte mir eine alte, einfache Gavotte. Und ich dachte eben an Sie, d. h. an die Wenigen, die ich mir zu Hörern und Freunden wünsche, an bessere

Zeiten, an Lieder, die noch nicht gesungen sind ... da wurde Ihr Brief mir gebracht und grüßte mich heimatlich und tat mir wohl. – Ich bin so wenig an Freundschaft und Freundlichkeit gewöhnt!

Daß Sie mich im Kürschner suchten, hat mich lächeln gemacht. Dort ein paar Zeilen einzunehmen war in Knabenjahren meine Sehnsucht. Jetzt, wo ich etliches Geschriebene besitze, zaudere ich immer mehr vor einer Herausgabe. Mein Ideal wäre – alle paar Jahre ein Büchlein und Sperellis 25 Exemplare.

Größeres zu schaffen ist mir zur Zeit fast unmöglich gemacht. Den ganzen Tag füllt mir ein anstrengender Beruf[1]; die Abende und Nächte gehören – neben einer spärlichen Geselligkeit – zumeist kunstgeschichtlichen Studien. Ich läutere mir Sinn und Auge gern an einigen Reliefs der Pisano[2] oder an den feinen Linien meines Lieblings Sandro Botticelli[3].

Das »Dichterheim« wird nächstens einige Verse von mir bringen.

Ich grüße Sie und den Norden. Ich bin dem Blute nach Balte und liebe nordische Landschaften und Menschen. – Denken Sie an mich, wenn sie Chopins Barcarole (opus 60) oder die Nocturne (opus 62) hören.

Wieder von Ihnen zu hören wird mir immer eine Freude sein.

Herzlich Ihr Hermann Hesse

1 S. Nr. 808, vom 29. 8. 1899; da erst nannte H. H. – nach wiederholten Fragen seiner Brieffreundin – seinen Beruf.

2 Pisano: Nicolò; geb. 1225, gest. nach 1278; P. Andrea; geb. ca. 1295, gest. nach 1349; dessen Sohn (und Schüler) P. Nino; geb. ca. 1315, gest. vor dem 8. 12. 1368 und weitere.

3 Botticelli, Sandro; 1445-1510.

665] *H. H. an Helene Voigt*

Tübingen, 17. Dezember 1897

Mein verehrtes Fräulein!

Viel Dank für das Buch[1], das ich heute erhielt, und noch mehr für den lieben Genueser Brief[2]! Bei uns ist's kalt, obwohl der Schnee noch fehlt, und Nebel liegt den ganzen Tag – und Sie sehen den Golf und die Höhen, deren Name in uns allen eine alte Kindersehnsucht weckt! Und wo wird wohl dieser Brief Sie finden?

Durch gehäufte Arbeit und etwas Unwohlsein beengt und in Eile, Sie noch in Genova grüßen zu können, kann ich den rechten Plauderton nicht finden. Ich will gerne nach Ihrem Wunsch von hier und von mir ein wenig erzählen, sobald erst Weihnacht vorüber ist und ich Ihre endgültige, oder doch eine sichere Adresse besitze.

Ich las ein Stündchen in Ihrem Buche und ließ mir von Ihnen imponieren. Wodurch? Durch vieles, was an Ihnen mir gefällt und was mir fehlt, durch eine Art von Sorglosigkeit, durch den einfachen Blick und am meisten durch Ihre Kenntnis eines *Volkes,* durch ein stetiges, warmes *Heimatgefühl.* Das ist mir versagt. In meinen Gedanken und Neigungen, in meinen Gewohnheiten und Liebhabereien ist wenig Nationales oder Provinziales oder wie man's nennen will. In Württemberg geboren, als Schuljunge in Basel, habe ich Jahre lang das nie gesehene Estland, das Land meines Vaters, als eigentliche Heimat betrachtet. Ich beneide Sie um die Sicherheit und Gesundheit, die ein wahres Heimathaben gibt.

Mit Freude las ich, daß Sie geigen[3]. Ich habe auch bis vor kurzem gegeigt, recht und schlecht, aber mit Leidenschaft und Genuß, und habe mich von der ausübenden Musik nur schweren Herzens getrennt, aus Erwägungen, die ich nicht aufzählen kann. Meine Violine liegt noch auf meinem Zimmer; ich halte sie oft in der Hand und mein Auge freut sich an der feinen Wohlgestalt, an der schönen, tiefgedunkelten Wölbung und den lichteren spitzen Zargen. Ich lege oft mein Ohr an die Rückwand und höre in tiefer Resonanz mein Blut erklingen und rühre zärtlich an die verstaubten Saiten. Ich werde in nächster Zeit das Instrument meinem jüngeren Bruder überlassen, der fleißiger und minder empfindsam ist – und der Abschied von meiner Geige, die ich doch nimmer spiele, tut mir jetzt schon im voraus weh.

Aber es ist spät – Sie müssen heute mit meinem Dank vorlieb nehmen. Statt der Erzählung sende ich ein paar, meist noch halbfertige, Verse der letzten Tage[4].

Schreiben Sie mir doch bitte, sobald möglich, Ihre neue Adresse, und lassen Sie mich etwas von jenseits der Alpen hören – für mich Fremden ist Ihre große Reise so unvermutet geheimnisvoll!

Ich wünsche Ihnen herzlich fröhliche Weihnacht, wenn möglich beim Lichterbaum in deutscher Umgebung, mit deutschen Christliedern! Hermann Hesse

1 Helene Voigts Erstlingswerk: »Schleswig-Holsteiner Landleute – Bilder aus dem Volksleben«, Leipzig, 1898 (Auslieferung jedoch bereits im Dezember 1897).

2 Helene Voigt schrieb am 12. 12. 1897 aus Genua, wohin sie als Reisebegleiterin einer reichen kunstbegeisterten Hamburgerin gekommen war. Genua war die erste Station der auf längere Zeit geplanten Reise.

3 Die Geige und überhaupt die Musik spielte in H. Hs. Leben eine grundlegende Rolle. S. Anm. II, Nr. 24); s. vor allem auch die Werke unter diesem Aspekt.

4 H. H. legte seinen Briefen an Helene Voigt oft Verse bei; diesmal »Sarasate«, »Dorfabend«, »Eine Stunde hinter Mitternacht«, »Meine Muschel«. Die ersten drei sind auch in den »Romantischen Liedern« abgedruckt wie in späteren Gedichtsammlungen H. Hs. bis zu den »Gesammelten Schriften«, Bd. V. – S. auch Anm. II, Nr. 25.

Im Band »Hermann Hesse/Helene Voigt-Diederichs: Briefe« sind Einzelheiten, z. B. Varianten der Verse, aber auch der Briefe, nachlesbar. – Der Briefwechsel Helene Voigt Diederichs/H. H. wurde zum 75-jährigen Jubiläum des Eugen Diederichs Verlags, nunmehr Köln, am 14. September 1971 in limitierter, einmaliger Auflage herausgegeben.

666] *Marie Hesse an H. H.*

Calw, 30. Dezember 1897

Mein lieber Hermann!
An Frau Dekan schicke ich da ein Päckchen und lege Dein vergessenes Buch bei. Hoffentlich ist dein Pack mit Bild gut angekommen. Ich hatte keine Zeit, dazu zu schreiben. Wir hatten so viele Besuche gestern: [*Aufzählung der Besuche*]. Heute abend Gesangvereins-Christfeier, wozu Karl, Adele und Vetter eingeladen sind.
Ich bin froh, dich doch wieder gesehen zu haben; schade, daß es so sehr kurz war! Las gestern in einem stillen Augenblick was in deinem Heft[1] und mußte all mein Wünschen und Fühlen für dich meinem reichen, allmächtigen Gott ans Herz legen, der ja auch dein treuer Vater ist, *reich* über alle, die IHN anrufen. Er leite dich und behüte dich!
Mit innigem Kuß

Deine Mutter

1 Sehr wahrscheinlich die der Mutter gewidmete Sammlung »Plauderabende«; s. Nr. 650.

667] *H. H. an Helene Voigt*

Tübingen, 13. Januar 1898

[...] Wie Sie mich kennen! Jacobsen[1] – mein Freund, mein Tröster und Mitwisser! Sie kennen die Namen, mit denen ich bestochen werden kann! Ihr Mittagsspuk[2] mutete mich an wie Ihr Buch, das ich nun gut kenne, gesund und treu und liebenswert, so wenig vielleicht Ihre und meine Kunst Artverwandtes haben mögen.
Ich hatte vorgestern einen schlechten Tag. Abends las ich wiederholt die beiden schrecklichen Nietzschelieder ›Die Krähen schreien‹ [...] und ›Dies ist der Herbst –‹.
Gestern nun bin ich, wohler und vergnügter, wieder mit Liebe an meine privaten »Arbeiten« gegangen. Ich be-

schäftige mich mit Ghiberti[3] und Brunellesco[4] und jenen Florentiner Frührenaissance-Bauten[5], mit welchen die Namen der Medici so eng verbunden sind. Wie sind wir unfreien Tagesmenschen winzig neben diesen Höhen! Und doch – hier und dort und überall erblickt mein Verlangen mit immer geschärftem Auge sie, meine Herrin und Freundin, mein Leben und Lieben – die ewige Schönheit! Tagüber im wechselnden Treiben sehe ich sie oft wie ein Licht in scheuen Reflexen über ein Menschengesicht, über einen Ort, über ein Gespräch hinleuchten und dann zittern und fliehen wie ein seltenes Edelwild, wenn unser stillos brutales Leben sie verscheucht. Es fehlt mir hier ein Hochgebirg oder ein Meeresufer, wo ich sie immer aufsuchen und ungestört und singend schauen könnte.

Dadurch bin ich ein Büchermensch geworden. In meinen auserwählten Büchern, von Homer bis zu einigen Heutigen, suche ich die Schönheit auf, ich erkenne sie in tausend Wandlungen, und ich bin ihr auch auf manchen Abwegen nachgegangen. Ich habe in den letzten Monaten auch Tieck[6] und Hoffmann[7] gelesen – langsam und mit Pausen – und bin bis auf Geßner[8] etc. gekommen, die mich oft freundlich an jene spätgriechischen Märchen erinnern, in denen sich so graziös und zärtlich untergegangene Größe und Schönheit des großen Hellas mit ihrem edlen Ebenmaße spiegelt. [...][9]

Bleiben Sie mir gut, und erzählen Sie doch, wenn Sie Lust haben, recht bald und viel »von zuhaus«! Ihr

Hermann Hesse

1 Jens Peter Jacobsen; s. Anm. II, Nr. 29).
2 S. Anm. II, Nr. 38).
3 Ghiberti, Lorenzo; geb. 1378, gest. 1455 in Florenz.
4 Bruneleschi, Brunellesco, Filippo; 1376-1446; geb. u. gest. in Florenz.
5 Vor allem der Medici; s. Nr. 668 und H. H. an Helene Voigt, am 12. 2. 1898: »... Haben Sie in Florenz die alten Bürgerpaläste besehen, den der Pitti und den der Medici (Palazzo Riccardi)? Sie sind nach meiner Ansicht die lebendigsten Zeugen der frühen Renaissance. ...«

6 Johann Ludwig Tieck; 1773-1853.
7 Ernst Theodor Amadeus Hoffmann; 1776-1822.
8 Salomon Gessner; 1730-1788.
9 H. H. berichtet noch, daß er »vor dem Einschlafen ... immer ein paar Sätze von Montaigne« liest, und er legt wiederum Gedichte bei.
Die Gedichte: »Grande Valse. Chopin« und »Ein Traum« werden beide – verändert – in die »Romantischen Lieder« aufgenommen. »Ein Traum« unter dem Titel »Zu spät«. So stehen sie auch in den GS V (S. 379, bzw. S. 377).

668] *H. H. an Johannes und Marie Hesse*

Tübingen, 24. Januar 1898

Ihr Lieben!
Endlich ist doch der Brief wenigstens begonnen! Ich schäme mich des langen Schweigens. Ein paarmal begann ich zu schreiben und kam nicht zu Ende.
Ich habe ziemlich Arbeit, und bin eben meist zu allem andern fähiger als zum Briefschreiben. Von der etwas eintönigen Arbeit bekommt man einen schrecklich dummen Kopf. Letzte Woche habe ich, seit mehr als einem Jahr gottlob zum ersten Mal, wegen Kopfwehs einen Tag das Geschäft geschwänzt.
Einige meiner Abende sind von meinen Freunden (Rupp, Finckh, Hammelehle)[1] fast ständig belegt. Sonntags sind wir auch meist zusammen, gehen spazieren, lesen zusammen, vespern zusammen, und zuweilen leistet man sich auch ein paar Wirtshausstunden voll profaner Fröhlichkeit.
Sonst beschäftigt und unterhält mich eben immer noch mannigfaltige Lektüre, am meisten aber einige kunsthistorische Studien. Einem müden Kopf und einem staubig gewordenen Dilettantensinn tut es gar seltsam wohl, in den Jungbrunnen der Kunstgeschichte zu steigen. Ich habe vom Pisa des 14. und vom Florenz des 15. Jahrhunderts nun doch einen Begriff bekommen, und eine Reihe großer Namen sind mir nun bekannt und zum Besitz geworden.

Daneben genieße ich in kleinen Zügen – neben den Dichtern – die Weisheit einiger edler Bücher, die mit ihrem reifen Wissen mir lieber als die akademischen Philosophen sind. Da sind vor allem zwei ganz verschiedene Weise, die mich fast gleichmäßig fesseln, der eine durch die Grazie und Bescheidenheit eines klugen, gemäßigten und noch fast jugendlichen Alters, der andre durch die Ehrlichkeit seines Idealistenherzens und die Sicherheit und Ungeniertheit seiner Begeisterung. Es sind Montaigne und Carlyle. Montaigne – das ist wie ein alter, edler, ungemischter Wein, in welchem die kühle Klarheit der langen Jahre mit dem unverlorenen Feuer des einstigen Sommers Freundschaft geschlossen hat. Es ist eine Freude, diese einfachen, lächelnden Kapitel zu lesen!

Am Donnerstag hörte ich vom Akademischen Musikverein Schumanns Requiem, eine besondere, sehr feine, und zuweilen ergreifende Musik. Der erste Chor desselben, mit einem Anflug schwermütigen Kirchentones, ist mir durch und durch gegangen. Ich Schwärmer war auch von dem Latein des Textes erbaut. Vetter Hermann sang in einem Solisten-Quartett mit.

Unser junger, zweiter Lehrling dauert uns sehr. Seine Mutter ist unvermutet und auf unglückliche Weise gestorben.

Vorgestern kam ein Brief von Theo. Darf ich bitten, daß Ihr mir auch bald schreibt? Ich habe Verlangen danach, von Euch zu hören, und hab' es freilich durch meine Faulenzerei nicht verdient. Verzeiht mir! Ist's wahr, daß Kathrine[2] Braut sei? Sagt Ihr meinen Glückwunsch!

Mit herzlichem Kuß Euer Hermann

1 S. Nr. 659 + Fußn. 5 u. 6.

2 Dienstmädchen im Haus Hesse. »Kathrine ist eine sehr gesetzte Braut und hofft, bis Juli noch bei uns bleiben zu können.« (Marie Hesse am 27. 1. 1898 an H. H.) – S. Nr. 670, Ende.

669] *H. H. an Eberhard Goes*

[Tübingen,] 25 Januar [1898]

Mein Freund!

Da bin ich nun und möchte meinen Kopf an Dich lehnen und Dich merken lassen, wie lieb Du mir bist. Bist Du böse? Du weißt, so gering mein Fonds von Moral ist, bin ich doch der sorglose Leichtfuß nicht, der ich gern wäre und mitunter scheine. Also weißt Du auch, daß ich selber unter meinem langen Schweigen gelitten habe. Zwischenein kam zuweilen ein Zettel von Dir, mit Grüßen und Bücherbestellungen – glaube mir, ich bin davon auch nicht feist geworden.

Mir also hat Arbeit, Ärger, Kränklichkeit und das ganze Odium meines stillosen Lebens bisher alle Anläufe zu Briefen an Dich vereitelt. Und Briefe mit zusammengeklebten Tatsachen und Zahlen oder Entschuldigungen mag ich nun eben gerade meinen Freunden nicht schreiben.

Auch heut ist Müdigkeit und Kopfweh mein Gast und – so äußerlich es scheint, so hinderlich ists dem Erzählen – meine Finger sind krampfig vom vielen Schreiben tagsüber. Und was soll ich erzählen? Verkehr pflege ich wenig und nur mit ein paar Leuten, die Dir fremd sind. Und die Arbeit? Die ist, wie Du sie kennst und macht mich zu dem stumpfen »Sammler«, als den Du mich ja hier auch schon gesehen hast. Daß ich in freien Stunden wie sonst mit Leidenschaft und heißer Liebe in Kunst, Leben und Lektüre meiner Herrin und Liebe, der Schönheit, auf hundert Wegen nachgehe, daß ich an Dich auch viel denke und vieles mit Dir teilen möchte – das weißt Du doch?

Erlaube also meiner Schwäche, Dir heute in Liedern von mir zu erzählen, die in der letzten Zeit entstanden. Wenn Herz und Auge und Leben hier und dort in einem Verse ist, wirst Du mich erkennen und mir glauben[1].

1 Die Verse waren bisher nicht auffindbar.

670] *Johannes Hesse an H. H.*

Calw, 26. Januar 1898

Lieber Hermann!

Gestern wurden wir durch Deinen Brief erfreut. Ich glaube, Du kommst mehr zum Lesen und Studieren als mancher Student[1]. Das ist schön. Und das Geschäft in der Buchhandlung ist alles in allem doch gesunder als das ewige Wirtshaussitzen. Ich vermute, daß Dir in späteren Jahren diese Tübinger Zeit als besonders schön in der Erinnerung leben wird. Um das Lesen des alten französischen Weisen beneide ich Dich fast. Seine Essays müssen wirklich sehr geistreich und gediegen sein. Aber ich bin froh, wenn ich jetzt nur das Allernotwendigste lesen kann. Nicht einmal Onkel Davids Pol[itisches] Wochenblatt[2] kann ich lesen. Habe nur ein wenig hineingesehn. In Nr. 3 gefiel mir sehr die freimütige Auslassung gegen das Spionagewesen aus Anlaß der Dreyfus-Geschichte. Ich fürchte, dies Unternehmen macht dem Onkel viel Arbeit, Sorge und Unkosten. Wenn er lange genug aushält, dann kann's wohl rentabel werden, aber ich fürchte, das wird nicht so bald der Fall sein.

Meine Schwester schrieb neulich aus Riga, von Carl Hunnius sei nun eine große Gedichtsammlung[3] gedruckt und mit Begeisterung aufgenommen worden, auch die Druckkosten, die ein Freund des Dichters getragen, seien schon gedeckt. Ist das Buch auch nach Tübingen gekommen? Kannst Du etwas helfen zur Verbreitung? Der Verf[asser] fragte nämlich im letzten Sommer bei *uns*[4] an, ob wir nicht seine Gedichte herausgeben wollten. Das konnten wir natürlich nicht. Aber es würde mich doch freuen, wenn sie auch hierzulande bekannt werden. Das »Linnea borealis«, das einmal im Daheim erschien, lese ich immer wieder mit Entzücken. Man muß aber wohl die Blume selbst kennen u. lieben, um das Gedicht zu würdigen.

Noch eine Bitte. Pastor Berlin fahndet nach einer verschollenen Zeitschrift *»Neueste Nachrichten aus dem Reich Gottes«*. Bitte, forsche nach, ob die betr[effenden] Jahrgänge irgendwo zu haben sind, und schreibe ihm dann direkt mit einem Gruß von mir. Es wäre mir lieb, wenn man ihm seinen Wunsch erfüllen könnte. Mir geht es bedeutend besser. [...] Nach außen hin bin ich freilich noch sehr unbeweglich – über Hirsau noch nicht hinausgekommen, und auch mit der Kopfarbeit ist's noch nichts. Holzspalten, Schlossern, im Garten dies und das tun – das ist gut für mich. – Adele bügelt mit Kathrine, die verlobt ist mit Schreiner Niethammer, 2 Jahre jünger als sie. Wir verlieren sie ungern. Mama schreibt wohl selbst.

Herzlich grüßend Dein Papa

1 S. Nr. 517 und Nr. 550.
2 Erschien 1898 mit 52 Nummern; Herausgeber und Verleger David Gundert, Stuttgart.
3 Carl Hunnius; geb. 1856, gest. 1931; Pastor, Dichter, Komponist und Schriftsteller; Pseudonym: Benoni; »Gedichte«, Leipzig 1898.
4 Beim Calwer Verlagsverein.

671] *Marie Hesse an H. H.*

Calw, 27. Januar 1898

Mein lieber Hermann!

Gutenmorgen! heute an Kaisers Geburtstag; ob ihm wohl seine Kinder Psalmen hersagen, die sie zum Festtag auswendig gelernt bei der frommen Mama? Mich dauert der heißblütige hohe Herr; hätte er doch den alten Bismarck als Berater behalten! Nun haben wir ja in Afrika und China festen Fuß gefaßt[1]. Gut, daß ein Höherer die Geschicke der Völker oder einzelner lenkt! Aber daß es Missionszeit ist in aller Welt, kann merken, wer überhaupt so etwas merken will. Und das Reich der Vollendung rückt näher! Auf das freue und bereite ich mich. Wie ich in jun-

gen Jahren in der Poesie geschwelgt und sie als Trost für alle Unbill und allen Mangel des Lebens genommen, so kann ich jetzt an Gottes Wort mich laben und finde darin noch ganz andre Schätze als einst bei den Dichtern. Du hast jetzt eine schöne Zeit, Gott segne deine Studien! Wie freut mich's, daß du liebe Freunde hast, die mit dir genießen können, was du studierst. Ich habe mir von Adele in Literaturgeschichten über Montaigne vorlesen lassen. Du liest's wohl in deutscher Übersetzung, denn das Altfranzösisch wäre doch schwierig für einen, der im Französischen überhaupt nicht ganz daheim ist.
[...] Von allen herzliche Grüße.
Innig küßt Dich | Deine Mutter

Bring' einmal Deine Freunde hierher!

1 In den frühen 80er Jahren hatte Deutschland erste Kolonien in Afrika und in der Südsee übernommen.

672] *H. H. an Helene Voigt*

Tübingen, 12. Februar 1898

Ihr Brief von Rom ist mir zu Herzen gegangen. Ich beneide Sie fast um die Fülle, die Sie umgab. Aber es freut mich auch, manche meiner Ideen und Ahnungen von Ihren sehenden Augen bestätigt zu finden. Das Oberste und Erste bleibt doch das Wissen von der Schönheit und der Glaube an sie. Sie vermag allein nicht nur Auge und Geist, sondern die Seele zu füllen.
Der Geist ist noch in den elegantesten Beschäftigungen ein Kämpfer mit eisernen Waffen, noch roh und hundertfach begrenzt. Wer gewohnt ist, mit aufmerksamer Seele die Symbole der Schönheit schweigsam zu erforschen und ohne Gesetze zu ahnen; wer je den Linien eines seltenen Kunstwerks ein fleißig andächtiges Auge und ein fein erzogenes

Ohr den Tönen eines Liedes lieh, der ahnt Höhen und Überblicke, welche keine Wissenschaft besitzt. Da fließen die subtilsten Eigenheiten und Fähigkeiten des Geistes, des Leibes, der Seele zu einer beglückenden Tätigkeit ineinander, welche meines Erachtens der vollendetste Zustand und Ausdruck des Lebens ist. Geist und Nerv, Auge und Seele zu erhöhter Arbeit und Wonne zugleich entzündet.

Ich beklage sehr, daß es mir durchaus unmöglich war, Sie auf der Reise, in Straßburg etwa, persönlich zu sehen[1]. Nun, vielleicht kommt auch für mich noch eine Reisezeit!

[...] Heute habe ich Eile, ... Sie zu bitten, mir in Ihrer Heimat ein kleines Plätzchen bei anderem Hausrat einzuräumen. Ich bin fast immer in der Freundschaft ein Pechvogel gewesen, und hänge an jedes Stückchen Heimat so gern meine ganze, stumme Liebe. – Wir haben hier nun doch etwas Schnee erhalten, nach einem schon beginnenden Halbfrühling. Ein Winter ohne Schnee ist mir so drückend und leer, als es ein Sommer ohne Jasmin und Rosen und ein Frühling ohne Birken wäre.

Erzählte ich Ihnen, daß zu Weihnachten einige Freunde mein Zimmer mit einem großen, schönen Stich der ›Villa am Meer‹ von Böcklin geschmückt haben? Ich habe seither beim Betrachten oft an Sie und Italien gedacht[2].

Wollen Sie mir nicht auch gelegentlich sagen, ob und was Sie schaffen? Ich habe allerlei Pläne, die alle liegen bleiben müssen, kaum daß ein lyrisches Tagebuchblatt zu wachsen Zeit findet. Ein solches lege ich nach Gewohnheit und an Stelle weiterer Erzählung bei[3]. Auf Wiedersehen!

Hermann Hesse

1 H. H. und Helene Voigt-Diederichs haben sich nie persönlich getroffen, immer nur miteinander korrespondiert als »Fremdbekannte« (H. H.).

2 Zum Verhältnis von Herrn und Frau Diederichs zu Böcklin s. Anm. II, Nr. 39.

3 Als »lyrisches Tagebuchblatt« sandte H. H. die Gedichte »Mondnacht« (bisher ungedruckt) mit und die erste Fassung von »Frühling«. Dieses erschien mit

Abweichungen unter dem Titel »Levkoyen und Reseden« in »Romantische Lieder« und in späteren Gedichtsammlungen.

673] *Marie Hesse an H. H.*

Calw, 12. Februar 1898

Mein lieber Hermann!

[...] Mittwoch waren wir zu vier per Schlitten in Aidlingen. [...] In zwei Stunden kamen wir hin, fanden das köstliche Bubele voll Leben und Lust, auch ganz nett zutraulich. [...] Martha ... hatte doch rechte Sehnsucht nach uns gehabt. Sie beauftragte mich, Dich zu fragen, ob Du *gerne* Pate werden wollest vom nächsten – sie hoffen eine Gertrud, sind aber auch anders zufrieden – oder nicht? Wäre es Dir nicht angenehm, so darfst Du nur mir's sagen, so bitten sie Dich nicht, aber natürlich wäre es ihnen eine Freude, wenn Du Ja sagtest. Du bist vollkommen frei und ungeniert. [...]

Carl[1] kommt am 19. März, am 20. ist Konzert Messias; Marull kommt auch dazu, und Du? [...] Onkel Davids politisches Wochenblatt[2] gefällt uns gut, Dr. Mögling hat viel Humor und nimmt kein Blatt vor den Mund. Weißt Du, ob's in Tübingen gelesen wird? – Tante Jenny[3] will im Mai kommen und bleiben bis Herbstanfang. Sie war zum Besuch in Durben bei Pastor Johannsohn, dem Schwager und es gefiel ihr dort gut, die älteste Tochter Lisbeth sei besonders der verstorbenen Mutter[4] Abbild, und die Söhne geraten gut. [...] Adele dankt für die Urach-Karte und hörte gern mehr über den Ausflug. In Esslingen warst Du scheint's nicht.

Mit herzlichem Gruß und Kuß stets Deine Dich zärtlich liebende Mutter

1 Isenberg.
2 S. Nr. 670.
3 S. Nr. 697.
4 Alexandra Gertrude (Gertrud) Hesse; 1835-1888; zweite Tochter aus der

ersten Ehe des Großvaters Dr. Hermann Hesse mit Jenny Agnes Lasz (1807 bis 1851). H. Hs. Vater war das fünfte und letzte Kind aus dieser Ehe, der einzige Sohn.

674] *H. H. an Johannes und Marie Hesse*

Tübingen, 12. und / oder 13. Februar 1898

Ihr Lieben!

Eben kommt Mamas lieber Brief! Herzlichen Dank auch für Adeles, und hier gleich die Antwort!

»In Esslingen warst scheint's nicht?« so hört Mutters Brief auf. Ich muß aber gestehen, daß ich Schwelger tatsächlich am Sonntag vor Urach dort war. Ich fuhr früh um sieben Uhr mit Freund Rupp[1], besah von 10 bis 12 Uhr die Frauenkirche mit Genuß und Erfolg, dann war ich mit Rupp zum Essen und bis halb fünf Uhr abends bei Onkel Ernst's[2]. Von den Kindern war nur Sopherl da. Sie grüßen Euch. Wir unterhielten uns natürlich bestens, sogar der schweigsame Rupp gestand nachher, selten so einfach liebenswerte Leute gesehen zu haben, und war von dem gar nicht geplanten langen Familiensitz sehr befriedigt. Wir wollten eigentlich nach Tisch gleich fortfahren, kamen aber tief ins Schwatzen und wiederholt konstatierte der Onkel mit seinem fidelsten Seitenblick: »Grad isch wieder a Zug naus.« Endlich um halb fünf Uhr fuhren wir nach Cannstatt, wo ich Geigers[3] und Montigels[4] kurz besuchte, dann um sechs Uhr nach Stuttgart, wo Rupp, ein Wagnerianer, mich absolut in den »Tannhäuser« schleppen wollte. Das Haus war aber voll, und wir mußten verzichten. Abends nach Tübingen zurück.

Letzten Sonntag Urach. Wir kamen per Bahn um 1/2 3 Uhr hin, spazierten in der Stadt auf und ab etc. Dann gingen wir ins Seminar (Hammelehle[5] und Rupp waren mit) und besuchten Wilhelm[6], sowie einen Bruder meines Freundes

Closs. Sie erhielten von 3 bis 5 1/2 Urlaub. Wir tranken in der Post Kaffee, gingen dann spazieren und blieben in einem gemütlichen Privathaus mit Wirtschaft am Berge hängen. Als die Schüler heim mußten, wurde eben ein winziger Erker frei, den wir drei dann besetzten. Es wurde dunkel und wir saßen noch in vertrautem Gespräch zwei schöne Stunden oben. Um 10 Uhr kamen wir hierher zurück.

Es freut mich, daß Karl an Storm soviel hat. Jetzt liest er ja Nietzsche! Ich glaube nicht, daß Zarathustra das Hauptwerk Nietzsches ist, und ich glaube noch weniger, daß Karl ihn daraus wird kennen lernen. Glück zu! Ich habe nach manchen Stürmen nun doch vielleicht den Schatz gehoben, der für mich in Nietzsche zu finden war. Ein Bekenntnis oder eine Philosophie ist's freilich nicht. Ich glaube, der »Philosoph Nietzsche« wird überhaupt nicht sehr alt werden.

Storm – ja, das ist Gesundheit und volles Leben, so fein gestimmt und sensibel auch seine Töne sind. Er hat die Verse geschrieben:

Wenn't Abend ward,
Und still de Welt un still dat Hart;
Wenn müd up't Knee di liggt de Hand
Und utdie Husglock an de Wand
Du hörst den Parpendikelslag,
De nich to Woort kemm över Dag;
Wenn't Schummern in de Ecken liegt
Und buten all de Nachtwulk fliegt,
Wenn denn noch einmal kiekt de Sünn
Mit golden Schiin to't Finster rin,
Und, eh'r de Slap kümmt un de Nacht
Noch eenmal Allens lävt un lacht –
Dat is so wat vör't Menschenhart,
Wenn't Abend ward.

Damit Adieu! Beim Aidlingerle wäre ich gewiß gern Pate,

wenn damit nicht die Notwendigkeit verbunden wäre, zur Taufe zu kommen. Also geht's nicht. [...]
Mit Kuß Euer dankbarer Hermann

1 S. Nr. 659, Fußn. 6.
2 Gundert, Ernst; 1830-1915; Dr. phil.; Schulrat in Esslingen; Halbbruder von H. Hs. Großvater Dr. Hermann Gundert; aus der zweiten Ehe von Hesses Urgroßvater Ludwig Gundert mit Emilie, geb. Mohl.
3 Präzeptor Geiger; Cannstatt. H. H. war seiner Fürsorge anvertraut, während er in Cannstatt Schüler war; s. »Kdht. u. Jgd. I«, S. 592 und die dort angegebenen Seiten.
4 Montigel, Frieda; Wirtin H. Hs. während seiner Cannstatter Gymnasiastenzeit; s. »Kdht. u. Jgd. I«, S. 594 und die dort angegebenen Seiten.
5 Freunde aus der Tübinger Zeit; Mitglieder des »petit cénacle«; s. Anm. I.
6 Gundert, Wilhelm; 1880-1971; Dr. phil., Professor der Japanologie; H. Hs. »japanischer Vetter«; ältester Sohn des Onkels David Gundert und seiner 1. Frau: Marie, geb. Hoch. – H. H. schrieb in der Neuen Zürcher Zeitung vom 8. 10. 1960 eine Rezension zu »BI-Yän-LU, Meister Yüan-wu's Niederschrift von der Smaragdenen Felswand, verdeutscht und erläutert von Wilhelm Gundert«. Er nennt sich und Vetter Wilhelm da als Fortsetzer der west-östlichen Arbeit seines Großvaters Dr. Hermann Gundert. Den »biographischen Teil« finden Sie in Anm. II, Nr. 40).

675] *Helene Voigt an H. H.*

Marienhoff, 1. März 1898

Mein lieber Freund,
denn das darf ich doch sagen, nicht wahr? Es ist mir heut so sonderbar schwer, Ihnen zu schreiben, obgleich das was ich Ihnen sagen will, Sie vielleicht nicht im geringsten berührt. Ihr Brief ist mit dem 12. Februar gezeichnet, dem Tage, an dem ich meine junge Freiheit verlor. Ich bin Braut, eine lachende und eine weinende zugleich.
Von Straßburg fuhr ich (nicht ohne auf der Karte Tübingen noch einmal aufgesucht zu haben) nach Leipzig. Dort lernte ich im Hause meines Verlegers den Verlagsbuchhändler Eugen Diederichs kennen. In wenigen Tagen hatten wir uns gefunden. Das ist die äußere Handlung. Wenn je der Himmel zwei Menschen füreinander bestimmt hat, so sind wir es.

Aber glauben Sie nicht, daß auch innerlich alles so glatt gegangen ist. Ich will nicht hoffen, daß jedes junge Mädchen so viel kämpfen muß, eh' es sich der Macht der Liebe hingibt. Man ist so lange allein mit seinen Träumen gewesen, und so stolz auf diese einsamen Träume – und dann kommt jemand [...][1] ... aber wenn Sie wollen, siedeln Sie mit mir nach Leipzig über? Was an mir liegt – diesmal sollen Sie kein Pechvogel in der Freundschaft gewesen sein.
Wollen Sie mir nicht recht bald ein paar warme Worte schreiben? Ich sehne mich ordentlich danach. Es ist auch durchaus im Sinne meines Verlobten, dem Sie aus meinen Erzählungen lieb geworden sind, wenn wir unseren Briefwechsel fortsetzen. Und ich glaube nicht, daß Sie zu den vielen gehören, denen der Verkehr mit einer *Braut* langweilig ist.
Auf Wiedersehen! Helene Voigt

1 S. Anm. II, Nr. 37).

676] *Marie Hesse an H. H.*

Calw, 3. März 1898

Lieber Hermann!
[...] Hier 100.– Mark für Frau Dekan: Januar Kostgeld 48,05; Februar 43,40; also 8,55 übrig für andres.
Morgen ist Tante Jettles[1] Geburtstag und Familienkaffee im Steinhaus[2].
Von Aidlingen keine Silbe seit ich mit Hans am 20. Februar dort war! Es ist zu schade, daß Theo so ungern schreibt und es immerfort verschiebt. Ich lechze doch immer nach Briefen von den Kindern allen und werde damit ziemlich knapp gehalten. Gut, daß man sich doch hie und da wieder sieht! [...]
Fräulein von Reutern[3] schrieb Adele und fragt nach Carl

Hunnius' Gedichten[4], die wir aber noch nicht gesehen. Sie würde wohl das Buch kaufen, wenn es ihr zur Ansicht geschickt würde; sie bestellte das Politische Wochenblatt auch. [...]

Polly[5] hat unsrem König Wilhelm II.[6] sein Opfer in treuem Patriotismus gebracht, denn am 25. Februar hatte er einen sehr schweren Tag. Als Seegers[7] und unsre Fahnen begannen zu schweben und roten Schein durchs Fenster herein zu werfen, litt das arme Tier bittre Not und flatterte immerfort in den zwei Zimmern herum, bis man ihn im Käfig einsperrte, wo er den ganzen Festtag – trotz der aufheiternden Tafelmusik vom Waldhorn her – ohne Essen und stumm im gleichen Eckchen blieb und seines Königs ehrfurchtsvoll gedachte.

Nimm vorlieb und sei von uns allen gegrüßt und innig geküßt von deiner Mutter

1 Ensslin, Henriette; s. Anm. I.
2 S. Nr. 545, Fußn. 4.
3 Leiterin eines Mädchenpensionats in Tübingen, das sowohl Marulla wie Adele Hesse, also beide Schwestern H. Hs., besuchten.
4 S. Nr. 670, Fußn. 3.
5 Papagei im Haus Hesse, den alle sehr liebten, wie aus verschiedenen Briefen hervorgeht. – S. z. B. auch »Kdht. u. Jgd. I«, S. 141.
6 von Württemberg; geb. 25. 2. 1848 in Stuttgart, gest. 2. 10. 1921, Schloß Bebenhausen, ca. 8 km von Tübingen entfernt.
7 Berufskollegen und seit 1887 Nachbarn in Calw; s. Nr. 507, Fußn. 4.

677] *H. H. an Helene Voigt*

Tübingen, 8. März 1898

Glück auf von Herzen! Sie sind wahrlich ein Sonntagskind, daß alles Glück so in Fülle über Sie kommt!

Für den schönen, ehrlichen Brief viel Dank! Er hat Sie mehr noch als die früheren mir bekannt gemacht. Mich traf er an einem schlechten Tage. Eben als ich ihn zu Ende gelesen hatte, klang von der Straße der Trauermarsch[1] zu mir herein, der einen meiner Bekannten, einen Selbstmörder, zum Kirchhof begleitete. Der arme Mensch war Student und wurde mit aller akademischen Feierlichkeit beerdigt.

Mich haben selten fremde Schicksale so ergriffen wie bei diesem Zusammentreffen. Meine Gedanken waren voll von Ihrem Glücke, als die trübe Musik mich weckte. Mein inneres Auge sah einen Augenblick in das tiefste Leben, wo nach ungeschriebenen Gesetzen sich die Geschicke wenden und lösen.

Sie wundern sich über diesen dunklen Beginn eines Glückwunschbriefes? Nun, – in mir hat das Bild des Glückes gesiegt; ich bin heiter und dem Leben dankbar, das auch für mich, den Zweifler, Silberblicke und frohe Botschaften hat.

Beim ersten Lesen Ihres Briefes habe ich sogar etwas von Eifersucht gespürt, so lieb und gegenwärtig ist mir die Gewißheit Ihrer Kameradschaft! Aber ich denke, diese soll weiter bestehen, weil sie aus dem Zusammenwandern nach Einem Heimwehland erwuchs und aus dem Beten zu gemeinsamen Göttern. Nicht wahr, wir bleiben auf dem alten Wege und wollen uns noch oft über das kleinere Heute weg die Hand geben?

Daß Sie Basel sahen, freut mich sehr! Wenn Sie das Münster und den Blick vom Münsterplatz kennen, und die Altstadt und die Brücken, so verstehen Sie vielleicht teilweise mein Heimatgefühl für Basel. Denken Sie sich an diesen heimlich schönen freundlichen Orten eine ruhige, überaus glücklich verlebte Kindheit!

– – Ihren Verlobten kenne und schätze ich als Verleger der Hart und Avenarius[2].

Da Sie nach meinen Arbeiten fragen, will ich davon noch ein wenig erzählen. Ich treibe Geschichte und Kunstgeschichte der Renaissance, freilich sehr unfachmännisch, aber für mich mit Erfolg. Daneben übe ich Ohr und Geist im Verstehen der Musik, der älteren besonders, und suche in den Tempeln der Schönheit immer heimischer zu werden. Das Eigene gedeiht nur langsam. Manchmal fallen mir Verse ein. Nebenher gehen kleine Prosadichtungen. Ich liebe es nicht, auf Straße und Spazierweg Motiven nachzujagen. Lieber möchte ich in Ruhe dem Kommen der Jahreszeiten zusehen, und im Betrachten der jungen Gräser und Blumen für Aug' und Herz alle verlorene Kindlichkeit wiedergewinnen. Ich möchte Zeit und Frische und Unbefangenheit haben, mit oft ausruhender Hand meinen Versen feine und doch feste Formen zu schaffen.

– Träume! – Wenn meine Arbeit mich weniger anstrengte und mir mehr Kraft und Freizeit gönnte, wären meine Wünsche nicht so weich und bukolisch.

Aber ist das ein Brief an eine Braut? Nun – nehmen Sie meine fröhlichsten Wünsche! Vergessen Sie mich und alles in dieser Zeit; später aber lassen Sie mich in Ihr neues Leben mitgehen!

Ich wünsche Ihnen und jedermann einen sonnigen Frühling!

Hermann Hesse

1 Dieses Erlebnis beschrieb H. H. in einer Erinnerung »Der Trauermarsch«, die 1956 erstmals in der Neuen Zürcher Zeitung erschien, 1957 als Privatdruck H. Hs. zum »Dank für Glückwünsche und Briefe« gedruckt wurde. S. auch »Hermann Lauscher«: »Die Novembernacht, Eine Tübinger Erinnerung«, GS I, S. 116-128 u. S. 214.

2 Heinrich (1855-1906) und Julius (1859-1930) Hart und der sie umgebende Friedrichshagener Kreis gehörten zu den ›Patronen‹ des jungen Verlags von Eugen Diederichs. Auch Ferdinand Avenarius (1856-1923), der einflußreiche Herausgeber der Zeitschrift »Kunstwart« stand diesem Kreis nahe. Von Julius Hart erschien 1898 »Triumph des Lebens« bei E. Diederichs.

678] *Marie Hesse an H. H.*

Calw, 29. März 1898

Lieber Hermann!

Du bildest Dich scheint's aus zum großen Schweiger, wenigstens uns gegenüber! Wir haben schwer den passenden Tag für die Taufe finden können, Papa will an einem Sonntag nicht so viel Unruhe, und zwei Paten können an Ostern nicht da sein, so haben wir nun beschlossen, die liebe herzige Gertrud am nächsten Dienstag 5. April hier bei uns zu taufen, auf die Gefahr hin, daß Karl und du nicht kommen können. Kommst du doch, dann wär's desto besser und schöner. Die ganze Familie Isenberg mit Magd soll morgens her und abends zurückfahren, dann ist's am einfachsten, da ja Papa nicht reist und uns nicht fortläßt. Wir freuen uns auf das Fest, Maria von Stuttgart[1] ist auch Patin mit Marull, und Tante Jettchen[2], auch Vetter und Hans – und du? [...]

Karl kommt wohl erst Gründonnerstag, er singt ja in einem Kirchenkonzert in Biberach noch vorher.

Vetter liest Papa Griechisch vor, hilft ihm manchmal, geht mit spazieren und ist sehr nützlich und dienstfertig in jeder Weise. [...] Papa geht's nicht besser, er hat an Gewicht eher abgenommen, jetzt trinkt er Homburger Wasser, was ihm früher gut getan hatte.

Neulich war Onkel David[3] da und bat mich, dir einzuschärfen, du möchtest doch *jetzt* Herrn Sonnewald bitten, für dich auszuschreiben, denn die Stellen – die besseren – werden sechs Monate voraus schon besetzt. Also bitte tu es. Ein wirklich guter, fleißiger Commis finde auch immer wieder gute Anstellung, anfangs 800-1000 Mark, meint Onkel. [...]

Tante Jenny[4] kann im Mai mit Herrn und Frau Brasche herreisen, darauf freut sich Papa so sehr. [...] Auf der Veranda lassen wir auf der Postseite Glasfenster machen, damit es geschützter dort ist, und wir wollen Winden und Kapuziner dort emporranken. [...]

1 Gundert, Marie; 1888-1962; 3. Kind David Gunderts = 1. Kind aus seiner zweiten Ehe mit Johanna Beate Feldweg.
2 J. Isenberg; Schwester von Tante Elisabeth Gundert, geb. Isenberg.
3 Gundert, David; s. Anm. I; einer der jüngeren Brüder von H. Hs. Mutter; Verlagsbuchhändler.
4 Einzige 1898 noch lebende Schwester von H. Hs. Vater; lebte 1840-1926.

679] *H. H. an Johannes und Marie Hesse*

Tübingen, 30. März 1898

Ihr Lieben!
Dank für Mutters lieben Brief!
Es ist freilich schlecht von mir, so faul im Schreiben zu sein; wenn Mama aber glaubt, ich vernachlässige nur gerade Euch, so muß ich protestieren. Leider liegt meine ganze Korrespondenz am Boden. Heute ist der erste Tag, an dem ich von 7-7 Uhr Dienst hatte – vielleicht kommt die so gewonnene Abendstunde auch meiner Schreiberei zugute.
[...]
Zur Taufe kann ich leider nicht kommen. Wenn ich gesund bleibe, werde ich keinerlei Urlaub mehr erbitten. Ich habe ein einziges Mal einen Tag erbeten und nicht bekommen (Ostern 1897). Doch kann ich an Ostern auf jeden Fall zwei Tage in Calw sein. Pfingsten möchte ich am liebsten hier zubringen, oder irgendwo aufs Land liegen für zwei Tage, denn ich habe sehr Sehnsucht nach Ausruhen, Schweigen, Faulenzen, wozu ich nie komme.
Meine Gesundheit ist jetzt ganz ordentlich, nach einigen bösen Kopfwehanfällen. Ich nehme jeden Abend ein Fußbad und enthalte mich seit einiger Zeit völlig von Bier und Wein. Zum Vesper habe ich Schwarzbrot und Most eingeführt. Bromkali zum Schlafen habe ich seit 2 Monaten nimmer genommen. Einige Versuche, das Rauchen zu lassen,

sind nicht gelungen. Ich pflege beim Gehen nimmer zu rauchen, bin aber bei der Privatarbeit sehr davon abhängig.
Die Aidlinger grüße ich herzlich. Es tut mir leid, sie nie zu sehen; aber es geht wirklich nur schwer, nach Aidlingen zu kommen.
Meine Hauptlektüre seit drei Wochen ist die herrliche »Kultur der Renaissance« von Burckhardt[1], deren ersten Band ich fertig habe. Dies Buch ist außer Goethes »Faust« und „Aus m[einem] Leben« eigentlich das einzige, bei dem ich eine sehr hohe Erwartung noch übertroffen fand. Ich finde es bedeutsam, daß eben unsre Zeit die Renaissance erst versteht und gewissermaßen entdeckt hat. Das ist ein Kult, ein Wallfahren und Händeausstrecken nach jener Zeit! Auch ich kann diesem Heimweh nicht entrinnen nach jenem Reichtum an Geist, Kunst, Witz, Schönheit, nach jenen merkwürdigen Städten, wo die höchste Staatskunst neben der höchsten humanistisch-künstlerischen Bildung blühte. Ich habe selten so sehr den Mangel an Kenntnissen und an Zeit gespürt, wie bei meiner oberflächlichen Beschäftigung mit der Renaissance.
Euch allen, und besonders dem lieben Vater, wünsche ich einen guten Frühling! Mißdeutet meine Unlust zum Schreiben nicht!
Mit Gruß und Kuß Euer dankbarer Hermann

1 Burckhardt, Jakob; 1818-1897; »Kultur der Renaissance in Italien«, Leipzig, 1860, 10. Aufl. 1908; H. H. wird Jakob Burckhardt im Pater Jakobus des »Glasperlenspiels« ein Denkmal setzen; er wird 1938 bekennen, daß er »Jakob Burckhardt . . . als den größten deutschen Geschichtsschreiber verehre« und wird 1935 u. a. über die »Kultur der Renaissance« eine Rezension schreiben; s. Anm. II, Nr. 41).

680] *Marie Hesse an H. H.*

[Calw], 5. April 1898

Mein lieber Hermann!

Durch Vetter nur herzlichen Gruß und etwas Gutle von der Taufe, die also gestern stattfand. Es war ein schönes Fest; bei ordentlichem Wetter – nach düstern Regentagen [...] Papa konnte taufen, war aber nachher recht müde. Wir hatten das Eckzimmer schön geschmückt zur Kirche, im Gastzimmer daneben war Kinderstube. Im Wohnzimmer waren 15 am langen Tisch [*Aufzählung, wer da war.*] Mein Zimmer hatten wir für die Jungen zum Eßzimmer gerichtet (7), wobei sich Vetter sehr anstrengte bis mein Bett fort war, Tische herbeigeschafft und dergleichen. [...] Mit dem 4 Uhr Zug kam Wilhelm[1] daher, der nichts vom Tauffest geahnt hatte. Er darf bis Freitag bleiben. – Um halb 6 fuhren die Aidlinger ab unter großartigem Geschrei beider Kinder [...]

Wir danken dir insgesamt recht herzlich für deine Sendung. Bücher und Schokolade[2] fanden eine gute Stätte und wurden jubelnd begrüßt. Man machte sogar gestern Crême zum Fest von deiner Chokolade. Es hat uns gerührt, daß du sie schicktest, habe herzlichen Dank auch für deinen lieben Brief. – Jetzt kommen die jüngeren Steinhäusler[3], die gestern nicht geladen waren, zur Nachfeier.

Nimm vorlieb und sei von uns allen herzlich gegrüßt. Wir freuen uns, dich an Ostern da zu haben. Hans nimmt jetzt Violinstunde bei Herrn Hirschberger, Donnerstag abend.

Mit warmem Kuß deine Mutter

Ich lege bei 130 Mark für Frau Dekan.

48,– (5) März Kostgeld
70,– Zimmermiete bis Oktober
12,– Vorschuß
130 (5)

1 Gundert, Wilhelm; 1880-1971; s. Nr. 674, Fußn. 6; Anm. I; Anm. II, Nr. 40).
2 H. H. hatte die nicht verzehrte Vesperschokolade eines halben Jahres nach Calw geschickt.
3 Die Töchter von Friedrich Gundert. F. G. hatte sieben Töchter, die zwischen 1874 und 1890 geboren wurden. – S. auch Nr. 545, Fußn. 4.

681] *H. H. an Johannes und Marie Hesse*

Tübingen, April 1898

Ihr Lieben!
Arbeit und Verkehr hat wieder in erhöhtem Maß begonnen, so daß ich schwer zum Schreiben kommen konnte. In Laden und Comptoir ist viel Geschäft, und die Sonntage belegen meine Freunde[1].
Diese sind seit 8 Tagen wieder hier, mit Ausnahme Finckhs, der jetzt ganz in Reutlingen wohnt. Die erste Zusammenkunft im neuen Semester wurde offiziell auf meiner Bude gehalten. Ich präsidierte vor der Teekanne. Hammelehle war noch abwesend, von Finckh kam nachts, 10 1/2 Uhr ein Begrüßungstelegramm. Unser Redner, cand.theol. Schönig[1] orakelte vom Sofa aus ethisch-praktisch, und ich hatte Mühe, meinen Satz von der Parallelität der Kunst mit den übrigen modernen Lebensbetätigungen gegen ihn zu halten. Schönig kann an so einem Abend unglaublich viel Geist und wirkliche Wissenschaft verbrauchen, außerdem versteht er, aus dem Stegreif sehr fließend und deutlich über Wissenschaftliches zu sprechen. Dann ist Faber[1] da, ein gewandter, eleganter, aber durchaus harmloser, naiver Kamerad, voll von Lust und Talent zum Mimen, von Respekt und Sarkasmen gegen die hohe Wissenschaft, dabei in Sachen der Kunst, besonders in Einzelheiten, ein Versteher und Kenner. Für alles, was Farbe ist, hat er Liebe und Kritik. Er malt hie und da in Aquarell irgendwas Winziges, z. B. einen Herdkessel, dessen grünliche Kupferfarbe er bis zur Täuschung natürlich getroffen hat. Dann kommt

Rupp, ein Biedermann, mit soliden, vornehmen Neigungen, auch ein Gemäldekenner.
Nach der Stille der Vakanz ist mir der erneute lebhafte Verkehr zugleich anregend und ermüdend, und ich bestrebe mich, die gute Mitte zu finden.
Wegen Stelle etc. sprach ich mit Hermes[2]. Er riet mir auch, möglichst wieder eine Universitätsstadt zu suchen, womit ich nächstens beginnen werde.
Da meine Zeit eben um ist, schließe ich, um die Absendung nicht weiter zu verzögern. Grüßt die Aidlinger, wenn Ihr schreibt oder sie seht!
Herzlich küßt Euch Euer dankbarer Hermann

1 S. Anm. I: petit cénacle.
2 H. H. wollte seinen Arbeitsplatz wechseln; s. Nr. 608, Absatz 8. Basel war das Ziel und wurde auch Hesses nächster Aufenthaltsort.

682] *Helene Voigt an H. H.*

Marienhoff, 26. April 1898

Der achte März steht über Ihrem Brief, der mir damals viel Freude brachte. Sie sind selber schuld daran, daß ich so lange nicht zu Ihnen kam. Ich sollte Sie und alles vergessen – getan hab' ich's freilich nicht, aber für den unkameradschaftlichen Vorschlag verdienen Sie Strafe. Und wenn Sie sie gefühlt haben – dann freut es mich.
[...] Seltsam, ich hatte mir so fest eingebildet, daß Sie im elterlichen Hause wären in Tübingen. Ihr Brief hat mir mancherlei zu denken gegeben. Auch auf mich hat sich ein wenig von der Stimmung übertragen, in der Sie meinen Brief lasen. Media vitae! Aber ich freue mich, daß in Ihnen das Bild des Lebens gesiegt hat – und daß Sie Avenarius[1] kennen, der das Schöne und Glückliche im Leben so wunderbar, so göthegleich zu finden weiß. Ich bin mit meinem Verlobten bei ihm gewesen und es waren hohe Feierstun-

den für uns beide. Es war mir, als habe ein Unnennbares segnend sich auf unsere Stirnen gelegt. – Julius Hart begeistert mich viel weniger.

[...]

Unsere Hochzeit ist auf den vierten Juni festgesetzt. Kann aber auch sein, daß sie noch um vier Wochen verschoben wird. Wir wollen viel reisen und ich weiß schon, was ich tu', wenn wir auch nach Tübingen kommen. Was sagen Sie dann aber?

Wie schön das klingt, wenn Sie sagen, daß unsere Freundschaft erwuchs aus dem Zusammenwandern nach Einem Heimwehland und aus dem Beten zu gemeinsamen Göttern. Und wir wandern weiter, nicht wahr, trotz des Reichtums, den nun die Liebe über mich bringt. Und Sie wissen doch auch, was Sie tun, wenn Sie in Leipzigs Nähe kommen? Ich möchte gern ein Bild von Ihnen haben, und wenn Sie's wollen, will ich auch meins schicken. Und Sie müssen mir bald schreiben, wenn Sie noch von Helene Voigt einen Brief haben wollen.

[...]

Grüßen Sie doch gelegentlich »Schwester Adele«. Leben Sie wohl, denken Sie manchmal an

Helene Voigt

1 S. Nr. 677, Fußn. 2.

683] *Marie Hesse an Marulla Hesse*

Calw, 29. April 1898

[...] Papa war die letzten Tage sehr unwohl, gestern ganz im Bett nach schlimmer Nacht mit Erbrechen. Mittwoch hatte er schon arg Kopfweh, war aber auf und freute sich an dem Besuch von cand.theol. Gustav von Bodelschwingh, einem Sohn des bekannten Gottesmannes[1], selber scheints leidend nach Blinddarmentzündung und dergleichen, aber ein herziger Mensch, so schlicht und fromm und klug, sehr zum Liebhaben. [...]

1 Friedrich von Bodelschwingh (Vater), 1831-1910; s. NDB, 2 (1955), A. Adam; und andere, darunter auch Theodor Heuß (1951), G. von Bodelschwingh: »F. v. B.« (1922, 19. Aufl. 1959; K. Pergande: »Der Einsame von Bethel«, 1962.

684] *H. H. an Helene Voigt*

Tübingen, 30. April 1898

Um Ihnen zu zeigen, daß ich Ihre Strafe gespürt habe und jedenfalls noch einen Brief von Helene Voigt haben möchte, antworte ich sogleich auf Ihren Brief.

Da Sie es wünschen, sende ich auch einen Strauß Reime mit[1]. Um Ihr Porträt bitte ich recht sehr. Ich bin weder so schön noch so eitel, daß ich je in die Versuchung gekommen wäre, mich porträtieren zu lassen. Da aber auch andere Freunde das wünschen, werde ich nächsten Sonntag zum Fotografen[2] gehen und Ihnen ein Bild schicken, wenn es fertig ist.

Ihre Heideblätter waren noch feucht und dunkelgrün, mit starkem Dufte. Dank dafür! – Ich hoffe sehr, daß Sie, wie Sie andeuteten, auf Ihrer Reise hierher kommen werden. Es wird Ihnen dann wohl möglich sein, mich vorher rasch zu benachrichtigen, da ich sonst am Geschäft und schwer zu finden sein dürfte. – Sie kämen denn an einem Sonntage.

Ihr Verleger sandte mir ein Heft des »Bote f. d. L.«[3] mit Ihren Gedichten. Das war mir eine große Freude! Auch sonst, im »Kunstwart«[4] etc., lese ich zuweilen über Sie – überall Ruhm und Lob. Es ist mir immer merkwürdig, bei unsrer Übereinstimmung in wichtigen Kunst- und Lebensfragen Ihr Schaffen von meinem so verschieden zu finden. Aber so muß es sein. Wenn ich als Kind den Spruch hörte: »In meines Vaters Hause sind viele Wohnungen«, so

dachte ich mir dort Menschen in Dachzimmern, in Bauernhäusern, in Salons, in Villen, jeden zufrieden in einer ihm entsprechenden Umgebung. Ebenso ist's im Haushalt der Kunst, und es ist nie auszurechnen, in welcher Gattung, oder ob in Stanzen oder Knittelversen das Reinste und Beste gesagt worden ist. Wer will ein kostbares Falkegedicht[5] oder Achtzeiler von Schönaich[6] mit den Knittelversen des Faust vergleichen?
Schade ist es, daß Sie, falls Sie kommen, mich nicht im Elternhause treffen. Ich bin nicht zufrieden mit meinen Losen, aber ich rühme mit Liebe und Dankbarkeit, daß kein Glücklicher vollkommenere, gütigere, edlere Eltern haben kann als ich.
Ich beneide Sie um Ihr Zusammenleben mit der Frühlingsnatur! Mein täglicher Weg führt an Zäunen vorbei, welche von Blütenzweigen überhangen sind, ich nehme den frischen Anblick und einen Atemzug des milden, verliebten Aprilduftes mit in die enge Stadt und Stube und habe oft Verlangen nach vollerem Duft und reicherem Anblick, nach der Freiheit meiner Knabenjahre, da ich tagelang mit wachsender Lust am Schönen in Gras und Wald verweilte.
Aber ich bin dankbar für diese Atemzüge und Augenblicke, die mir wertvoller und erfreulicher sind als vielen Reichen ihre Gärten. Ich habe einen bewegten und kränklichen Winter überstanden, bin fester und stärker geworden und denke, das Leben soll mich doch nicht unterkriegen.
In Freundschaft Hermann Hesse

1 »Gavotte«, auch in »Romantische Lieder« und in anderen Gedichtsammlungen; »An Dich«, »Unser Schloß«, »Jugendflucht«, »Komm mit!«, »Maria-Lieder«: je in Erstfassungen; Abweichungen gegenüber späteren Fassungen in »Hermann Hesse/Helene Voigt-Diedrichs: Briefe«, S. 165 f. nachlesbar.

2 Man vermutet, zum Atelier Chr. Barth, Tübingen, wo das Foto des 21-jährigen H. H. gemacht wurde.

3 Der Leipziger Verleger Meyer, bei dem auch Helene Voigt-Diederichs' Erstlingswerk erschien, gab auch die Zeitschrift »Bote für deutsche Literatur« heraus.

4 »Der Kunstwart«, von Ferd. Avenarius 1887 in München begründet; erschien – unter verschiedenen Titeln – bis 1937.
5 S. Nr. 581, Fußn. 4.
6 Schönaich-Carolath, Emil Prinz von; 1852-1908.

685] *Marie Hesse an H. H.*

Calw, 8. Mai 1898

Mein lieber Hermann!
Herzlichen Dank für Deinen lieben Brief, den ich bälder beantwortet hätte, wären wir nicht so tief im Hausputzen gesteckt; die erste Woche der obere Stock mit den vielen Büchern zum Ausklopfen und letzte Woche unten die vorderen Wohnräume, nächste Woche die hinteren Räume – o der Saal! – die Küche, Keller etc. [...] Am 30. April starb der alte Perrot, man sagt, er habe sich drauf bereitet. Ich konnte seine Leute noch nicht besuchen. [...] Donnerstag war großes Verlobungsfest von Vetter Theodor von Barmen[1] und Maria Lechler, sie hatten sich an Ernsts Hochzeit[2] kennen gelernt und am Ostermontag auf der Villa Lechler in Freudenstadt vorläufig verlobt. Im September soll die Hochzeit stattfinden und auch die von Base Maria Gundert[3] und Richard Gutekunst, damit die Barmer bei beiden sein können. Jedermann freut sich sehr über diese schöne Verbindung. [...]
Alle grüßen Dich herzlich. Innig küßt Dich Deine

Mutter

1 Gundert, Theodor; 1865-1948; Fabrikant in Barmen. Sohn von H. Hs. Großonkel Theodor Gundert (1822-1909); heiratete am 4. 10. 1898 Maria Lechler (1876-1962).
2 Gundert, Ernst; 1863-1927; Rechtsanwalt; 2. Sohn von H. Hs. Großonkel Dr. Ernst Gundert aus dessen (zweiter) Ehe mit Emilie Mohl; heiratete am 15. März 1898 Agnes Gutekunst (1867-1905).
3 Gundert, Maria Viktoria; 1870-1949; 3. Kind von H. Hs. Großonkel Dr. med. Gustav Gundert (1838-1909) und dessen Frau Emilie, geb. Geyer (1841 bis 1909), heiratete am 3. 9. 1898 Richard Gutekunst (1870-1961).

686] *Helene Voigt an H. H.*

Marienhoff, 11. Mai 1898

Ich danke Ihnen für den Gruß, der mir eben aus Ihrer Hand kommt. So ähnlich hab ich mir gedacht, daß Sie ausschaun müßten. Das Bild ist mir eine sehr liebe Erinnerung an unser »Beten zu gemeinsamen Göttern« – wenn auch sonst es mir unvergessen geblieben wäre.

[...]

Als Gegengruß sende ich Ihnen denn mein Bild. Sie brauchen sich nicht zu bedanken, auch nicht für die Verse dahinter, die Ihnen zeigen sollen, daß ich Ihnen Ihr Vertrauen zurückgebe und meine innersten Gefühle nicht verberge.

Ich hab Ihnen wohl mal erzählt, daß ich eine leidenschaftliche Reiterin bin und schier kein Platz mir so lieb ist wie der Pferderücken. Wenn auch unser äußeres Leben sehr verschieden ist – eine große Ähnlichkeit ist doch da, indem wir beide ein Elternhaus haben, das vollkommener nicht gedacht werden kann. Das Schicksal treibt einen wohl hinaus – aber trotzdem bleibt einem der heimliche Märchenzauber der Heimat und der Liebe, die einen dort umgab.

[...]

Es freut mich herzlich, daß Sie sich durchringen zu mehr Lebensmut und -freude, und daß auch Sie ein wenig Blütenduft um sich haben. Und ich wünsche so innig, daß das Leben auch Ihnen von seinem »feinen funkelnden Reichtum« bringt. Ich denke jedesmal an Sie, wenn ich in Niels Lyhne lese.

Nehmen Sie vorlieb mit diesem heut – und denken Sie einmal an mich am 4. Juni[1].

Helene Voigt

1 Hochzeitstag von Helene Voigt.

687] *Marie und Adele Hesse an H. H.*

Calw, 22. Mai 1898

Mein lieber Hermann!

Wenn du an Pfingsten kommst, machst du mir eine ganz besondere Freude; du kannst auch 1-2 Freunde mitbringen, wenn du's gerne tätest. [...]

[*Adele setzt fort:*] Lieber Hermann! Vielen Dank für deine Karte! Wenn du an Pfingsten kämest, würde es uns riesig freuen, obgleich ich dir das Gelingen deiner idealen Pläne gönnen würde[1]. Marull kommt auch, das wird fein. Wir genießen Garten und Veranda und erholen uns von der Putzerei und dem Missionsfest[2], wo wir über 60 Leute zum Vesper im Saal hatten. Papa konnte trotz großer Angst seine Rede von der Kanzel halten und der ganze Trubel hat ihm nicht geschadet. Heut ist er ganz munter und frisch. [...]

1 S. Nr. 679, Absatz 2.
2 Fand Anfang Mai in Calw statt.

688] *H. H. an Karl Isenberg*

[Tübingen, 23. Mai 1898]

Lieber Karl!

Hier ein Gruß zum Geburtstag! Meiner herzlichen Freundschaft und Glückwünsche muß ich Dich nicht versichern.

Ich lebe hier in der gewohnten Weise. Neben dem Beruf füllt der schöne, immer neue Kult mir Zeit und Sinn – Dichtung, Geschichte der Künste, auch Musik! Ich hörte neulich den Klavierprofessor Pauer[1] ganz wunderbar spielen:

Scherzo c-Moll op. 16	Mendelssohn
Romanze Fis-Dur op. 29	Schumann
Scherzo h-Moll op. 20	Chopin.

Ich glaube, daß ich bisher auf dem Klavier nichts annähernd so Gutes gehört habe. Ich hatte von Pauer, den ich früher einmal hörte, nicht so viel erwartet. Die Romanze von Schumann trug er mit prächtigem Takt vor, im Publico waren wenig, die das merkwürdig kühne Schumannstück erfaßten. Gefallen hat wohl das erste Scherzo am meisten. Es war ein »Sekt«stück, präzise, graziös, perfekt gespielt, aber für mein Musikgefühl oder, sagen wir: Musikgewissen etwas zu sehr Mendelssohn: Musik für Viele, für Alle, man kann sich zu ihr nichts wie eine Gemeinde denken. Anders bei jener Romanze. Da sah man neben hundert großen Augen so anderthalb oder zwei Dutzend Versteher, deren Blicke sich gelegentlich trafen. Ein wildfremder Roigel kam mir da plötzlich ganz freundlich bekannt vor. Der Chopinschluß paßte gut. Die entscheidende Stelle des Scherzo kam famos heraus. Ich meine den Schluß des »Sostenuto«. Der schrille, überraschende, blitzartige Griff in die Dissonanz hing gar nicht in der Luft, er war ein organischer Teil – ich verstehe erst seither dieses Scherzo recht. Da meine Kenntnis sich über verhältnismäßig nur sehr wenige Musiksachen erstreckt, suche ich diese möglichst innig zu fassen, im Geist auswendig zu lernen, um so von wenigen Mittelpunkten aus einen Standort und Ausgangspunkt meines Gefühls zu haben. Eine bescheidene Ästhetik – aber besser als keine oder eine fremde.

»Hingeht die Zeit« – es ist spät. Behüt dich Gott, lieber Bruder! Sei gesund und vergnügt in diesem neuen Jahr!

Von dem *Bilde*[2] mußt du in Calw nichts verlauten lassen – es soll zu Vaters Geburtstag noch neu sein.

Mit herzlichem Kuß dein Bruder Hermann

1 Pauer, Max von (geadelt 1909); geb. 1866 in London, gest. 1945 in Jugenheim (Bergstraße); wurde 1911 Leiter des Konservatoriums Stuttgart, später (1924-1932) Direktor des Landeskonservatoriums in Leipzig.

2 S. Nr. 684, Fußn. 2 und Nr. 686, Absatz 1.

689] *Marie Hesse an H. H.*

Calw, 2. Juni 1898

[...] Unser Karl war ja Dienstag in Boll und wollte gestern bei der Philologenkonferenz in Stuttgart sein. Jetzt lacht ihm die liebe Sonne und an Pfingsten gab's eitel Regen! Onkel Friedrich[1] hat schon diesen ersten guten Tag ergriffen zum Heuen im Gütle. [...]

Ida[2] soll Montag um 11 reisen, da das der geschickteste Zug. Ich fürchte, sie bliebe lieber in Tübingen beim Schwesterchen.

Hoffentlich kamst du gut an, d. h. davon berichtete Tante Jettchen noch, aber ich hoffe, es geht gut. Sagte Herr Sonnewald etwas über Papas Brief und deine Aussichten?

Ich schicke hier das Kostgeld für April 46,50.– und Mai 48,50.– und 5,45.– für Extraausgaben. Gruß an Frau Dekan, bitte. [...]

Schreibe uns auch wieder. Es freute mich, dich hier zu sehen. Gott behüte und segne dich und führe dich freundlich!

Mit innigem Kuß Deine Mutter

1 Friedrich Gundert; s. Anm. I.
2 Ida Frohnmeyer; s. Nr. 645, Absatz 1 u. Fußn. 1.

690] *H. H. an Johannes und Marie Hesse*

Tübingen, 5. Juni 1898

Liebe Eltern!

Herzlichen Dank für Mamas Brief mit dem Geld!

Ich bin gut angekommen und jetzt nach einem Tag mit Kopfweh sehr wohlauf. Ich brachte noch am Montag den Brief zu Idi[1]. Dann war ich Donnerstag abend 8-10 Uhr dort. Frau Prof[essor] Walz ist sehr lieb und zugänglich. Idi ist natürlich das reine Quecksilber mit Schwätzen, Springen, Lachen, und hat sich scheints ohne Schwierigkeit sofort hier eingelebt. Das Schwesterchen[1] ist hübsch und zutraulich, aber gar zart – man sieht so die Adern an den Schläfen. Freitag abend war ich bei Häring, der sich sehr lang mit mir unterhielt und lebhaft nach Papa fragte. Man sprach allerlei; diesmal habe auch ich mich am Fragenstellen beteiligt und hatte die Freude, eine nicht uninteressante längere Aussprache über eine malerische Frage (Christusbilder als Porträts, ohne »Handlung«) herbeizuführen. Auch A. Leube war dort und erzählte mir von Papa. Frau Professor sah ich nur kurz. Es waren 3 Schweizer da, die ein nettes Schweizer Lied sangen.

Meine Freunde – außer Faber – sind wieder hier. Ich werde morgen mittag Meyers Astorre vorlesen, eine meiner Lieblingsnovellen. Sie ist wie eine gute, klassische Sonate; man liest sie zwanzigmal für sich und noch öfter vor, und findet meist wieder eine Schönheit, eine Finesse in der prächtigen Architektonik. Ich lese ja sehr viel, meist nach bestimmten Gesichtspunkten und ohne Leidenschaft, und freue mich immer wieder, daß es außer Homer – Dante – Goethe noch solche Schätze gibt, die man nicht auslesen und abnützen kann und die den raffiniertesten Leser noch reizen und fesseln.

Der 4. Juni war der Hochzeittag Helene Voigts[2], meiner fremd-bekannten Freundin.

Herr Sonnewald sprach mit mir. Er sorgt für mich, spricht aber noch von der Möglichkeit eines etwa halbjährigen Hierbleibens. Jedenfalls sieht er sich nun für mich um und können wir deshalb beruhigt sein. Er läßt Papa bestens grüßen.

Könnt Ihr mir sagen, welche formellen Schritte ich bei meiner selbständigen Verzichtleistung aufs Basler Bürgerrecht am 2. Juli[3] tun muß? Genügt mein Schreiben, oder sind irgend Stempel und amtliche Atteste erforderlich?

Auf Tante Jenny freue auch ich mich sehr. Dem lieben

Papa wünsche ich von Herzen eine rechte Erfrischung durch sie!
Von Karls Fahrten möchte ich gerne genauer hören. Wie kam er nach Boll? Nun lebt wohl! Herzlich grüßt und küßt Euch Euer dankbarer Hermann

1 H. Hs. jüngere Schwester Marulla. Marulla lernte damals in Tübingen Englisch (bei dem blinden Lehrer Lawton, einem Balten, dem Vater von Frau von Huene. Idi (= Ida Frohnmeyer) besuchte Marulla von Calw aus, wo sie (1897) bis 1902) im Haus Johannes Hesse daheim war, während ihre Eltern in Indien Missionsarbeit taten.
2 S. Nr. 686, Absatz 4.
3 Am 2. Juli 1898 war H. H. 21 Jahre alt und somit volljährig; er hatte von diesem Tage ab die Möglichkeit, auf sein Basler Bürgerrecht zu verzichten. – S. auch Nr. 612.

691] *H. H. an Johannes Hesse*

Tübingen, 13. Juni 1898

Lieber Vater!
Hier ein kleiner Gruß zum Geburtstag! Dazu mein herzliches Gedenken und Glückwünschen. Das neue Jahr wird Dir ja gleich zum Beginn Tante Jenny[1] schicken, und mir ist immer, als müßte sie Dir Gesundheit und Jugend mitbringen.
Meine Wünsche und die von uns allen kennst du wohl. Ich will dazu noch erzählen, daß auch hier mir fast täglich fremde und bekannte Menschen, alte und junge, begegnen, die nach dir fragen und herzliche Wünsche für dich haben und in irgend einer Weise dir anhänglich und dankbar sind.
Ich grüße dich und möchte dir sagen, wie ich an dich denke und dir dankbar bin, ich bitte für Vieles um Verzeihung, und um neue Liebe. Daß ich immer nur kurz bei Euch sein kann und daß mir die Ruhe fehlt, zu sitzen, zu verweilen, bloß dazusein, das tut mir manchmal leid. Trage

mich ferner, und glaube mir, daß ich bemüht bin, stiller und dankbarer zu werden.

Mit herzlichem Kuß Hermann

1 Jenny Hesse war die einzige damals noch lebende Schwester von Johannes Hesse. Sie kam öfter nach Calw.

692] *Adele Hesse an H. H.*

Calw, 15. Juni 1898

Lieber Hermann!

Deine Sendung hat auch mich so sehr gefreut, daß ich dir gleich danken muß, obgleich es ja nicht mir gegolten hat. Das Bild ist einfach famos, ich war zuerst ganz verblüfft, als du mich auf einmal daraus so groß anguckte st, aber es ist ausgezeichnet und prangt jetzt, zur allgemeinen Freude im Wohnzimmer vor der Uhr.

Im Hippel[1] habe ich schon ein wenig gelesen, das war zum Totlachen. Ich freu mich sehr auf weiteres. Papa hat uns doch schon immer davon vorgeschwärmt. Das Heft von Dir[2] hab ich ganz gelesen. Es hat mir *große* Freude gemacht. [...]

[*Sie habe dem Vater zum Geburtstag ein Gemälde von Hirsau gemalt.*]

[...]

1 Hippel, Theodor Gottlieb von; 1741-1796; Staatsmann und Schriftsteller; »Lebensläufe nach aufsteigender Linie« (mit alten Kupfern), 3 Bde., 1778-81.

2 Das schwarze Wachstuchheft »Zum 14. 6. 1898«, zum Geburtstag von Johannes Hesse, mit Versen, Prosa, Tagebuchaufzeichnungen; darunter eine Beschreibung »Mein Zimmer«; s. Anm. II, Nr. 42). S. Nr. 506.

693] *Johannes Hesse an H. H.*

Calw, 15. Juni 1898

Lieber Hermann!

In meiner Einundfünfzigjährigkeit fühle ich zwar ebensowenig Neigung und Kraft zum Briefeschreiben als mit 50 Jahren; doch muß ich Dir für Deine Geburtstagssendung danken, die ja fast verblüffend reich ausgefallen ist. Also zuerst für Deinen Brief, den ich als von Herzen zum Herzen geschrieben ansehe und als ein Angeld dafür betrachtete, daß wir mit der Zeit einander noch immer näher kommen werden, – dann für das M[anu]S[kript][1], aus dem Adele mir bereits einiges vorgelesen hat u[nd] zu dem ich nur sagen kann, daß ich in meinem 17.-19. Jahr ähnliche Versuche gemacht, es aber nie so schön hingebracht habe. Möchte die Gabe der Sprachbeherrschung, die Du mit so viel Fleiß und Liebe pflegst, für Dich und für andere eine Quelle wahrer Freude und wirklicher Beglückung werden. Die Sprache ist die Wohnung und die Werkstätte des Geistes, ja eine Art Zauberstab, mit dem man den Geist rufen kann. Es gibt aber verschiedene Geister. Möchtest Du nie solche rufen, die Du später gern wieder loswärest, die sich dann aber nicht so schnell wieder bannen lassen! Und endlich muß ich danken für das schöne Buch. Gleich die zwei ersten Seiten, die Adele mir eben vorgelesen, haben mich ganz merkwürdig angeheimelt. Es ist ein Lieblingsbuch auch von Professor Haering[2]. Aber das ist ja noch nicht alles. Durch Idy[3] hast Du mir ja auch die Monologe geschickt. Da las ich gleich den Abschnitt über Jugend und Alter – wie ich hoffe – mit Nutzen. Schleiermacher kommt mir vor wie ein Christ in der Verkleidung eines Philosophen. Andere freilich halten ihn für einen Pantheisten, der nur ein christliches Mäntelchen umgeworfen hat. Einerlei, das eine wie das andere bedeutet für mich eine Beugung vor Dem, dem noch einmal alle Kniee sich beugen werden

und den von allen geehrt und geliebt zu sehen der höchste Wunsch meines Herzens ist.
Von Marulla kam ein langer drolliger Brief, worin sie einen Seminarausflug beschreibt. Du wirst ihn auch mit Vergnügen lesen. Die Aidlinger[4] kamen fünf Mann stark am Morgen meines Geburtstages. [...] Adele hat mir wieder ein schönes Bild gemalt, eine Hirsauer Landschaft mit Ruine. Das originellste Geschenk ist aber eine Bank, die Frau Oberförster [Hepp] zum Ausruhen für mich auf dem halben Wege nach Hirsau hat errichten lassen.
An den Bürgerausschuß des Ct. [= Kantons] Basel-Stadt mußt Du am 2. Juli ganz kurz schreiben: Du erklärest hiermit, daß Du auf das Basler Bürgerrecht verzichtest. Stempel und Formalitäten sind nicht nötig. Nur wegen der Adressierung bin ich im Zweifel. Schick' das Papier an mich. Dann lass' ich's durch einen Freund in Basel[5] an die rechte Adresse gelangen. Herzlich dankend

Dein Papa

1 S. Nr. 692, Fußn. 2.
2 Bisher nicht ermittelt.
3 S. Nr. 690, Fußn. 1.
4 Familie Theodor Isenberg, s. Anm. I.
5 Archivar Dr. Rudolf Wackernagel.

694] *Helene Voigt-Diederichs an H. H.*

Leipzig, 20. Juni 1898

Wissen Sie, worüber ich mich gefreut hätte? Wenn Sie mir irgend etwas gesagt hätten zum vierten Juni. Ein Glückwunsch wär' nicht nötig gewesen, die kamen genug. Aber ein Wort des Gedenkens wäre brav und kameradschaftlich gewesen. – Nicht wahr, ich bin trotz der Stadtluft und der Handschuhe, die das Leben hier an hat, noch sehr derb gradezu. Will's mir auch gar nicht abgewöhnen – wenn ich auch den mir lieb gewordenen Namen hab' ablegen müssen und vieles andere Liebgewordene. Von meinem innerlichen, noch ein wenig wurzellosen Zustand will ich nicht reden. Mein Mann – *das* schrieb ich noch nie – ist von großer Liebe und Güte und läßt mich Heimat und Vaterhaus nicht entbehren und die dürstende Seele nicht schmachten. Alles andere ist dann Nebensache und meine Menschenscheu werd' ich wohl verwinden. Menschenscheu ist nicht richtig – es ist nur die Furcht vor dem Lauten und Lärmenden der Großstadt, dem Leben, das nicht mein Leben ist.

[... *Über die Hochzeit, 14 Tage noch im Norden, Verschiebung der Reisepläne*]

So fürchte ich, daß wir im Herbst Süddeutschland nur flüchtig berühren werden und trotz Venedigs hätte ich gar gern Ihre Heimat kennen gelernt und eine persönliche Begegnung mit Ihnen gehabt. Ich hoffe, daß einmal Ihr Weg Sie auch nach Leipzig führen wird.

[...] Ich hoffe von Herzen, daß Sie gesund sind und das Leben Ihnen frohe Stunden bringt – und daß Sie das Gefühl innerlicher Verwandtschaft mir bewahren mögen.

Helene Diederichs
geb. Voigt

695] *H. H. an Johannes und Marie Hesse*

Tübingen, 22. Juni 1898

Ihr Lieben!

Herzlichen Dank für Eure Briefe! Auch für Hansens Karte von Hirsau. Die letzten Tage waren zum Schreiben zu heiß. Auch heute bin ich müde und faul von der Schwüle. Es regnet jetzt ein wenig, und meine Rosen duften stark. Ich habe dies Jahr eine besondere Liebe zu Blumen und sorge dafür, daß immer frische im Zimmer sind.

Hans hätte neulich mit in der Fischereiausstellung sein sollen. Die Zierfische und ausländischen Aquarien sah ich nur flüchtig an, blieb aber lange bei den einheimischen stehen. Die alte Fischerleidenschaft[1] regte sich in mir, als ich die feinen Angeln und Forellenköder und Angelruten sah, und vollends die Fische! In großen Aquarien waren alle Arten von Forellen, Karpfen, Nasen, »Blecken«, »Schuber«, Hechte, Aale lebendig zu sehen, meist in großen Rudeln, von ganz jungen bis zu enormen Prachtexemplaren. Einen »Kresser«, unsern kleinen Liebling, suchte ich vergebens. Aale waren in mehreren Abteilungen zu sehen, von kleinen, 2-5 cm langen, sehr dünnen Dingern bis zu meterlangen, die sich im schönen klaren Wasser rudelweise durcheinander schlangen, mit unglaublich gelenken, feinen Bewegungen. Die Karpfen hatten kolossale Köpfe mit breiten, offenen Mäulern und Glotzaugen, sie bewegten sich kaum. Von vorn sah man an so einem Idioten bloß den Riesenkopf, hinter dem der übrige unbewegte Körper verschwand.

Die Barben waren ebenfalls faul und würdig. Die Hechte bewegten sich wenig, sahen aber wie die geborenen Bösewichter aus, mit raffiniert häßlichen Farben und sehr schmalen, ein wenig gekrümmten Formen.

Sie sind ganz hell, noch heller als Schuber, mit der braungelb-silbernen Farbe angelaufener Blechbüchsen. Sie und die Karpfen sahen aus wie Raritäten, die ans Ausgestellt-

sein gewöhnt sind, ruhig, überlegen, blasiert melancholisch.
Aber das ist ja die reine illustrierte Naturgeschichte!
[...] Ich hoffe bald einmal nach Calw kommen zu können, was mir zur teilweisen Entschuldigung meiner mangelhaften Erzählerei gereichen möge. Es ist noch so warm, und schon etwas spät – adieu also!
Mit herzlichen Küssen Hermann

1 Vgl. z. B. in »Unterm Rad«, u. »Der lahme Knabe«.

696] *H. H. an Helene Voigt-Diederichs*

Tübingen, 23. Juni 1898

Daß Sie am Hochzeitstag einen Gruß von mir vermißt haben, tut mir leid und freut mich zugleich. Ich hatte schreiben wollen, aber dann dachte ich–: Sie sitzt nun bei Tisch mit Gästen, hört herzliche Worte und solche, die verbraucht und entwertet sind. Sie geht mit dem Verlobten im Garten und freut sich jeder Minute, die die Welt noch ferne bleibt. Sie denkt an Morgen und Gestern und an alles Befreundete, und weiß, daß alle Freunde heute ihrer gedenken. Wozu noch Worte suchen?
Am Abend des 4. Juni saß ich lange vor Ihrem Bilde. Ich wünschte Ihnen Lust und Mut zur Trennung und einen sonnigen Beginn des neuen Lebens. Ich versuchte, Sie und Ihr Haus mir vorzustellen, hinter der Tür zu stehen und die Reden der Gäste zu hören. Ich wünschte Ihnen einen ebenen Weg und immer reichere Aussichten in das Land, das unser gelobtes ist. Auch heute ist mein Wunsch, wir möchten neben dem *Heimweh* oft auch die *Freude* an unsrer Wanderschaft teilen und den glücklichen Stolz auf unser Ziel, das vor andern herrlich und beglückend ist. – Und dann wartete ich im stillen und freute mich auf Ihren Besuch. Nun, vielleicht kommt er ja dennoch zustande!

Und nun will ich, um dem ewigen Versprechen ein Ende zu machen, heute noch ein wenig von mir reden. Ich bin in diesem Jahr frischer und gesunder als sonst, und kann selbst die heißen Sommertage genießen. Eine Sehnsucht und Trauer freilich bleibt immer: Freunde Ihrer Art fehlen mir hier. Meine nähern Bekannten sind meist Wissenschaftler, die im Verkehr mit mir im wesentlichen den Sport eines gelinden Kunstkultes pflegen. Ich bin oder scheine mir vereinsamt mit meiner Art zu sehen und zu leben, wenn ich in den Augen meiner Umgebung nichts von dem Suchen und Finden und Liebhaben sehe, welches mir Auge und Herz erfüllt. Ich pflege meinen Blick für jedes Schöne, ich bin des stummen und vertrauten Umgangs mit seiner Welt gewohnt; aber ich bin allein dabei und möchte doch mitteilen und wiederempfangen!

Neben allerlei Lektüre treibe ich gelegentlich meine besondere Liebhaberei und weile Abende und Nächte bei den deutschen Romantikern, vor allem bei Tieck und Novalis. Für ruhige, hohe Stunden sind mir nächst Goethe die Meister Keller, Meyer und Storm befreundet.

Eine schöne Frühlingsfeier beging ich mit vier lieben Begleitern[1] am ersten Mai an meinem Lieblingsort, dem Schloß Lichtenstein. Wir lagen im Walde, wir gingen bekränzt in den Parkwegen, und brachten zum Schlusse dem Dichter Hauff an seinem Denkmal einen stummen Trunk. Die Gläser klirrten an die Felsen, und wir standen noch eine Weile bewegt auf dem steilen Vorsprung, unter dem reinen Himmel über dem steilen, bewaldeten Tal, während die Sonne hinabging. Ich sah mit hellem Wohlgefallen die nüchternen Freunde der schönen Stunde und einem lieben Dichter opfern.

Jetzt ist Sommer. Ich habe seit vielen Wochen immer frische Blumen im Zimmer.

Auf das Drängen eines Freundes begann ich, eine kleine

Auswahl von Liedern zum Druck vorzubereiten; aber vor dem Fertigwerden des Manuskripts verdroß mich wieder die Aussicht auf das Briefschreiben, das Verlegersuchen, das Rechnen usw., und ich legte die Blätter wieder dahin, wo sie zum Teil schon lange lagen. Geschrieben habe ich fast nichts, als einige Gespräche mit Maria[2], und einige mit »Frau Gertrud«[2]. Diese beiden Frauen beschäftigen meine Dichterpläne,– beide haben durch Schönheit und seltene Eigenart mich beeinflußt und vielfach bewegt. Beide waren lange in meinen Träumen, eine stark, vornehm von ruhig kräftiger Art, die andere blaß, schmalhändig, mir durch die Liebe zu Chopin verwandt. Und beide, in allem fast Gegensätze, haben für mich etwas von der Schönheit und Bedeutsamkeit der Beatrice Dantes.

Sie wissen und glauben mir, daß ich nicht nur am 4. Juni an Sie dachte, sondern mich stetig Ihrer Freundschaft freue. Denken Sie Gutes von mir und erzählen Sie mir bald auch von sich und Leipzig. Hermann Hesse

1 Des »petit cénacle«; s. Anm. I.

2 Maria und Frau Gertrud waren wohl Traumgestalten. Briefe von Carl Hammelehle, z. B. vom 3. 1. 1898 (Original im Literaturarchiv, Marbach) weisen darauf hin. Da ist die Rede von H. H. als »romantischen Dichter und Einsamen, der heimlich Wache hält, daß nichts Unsauberes eingeht in sein Wunderland der Träume« (a.a.O.). Die Gedichtauswahl »Romantische Lieder« erschien doch noch 1898 bei E. Pierson, Dresden und Leipzig. S. Nr. 731.

697] *Marie Hesse an H. H.*

Calw, 25. Juni 1898 [Postkarte]

Lieber Hermann!

Gestern abend 4 Uhr kam Tante Jenny[1] endich an mit Herrn und Frau Brasche[2], die bis Montag bleiben und dann aufs Basler [Missions]fest wollen. Wir hoffen, du kommst Sonntag, 3. Juli und feierst deinen Geburtstag hier. Hosen kannst du dir kaufen, wenn du's gern selber besorgst, sonst würde ich von Hinderer dir hier was aussuchen. Schreibe darüber noch. [...] Heute kam über Mittag ein netter cand. theol. Hattemark aus Norwegen zu uns, so hatten wir vollen Tisch und interessante Unterhaltung. [...] Vom ungewissen Warten wurde Papa ganz angegriffen und ist wieder schwächer und magerer. Hoffentlich hilft ihm die Schwester[1] nun zu neuer Stärkung. [...]

1 S. Nr. 673, Absatz 2 und Fußn. 4. S. auch Nr. 701 und Fußn. 1.
2 Apotheker in Weißenstein, mit Hesses befreundet.

698] *H. H. an Marie Hesse*

Tübingen, 26. Juni 1898 [Postkarte]

Liebe Mama!
Herzlichen Dank für Deine Karte! Wegen der Hosen warten wir, bis ich komme. Ich möchte sie des Schnittes halber lieber hier machen lassen. Ich wünsche mir noch 2-3 Stück E-Saiten. Ich habe eine Geige entlehnt.
Also den 3. Juli komme ich. Falls Ihr einverstanden seid und Platz habt, bitte ich, mit ein paar Zeilen Herrn Sonewald um einen oder zwei Tage Urlaub zu bitten, unter Erwähnung Tante J[enny]s. Ich freue mich sehr auf den Besuch.
Mit herzlichem Gruß und Kuß Hermann

699] *Johannes, Jenny, Adelaide und Hans Hesse an H.H.*

[Postkarte; Calw, 1. Juli 1898]

Teuerster Sohn, Neffe und Bruder!
4 Menschen sitzen noch bei nachtschlafender Zeit in Tante Jennys Zimmer zusammen u[nd] senden Dir die herzlichsten Glückwünsche zum Geburtstag! Am Sonntag alles weitere!

Die Antwortkarte kriegst Du zum Geschenk. Man kann sie ja jederzeit benützen. Heute habe ich nach 3/4 Jahr meine erste Eisenbahnfahrt gemacht – nach Hirsau! Mama ist müde ins Bett gegangen. Schön, daß Du kommst. Wir alle grüßen. Dein Papa H. – Tante Jenny.

Adelaide. Hanno. Hurrah! Am Sonntag!

700] *Staatskanzlei Basel-Stadt an H. H.*

Basel, den 8. Juli 1898

Herrn Hermann Hesse in Calw.

Wir beehren uns, Ihnen anmit zu erwidern, daß Ihre Erklärung vom 2. ds. zur Entlassung aus dem Schweizerbürgerrecht noch nicht genügt.

Nach Art. 6 des Bundesgesetzes betr. die Erteilung des Schweizerbürgerrechts und den Verzicht auf dasselbe vom 3. Juli 1876 kann ein Schweizerbürger auf sein Bürgerrecht verzichten, insofern er

a. in der Schweiz kein Domicil mehr besitzt;

b. nach den Gesetzen des Landes, in welchem er wohnt, handlungsfähig ist;

c. das Bürgerrecht eines andern Staates bereits erworben hat, oder dasselbe ihm zugesichert ist.

Über diese drei Punkte müssen Sie amtliche, von den Württembergischen Behörden ausgestellte Ausweise beibringen. Ihr schriftlicher Verzicht auf das Schweizerbürgerrecht ist unter Beilage der genannten Ausweise an den Regierungsrat zu richten.

Achtungsvoll

Kanzlei des Kantons

Basel – Stadt

[gez. unleserlich]

[Handschriftlicher Zusatz:]

Verzicht auf Papier vom Calwer Oberamt abgesandt 21. Juli 98.

701] *H. H. an Helene Voigt-Diederichs*

[Calw, 9. Juli 1898] [Ansichtskarte]

Ich muß Ihnen doch einen Gruß aus meiner leider nur 8 tägigen Sommerfrische senden! Ich habe nie so viel gelaufen, Grünes gesehn, Wald- und Bergluft geatmet, seit meiner Kinderzeit! Es ist Abend und ich sitze in meinem früheren Zimmer, wo ich die ersten Schülerhexameter geschmiedet habe. Mein Herz ist froh und still, meine Gedanken sind wieder mutig geworden und bauen an alten Dichterplänen fort. Baltische Verwandte[1] sind zu Besuch, die Eltern sind leider schwach und krank. Sonst ist viel Sonne und Freude; mit besonderer Lust herrsche ich über meinen Garten, der voller Blumen ist. Mit besten Grüßen H. Hesse

1 Die einzige noch lebende Schwester von Johannes Hesse: Tante Jenny (1840 bis 1926), mit Herrn und Frau Brasche (Verwandtschaftsverhältnis noch nicht festgestellt).

702] *Helene Voigt-Diederichs an H. H.*

z. Zt. Naumburg an der Saale, 14. Juli 1898

Es war lieb von Ihnen, daß Sie an mich gedacht haben in Ihrer Heimat und ich hab' mich herzlich gefreut über die Stimmung, aus der heraus Sie mir Ihren Gruß sandten. Nicht wahr, zu Haus ist man doch ein anderer Mensch, [...] Mein Mann gibt in diesem Jahr noch einen gesammelten Novalis[1] heraus, geht überhaupt an die Ausführung vieler jahrelang gehegter Pläne. Sonst würde ich Sie bitten, ihm einmal Ihre Gedichte zu senden, will aber nun lieber damit warten, bis mehr Windstille da ist. [...]

Mein Mann macht eine militärische Übung durch in Dresden. Dann wollen wir uns vor weiteren Reisen unser Heim in Leipzig-Eutritzsch ausbauen. Ich hoffe, Sie lernen es auch kennen. Meine Freunde sind auch meines Mannes Freunde. [...]

1 Novalis: »Sämtliche Werke«, hrsg. von Carl Meißner und Bruno Wille, 3 Bde. 1898, Ergänzungsband 1904.
Vgl. auch »Novalis, Dokumente seines Lebens und Sterbens«, hrsg. von Hermann Hesse und Karl Isenberg (Neffe von H. H.), für den Insel Verlag neu eingerichtet von Volker Michels; insel taschenbuch 178, Frankfurt 1976.

703] *H. H. an Helene Voigt-Diederichs*

Tübingen, 26. Juli 1898

[...][1] Daß Ihr Mann eine Novalisausgabe macht, ist mir sehr interessant zu hören. Kann ich noch etwas darüber erfahren? Ich bin in meiner Freizeit fast ganz mit ernstlichen Romantikerstudien beschäftigt, und Novalis ist mir besonders wichtig. Auf den bei Ihnen erscheinenden Jacobsen[2] habe ich sogleich subskribiert.

Ich spüre, daß ich heute zwölf Stunden hart gearbeitet habe, und bin müd. Ich wollte aber doch von mir hören lassen, Ihnen danken und sagen, daß ich sehr wohlauf bin. Daß Sie daran denken, ich solle meine Manuskripte dem Verlag Ihres Mannes anbieten, freut und ehrt mich und ich werde einer Erinnerung daran womöglich immer gerne Folge leisten. Doch ist mir, als sollte ich eine *erste* eigene Publikation[3] – offen gestanden – ohne Ihre Unterstützung, ich meine ganz auf eigenen Füßen unternehmen. Verstehen Sie?

Ich hoffe fest, Ihnen recht bald besser zu schreiben. Für heute nur meine besten Grüße und Wünsche für Ihr neues Einleben und Anfangen! Sobald meine Zeit und Kraft wieder mehr mir selbst gehört, freue ich mich, Sie brieflich zu besuchen. Ich wünsche sehr, daß unser Briefwechsel nicht in das Zeichen des »In Eile, aber in Liebe« treten möchte.

In Feundschaft Ihr Hermann Hesse

1 Der Brief beginnt mit dem Gedicht »Ich weiß es wohl«. Das war – nach Auskunft von Prof. Joseph Mileck an Ulf Diederichs und Eberhard May – vor dem Druck des Briefwechsels H. H./Helene Voigt-Diederichs nirgendwo

gedruckt. Eine Handschrift ist auch im Deutschen Literaturarchiv, Hesse-Nachlaß, Marbach.
2 Jacobsen, Jens Peter; 1847-1885; deutsche Gesamtausgabe »Gesammelte Werke«, übersetzt von Marie Herzfeld; 3 Bde., Leipzig 1898/99.
3 »Romantische Lieder«, erschienen bei E. Pierson, Dresden und Leipzig; sie lagen bereits 1898 vor; im Impressum der Erstausgabe steht die Jahreszahl 1899.

704] *H. H. an Johannes und Marie Hesse*

[Tübingen,] 31. Juli 1898

Ihr Lieben!
Ich mag diesen Sonntagabend nicht ins Bett gehen, ohne Euch noch zu grüßen.
Heute mittag war ich von Hermelinks[1] zu Reis und Curry geladen und dort sehr lieb bewirtet, später war ich bei der Leiche eines Studenten[2], dann bis zum Nachtessen mit Schönig, Rupp und Faber[3] zusammen. Den Abend war Hammelehle[3] bei mir, sehr zutraulich und nett. Er denkt viel an Calw und bedauert, daß er dort gestört hat und sich zum erstenmal nicht recht in euer Leben zu geben wußte.
Gestern abend las ich den zweiten Band von Eckermanns Gesprächen zu Ende, mit Goethes Tod. Heute früh kam die Todesnachricht von Bismarck mir besonders ergreifend. Ich kenne ihn nur aus seinen Briefen als großen Menschen, reich an Geist und Herz, und ich hatte von ihm den Eindruck, als müßte er immer fortleben, um uns Ehrfurcht zu lehren und das Leben wertvoller zu machen.
Von unsrem Zusammensein haben wohl die Schwestern erzählt. Meine Freunde grüßen. Nächste Woche gehen sie in die Ferien auseinander. Dann liegen viele erwünschte Abende und Sonntage zur Arbeit vor mir. Meine Kenntnis der romantischen Schule geht vorwärts. Novalis ist mir immer noch der liebste, er und der junge Wackenroder. Diese und Tieck kenne ich ziemlich, Eichendorff und andre kom-

men bald an die Reihe. Bei Brentano fand ich wenige, aber schöne, volksliedartige Gedichte. Er ist am meisten »Romantiker«, hat ein ungebändigtes, fahrendes Leben geführt und war voll von Künstlergedanken, die zumeist untergegangen oder verkümmert sind. Trotzdem lohnt sich die Beschäftigung mit diesem kranken Geschlecht, ich finde in einigen Modernen romantische Ideen fortgesetzt und teilweise wirklich zu einer Vollendung ausgebaut. Heine habe ich nun auch mehr verstehen gelernt, wenn auch mein ehemaliger Enthusiasmus für ihn nicht wieder kommen will. Er hat aus der geistigen Erbschaft, die er angetreten, aus der ganzen kranken Romantik, schließlich mehr und Bleibenderes gemacht als alle Romantiker selber, von deren Werken ich bei aller Vorliebe mit Recht nur Tieck'sche Novellen und einige Lieder von Novalis und Eichendorff noch gekonnt finde.

Es ist Nacht und kühl. Da Herr Hermes verreist ist, bin ich dieser Tage etwas überanstrengt und ersehne auch deshalb die ruhige Zeit der Sommerferien. Während derselben möchte ich, wenigstens für einen Sonntag, gerne wieder zu Euch kommen. Auf Wiedersehen also! Mit herzlichem Kuß Euer Hermann

1 S. Anm. I und »Kdht. u. Jgd. I«, S. 593 sowie die dort angegebenen Stellen. – S. auch Anm. II, Nr. 43). – Nach Auskunft von Uwe Jens Wandel, Assessor des Archivdienstes der Universität Tübingen, studierte Heinrich Hermelink im Tübinger Stift (vom 3. Dezember 1896 bis 3. Juli 1901). Vgl. auch Neue Deutsche Biographie, Bd. 8, Berlin 1969, S. 667 f.

2 Ninon Hesse vermutet in diesem Erlebnis den Anlaß zur 1899 geschriebenen Erzählung »Die Novembernacht, Eine Tübinger Erinnerung«; GS I, S. 116 ff.; in »Hermann Lauscher«.

3 Neben H. H. und Ludwig Finckh (Ugel) Mitglieder des »petit cénacle«; s. Anm. I.

705] *Marie Hesse an H. H.*

Calw, 7. August 1898

Mein lieber Hermann!

Herzlichen Dank für deinen lieben Brief von vor acht Tagen, kam leider nicht früher ans Antworten, da ich drauf los zu arbeiten hatte, um zur Silberhochzeit[1] aus des teuren Großvaters Briefen an mich einiges herauszuschreiben, z. B. was Vater über die Steinhaus Kinder[2] mir schrieb und sonst manche nette Stücke. Der Gedanke war mir leider erst spät gekommen, so pressierte es dann. Aber es hat Onkel Friedrich[1] ganz außerordentlich gefreut, so ist jedenfalls der Zweck erreicht worden. Tante und Agnes[3] können dir vom schönen frohen Fest erzählen, es verlief alles recht harmonisch und lieblich. Karl sang Archibald Douglas sehr schön. Onkel und Tante[1] strahlten ganz jugendlich und die Kinder[2] waren überglücklich. [...]

Heute nach der Kirche war in der Turnhalle eine Bismarcktrauerfeier, ganz würdig und schön. Professor Haug hielt eine Rede, ein Norddeutscher trug ein Gedicht vor; der Liederkranz sang zu Anfang und Schluß. [...] Bitte besorge für Adeles Geburtstag Tauchnitz David Copperfield, Ihr drei Geschwister, Carl, Marull und du (?) wollt ihrs ja geben, gebunden. [...] Papa soso, nicht schlimmer. Innig küßt dich

deine Mutter

1 Am 5. August 1898 feierten Marie Hesses jüngerer Bruder Friedrich Gundert (s. Anm. I) und Frau Emma, geb. Heermann, Silberhochzeit.

2 Die 7 Töchter, die zwischen 1874 und 1890 aus der Ehe Friedrich Gunderts mit Emma Heermann hervorgingen.

3 Elisabeth Gundert und ihre Tochter.

706] Beschluß des Regierungsrates des Kantons Basel – Stadt vom *24. August* 1898[1]

Johann Hesse-Gundert in Calw /Württemberg/ ersucht um

Entlassung seines Sohnes Hermann aus dem hiesigen Bürgerrecht.
Auf den bezüglichen Bericht des Bürgerrats Basel wird Hermann Hesse aus dem Basler Bürgerrecht entlassen. Dies ist zu publizieren und dem Bürgerrat Basel mitzuteilen.

Kanzlei des Kantons
Basel-Stadt.

Herrn Hermann Hesse [gez.] *Dr. R. Wackernagel*

1 Das Datum im vorgedruckten Kopf sowie der Text mit Schreibmaschine; Unterschrift und Name des Adressaten handschriftlich (2 verschiedene Schreiber).

707] *Helene Diederichs an H. H.*

z. Zt. Hirschgarten bei Berlin, 29. August 1898

[...]
Meine Zeit war zerrissen und ausgefüllt, und ich schrieb Ihnen nicht, um das bewußte »in Eile aber in Liebe« zu vermeiden, das ich ebenso sehr hasse wie Sie. Und doch stehe ich leider noch heut unter diesem Zeichen. So nehmen Sie denn meine Worte nur für einen Gruß, für einen Händedruck, für einen Ausdruck des Nichtvergessens. – Ich habe eine innige Freude gehabt an dem Geist, der aus Ihren letzten Versen spricht. Es geht ein frischer und mutiger Hauch dadurch, und ich habe nicht nur den Eindruck Ihrer schönheitssehnenden und sonnendurstigen, sondern auch einer männlichen Seele. Ich denke, das hängt damit zusammen, daß Sie sich auch körperlich stärker und voller fühlen. Daß Sie Ihre erste selbständige Veröffentlichung lieber auch selbständig in's Werk setzen, empfinde ich Ihnen vollständig nach. Meine Andeutung sollte Ihnen nur die Qual des Verleger-Suchens erleichtern.
[...]

Gruß und Handschlag, recht festen von meinem Mann und mir. Helene Diederichs geb. Voigt

708] *H. H. an Helene Voigt-Diederichs*

Tübingen, 27. August und 4. September 1898

Ich lege Mundts Literaturgeschichte[1], Schlegels Kritiken und Novalis' Hymnen zur Seite, um Sie für Augenblicke zu besuchen.

Wie Sie sehen, geht meine Beschäftigung mit der Romantik stetig fort. Ich studiere viel und finde allmählich Überblick und festen Stand. Diese Romantik! Alles Heimliche und Jünglinghafte des deutschen Herzens ist in ihr, alle die Überkraft neben aller Krankheit, und vor allem eine Sehnsucht nach geistiger Höhe, eine jugendlich geniale Spekulation, welche unserer Zeit durchaus fehlt. Die Religion der Kunst – das ist für mich das Wesentliche, sie ist das Ziel der Romantik in ihren naivsten wie in ihren raffiniertesten Produkten. Traurig und lächerlich erscheint mir die laienhafte, energielose Nietzscheschwärmerei unserer jungen Literatur. Wie wenig verstehen sie ihn, wie dunkel und erbärmlich sind sie neben ihm, und wie verzweifelt wenig kommt bei dem ewigen Anbeten und Zitieren heraus. Die dunklen, fiebernden Verse Dehmels[2] sind noch das Lebendigste. Wie viel reicher war die Zeit der Schlegel, Hardenberg, Steffens, Schelling, Schleiermacher! Wenn Novalis die sonst so wenig seltene Gabe der Schreibkunst, des Büchermachens gehabt hätte, so wäre er mehr als alle Literaten neben und nach ihm geworden. Nun, ich liebe ihn so. Es gibt wenige, die, wie er, mehr haben als sie sagen, die reicher als ihre Gedichte, größer als ihre Worte sind.

Verzeihen Sie aber diese Vorlesung! So geht es den Leuten, die kein Tagebuch[3] schreiben! Es fällt mir schwer, bei der Studierlampe, im Arbeitsrock, den guten Ton des Plauderns zu finden. Ich möchte heute bei Ihnen sein, Sie allerlei fragen und Antworten hören, die ich im voraus weiß. Ich möchte Sie erzählen hören oder über einen unsrer Lieblinge mit Ihnen reden.

Chopin's h-Moll-Scherzo hörte ich vor einiger Zeit vom kleinen Pauer[4] vorgetragen. Es war seit Sarasate[5] das erste glänzende Meisterspiel, das ich hörte, und tat mir überaus wohl. Ich habe Chopin nie so fein vortragen hören, so elegant und flüchtig, mit allem Reiz seiner Heimlichkeiten und Dämmerungen. Der schrille Höhepunkt jenes Scherzo, der wenig Spielern schön gelingt, trat rein und ergreifend hervor.

Vor einigen Wochen hatte ich die Freude, meine beiden Schwestern einen Tag hier zu sehen. Ich führte sie mit einigen Freunden auf den Lichtenstein, – ein schöner glücklicher Tag voll Geselligkeit, Gespräch, Waldgeruch und Höhenlicht. Seither waren heiße Sommertage, mit schwülen Nächten ohne Schlaf, als einzige Erquickung das tägliche Neckarbad, außerdem viele Arbeit, so daß ich abends froh war, endlich im Bett zu liegen und morgens ungeduldig und unerquickt den Tag begann. Vorgestern endlich kam Regen und Gewitter. Ich lag die halbe Nacht im Fenster und hörte zu. Jetzt kann ich die Abende wieder zu Arbeit und Lektüre benützen. Nebst Theoretischem besonders Novalis und Tieck, sein Freund und Gegenstück. Mehrere Tiecksche Sachen lese ich jetzt zum erstenmal, andre mit besserem Verständnis[6]. Ich habe oft Freude an seiner Buntheit, dieses fröhliche und oft gewagte Spiel mit Stoff und Form ist interessant zu betrachten, außerdem sind in den Märchen und Novellen wirklich prachtvolle Stücke.

Am 4. IX. 98

Von einem Besuch in Calw zurückkehrend finde ich Ihren Brief. Ich kann nicht sagen, wie tief und gütig er mich berührte. Wahrlich, es gibt eine Gemeinschaft im Reich des

Schönen und der Sehnsucht! Sie nennen Bücher, nennen Künstler, welche Sie schätzen, und siehe, es sind meine Lieblinge! Bruno Wille – Vogeler – Maeterlinck[7] sind mir nicht fremd. Ich kenne und ehre sie und vom dritten erwarte ich mehr als von irgend einem andern Ausländer, d'Annunzio[7] vielleicht ausgenommen.

Der Gedanke der »freien Rhythmen« für Novalis' Hymnen ist ja nicht neu. Ich habe mich tief und lange in dieses Werk versenkt, ich kenne es genau und habe den Gedanken dieser Rhythmenform oft und ernstlich erwogen – und verworfen.

Ihre Beschäftigung mit der alten Holzschneiderei würde ich gerne teilen. Ich kenne allerlei Dürersches und die Baseler Holbeinsachen. Mir fehlt zu eingehenden Kunststudien die Zeit. Was ich an freier Zeit für Kunstgeschichte erübrige, widme ich zumeist der Betrachtung der Renaissance und Vorrenaissance, weil ich dort immer das frischeste Bad und die beste Läuterung meines Blickes finde.

Zur Zeit schreibe ich Seminar-Erinnerungen auf[8]. Es soll daraus eine kleine, wahre Dichtung, ein Stück Seelengeschichte und Freundschaftsidyll, werden. Wenn das zarte, mit mir noch innig verwachsene Bild fertig wird, will ich es Ihnen senden und falls Sie es billigen, Ihrem Manne zum Druck anbieten. Denn das erste Debüt ist schon in Szene; eine kleine Liedersammlung wird bald erscheinen und sich Ihnen demütig vorstellen. Demütig, denn die Sammlung enthält nur Lieder einer schwankenden, jetzt abgeschlossenen Periode, und hat milde Leser nötig[9].

Ich wundere mich und freue mich fast, daß in Ihren Briefen nie ein Wort vom Theater vorkommt. Allerdings sind jetzt wohl überall Ferien. Aber vielleicht teilen Sie doch meine ruhige Ablehnung dieser Kunstgattung, welche das Wesentliche aller Kunstwirkung, die (bewußte) Illusion, mit den rohesten Mitteln erzwingt und ewig riskiert. Ich habe schöne Theaterstunden erlebt, aber allmählich wurde ich es müde, bei jedem Besuch dieses Risiko der Illusion zu sehen.

Das wäre mir eine große Freude, wenn Sie einmal hierherkämen. [...]

Meine Wünsche begleiten alle Ihre Reisen. [...]

Ich selber kann in diesem Jahre nimmer reisen. Aber ich hoffe mit Gewißheit auf einen Besuch, auf ein Sehen und Wiedersehen.

Grüßen Sie ihren Gemahl! Und grüßen Sie von einem heißen verborgenen Herzen die Städte und Wälder, die Schönheit und Weite der Welt! Ich gebe Ihnen über Heute und Hier hinweg die Hand. Hermann Hesse

1 Theodor Mundt, »Allgemeine Literaturgeschichte«, 3 Bände, Leipzig 1846.

2 Von Richard Dehmel kannte Hesse bis zu diesem Zeitpunkt »Aber die Liebe«, 1893, »Lebensblätter«, Gedichte und Anderes (1895), »Weib und Welt«, Gedichte mit einem Sinnbild (1896) und »Zwanzig Gedichte« (1897).

3 Anderthalb Jahre später beginnt H. H. das »Tagebuch 1900«, das dann in den »Hinterlassenen Schriften und Gedichten von Hermann Lauscher« noch im gleichen Jahr abgedruckt wird.

4 Max Pauer, Sohn des Pianisten und Komponisten Ernst Pauer, seit 1897 Klavierlehrer am Stuttgarter Konservatorium, wurde 1911 Leiter des Konservatoriums, war 1924-32 Direktor des Landeskonservatoriums in Leipzig; geb. 1866 in London, geadelt 1909, gest. 1945 in Jugenheim (Bergstraße).

5 Spanischer Violinvirtuose (1844–1908); vgl. »Die Gedichte«, a.a.O., S. 23.

6 Vgl. »Kindheit und Jugend vor Neunzehnhundert«, Band I, S. 472, Brief an Theodor Rümelin, vom 29. Mai 1895: »Tieck lese ich grundsätzlich nimmer, sein Gebimmel wird am Ende kindisch.«

7 Gabriele d'Annunzio (1863-1938), dessen symbolische Dramen nicht zuletzt von Maeterlinck, Richard Wagner und Nietzsches »Geburt der Tragödie« beeinflußt waren. – S. auch Anm. II, 45). Vgl. H. H. über Maurice Maeterlinck (1900) in: Hermann Hesse: Eine Literaturgeschichte in Rezensionen und Aufsätzen, suhrkamp taschenbuch 252, S. 391 ff.; Erstauflage 1970 als Band 12 der Werkausgabe.

8 Prosaskizzen, die später unter dem Titel »Eine Stunde hinter Mitternacht« vereinigt wurden; 1899 bei Eugen Diederichs erschienen.

9 »Romantische Lieder«, 1899 bei Pierson, Dresden, erschienen. Lagen bereits 1898 im Druck vor. – S. auch Anm. II, Nr. 46).

709] *Marie Hesse an H. H.*

Calw, 9. September 1898

Mein lieber Hermann!

Nun ist also die Sache soweit gediehen, daß nächsten Sonntag – übermorgen – in Heilbronn Verlobung[1] gefeiert wird. Die lieben Berg's haben dazu dringend die Eltern und *alle* Geschwister eingeladen. Von uns gehen Theo, Hans, Adele, von Stuttgart Marulla; fehlt noch der Tübinger Bruder Hermann, der es gewiß nicht bereut, wenn er auch hinreist. Karl reist morgen früh schon voraus, die andern abends. Wir Eltern bleiben da – schmerzlich aber wahr! Papa sieht's als ein Ding der Unmöglichkeit an zu reisen oder mich fort zu lassen. [...]

Grüße von allen, es ist heute Theodors Geburtstag. In Eile mit Kuß deine Mutter

1 Von Karl Isenberg (geb. 1869 in Hysdabad, gest. 1937 in Tübingen) und Elisabeth Berg (1874-1950).

710] *H. H. an Johannes und Marie Hesse*

[Tübingen,] 15. September 1898, abends, 10 Uhr

Ihr Lieben!

Eben komme ich von einem Abendbesuch (meinem ersten) bei Härings, wo ich von Calw viel hörte. Ich erzählte dort noch ein wenig vom Sonntag[1].

Von Heilbronn bleibt mir nichts zu berichten, als daß auch ich sehr glücklich war und das anheimelnde Berg'sche Haus sehr lieb gewann. [...]

Hier ist Schulbüchergeschäft und Sonstiges, so daß ich Arbeit in Menge habe. Ich bin gesund und zufrieden und freue mich mit Zittern aufs eigene Wirtschaften[2]. Ich bleibe ganz in Kost und Wohnung.

[...] In etwa zehn Tagen rücke ich ganz ins Ladengeschäft

und in die buchhändlerische Buchführung (Rechnung mit den Verlegern, Remission etc.) ein. Es ist da manches Neue und wird zunächst noch manchen Bock und Ärger geben.
Mein Privatstudium der romantischen Schule gedeiht und führt schon in historische Details. Die Briefwechsel der Schlegel – Schleiermacher – Hardenberg – Tieck – Dorothea – Karoline sind überaus interessant. Bis jetzt steht immer noch Novalis mehr im Mittelpunkt meines Interesses als Tieck. Arnim liegt noch zu lesen, auch einiges von Görres.
Aber ich bin kopfmüde und wollte eigentlich nur grüßen und ein Lebens- und Liebeszeichen geben. Seid herzlich geküßt von Eurem Hermann

1 Von der Verlobung in Heilbronn, zwischen Karl Isenberg und Elisabeth Berg.
2 H. Hs. Lehrzeit ging am 30. 9. 1898 zu Ende.

711] *H. H. an Johannes und Marie Hesse*

[Postkarte; Poststempel, Tübingen, 18. September 1898]

Liebe Eltern!
Da ich zufällig zum Aufschreiben einiger Erinnerungen veranlaßt wurde und mir mancher Anhalt fehlt, habe ich eine Bitte an Euch. Wolltet Ihr nicht, falls sie noch da und zu finden sind, mir für kurze Zeit meine Maulbronner Briefe zur Verfügung stellen? Wenn Ihr es gerne tut, so schickt sie mir, bitte, *bald* zu. Ich schicke oder bringe sie nach der Benützung dann zurück.
Wie geht's Euch? Hoffentlich könnt Ihr den schönen Herbst jetzt mit mehr Ruhe genießen! Ist Lis Berg[1] noch da? Herzliche Grüße! Hermann

1 Elisabeth Berg, Karl Isenbergs Verlobte.

712] *Helene Voigt-Diederichs an H. H.*

Nürnberg, 24. September 1898

Wie gern hätte ich Ihnen Ihren lieben Brief gleich beantwortet – aber ich fand und finde keine Ruhe dazu im Wechsel von Arbeiten, Schaun, und Reisen. Aber meine Gedanken sind nicht nur in diesem Augenblick bei Ihnen.

H. Diederichs

713] *Marie Hesse an Adele Hesse*

Freudenstadt, 30. September 1898

[..] Von Hermann kam eine Karte gestern, er scheint gar nicht wohl zu sein, hatte einen Ruhranfall und ist erkältet. [...]

714] *Marie Hesse an H. H.*

Freudenstadt, 1. Oktober 1898

Mein lieber Hermann!

Herzlichen Dank für Deine Karte. Daß Du unwohl seist, spürte ich, denn eine Mutter kann so was fühlen und ahnen, ehe man's ihr sagt. Offengestanden hat es mich auch etwas ängstlich gestimmt, daß Du Deine Maulbronner Briefe wolltest. An jene Zeiten möchte ich nicht, daß Du viel zurückdenkst, [...]

715] *Marie Hesse an Adele, Hans, Idi*[1] *in Calw*

Freudenstadt, 2. Oktober 1898

Liebe Kinder!

Adeles Brief und die Karte von Hans freuten uns recht. Schönen Dank! Bei uns ist heute dicker Nebel, Sturm und Regen, doch machten wir vor Tisch einen Gang und ließen uns ausblasen. Und denkt nur: Unser lieber Papa hat uns heute morgen unten im Kurhaus[2] eine köstliche Predigt gehalten, war mir eine große Freude, und ich weiß, es freut Euch auch daheim. [...]

1 S. Nr. 645, Absatz 1 + Fußn. 1.
2 »Palmenwald«, s. Nr. 560 + Fußn. 2.

716] *H. H. an Johannes und Marie Hesse*

Tübingen, 2. Oktober 1898,
Sonntag morgen

Liebe Eltern!

[...] Ich mag noch nicht heizen und friere ein wenig.

Wenn der nächste Samstag kopf- und zahnwehfrei ist, will ich Euch am Sonntag besuchen, falls Ihr nämlich mein Billet bezahlen wollt. Ich stehe seit gestern auf eigenen Füßen, bekomme aber erst Ende Monats Gehalt, so daß ich jetzt in der Luft hänge. Ist freilich nicht gefährlich. Ich hatte soviel Erspartes, daß ich 14 Tage Essen vorausbezahlte, um mich gleich gut einzuführen. Die Miete will ich möglichst vor Weihnachten noch zahlen, wenn's geht.

Ich bin nun meist im Laden beschäftigt, daneben habe ich die Verlegerrechnung. Angenehm ist die neue Beschäftigung nicht, aber sie ist wenigstens nicht gerade langweilig, zuwider ist mir nur das Ausstellen, Schaufenstermachen, Plakathängen etc. Auch schwätzt Hermes fortwährend drein.

Der Maulbronner Briefe wegen machet Euch keine Sorge[1]. Ich denke an jede Zeit meines Lebens oft genau zurück und wundere mich, wie früh ich geschäftig und sehnsüchtig war und wie spät doch erst mein Bewußtsein erwachte und ich nach dem »Sinn des Lebens« zu suchen begann. Mich betrübt, außer allem großen Unrecht, das ich Euch abzubitten habe, im Grunde nur das, daß ich schließlich in einen kaufmännischen Beruf mündete, nachdem ich einen besseren mir selber verdarb. Je ruhiger ich werde und je mehr ich mich bemühe, meinem Berufe Liebe und Fleiß zu widmen, desto gewisser wird mir seine relative Niedrigkeit – es ist eben Kauf und Verkauf, und im Sortimentshandel ist sogar, der Einförmigkeit des Verkehrs und der festen Preise wegen, für kaufmännisches Genie kein Raum, welches ich freilich auch nicht besitze. So sehr ich mich in mein Fach zu vertiefen versuche – abends nach dem Ladenschluß ist der Buchhandel tot und vergessen bis zum nächsten Morgen.

Dies darf Euch aber keine Sorge machen, denn ich kann Euch meiner zunehmenden Ruhe und Gesundheit versichern. Meine Kollegen flüchten sich abends ins Wirtshaus, zu Bier und Karten; ich flüchte mich vom Äußern der Bücher ins Innere und betreibe planmäßig größere literarhistorische und überhaupt geistesgeschichtliche Studien, die, wie ich hoffe, sich später werden verwerten lassen. Die »romantische Schule«, von der ich diesmal ausging, führt mich die glänzende Reihe von Fichte bis Schleiermacher. Kant fehlt mir sehr, und ich suche Gelegenheit, ihn ernstlich zu lesen. Zur Zeit beschäftigen mich Schleiermachers Leben[2] und Briefwechsel. Seinen »Reden« und »Monologen« verdanke ich sehr viel. Zu Fichte und Schelling fehlt mir, solange ich Kant so wenig kenne, häufig der einzige Schlüssel. Nun, ich habe Zeit und kann nach Umständen und Belieben fertig werden, oder nicht fertig werden.

Bitte, grüßt Huppenbauers[3] und sonst Bekannte von mir. Ich sehe jeden Morgen nach dem Wetter und denke mir Euch im Garten oder auf der Straße spazieren gehend. Da ich den Winterfahrplan nicht zur Hand habe, muß ich auch davon noch mein Kommen abhängig machen.

Mit herzlichen Grüßen Euer dankbarer

Hermann

1 S. Nr. 714.
2 Friedrich D. E. Schleiermacher; 1768-1834.
3 Huppenbauer, David; 1855-1926; Leiter des Kurhauses Palmenwald, Freudenstadt (seit dessen Gründung 1895). – S. auch Nr. 560 u. Fußn. 2.

717] *H. H. an Helene Voigt-Diederichs*

Tübingen, Sonntag, 2. Oktober 1898

Ich danke Ihnen für den Gruß aus Nürnberg. Daß Sie sich nicht zu einer Seite Briefdeutsch zwangen, freut mich, und damit Sie sehen, daß ich Korrespondenzen nicht liebe, welche ein simples Rechenexempel von Einkauf und Verkauf, Frage und Antwort sind, komme ich ungefragt wieder zu Ihnen.

Dieser Sonntag ist einsam und lang, ich bin nicht fähig, den ganzen Tag geistig zu arbeiten, und meine Freunde sind seit zwei Monaten alle verreist[1]. Ich komme eben von einem Spaziergang. Ich saß in der herrlichen Lindenallee und sah dem Blätterfall und spielenden Kindern zu. Ein alternder Privatgelehrter störte mich auf, ein vertrockneter, einsamer, bitterer Junggeselle, »der Totenkopf« genannt. Er lebt seit Jahren mutterseelenallein. Er goß seinen herben Spott in meine begonnene Elegie und lief eine Stunde lang mit mir in den Alleen umher, erzählend und nörgelnd. Es war sonderbar zu sehen, wie er seinen verbitterten, grimmigen Witz nicht lassen konnte und dennoch sich mit dem Bedürfnis der Mitteilung und Geselligkeit fast rührend an mich drängte.

Ich bin nun in meinem Zimmer und schreibe und lese abwechselnd. Der Briefwechsel Schleiermachers liegt aufgeschlagen, den ich eifrig und mit großem Genusse lese. Daneben liegt das begonnene Heft Erinnerungen, von dem ich Ihnen sagte, und das ich begierig bin, Ihnen zu zeigen. Die aufgedeckte Vergangenheit liegt neben diesem frischen Blatt, und ich wäge meine tätige Gegenwart gegen die schwerblütigen Träume einer anderen Zeit. Ich denke dabei an die einzige liebe, wertvolle Freundschaft, welche diese Jahre mir gebracht, und grüße Sie und danke Ihnen. Wie bin ich oft arm und hart und verbittert gewesen, und jetzt blicke ich mit vertieften Augen in mein Leben und finde mich auf einem emporführenden Weg, auf dem Ihre Teilnahme mich erfrischt und mutig macht.

Denken Sie! ich habe mir wieder eine Geige gekauft und stümpere glücklich darauf und bin froh an dieser harmlosen Art der Selbstbetrachtung und Vertiefung.

Was ich hier ganz entbehren muß und was mich deshalb noch näher zu Ihnen bringt, ist der Umgang mit Frauen. Ich entbehre ihn noch mehr als das Familienleben, denn er ist mir immer von besonderer Bedeutung und zu Zeiten, da ich ihn hatte, überaus wertvoll und wohltätig gewesen. Zumal seit ich aus Ekel und gesundheitlicher Rücksicht auf alle große Gesellschaft und auf Biertisch und Weinstube völlig verzichte, genügen die hiesigen Freunde meinem Bedürfnisse immer weniger. Wenn ich mich erst an den Gedanken gewöhnt habe, meine Privatstudien eine Weile zu entbehren, werde ich – wer weiß – im nächsten Jahr vielleicht wandern. Denn eben meine innere Vereinsamung lehrt mich wieder nach Rede und Verkehr von Mund zu Mund verlangen, nach Menschen, die ich lieben und nach Menschen, von denen ich lernen könnte.

Zur Zeit macht sich dieser Mangel an Leben und persönlichem Verkehr bei mir indirekt geltend durch verdoppelte Ansprüche, welche mein Geist an meine einsame Beschäftigung stellt. Dieser Geist ist nach Studien lüstern, die für meine wenige Zeit undenkbar sind, er schielt nach Plato und hält mir täglich vor, daß ich noch immer die Werke Kants und Hegels nicht gelesen habe. Bei einer regeren Lebensart würden diese Gipfel, welche ich über der Grenze meiner literarästhetischen Studien sehe, ihre starke Lockung

verlieren. Denn in Wahrheit bin ich nicht historisch und nicht philosophisch, wenn auch kritisch veranlagt; es ist mir gemäßer, meinen Herzschlag am Leben zu messen und mein Auge am schön Gestalteten und mein Ohr am Wohlklang des Liedes. Auch liebt meine Muse vor allem das Spiel mit leichten, fiebernden Farben, die Beugungen empfindlicher Klänge, mehr die Musik als die Plastik.
Sie sehen, mein Versprechen, von mir zu erzählen, ist mir ernst gewesen. Die Dämmerung unterbricht mich und ich ende, um das Lampenlicht wieder meinen Büchern zu schenken.
Wo sind Sie zur Zeit? und finden Sie das, was Sie suchen? Geben Sie mir für die Mitteilung meiner Stille und Abseitigkeit bald etwas vom Duft der Welt und der Schätze, die Sie besuchen!
Mit herzlichem Gruße Hermann Hesse

1 S. Anm. I: »Petit Cénacle«.

718] *H. H. an Helene Voigt-Diederichs*

Tübingen, 8. Oktober 1898

Meine Freundin!
Ich las eben Ihren Brief. Wie nahe bin ich durch Ihr Leid[1] und Ihr schönes Vertrauen Ihrer Seele gekommen! Ich danke Ihnen.
Wenn ich bei Ihnen wäre, würde ich Ihnen wohl Worte sagen, die nicht zu schreiben sind. Ich möchte Ihre Hand halten und möchte Ihre Augen sehen, vielleicht spürten Sie, wie nahe ich Ihnen bin und wie tief ich Sie verstehe. Wahrlich, Sie haben einen Freund an mir; es sind gar wenige, welchen meine Treue und Offenheit und mein herzliches Mitleben gehört. Nehmen Sie dies in Ihren Trauertagen als Pfand und Zeichen des Reichtums, der Ihnen bleibt, denn

ich weiß in schweren Stunden keinen bessern Trost, als die ruhige Nähe befreundeter Seelen, sie sind die beste Gegenwart und die besten Bürgen für die Zukunft.

[...]

Seien Sie meiner innigen Freundschaft versichert, und daß Ihr Denken an mich mit dem meinen gar oft zusammentrifft. Hermann Hesse

1 Selbstmord von Alexander Diederichs, dem einzigen Bruder von Eugen Diederichs.

719] *H. H. an Johannes und Marie Hesse*

Tübingen, 13. Oktober 1898

Liebe Eltern!

Für Papa ist hier die Hunniusbesprechung[1], so lobend als möglich und gar nicht kritisch. Weshalb sie mir der Merkur[2] zurückschickte, begreife ich nicht. Vielleicht kann Papa sie irgendwie gebrauchen oder anbringen.

Von Euch zu hören verlangt mich sehr. Ich kam nach unerwartetem Eutinger Aufenthalt gerade noch mit knapper Not in den Horber Nachtschnellzug und zeitig hier an[3]. Dieser Tage hatten wir Ladenputzerei. Vom Stehen im Feuchten bin ich nun erkältet und ziemlich marode. Mein Kopf reagiert auf Phenacetin recht gut. Papa sollte es doch versuchen.

Aber ich sehe – das Schreiben geht nicht recht. Ich wünsche Euch recht sehr gutes Wetter und Befinden. Bitte grüßet Bekannte dort.

Herzlich Euer Hermann

1 Besprechung der Gedichte von Carl Hunnius; s. Nr. 670, Fußn. 3 u. 4.

2 »Schwäbischer Merkur«, Stuttgart; s. auch Nr. 500.

3 H. H. besuchte am Sonntag, dem 9. Oktober, die Eltern in Freudenstadt. Montag hatte er wieder zu arbeiten.

720] *Marie Hesse an H. H.*

Freudenstadt, 15. Oktober 1898

Mein lieber Hermann!

Besten Dank für deinen Brief und von Papa für die Besprechung, die ihm gut gefällt und die er suchen wird wo anzubringen. Hoffentlich hat's deinen Kopf nicht zu arg angestrengt. Suche nur, deinen Katarrh bald los zu werden. Papa hat den seinen noch nicht weg, doch ist's besser damit. – Es war doch nett, dich Sonntag hier zu sehen. [...]

721] *Marie Hesse an Adele Hesse*

Freudenstadt, 16. Oktober 1898

[...] Der liebe Papa hat heute ganz kurz aber köstlich Gottesdienst im Kurhaus gehalten übers heutige Evangelium vom Gichtbrüchigen, da Stadtpfarrer Jehle letzten Sonntag schon die heutige Epistel behandelt hatte. Gestern vormittag gingen wir trocken spazieren mit Dr. Liebendörfer[1], aber dann kam tüchtiges stürmisches Regenwetter, das bis heute 10 Uhr anhielt. [...]

1 1852-1902; erster Missionsarzt der Basler Mission; ab 1895 Arzt im Kurhaus Palmenwald, Freudenstadt; erster Geschäftsführer des 1898 gegründeten Vereins für ärztliche Mission; mit den Familien Hesse und Frohnmeyer eng befreundet.

722] *H. H. an Johannes und Marie Hesse*

Tübingen, 16. Oktober 1898

Liebe Eltern!

Herzlichen Dank für Mutters Brief, der vor der Kirche kam. Häring predigte über dieselbe Epistel wie Stadtpfarrer Jehle vor 8 Tagen – »Leget die Lüge ab – zürnet und sündiget nicht!« – etc., formschöner als Jehle, doch ganz populär. Echt Häringisch fand er, daß die Epistel sechs Ratschläge fürs Alltagsleben hat, denen eine große Sonntagsbotschaft voransteht. Er sprach sehr herzlich. Das vom Stehlen beleuchtete er nur nach der Kehrseite des »Arbeitens«, welches unchristlich und ein Raub sei, wenn es nicht auf den allgemeinen Nutzen ziele. Mit diesem »allgemeinen Nutzen« bin ich auch befreundeter als früher, indem der scheinbare Umweg über das Höhere und Auserlesene doch eben die Menschheit fördern muß, indem er die kleine Zahl der Edlen fördert, welche Licht und Salz sind.

Daß die Hunniusbesprechung Vaters Beifall hat, ist mir lieb. Mühe hat sie mir gar nicht gemacht, denn sie verzichtet, freilich nicht ohne Grund, auf alles, was eine ästhetische Kritik schwierig macht, auf das Vergleichen und auf die Beziehungen zur Zeit.

Gestern kam Keller an, mein Zimmernachbar, ganz angenehm und umgänglich – ein Musiker. Er freute sich, mich unter Büchern und ästhetischen Studien zu finden, die er, freilich gar dilettantisch, liebt. Nun, wenigstens trinkt er nicht (da nierenleidend) und scheint gebildet und rücksichtsvoll. Er hofft, sich an mich und meine Freunde zu schließen und so eine studentische Verbindung zu entbehren. Ob wir soweit uns befreunden werden, ist mir fraglich und will ich auch von seiner Musik abhängig machen, die ich noch nicht gehört. Einen lieben Freund Zimmer an Zimmer neben mir zu haben, war mir immer ein Ideal. Doch weiß ich noch gar nicht, ob von so etwas die Rede sein wird, besonders da ich bei genauer Kenntnis hiesiger geselliger Zustände allen persönlichen Grundsätzen und Wünschen eines Neulings (z. B. Abneigung gegen Verbindungen) sehr wenig Wert beilege.

Ich habe Neigung zu Schreibkrampf und einen dumpfen, verschnupften Kopf, und wünsche Euch alles Bessere!

Lebt wohl, und genießt den Rest Eurer Freudenstadter Zeit noch recht zu Eurer Freude und Kräftigung! Euer dankbarer Hermann

723] *Marie Hesse an H. H.*

Calw, 21. Oktober 1898 [Postkarte]

Lieber Hermann!

Vielen Dank für Brief und Karte, es reicht mir jetzt zu keiner Antwort. Wollte Dir nur sagen, daß wir gestern um 2 Uhr wieder daheim ankamen. [...] So schön es war, bin ich doch arg froh und dankbar, wieder daheim zu sein. Mit herzlichen Grüßen, auch von Papa und Adele

Deine Mutter

724] *Helene Diederichs an H. H.*

z. Zt. München, 1. November 1898

Allerheiligen – Allerseelen. Draußen rinnt und singt der Regen. Ich denke an Gewesenes in diesen Tagen. [...]

Unter all den Briefen die damals kamen[1], war keiner mir so lieb wie der Ihre. Aus jedem Wort sieht mich tiefes und phrasenloses Verständnis an und im Geiste geb' ich Ihnen die Hand mit herzlichem Druck. Ich sehe auch, daß es Ihnen gegenüber unnötig ist, längeres Stillschweigen zu entschuldigen. Sie wissen ja, daß es nicht Nachlässigkeit ist, sondern so durch Verhältnisse bedingt wird. [...]

Sie sehnen sich hinaus in die bunte Welt der Schönheit – und ich sehne mich oft heim in die Stille, die Sie haben und die ich auch hatte. Aber Sie müssen das recht verstehn.

[...]

Und denken Sie daran, daß ich Ihnen das gebe, was Sie mir geben: ein rückhaltlos Gefühl der Freundschaft und des Vertrauens. Das mög' auch Ihnen nah sein in Stunden des Kämpfens mit dem Schicksal oder mit dem eigenen Ich, und mög' Sie Stunden der Einsamkeit weniger einsam empfinden lassen.

Helene Voigt-Diederichs

1 Nach dem Tod von Alexander Diederichs (vgl. Brief von H. H. an Helene Voigt-Diederichs vom 8. Oktober 1898, Nr. 718).

725] *Marie Hesse an H. H.*

Calw, 8. November 1898

Mein lieber Hermann!

[...] Kathrine[1] ist nun fort, und Anna[1] füllt ihre Stelle nicht aus, sie ist weder so klug noch so mutig, klagt über allerlei Wewele, meint's aber gut. [...] Zum Konzert Samson erwarteten wir Dich halb, Adele ging zum Bahnhof; es wäre wohl zu anstrengend gewesen für Dich hin und her. [...] Bei Hans geht's ganz ordentlich. Seit er abends 8 heimkommt, greift ihn die ganze Geschichte weniger an. Zwei Abend(e) hat er Französisch und am Mittwoch Violinstunde bei Hirschberger, in dessen Schülerkonzert er bald auch auftreten soll. Herr Käferle[2] spielt sehr gut Klavier und man musiziert öfters. [...]

Freudenstadt hat Papa doch entschieden gut getan; er ist viel munterer, obschon er nicht gerade mehr Kraft spürt und nicht viel mehr arbeiten kann. [...]

Geht's dir ordentlich? Da nun deine Freunde fort sind, bist du ziemlich einsam. Verkehrst du gern mit deinem Zimmernachbar und kommst du manchmal zu Tante Elisabeth? Meine ›Deutsche im Osten‹[3] ist endlich neuaufgelegt und jetzt kommt auch mein Livingstone[4] dran, das gibt Geschäft.

Ich wüßte sehr gern Wünsche von dir auf Weihnachten, bitte, schreibe welche. An Weihnachten kriegst du doch einige Tage frei? Ich verlange sehr danach, dich wieder ein wenig da zu haben. [...] Schreib wieder ein Wörtlein. Alle grüßen schön. Dich küßt deine Mutter

1 S. Nr. 668, Fußn. 2; auch Nr. 670, letzter Absatz.

2 Gehilfe für Johannes Hesse.

3 Während der 90er Jahre in wahrscheinlich kleiner Auflage erschienen. Näheres bisher nicht herauszufinden.

4 »David Livingstone, der Freund Afrikas«, Calwer Familienbibliothek, Bd. 26, 1892.

726] *H. H. an Helene Voigt-Diederichs*

Tübingen, 9. November 1898

Ich komme eben von der Lektüre der Marie Grubbe[1] in der neuen Übersetzung. Vogelers Vignetten sind brillant. Die Übersetzung zeigt einige Mängel, war aber bei diesem Buch jedenfalls schwierig. Mit dem deutschen Genitiv geht die Herzfeld[2] allzu frivol um! Novalis und Maeterlinck konnte ich noch nicht erhalten.

Der erstere beschäftigt mich noch immer, neben Tieck, Fr. Schlegel und Schleiermacher. Ich möchte fast ein Leben Novalis' schreiben[3].

Ihr Brief war mir eine rechte Freude, trotz alles Traurigen. Ich will nach Ihrem Wunsch nun ebenso wieder von mir erzählen. Meine Gesundheit ist dauernd gut. Ebenso meine Stimmung. Ich bin fast gar nimmer nervös, hastig und selbstquälerisch, und im ganzen hat dieses für mich vielfach wichtige Jahr in mir den Grund einer neuen, kräftigen Bildung und Lebensschätzung gelegt. Auch meine romantischen Detailstudien haben geholfen, meine Anschauung zu läutern. Ich habe aus mir viel Unklares und Halbes ausgeschieden, habe manchen Tätigkeiten entsagt, die mich nur zersplitterten u.s.w. Aus manchem Neuen, aus Nietzsche vor allem, habe ich mich wieder zurechtgefunden und prüfe nun, wieviel Gold unter alle dem Glänzenden ist.

Wenn Sie an Büchern nur das Bild einer Dichterseele interessiert, so lesen Sie gewiß vom besten Standpunkt aus. Hierin ist meine Art zu lesen nicht ganz so rein. Ich habe eine kleine Vorliebe für Technisches und daher für manche Dichtungen, an denen ich bloß die Architektonik, oder die Farbe, oder die Musik bewundere. Ich habe eine Schwäche für's Genre, für allerlei Blankes und Geschliffenes, für Zierat und l'art pour l'art. Die Idyllendichter des vorigen Jahrhunderts, die galanten Italiener, die Goncourts und ähnliches – das alles findet mich empfänglich. Die Wertunterschiede freilich bleiben mir dabei stets bewußt, und für den Faust gäbe ich ein Jahrhundert italienischer Schäferliteratur.

Sie fragen nach meinem Urteil über Beethoven und Wagner.

Bei letzterem werde ich immer als Laie zuhören. Denn meine innerste Natur ist undramatisch. Ich ziehe den Laut eines fallenden Zweiges allen Theatereindrücken vor, die mir unsagbar roh und plump erscheinen. Ehe ich bei Wagner Züge dieser geschminkten Roheit entdeckte, war er mir sehr viel. Noch jetzt packt mich oft ein kecker Wurf von ihm gewaltig, aber mein Eindruck ist zwiespältig und unerquicklich.

Anders Beethoven. Hier finde ich Dramatisches im guten, höchsten Sinn, d. h. Leben, Verwandlung und Entwicklungen. Die Klaviersonaten – mein Liebling die 23te – sind ein unergründlicher Schatz. Ebenso die wundervollen Symphonien, und einige köstliche Streichquartette. Wenn nicht Chopin wäre, der so unbegreiflich mir aus der innersten Seele redet, so wüßte ich neben Beethoven wenig Klaviermusik zu ertragen.

Als Geiger bin ich durchaus unzulänglich und spiele nie für Hörer.

Sie verstehen, daß ich durch die Musik wie sonst durch nichts schöpferisch angeregt werde. Diejenigen meiner Verse, die mir selber am liebsten sind, lassen sich fast alle auf Stücke von Chopin und Beethoven zurückführen.

Am 22. November 1897 schrieben Sie Ihren ersten Brief an mich. Das ist nun ein Jahr her, und wir beide sind seither vielfach verändert. Was mir seither an Wissen, Gesundheit, Ernst und Lebensmut zuteil wurde, ist viel, und ich weiß nicht, wieviel davon mit der Erweiterung meines persönlichen Lebens durch Ihre Freundschaft zusammenhängt.

Ich stehe am selben Pult im selben Zimmer, wie da ich Ihren ersten Brief beantwortete, und bin doch ein anderer, und wäge lächelnd Verlust und Gewinn. Lächelnd, denn der Gewinn überwiegt. Was ich im Tübinger Leben durch meine immer engere Abschließung an Freuden und Freunden verlor, das liegt als Erwerb des Fleißes und der Entsagung nun in mir – und liegt vor mir in allerlei Geschriebenem. Meine Arbeiten sind gefördert, und die schon erwähnte Sendung einer fertigen an Sie kann vielleicht bald geschehen.

Vielleicht komme ich nächstens auch zu einem besseren Schreiben. Meine Zeit ist so kurz, daß ich diese Stunde benützte, da ich nicht weiß, wann ich Ruhe finde.

In Treue Ihr H. Hesse

1 J. P. Jacobsen, »Frau Marie Grubbe; Interieurs aus dem siebzehnten Jahrhundert«, Bd. 2 der 1899 im Eugen Diederichs Verlag erschienenen »Gesammelten Werke«.

2 Marie Herzfeld (1855-1937), Übersetzerin von Björnson, Hamsun, Jacobsen und Leonardo da Vinci.

3 1925 hat Hesse, zusammen mit seinem Neffen Karl Isenberg, in der von ihm edierten Reihe »Merkwürdige Geschichten und Menschen« einen Band »Novalis, Dokumente seines Lebens und Sterbens« herausgegeben (S. Fischer Verlag, Berlin). Neu eingerichtete, erweiterte und illustrierte Ausgabe durch Volker Michels, 1976 im Insel-Verlag, insel-taschenbuch 178.

727] *H. H. an Johannes und Marie Hesse*

Tübingen, 15. November 1898

Liebe Eltern!

Besten Dank für Mutters Brief! Hier sah ich inzwischen Albertine und – für einen Augenblick im Laden – Tante Jettchen.

Wie geht es mit Herrn Käferle? Sein Äußerliches ist mir erinnerlich, doch war ich hier nicht mit ihm bekannt. Er ist, glaube ich, mit den Kiesers, Mildenbergers etc. befreundet. Von Härings soll ich grüßen, ich war Freitag dort.

An Weihnachten werde ich wohl zwei Tage haben. Ein Feiertag fällt sehr ungeschickt auf den Sonntag. Auf Wünsche besinne ich mich eben. Jedenfalls bitte ich Bilder, Nippsachen etc. nicht, ich habe deren zu viel! Mit Aschenbechern, Figuren etc. könnte ich handeln.

Meine Freunde sehe ich fast nie. Faber ist allein und langweilt sich, Schönig sehr eifrig am Doktor (»System der Ethik«). Osk[ar] Rupp, mein Liebling, ist geschwind zum Examen da, geht bald wieder. Finckh und Hammelehle sind nicht hier.

Die letzte Zeit biographischer Detailarbeit an Novalis hat mich etwas müde gemacht. Dieser Arbeit und dem jetzt nötigen Heizen schreibe ich's zu, daß ich wieder etwas weniger schlafe, d. h. etwa so wie früher, im Gegensatz zu den letzten, sehr guten Monaten. Das Fenster ist nachts immer offen.

Zur Erholung hab' ich die Romantik für einige Tage weggelegt und lese ohne Anstrengung einiges Beruhigende, neben C. F. Meyers Gedichten die »Geschichte der Bücherliebhaberei« von Mühlbrecht, ein fleißiges, schönes Buch. Über den blau und roten Initialen der Inkunabeln und den Elzeviertiteln[1] ruht mir Geist und Auge aus von den überfeinen, verwirrenden états d'âme der Romantiker. Die Büchergeschichte ist so ein Gebiet, das mich anzieht und belehrt, ohne mich in alle Details zu locken – ein Fehler, der mir sonst eigen ist. In der Literärgeschichte fesselt mich immer das Engste, Unbekannte, Psychologische und Biographische. Ich habe das Gefühl, es in der Druck- wie in der Kunstgeschichte nicht wohl weiter als bis zum gebildeten Liebhaber bringen zu können, während ich bei literarischen Einzelstudien den Trieb zur Kennerschaft spüre. Zum Philosophischen scheint mir der rechte Antrieb und sonst noch was zu fehlen – ich verstehe immer nur im besten Fall die großen Züge, und wandele in der Philosophie der Romantiker so fremd und verlegen herum, wie ein über'n Zaun gekletterter Apfeldieb.

Meine Berufsarbeit ist eben so zum Fertigwerden, im ganzen doch selbständiger als bisher. Ich habe Lust, aber nicht Mut, französisch zu treiben, will aber jetzt jedenfalls noch warten, um meiner Romantik nicht den Todesstoß zu geben. Dieses Kapitel soll nach so großer Vorarbeit doch so vollkommen als möglich in mich hinein. Man lernt in historischer und psychologischer Hinsicht, so wie in systematischer, sehr viel Neues, Wichtiges, bei einer solchen eng begrenzten Filigranarbeit. Ich finde das schon in meiner Anschauung über die heutige Literatur: sie ist viel klarer geworden.

Bitte, grüßt alles, auch in Aidlingen, Heilbronn und Biberach[2]! An Karl schreib ich vielleicht. Mit herzlichem Kuß

Euer dankbarer Hermann

1 Druckwerke aus dem Druck- und Verlagshaus Elzevier (Elsevier), Leiden, Niederlande; 1638-81 in Amsterdam. Es erschienen da ca. 2200 Titel, die wegen ihres sorgfältigen Drucks wie aufgrund ihrer Autoren wichtig und berühmt wurden.

2 Familie Theodor Isenberg, Familie Berg, Karl Isenberg.

728] *Marie Hesse an H. H.*

Calw, 19. November 1898

Mein lieber Hermann!

[...]

[Hans] hat sich von seinem Sparhafen (bei Krausherr) eine Geige erstanden für 135 Mark, die Herr Hirschberger[1] besorgte. Es war ein gar wichtiger und aufregender Akt. Hirschberger gibt den Winter ein Konzert, in dem Hans mitwirken soll.

Lieber Hermann, deine Studien und alles interessiert uns sehr. Tue nur nicht zuviel, denke an deine Gesundheit. Sehr wird es mich freuen, wenn du mir einmal über Novalis mehr mitteilst, seine Lieder kenne ich ein wenig; für einen Katholiken sind sie warm und evangelisch. ›Ich sag es jedem, daß er lebt‹, ›Wenn ich ihn nur habe‹ und andre sind mir lieb.

Idi[2] liest mit Begeisterung Pichlerbüchlein[3] und grämt sich schmerzlich um den armen Konradin. So geht von Geschlecht zu Geschlecht viel Edles und Gutes und Anregendes, was Gott ins arme Menschenleben hinein gegeben, und es ist rührend, immer wieder Herzen höher schlagen und sich erwärmen zu sehen für das, was in jungen Jahren die Alten auch schon anfeuerte. Im höchsten Grad ists so mit Gottes Wort. Was meine teure Mutter einst mächtig tröstete, was meinen Vater mit Freude erfüllte, und schon vorher die frommen Ahnen, das ist mir nun auch Speise und Labsal geworden, und meine schönsten Stunden sind die allein mit meiner Bibel. Wenn einmal die Schulzeit des irdischen Berufs hinter uns liegt und wir eingehen dürfen ins Reich, das unser eigenes Erbe ist, da werden einmal reine, köstliche Ströme von Erkenntnis und göttlicher Poesie und Musik fließen, um uns zu erquicken, die schon hier an den Bächlein durstig tranken. Ich denke mir, daß dort jedes Bedürfnis der Seele und des Geistes ganz und voll befriedigt werden wird und daß Gott eine solche Fülle und Mannigfaltigkeit auch darin bieten wird, wie hier schon in der Natur, wo ja der unendliche Reichtum uns oft ganz staunen macht bei jedem Gang in Wald und Feld. [...]

In herzlicher Liebe küßt Dich innig Deine treue Mutter

1 Geigenlehrer in Calw; gest. ca. 1901.

2 S. Nr. 645, Fußn. 1.

3 Sehr wahrscheinlich Bücher von Luise Pichler (1823-1889); L. P. schrieb Erzählungen aus der württembergischen Geschichte. »Der letzte Hohenstaufe«, Roman, 3 Bde., erschien 1855. Für die Geschichte vom Leben und Sterben des letzten Staufers Konradin (Konrad, Herzog von Schwaben, 1252-68) bestand seit etwa 1770 großes Interesse.

729] *H. H. an Johannes und Marie Hesse*

Tübingen, 21. November 1898

Liebe Eltern!

Herzlichen Dank für Mutters lieben, wunderschönen Brief!

Ich sende ein Buch für Marulla zum 27.[1], zugleich mein Christgeschenk für sie.

Mich freut herzlich, daß der liebe Papa stärker geworden scheint, und daß mit Herrn Käferle ein so nettes Auskommen ist. Wollte Gott, ich könnte selber irgendwie mit zugreifen, um in Calw zu helfen! Hat Hansens Geige sich bewährt? Wenn ich von der Möglichkeit dieses Kaufes gewußt hätte, hätte ich mir freilich nicht eine eigene gekauft. Was wird nun aus der alten, da auch Theodor ja selber eine hat? Jedenfalls gratuliere ich Hans dazu. Ich weiß, welche Freude ein selbsterworbenes, gutes Instrument macht!

Sagt nicht, daß meine Lektüre mich krank mache. Ich übertreibe eigentlich nicht, und mein Kopf ist seit Monaten besser als je. [...]

Mama irrt, wenn sie Novalis für katholisch hält. Er ist, Sohn eines Pietisten, evangelisch geboren und gestorben, sollte sogar bei den Herrnhutern konfirmiert werden, was allerdings unterblieb. Ich will gerne ein paar Notizen über ihn geben.

Er ist, neben Wackenroder, die liebenswürdigste tragische Gestalt jener Zeit. Fein, zart und begabt, von großem Fleiße, ist er gerade vor Antritt eines schönen Amtes und kurz vor seiner geplanten Hochzeit, rasch an der Schwindsucht gestorben, nur 29jährig. So hat seine ganze Erscheinung, wie seine Schriften, einen jugendlich innigen Duft. Er hat alle Streitigkeiten, Blamagen und Verirrungen der späteren Romantik nicht mehr erlebt, in ihm ist, wie sonst nirgends, diese Romantik in ihrer ersten Reinheit verkörpert. Und doch hat er sie hervorragend beeinflußt: von ihm

kommt die »blaue Blume« als Symbol und Ziel der romantischen Sehnsucht.
Seine Hauptwerke: »Gedichte« (sehr gering an Zahl), 13 »geistliche Lieder«, »Hymnen an die Nacht«, »Lehrlinge zu Sais«, und der unvollendete Roman »Heinrich von Ofterdingen«. Novalis war mit Tieck, den Schlegels und ihren Frauen bekannt, am innigsten mit Tieck befreundet. Er war in Jena ein Schüler Schillers, und später einer der besten Verehrer und Kenner des Wilhelm Meister. Er starb 1801.
Ich glaube, für die, welche der gewöhnlichen Terminologie der Kirchenlieder fern stehen, ist er nach P[aul] Gerhardt der erste Gesangbuchdichter.
Mit Gerok[2] etc. ist er gar nicht zu vergleichen, da er keine Spur von Rhetorik hat und immer mehr zu wissen und zu fühlen scheint, als er sagen kann oder mag. Ich halte ihn für den edelsten Dichter der ganzen neueren deutschen Poesie darin, daß er nie ein Wort geschrieben hat, das bloß Wort und Zierat, Phrase, war. Davon möchte ich außer ihm keinen einzigen Dichter freisprechen. Es liegt im Wesen der Schriftstellerei, daß man leicht mehr gibt als man hat, und das hat er nie getan.
Nehmt vorlieb! Grüßt alles, und laßt mich bald wieder von Euch hören! Mit herzlichem Kuß Euer dankbarer

Hermann

Die Maulbr[onner] Briefe mit Dank zurück. Einige Details, die ich suchte, fanden sich nicht.

1 18. Geburtstag Marullas.
2 Karl von Gerok (1815-1890), ev. Theologe, Verfasser erbaulicher Schriften, geistlicher und patriotischer Gedichte.

730] *Helene Diederichs an H. H.*

Leipzig, 27. November 1898

Wissen Sie, was ich bin? stolz auf Ihre Freundschaft, stolz darauf, daß meine Freundschaft auch Ihnen etwas gilt. – Ich hätte gern wie damals am 22. geschrieben, doch waren wir noch immer unterwegs. So versparte ich mir's. – [...]

1 Am 22. November 1897 schrieb Helene Voigt ihren ersten Brief an H. H. – H. H. antwortete am 27. November.

731] *Adele Hesse an H. H.*

Calw, 28. November 1898 [Postkarte]

Lieber Hermann!

Mama wollte Dir gern gleich für Deine Gedichte[1] danken, aber gestern hatten wir noch die Aidlinger und Marull, um 4 Uhr allgemeine Abreise, dann Kirchenkonzert. Heute Missionsverkauf, schon um 200 Mark verkauft, da wird man müde und hat zum Schreiben weder Zeit noch Kraft. Also nimm einstweilen den Dank von mir, ich war sehr erstaunt, obgleich ich etwas derartiges erwartet hatte, habe schon alles gelesen; die ich schon kannte, gefallen mir am meisten. Dank auch für das Buch für Marull, das Geld bekommst du an Weihnachten. [...]

Mama grüßt und dankt herzlich. Grüße von allen

Deine Adele

1 »Romantische Lieder«, Dresden und Leipzig, E. Piersons Verlag 1899. – Das Manuskript ist vom Herbst 1898. Auf der letzten Seite des Manuskriptes steht, handschriftlich vom Verfasser: »ENDE«. Die Zusammenstellung dieser Lieder geschah im Sommer (Juli) 1898. Die Manuskripte stammen aus den Monaten von Februar 1897 bis Juni 1898, mit Ausnahme der Lieder »Ich bin ein Stern« und »Chopin II/III«, welche älter sind. – S. auch Anm. II, 46.

732] *Marulla Hesse an H. H.*

Stuttgart, 29. November 1898

Lieber Memmer!

Wie großartig hast du mich beschenkt! Recht herzlichen Dank! Daß du den Brief durch Vetter kriegst, ist nur Schonung für dich, die du hoffentlich nicht falsch verstehst. Bisher hatte ich noch keine Zeit, mit deinem Geschenk[1] nähere Bekanntschaft zu machen, aber ich freue mich schon auf nächsten Sonntag, auch um die Künstlermonographie, die Adele mir unter deiner Mitwirkung schenkte, zu studieren. Daheim sah ich auch deine Gedichte, mögen sie viel Anklang finden! Dein Stubennachbar Herr Keller ist der Bruder einer Schulfreundin von mir. [...]

1 Ein Buch; s. Nr. 729, Absatz 2; Titel noch nicht ermittelt.

733] *Marie Hesse an H. H.*

Calw, 1. Dezember 1898

Mein lieber, teurer Hermann!

Noch konnte ich Dir nicht für Dein Geburtstagsgeschenk danken, so gern ich es gleich getan hätte. Es kam Samstag morgen zum Frühstück. [...]

[...] zum Schreiben kam ich eben nicht. Dennoch hab ich gleich am Samstag jeden freien Moment in Dein Büchlein hineingesehen und wohl manches Schöne gefunden. Die Form und Sprache gelingt dir fein – nur möchte ich dir für deine Dichtung höheren Inhalt wünschen. Du nimmsts nicht übel, verstehst mich. Einige Gedichte, die du sonst gemacht, hätte ich lieber wieder drin gefunden als 2-3, die du aufgenommen und die mir weh tun, weil sie Verdacht wecken, als sei die Liebe nicht immer keusch und rein. Als Mutter darf ich so offen sprechen, nicht wahr? Das eine heißt »Weil ich dich liebe«, das andre »Ich weiß, – du gehst«. Du bist noch so jung, daß dergleichen Töne dir fremd sein sollten, sie bringen einen Mißton. »Villalilla« – sonst so schön – mutet mich auch so an: die Kunst muß rein und durchaus edel sein; Gott hat dir Talent gegeben, wenn du einmal Ihn gefunden hast und Ihm diese schöne Gabe weihst, dann erst wird dein altes Mutterle über dir [sic] glückselig sein, einstweilen bete ich für mein »Königskind«, daß es seinen wahrhaft königlichen Beruf und sein reiches königliches Erbe bekomme.

Glaube nicht, ich könne der Dichterphantasie nicht Rechnung tragen. Ich weiß recht wohl, wie ein Traum einen fortträgt, in neue, nie gesehene Welten und uns nie selbst Erlebtes als Wahrheit vorspiegelt. Aber Wahrheit und Tugend stehen hoch und fest, sie bleiben, wenn alles andre verweht.

Trotz all dem Gesagten liebe ich manche deiner romantischen Lieder sehr, und ich glaube, ich habe tieferes Mitgefühl und tieferes Verständnis dafür als du ahnst.

Wer die »Frau Gertrud« und die »Maria« sind, würde mich natürlich sehr freuen, einmal von dir zu hören, aber nur, wenn du selbst gerne mir davon erzählst[1].

Was ich da schrieb, nimm's freundlich auf, Mutterliebe ist stärker als der Tod, du mußt mir vertrauen, und lieben, auch wenn vielleicht mein Wort Dir unangenehm. Ich weiß, es kommt noch der Tag, wo wir uns ganz verstehen, ganz einig sein werden, dann, wenn einmal aufgehört hat Ahnen und Wünschen und Sehnsucht und Glauben, dann wird doch die Liebe leben und herrschen.

Indessen laß dich aus der Heimat grüßen und sei innig geküßt von deiner treuen Mutter

1 Das Buch ist »Maria und Frau Gertrud gewidmet«. S. auch Nr. 696, vorletzter Absatz und Fußn. 2.

734] *H. H. an Marie Hesse*

Tübingen, 2. Dezember 1898

Liebe Mutter!

Wie sollt' ich nicht freundlich aufnehmen, was du mir sagst. Ich sehe, du hast genau gelesen und sehr aufmerksam nach dem Echten gesucht. Was soll ich zu deiner Beurteilung sagen? Es ist einiges, worin ich dir durchaus Recht gebe, anderes beruht eben auf verschiedener äußerlicher Deutung, einiges auch trifft Dinge, die mir Gesetze sind. Aber was soll's? Ich danke dir, daß du alle die Lieder mit solcher Liebe lasest und über sie weg mit Liebe und Sorge an mich selber denkst!

Zur Rechtfertigung nur zweierlei!

Erstens: Die »romantischen Lieder« tragen im Titel ein ästhetisches und ein persönliches Bekenntnis. Ich nehme es als Abschluß einer Periode und glaube, daß auf mein ferneres Dichten von ihnen aus kein Schluß zulässig ist. Das Manuskript ist seit Frühjahr fertig – eben seither bin ich einsamer, stiller, klarer geworden.

Zweitens: Die Redaktion, die Aufnahme einzelner und Weglassung anderer Lieder glaubte ich, nach sehr langem Besinnen, von nichts Persönlichem abhängig machen zu dürfen. Das Büchlein sollte kein Kunterbunt, sondern ein Ganzes, eine Reihe von Tönungen und Variationen desselben romantischen Grundmotivs werden.

Glaub mir, Mutter, dein Urteil war mir noch weit wichtiger als jede Kritik, ich habe Ehrfurcht vor deinem Urteil und Feingefühl. So fremd ist mein Herz dir nicht, daß ich nicht diese mütterlichen Ermahnungen und Sorgen verstände und ehrte. Wie viel davon mir wahr erscheint, ohne daß ich's bis jetzt trotz allem Wollen mir zu eigen machen kann, weißt du nicht. Wenn ich an meine schlimmen Jahre denke[1] – wie kann da noch etwas in mir sein, das dir nicht dankbar ist und sich unterwirft!

Seit vorgestern hat sich bei mir Kopfweh eingestellt, und ich brauche mit recht gutem Erfolg Phenacetin. Ich war so lange Zeit gesund, daß ich jetzt etwas kleinlaut und gebrochen bin. Ihr müßt mir und meinen Briefen immer viel zu gute halten!

Mit herzlichem Kuß dein dankbarer Hermann

1 Vgl. »Kdht. u. Jgd. I«, S. 179 ff.

735] *Karl Isenberg an H. H.*

Biberach, 3. Dezember 1898

Lieber Hermann!

Herzlichen Dank für Dein liebes Brieflein u. für Deine »Romantischen Lieder«. Ich habe sie alle mit teilnehmendem Herzen gelesen u. mich an manchen herzlich erfreut, z. B. Chopin, Sarasate, Königskind, Sommerruhe, Komm mit! Die fast allezeit düstere traurige Grundstimmung läßt ja freilich eine Freude am Stoff nicht aufkommen, u. ich fürchte, daß dies dem äußeren Erfolg ziemlich im Weg stehen wird. Übrigens will ich keine Kritik darüber schreiben; ich wüßte ja doch wahrscheinlich bloß Dinge zu sagen, die Du selbst weißt u. nicht ändern kannst. Manches wird sich gewiß ändern, wenn Du aus einer erweiterten u. vertieften Lebenserfahrung heraus sprechen kannst. Ich kann mir fast denken, daß Du jetzt vielleicht mit melancholischem Lächeln sagst: ich habe nur zu viel Erfahrung. Aber recht kann ich Dir doch nicht geben, da es auch gute Erfahrungen gibt, die man mit den Nebenmenschen machen kann.

Wenn Du meinst, ich wolle Dir predigen oder Dich schulmeistern, so bist Du aber falsch daran. Von Herzen gerne möchte ich das Schöne, das Gelungene, das Eigene in Deinen Gedichten anerkennen. So freut mich die Spur von Humor – leider bitterem –, die ich im »Straßenkehrer« finde,

u. [ich] wünsche Dir, daß der Humor – kranker u. ge[sun]der – als Niederschlag einer gewissen Resignation sich Dir ergebe u. mehr als bisher auch in der Dichtung zum Ausdruck komme. Auch die Anschaulichkeit u. Frische der Schilderung im »Bahnhofstück« gefällt mir sehr gut; man erlebt es ganz mit.

Aber – wenn ich Dir Eines sagen darf, was ich vermisse: das ist das poetische Versenken in andere. Infolge der Beschäftigung nur mit Deinen eigenen Leiden und Schmerzen – denn auch bei der Liebe handelt es sich eigentlich nur um Dich, kaum um die Geliebte – weil Du auf andere Gestalten nicht eingehst, kranken die Lieder an einer gewissen Eintönigkeit. Wenn Du nur *sehen* würdest, wie viel Schönes und Edles es in der Welt, unter den Menschen gibt – neben u. trotz all dem Scheußlichen – wäre schon ein Schritt zur Genesung, zum Frischerwerden getan. Indes zweifle ich nicht, daß auch Du auf Deine Art Dich noch zu einer gefestigten Lebensanschauung erheben u. nicht immer bloß Nacht u. Dämmerung sehen wirst, wo auch viel heller Tag hereinscheint. Also nichts für ungut! Ich freue mich mit Dir, daß die ersten Kinder Deiner Muse nun einmal das Licht der Öffentlichkeit erblickt haben u. wünsche von Herzen, daß sie sich recht viele Freunde gewinnen. –

In der Buchhandlung habe ich ein weiteres Exemplar bestellt, um es Ilg zu schenken u. Herrn Hetsch (Dorn) gebeten, das Büchlein auszulegen. [...] »Königskind« habe ich zu komponieren versucht, bin aber mit meinem Produkt nicht so ganz zufrieden. Im übrigen geht es mir ganz gut u. ich freue mich riesig auf Weihnachten und meine Lis[1]. Jetzt leb' wohl! Mit herzlichem Kuß

Dein Karl

1 Elisabeth Berg, die Karl Isenberg am 19. April 1900 heiratete.

736] *H. H. an Helene Voigt-Diederichs*

Tübingen, 4. Dezember 1898

Das war ein lieber, prächtiger Brief von Ihnen, Sie Allzufreundliche! Ich bin noch verwirrt durch allerlei schwer zu beantwortende Briefe über die ›Lieder‹, und einige Kopfwehtage. Diese Lieder waren mir fast alle schon halb fremd geworden, ich war seit Monaten mit anderem beschäftigt und dachte wenig mehr an dies Manuskript. Nun kommen allerlei Briefschreiber, böse und gute, denen diese Lieder neu und viel wichtiger als mir sind, und wollen Aufschlüsse und Rechenschaften über Dinge, die mich zum Teil kaum noch berühren.

Ein Rückblick von einer neubetretenen Schwelle, ein wehmütiges Winken mit der Hand, ein Ausklang und Finale einer abgeschlossenen Zeit – das sind die romantischen Lieder. Mich beschäftigt seit Monaten, neben den Studien, die Niederschrift einer Liebesgeschichte[1], mit der ich den Schritt vom Alten ins Neue vollenden und mich selber klären möchte. Ich denke, sie wird noch in diesem Jahre fertig. Meine Lieblingspläne aber warten noch auf mehr Sonne und werden, solange ich hier in T[übingen] bin, Pläne bleiben.

Ich danke Ihnen, daß Sie sich meines Büchleins so annehmen wollen – sonst wird's niemand tun. [...]

Leben Sie wohl! Geht's gut, so spreche ich baldmöglichst wieder vor. H. Hesse

1 Bisher nicht aufgefunden.

737] *Marie Hesse an H. H.*

[Calw,] 6. Dezember 1898

Mein teurer Hermann!

Herzlichen Dank für deinen lieben Brief, ich kann heute nur grüßen und dir deine Sachen schicken. Wir backen heute

einiges. Nächste Woche waschen wir zum letzten Mal dies Jahr; schicke, was du hast, dazu.
Schreibe mir deine Wünsche für Weihnachten. Brauchst du etwa 1-2 neue Hemden?
Frau Pfarrer Preiswerk-Linder in Basel ist gestorben, eine treue Missionsmutter und meine warme mütterliche Freundin. Mit Kuß in Eile Deine Mama

Ich hoffe, Du bist wieder wohler und kannst schlafen. Geh sonntags in die frische Luft. Wir waren am Kentheimer Steigle – und dort herum letzten Sonntag, Papa ging's doch besser.

738] *Marie Hesse an Marulla Hesse*

Calw, 7. Dezember 1898

[...] Hans hat an Herrn Käferle einen guten Freund, der mit ihm den Jünglingsverein belebt.
Von Aidlingen, Biberach[1] sind gute Nachrichten da, weniger von Tübingen, da Hermann gegenwärtig viel Kopfweh hat. Er antwortete sehr lieb und nett auf meinen Brief über seine Gedichte. [...]

1 Aidlingen: Familie Theo Isenberg; Biberach: Karl Isenberg.

739] *H. H. an Helene Voigt-Diederichs*

Tübingen, 10. Dezember 1898

Guten Abend, meine Freundin! Es ist, Sonntag abends, eben so um die Stunde, wo Freunde und Brüder gern plaudern und im Lampenlicht beisammen sitzen. Auf der Straße singen bei ihrer Handlaterne die Pauperes[1] und laufen mit Windlicht und schweren Stiefeln bettelnd in die Stuben.
Ich habe morgens gelesen und ein Lied vollendet, nachmittags Musik gehört, abends das Leben Schleiermachers[2] zu

Ende gelesen und in Wackenroders »Phantasien«[3] geblättert, bis mir mein Versprechen einfiel, Ihnen am ersten guten Tage zu schreiben. Der ist heut. Ich bin wieder recht gesund, ohne Kopfweh, und nur mein Schlaf, mit dem ich seit Jahren peinliche Verträge bald schließen, bald brechen zu müssen gewohnt bin, ist gar flüchtig und federleicht. Ich glaube, von diesen häufigen Zeiten des schlechten Schlafes her hat meine Muse das tiefe Atmen und die leisen Sohlen. Dieser Schlaf ist so leicht, so nur Schleier und Oberfläche, daß ich schlafend fast jedes Geräusch vernehme und häufig aufwache. Er ist mir kein tiefer Zug aus vollem Becher, sondern ein Duft, ein dünner Nebel, dabei scheu und von sich selber wissend.

Sie lächeln, daß auch ich, wie alle Leidenden, am liebsten von meinem Leiden rede. Nun ja! Ich kann Ihnen auch von den herrlichen Beethovenschen Variationen erzählen, die ich heut hörte, oder von Böcklinblättern, die ich gestern sah, oder von meiner Freude über den neuen Novalis[4]. Ich will eben nur Ihnen nahe sein, mich verstanden fühlen und mir einbilden, eine befreundete Stimme mich anreden zu hören. Das ist die zärtliche Sonderbarkeit aller Einsiedler. – Gott sei Dank, daß Meißner[4] sich an den Hymnen nicht versündigt hat! Seine Vorrede ist schrecklich kühl. Aber die Ausgabe selbst, so weit ich sah, scheint sehr gut und brauchbar. Sie werden nun, wenn es nicht schon geschehen ist, den wunderlichen, lieben Novalis wohl auch näher kennen lernen. Den Ofterdingen wenigstens müssen Sie gründlich lesen. Mir ist Novalis immer zumeist ein Lehrer der Wahrhaftigkeit gewesen. Wenn mir's gelänge, einmal ganz von Herz zu Herz zu schreiben, ohne einen Rest von Phrase, ohne alles Rhetorische, und doch beredt in vollen Klängen, dann hätt' ich davon den größern Teil Novalis zu danken, diesem Gewissenhaften der Rede.

Da es auf Weihnachten geht, möchte ich, wenn ich darf,

noch einen Christwunsch sagen. Schenken Sie mir doch noch ein Exemplar der ›Landleute‹[5], mit schriftlicher Dedikation! Das meine hat meine Schwester bekommen, welche Sie schätzt und liebt. – Da es zum Schreiben nun zu spät wird, nehme ich so als heiliger Dreikönig Abschied. Denken Sie an mich und denken Sie Gutes von mir!

In treuer Kameradschaft Ihr H. Hesse

1 Chor des Kantors und seiner armen Schüler, der jeden Donnerstag vor den Häusern sowie bei den Feierlichkeiten der ›Bruderschaften‹ von Gewerbetreibenden sang und milde Gaben annahm. In der Weihnachtszeit wurde eine große Laterne mitgeführt. – S. auch Anm. II, Nr. 47).

2 Wilhelm Dilthey; 1833-1911; »Leben Schleiermachers«, 1870 (W. Ds. Erstlingswerk).

3 »Phantasien über die Kunst«, hrsg. 1799 von Ludwig Tieck.

4 S. Nr. 702, Fußn. 1.

5 »Schleswig-Holsteiner Landleute – Bilder aus dem Volksleben«, H. V.-Ds. 1898 (Impressum) erschienenes Erstlingswerk; wurde bereits im Dezember 1897 ausgeliefert.

740] *H. H. an Johannes und Marie Hesse*

Tüb[ingen], 10. Dezember 1898

Ihr Lieben!

Besten Dank für die Sendung und Mutters Briefle! Mir geht's wieder gut, bloß der Schlaf ist sehr scheu und leicht. Das Weihnachtsgeschäft nimmt mich ganz in Beschlag. Wünsche weiß ich eigentlich keine. Ein Hemd oder zwei, wie Mutter vorschlägt, kann ich schon brauchen. Von Bächtholds Leben G[ottfried] Kellers ist eine kleine Ausgabe für M. 3,80 erschienen, die mich etwa 2,70 bis 3,– kosten würde (den genauen Preis weiß ich nicht). Das wäre noch ein Wunsch, aber gar kein dringender.

Nun addio! Ich muß ins Geschäft! Herzlich Euer

Hermann

Das beiliegende Buch bitte gelegentlich als mein Christgeschenk nach Aidlingen schicken.

741] *Marie Hesse an H. H.*

Calw, 19. Dezember 1898

Mein lieber Hermann!

Jetzt freut man sich auf Dein Kommen. Papa möchte lieber die Bescherung früher haben, damit es nicht gar zu spät wird nach deiner Ankunft. Das wird dir auch nichts machen, oder? Wann kannst du kommen?

Heute nachmittag sind wir im Steinhaus eingeladen zur Feier der Verlobung unsrer lieben Julie[1]. Der Bräutigam Georg Schürle – kann nicht dabei sein, denn er ist Missionar in Lobethal, Kamerun. Seit 14 Tagen bewegt uns diese Sache sehr, da wir zuerst von Inspektor Oehler[2] davon hörten, noch ehe die Anfrage ans Steinhaus kam [...] Uns hat diese Sache ganz neu und innig verbunden mit den lieben Geschwistern. Julchen war uns immer besonders nahe. Die mittleren Schwestern[3] sagten ihr früher schon: »Gib uns für 20 Pfennig Missions-Interesse« und konnten's nicht verstehen, daß sie ganze Sonntagnachmittage mit Missions-Atlas und Missionsblättern so vergnügt verbrachte. Jetzt gucken sie die Heidenboten durch nach Schürles Namen und suchen auf dem Atlas Station, Nachbarschaft, Reise etc. [...]

1 Steinhaus: Haus der Calwer Compagnie-Verwandten Schill; s. Nr. 545, Fußn. 4. Seit 1875 Wohnsitz der Familie Friedrich Gundert. Julie Gundert, geb. 1874, ist die älteste Tochter von Friedrich Gundert und Frau Emma, geb. Heermann.

2 Theodor Oehler, Missionsdirektor in Basel; s. auch Nr. 523, Fußn. 4.

3 Julie hatte 6 jüngere Schwestern; die mittleren drei: Hildegard, geb. 1879; Emma, geb. 1881; Luise, geb. 1883. Die jüngste Schwester, Fanny Schiler, lebt noch in Calw.

742] *Aus dem Tagebuch von Marie Hesse*

1898

[...] Herr Claassen[1] starb am stillen Sabbath 9. April, wir konnten ihm doch noch unsre Liebe zeigen. [...]

Unser großer Bismarck verschied 30. Juli. Unseres Kaisers Jerusalemreise, der 2. Zionistenkongreß und viel andres hat uns interessiert. [...]
Die Donnerstag-Bibelstunde ist jetzt eine gewöhnliche Pietistenstunde. Die Frauenvereine leitete Johannes meist, aber sonst zieht er sich sehr zurück, die nervöse Angst bedrückt ihn noch. [...]

1 Vgl. H. Hesse, »Herr Claassen« enth. in H. H., »Die Erzählungen«, Bd. 2 u. H. H., »Innen und Aussen«, Ges. Erzählungen, S. 212 ff.

743] *Marie Hesse an H. H.*

Calw, 9. Januar 1899

[...] Karl war die letzten zwei Tage noch bei uns und sang uns viel vor, auch seine eigne Komposition auf dein »Königskind«, was uns gut gefiel. Wir lasen da auch abends zusammen mehrere deiner Gedichte mit Genuß. [...] Im Calwer Wochenblatt kommt ein Roman von Helene Voigt »Heimliche Liebe«, wir haben's nicht gelesen, der Name nur fiel uns jetzt auf. Adele hat dein Voigtbuch[1] mit Freude gelesen und auch Karl war sehr davon hingenommen, er las hier darin. [...]

1 S. Nr. 739, Fußn. 5.

744] *Helene Voigt-Diederichs an H. H.*

Marienhoff, 11. Januar 1899

Einen Weihnachtsbrief konnte ich Ihnen, lieber Freund, nur in Gedanken schreiben. Ich war in den Tagen zu wenig Herrin meiner Zeit. Aber daß ich an Sie dachte, wissen Sie und mögen es auch aus den »Schleswig-Holsteiner Landleuten«[1] gesehen haben. Ob Sie wohl das liebe Fest im Elternhause verlebten, mit Tannenduft und Lichterglanz!

Mir ging es diesmal anders als vor einem Jahr in Genua. Statt des Hotelzimmers das eigene Heim, und umgeben von Liebe und lieben Menschen. [...]
Wie steht es mit Ihrer Prosadichtung, die Sie öfters erwähnten[2]?
Ich hoffe bald einen Brief von Ihnen zu haben, der Gutes und Frohes von Ihnen bringt. Neujahrswünsche sind nicht mehr an der Zeit. Wird Ihr stilles Arbeitsleben im alten Gleis weiter gehen oder haben Sie irgend eine Veränderung vor? – Grüßen Sie doch Ihre Schwester gelegentlich, und erzählen Sie mal ein bißchen von ihr!
Mit herzlichem Händedruck Helene Diederichs

1 H. H. hatte ein zweites Exemplar des Buches erbeten, und Helene Voigt-Diederichs hatte es geschickt; s. Nr. 539, Fußn. 5.
2 »Eine Stunde hinter Mitternacht«, das noch 1899 bei Eugen Diederichs erschien; s. Anm. II, Nr. 49).

745] *Eberhard Goes an H. H.*

Reutl[ingen], 15. Januar 1899 (freier Sonntag!)
[Postkarte]

Ich stand am Bahnhof um 1/2 2 Uhr. Aber wer nicht da war, das warst Du. (?) Die Romant[ischen] Lieder sind mir zu einem großen Teil wie aus der Seele gesungen, wenn auch das Heimatland meiner Sehnsucht ein wenig anders aussieht u[nd] (z. T.) andre Züge an sich trägt. »Heimatlos« .. u[nd] doch muß (das liegt in dem Wesen des Kampfes) jeder Heimatlose seinen persönl[ichen] u[nd] einsamen Kampf auch einsam ausfechten. Das ist in gewisser Bez[iehung] deprimierend u[nd] in gew[isser] Bez[iehung] erhebend. Oder nicht?
Darum können wir aber doch gute Freunde sein ...
G[ruß] u[nd] K[uß] Dein tr[euer]

E. Goes

746] *H. H. an Johannes und Marie Hesse*

Tübingen, 18. Januar 1899

Liebe Eltern!

Habt besten Dank für Brief, Wäsche und Geld! Häring erzählte von Euch und rühmte Papas Aussehen. Als ich nun las, wie Papa morgens zum Kaffee herunterkam, lief es mir ganz kalt und warm den Buckel hinab. Das ist seit gar langer Zeit das erste Mal! Mir ist immer, es müßte doch wieder gründlich besser werden können. [...]

Mir geht's also gering. Der Schlaf ist rar und immer auf der Flucht. Ich mag kein Brom nehmen und laufe mich zuweilen abends noch möglichst müd, um ein paar Stunden zu schlafen. Der Appetit ist ganz ordentlich, auch die Verdauung. Viel Kopfweh, leicht aber dauerhaft. Mein Denken ist nicht gedrückt oder dumpf oder schmerzend, sondern gleichsam allzu hell und wach, läßt sich schwer einschläfern.

Die Zigarre nach Tisch hat schon seit Dezember aufgehört, ich laufe nach Tisch täglich 1/2–3/4 Stunden in den Alleen spazieren.

Ich habe nun den Gedanken, im Sommer mindestens einen Monat zu kurieren, am liebsten, wenn's rätlich scheint, zuhaus. Möglichst wenig Arbeit, dafür Gehen, Milch, etc.! Etwa 100.- Mark könnt' ich bis dahin haben. Ein im Winter vollendetes Manuskript[1] bringt vielleicht noch annähernd ebensoviel. Ist von hier aus ein längerer Urlaub nicht möglich, so wäre eventuell an Stellenwechsel mit größerer Pause zu denken. Ich wünsche und Onkel David rät Schweiz (etwa Basel – Bern), so ließe sich die Erholung etwa noch zu etwas Französisch benutzen. Außerdem erscheint es mir überaus lockend und wohltuend, einmal eine ganze Weile bei Euch zu sein.

Doch hat's ja Zeit. Es kann sich ja nur um die warme Jahreszeit handeln.

Nun macht Euch noch keine Sorgen! Ich denke nächstens, wenn ich wohler bin, einen Sonntag zu kommen und darüber zu reden und zu hören.
In herzlicher Liebe und Dankbarkeit Euer Hermann

1 »Eine Stunde hinter Mitternacht«; s. Nr. 744, Fußn. 2.

747] *Dr. Ernst Kapff an H. H.*

Cannstatt, 23. Januar 1899

Lieber Herr Hesse!
[...] Ich habe in der Zeit immer wieder dies und jenes Ihrer Gedichte vorgenommen und als rechter Schlecker, wie ich's bei Lyricis immer mache, das meinem Geschmack Zusagende herausgenommen und das andere liegen lassen. Da sind es nun vor allem die Chopin-Gedichte und der »Straßenkehrer«, die ich ganz vorzüglich gelungen finde, und die Ihnen schlechterdings niemand nachmachen, geschweige denn besser machen könnte. Wenn der »Straßenkehrer« von Mörike herrührte, so würden die hartgesottensten Kritiker vor Entzücken ein Rad schlagen. Das Malerische Ihrer Phantasie, das das musikalische Element fast noch überwiegt, kam mir da so recht zum Bewußtsein. Freilich sehen Sie vielleicht innerlich zu viel Farbe, wo wir andern Menschenkinder dann nicht mehr mittun können. Also wenn Sie dem Leser zurufen: »Komm' mit!« und ihn auf rotem Roß in ein *rotes* Schloß, wo blaue Bäume mit goldenen Äpfeln wachsen, entführen, um dort silberne Träume zu träumen und purpurne Küsse zu küssen – so muß ich ehrlich sagen: da komm' ich nicht mit.
Daß es Ihnen gelungen ist, auch dem Motiv der Liebe noch originelle Töne abzugewinnen, ist mir ein weiterer Beweis Ihres auf eigenen Bahnen wandelnden Talents. Vor Maria und Frau Gertrud[1] allen Respekt, daß in der Atmosphäre,

die sich um sie breitet, solche Lieder hervorsprossen können, ohne daß, wie ich annehme, eine dieser beiden selbst das erotische Verlangen des Dichters weckt. [...]
Herzlich grüßend Ihr E. Kapff

1 S. Nr. 696, Fußn. 2.

748] *Marie Hesse an H. H.*

Calw, 27. Januar 1899

Mein lieber, teurer Hermann!
Dein lieber Brief klang uns etwas wehmütig. Vielleicht ist nun doch mit dem Schnee deinem Kopf etwas Erleichterung geworden, und der Schlaf kommt vielleicht jetzt etwas leichter zu dir. Ich weiß, wie die Tagesarbeit und Unruhe schwer wird nach ruheloser Nacht. Der Vers »den Seinen gibt er's schlafend« heißt in der englischen Bibel »Er gibt seinen Geliebten Schlaf«, das ist auch schön, und Frau Browning[1] hat darüber ein feines Lied gedichtet, das man dann ihrem Gatten bei seinem Begräbnis 31. Dezember 1889 in der Westminster Abtei sang, extra dafür komponiert. Das muß ergreifend gewesen sein.
Recht herzlich wird's uns freuen, wenn du einige Wochen heimkommst, da bist du willkommen, liebes Kind, und sollst dich ausruhen. Das Nähere wird sich ja dann noch finden. Neulich sah Papa zufällig in einem Geschäftsbrief, daß Herr Reich in Basel an Onkel David schreibt: »an den jungen Hesse werde ich denken«[2]. [...]
Julchen bekam gestern ihre ersten rechten Brautbriefe, 4 Stück auf einmal mit Bildern und dergleichen. So waren wir um 6 mit Dekans[3] im Steinhaus und ließen uns vorlesen. Alle sind getrost und heiter, Julie, schon ganz daheim in Kamerun, freut sich auf ihre Arbeit in Lobethal. Möglicherweise muß sie schon Ende Februar von hier fort. [...]

1 Elizabeth Browning; 1806-1861; Frau von Robert Browning; 1812-1889; beide waren englische Dichter; beide starben in Italien; E. B. in Florenz; R. B. in Venedig.

2 H. H. trat zum 15. September 1899 in die Buchhandlung Reich, Basel, ein.

3 Die Familien Friedrich Gundert und Dekan Roos, Calw, waren miteinander befreundet.

749] *Gertrud Fischer an H. H.*

Ben Avon, Pa. [Pennsylvanien] U.S.A.,
30. Januar 1899

Mein lieber Herr Hesse,
es ist nun schon einige Wochen her, seit mir Ihre Gedichte zu Händen gekommen sind, und noch habe ich Ihnen nicht gesagt, daß ich mich innig darüber gefreut habe. Mit meiner Kritik will ich Sie nicht belästigen, sie ist völlig wertlos und so ist es Ihnen vielleicht auch der Ausdruck meiner Freude. Aber den kann ich deshalb doch nicht zurückhalten, denn kürzlich, als ich einige Ihrer Lieder meiner Mutter vorlas, da fühlte ich ganz deutlich wie schön sie sind u. daß ich dem Dichter das sagen muß, besonders da ich in ihm den Bruder meiner liebsten Freundin sehe[1]. Seien Sie nicht böse, wenn ein Gruß aus dem poesielosen Amerika Sie einen Augenblick in den Dichterträumen gestört hat.
In treuer Erinnerung an frohe, im deutschen Schwarzwaldstädtchen verlebte Stunden Ihre Gertrud Fischer

1 G. F. war eine Freundin von Adele Hesse; s. Nr. 613 u. Fußn. 4.

750] *Karl Isenberg an H. H.*

Biberach, 31. Januar 1899

Mein lieber Bruder!
Längst schon wollte ich Dir schreiben u[nd] mich für das schöne Weihnachtsgeschenk bedanken, mit dem Du mich so sehr erfreut hast. Aber immer hätte ich Dir gerne etwas dazu beigelegt, u[nd] das ist gar lange nicht fertig worden,

nämlich die Komposition zu Deinem »Königskind«[1]. Als sie endlich fertig wurde, da galt die erste Reinschrift meiner lieben Braut u[nd] die zweite, vollendet am 24. Januar, Dir. Jedoch konnte ich nicht gleich dazu schreiben, weil ich am 25. nach Heilbronn fuhr[2] u[nd] dort bis Sonntag abend blieb. Nun kommt's aber doch endlich. Ich bin sehr gespannt darauf, ob Dir das Lied gefällt[3].

[...] In herzlicher Liebe küßt Dich Dein Bruder Karl

1 Abgedruckt in den »Romantischen Liedern«, Leipzig, 1899; (von H. H. bereits in dem schwarzen Wachstuchheft »Zum 14. Juni 1898« aufgeschrieben (zum Geburtstag des Vaters). Dort standen auch weitere Gedichte und Prosa, die in H. Hs. erstem Vers- bzw. Prosabuch »Eine Stunde hinter Mitternacht«, laut Impressum 1899, erschienen. Vor allem die Prosa ist mit den gedruckten Texten nicht voll identisch. Eine Untersuchung des frühen Stils sollte beide Quellen, die handschriftliche wie die gedruckte, beachten.

2 Damaliger Wohnort der Braut, Elisabeth Berg.

3 S. Anm. II, Nr. 48).

751] *H. H. an Karl Isenberg*

Tübingen, 1. Februar 1899

Lieber Karl!

Du hast mich sehr überrascht und erfreut! Nimm meinen herzlichen Dank für das Lied und meine Versicherung, daß es mir in jedem Takt wohlgetan hat und meiner Auffassung gemäß war. Die Begleitung, die ich mir nur eben erst einigemal vorspielen ließ, hat eine gewisse Pracht und Fülle, und einen Ernst, der mich ergriffen hat. Du hast mir mit diesem sorgfältigen Blatt ein doppelt wertvolles Stück geschenkt.

Um deine Lust und Kraft, so viel zu reisen, beneide ich dich. Mich kostet es, bei aller Sehnsucht, immer schon einen ordentlichen Entschluß, nur nach Calw zu fahren.

Auf den Brief, in dem du auf die Sendung meines Büchleins erwidertest, bin ich dir die Antwort immer noch schuldig, weil ich die rechte nicht finden konnte. Ich glaube, wir kennen einander zu wenig. Ich bin seit einem Jahr sehr verändert, bin stiller und ruhiger und fleißig geworden, und fühle allmählich den lang ersehnten festen Grund, für Leben und Urteilen unter mir. Ich wünsche, wir könnten einmal eine Zeitlang zusammen sein, vielleicht gelingt es im Sommer in Calw. Denn ich bin entschlossen, im Sommer einige Wochen Wald- und Faulenz-Kur zu brauchen, weil's mein Kopf ziemlich nötig hat, und weil ich viel an Schlafmangel leide. Damit muß ich auch entschuldigen, daß ich nicht mehr und Wichtigeres schreibe. Meine eigentlichen Studien, über Novalis, Tieck und die Schlegel, in denen ich ziemlich weit voran war, mußte ich seit fast acht Wochen ganz aussetzen. Die subtile Arbeit wollte mir unter den nervös werdenden Händen zerbröckeln.

So bringe ich meine Abende jetzt still und gemessen über Büchern zu, die mir unschädlich sind und aus denen ich eher die Gabe des ersehnten Schlafes erwarte als aus den Fragmenten Hardenbergs. Ich treibe mit einigem Interesse Geschichte, deutsche und französische, des Mittelalters. Hier muß ich nicht vor schwierigen Details und vor Kombinationen Angst haben, denn auf diesem Gebiet kann ich als Neuling ganz mit Neugierde ins Volle greifen und mich begnügen, eine Art Totaleindruck zu nehmen. Du weißt vielleicht, wie wohltuend eine solche Lektüre sein kann. Es ist wie das Angucken eines ORBIS PICTUS[1].

Von Deiner Lis[2] weiß ich noch gar nicht, wie sie ihre Verletzung überstanden hat. Diese war das letzte, was ich von ihr hörte.

Vor einigen Tagen schrieb ich folgendes schöne Gedicht:

Eine silberne Spieluhr spielte
Bei meiner Großmama,
Schon Louis der Soundsovielte
Das Spielwerk gerne sah.

Ein Amor aus Emaille
Zielt tückisch von der Wand
Auf die porzellanene Taille
Eines schüchternen Armand.

Daneben aus ihrer Grotte
Erheben sich schlank und hell
Und tanzen die schönste Gavotte
Silvander und Isabel.

H. H.

Nun addio! Grüß im nächsten Brief auch die lieben Heilbronner[4] von mir!
Mit herzlichem Kuß Dein Hermann

1 »Die gemalte Welt«, bebildertes Realienbuch, das auf dem Weg über die Anschauung der Dinge zu ihrer Erkenntnis führen will; z. B. J. A. Comenius (1592-1670) »Orbis sensualium pictus« (1654), mit Holzschnitten aus allen Lebensbereichen.
2 Elisabeth Berg, Karl Isenbergs Braut.
3 Das Gedicht erschien unter dem Titel »Rokoko« im Simplizissimus«, Jg. 1909/10.
4 Die Familie von Karls Braut.

752] *H. H. an Helene Voigt-Diederichs*

Tübingen, 2. Februar 1899

Wenn mein Zustand besser wäre und wenn ich Ihres jeweiligen Aufenthaltes sicher gewesen wäre, hätte ich Ihnen schon längst für den Brief aus Marienhoff gedankt. So wartete ich Ihre vermutliche Heimkehr ab.
Ja, Weihnachten – zwei kurze, schöne Tage – war ich bei den Eltern in Calw. Dort waren inzwischen einige Exemplare meiner »Lieder« leihweise von Haus zu Haus gegangen, und ich hatte den Ansturm zahlreicher Tanten, Onkel, Cousinen und Bekannten zu bestehen. Ich könnte Ihnen Köstliches von dummen Gesichtern und naiven Fragen erzählen. Meine Mutter[1] aber ließ mich ohne Worte ihr

Verstehen merken und ist mir aufs neue vertraut und unentbehrlich geworden.
Jacobsen und Maeterlinck sind nun vom Buchbinder zurück, der erstere bestens in blau[es] Halbleder gebunden. Wenn ich könnte, hätt' ich Margarethenbände[2] mit Goldblumen anfertigen lassen. Maeterlinck, den ich aus einigen Dramen kenne, habe ich nur erst angesehen, von Jacobsen aber schon das meiste gelesen. Die Bilder zum Lyhne sind ganz köstlich!
Wie es mit der »Prosadichtung«[3] steht, können Sie nun selber sehen. Wenn Sie einverstanden sind, biete ich es Herrn Diederichs zum Druck an. Falls dies genehmigt wird, hätte ich den Wunsch, das Buch am 14. Juni zum Geburtstag meines Vaters zu haben, wie die ›Lieder‹ im Herbst zum Geburtstag meiner Mutter. Doch ist's nur ein bescheidener Wunsch, keine Notwendigkeit.
Also lesen Sie, und denken Sie dabei an den Titel, denn diese Stücke sind sämtlich in schlaflosen Nächten aufgeschrieben worden.
Effi Briest – ja das ist ein herrliches Buch! Ich wußte, daß es Ihnen lieb werden mußte. Ich verstehe auch Ihre Stellung zu Maeterlinck. Wenn Sie Lust haben und die Sachen noch nicht kennen, so lesen Sie doch gelegentlich ›Die Blinden‹ und den ›Eindringling‹ von ihm, aus denen man ihn gut kennen lernt. Ich schätze ihn sehr hoch.
Daß Sie mir den Jacobsen zu Weihnachten geben wollten, ist mir lieb und freundlich zu hören. Ich erwarte statt dessen die Novelle, von der Sie schon schrieben. Ist dazu bald Hoffnung?
Ich freue mich jetzt schon auf den Sommer. Denn, wenn die Umstände es irgend erlauben, werde ich dann einen Monat oder zwei ganz meiner angegriffenen Gesundheit widmen und mich so faul und genußsüchtig als möglich in meinen herrlichen Schwarzwald legen.

Ich freue mich unsäglich darauf, mich aller Arbeit und Grübelei für eine Zeit ganz zu entledigen, auf dem Rücken im Moos zu liegen und die Bekanntschaft mit allen Waldwinkeln zu erneuern, in denen ich als Schulbube Indianer spielte und später die ersten Zukunftsträume und Liebesgedanken verbarg. Dort möcht' ich Sie einmal haben, auf einem unsrer Berge, über meilenlangen schwarzen Wäldern, in unsern Burgen und Klöstern, und an allen Stätten, wo das Märchen meiner ungebundenen, prächtigen Knabenzeit in Wäldern und Schluchten weiterlebt. Ich war ein wilder, überschäumender Bursche und der Schrecken aller Zierbeete und Taubenschläge, aber ich bin auch stundenlang auf Waldwiesen gelegen, Himmel und Wolkenflug über mir, und im Herzen die unverstandene Werdenot meiner ersten Lieder. Ich bin erst spät so still und mäßig geworden, und hoffe in diesem ersehnten Sommer die Brücke zu der alten rotwangigen Herrlichkeit wieder zu finden, und meinen Traum vom Ährenfeld.[4]

Mir fällt ein, daß Sie so freundlich nach meiner Schwester Adele[5] fragen. Die liest seit einigen Wochen Ihre *Landleute*[6] und hat ihre Freude daran. Sie kennt die Ostsee von Estland her. Sie ist, wie Schwestern sein müssen, geduldig, verständig und erfinderisch, und war einige Jahre lang meine einzige Freundschaft. Sie hilft der Mutter, pflegt den leidenden Vater und ist beiden in frühern Zeiten, da ich von allerlei Jugendstürmen umgetrieben war, zuweilen das einzige gute Kind gewesen. Außer ihr und mir ist eine 18 jährige Seminarschülerin[7] und ein 16 jähriger Kaufmannslehrling[8] da, ferner ein verheirateter[9] und ein verlobter Stiefbruder[10]. Der letztere schickte mir gestern eine Komposition meines Liedes ›Königskind‹, sehr fein und schön. Damit wären wir sechs alle beieinander.

Aber wie man ins Plaudern kommt, wenn man so allein sitzt und nicht recht zur Arbeit fähig ist! Halten Sie mir

das familiäre Geschwätz zu gute, und hören Sie, daß ich sogar lüstern bin, von Ihrer heimischen Umgebung ähnlichen Bericht zu kriegen.
Aber nun will ich ernstlich ein Ende machen und das unvorsichtig begonnene dritte Briefblatt mit einigen Versen[10] ausfüllen. – Die letzten Tage las ich wieder die Landleute durch und möchte Ihnen für das Buch noch einmal herzlich danken! H. Hesse

1 Vgl. in diesem Zusammenhang den Brief von H. H. an Marie Hesse, vom 2. 12. 1898, Nr. 734.
2 Bucheinbände mit Fanfares-Mustern, in deren Füllungen Margeriten eingesetzt sind, wie sie für Margarethe von Valois (1553-1615), die erste Frau Heinrichs IV., angefertigt wurden.
3 Das ein halbes Jahr später im Druck vorliegende Buch »Eine Stunde hinter Mitternacht«.
4 Schlußtext von »Eine Stunde hinter Mitternacht«. Vgl. WA 1, S. 213 ff.
5 H. Hs. ältere Schwester (1875-1945).
6 »Schleswig-Holsteiner Landleute, Bilder aus dem Volksleben«, 1898 bei Georg Heinrich Meyer, Leipzig; Erstlingswerk von Helene Voigt-Diederichs.
7 Hesses jüngere Schwester Marulla (1880-1953).
8 H. Hs. Bruder Hans (1882-1935).
9 Hesses Stiefbruder Theodor Isenberg (1866-1941).
10 H. Hs. Stiefbruder Karl Isenberg (1869-1937).
H. H. schickte mit diesem Brief auch »Gavotte II« und »Die Schuld« an Helene Voigt-Diederichs. Beide Gedichte sind nicht in die Gedichtsammlungen aufgenommen, das zweite »auch als Manuskript sonst nicht nachweisbar«.

753] *Marie Hesse an H. H.*

Calw, 6. Februar 1899

[...] Gegenwärtig wird Livingstone[1] und Missionsjahrhundert[2] und Neues Testament-Bibelerklärung[3] neu aufgelegt, da gibts Arbeit genug neben dem Laufenden. [...] Heute kam vom 85-jährigen Onkel Frédéric Dubois[4] aus New York wieder ein freundlicher Brief. Er war ja im Sommer mit Frau in Mount Clemens im Bad mehrere Wochen und sehr vergnügt mit meinem Bruder und dessen Familie[5]. [...]

1 Marie Hesse, »David Livingstone, der Freund Afrikas«, Calwer Familienbibliothek, Bd. 26, 1892.
2 Johannes Hesse: »Das Missionsjahrhundert, Züge aus dem Missionsleben der Gegenwart, insbesondere zum Vorlesen in Missionsvereinen«, Stuttgart und Calw (Verlag der Vereinsbuchhandlung), 1893, 2. Aufl. 1899.
3 1884: »Calwer Bibellexikon«; 1892: »Calwer Bibelkonkordanz«; zum 125-jährigen Jubiläum des Calwer Verlagsvereins, Stuttgart, erschien im Oktober 1961 das Calwer Bibellexikon in einer neuen Bearbeitung.
4 Onkel von Marie Hesse, Bruder von H. Hs. Großmutter Gundert, geb. Dubois.
5 Pfarrer Hermann Gundert, Mount Clemens; s. Anm. I.

754] *H. H. an Johannes und Marie Hesse*

[Poststempel: 8. Februar 1899, Tübingen]

Seit gestern ist Julie[1] da und bleibt bis morgen, so daß ich meine Freizeit, die zwei Tage, ganz bei Tante E[lisabeth] bin und meine Wäsche ohne Brief der Magd zu packen gab. Karls Lied hat mich sehr gefreut. Einen der nächsten Sonntage komme ich wohl, schreibe aber vorher noch. Für Mutters Brief besten Dank! Herzlichen Gruß! Hermann

P.S. Ein Bonner Vorlesungsverzeichnis ist für K[arl] sogleich bestellt.

1 Gundert, Julie, geb. 27. 8. 1874, älteste Tochter von H. Hs. Onkel Friedrich Gundert.

755] *H. H. an Johannes und Marie Hesse*

Tübingen, 13. Februar 1899

Liebe Eltern!

Verzeiht mein längeres Verstummen! Es war so eine Zeit ohne allen Anreiz zum Schreiben, indem etwas Besonderes nicht vorfiel und zum Plaudern mir die gute Laune fehlte! [...]

Ich freue mich so auf diesen Sommer und verspreche mir wunderlich viel davon. Zunächst für meine Gesundheit, die noch fast gleich ist. Ich blühe zwar äußerlich und kann immer essen, aber es ist, als fehlte irgend ein physischer Schwerpunkt, als welchen ich z. B. den Schlaf mir denke. Ich habe die feste Überzeugung, daß die erhofften Ferien mich von Grund aus kurieren können. Und dann freue ich mich unglaublich auf eine Weile rechten Daheimseins, ohne Retourbillet. Ich habe gegen Euch so viel nachzuholen und bin außerdem des Familienlebens allzu sehr entwöhnt. Wenn Ihr also im Sommer gesund sein werdet, steht mein Plan fest. Zu ein paar Wochen Nichtsverdienen und etwa einer Milchkur oder so was wird mein Geld wohl eben reichen. Es freut mich, daß ich in dem anstrengenden letzten Halbjahr wenigstens einen Fond zu diesen notwendig gewordenen Ferien sammeln konnte.

Über meine ganzen Pläne, d. h. vor allem über den mir selber nun wahrscheinlich gewordenen Abschluß meines Hierseins[1] möchte ich bald mit Euch reden. Wenn alles sich schickt, besuche ich Euch nächstens einmal, vielleicht mit Herrn v. Haller zusammen.

Herr Hermes rät mir sehr, zu wandern, meint aber, mir zum Trost, Herr Sonnewald würde mich lieber behalten. Ich denke nun, ohne daß aber etwas Festes beschlossen wäre, etwa im Sommer (Juli oder August) zu kündigen und möglichst schon vorher mir für Ende Sommer oder Herbst (1. September?) eine Stelle zu sichern, am liebsten etwa in Basel. Dies zur Orientierung!

Es tat mir leid, meine Wäsche ohne Brief schicken zu müs-
Ich hoffe, bald wieder Gutes von Euch zu hören.

In dankbarer Liebe Euer Hermann

1 Es bestanden gute Aussichten für eine Übersiedlung nach Basel; s. Nr. 748 u. Fußn. 2.

756] *Helene Voigt-Diederichs an H. H.*

Leipzig, 17. Februar 1899

Lieber, lieber Freund!

Aus den seltsam träumenden Gedanken, die Ihr ›Notturno‹, Ihre ›Fiebermuse‹[1] in mir lebendig werden ließen, komme ich jetzt zur Wirklichkeit zurück, blicke vergleichsweise auf Ihre und auf meine Kunst und suche nach dem, was unsere Seelen auf Du und Du gestellt hat. Ich glaube, es ist das Ungesprochene, das was über Worten und Sätzen schwebt. Bei Ihnen, dem Romantiker, steht über jeder Zeile dieses Ungesagte, dieses Zeit- und Raumlose, dieser Flügelschlag der Ewigkeit. – Mich zählt man zu den Realisten, rühmt das jungenhaft Herbe an mir und sieht so allenfalls Blätter und Blüten, nicht die Wurzel meines Schaffens. – Novalis und Maeterlinck haben mich nie berührt wie Sie es tun, und es kommt nicht daher, weil Ihre Persönlichkeit mir näher und greifbarer ist. Schon aus Ihrem ersten Lied schlug mir ja das Dunkle, Sternenäugige entgegen. Ich bin der Meinung, daß in diesen Prosaarbeiten Ihr eigentliches Selbst reiner und zwangloser und vor allem gewachsener heraustritt als aus manchen Ihrer Gedichte. Gerade das letzte, das Sicherere, freut mich. Ob Sie mich recht verstehen? Es ist, als wenn irgend ein Druck hier von Ihnen genommen wäre, trotzdem schlaflose Nächte über Ihre Schulter sahen. Ich würde lieber mündlich darüber mit Ihnen reden. Geschriebenem fehlt mit dem lebendigen Wort so leicht die Wärme, und die vor allem ist in dem, was ich Ihnen sagen möchte. Aber wir verstehen uns gottlob ja auch durch einen herzhaften Händedruck.

Ich denke, in Ihrem Sinn zu handeln, wenn ich die mir anvertrauten Blätter nun in meines Mannes Hände lege, der warmes Interesse an Ihnen nimmt und Sie weiteres wissen lassen wird.

Aber nun muß es endgültig bergauf gehen mit Ihrer Gesundheit. Einige Briefe waren so voll wiedergefundener Lebenskraft, und nun heißt's wieder: »Wenn mein Zustand besser gewesen wäre ...« Das mag ich nicht hören. – Mit Teilnahme las ich von dem Schicksal der Ihnen nahe Stehenden und werde im nächsten Briefe tätlich dafür danken, indem ich Ihnen auch mit einem langen »Familiengeschwätz« komme. Dann müssen Sie mir auch einmal sagen, welcher Art der Beruf ist, dem Sie die sparsamen Mußestunden abringen.

Ich bin erst seit einer Woche wieder hier und noch wenig eingelebt in die Engigkeit großstädtischer Verhältnisse. Mein Mann tut alles, mir's leicht zu machen – aber es ist schwer, solch Wildvogelblut in zahmere Bahn zu bringen. Sela[2]! Auf baldiges Wiedersehen? Helene Diederichs

1 Teile von »Eine Stunde hinter Mitternacht«, GS I, S. 60-63, bzw. S. 29-33; WA, I, S. 210-213, bzw. S. 179-183.
2 Schlußzeichen in den Psalmen.

757] *H. H. an Helene Voigt-Diederichs*

Tübingen, 19. Februar 1899

Über Erwarten schnell und freundlich ist Ihr lieber Brief diesmal gekommen. Sie müssen ein inneres Auge von seltener Klarheit und einen besonderen Tastsinn für Persönliches haben, denn Sie lesen wie sonst niemand in meinem Wesen. Die Nachtblätter, die in Ihren Händen sind, wuchsen mir aus ungezählten, schlafsuchenden, mitternächtlichen Spaziergängen in Straßen, Brücken und Alleen. Diese Stunden voll Vereinsamung unter den wipfelregen Kastanien und Platanen, wurden mir allmählich zu einem unschätzbaren Born der Erinnerung, der Einkehr und Reinigung, der kalte Atem dieser Nächte erfrischte und vertiefte meine Tage, mein ganzes Leben ging wohl hundertmal in dieser Zeit durch mein Gedächtnis, mit Anklage und

Reue, denn ich fand viele Sterne an meinem Himmel ausgelöscht. Aber die ich noch fand, die schienen mir des Lebens wert, und ich schloß Freundschaft mit meiner Vergangenheit. Meine Wünsche gehen nach Tag und Sonnenschein, vielleicht werde ich nie mehr solche Monate des Besinnens, der Demütigung und innern Befestigung haben, wie in dieser Zeit seit letztem Sommer. Oft, wenn ich eine Erinnerung zu Ende gedacht hatte und stillstehend in den dunklen Neckar sah, hatte ich die Vision eines Freundes, der neben mir stehe und innerlich eins mit mir sei. Dann mußte ich manchmal lächeln und die Hand ausstrecken, als kämen Sie mir entgegen und wüßten alles, was ich hier im Dunkeln erlebt und gedacht hatte.
Auch kommen mir auf diesen Gängen oft Schatten künftiger Dichtungen entgegen, aus dem Tiefen gestiegen, in nebelgroßen Formen. Ich grüßte sie, mein Herz erkannte sie wohl, und ich reckte mich in Sehnsucht nach einer Zeit, da ich sie zu Ende formen könnte. So trage ich an einem doppelten Schatz und wünsche, es möchte einer dasein, meine Stille und mein Glück [zu] teilen.
Ein Nachtgeräusch von diesen Spätgängen, ein Astschlagen, ein Flußrauschen, ein Schrittklang aus diesen Nächten – nichts weiter sind die ohne Kunst entstandenen Blätter meines Heftes. Ein Kranz für meinen Chopin sollte dazu kommen, aber bis jetzt war mir dafür nichts gut genug.
An Fastnacht hängte sich ein Harlekin an mich und fragte: »Bist du das Alleengespenst?« Als ich bejahend mich losmachte, rief er mir nach: »Wenn daraus Verse werden sollen, die müssen robuster sein als deine ›seidenen‹ Romantischen«.
Heute (Sonntag) hatte ich einen Genuß seltenster Art. Ich war in einer der herrlichen Schapitzschen Matinées und hörte zwei Beethovenquartette, op. 59 III und op. 131. Das erste hat ein Menuetto und Allegro molto von unver-

gleichlicher Eleganz. Im Augenblick gibt es vielleicht in ganz Deutschland nichts Edleres zu hören als die ungemein streng studierten Beethovenquartette der vier Stuttgarter Kammermusiker. Das Publikum ist sehr klein und man sieht ziemlich die Kenner beisammen. Das Unternehmen erfreut mich ungemein. Es gehört ein Mut dazu, im nüchternen Saal, im Vormittagslicht, mit vier Pulten und Instrumenten und den fast unbekannten Beethovenquartetten öffentlich zu konzertieren. Mich erquickt diese Schapitzmusik unsäglich. Denken Sie: Ein Streichquartett, am Sonntagmorgen, ohne Licht und Schmuck und Virtuosenpomp, vor kaum hundert Hörern, ohne Pausengespräch und Toilettenglanz, so daß jeder ganz Ohr sein kann und männiglich beim Klatschen nach Kräften hilft, um den Saal zu füllen. Dabei sind die vier Spieler tüchtige Künstler, peinlich scharf geübt, und jeder wirkt ohne Virtuosenegoismus herzlich mit, diese alten Meisterquartette rein ans Licht zu bringen. Hier ist ein famoser Prüfstein für das Publikum: die meisten fallen ab, man sieht deutlich, wie weit Geist und Bildung reicht. Die Enthusiasten der Oper dauern am schlechtesten aus, man fühlt peinlich, wie die Theatermusik und das Orchester auch gute Ohren für diese vornehmen, aber pomplosen Kunstwerke abgestumpft und unfähig gemacht haben. Wenn Sie das heutige Andante ma non troppo gehört hätten, könnte ich mir alle Worte sparen. Da saßen die vier Geiger jämmerlich unverstanden auf Ihren Stühlchen.

Nun ist's sehr spät geworden, also Addio! Ich bin begierig zu hören, ob Ihr Mann mein Manuskript brauchbar findet. Haben Sie für Ihren Brief und alle Freundschaft meinen Dank! Sie wissen, ihr Trauen und Verstehen hat ein Echo, und mehr als ein Echo, bei mir.

In Freundschaft Hermann Hesse

758] *Marie Hesse an H. H.*

Calw, 19. Februar 1899

[...]

Du bist uns herzlich willkommen, samt Freund. Heute bei dem Prachtswetter hatten wir dich ziemlich erwartet und hoffen nun, es werde bald wahr. Marulla hofft Feiertag, Königstag und Sonntag hier zu sein, 24.-26. Februar. Kommst du vielleicht da? Herrn Haller oder sonst einen Freund bringe mit. Herr Käferle hofft zwar, du kämest ein andermal, da er gerne dich kennen lernte und am nächsten Sonntag in Zwerenberg predigen muß, aber das tut nichts, wenn du gerne kommst, Herr Käferle bleibt den März noch hier.

Auch ich freue mich auf dein Hiersein im Sommer, mein liebes Kind, ich hoffe, du könnest dich im Waldesgrün und Schwarzwald stärken. Daheim brauchst du ja auch kein Geld, höchstens wenn du Ausflüge machen willst, die Milchkur bestreitet die Haushaltskasse. Vielleicht brauchst du aber einiges neu zur Aussteuer? Ich möchte jedenfalls deine Wäsche und Kleider mustern, ehe du in die Fremde ziehst. Was ist's eigentlich mit der Militärsache? Mußt Du Dich nicht jetzt stellen? [...]

759] *H. H. an Johannes und Marie Hesse und an die Geschwister in Calw*

Tübingen, 20. Februar 1899

Ihr Lieben!

So einen vierfachen Brief[1] bekommt man nicht jeden Tag! Herzlichen Dank! Am meisten freute mich Papas Nachricht, ich hatte lange nichts von seiner Hand gesehen. Nun meine Antworten:

An Papa: Ich hoffe, es soll uns gelingen, die Waldkur wirklich rationell zu machen. Ich weiß wohl, man hofft immer und nimmt sich immer mehr vor, als nachher wahr wird – aber trotzdem. Nächsten Sonntag werde ich, womöglich mit Haller, kommen.

An Adele: Gelt, die Voigt! – Freilich wollen wir im Sommer festen, ich rezitiere schon im Stillen: Es gibt im Sommer Him-, Brom-, Erd-, Haidel- und – Prestlinge[2].

An Mama: Herrn Käferle sehe ich vielleicht doch noch in Calw, andernfalls muß er mich eben später einmal auf seine Pfarre einladen. Ich bestehe darauf, im Sommer meine Milch- oder Obstkur und alles Ähnliche selbst zu bezahlen. Willst du es nicht dulden, dann komme ich gar nicht, sondern beglücke Ems oder Nizza. Ich hoffe mindestens 100 M[ark] mitzubringen.

[...]

Mit dem Militär steht es so: Ich muß mich [zum] 1. Oktober 1900 stellen, glaube aber dann endgültig frei zu werden. Schulden habe ich nicht.

Es geht mir ziemlich gleich, aber die Frühlingswärme ist in mich gefahren, daß ich alle Glieder strecke und jeden Mittag in den Alleen gehe und sitze. Auch ist es mir endlich gelungen, eine Milchfrau zu finden, die mir täglich einen Schoppen bringt, nur leider immer erst um 10 Uhr, was meinen Mittagsappetit beeinträchtigt.

Meine poetische Arbeit des letzten Jahres, ein mäßiges Heft, ist in den Händen des Verlegers Diederichs, der sich dafür interessiert[3]. Das Manuskript aber scheint mir kein Boden für Geschäfte zu sein, es ist für sehr wenige Leser und wird zweifellos nie einen guten Absatz finden. So weiß ich noch nicht, ob er doch das Opfer bringt und druckt.

Daß Papa sich so gut befindet, ist mir eine rechte Herzensfreude. Ich verlasse Euch mit dem Abendgruß, den mir Herr v. Haller allemal sagt – »Möchten Sie schlafen können!«

Herzlich Euer dankbarer Hermann

1 Bisher nicht aufgefunden.
2 Württembergischer Name für eine bestimmte Sorte sehr großer Gartenerdbeeren.
3 »Eine Stunde hinter Mitternacht«, erschienen noch 1899 bei Eugen Diederichs.

760] *H. H. an Gertrud Fischer*

Tübingen, 24. Februar 1899

Sie haben mir mit Ihrem Brieflein eine Freude gemacht, für die ich den Dank nicht schuldig bleiben möchte. Ihr Blatt[1] liegt nun bei den sieben oder acht andern Briefen über meine Lieder, welche des Dankens und Aufbewahrens wert waren. Ich selbst freue mich dieser Lieder als eines Spielwerks und Zierats jugendlichen Andenkens um so mehr, als mir bange ist für die Aufnahme, welche meine noch ungedruckte Arbeit des letzten Jahres finden wird[2]. Doch das sind Sorgen der Zukunft! Ich will Ihnen lieber nun ordentlich danken, denn ich bin eitel genug, mich herzlich zu freuen, so oft ich sehe, daß mein Liederheft in Händen aufmerksamer und wohlwollender Leser ist, wobei ich die Aufmerksamkeit entschieden über das Wohlwollen setze. [...]

1 Zu den »Romantischen Liedern«; s. Nr. 749.
2 »Eine Stunde hinter Mitternacht«, s. Nr. 759, Fußn. 3.

761] *Marie Hesse an H. H.*

Calw, 8. März 1899

Mein lieber Hermann!
Wie schade, daß Marulla am Sonntag dich nicht genießen konnte! Sie schrieb, es habe so pressiert, sie habe dir nicht einmal ihr Stüblein zeigen können. Es wäre gewiß auch lehrreich für sie gewesen, mit Euch die Gemälde zu sehen[1], aber nun läßt sich eben nichts machen.
Wir freuen uns noch, daß du da warst. Am Sonntag abend

sagte Hans zu mir: »Mama, vor acht Tagen saßen wir mit dem Hermann im Sofa in der Dämmerung, das war doch gemütlich!« Am Montag war dann Onkel David[2] da und brachte Julchen eine goldene Uhr. Er meint, du sollest an Herrn Reich in Basel schreiben und anfragen, ob es bei ihm eine Stelle gebe, oder er dir sonst in Basel etwas empfehlen könne. [...]

Karl singt im Messias Soli am Palmsonntag und kommt dann zur Vakanz und Reise nach Bonn. Er glaubt, er werde nachher wieder in Biberach angestellt wie jetzt und läßt Gepäck dort zurück. [...]

Innig küßt Dich Deine Mutter

1 S. Nr. 762.
2 David Gundert, Stuttgart; s. Anm. 1.

762] *H. H. an Johannes und Marie Hesse*

Tübingen, 8. März 1899

Ihr Lieben!

Herzlichen Dank für Mamas schönen Brief! Setzte Euch meine Reise nicht in Erstaunen? Ich selber wundere mich noch darüber. Ich entschloß mich im letzten Augenblick halb wider Willen. Für mich war ein solcher Kunstgenuß in jeder Hinsicht wohltuend, und es war mir schon seit zwei Jahren eine Gewissenssache, mich mit der Sezession[1] auseinanderzusetzen. Alles gelang über Erwarten. Ich freute mich meiner künstlerischen Genußfähigkeit, denn ich stand fünf Stunden vor den Ölfarben und vier Stunden im Theater, ohne daß ich eine Übersättigung gespürt habe. Nachher freilich fiel ich ganz ab und war am Montag und bis gestern abend recht elend. Heut' aber ist's wieder soweit im Blei, und obendrein ist mein Herz froh und mein Auge noch voll guter Bilder.

In der Sezession also fand ich etwa, was ich gesucht hatte,

und habe nun einen festen Standpunkt ihr gegenüber. Manche der Bilder waren mir schon als Kupfern lieb und erfüllten meine Erwartung, besonders Khnopff und Keller. Von Stuck waren acht Bilder und drei Bronzen da, darunter der »Athlet« und das »böse Gewissen«, so daß ich diesen Meister jetzt ordentlich kenne. Oppler ist mir mit drei Bildern sehr lieb geworden, auch Dettman. Zügel verstand ich nicht völlig, und einige haben mich auch enttäuscht. Eine Reihe von Bildern ist mir nun fest eingeprägt und Eigentum geworden. Außer Stuck war Uhde der berühmteste Aussteller, sein »Abendmahl« war da und gefiel mir, sowie der »schwere Gang«.

Dieser ganze Besuch war für mich fast eine Notwendigkeit, jedenfalls ein überaus wichtiges Ereignis. Ich fand Antwort auf viele Fragen und bin wieder ein Stück reicher und bewußter geworden.

Eine gute Aufführung der Meistersinger war der Abschluß. Das Preislied hat mir wieder sehr wohlgetan, auch war eine sehr gute Frauenstimme da, aber ich spürte doch auch mein altes Aber gegen die Bühne und ihre Grobheiten wieder. Das Theater ist mir kein Bedürfnis und immer auch nur ein halber Genuß. Es ist Kunst zweiter Güte, auch widersteht meinem Geschmack der große Apparat, welcher den Eindruck hundert Zufällen aussetzt. Die »Meistersinger« selber hab' ich immer gern gehabt.

Daß ich Marulla nicht länger haben konnte, tat mir auch leid. Sonst besuchte ich niemand, der Tag war sehr angestrengt und ausgefüllt.

Für Onkels Rat danke ich, ich will an Reich schreiben, auch, wenn möglich, Klarheit über meine etwaige Militärtüchtigkeit erlangen. Soviel ich weiß, kann aber in einer Privatmusterung kein offizieller Freischein, sondern nur ein Gutachten erteilt werden. Hier weiß erst Hermes von meinen Reiseplänen.

Julias Abschied geht auch mir nahe[2]. Ich sprach mit Tante Plebst davon, und muß viel an Julie und ihre Reise denken. Gestern stellte sich zu meiner Verwunderung Herr stud. Schmidt im Laden vor, der neulich bei Euch war. Dabei fällt mir ein, daß ich letzten Sonntag davon sprach, Herrn Käferle noch bei Euch zu sehen. Ich dachte nicht, daß Ostern schon so nahe ist, es wird also nicht gehen. Ich spüre doch die zwei Reisesonntage und werde nun wohl eine Weile ruhig am Ort bleiben.
Das schlimmste Geschäft mit den Ostermessrechnereien hab' ich nun größtenteils fertig und sehe zwei bis drei ruhigeren Geschäftswochen entgegen – gottlob!
Nun genug! Seid alle herzlich geküßt von Eurem

Hermann

1 H. H. traf seine Schwester, wohl zwischen 2 Zügen, während seiner Reise zum Besuch einer Ausstellung der Sezession, München.
2 Julie Gundert sollte zu ihrem Verlobten Georg Schürle nach Kamerun reisen.

763] *Marie Hesse an H. H.*

Calw, 19. März 1899

[...] Diesen Sonntag hast Du wohl ausgeruht. Hans und Herr Käferle gingen morgens 4 Uhr schon mit dem Jünglingsverein nach Freudenstadt und auf den Kniebis. Es war doch schön und hell, aber recht kalt; [...] Kein so freundliches Wetter – nach so vielen Prachtsonnentagen – hatten wir am Freitag zu unserer Fahrt nach Aidlingen per Kutsche, es war dichter, feuchter Nebel und kalt; erst nachmittags schien die liebe Sonne ein wenig durch. [...] Nächsten Freitag kommt Marulla zur Ostervakanz auf zehn Tage und Karl will Montag der Karwoche eintreffen. Heute wurden Herr Sapper und Herr Albert Leube hier ordiniert, Papa war auch Testes und speiste dann mit im

Dekanat zu Mittag. Heute ist gar viel los in Calw: Ordination, Politische Rede von Schrempf[2] im Badischen Hof, Vortrag über seine Palästinareise im Vereinshaus von Herrn Winkler. [...] Morgen ist der jährliche »Missionskaffee« bei uns, wo sechs Herren übers kommende Missionsfest beraten, Kassensturz und Rechnung halten von den eingegangenen Missionsgeldern. Denke, neulich kam wieder die Fabrikarbeiterin Schumacher von Brötzingen, die mein selger Vater seine »Gräfin« nannte und brachte für die Mission die fürstliche Gabe von 2000.- Mark, nachdem sie erst im Oktober 600 gebracht! Es ist rührend und beschämend, wie sie und ihr Bruder sich alles versagen, nur um für Gottes Reich geben zu können.[...]

1 = testis = (Augen)zeuge, zuverlässiger Zeuge.
2 S. Anm. I.

764] *Aus H. Hs. Notizen in »Bagels Geschäftskalender« 1899*

[Tübingen, 24. März 1899]

»... Nun (September) [1892] wieder Stetten (arge Händel mit Calw), bis Einladung nach Basel kommt. Dann den ganzen Oktober in Basel, wo sich Leib und Seele stärkte.
...
[Ende 1892] »... Werde Sozialdemokrat und laufe ins Wirtshaus. Bier und Räsonnieren. ...«
»... Nach einem Jahr [in der Turmuhrenfabrik Calw, Perrot jr.] beginne ich sehr darunter zu leiden, daß der gewählte Beruf mir durchaus fremd bleibt. Dann Entschluß, noch einmal eine Buchhändlerlehre zu wagen.
1895 (Oktober) Eintritt in die H[eckenhauersche] Buch[handlung] in Tübingen. Ich lerne ordentlich. Ein tüchtiger Grund wird gelegt durch ein Jahr fleißig ernster Beschäftigung mit Goethe ausschließlich. Dann moderne Literatur

bis zu einiger Kennerschaft. Interesse an »Jugend«, »Wiener Rundschau« und Hermann Bahr etc. Von 97 an Freundschaft mit Hammelehle (Seminarfr[eun]d), Finckh und Rupp, dazu später Faber und Schönig. In dieser Zeit Nietzsche, der mir durchaus gut tut. Ich glaubte einige Wochen lang an ihn, und liebe ihn noch jetzt. Ende 97 beginnt meine eingehende Beschäftigung mit der romantischen Schule. ...«

»... Sommer 97 und Wintersemester 97/98 lustige Cénacle-Zeit, viel Spaß und Übermut. ...«

»... Von Beginn 97 bis Frühling 98 sind sämtliche Gedichte geschrieben, die Ende 98 als »Romantische Lieder« erschienen. ...«

765] *Marie Hesse an H. H.*

Calw, 29. März 1899

Mein lieber Hermann!

[...] Wir hoffen gewiß, Dich in den Festtagen zu sehen, kannst du nicht Gründonnerstag abend kommen und bis Montag abend bleiben? [...] Gestern hörten wir im Steinhaus[1] liebe, nette Briefe von Schürle vorlesen, der allen sechs Schwägerinnen[2] und den Eltern einzeln geschrieben. Man gewinnt ihn recht lieb aus dem allen. Am nächsten Samstag reist er nach Bonatru, Julie zu begrüßen, die am 4. oder 5. April dort ankommen soll. Die Hochzeit wird wohl am 20. April sein und Tags zuvor die Ziviltrauung, zu der man in Kamerun zwei volle Stunden braucht, da keine Formulare da sind und die schwarzen Schreiber immer wieder ihre fehlerhaften Bogen frisch und besser schreiben müssen! Julie kam am 18. März glücklich und wohlbehalten in Madeira an und schrieb heiter von der ungewöhnlich ruhigen, schönen Meerfahrt in guter Gesellschaft. Samstag morgen kam für Herrn Käferle ein Dekret als Vikar nach Wolfenhausen, Dekanat Tübingen, Oberamt Rottenburg, wo der Pfarrer (Metzger) krank [ist]. Samstag nachmittag schon reiste er Knall und Fall ab. Gottlob geht es Papa recht ordentlich, er wiegt 125 [Pfund] wie in seiner besten Zeit. Freilich kann er immer noch wenig anhaltend arbeiten, doch hofft er, es komme noch. [...] Lisele[3] von Pappelau schickte uns 27 Eier; an ihrem Geburtstagmorgen trappelte es Schlag 7 Uhr im Oehrn und alle Konfirmanden erschienen mit einer Gabe von Eiern, um »dem Pfarrer den Hasen zu legen«. Martin[3] warf sich in die nötigste Gewandung und hielt eine rührende Dankrede mit Würde, die Lis noch im Bett lachend mitanhörte. [...]

1 S. Nr. 545, Fußn. 4.

2 Den sechs jüngeren Schwestern seiner Braut Julie Gundert: Elise, geb. 1877; Hildegard, geb. 1879; Emma, geb. 1881; Luise, geb. 1883; Frieda, geb. 1887; Fanny, geb. 1890.

3 Elisabeth Berg (künftige Frau Karl Isenberg), die ihrem Bruder Martin den Haushalt führte, während er in Pappelau den Pfarrer vertrat. – S. auch Nr. 842.

766] *Eugen Diederichs an H. H.*

Leipzig, den 4. April 1899

Lieber Herr Hesse!

Ich habe Sie lange auf eine Antwort warten lassen. Das liegt teils am Geschäftsbetrieb, teils an allerlei Verhältnissen. Ich habe nämlich eine Zeit lang geschwankt, ob ich Ihre Skizzen nehmen sollte; mehr aus dem persönlichen Gefühl heraus, daß es meine Pflicht sei, nur nach Geschäftsinteressen zu handeln. Wenn ich mich daher heute bereit erkläre, Ihr Buch zu verlegen und sofort mit dem Druck zu beginnen, damit es noch zum Geburtstag Ihrer Frau Mutter[1] fertig wird, so tue ich es nicht wegen Ihrer Freundschaft zu meiner Frau, sondern wegen der Schätzung, die ich Ihren schriftstellerischen Arbeiten entgegen bringe. Aber bei all

dem Einzelnen, was ich an Ihnen schätze, fehlt mir immer etwas an Ihrem Wesen, was ich ein bewußtes Ruhen in sich selbst nennen möchte. Ich muß sagen, daß mir im Allgemeinen das Befreiende fehlt. Wenn ich mich in das Seelenleben eines anderen vertiefe und mich nun von ihm wie Dante von Virgil führen lasse, möchte ich nicht immer seine inneren Bekümmernisse durchleben, sondern vor allem seine Befreiung daraus. Sonst legt man das Buch mit dem Gefühl aus der Hand, ja es war interessant, aber es treibt dich nicht, es das zweite Mal zu lesen. Geschäftlich habe ich daher nur zu den Büchern Vertrauen, die man jederzeit wiederliest. Also wenn ich offengesagt wenig Glauben an den geschäftlichen Erfolg des Buches habe, so habe ich doch desto mehr Überzeugung von seinem literarischen Wert. Das eine Stück vom Fest des Königs mutet mich direkt wie Chopin'sche Musik an, obgleich ich wenig von Musik verstehe. Ich würde Ihnen also vorschlagen, ca. 600 Exemplare zu drucken. Über alles weitere werden wir uns wohl schnell einigen, und bitte ich Sie um baldige Antwort. Ich beginne dann sofort mit Druckproben!
Mit herzlichen Grüßen von uns Beiden Ihr E. D.

1 H. H. hätte das Buch gern zum Geburtstag seines Vaters gehabt. Eugen Diederichs verwechselte das. S. Nr. 752.

767] *H. H. an Eugen Diederichs*

Tübingen, 6. April 1899

Sehr geschätzter Herr Diederichs!
Ihr freundlicher Brief hat mich sehr erfreut. Ich bin ganz einverstanden, wenn Sie 600 Exemplare drucken wollen, und bitte um Ihre weiteren Vorschläge. Daß bei der besonderen, vielleicht allzu intim persönlichen Art meines Büchleins auf kein Geschäft zu rechnen ist, glaube ich freilich

auch, und ich kann mir, ohne zu lachen, nicht einmal die 600 Käufer ordentlich vorstellen.
Mir geht, indem Sie eine Arbeit von mir in Ihren Verlag nehmen, ein sehnlicher Wunsch in Erfüllung, und ich werde Ihnen für das Entgegenkommen alle Zeit von Herzen zugetan und dankbar sein. Außerdem aber danke ich Ihnen dafür, daß Sie mir so ehrlich den Eindruck schildern, den Sie von mir haben. Ich hoffe auf eine Zeit, wo wir über manches, z. B. über den Proteus ›Romantik‹, einander verstehen werden. Für heute nur die Andeutung, daß meine bisherigen Arbeiten, für die ich außerdem Zeit und Stimmung einem angestrengten Berufsleben abgewinnen mußte, zumeist in leidendem Zustand geschrieben sind. Alle größeren Pläne liegen einstweilen beiseite. Ich glaube bestimmt, daß Sie auch das, was Sie an mir vermissen, noch einmal finden werden. Bis jetzt ist mein einziges sicheres Gut in literarischen Dingen eine fleißige und peinliche Schätzung der Sprache, vor allem nach ihrem musikalischen Wert. Das ist das Hauptstück *meiner* Romantik: Liebevolle Pflege der Sprache, die mir wie etwa eine rare alte Geige erscheint, bei der eine lange Geschichte und Ausbildung mit der treuesten Pflege und der geübtesten Hand zusammen wirken muß, um Leben und Wohllaut zu haben. Freilich, was ist Sprache ohne den Geist! Aber ›das Moralische versteht sich von selber‹, sagt Vischers ›A[uch] E[iner]‹[1]. Ist nicht auch Ihnen schon aufgefallen, wie salopp und roh oder wie gespreizt die Durchschnittssprache der heutigen Literaten, selbst der Lyriker, ist, gerade als wäre man darauf versessen, heute Heine und morgen Nietzsche zu karikieren.
Aber genug! Ich erwidere von Herzen Ihren Gruß und den Ihrer Gattin. Möchte doch bald die Zeit kommen, in welcher zwischen mir und Ihrem Hause Geben und Nehmen sich ebenmäßiger und für mich weniger beschämend verteilt, als bisher!

1 Friedrich Theodor Vischer, »Auch Einer«. Eine Reisebekanntschaft, Deutsche Verlagsanstalt Stuttgart und Leipzig, 1884.

768] *H. H. an Eugen Diederichs*

Tübingen, 13. April 1899

Sehr geehrter Herr Diederichs!

Besten Dank für die Druckproben und Ihren lieben Brief!

Also die größeren Lettern (Probe I)! Papier rauh, weiß.

Ich danke es Ihnen sehr, daß Sie so viel Sorgfalt auf die Ausstattung wenden, sowie daß Sie so freundlich meinen Wunsch, bis 14. Juni dies Buch zu haben, zu erfüllen versuchen.

Ist es nötig, die Zeilenanfänge meines Manuskripts umzumarkieren, so tu' ich es gern. Doch kann diese Änderung wohl auch durch Sie, d. h. Ihren Korrektor, geschehen. Nur würde ich wenigstens für Rede und Antwort die Zeilentrennung beibehalten sehen.

Die Probeseite gefällt mir sehr gut. Sie sagen, daß Sie vielleicht den Satz auch in Farbe bringen wollen. Wären das etwa rote Initialen? Es würde gewiß wirken.

Über Ihre Bedingungen möchte ich mir ein paar Fragen erlauben, deren Beantwortung aber keinerlei Eile hat. Ich bin ganz mit denselben einverstanden und möchte nur aus Interesse einiges aufgeklärt haben. Sie schreiben: »1) 10 Freiexemplare. 2) Recht für alle Auflagen. 3) Evtl. neue Auflagen mit Honorar nach den Prinzipien des Verlegers.« Wie soll ich Punkt 2) verstehen? Daß Sie für immer das Druckrecht haben, oder daß ich auch von jeder Neuauflage 10 Freiexemplare bekomme? Sodann: Prinzipien des Verlegers. Heißt das Gutdünken von Fall zu Fall, oder Berechnung nach irgendeiner Norm?

Ich frage lediglich aus Neugier und um ein für allemal diese termini zu kennen. Meine Einwilligung haben Sie schon.

Nochmals herzlichen Dank! Ich hoffe Ihnen und Ihrer Frau nächstens zu schreiben und freue mich indessen auf einen Brief Ihrer lieben Frau. Heut' bin ich schrecklich in Hast und konnte nur das Nötigste sagen.

769] *Marie Hesse an H. H.*

Calw, 14. April 1899

Mein teurer Hermann!

[...] Papa wandelt im Garten herum, wie ein Räuberhauptmann; den ältesten Hut auf, Tante Uranies bunten Schal von oben bis unten um sich, darunter die gestrickte Jacke, der tolle Wind weht sein Haar herum und soll das leidige Kopfweh verblasen! Neulich machte er im Garten ein Feuerlein, wozu sich ein halb Dutzend Nachbarkinder einfanden, die dann vervespert wurden und glücklich waren.

Der junge Roos[1] hatte von uns deine Romantischen Lieder geholt zum lesen in der Vakanz, leider hörte ich nichts drüber von ihm, vergaß zu fragen, da er in Eile war. Was ist nun, hast du von Basel Antwort und hast du wegen Militärsache was gehört? (...)

1 H. H. gedenkt seiner im »Schulkamerad Martin«, WA 8, S. 492 ff.

770] *H. H. an Johannes und Marie Hesse*

Tübingen, Samstag 15. April 1899

Liebe Eltern!

Verzeiht, daß ich nicht geschrieben habe. Ich konnte nicht und kann auch heut nicht recht, weil ich kaputt und scheußlicher Stimmung bin. Ich habe jetzt eine Art von Kopfweh kennen gelernt, vor dem ich noch lange Angst haben werde. Außerdem bin ich traurig, habe Ärger und Heimweh und möchte irgendwo recht weit von hier unter Bäumen liegen und an nichts und alles denken. Von Arbeiten ist keine Rede, ich sitze die ganze Freizeit so da und kann nichts tun, nur manchmal geigen. Vielleicht ist's nur eine Erkältung, vielleicht ist's bloß der Frühling, aber es ist zum Katholischwerden.

Ich weiß jetzt, daß ich meine »Deutsche Romantik« nicht oder erst als alter Mann schreiben werde, ein Kapitel von Novalis kostet mich Wochen. Oder kost*ete* vielmehr, denn seit drei oder vier Wochen hab' ich absolut nichts gearbeitet, auch in Gedanken nicht.

Aber was schwätzen! Nehmt's nicht so arg, was ich an einem üblen Abend Euch schreibe, aus dem augenblicklichen Elend heraus.

Für Heilbronn nehmt meine besten Reisewünsche und meine herzlichen Grüße an das Berg'sche Haus mit! Mich hat's dort letzten Herbst sehr angeheimelt.

Die Kritik[1] über meine »Lieder« ist, soviel mir zu Gesicht kommt, nicht lebhaft, aber überall wenigstens lobend. Auf den »Kunstwart« warte ich noch. »Meyers Bote« kam mir durch Abdruck einiger Lieder und freundliches Schreiben am meisten entgegen. Von meinen Freunden goutiert bloß Finckh das Büchlein, die andern lesen es kaum.

Vielleicht grüßt Ihr mich von Heilbronn aus. Ich wollte noch allerlei reden, aber es will nicht flüssig werden. Habt Geduld mit mir! Herzlich Euer dankbarer Hermann

Seht am nächsten schönen Abend einmal den Himmel an, nach dem Abendrot, wenn er so ganz blaugrün wird. Ich sah ihn neulich so:

O reine, wundervolle Schau,
Wenn du aus Purpurrot und Gold
Dich ebnest friedvoll, ernst und hold,
Du lauteres Spähimmelblau!

Du mahnst an eine lichte See,
Darauf das Glück vor Anker hält
Zu seliger Rast ... Vom Ruder fällt
Der letzte Tropfen Erdenweh[2].

H. H.

1 S. Anm. II, Nr. 46.

2 Erschienen im Band »Gedichte«, 1902; Titel »Spätblau«; s. auch GS V, S. 426. In den Gedichtbänden bzw. -ausgaben steht die 3. bekannt gewordene Fassung. Im Brief an Helene Voigt-Diederichs (vom 24. 4. 1899) schon die zweite Fassung.

771] *Helene Voigt-Diederichs an H. H.*

Leipzig, 17. April 1899

[*Helene Voigt-Diederichs erklärt ihre relativ späte Antwort auf H. Hs. Brief vom 19. Februar:* »Besuch, häusliche Pflichten und dringliche Geistesarbeiten« *waren ein Grund; ein anderer: Eugen Diederichs sollte sich unbedrängt über H. Hs. Manuskript schlüssig werden können. Inzwischen war die -positive- Entscheidung gefallen. Frau Diederichs kündigt H. H. den ersten Korrekturbogen an und teilt mit, sie selbst habe die* »Sache durch ›gearbeitet‹«, *für den Setzer.*]

772] *Marie Hesse an H. H.*

Heilbronn, 21. April 1899

Mein lieber, lieber Hermann!

[...] Alle hier grüßen dich herzlich. Dein neuestes Abendhimmellied gefällt uns gut. [...] Es werden auch dir nach diesen trüben Tagen der Entmutigung und des Druckes wieder heitere, freudvollere Wochen kommen und der junge Lenz wird dich jubeln machen. Man muß sich üben in der Geduld, stille sein, bis der Jammer sich löst; aber das ist ein hartes Lernen. [...]

773] *H. H. an Helene Voigt-Diederichs*

Tübingen, 24. April 1899

[...]

Ihr lieber Brief hat mich überaus erfreut. Ich kann nicht sagen wie wohltuend mir's ist, daß Sie selbst mein Manuskript bearbeitet haben. Für diesen neuen Dienst bin ich herzlich dankbar. [...]

Dieser Tage las ich ›In die Nacht‹[1]. Sie können sich denken, mit welcher Teilnahme, denn nicht nur kenne ich Tübingen und verehre Hölderlin gewissermaßen aus der Nähe, sondern ich war auch selber Klosterschüler in Maulbronn. Es war die Zeit meiner wildesten Stürme, zwischen Knaben- und Jünglingsalter, und auf diese mächtigen Klostermauern und Kreuzgänge häuft meine Erinnerung allen unwiederbringlichen Glanz, der jener Zeit der ersten Ideale und Sehnsucht eigen ist. Wie voll genoß ich da die sich erschließenden Wunder Homers, wie lebte ich mich in die gotische Kühle der herrlichen steinernen Räume ein und litt doch zugleich unter der Klausur! Damals wußte ich noch nicht, daß das Ziel meiner brennenden Sehnsucht nirgends mit Händen zu greifen sei, ich sah die »Welt« in lockenden Farben liegen und schob alles Elend auf die strenge Verbannung in den Klostermauern. Es war der erste wichtige Schritt meines Lebens, als ich damals, voll glühenden Durstes nach Licht, Schönheit, Freiheit, aus dem Kloster entfloh[2], und ich leide noch heute unter dieser knabenhaften Geniereise. Was ich fand, das lohnte wahrlich diese verzweifelte Sehnsucht nicht. Dort liegt nun, im Schatten der Linden, mit den Bogenfenstern, Kreuzgängen und Kapellen, weltabgeschieden ein Stück meiner Jugend unerlöst und blickt mit Vorwurf mich an.

Es ist spät. Wenn es nächsten Sonntag regnet, verspreche ich Ihnen weiterzuschreiben. Mit herzlichen Grüßen auch an Herrn Diederichs, Ihr H. Hesse

1 Carl-Müller-Rastatt, »In die Nacht! Ein Dichterleben«, Eugen Diederichs Verlag, Leipzig, 1898.
2 Vgl. »Kindheit und Jugend vor 1900«, Bd. I, Briefe und Zeugnisse Nr. 192 bis 203.

774] *H. H. an Johannes und Marie Hesse*

Tübingen, 23. April 1899 und 9. Mai 1899

Liebe Eltern!

Heute müssen Garten, Veranda und die großen hellen Zimmer in Heilbronn gewiß recht sonnig und freundlich sein. [...] Ich wollt', ich könnte heute mit dort sein und wüßte mit diesem herrlichen Sonntag was Rechtes anzufangen. Es war nach allem ein Regensonntag zu erwarten und ich hatte mich ganz auf Daheimbleiben und Briefeschreiben eingerichtet, das jetzt bei der hereinglänzenden Sonne nicht recht fördern will. Letztes Jahr um diese Zeit machte ich eine ganze Reihe prächtiger Sonntagsfahrten, diesmal hat eine einzige nach Kirchheim mich abgeschreckt[1], mehr zu wagen.

Ich bin ziemlich schwach, nervöse und mißmutig, weil meine Sommerpläne noch so im Ungewissen hängen. Ich will nichts vom Zaun brechen, aber wenn in Basel sich längere Zeit nichts entscheiden will, muß ich, um den Sommer nicht zu versäumen, schließlich doch aufs Geratewohl ans Kündigen denken. Ich denke an 1, 1 1/2 bis 2 Monate, die ich zu brauchen schätze, um meinen Kopf wieder unter zu kriegen. Was ich brauche, ist freie Zeit und einige Gesellschaft, am liebsten die Eure. Ich glaube, daß alles von einer Überarbeitung im letzten Jahre (Herbst und Winter 98) kommt. In Calw könnte ich, um nicht ganz in Faulenzen aufzugehen, Papa, soweit möglich, helfen, und vielleicht etwas Französisch schaffen. Auch sehne ich mich, eine Weile mit Euch zu leben, statt dieser Sonntagsbesuche, wo man zwischen zwei Bahnfahrten drin kaum zur Behaglichkeit kommt.

Käferle kam neulich in den Laden. Er sprach mit Dankbarkeit und Anhänglichkeit von Calw und gefiel mir recht gut. Gestern kam Professor Haug ganz zufällig herein, etwas zu kaufen, und kannte mich gleich. Er kam von einer Tour ins obere Donautal zurück.

Ich bin sehr begierig zu hören, wie es dem lieben Papa geht, und ob Heilbronn gut tut. Wenn eine schöne Karte (nach Photographie) vom Turm der Kilianskirche da ist, würdet Ihr mir damit Freude machen. Ich sah leider von dieser Kirche zu wenig, aber doch genug, um eine herzliche Freude daran zu haben; so ein Prachtbau ist etwas ganz Apartes und ergreift ganz anders als Bild und Wort.

Ich schicke diesen 14 Tage alten Briefanfang, *9. V. 99* da ich nichts Besseres zu sagen weiß. Ich habe diese und die letzte Woche fast immer Kopfweh gehabt. In Aidlingen war's nett und tat mir gut. Für Mamas neuen Brief herzlichen Dank! Falls mein jetziges Kopfweh ein Abzug von Papa's sein sollte, darf noch mehr kommen. Das Künstlerbuch ist für Karl zum 25. Die mir übrigen Liederexemplare mag Adele nach Gutdünken verwenden. Herzlich Euer

Hermann

1 Wann diese Fahrt stattfand und was dabei so abschreckend wirkte, ist noch nicht klar. H. H. reiste auch im Sommer 1899 nach Kirchheim.

775] *Adele Hesse an H. H.*

Neipperg, 25. April 1899

[...] Ich wollte dir gern sagen, wie sehr mich deine Verse neulich freuten[1]. Wie unzähligemal hab ich mich in dieses Blaugrün verguckt und mich in ein Meer von Frieden und Glückseligkeit hineingedacht. Da sprichst du nun plötzlich so befriedigend meine innersten Gedanken aus. Du weißt nicht, wie wohl mir das tut. Nicht bloß bei diesem, bei vielen von deinen Liedern ist mir's so, wie wenn sie ganz mir gehörten, ganz meinem Sinnen und Empfinden entsprächen, daß ich sie wohl könnte selber gemacht haben, wenn ich nicht so ein poesieloser Stock wäre. Drum freue ich mich immer wieder daran und glaube, daß ich dich besser verstehe oder dir ähnlicher bin als man denken sollte. [...]

1 »O reine, wundervolle Schau, ...«; s. Brief vom 15. April, Nr. 770.

776] *Marie Hesse an H. H.*

Calw, 14. Mai 1899

[...] Marulla ist im Examen, Turnlehrprobe und Lehrprobe über Sparta und Lykurg sollen den Anfang machen, [...] Ich freu mich bis Hans heut abend kommt und von den Kindern und Aidlingen berichtet. In Heilbronn ist heut Einweihung der Friedenskirche und Berg's werden das Haus voll Gäste haben. [...]

777] *Johannes Hesse an H. H.*[1]

Calw, 14. Mai 1899

Lieber Hermann!
In Gedanken hab' ich Dir schon oft geschrieben, namentlich auch während der schönen Zeit, die wir in Heilbronn verlebten. Dein letzter Brief[2] veranlaßt mich, den Vorsatz endlich zur Tat zu machen.
Es freut mich, daß Du selbst so deutlich erkennst und aussprichst, Dein jetziger Kopfwehzustand mit Schlafmangel u[nd] dergl[eichen] sei eine Folge von Überarbeitung. Was ich hinzufügen und betonen möchte, ist nur dies, daß die Überarbeitung eine Folge der Ungeduld ist; und vor dieser

Untugend, die ich als mein und Dein Hauptlaster erkenne, möchte ich Dich warnen. Leben wir noch lang, so gibt's später noch Zeit genug, dies und das zu vollbringen; ist uns ein frühes Ende bestimmt, so kommt es auf diese oder jene Leistung nicht an, sondern nur darauf, daß wir in gottgefälliger Weise aus dieser Welt gehen und nicht sozusagen als Selbstmörder.

Du hast den Drang zu produzieren. Das ist schön. Aber alles Ding, zumal das Produzieren, hat seine Zeit u[nd] braucht seine Zeit. Ohne Aussaat keine Ernte. Die Jugendjahre sind Saatzeit u[nd] zugleich die Zeit, wo man seine Werkzeuge putzt und in Stand setzt, seine Kräfte in zunächst unproduktiver Weise *übt* und stärkt u. so für künftige Arbeit sich vorbereitet. Wer das versäumt, macht sich vor der Zeit zum Greis u. erreicht nie die Reife, zu der er mit Vorsicht u. rechtzeitiger Selbstbeschränkung wohl hätte gelangen können. Auch hier ist das Wort Jesu vom Weizenkorn wahr, das erst – scheinbar unnütz – in die Erde fallen, verborgen bleiben, ja sterben muß, wenn es Frucht tragen soll.

O, wie bereue ich es, das nicht früher bedacht und befolgt zu haben! Noch in Indien war ich so unvernünftig, daß ich zuweilen gar nicht recht ins Bett ging u. früh um 4 Uhr oder so schon wieder an der Arbeit saß!

Da kommt dann das Kopfweh u. dergleichen. Und wir müssen erst noch dankbar dafür sein. Denn Krankheit und namentlich Schmerz ist eine Art Sicherheitsventil oder ein Notsignal. Pfeift es da, so sieht man nach, wo es in der Maschine fehlt, oder stellt den Dampf ab.

Deswegen mach' Dir doch ja keine Sorgen oder Vorwürfe, wenn Du Deine Freizeit jetzt mit Nichtstun zubringst. Gute Luft, Stille und Ruhe sind auch *Kräfte*. Wer sie sucht und pflegt, sammelt sich ein Vermögen.

Heute feierst Du wohl Agnes' Geburtstag mit[3]. Hans ist

nach Aidlingen. Adele mit dem Kirchengesangsverein nach Freudenstadt. Idy, die kaum aus Stuttgart zurück ist, soll in den nächsten Tagen nach Basel, ihre Großmutter Bührer zu pflegen, die wieder krank ist.

Letzten Donnerstag hatten wir Miss[ions]fest. Die Missionare Bohnen und Mohr waren die Hauptredner. Im Saal waren etwa 60 Personen. Das Opfer betrug 740 M[ark], davon 260 in Goldstücken, fast gar kein Kupfer. Ein 100 M[ark] Schein fand sich erst nachträglich in einer Opferbüchse, vom Regenwasser, das eingedrungen war, angepappt.

In 1/2 Stunde wird Sophie Stotz begraben, die ich jahrelang besucht habe. Ich will zur Leiche. Später gehe ich zum O. A. Richter, mit dem ich auf seinen Wunsch seit einigen Wochen öfters in der Bibel lese. Er ist ähnlich leidend wie ich, will aber morgen sein Amt wieder antreten.

Das schwüle Wetter ist meinem Kopf nicht gut, im Ganzen aber geht es mir recht ordentlich. Hoffentlich kommt's bei Dir auch bald besser.

Mit herzl[ichem] Gruß Dein Papa H.

1 S. Anm. II, Nr. 50).
2 S. Nr. 774, Absatz 2.
3 H. Hs. Base Agnes Gundert wurde 1899 20 Jahre alt.

778] *Marie Hesse an Marulla Hesse*

Calw, 23. Mai 1899

[...] Hermann ist nicht gekommen, so hatten wir stille Tage, die nach der großen Ermüdung der letzten Woche auch wohl taten. [...]

779] *Marie Hesse an H. H.*

Calw, 3. Juni 1899

Mein lieber Hermann!
Wir sehnten uns nach Nachrichten von dir und waren dann ganz froh, daß Frau Häring schrieb, du seiest vorige Woche heiter und aufgeräumt bei ihnen gewesen. Ich hatte Professors eingeladen zum Gustav Adolfsfest, aber sie haben abgelehnt, er versäume kein Kolleg. [...]
Von Tante Jenny kam gestern, über Reval, ein Brief. Sie hatten in Riga schauderhafte Zustände, Aufstand der Fabrikler, Mordbrennen, Totschlagen mit Straßensteinen, Einschreiten des Militärs, Niederschießen Verdächtiger, allgemeine Unsicherheit. Dazu die kranke Elisabeth Hunnius in entsetzlichen Krämpfen. Die gute Tante hat schwere Tage durchlebt. [...]
Marulla hatte gestern Musikexamen. Jetzt ist's heiß zu solchen Proben! Am 22. soll's fertig sein, dann Seminarjubiläum und Ausflug nach dem Bodensee mit Herrn Rektor etc. Wir freuen uns sehr, bis sie heimkommt. [...]

780] *H. H. an Johannes und Marie Hesse*

T[übingen], 8. Juni 1899

Ihr Lieben!
Mein unartig langes Schweigen hat diesmal wenigstens einen ordentlichen Grund. Ich bringe seit zweieinhalb Wochen meine ganzen Abende im Freien zu, sitzend, gehend oder badend, und bin des Daheimsitzens und Ölbrennens schon ganz entwöhnt. So bin ich körperlich, so oft ich heimkomme, immer müde und kann – gottlob! – dann besser schlafen als Briefe schreiben. Mein Befinden ist im ganzen besser, nur ist noch das Kopfweh häufig stark. Schlaf und Appetit bessern sich, aber ich freue mich doch sehr auf eine Ruhezeit, denn bei dem tagelangen Stehen im Geschäft und

dem vielen Sprechenmüssen im Laden wird doch zu viel Kraft gleich wieder verbraucht.
Ihr werdet Euch auch des guten Wetters freuen und viel auf der Veranda sein. Hoffentlich hat der liebe Papa noch nicht von der Hitze zu leiden und kann recht viel gehen.
Letzten Sonntag war ich den ganzen Tag im Freien und habe sogar die Teck erstiegen, wo ich zum erstenmale war. Berg und Wald dort sind prächtig und schön und mich erfreut auf diesen Bergen immer der Anblick großer Wiesen und Ährenfelder und der schönen Albbergkette; dadurch ist mir allmählich die Alb doch lieb geworden, so sehr ich noch am Schwarzwald hänge. So ein großes Stück Ebene mit Feldern und Dörfern in der Sonnenglut, und wieder grüne Berge oder Felsen dahinter, das ist viel farbiger als unsre Calwer Landschaften, freilich fehlt dafür auch viel Schönes, was der Schwarzwald hat.
Nun wäre ich schon manchmal gern für einen Sonntag zu Euch gekommen, aber jedesmal schaudert mich's beim Gedanken an die Nachtfahrt über Eutingen. Dort ist regelmäßig Aufenthalt, Rauch, Billetnot, Menschenmenge, Betrunkene etc., so daß man verhetzt und beleidigt heimkommt und anderthalb Tage Nervenstreik hat.
Die arme Marulla hat heiße Zeit zur Prüfung; ich beschäftigte mich vor dem Einschlafen gestern mit der vorläufigen Abfassung eines Glückwunschtelegramms. Von Karl kam ein sehr netter Brief aus Bonn.
Das ist nun mein ganzer Brief. Es wird gleich pfeifen, denn Hammelehle und Faber holen mich jeden Abend pünktlich zum Spaziergang ab. Ich schreibe zum 14. wieder[1].
Herzlich Euer dankbarer Hermann

1 Zum Geburtstag von Johannes Hesse.

781] *H. H. an Karl Isenberg*

Tübingen, 9. Juni 1899

Lieber Karl!

Danke schön für Deinen lieben Brief! Daß das Meißnersche[1] Buch dich befriedigt, freut mich von Herzen. Es ist auch ungemein herzlich und verständig zugleich geschrieben. Was du über Beruf, Arbeit, Geld etc. sagst, ist ganz meine Auffassung. Nur irrst du leider, wenn du glaubst, ich werde schneller als ein »Studierter« zu guten Umständen gelangen. Bis jetzt verdiene ich 80 Mark, dann 100 und dann Jahre lang nicht mehr, voraussichtlich. Nun, mir genügt's, wenn ich leben kann, ich habe allmählich gelernt, daß die wahre Freude am Schönen das Leben edler, fröhlicher und reiner macht als Badereisen und seidene Gobelins. Ich wäre auch gern vermöglich; wie aber nun die Sachen liegen, halte ich's für besser, [täglich] 11 Stunden für 80 Mark [monatlich] zu arbeiten, als 14 für 100, und will dies gelten lassen, bis auch mir einmal etwa Heiratsgedanken in den Kreis der Möglichkeiten rücken werden. Früher hab' ich viel mit dem Schicksal gehadert, daß ich, ohne zu studieren, doch 22 Jahre bis zum Selberverdienen brauchen mußte. Aber ich sehe wohl, es war nicht umsonst, und ich bin trotz allen Bereuens froh, mir die Hörner zeitig abgelaufen zu haben.

Zur Zeit ist die Literatur, aktiv wie passiv, mir durch mein Befinden und den Arzt verboten. Dafür bade ich, laufe spazieren und hoffe etwa im August auf vielleicht zwei Monate loszukommen. Ich sehne mich wohl danach, wieder ans Arbeiten zu kommen, vor allem an meine unterbrochenen Novalisstudien, aber für diesen Sommer soll nun alles ruhen. Dagegen wird in einiger Zeit ein schon fast gleichzeitig mit meinen »Liedern« vollendetes Prosabuch[2] von mir bei einem der besten Verleger erscheinen, was mich doch freut und ermutigt.

Wenn möglich, werde ich den größeren Teil meiner Ferien in Calw sein und hoffe, dann auch dich ein wenig haben zu können.
Bis dahin, oder lieber – bis zu einem nächsten Gruß von dir bin ich dein treuer Bruder H.

1 Carl Meißner, »Kunst des Neunzehnten Jahrhunderts«, 1898 oder: »Geistesstrahlen aus Goethes Gesprächen«, Lüthenkirchen & Bröcking, Wiesbaden, 1897.
2 »Eine Stunde hinter Mitternacht«; s. Nr. 744, Fußn. 2.

782] *Adele Hesse an H. H.*

Calw, 9. Juni 1899

[...] Wir freuen uns riesig, bis du und Marull kommt; da können wir festen! Hans muß am Montag im Hirschbergerschen Schülerkonzert geigen; ich freu mich drauf, es ist als arg nett. Morgen hat Kathrine [1] Hochzeit. Mama geht im Zug mit in die Kirche, aber nicht weiter, dagegen werden Hans und ich uns in den badischen Hof begeben, natürlich erst nachmittags. [...]

1 Dienstmädchen im Haus Johannes Hesse.

783] *H. H. an Johannes Hesse*

Tübingen, 12. Juni 1899

Lieber Papa!
Meine herzlichen Wünsche fürs kommende Jahr und für den Geburtstag selbst! Ich hoffe, du kannst dich diesen Tag recht des Festes freuen, und bedauere, daß ich nicht mitfeiern kann. Desto herzlicher und dankbarer denke ich an dich. Wenn ich doch auch etwas hätte finden können, was du gern hast und brauchen kannst! Statt dessen kommt ein Geschenk, das dich wenig freuen kann. Ich bat schon vor Monaten meinen Verleger, mein Buch[1] bis zum 14. Juni

fertig zu bringen; da aber erst Schrift dazu gegossen werden mußte, hat sich die Korrektur bis in die letzten Tage verzögert. Ich hoffe, es ist wenigstens ein provisorisches Exemplar fertig geworden und dir geschickt worden.
Gestern war ich bei Tante Elisabeth und ging noch mit ihr ein wenig spazieren. Hermann muß in zwei Wochen ins Examen. Frau Dekan grüßt auch und fragt zuweilen nach Euch, auch Frau Pfarrer Breitenbach trug mir neulich im Laden Grüße auf.
Ich hoffe bald gute Nachrichten von Calw zu hören. Bei mir geht's ordentlich, ich kann schlafen, habe aber viel Kopfweh.
Mit herzlichem Kuß dein dankbarer Hermann

1 S. Brief vom 2. 2. 1899: H. H. an Helene Voigt-Diederichs; Nr. 752.

784] *Marie Hesse an H. H.*

Calw, 15. Juni 1899

Mein lieber Hermann!
Papa grüßt Dich herzlich und dankt für den Brief und das Buch, das gestern kam. Er lag den ganzen Tag krank im Bett nach schlechter Nacht und ist auch heute noch nicht aufgestanden. Er hatte die letzten 14 Tage wieder viel schlechte Zeit, nachdem wir uns schon so sehr gefreut und gehofft hatten, die Genesung sei nahe. Da gilt's warten und Geduld haben. Papa hat also dein Buch nicht ansehen können. Ich habe es schnell durchgehastet und dann nachts nicht schlafen können. Die »Fiebermuse«[1] meide als eine Schlange, sie ist dieselbe, die ins Paradies schlich und noch heute jedes Liebes- und Poesie-Paradies gründlich vergiften möchte. Von ihr sprach Gott zu Kain: »Laß du ihr nicht den Willen!« O mein Kind, fliehe sie, hasse sie, sie ist unrein und hat kein Anrecht auf dich, denn du bist Gottes Ei-

gentum, Ihm in der Taufe und schon lange vorher von deinen Eltern ans Herz gelegt. Bete um »große Gedanken und ein reines Herz«. Mag die Form noch so schön sein – der edle Inhalt fehlt noch sehr. Halte dich keusch! Was vom Menschen ausgeht, vom Munde und noch mehr von der Feder, das verunreinigt ihn – hast du daran gedacht? »Des Königs Fest[1]« ist schlechte Lektüre. An den andern ist manches Schöne. Kind, ich bin deine Mutter und liebe dich, wie nicht leicht sonst jemand dich lieben kann, darum muß ich warnen und wahr reden. Mein Herz empört sich gegen solches Gift. Es gibt eine Welt der Lüge, wo das Niedre, Tierische, Unreine für schön gilt. Es gibt ein Reich der Wahrheit, der Gerechtigkeit, des Friedens, das uns die Sünde als Sünde zeigt und hassen lehrt und uns einführt zur göttlichen Freiheit. Zu Hohem, Ewigem, Herrlichem ist der Mensch berufen – will er Staub lecken? Herzenskind, Gott helfe dir und segne dich und rette dich heraus! Innig küßt dich deine Mutter

1 Kapitel in H. H.'s erstem Prosabuch »Eine Stunde hinter Mitternacht«.

785] *Marie Hesse an H. H.*

Calw, 15. Juni 1899

Mein lieber Hermann!
Bald kommt Dein Geburtstag, bitte sag' mir bald einen Wunsch, es fehlt Dir vielleicht etwas an Wäsche oder dergleichen, dem ich abhelfen könnte. [...]
Samstag in 14 Tagen kommt unsre Marulla[1] heim und darauf freuen wir uns sehr, Papa hofft auf ihre Hilfe. Er dankt dir sehr für deinen Brief und grüßt dich herzlich. Dein Buch ist auch gekommen gestern Vormittag, seltsam und altertümlich anzuschauen und seltsam zu lesen. Ich habe dir einige Worte drüber geschrieben. Dann dachte ich, du würdest es übel nehmen und uns weniger Vertrauen

schenken. Das wäre mir der bitterste Schmerz, so wollte ich's zurückbehalten. Aber ich kanns doch nicht, ich muß offen sein. Einige Sätze sind so unanständig, daß kein Mädchen sie je lesen sollte, so redet man von Tieren, nicht von Menschen (S. 48). Überhaupt ist das Reden von Dingen, deren man sich doch in der Öffentlichkeit überhaupt schämt, einfach nicht erlaubt. Denkst du, das sei Unverstand, Mangel an Geistesfreiheit, so erinnere dich an Goethes Wort: »Alles was unsern Geist befreit, ohne uns die Herrschaft über uns selbst zu geben, ist *verderblich*«.
O möchte es wahr werden mit *incipit vita nova*[2]. Welche Erlösung, wenn der alte Wust und Schmutz dir gründlich entleidet, du Ekel dran empfändest (wie S. 9). Aber dann besingt man das Vergangene nimmer. Das erste und letzte gefielen mir wohl. Allerdings war mein Lesen sehr eilig, aber das Königsfest und den Stummen gelüstet mich nicht wieder zu lesen. [...] Ich lege was bei, was Vaterchen am Geburtstag bekommen. [...]

1 Nach Abschluß ihrer Ausbildung zur Lehrerin am Katharinenstift Stuttgart; s. Anm. I.
2 ›Ein neues Leben beginnt.‹ – S. auch Nr. 756, Nr. 757 und Nr. 726 sowie 736 – Briefe, in denen sich H. H. über die Bedeutung des Jahres 1898 bzw. der »Romantischen Lieder« für ihn äußert.

786] *H. H. an Helene Voigt-Diederichs*

Tübingen, 15. Juni 1899

Meine liebe Freundin!
[*H. H. schreibt von Landregen, Maiglöckchen, Lilien, Rosen, von Helene Voigt-Diederichs Buch »Abendrot, Aus dem Schleswigschen Volksleben«, von dem erste Exemplare im Juni 1899 ausgeliefert wurden. Dann:*]
Das Stück ›incipit vita nova‹, in einer kranken Nacht dieses Winters geschrieben, ist ein verhülltes Wort an meine

nächsten Freunde. Seither hat mein Leben einen verborgenen Takt gewonnen und ein Hauch von Duft und Wohllaut begleitet mich auch durch schwere Nächte. [...]
In Freundschaft Ihr H. Hesse

787] *H. H. an Marie Hesse*

Tübingen, 16. Juni 1899

Liebe Mutter!
Nach Ankunft Deiner Sendung schrieb ich in Eile einen herben Brief, mit dem ich eine Weile vor dem Postschalter stand, ohne ihn einzuwerfen[1]. Aus diesem nicht abgeschickten Brief wiederhole ich nur meinen Dank für die Gudle und die Bitte, mir gelegentlich das Exemplar meines Buches wieder zu senden, da ich wenige Freiexemplare kriege und sparen muß. Deinen Brief habe ich mich nun entschlossen nicht und niemals zu beantworten. Wenn ich's jetzt müßte, würde dich's erschrecken, wie bitter alles in mir geworden ist; und später ist's so unnötig und fruchtlos als alles Bisherige.
Zum Geburtstag wünsche ich nichts. Ich brauche nichts und bin schon in Sorgen, wie ich meine viele Habe von hier wegbringen werde. Also schickt, bitte, nichts. Es würde mich zur Zeit doch nichts freuen.
Der arme Papa tut mir so leid! Grüße ihn bestens von mir!

H.

1 *Am 4. Juli 1920 schrieb H. H. an seine Schwester Marulla:* [. . .] Dein Brief hat mich in vielem sehr an unsre Mutter erinnert. Was war sie für ein prächtiger Mensch! Es ist schade – für mich war eines der deprimierendsten und schädlichsten Erlebnisse der Jünglingsjahre ein Brief von ihr, in dem sie meine ersten Dichtungen mit Prüderie und Moralpredigt besprach. Wenn sie den »Klein und Wagner« hätte lesen müssen, und wissen, daß jenes Moralisieren damals mich auf meinen Weg getrieben hat! Aber das muß sie zum Glück nicht, und ihr liebes Bild ist doch das Beste, was mir im Leben je gehörte. [. . .] – S. auch Anm. II, Nr. 51).

788] *H. H. an Marie Hesse*

Tübingen, 16. Juni 1899
[*Vermerk:* nicht abgesandt]

[*Ohne Anrede*]
Danke schön für die Geburtstagsgudle, obgleich sie für den Magen etwa dasselbe sind wie mein gottloses Buch für den Geist[1].
Zum Geburtstag wünsche ich nichts. Ich gehe doch im Sommer fort und habe jetzt schon zu viel Ballast[2]. Wollt Ihr mir einen Gefallen tun, so schickt mir das zum 14. gesandte Exemplar meines Buches wieder zu, denn ich habe wenig Freiexemplare, bedaure auch sehr, es irgendwo gelesen zu wissen, wo jedes Wort mir zum Üblen gewendet wird. Wenn ich nicht so nervös wäre, hätte ich gelacht und gesagt: »Ihr versteht's halt nicht«. So aber ist alles in mir bitter geworden. Ich kann nicht mehr schreiben. Dem armen Papa bitte weder das Buch noch diesen Brief zu geben.
Liebe Mutter! Du sprichst von »vorher überlegen«. Ich fürchte, ich habe mein Buch »vorher« reichlich so schwer erwogen und überlegt, als du deinen lieben Brief. Es wird also leider nichts auszugleichen und abzubitten sein.

Hermann

Ich glaube nicht, daß mein Buch dich nur halb so geschmerzt hat wie mich diese Auffassung. Aber da hilft kein Reden. Ihr kennt wohl das Wort: »Den Reinen ist alles rein« und habt mich sonach zu den Unreinen gestellt.

1 »Eine Stunde hinter Mitternacht«.
2 Am 31. Juli 1899 war Hesses Lehrzeit in der Buchhandlung Heckenhauer beendet.

789] *Marie Hesse an H. H.*

Calw, 17. Juni 1899

Herzlieber Sohn!

Dank Dir, daß Du jenen »herben« Brief nicht geschickt. Ich habe Dich gewiß nicht gerne erbittert, schlief drei Nächte schlecht, weil du mir so nahe gingst. Du darfst nicht fürchten, daß ich je wieder davon spreche. Lieber träufelte ich Balsam auf deine Wunden, als daß ich Wunden machte, es ist mir schwer genug geworden.

Nun wünsche ich dir Schlaf und Ruhe für die Nerven. Papa arbeitet wieder, aber mit Mühe, ich bin viel oben, zu helfen. Marulla soll heute in 14 Tagen heimkommen, nach 4 Jahren Studienzeit. »Die Liebe höret nimmer auf«.

Dich küßt deine Mutter

790] *Johannes Hesse an H. H.*

Calw, 24. Juni 1899

[...] Anbei ein Manuskript von Agnes[1] Johannsohn in Durben, Kurland. Mama und Adele finden die Märchen druckenswert. Bitte, sieh auch du sie an und suche dann einen Verleger dafür. Für unsern Verlags-Verein und für Onkel David passen sie ja doch nicht.

Es sind im ganzen 16 - 18 solche Märchen. Das Vorliegende ist eine Probe. Erst wenn ein Verleger in Sicht ist, lasse ich das Übrige aus Rußland nachkommen – wegen Porto und Risiko des Verlorengehns.

Natürlich möchte die Verfasserin ein Honorar. Vielleicht geht's eher in einer Zeitschrift denn als eigenes Büchlein. Du nimmst mir eine große Last ab, wenn du diese Sache ganz auf dich nimmst.[...]

1 Base H. Hs.; Kind von Tante Alexandra Gertrude Hesse (zweitältestes Kind aus der ersten Ehe des Großvaters Hesse) und des Pfarrers August Friedrich von Johannsohn.

791] *Adele Hesse an H. H.*

Calw, 24. Juni 1899

Lieber Hermann!

Nur schnell will ich dir noch schreiben, daß Hans eben einen Brief von Werner und Müller in Stuttgart bekam, die ihm auf 1. Oktober eine Stelle mit 80.– Mark im Monat versprechen. Er hatte sich vor ein paar Tagen gemeldet. Wir sind sehr froh, jetzt ist er doch versorgt. Wenn du nur bald kämest, könntest du nicht wenigstens an deinem Geburtstag? Marull wäre dann auch da. [...]

792] *H. H. an Johannes und Marie Hesse*

Tübingen, 25. Juni 1899

Ihr Lieben!

Für Papas und Adeles liebe Briefe herzlichen Dank! Vor einigen Stunden kam ich vergnügt und nicht gar müde von einem Hohenzollernbesuch mit Onkel David, Paule, Marie und Ruth zurück[1]. Seither saß ich an den Märchen. Das ist nun ein heikler Fall. Der einzige Verleger, mit dem ich vertraute und freundschaftliche Beziehungen habe, ist Diederichs, und der kann nicht in Betracht kommen. Dann ist mir auch sehr fraglich, ob Anfragen bei Verlegern ohne Beifügung des *ganzen* Manuskripts einen Wert haben können. Drittens glaube ich nicht, daß ein Verleger *Geld* dafür geben würde. Kindermärchen sind es doch nicht, und als Belletristik nach meiner Ansicht nicht so absatzversprechend, daß jemand Honorar dafür geben würde. Die Sachen sind hübsch, zum Teil sehr hübsch – aber es gibt so schrecklich viel Ähnliches. Als Verleger, die in Betracht kämen, denke ich mir etwa Greiner & Pfeiffer, oder Göschen, auch etwa Grote oder Grunow. Bei ersterem hilft vielleicht Papas Empfehlung? Wenn die Dame sich eine Empfehlung von J. E. v. Grotthuß (für Greiner & Pfeiffer) oder von einem der 2 Oethinger (für Grunow) verschaffen könnte, würden sich die Aussichten sehr verbessern. Sehr gerne würde ich persönlich mithelfen, aber meine geringen literarischen Beziehungen sind sämtlich für dies Manuskript wertlos. Leider habe ich auch mit Zeitschriften wenig zu tun. Doch glaube ich, daß in der Presse das Anbringen leichter und eher ein Honorar zu erwarten sein dürfte, da ja dann das Verlagsrisiko wegfällt. Hier würden die »Über Land und Meer«, »Universum«, »Velhagens Monatshefte« etc. in Betracht kommen.

Dies ist, was ich sagen kann. Ratet ihr dazu, so schicke ich die Probebogen gern etwa an Greiner und Pfeiffer mit einem Briefe. Doch würde ich zunächst der Verfasserin raten, eine Probe an J. E. von Grotthuß (Berlin) zu senden, mit der Bitte um Rat. Vielleicht ist er gegen eine Baltin höflich und hilft, und das wäre ihr wertvoller als alles, was wir tun können. Ich selbst könnte dies leider nicht besorgen, da ich an Grotthuß vor Monaten einige Gedichte für den »Türmer« schickte, auf die einfach keine Antwort kam, was ich ihm lange nachzutragen gedenke.

Also: ich bin bereit zu tun, was ich kann, d. h. die bei mir liegenden Proben irgend einem obigen Verleger mit einem Brief von mir vorzulegen. Soll ich das?

Meine Sache liegt so: Ich habe auf 1. August gekündigt, was aber nur angenommen wurde für den Fall, daß bis dahin ein passender Nachfolger sich findet. Dann denke ich auf 1. Oktober eine Stelle zu suchen und in dieser Ruhezeit noch einiges Französisch zu lernen. Ferner will ich mich im Juli zum Militärdienst melden, um endgültig angenommen oder freigegeben zu werden. Sollte ich wider Erwarten dienen müssen, dann müßte ich 1. Oktober eintreten (vielleicht am besten wieder in Tübingen?).

[...] Herzlich Euer Hermann

1 S. Anm. I; Paul: jüngerer Sohn aus David Gunderts erster, Marie und Ruth Töchter aus der zweiten Ehe dieses Onkels von H. H.

793] *Theodor Isenberg an H. H.*

1. Juli/2. Juli 1899

[*Gratulation zum Geburtstag und Nachrichten aus Heilbronn.*] [...] Dein neues Werk: »1 St. hinter Mitternacht« habe ich gelesen und hat es mir größtenteils recht gut gefallen, aber – nimm's nicht übel – so bald versenke ich mich nicht mehr drein, *die* Luft ist mir zu schwül, ich muß traumlos schlafen können, um für das wirkliche Leben ordentlich präpariert zu sein, aus dem ich gern alles Schöne zusammentrage, um es zu einem Ganzen zu fügen, an dem ich mich immer wieder erfreuen und stärken kann; dem unerreichbaren »Heimwehland« der Jünglingsjahre, das aber allmählich immer zugänglicher wird, wenn es vielleicht auch nicht mehr so sinnberückend aussieht. – Du verstehst ja wie ich['s] meine. [...]

794] *H. H. an Adele Hesse*

Tübingen, 5. Juli 1899

Liebe Adele!

Da ich gerade Geld und eine sehr günstige Kaufgelegenheit habe, folgt anbei eine gedruckte Lektion über die Worpsweder[1]. Das »Wintermärchen« von Vogeler ist eins meiner Lieblingsbilder, überhaupt ist mir kaum irgend ein Maler so sympathisch wie Vogeler, dessen Heft aus »Kunst und Dekoration« ich beilege.

Dediziert sei beides Dir und Marulla, als vorausentrichtetes Geburtstagsgeschenk. Ich hätte die Mappe auf alle Fälle für mich gekauft, wenn ich nicht vor dem Packen und Reisen stünde. Nun kann ich es gelegentlich in Calw studieren. Die Märchenbilder Vogelers tragen vielleicht dazu bei, der

ungläubigen Maru zu beweisen, daß »Moderne« und »Naturalismus« zwei Paar Stiefel sind, und daß es Künstler ersten Ranges gibt, von denen man in Stuttgart am Nesenbach[2] noch kaum eine Ahnung hat.
Du siehst, ich gebe den Krieg nicht auf, so dumm er ist.

Euer Hermann

1 Angehörige der Künstlerkolonie Worpswede. H. Vogeler gehörte dazu, auch F. Mackensen, Otto und Paula Modersohn und andere; besteht seit 1889. Auch Schriftsteller, R. M. Rilke, M. Hausmann gehörten zu den Worpswedern. Welche Bücher H. H. seinerzeit an Adele Hesse sandte, konnte bisher nicht festgestellt werden.
2 »Mit diesem Bach werden die Stuttgarter und ihre Stadt gern verspottet, weil Stuttgart als *Hauptstadt* nicht einmal an einem richtigen Fluß liegt, sondern eben am Nesenbach.« (S. Greiner)

795] *H. H. an Johannes und Marie Hesse*

T[übingen], 7. Juli 1899

Liebe Eltern!
Also zum 1. August komme ich nun doch wohl hier los. Aber die Medizinmänner raten für August sehr von Calw ab, und wollen mich auf die Alb setzen. Da nun Freund Finckh als Kurgast in Kirchheim Wasserkur braucht und Eier ißt, hab' ich diesen gebeten, mir für August bei sich oder in der Umgegend ein Zimmer zu suchen (für August)[1]. Gelingt das, so komme ich den September nach Calw. Gelingt's nicht, so laß ich's eben und gehe gleich heim.
– Der Packer wartet – Eiligst Euer Hermann

1 S. Anm. II, Nr. 52) und Nr. 770.

796] *H. H. an Adele Hesse*

[undatiert; *vor* 9. Juli 1899]

Liebe Adele!
Grad komm' ich vom Konzert. Nach dem Chor »Vineta« bin ich weggegangen. Der geht über alles.

Auch die Karte schick ich mit. Schön, nicht wahr, trotz Maru? Die hat Pech, daß gerade alle Genies anders malen als sie's mag.
Am Sonntag also bin ich gut angekommen. Augenblicklich hat der Brahms-Chor mich aus allen Fugen gebracht, aber sonst geht's ordentlich. Von Karl oder Theo kamen Briefe. Weiter tut's mein Kopf heut nimmer. Grüße Alles!

dein H.

797] *Adele Hesse an H. H*

Calw, 9. Juli 1899

Lieber Hermann!
Das hast Du fein gemacht, das muß man Dir lassen! Wir sind beide noch ganz erschüttert von deiner Gabe. Das ist wirklich wunderschön. Hab herzlichen Dank dafür. Wenn du kommst, wollen wir uns doch zusammen daran freuen. Die Vogeler haben mich auch ganz besonders gepackt. In das Wintermärchen hat sich sogar Hans einigermaßen verguckt. Es liegt ein ganz wunderbarer Märchenzauber darin. Ich möchte es gemalt sehen. Auch die Landschaften, besonders eine von Vinnen, sind wunderschön. Wir alle hatten gestern abend unsre Freude daran und klärten uns zugleich über diesen fremden Begriff »Worpswede« gehörig auf. Von solchen Bildern ist auch Marulla entzückt. Du hast mich diese Woche zweimal erfreut. Vater schon durch die feine Karte und das Konzertprogramm. »Vineta« muß wunderschön sein. Wenn man hier einmal solch einen Chor hören würde! (...)

798] *Marie Hesse an H. H.*

Calw, 15. Juli 1899

Mein lieber Hermann!

Du hast ja die Mädchen hochbeglückt mit Deinem Geschenk! Unsre gute Marulla hat ja ein »sehr gutes« Examen I b gemacht, das ist eine Freude. Von Herzen wünsche ich auch dem lieben Vetter gutes Gelingen. [...] Ida[1] bleibt nun noch bis Mitte August in Basel und im September tritt sie in Stuttgart ein in den Kindergartenlehrkurs.

Letzten Montag hatten wir Sitzung, leider ohne Professor Häring. Die andern waren da, und der liebe Vater Berg[2] blieb bei uns bis Dienstag 11 Uhr, wo er mit Anna abreiste. Karl schreibt nun, er und Lis haben ihn eingeladen, mit ihnen ein kurzes Vakänzchen in der Schweiz zu machen. Zwar ist Karl noch unentschlossen und will von uns Rat, aber doch meint er zugleich, er sollte nach 15. August (Schluß der Vorlesungen) nimmer in Bonn bleiben, wo es extra teuer sei. Er denkt, der Bibliotheken wegen, an Tübingen. Wenn du nun bis 15. Oktober doch dein Zimmer zahlen mußt, könnte ja Karl hinein, während du dich erholst, und es dir zahlen, oder geht das nicht? Bitte sprich dich aus und schreibe darüber an Karl. Es wäre die einfachste Lösung. Ich denke mir's nicht so leicht, für 4 - 6 Wochen geschwind ein Zimmer zu bekommen etc.

[...]

Onkel David teilte uns mit, daß Herr Reich dir eine Stelle hätte für 1. Oktober. Ich hoffe doch, du kannst es annehmen – oder macht's das Militär unmöglich? Wir sind begierig, wie du dich entschlossen hast, auch für die Ferien, und freuen uns auf dich. Du kriegst das stille Zimmer nach hinten mit Morgensonne, wo Tante Jenny letztes Jahr weilte, und wir hoffen, du findest's dort bequem. Heute kam eine Bücherkiste und Ständer. Es ist wohl die, die uneröffnet auf der Bühne eingerichtet werden soll? (...)

Da 31. Juli Dr. Barth's Geburtstag ist (1799), gab man in der Sitzung Basel im Andenken an diesen Gründer des Verlags[3] 2000.– Mark [...]

1 S. Nr. 645, Fußn. 1.
2 Der Vater von Karl Isenbergs Braut Elisabeth Berg.
3 S. Anm. I: Calwer Verlagsverein.

799] *H. H. an Johannes und Marie Hesse*

[Poststempel: Tübingen, 17. Juli 1899]
[Postkarte]

Ihr Lieben!
Herzlichen Dank für Mutters Brief! Der lieben Maru gratuliere ich »nochmals besser«! In Basel hab' ich angenommen und hoffe bis 1. Oktober noch einiges Welsch in mich hineinzubringen. Nach Calw kann ich in den ersten Tagen des August kommen. Das Militär lasse ich hängen und stelle mich erst übers Jahr. In Eile Euer Hermann

800] *Marie Hesse an H. H.*

Calw, 29. Juli 1899 [Postkarte]

Mein lieber Hermann!
Denke Dir unsre Überraschung, als gestern nachmittag von Stadtpfarrer Hepp eine Karte kam: Karl sei einstimmig gewählt als Lehrer an die höhere Mädchenschule in Reutlingen! Wir hatten nie an Mädchenschulen gedacht, und K. hatte uns kein Wörtchen gesagt, so konnten wir's anfangs kaum fassen. Nun freuen wir uns und danken Gott, daß die jungen Leutchen ihren Herd gründen können. Gespannt warten wir auf Näheres.
Wir freuen uns Deiner Basler Stelle und deines Kommens vorher. Vom 23. August an soll bis 17. September oft und viel Einquartierung kommen nach Calw und niemand ver-

schont werden. Natürlich freut sich die Jugend auf den Rummel, vor dem den Alten eher bang. [...] Kannst Du nach Basel direkt von deinem Gepäck schicken? Deine Wäsche und Kleider möchte ich jedenfalls durchsehen. Jene Kiste heben wir auf ohne Öffnen. Papa geht's im ganzen so ziemlich ordentlich, der kurze Besuch seiner Landsleute Haller und Huene freute ihn sehr. Alle grüßen. Mit Kuß

deine Mutter

801] *H. H. an Johannes und Marie Hesse*

[Ansichtskarte, Tübingen, Schloß und Alleenbrücke, 30. Juli 1899]

Liebe Eltern!

Das ist ja eine famose Überraschung mit Karl, die mich herzlich freut! Ich komme nächste Woche, etwa Mittwoch, sobald als eben möglich. Mit dem Kleiderbesehen ist's leider nichts mehr, denn gottlob sind alle meine Sachen schon in zwei Kisten verpackt und vernagelt und gehen direkt nach Basel – weitaus die billigste Methode. Auf Wiedersehen! Mit Kuß Euer Hermann

802] J. J. *Heckenhauer*, Tübingen
Buch- und Antiquariatshandlung
Inh. C. Sonnewald

[Tübingen,] 31. Juli 1899

Zeugniß

Herr Hermann Hesse aus Calw hat vom 15. Oktober 1895 bis 30. September 1898 den Buchhandel bei mir ordnungsmäßig erlernt und war vom 1. Oktober 1898 bis heute als zweiter Sortimentsgehilfe in meinem Hause tätig.

Ich bestätige ihm gerne, daß er sich während dieser Zeit stets fleißig, treu und ehrlich erwiesen; bei regem Interesse

für das Geschäft und Hingabe an den Beruf, unterstützt durch gediegene Kenntnisse, wohlbefähigt ist, auch in anderen Geschäften einen Gehilfenposten mit Erfolg auszufüllen.
Sein bescheidenes Auftreten und sein redlicher Charakter werden ihm auf seiner ferneren Laufbahn, für die ihn meine besten Wünsche begleiten, die Wege in ganz besonderem Maße ebnen.

C. Sonnewald
i. Fa. J. J. Heckenhauersche
Buchhandlung

803] *H. H. an Helene Voigt-Diederichs*

Calw, 7. August 1899

Meine Freundin!
Ich sitze auf der Veranda des väterlichen Hauses allein in der frühesten Morgensonne. Neben mir steigt eine breite Wand von Kapuzinern an Bindfäden in die Höhe, die Blätter hell gelbgrün und gegen die Sonne transparent, die Blüten rot in allen Stufen, karmin, rosa, purpur, ziegelrot; die Schatten dieser Blätter und Blüten bewegen sich auf diesem Papier über den eben geschriebenen Worten, mit wechselnden Sonnenflecken gemustert, von summenden Bienen und lautlos gleitenden Schmetterlingen durchsegelt, über mir ist von Berg zu Berg über das Nagoldtal der Himmel gespannt, schmal aber rein hellblau, von den schwarzen Rücken der Tannenwälder gesäumt. Ein Glöcklein läutet, ein ferner Eisenbahnzug wird laut, sonst ist wenig Leben in der Nähe meines Gartens. Und so sitze ich ziemlich jeden Morgen eine Weile, bis zwischen 8 und 9 Uhr. Um diese Zeit muß man sich vor der Hitze bergauf in den Wald flüchten. Dort wandere ich oder liege auf dem Rücken, meist von einer jüngeren Schwester begleitet, die mir so im

Laufen und Liegen nebenher französischen Unterricht erteilt. Vor Tisch schwimme ich dann noch eine Viertelstunde in der kalten Nagold.

Es ist nicht wahrscheinlich, daß ich bei diesem Leben, das bis in den September dauern soll[1], eine Zeile schreiben oder ein einziges Buch lesen werde, es müßten denn Ihre Gedichte erschienen sein, die mir freilich jetzt überaus willkommen wären.

Ich habe zwischenein eine Rose gebrochen und einige Stachelbeeren gegessen, und merke nun plötzlich, daß ich in den Fehler aller Landlebenden verfalle und Ihnen lediglich Bagatellen und Privatissima erzähle. Hier also einiges andere: Ich habe in Tübingen ganz abgeschlossen und werde Ende September nach Basel gehen[1], wo ich eine neue Unterkunft gefunden habe. Denken Sie – nach Basel! Das ist ja meine Lieblingsstadt, meine Stadt der Städte, und außerdem die Heimat Burckhardts und Böcklins. Außerdem habe ich in Basel den größten und herrlichsten Teil meiner Kindheit gelebt[2], das hat für mich fast noch mehr Zauber als Burckhardt[3] und Böcklin[4]. Und nun – wie geht es Ihnen und der lieben kleinen Ruth[5]? Ich denke viel an Sie beide. Falls Sie keine nordischen Reisepläne haben, rate ich Ihnen sehr zum Schwarzwald, der im August von Tag zu Tag schöner wird. Hirsau – Teinach – Liebenzell u. s. w. sind herrliche Kurdörflein, einfach aber sauber – und gesund!

– Forsetzung, abends

Wenn Sie mich vor einer Stunde gesehen hätten, wäre Ihnen auch die rauhe Seite des Schwarzwalds bekannt geworden. Ich geriet im Wald über Hirsau auf steilen Wegen in einen grausigen Wolkenbruch. In fünf Minuten war der Weg in einen Sturzbach und ich in einen nassen und schmutzigen Lappen verwandelt. Dazu loderten die Blitze und der Donner fing sich in den Schluchten. Hier haben die Gewitter eine gewaltige Stimme zwischen Felsen und Wäldern, rasch wild und leidenschaftlich, daß man im Herzen mitjubelt.

Freilich – man darf kein gewöhnlicher Sommerfrischler sein, man muß mit Liebe zu diesen Bergen kommen, so finster sie seien, und muß ihnen ihre Verborgenheiten ablauschen und abtrotzen, nicht auf lackierten Bänklein sitzen und Engelhornbände[6] lesen. Solches müde Volk läuft mir hier viel in die Hände, wobei immer der Hohn des Calwer Eingeborenen in mir erwacht. Denn obwohl ich selber diesmal krank und als Gast da bin, sind mir diese Figuren doch eben »Luftschnapper«, mit denen ich nichts gemein haben will.

Sie sehen, von mir ist alle Tünche abgefallen und ich liege wieder als Kind am Herzen der lieben Erde, ehe neue Arbeit und Sorge mich wieder in den Alltag klemmen. Leider sind zwar mein Aussehen und Appetit sehr gebessert, das Kopfweh aber noch gar nicht.

Jetzt aber kommt der Schlaf über mich, ich bin heute viel gewandert und meist ohne Wege. Ich wünsche Ihnen so viel Liebe und so viel Luft und Freiheit, als ich in diesen Wochen genieße.

Darf ich mich auf ein Brieflein von Ihnen freuen? Adresse: H. H. in Calw (Schwarzwald).

In Treue Ihr H. Hesse

1 Am 15. Sept. 1899 wird H. H. in die Reichsche Buchhandlung, Basel, eintreten und dort als Sortimentsgehilfe arbeiten.

2 Johannes Hesse wurde im Januar 1881 als Herausgeber des Missionsmagazins ans Basler Missionshaus berufen. Der Umzug von Calw nach Basel fand am 6. April statt. Am 3. Juli 1886 reiste die Familie nach Calw zurück, da Dr. Hermann Gundert mit Erfolg darum gebeten hatte, ihm seinen Schwiegersohn, Johannes Hesse als Gehilfen und Nachfolger für die Leitung des Calwer Verlagsvereins zuzuteilen. – Schon im Anfang des »Hermann Lauscher«, Kapitel »Meine Kindheit« (geschrieben 1896) ist *dieses* Basel erwähnt, und die Musik: »Von musikalischen Eindrücken vermag ich in diesen Wiesensommern nichts zu finden, es sei denn meine außerordentliche Empfindlichkeit und Furcht vor den Pfiffen der fern vorüberfahrenden Eisenbahn.
Dennoch muß schon damals die Musik mir nahe getreten sein, denn auch die

frühesten, undeutlichsten Dämmerbilder des Münsters, welche in mir sich unscharf spiegelten, scheinen mir unzertrennlich vom Schall der Orgel.« (WA, I, S. 221/222 – GS, I, S. 97/98).
3 S. Nr. 679 und Anm. II, Nr. 41) u. Nr. 53).
4 S. Nr. 815.
5 Tochter von Helene Voigt-Diederichs, geb. 14. 6. 1899.
6 Unterhaltungsliteratur aus dem Engelhorn Verlag, Stuttgart; seit 1860. »Nach amerikanischem Vorbild führte der Stuttgarter Verleger Carl Engelhorn mit »Engelhorns Allgemeiner Romanbibliothek« erstmals in Deutschland eine preiswerte Taschenbuchreihe ein. Ihr erfolgreichster Autor war Friedrich Spielhagen. Diese Reihe unterhaltender Romane beherrschte mit den über tausend Titeln (bis 1931) fast 25 Jahre lang den deutschen Markt.« (aus: H. H. GB I, S. 60.)

804] *Helene Voigt-Diederichs an H. H.*

Leipzig, 14. August 1899

Viele Freundschaftszeichen sind mir von Ihnen gekommen, ohne daß ich rechte Ruhe fand, Ihnen zu danken. So frisch und bergwaldduftig stehen Ihre Blumen vor mir – der Fingerhut hat sich ganz erholt und manche der kleinen Flockenblumen auch. Und die Erika soll mich lange, lange erfreuen und mich erinnern an das Moorland meiner Heimat – und an den bekannten unbekannten Freund. – In einem Ihrer ersten Briefe sprachen Sie mit Begeisterung und Wehmut von Basel. Nun verstehe ich Ihre Freude, dorthin überzusiedeln. Hoffentlich mit rechten Kräften und rechter Gesundheit. – Ihre Heimat muß schön sein nach Ihrer Schilderung! Nun hatte ich eigentlich gehofft, Sie würden einmal ein bißchen nördlich rücken, wir hätten Sie so gern einmal hier gesehen und Sie auch persönlich in unsern kleinen Freundeskreis aufgenommen, wie wir's im Geiste schon lange taten.
[*H. V.-D. erzählt von ihrem Töchterchen Ruth, von ihrer Arbeit, ihrem ersten Großstadtsommer, von ihrer Vorliebe für »Frau Gertrud«*[1] *(in »Eine Stunde hinter Mitternacht«).*] – Nun werden »wir« angezeigt[2] und verschickt, zusammen mit Maeterlinck. Das ist eine stolze Nachbarschaft, nicht wahr?

Ich habe Ihnen so vieles zu sagen, daß sich's eigentlich nur mündlich tun ließe. Darum will ich nun ganz von allen diesen Dingen schweigen, um mich nicht über die Unzulänglichkeit und Umständlichkeit des geschriebenen Wortes zu ärgern. So lasse ich denn Kunst und Künstler, Dichter und Denker aus dem Spiel und erzähle was von »zu Haus«, das ich Ihnen ja übrigens auch noch schuldig bin. [*... vom Vater, der seit 12 Jahren tot ist, von der Mutter und ihren Kindern, z. B. dem ältesten Bruder H. V.-Ds., der vor 4 Jahren in Chile gestorben ist, und von den drei Schwestern* ...] Trotz leiser Anfragen haben Sie mir noch nie gesagt, welcher Beruf es ist, dem Sie augenscheinlich mit so wenig Freudigkeit angehören. Mein Mann schickt Ihnen noch einen Abzug auf Büttenpapier und fügt auf seinen Wunsch eins der wenigen gebundenen Exemplare bei, in das Sie mir eine Widmung schreiben müssen. Ja?
Nun verlangt mein Kindchen nach mir. Leben Sie wohl, grüßen Sie Ihren Schwarzwald und alles was Ihnen lieb ist.
Herzlichst Helene Voigt-Diederichs

1 S. Anm. II, Nr. 49), in R. M. Rilkes Rezension.
2 Eugen Diederichs warb im Börsenblatt des Deutschen Buchhandels, Leipzig, vom 8. 9. 1899 sowohl für H. Hs. Buch »Eine Stunde hinter Mitternacht« wie für das noch unter dem Mädchennamen seiner Frau erschienene Buch »Abendrot. Aus dem Schleswigschen Volksleben«.

805] *H. H. in dem für Helene Voigt-Diederichs in Leinen gebundenen Exemplar von »Eine Stunde hinter Mitternacht«*

Calw, im Sommer 1899

[*Auf dem voraufgehenden Vorsatzblatt:*]
Frau Helene Diederichs-Voigt in herzlicher Freundschaft.
[*Auf dem folgenden Blatt:*] Ich bitte meine Freundin, dieses Buch zu schonen und zu lieben. Es steht am Ende einer

spät geklärten Jugendentwicklung, traurig und schwärmerisch, und hat noch die Schatten überwundener Krankheiten im Gesicht. Suchen Sie den Ersatz für alle Mängel dieses Buches in seiner großen persönlichen Ehrlichkeit, – meine Jugend steht darin wie hinter dünnen Schleiern, schmächtig und leidend, lächelt durch Tränen und bittet um Schonung und Liebe.

Hermann Hesse

806] *Marie Hesse an H. H.*

Calw, 22. August 1899

Mein lieber Hermann!

Kaum warst Du fort, so kam von Deinem Freund [Ludwig Finckh] ein Paket aus Kirchheim, später kam Inliegendes. Da wir keine Adresse hatten und meinten, du könnest jeden Tag kommen, ließen wir's liegen. Nun aber höre ich von Adele, daß sie deine Adresse hat und du noch fortbleiben wollest, so schicke ich dir dies nach. Wir haben wundervolles, sehr angenehmes Wetter. Am Sonntag nach Tisch gingen Vetter, Hans Frohnmeyer (seit Freitag da) und unser Hansel mit den Mädchen nach Zavelstein und waren vergnügt. [...] Morgen sind alle Jugendlichen im Steinhaus eingeladen, und mit dem letzten Zug reist dann der gute Vetter ab. Hans Frohnmeyer nutzt sein Billet bis Samstag hier aus, er ist ein netter Junge, kommt ja nun nach Maulbronn[1].

Heute richte ich die Soldatenbetten, wir kriegen vorderhand nur zwei am Freitag, aber später vielleicht auch mehr, sie hausen dann im Bruderloch.

Karl schrieb sehr glücklich aus Curaglia, heute reist er wohl dort wieder ab.

[...] Marulla hat Heimweh nach ihrem Schüler[2]. In treuer Liebe küßt dich deine Mutter

1 Ins Seminar.
2 H. H., den sie Französisch lehrte.

807] *H. H. an Julie Hellmann*

Calw, 26. August 1899

An das Lulumädele

Vielleicht wissen Sie schon, was ich Ihnen sagen will. Sie haben vielleicht gemerkt, weshalb ich gegen meinen Plan so lang in Kirchheim blieb und weshalb mir der Abschied so schwer wurde[1]. Haben Sie mir beim Adieu-Sagen nicht angesehen, wie mir die Hand und die Stimme zittern wollten?

Also: ich will Sie ernstlich und feierlich anklagen – und zugleich Ihnen ebenso ernstlich danken. Ich stehe morgens auf und bin untröstlich, Sie an diesem ganzen Tag nicht sehen zu dürfen, ich gehe hin und her und versuche allerlei zu tun, aber nichts fesselt mich, denn ich muß alle Augenblicke wieder die Augen schließen und mir Ihr Bild ausdenken, und dieses schöne, schlanke Bild ist den ganzen Tag bei mir, still und freundlich, und vertreibt jeden andren Gedanken. Ich klage Sie an, mir alle Ruhe genommen zu haben. Ich klage Sie an, denn Sie quälen mich; Sie wissen nicht, welche Qual der Liebe und Eifersucht fortwährend mich bedrückt.

Aber ich danke Ihnen auch. Wofür? Dafür, daß Sie so schön sind, dafür, daß ich Sie sehen durfte und daß Ihr Bild mich so verfolgt und beglückt. Von dem Augenblick an, wo ich in Kirchheim abreiste, bereute ich schon, daß ich fortgegangen war, und seitdem schmerzt mich jede versäumte Stunde.

Nicht wahr, das ist ein sonderbarer Brief! Sie fragen vielleicht, warum ich Ihnen jetzt, nachdem ich doch fort bin, dies alles schreibe. Nun, einmal tu' ich's, weil ich es Ihnen schuldig zu sein glaube. Sie sollen wissen, daß Sie meine

Prinzessin und das Kleinod meiner Träume sind. Vielleicht können Sie irgend einmal jemand brauchen, der zu jedem Dienst für Sie von Herzen bereit ist, dann denken Sie an mich. Einstweilen muß ich mich damit begnügen, mich Ihnen als demütigen Gefangenen anzubieten.

Ferner will ich Sie bitten, freundschaftlich je und je an mich zu denken. Wollen Sie mir erlauben, daß ich Ihnen gelegentlich eine Blume oder ein Lied sende? Ja? Ein Wort auf einer Postkarte genügt ja als Antwort. Mehr will ich nicht von Ihnen bitten. Um Ihr größeres Bild bat ich Sie schon gestern.

Nun wissen Sie, daß einer an Sie denkt und sich danach sehnt, Ihnen irgendwie zu dienen. Es steht Ihnen frei, über meinen kuriosen Brief zu lachen – ich bitte Sie nicht einmal, ihn geheim zu halten, falls Sie das nicht selber wollen.

Hier werde ich von Eltern und Schwestern aufs liebevollste gepflegt und unterhalten, aber mich freut und rührt zur Zeit nichts mehr als meine süße, peinigende Liebe. Da ich in diesem Fieberzustand doch weder arbeiten noch ruhen kann, habe ich meine Ferien um zwei Wochen gekürzt und werde schon am 15. September nach Basel reisen. Bis dahin weiß Gott, wie ich die Zeit zubringen werde, denn augenblicklich gibt es außer Ihnen nichts, was mich interessiert oder erfreut.

Sie glauben mir doch, daß ich mich Ihnen nicht aufdrängen will? Sehen Sie, ich möchte nur, daß Sie davon wissen und mich als Liebessklaven dulden. Ob Sie mich auslachen oder ob Sie Mitleid mit mir haben – seien Sie meine Märchenprinzessin und sagen Sie mir recht bald, ob Sie mich als Ihren Gefangenen gelten lassen wollen. Es steht Ihrem Gutdünken frei, mich als Helden oder als Hanswurst zu brauchen.

Um Ihnen doch irgend ein Andenken zu geben, lege ich

meine Lieder bei. Sie sind sämtlich älter als meine Bekanntschaft mit Ihnen, schöne Prinzessin, und voll von allerlei kunterbunten Dichterlaunen. Dennoch bitte ich Sie, Sie möchten auf sich beziehen, was irgend von Liebe, Leidenschaft, Ehrerbietung und Zärtlichkeit in diesen Liedern ist.

Nun wissen Sie, wie es mit mir steht und wie verderblich mein Aufenthalt in Ihrem Hause war. Ich weiß nicht, was ich bereuen soll: daß ich nicht rechtzeitig noch Reißaus nahm, oder daß ich nicht länger in Ihrer Nähe blieb. Wenn ich so dasitze und denke, daß ich jetzt ebensogut in Kirchheim sitzen und mich Ihrer Schönheit und Ihrer Stimme freuen könnte, dann könnte ich fluchen vor Ärger über mich selber!

Nehmen Sie diesen Brief, bitte, harmlos als das Stammeln eines Verliebten, als Pulsschlag einer hilflos pochenden Leidenschaft, und lassen Sie Ihre Ruhe nicht stören. Es ist nicht ganz unmöglich, daß im September mein Weg noch einmal Kirchheim streift, in diesem Fall möchte ich Ihnen harmlos und in Freundschaft begegnen können, wie bisher.

Hermann Hesse

P.S. Nachdem ich diese Zeilen einen halben Tag lang zurückgelegt habe, finde ich sie plötzlich schrecklich plump und dumm, aber leider ist meine Vernunft noch ganz im Bann und will nimmer gehorchen. Ich möchte immer wieder zu Ihnen sagen, wie wunderbar Ihre Schönheit mich besiegt und ergriffen hat, Sie Wunderkind, und wie weh es mir tut, daß Sie so viel dulden und sich plagen müssen, statt Ihren gebührenden Platz als Fürstin und Liebesherrin einzunehmen. Erlauben Sie wenigstens mir, Ihr Dichter und Lobpreiser zu sein und Sie mit aller Ehrerbietung und Zärtlichkeit einer heißen Dichterseele zu schmücken! Nicht wahr, das schlagen Sie mir nicht ab; denn daß ich an Sie denke und daß Sie meine Lieder erfüllen, das können weder Sie noch ich anders machen. H.

1 S. Anm. II, Nr. 52); Brief Nr. 875.

808] *H. H. an Helene Voigt-Diederichs*

Calw, [29.] August 1899

Vor einigen Tagen kam ich von einem zehntägigen Touristenaufenthalt auf der Alb[1] zurück und fand Ihren lieben Brief vor. Es freut mich herzlich, daß Sie und die kleine Ruth sich so wohl befinden, und ich wünsche Ihnen beiden alles Gute für die geplante Reise.

Daß die Hoffnung, Sie und Ihr Haus persönlich kennen zu lernen, nun wieder weitergerückt ist, tut mir leid. Der Norden (von der Ostsee abgesehen!) lockt mich nicht sehr, vielmehr möchte ich die nächsten Jahre in der Schweiz leben und womöglich nach Italien vordringen. Zunächst verspreche ich mir schon von Basel sehr viel. Ich gehe dorthin als Buchhändler. Vielleicht haben Sie meinen Beruf schon vorher erraten. Er ist interessant, aber ich liebe ihn nicht[2]. Daran ist vor allem die Kollegenschaft schuldig, welche zu zwei Dritteln überaus ungebildet und roh ist. Auch bin ich zwar ein guter Bücherkenner, aber ein schlechter Kaufmann.

Daß ich noch einen Abzug auf Bütten erhalten soll, freut mich sehr, auch daß Sie in Ihrem Exemplar eine Widmung von mir haben wollen. Ich werde bis 15. September hier sein und dann nach Basel gehen, meine Ferien werden 14 Tage kürzer als geplant war.

Ich danke Ihnen für die Nachrichten aus Ihrer Familie – man kennt sich doch besser, wenn man den Boden und die Kameraden kennt, unter denen einer aufwuchs. Mit großer Spannung warte ich auf das Erscheinen Ihrer Gedichte[3].

Ich bin in meinen Bergen ganz verwildert und ein schlechter Schreiber geworden – die Finger wollen nicht und der Kopf will auch nicht. Dazu kommt das Provisorische des Ferienlebens – ich hänge sehr von Kleinigkeiten ab und vermisse meinen Hausrat, mein Zimmer, meine Bücher, meine Bilder, Briefmappen und Manuskripte, die alle von Tübingen aus direkt nach Basel gehen. Ich hätte vieles mit Ihnen zu reden – lassen wir es, bis die rechte Stunde kommt! Leider steht auch hinter den farbigen Kulissen meines jetzigen Waldlebens das Gespenst Kopfweh, und bringt mich um manchen guten Tag. Hier das einzige Lied[4], das hier entstanden ist:

Ich will mich tief verneigen
Vor dir und senken den Hut,
Ich will dir Lieder geigen
Rot wie Rosen und rot wie Blut.

Ich will mich vor dir bücken,
Wie man vor Fürstinnen tut,
Ich will dich mit Rosen schmücken,
Mit Rosen rot wie Blut.

Ich will auch zu dir beten,
Wie man vor Heiligen kniet,
Mit meiner wilden, verschmähten
Liebe und meinem Lied.

H.

Bitte grüßen Sie Herrn Diederichs bestens von mir!
In Freundschaft Ihr H. Hesse

1 In und um Kirchheim-Teck; mit Ludwig Finckh und anderen Freunden des »petit cénacle«.
2 S. z. B. Nr. 504 und Nr. 809.
3 »Unterstrom«; Leipzig 1901.
4 H. H. nahm das Gedicht in das Märchen »Lulu« auf, das er 1900 schrieb und 1907 in der zweiten Ausgabe des »Hermann Lauscher« erstmals veröffentlichte. (Strophe 2, Vers 3 beginnt dort mit »*Und* will . . .)

809] *Eugen Diederichs an H. H.*

Leipzig, den 1. September 1899

Lieber Herr Hesse!

Sie erhalten zu gleicher Zeit 1 auf Bütten abgezogenes Exemplar Ihres Buches sowie ein gebundenes zur Widmungseinschrift für meine Frau.

Daß Sie Kollege sind, begrüße ich erfreut im Interesse unseres gemeinsamen Standes. Wenn gleich ich Ihnen nicht wünschen möchte, daß Sie sich als Sortimenter aufreiben. Unser Beruf bietet in abhängiger Stellung fast nie Gelegenheit sich auszuleben, man ist Buchsklave, und deswegen möchte ich Ihnen raten, daß Sie, falls Sie es noch nicht sind, Antiquar werden. Dieser Zweig ist der Einzige, der dem Bücherkenner und Liebhaber Befriedigung gewährt und auch noch verhältnismäßig anständig bezahlt wird. Was Kopfschmerzen und Arbeitsunfähigkeit bedeuten, kenne ich nur zu gut, und so will ich Ihnen wünschen, daß Ihnen Ihre jetzigen Ferien recht gute Dienste tun.

Mit herzlichen Grüßen von uns beiden

Ihr E. Diederichs

810] *H. H. an Karl Isenberg*

[Calw, 3. September 1899]

Lieber Karl!

Willst Du mir einen großen Gefallen tun? Auf meiner Bude steht eine Kiste und 1 Holzkoffer fertig gepackt und adressiert, die nach Basel sollen. Auch ein Frachtbrief liegt schon dabei, auf dem nur noch Datum und Gewicht einzusetzen sind. Beides geht an »H. Hesse bei R. Reich, Buchhandlung, Basel«, *franco!* Die Kosten ersetze ich Dir sogleich! Du müßtest zu Heckenhauer hingehen und in meinem Namen bitten, daß der Hausknecht die 2 Sachen auf die Bahn fährt, und müßtest auf dem Bahnhof den Frachtbrief voll-

ends ausfüllen. Das ganze müßte *vor Donnerstag* geschehen (Frachtgut). Etwaige Auskunft würden meine Kollegen bei Heckenhauer gern geben. Falls Du vor Donnerstag nicht kannst, schreib' mir's, bitte, gleich, damit ich selbst komme.
Für alles würde ich Dir sehr dankbar sein.

Dein Hermann

811] *H. H. an Johannes und Marie Hesse*

1. Brief aus Basel
[Basel, 17. September 1899]
Sonntag abend

Ihr Lieben!
Da Hans morgen fort will, schreibe ich eilig noch ein paar Zeilen zum Mitgeben.
Im Geschäft finde ich, scheints, sehr viel Arbeit, aber nette Kollegen (5 und 1 Lehrling), ein sehr schönes Geschäft, neu und glänzend eingerichtet, und in Herrn Reich einen offenbar sehr angenehmen Chef. Ich besuchte ihn heute früh und lernte Frau und Tochter kennen. Die Frau ist eine Bernerin und sehr nett. Tischhauser ist Lehrling, ein etwas ungeschickter, aber sehr lieber und dienstwilliger Mensch. Meine Arbeit ist hauptsächlich das Expedieren der Journale (mir sehr unangenehm), Führen der »kleinen Kasse« und Lagerordnen, Post frankieren etc. Französisch wird sehr viel gesprochen!
Meine Pension (2 Franken täglich für Mittag und Abend) ist sehr gut, vielleicht für die Folge zu teuer. Dort sind drei Franzosen, von denen nur einer gut deutsch kann.
Das Essen ist gut, nach Tisch immer Obst und Kaffee, abends kann ich Milch haben. Weg zum Geschäft zehn Minuten.
Heute waren wir bei *Hubers*[1], wo bes[onders] die Frau

überaus freundlich war und mich sehr einlud. Ich habe Lust, öfters hinzugehen. Der Sohn Gusti ist auch zugänglich, Historiker und Kenner von manchem Interessenten. *v. Huenes*[2] sind verreist.

Mein Fräulein ist sehr aufmerksam und lieb, hat aber die »SNAKE SUECHE«. Herzl[ichen] Gruß! Hermann

1 Bei Dr. phil. August Huber, der als Historiker 1917 Staatsarchivar des Kantons Basel wurde.

2 Nach Auskunft von Frau Martha Dietschy, Basel, Familie Huene-Hoiningen, Hardstraße 70. Frau H. eine geborene von Stackelberg; Johann Huene-Hoiningen war Lehrer. v. Huenes und v. Hallers mit den Hesses aus Estland bekannt.

812] *Aus H. Hs. Notizen in »Bagels Geschäftskalender« 1899*[1]

[Basel, 20. September 1899]

»[Ich] beginne in Tübingen noch den Roman »Schweinigel«, höre aber von Mai 99 an mit aller Privatarbeit auf. Kopfweh und gänzlicher Schlafmangel. Um mich zu heilen und weil ich in Tübingen kein Genüge mehr fand, verließ ich Stadt und Stelle am 1. August in Freundschaft, nachdem ich für Herbst schon eine Stelle bei Reich in Basel gefunden. ...«

»... August bis Mitte September 99 Ferien in Calw, die mir sehr wohltun. Dazwischen ein Besuch in Kirchheim, auf 2 Tage berechnet, der sich bis zu 10 Tagen ausdehnt, Lulus wegen. Dann, nach schwerem Entschluß, kurzer Abschied von Lulumädele und den Freunden, von denen ich bloß Finckhs sicher zu sein glaube. Am 10. September Abreise in Calw, Reise nach Basel, Luzern und Flüelen mit Bruder Hans, am 15. September Eintritt bei Reich in Basel. ...«

1 Aufzeichnungen Hesses, die wichtige Daten seines Lebens nachträglich registrieren. Erste Eintragung: am 24. 3. 1899, letzte Eintragung: Okt./Nov. 1902.

813] *H. H. an Julie Hellmann*

Basel, 19. September 1899

Gruß aus Altbasel

Zwischen Tür- und Schlüsselklirren
Reichen Schnitzwerks zarten Ranken
Traurig und ermüdet irren
Mir nach Kirchheim die Gedanken.

Hier in Bauten, Waffen, Bildern,
Sälen, Büchern, Bechern, Schildern
Sich der Glanz des Schönen spiegelt
Halb ein Rätsel, halb entsiegelt.

Aber hinter all dem Prangen
Steht dein Haupt mit schmalen Wangen,
Drin sich alle Schönheit spiegelt
Halb ein Rätsel, halb entsiegelt.

H. H.

Grüßen Sie, verehrte Kronprinzeß, Ihr Schwesterchen und Ihren einsamen Mittagesser Ugel Finckh recht schön!

In Scherz und Schmerz Ihr Hofnarr

814] *Marie Hesse an H. H.*

Calw, 23. September 1899

Mein lieber Hermann!

[...] Onkel David schickte uns eine Anzeige deines Buchs – du sahst sie wohl schon – wo's heißt, Novalis sei bei dir Pate gestanden. »Ein Dichter, der Neues zu sagen weiß, der der Natur so nahe steht wie unsre Romantiker, tritt nun zum erstenmal an die Öffentlichkeit«.

Laß uns immer wieder von dir hören, bitte, wir interessieren uns sehr für alles, was du treibst und erlebst. Alle grüßen dich schön. Innig küßt dich deine treue Mutter

1 S. Anm. II, Nr. 49, Anfang.

815] *H. H. an Johannes und Marie Hesse*

Basel, Sonntag, 24. September 1899

Liebe Eltern!

Danke herzlich für Mamas lieben Brief, der eben kommt! Daß ich jetzt, Sonntag mittag, zuhause bin, daran ist einmal das rauhe Wetter und dann eine tüchtige Erkältung schuld. Sonst wäre ich gewiß irgend nach Bottmingen oder so wo hin, hatte sogar an eine Fahrt nach Zürich gedacht. Letztere will ich jedenfalls nun aufschieben, bis ich von Euch die Adresse von Herrn Heß habe. Er wohnt doch in Zürich? – Das Halsweh hab' ich durch Alaungurgeln wegkuriert, aber Nase und Kopf sind noch recht mitgenommen.

Heute und auch letzten Sonntag war ich in der französischen Kirche, verstand aber nur etwa ein Drittel. Am besten verstand ich die Gebete, die langsam und ohne Affekt gesprochen werden. Meine Abende habe ich bis jetzt ganz auf's Französischlesen verwandt. Ich habe die »Nouvelles Genèvoises« angefangen und lerne immer einige Phrasen im »beredten Franzosen«.

Seit Hans fort ist, war ich (Freitag) schon wieder bei Hubers zu Tisch. Ich hatte, auf gegebene Anregung, der Frau meine »Lieder« dediziert. Dasmal war auch eine Schwester von Herrn Huber da. Er ist immer sehr leidend, die Frau sehr für Euch interessiert und überaus freundlich, der Sohn Gusti (jetzt »Herr Doktor«) ist auch zugänglich und liebenswürdig, dabei als Historiker und Pariser interessant.

Im Geschäft habe ich mich schon etwas eingewöhnt. Die Verhältnisse dort sind überaus angenehm, Chef und Kollegen nett, aber auch viel Arbeit. Mein Vorgänger hat manches hängen lassen und verschleppt. Sortiment, Verlag und Antiquariat sind ganz getrennt, auch räumlich. Herr Reich wohnt in der Nähe des Wettsteinplatzes, sehr nett mit schönem Garten, ist scheints ein wenig Jägdler. Ich besuchte ihn letzten Sonntag, sah auch Frau und Tochter und bekam vom ganzen Haus einen einfach vornehmen, gewinnenden Eindruck.

Heute vormittag nach der Kirche besuchte ich Dr. Wackernagel[1] im Brunngäßlein, fand ihn sehr lieb und interessant. Er läßt Papa sehr grüßen. Mir fiel auf, daß er sehr tadellos Hochdeutsch sprach, gar nicht Schweizerisch. Vor Tisch reichte es eben noch zu einem flüchtigen Blick ins Museum. Dort ist manches verändert. Ich denke viele Stunden noch in diesen Sälen zuzubringen. Böcklin hat jetzt einen eigenen Saal mit 12 Bildern. Der Aufenthalt in diesem Böcklinzimmer ist überaus köstlich – Ihr wißt, wie sehr ich Böcklin schon verehrte, ehe ich Originale von ihm kannte – jetzt geht mir das Herz auf vor dieser unerhörten Pracht.

Nun will ich doch noch einen Gang in die Müllerweg-Gegend machen, vielleicht reicht es bis St. Margarethen. Ihr wißt nicht, wie sehr ich in diesen wohlbekannten Straßen immer an Euch denke[2]!

Herzlich Euer dankbarer Hermann

1 Dr. Rudolf Wackernagel; geb. 1855 in Basel, gest. 1925 in Riehen bei Basel; Staatsarchivar; mit Hesses befreundet. H. H. war während seiner Basler Buchhändlerzeit oft Gast im gastlichen Haus Wackernagel. Er sah dort auch Elisabeth La Roche wieder. – S. auch Anm. II, Nr. 54).

2 Vom 6. April 1881 bis zum 3. Juli 1886 wohnte Familie Johannes Hesse im Müllerweg 126. S. auch Anm. II, Nr. 53).

816] *H. H. an Julie Hellmann*

[Ansichtskarte; Poststempel: Basel, 29. September 1899]

Zu loben Seide, Plüsch und Samt
Ist immerdar des Narren Amt –
Auf Herzen und Gesichter
Verstehn sich nur die Dichter.
Zum Narren- und zum Dichteramt
Mir fehlt Gesicht, Herz, Plüsch und Samt.

817] *H. H. an Karl Isenberg*

[Basel, September 1899]

Mon chèr frère[1]!

Dès mon arrivée à Bâle je n'avais pas encore le temps de t'écrire. Comme j'espère, tu as fini dans ce temps-là ton examen avec beaucoup de bonheur. Alors vient la question du domicile et du mariage!

Quant à moi, dans mes heures de loisir je suis occupé souvent des tableaux magnifiques de Boecklin, et je veux employer mes dimanches de l'hiver surtout pour le musée. C'est une vraie consolation pour les yeux, le coeur et l'âme. Mais surtout Boecklin!

Apprendre le français, ce n'est pas une chose agréable, mais le savoir et le parler courramment, c'est une chose aussi belle que nécessaire.

Je te souhaite un hiver agréable et une bonne santé.

Ton frère Hermann

1 S. Anm. II, Nr. 55).

818] *H. H. an Johannes und Marie Hesse*

Basel, Sonntag, 1. Oktober 1899

Ihr Lieben!

Heute morgen nach der Kirche kam Mutters lieber Brief, für den ich schön danke. Daß Huenes so lieb geschrieben haben[1], erfreut mich – überhaupt bin ich hier da und dort so herzlich aufgenommen worden, daß ich den alten, leidigen Zeitmangel doppelt bedaure. Nun, heute hab' ich keinen Besuch gemacht, sondern privatim geschwelgt. Die französische Kirche hielt mein Bekannter, Pfarrer Barth, mein Haus- und Tischgenosse. An ihm und den beiden andern Franzosen, die ich predigen hörte, fiel mir neben großer Wärme eine gewisse künstlerische Kanzelrhetorik auf, welche wohl zumeist in der Sprache selber ihren Grund hat. Wißt Ihr, so was Klassisches, Besonderes! Pfarrer Tissot schloß am vorletzten Sonntag seinen *Sermon* so: »Meine Brüder, liebet Euer Vaterland und dienet ihm mit allen Kräften, aber tuet es zu Füßen des Kreuzes, zu Füßen des weißen Kreuzes, das ihr auf den roten Grund eurer Fahne gesetzt habt.« Das klang französisch überaus feierlich. Äußerlich bemerke ich an Herrn Barth viel weniger Theologie und viel mehr *savoir vivre* als an allen Tübinger Theologen. Er ist fein, elegant, liebenswürdig, aber sehr bescheiden und entschieden fromm. Daß er mir so sehr unwissenschaftlich erscheint, liegt natürlich auch an der großen Mangelhaftigkeit unserer Konversation.

Nach der Kirche las ich noch eine Seite Französisch und ging dann ins Museum, wo ich lange, lange bei Böcklin war. Von seinen hiesigen Bildern ist *vita somnium breve* bis jetzt mein Liebling, denn es befriedigt ebenso meinen sehr modernen Farbensinn wie meine altmodische Freude am Bedeutsamen, Allegorischen. Das ganze sehr farbige Bild, auf Holz gemalt, ist um eine Brunnenmauer von antiker Bauart gruppiert, auf der die Inschrift *vita somnium breve* steht. Die Gestalten verkleinern sich gegen den Hintergrund stark. Vorne, an dem aus dem Brunnen abfließenden Bache, spielen auf einer prachtvoll blumigen und sonnigen Wiese zwischen Margueriten und andern Blumen zwei kleine Kinder; am Rand des Brunnens, halb abgewandt, steht ein junges Mädchen in Liebesgedanken, sehr still und etwas herb; auf der andern Seite reitet ein junger, roter Ritter starr und aufrecht nach Abenteuern, und ganz im Hintergrunde, erhöht und sich von einem herrlichen Himmel abhebend, sitzt gebückt ein grauer, greiser Mann, hinter dessen Rücken der Tod zum Streich ausholt. Kinderlust, Liebeszeit, Tatenlust und Greisenalter sind auf kleinem Raum in ganz wunderbaren Gestalten dargestellt. – Auch ein toter Christus, von Magdalena beweint, ist von unaussprechlicher Meisterschaft, aber man hat darin nur den halben Böcklin, weil das Bild in lauter matten, gelb und grauen Farben gemalt ist.

Heute nachmittag habe ich ganz besonders lebhaft an Euch und an die alte Zeit gedacht. Ich war im Spalenringweg, Steinenringweg, Birsigwäldchen, und auf St. Margrethen. Der Park hinter St. Margrethen, der immer verschlossen war, ist jetzt geöffnet und hat schöne Wege und Boskette, mit vielen Eichhörnchen.

Dem lieben Hans wünsche ich von Herzen Glück[2]. Auch ich glaube bestimmt, daß er gerade durch seine bescheidene treue Art weiter kommen wird. Ihm und Karl möchte ich schreiben, habe aber noch keine Zeit. Ich danke auch für die Mitteilung über Heß's! Wenn ich erst eine Weile hier bin, soll es mir nimmer passieren, daß ich Bern und Zürich verwechsle!

Ein Zimmer für 15. Oktober ist gefunden[3]. Ich hoffe bald von Freudenstadt zu hören, und wünsche Euch für dort alles Gute!

Für heute abend hat mich Dr. Wackernagel eingeladen.
Herzlich Euer dankbarer Hermann

NS Wenn Ihr gelegentlich, Mitte Oktober, mir meine Bücherständer (ohne die Kisten) nach Basel, Holbeinstr. 21 schicken wollt, ist mir's recht. Eilt nicht.

1 v. Huenes: »Wir hatten große Freude an ihm und hoffen ihn je und je zu sehen. Für ihn mag es zwar langweilig sein bei den beiden Alten allein.« [*Marie Hesse teilte das in ihrem Brief vom 30. 9. 99 H. H. mit.*]
2 In Stuttgart; s. Nr. 791.
3 Holbeinstraße 21.

819] *Marie Hesse an H. H.*

Freudenstadt, 13. Oktober 1899

Mein lieber, teurer Hermann!
Das war sehr lieb von dir, daß du gleich hierher schriebst, so daß wir am ersten Morgen hier deinen Brief erhielten. Es war uns eine große Freude. Auch der Inhalt, alles, was du erzählst von deinem Erleben und den neuen Bekanntschaften hat uns außerordentlich gefreut. Tante Jettle rühmte sehr eine Predigt, die sie im Frühling in Basel hörte, von dem jungen Herrn Pfarrer Barth. Das Bild von Böcklin habe ich – eben gedruckt – in einer illustrierten Zeitschrift gesehen, und es frappierte mich damals eigentümlich; es war wie ein Traum; der Brunnen, die Gestalten, der Sensenmann, Freund Hein nach Claudius. Das muß freilich in Farben und groß einen gewaltigen Eindruck machen. Ich freue mich für dich, daß du in Basel so manches Erquickliche genießen kannst, was eben anderswo fehlt.
Jener Park vom Margrethner Gundeldingen war mein Kindheitsparadies[1], die Brücklein und Waldwege entzückten mich, und ich habe dort mir manches Märchen ersonnen. Jetzt sei ja die Stadt fast daran hingerückt, während damals bis ans Steinen- und Eschentor lauter Felder und Wie-

sen lagen. Herr Pfarrer Christ, Pfarrer an der Lukaskapelle in jenem Revier, war die letzten Tage mit seiner Frau hier im Palmenwald, und da redeten wir vom alten und neuen Basel. Der Müllerweg, ohne Eisenbahn, soll ja nun recht schön angelegt werden. Nun ziehst du wohl in den nächsten Tagen ins neue Zimmer. Ich hoffe, es behagt dir gut darin. [...]

[*Die Mutter berichtet Einzelnes über den Missionskurs in Freudenstadt.*]

[...]

[Papa] fühlte sich ungemein gehoben und erquickt von allem, was er hörte und von der reichen brüderlichen Gemeinschaft. Er fand auch einen großen Fortschritt seit dem ersten Kurs vor drei Jahren, die Liebe zur Sache, das Verständnis dafür bei den Pfarrern hat sichtbar zugenommen. Heute ist nun ein beständiges Abschiednehmen und Abreisen seit morgens früh, das greift Papa an und ich bin gefaßt, daß er nach all der Aufregung etwas abfällt. Er hat immer wieder mit großer Lebendigkeit und Wärme geredet und sich viel mit einzelnen unterhalten. Aber sehr viel war's doch für ihn. [...] Nun muß ich schließen, doch will ich sagen, daß ich mich neulich freute, als man ein Lied von Novalis in der Andacht sang und an dich dachte. – Papa und Adele grüßen schön, auch Huppenbauers. Gott segne und erquicke dich, liebes Kind, und laß dir Sein Angesicht helle leuchten.

Innig küßt dich deine Mutter

1 S. auch: Marie Hesse, Ein Lebensbild in Briefen und Tagebüchern« von Adele Gundert, Stuttgart; S. 11 ff. – Seit 1977 auch als insel-taschenbuch, Nr. 261; Mit einem Essay von Siegfried Greiner, illustriert von Gunter Böhmer.

820] *H. H. an Johannes und Marie Hesse*

[Basel, 14. Oktober 1899; Postkarte]

Liebe Eltern!

Danke herzlich für Mutters schönen ausführlichen Brief! Leider geht's diesmal mit dem Antworten nicht recht – ich bin, neben viel Arbeit, mitten im Umzug und muß alles selber tragen und machen. Morgen, Sonntag, bin ich fürs Essen zu Huenes und zum Tee bei Herrn Reich eingeladen, während in meiner Bude meine Sachen kreuz und quer am Boden liegen! Das Zimmer, Holbeinstraße 21, ist hübsch, aber das Frühstück so teuer, daß ich es abbestellt habe und in der Schmiedenzunft frühstücken will.

Möchte doch der liebe Papa die Mühe und Aufregung gut überstanden haben und noch schöne Erholungstage finden! An Euch und Hansl denke ich viel. [...] Nach dem Umzug mehr! Der Bücherständer ist sehr von nöten, eilt aber nicht!

Herzlich Euer Hermann

821] *H. H. an Julie Hellmann*

[Basel,], 16. Oktober 1899 [Bildpostkarte]

Ich Narre lege, so närrisch ich bin,
mein gepudertes Haupt
zu Füßen der Schönheit hin.
Ich Narre weiß, was Ihr nicht wißt,
daß Schönheit besser
denn Geist und Tugend ist.

822] *H. H. an Johannes und Marie Hesse*

Samstag abend
[Poststempel: Basel, 16. Oktober 1899;
Ansichtskarte: Basel, Alte Rheinbrücke]

Ihr Lieben!

Eben ist mein Einzug vollendet! Das Zimmer ist schön, wie es scheint auch still, Raum genug, Parkettboden, aber keine gute Bedienung. Ich zahle im Monat 25 Fr. Morgen will ich, soweit Zeit bleibt, vollends einräumen. Basel gefällt mir immer besser, im Museum schreite ich nun langsam zu Holbein vorwärts. Im Geschäft geht's ordentlich, doch wird hier Weihnachten sehr anstrengend werden. Euch wünsche ich herzlich alles Gute – bleibt doch womöglich noch eine Weile im Palmenwald! Und grüßt Huppenbauers und sonstige Bekannte, auch Herrn Leube, bestens von mir!

Herzlich Euer Hermann

823] *H. H. an Johannes und Marie Hesse*

Basel, 22. Oktober 1899

Liebe Eltern!

Da sitze ich am hellen Sonntagmittag in meiner Bude, rauche eine schlechte, aber fabelhaft billige Baseler Zigarre und bin zu faul zum Arbeiten. Auf den stillen Hofmauern glänzt eine erstaunlich warme Herbstsonne, und dahinter liegt mit leisem Geräusch mein liebes Basel.

Den Vormittag, nachdem ich zur Kirche verschlafen war, brachte ich meine gewohnte Stunde bei Böcklin zu, danach besuchte ich Oehlers[1], welche Euch grüßen lassen, und traf unterwegs noch Greule an. Ich hatte halb im Sinn, mittags nach Riehen zu gehen, fand aber nach Tisch als willkommene Überraschung zuhaus eine Einladung von Wackernagels auf den Abend vor. Wie lieb und wertvoll mir dies Haus schon geworden ist, kann ich gar nicht sagen.

Meine neue Wohnung ist hübsch und hat den Reiz einer famosen Stubennachbarschaft. Die drei Zimmer neben mir sind von zwei jungen Architekten bewohnt, die ich kenne und liebe. Beide sind für hervorragende Pläne und Arbeiten gotischer Bauten hier tätig, der eine davon ist der geniale Künstler Jennen[2], der das neue Rathaus, prachtvoll in strenger Gotik, macht. Sie stecken den Kopf zu mir herein, erzählen was und leihen Bücher, sehen Bücher etc. bei mir an, und ich sehe ihre frischen Zeichnungen und Pläne entstehen und genieße etwas vom Reiz des Werdensehens, das in den bildenden Künsten eben besonders lockend ist. So wohnen drei fleißige Kunstjünger, alle drei von Natur sehr verschieden, auf einem Boden beieinander. Jennen ist ein rechter Künstler, genial und launisch, häufig wenn die Stimmung fehlt, müßig und dann wieder von rapider und ausdauernder Energie. Der zweite, Herr Drach, ist lustig und liebenswürdig und hat mich gern. Beide sind auch häufige Abendgäste bei Wackernagels.

Letzten Sonntag abend war ich bei Herrn Reich. Es ging ähnlich zu wie bei uns zuhause, etwas reicher und vornehmer, aber harmlos behaglich. Wir spielten Raterles, Talerverstecken und Charade, und ich kam den ganzen Abend nicht aus dem Lachen heraus.

Sonntag mittag war ich bei Huenes, die sehr eifrig nach Euch fragen und herzlich grüßen. Der Sohn soll nächstens wiederkommen und den Winter hier bleiben.

Bei Tisch gackse ich jetzt immer Welsch, und fange an, mich sosolala verständlich machen zu können. Im Laden hab' ich schon wiederholt Franzosen mit Ach und Krach bedient. Es beginnt nun schon die strenge Arbeitszeit. Wenn der Kopf aushält, kann ich mich auf den Winter freuen. Ich wünsche Euch alles Gute! Herzlich und dankbar Euer

Hermann

1 Missionsdirektor Theodor Oehler; s. auch Nr. 523, Fußn. 4.
2 Heinrich Jennen, geb. 1872; Architekt aus dem Rheinland; Mitarbeiter unter Architekt Vischers Leitung am Basler Rathausumbau 1898-1901. Gewann 1900 den 1. Preis in der Konkurrenz um die Erweiterungsbauten des Basler Rathauses. – Neugotiker; Schüler von Schäfer in Karlsruhe.
Hesse zog im April 1900 in die Mostackerstraße 10. »Doch blieb er Jennen freundschaftlich verbunden. Aus dieser Freundschaft erwuchs die Erzählung »Das Rathaus«. (M. Dietschy in »Basler Woche«, Nr. 6/77 vom 11. Februar 1977: »Hermann Hesse und das Basler Rathaus«.) Heinrich Jennen ist der »Niklas« dieser Erzählung, H. H. der »Veit«. S. st 347, H. H. »Aus Kinderzeiten«, Ges. Erzählungen, 1. Bd., S. 51 ff. S. auch Anm. II, Nr. 53).

824] *H. H. an Marie Hesse*

[Basel, 23. Oktober 1899]

Heute morgen finde ich in meinem Mantel eine Geburtstagskarte an dich[1]! Verzeih meine alte Schlamperei! Du weißt, wie herzlich ich dir alles Glück wünsche! Einen Brief sandte ich gestern. Heute drängt das Geschäft sehr.

Herzlich dein Hermann

1 Marie Hesses Geburtstag ist der 18. Oktober.

825] *Marie Hesse an H. H.*

Calw, 28. Oktober 1899

Mein lieber Hermann!

Dein Brief hat uns sehr gefreut. Wie mag ichs dir gönnen, daß du so anregende Zimmernachbarschaft hast! Überhaupt, daß es in Basel sich so freundlich für dich anläßt. Da wirst du fast bereuen, daß du nimmer Basler Bürger bist[1]. [...]

1 H. H. hatte nach dem 2. Juli 1898 auf sein Basler Bürgerrecht verzichtet. Die Verzichterklärung ging wahrscheinlich über Johannes Hesse an Dr. R. Wackernagel, Basel. S. Brief Nr. 690 und Nr. 693. Sie war bisher nicht auffindbar. Immerhin wurde H. H., nachdem er eine zweite Verzichterklärung, die den formellen Anforderungen offenbar entsprach, nach Basel geschickt hatte, am 24. August 1898 aus dem Schweizer Bürgerrecht entlassen; s. Nr. 706.

826] *H. H. an Johannes und Marie Hesse*

[Basel,] Sonntag abend, 29. Oktober 1899

Ihr Lieben!

Danke für Mutters lieben Brief, der heute morgen kam, und für den Ständer, den ich morgen von der Bahn holen lasse.

Ich hatte heute einen sonderbaren Tag, und während ich dies schreibe, brummt mein Kopf ganz ungemütlich. Beim Souper gestern aß ich von einem Basler Fleischgebäck, das ich nicht vertragen konnte. Die ganze Nacht lag ich mit Magenweh schlaflos. Morgens stand ich um sieben Uhr auf, trank in der Schmiedenzunft Kaffee und ging bis acht spazieren. Zuhause war ich von Magenschmerzen und Erbrechen arg geplagt. Um zehn Uhr raffte ich mich auf, kleidete mich um, und machte um 11 einen Besuch bei Frau Pfarrer La Roche[1], die sehr lieb war und Eltern und Adele grüßen läßt. Sie erzählte sehr lebhaft von Mamas Abschiedsvisite 1886.

Nachmittags war ich bei Professor Wackernagels[2], traf ihn aber zum zweiten mal nicht an. Dann zog ich Werktagskleider an und bummelte den ganzen Mittag auf den Feldern herum, kam schließlich bei St. Ludwig heraus. Zum Heimlaufen war ich zu müde, und einkehren konnte ich meines Magens wegen nicht. So setzte ich mich in »Soders Wagen Basel – St. Ludwig – Basel«, einen alten Omnibus, der viel zu schwer für seine zwei Gäulein ist. Darin litt ich für 30 cts. alle Qualen einer maliziösen Postkutsche, während nebenan die Fußgänger ebenso schnell fortkamen und über den im Wagen lachten. Auf dem Pflaster bei St. Johann wurde mir's zu bunt, und ich sprang heraus. Eben kam ich heim. Der Magen schmerzt auf der rechten Seite fort.

Mein Humor blieb gottlob leidlich.

Daß Hans[3] so schwer tut, ist mir leid; ich glaube aber bestimmt, daß er sich durchbeißen kann. Stuttgart ist freilich kein Paradies, gerade für ihn, und Basel oder so was wäre viel besser.

Ich trage großes Verlangen, mich recht im Baselbiet herumzutreiben – bis jetzt konnte ich keinen ganzen Sonntag loskommen. Jetzt im Herbst sind diese Gegenden besonders farbig und schön, und die großen, grünen Wiesen mit läutenden Kühen sind famos. Die Luft ist anders als bei uns, milder, wärmer, vielleicht feuchter, aber jedenfalls glänzender und lichter.

Auf Mamas Brief kann ich nicht näher eingehen, mein Kopf ist ziemlich desperat. Bitte schreibt mir das Datum der Silberhochzeit[4].

Herzlich Euer Hermann

1 Pfarrer La Roche – Stockmeyer, gest. 1887; Vater von Elisabeth La Roche (1876-1965), der »Elisabeth« der Jugendgedichte H. Hs. und des Romans »Peter Camenzind«.

2 Prof. Jakob Wackernagel; 1853-1938; Sprachprofessor; Prof. in Basel und – zwischendurch – 1902-1915, in Göttingen.

3 In seiner Stellung bei Werner und Müller in Stuttgart; s. Nr. 791.

4 22. November 1899.

827] *Marie Hesse an H. H.*

Calw, 4. November 1899 [Postkarte]

[...] Am 22. November ist unser Hochzeittag, Mittwoch. Ich hoffe, daß Hans kommt, er schreibt wenig und es drückt mich, daß ich nicht nach ihm sehen kann. [...] Jetzt ist Marull vormittags in der Küche und nachmittags lernt sie in der Frauenschule Maschinennähen, Adele macht Kleider. So ist die Zeit immer recht ausgefüllt. Abends lesen wir aus Treitschke[1] vor. Morgen feiern wir Reformationsfest. Am 1. Advent soll Carl hier in der Kirche singen in Judas Makkabaeus[2]. Er bat mich, ihm deine Briefe zum Lesen zu schicken. Er machte II B im Examen. [...] Papa

möchte wissen, ob ein Büchlein von Hagenbach für den Religionsunterricht im Gymnasium noch zu haben ist, in wievielter Auflage? Zu welchem Preis? Alle grüßen herzlich.
Innig küßt dich Mutter

1 Heinrich von Treitschke; 1834-1896; Geschichtsschreiber mit erzieherischem Gestus; als Publizist wichtiger Mitarbeiter Otto von Bismarcks; von großem Einfluß auf das Geschichtsbild des nationalen deutschen Bürgertums.
2 Von Georg Friedrich Händel (1685-1759); 1747. – S. auch Anm. II, Nr. 56).

828] *H. H. an Eugen Diederichs*

Basel, 5. November 1899

Sehr geehrter Herr Diederichs!
Dieser Tage schrieb ich mir einige Gedanken über »Neuromantik« auf, die Sie vielleicht irgendwie brauchen können. Sie sind nicht für Kenner, sondern fürs Publikum, ein »Wort zur Verständigung« oder so was.
Wenn Sie mit meinen Notizen irgend etwas anfangen können, bei Ankündigungen, oder in Meyers »Bote«[1] oder sonstwie, so freut mich's. Wenn nicht, so ist kein Wort darüber nötig.
Zum rechten Briefschreiben kommt es immer noch nicht, ich hätte Ihnen und Ihrer lieben Frau längst gern einen Briefgruß aus der Stadt Böcklins und Holbeins geschickt.
Da ich sehr wenig Zeit habe und obendrein Französisch lernen muß, komme ich weder zu Studium noch eigener Arbeit. Ich verbummle mein bißchen Zeit im Baselland oder in den Basler Kirchen und Sammlungen, und wenn ich lese, so ist's Gottfried Keller oder was Kunstgeschichtliches. Aber bei allem Provisorischen dieses jetzigen Lebens fühle ich mich doch sehr gesundet und erneuert und habe einen Kopf voll fröhlicher Lebens- und Dichtungspläne.
Dieser Sommer, die erste Ruhezeit, die ich mir nach vierjähriger leidlich fleißiger Bücherarbeit gönnte, hat in mir vieles reif und frei gemacht.

Nach Leipzig werde ich nicht so bald kommen. Hier in Basel wird es mich wahrscheinlich längere Zeit halten, und dann habe ich eine heimliche Sehnsucht nach der Südschweiz, nach Frankreich und Italien, die vermutlich meine nächsten Jahre bestimmen wird.

Heute nachmittag will ich auf die Crischona[2] steigen. Es ist ein Tag wie Gold, klar, mild und farbig, das ganze Berner Oberland wird zu sehen sein. An solchen Tagen hab' ich Momente, in denen ich um eine Stunde Licht und um die Sichtbarkeit eines weiteren Gipfels die ganze moderne Literatur samt meiner eigenen dahingäbe. Dieser stille Sommer hat mich endlich gelehrt, wie unbegreiflich schön die Welt ist.

Ich grüße Sie und Ihre liebe Frau in dankbarer Freundschaft. Und wie geht's Ruth?

1 »Der Bote für Deutsche Litteratur, ausgesandt an die Deutschen der Erde«, Verlag von Georg Heinrich Meyer, Leipzig.

2 St. Crischona, Ausflugsziel der Basler in der Nähe von Riehen.

Beiblatt zum Brief an Eugen Diederichs vom 5. 11. 1899:

Neuromantik

Die kleine Zahl von Dichtern, deren Werke neuerdings als »Neuromantik« bekannt zu werden beginnen, hat mit der früheren deutschen Romantik, deren jetzt bei der Feier ihres hundertsten Geburtstags oft Erwähnung geschah, einen innigen und vielfach bewußten Zusammenhang. Es ist die Romantik Friedrich Schlegels und des jungen Tieck, namentlich aber die des Novalis, welche eine sonderbare und bedeutsame Wiedergeburt erlebt. Die Neuromantiker schätzen und lieben vor allem den süßen, ahnungsvollen Duft, der sehnsüchtig und wunderbar sympathisch über dem unvollendeten Werke des Novalis verbreitet ist – der Duft der blauen Blume.

Es scheint, als wolle der geheimnisvoll lebendige Keim dieser frühern Romantik, den die Literatur der ersten Jahrzehnte unsres Jahrhunderts vielfach unkünstlerisch entwikkelt, ausgebeutet und geschändet hat, jetzt nach einer fünfzigjährigen völligen Ruhe einen neuen Sproß treiben. Was wir davon bis jetzt entstehen sahen, ist an dichterischem Werte den Vorbildern wohl nahezu ebenbürtig, und überragt sie vielleicht an innerer Ruhe und Gesundheit: Es sieht aus, als wollte die kämpfende Hast, die atemlos ringende, versuchende, nervöse Arbeit jener genialen Frühromantiker nun über ihren fast vergessenen Gräbern Früchte tragen. Jene rieben sich ohne Ausnahme in diesem bewegten Ringen auf, sie gaben dem geistigen Leben jener Jahre um 1800 seine eigentümliche Färbung; das Gärende, Raschlebige, Fiebernde dieser kurzen Epoche war ihr Element und ihr Verderben. Wie eine äußerst gedrängte Tragödie ergreift uns das Schicksal dieser Gemeinde von jungen Dichterphilosophen; tragisch enden sie alle, vom eigenen Feuer verbrannt. Wer die kurze Geschichte der ersten romantischen Schule betrachtet, den bannt dieses überschäumend geniale Leben mit seiner rapiden, blendenden Entwicklung und seinem traurig raschen Verblühen. Daß Novalis, der einzige innerlich Feste und seine Zeit Überragende unter dieser Gemeinde, – daß Novalis als Jüngling gestorben ist, das ist das Tragische der ersten romantischen Schule. Mit seinem Tode war ihre größte Hoffnung vernichtet, nach ihm erloschen die andern rasch und ruhmlos.

Und eben an Novalis knüpft die neuromantische Dichtung an. Sie hat ihn erkannt, den lang Verkannten, sie hat ihn neu entdeckt und hat an ihm ein verehrtes Haupt, das allen modernen Streitigkeiten und Kunsthändeln entrückt ist. Die neue Romantik hat auch seine blaue Blume zum Symbol. Aber sie hat den Sinn dieses Symbols [besser] als Novalis' Zeit verstanden.

Die blaue Blume, das Ziel aller Dichtersehnsucht, ist unsichtbar und blüht auf dem Grund jeder ernsten und sehnsüchtigen Seele, sie ist selber Sehnsucht und Erfüllung in einem. Ihren wunderbaren Duft halten und mitteilen, das ist romantische Dichtung. Daher ist diese allezeit unklassisch, von zarten Formen, stille Wege suchend, denn der Weg von der ersten Vision bis zur Dichtung ist weit und gefährlich. Ehrfurcht vor der Stimme der Ewigkeit, Lauschen auf den Takt des inneren Lebens, Heimischsein an den verborgenen Quellen der Seele, das ist der Grund des romantischen Bekenntnisses.
Die Geschichte der wahren Romantik, mit dem Tode des Novalis abgebrochen, will wieder beginnen. Das Wort, das durch ein populäres Mißverständnis zum Spottruf geworden war, hat eine neue Jugend gereinigt und will es zu allen Ehren bringen, von denen ihre unglücklicheren Vorgänger in ihren begeisterten Seelen geträumt haben.

829] *H. H. an Johannes und Marie Hesse*

[Basel, 6. November 1899; Postkarte]

Liebe Eltern!
Danke für Mamas Karte! Ich war gestern auf St. Chrischona[1] und kam zu müde heim, um noch zu schreiben. Der Tag war ganz wundervoll. Doch spüre ich das Föhnwetter auch im Kopf.
Von Hagenbachs Religionsunterricht für höhere Lehranstalten ist 1890 eine siebente Auflage erschienen (umgearbeitet von Deutsch) und kostet zwei Mark.
Das Weihnachtsgeschäft steht vor der Tür – trotzdem hab' ich guten Mut. Der Magen ist wieder kuriert, doch war ich einige Tage damit in Angst. Dr. Wackernagel ist unwohl und verreist für einige Zeit. Ebenso Herr Reich. Augen-

blicklich reicht's nicht zu mehr. Grüßt auch Karl recht von mir. Euer Hermann

1 Ausflugsort der Basler, in der Nähe von Riehen (Schweiz) und Lörrach (BRD).

830] *Marie Hesse an H. H.*

Calw, 11. November 1899

Mein teures Kind!

[...] Es ist ein immerwährender Kreislauf von Hausgeschäften und Briefschulden tilgen, und oft kommt mir's vor, ich werde nirgends fertig. [...] Es tut mir zu leid, daß ich gar nicht nach Aidlingen komme, aber Papa läßt mich ja nicht nach Hirsau, in dieser Beziehung wird's immer schlimmer. Er schläft gegenwärtig meist schlecht und muß sich schonen. Leube bleibt November noch. Oft bin ich etwas mutlos, denn es braucht eben alle Tage viel Geduld. [...]

831] *Adele Hesse an H. H.*

Calw, 11. November 1899

Lieber Hemme!

Ich hätte Dir längst geschrieben, deine Briefe freuen mich immer so, es ist halt doch fein, daß du grad nach Basel gekommen bist. Was müssen dir für feine Jugenderinnerungen kommen an den alten lieben Plätzen[1]! [...] [Nun] möchte ich dir sagen, was wir mit deinem und unserem Geld den Eltern spenden wollen. Da unerhört viele Nebenmenschen von mir Wünsche wissen wollten, haben wir alles Nützliche auf sie abgeladen und können uns den Luxus gestatten, Papa eine Araukaria und Mama eine Uhrkette zu schenken. Die Araukaria ist ein feines Gewächs, das

Papa jedesmal mit begehrlichen Blicken ansieht, wenn er zum Gärtner Meyer geht, es ist wie ein kleiner feiner Tannenbaum. Seither war es uns immer zu teuer, jetzt können wir schon 8 oder 10 M dran rücken. Die Kette für Mama ist eine lange, um den Hals aus oxydiertem Silber mit goldnen Kügelgen drunter hinein, sehr hübsch und solid. Eine goldne tät sie ja doch nicht tragen. Hoffentlich ist dir's auch so recht. Ich glaube nicht, daß du für Gelegenheitsgedichte schwärmst, sonst tät ich dich bitten, eins zu machen. Wir freuen uns auf den 22[2]. Hans kommt, ebenso Karlis[3] und die Aidgenossen[4] nur schade, daß du so weit bist. Die Eltern bekommen unmäßig viel geschenkt, von Missionsvereinen, Freunden und Bekannten. Ich war ganz starr über die vielen Anfragen nach Wünschen [...] Morgen gehst du wieder zu Böcklin, du Glücklicher!

1 H. H. hat in Basel die Stätten seiner Kindheit wieder aufgesucht; er hat davon zuerst in »Hermann Lauscher«, Kapitel »Meine Kindheit« berichtet und später immer wieder »Basler Erinnerungen« aufgeschrieben. – S. Anm. II, Nr. 53).
2 Die Silberhochzeit der Eltern.
3 Karl (Isenberg und El)is(abeth Berg).
4 Theodor Isenberg mit Frau und Kindern.

832] *H. H. an Johannes und Marie Hesse*

Basel, 13. November 1899

Ihr Lieben!

Danke recht schön für Mutters und Adeles liebe Briefe! Von Wilhelm Hunnius hörte ich mit großem Bedauern[1]. Von Eurem und besonders Papas Befinden lese ich immer mit großer Teilnahme – möchtet Ihr nun doch einen stillen Winter bekommen, auch Adeles Kopf sich wieder bessern!

Ich hatte gestern meinen lieben Ugel Finckh[2] von Freiburg aus zu Besuch. Morgens waren wir im Museum, mittags in einer Ausstellung Hieronymus Heß'scher Handzeichnungen, dazwischen an Brücke, Münster, Spalentor, St. Elisabeth etc. Abends war ich bei Professor Wackernagels zum erstenmal eingeladen. Es war ganz kleine Gesellschaft, ich der einzige geladene Herr. Wir lasen, er und ich abwechselnd, Goethes »Novelle« vor. Er und Frau grüßen, außerdem soll ich Mama ganz besonders von Frau Trinette Stähelin-Miville[3] grüßen. Es war ein sehr angenehmer, ruhiger Abend.

Samstag war ich zum erstenmal im Künstlerverein in der Kneipe der Kunsthalle. Es war interessant, aber – echt Baslerisch – ohne Korpsgeist, aber auch ohne jene besondere Art von malerischem Lebensgenuß, den sonst solche Gesellschaften haben. Ich sah einige der Berühmtheiten, besonders den alten Stückelberg, der u. a. die Bilder der Tellskapelle[4] gemacht hat und dessen großes Bild vom Baseler Erdbeben (im Museum) Euch wahrscheinlich erinnerlich ist. Voellmy und Meyer, die beiden einzigen Baseler Maler, die mich stark interessieren, waren nicht da.

Der vorletzte Sonntag auf Crischona war prächtig. Ich habe noch nie einen so heißen und glänzend farbigen Herbsttag erlebt. Doch bin ich froh, daß es jetzt kühler ist – diese föhnige Wärme ist gefährlich. Das unheimlich milde, sehr kopfwehige Klima ist die einzige Schattenseite Basels, die mich etwa beängstigen könnte. Doch geht es gut.

Zu Einzelbriefen an die Geschwister wird's wohl vor Weihnacht nimmer reichen. Der Ladenverkehr nimmt zu, die Abendzeit wird zuweilen noch zur Arbeit gebraucht, die Leipziger Ballen werden von Woche zu Woche größer – o tempora! Wer ist denn der Sammler Eures neuen Liederbuchs? Ich mußte ein wenig lachen, als ich das Register las. Nun: »Etwas von Allem« ist auch ein Grundsatz, zwar kein schöner, aber ein guter. Nichts für ungut.

In herzlicher Liebe und Dankbarkeit Euer Hermann

Ich vergaß, für Papas Zeilen besonders zu danken. Sein eigenhändiger Gruß ist mir immer eine extra Freude.

1 Marie Hesse hatte H. H. mitgeteilt, daß Wilhelm Hunnius, ein entfernterer baltischer Verwandter, zur Pflege in die Pilgerhütte St. Crischona bei Basel müsse.
2 Ludwig Finckh, genannt »Ugel«; Jugendfreund H. Hs., Mitglied des »petit cénacle«.
3 Nach Auskunft von Frau Martha Dietschy: Frau Katharine (Trinette) Elisabeth Stehlin (nicht Stähelin oder Stehelin)-Miville, eine Witwe, die von den Erträgen ihres Vermögens lebte.
4 Ernst Stückelberg; geb. 1831, gest. 1903 in Basel; studierte in Antwerpen, Paris und München; lebte länger in Italien, dann wieder in Basel; die von H. H. genannten Wandgemälde in der Tellskapelle entstanden 1879-82 und gehören zu seinen wichtigen Arbeiten.

833] *Helene Voigt-Diederichs an H. H.*

Leipzig, 16. November 1899

Wie hat's nur so lange werden können, daß ich Ihnen nicht schrieb! Von Marienhoff wollte ich's, doch ließ ich dort Feder Feder sein inmitten Herbstlaub und Altweibersommer. Und hier kam dann wieder allerhand dazwischen, Häusliches, Gesundheitliches u.s.w. Jedenfalls, meine Gedanken haben Sie oft besucht und meine Seele hat oft mit Ihnen geplaudert. [...]
– Es ist ordentlich seltsam, je länger wir uns kennen desto schwerer wird es mir zu schreiben – eben weil es zu viel ist, was ich sagen und worauf ich gleich Antwort hören möchte. Ich finde, das ist ein gutes Zeichen für unsere Freundschaft. [...]
Ich will Ihnen noch verraten, daß wir beide bis jetzt noch garnicht recht »gehen«. Sonst sind Schultze-Naumburg[1] und Bölsche[2] unsere »besten« Autoren. [...]
So leben Sie wohl für heut und nehmen Sie viel Herzliches von uns drein. Ihre Helene Voigt-Diederichs

1 Paul Schultze-Naumburg (1869-1949), Architekt und Schriftsteller, seit

1902 Prof., seit 1930 Direktor der Weimarer Kunsthochschule; 1898 erschien von ihm bei Eugen Diederichs »Häusliche Kunstpflege«.

2 Wilhelm Bölsche (1861-1939), Schriftsteller; bei E. D. erschienen 1897, 1900, 1902 die drei Bände seines ursprünglich zweibändig konzipierten Werkes »Das Liebesleben in der Natur«.

834] *Marie Hesse an H. H.*

Calw 20. November 1899

Mein lieber Hermann!

Dank für Deinen lieben Brief und heutige Karte. Ich habe keine Ruhe, ausführlich zu schreiben, denn es wird fürs Fest gebacken und gerichtet, Kathrine ist zum Helfen da. Die Mädchen haben Geheimnisse, und ich stehe vor verschlossener Türe! Das Gastzimmer ist ausgeräumt und wird für die Jugend bereitet, im Eckzimmer soll Empfang sein, im Wohnzimmer das Mittagessen und beim Kaffee das Altertum. Morgen kommen Lis[1], Karl und Hans. Du wirst uns sehr fehlen – doch gottlob, daß dir's gut geht! Es war nett, daß dein Freund[2] uns schrieb, du sehest prächtig aus. – Hat Professor Wackernagel Kinder? Die Grüße von Frau Stehlin-Miville erwidre herzlich, wir kannten uns als Kinder bei der originellen »Tante Rosine«; ebenso grüße mir Fräulein Marie Wackernagel die Schwester der beiden Brüder W.[3], die uns auf dem Rechtenberg Liebe erzeigte. [...] Vor acht Tagen war Miss[ionar] Knobloch da, mit dem ich als Braut nach Indien reiste. Dienstag kam unerwartet Herr Käferle[4] und blieb einen Tag, und hielt auch den Missionsverein für Papa. Er grüßt Dich, ist noch in Waiblingen. [...]

1 Elisabeth Berg, die zukünftige Frau von H. Hs. Halbbruder Karl Isenberg.

2 Ludwig Finckh.

3 Staatsarchivar und Verfasser der »Geschichte der Stadt Basel« Dr. Rudolf W., 1855-1925, und Prof. Jakob W., Sprachforscher, 1853-1938. – Familie Hesse verbrachte im Sommer 1883 die Tage vom 10. Juli bis zum 31. August auf dem Rechtenberg. – S. auch Anm. II, 57).

4 S. Nr. 725 u. Fußn. 2. Herr K. war eine Zeitlang Gehilfe von Johannes Hesse.

835] *Marie Hesse an H. H.*

Calw, 25. November 1899

Mein teurer Hermann!

Wie hast Du uns gefehlt! Und wie sehr freute uns Deine schöne Tischkarte[1], die in wenig Worten so viel und Liebes sagt! Mir tat's so leid, daß ich dir nicht Versucherle vom Fest schicken kann, es hieß, du müßtest dann aufs Zollamt in Basel, und da fürchtete ich, dir wäre das unangenehm und keine Freude. Aber ich möchte dich bitten, mir zu Weihnachten offen zu schreiben, wie's damit ist.

Wir Eltern danken dir auch herzlich, Ihr Kinder habt uns ja so schön beschenkt. Die Kette mußte ich gleich anlegen, und Papa bewundert die Araukaria sehr. Nun will ich dir aber vom Fest erzählen.

Dienstag abend brachten die Missions-Vereinsfräulein uns im Öhrn ein Ständchen und gaben zwei silberne Körbchen, feine Teeseiher und prächtige Blumenstöcke zum Geschenk. Papa hatte mir zum Geburtstag ein schwarzseidenes Kleid gegeben, und Adele es in der Schule gemacht; das mußte ich anziehen zum Festtag, und die Kinder steckten Papa und mir die Silbersträußchen an, von der Steinhaus-Silberhochzeit[2]. Dienstag abend kamen Karl und Martha Berg nachmittags, Mittwoch früh 8 Uhr Theodor und Vetter Hermann. Um 1/2 10 zogen wir singend ins Eckzimmer, das zwei Tage vor uns verschlossen gewesen und das die Mädchen mit Blumen und Gewinden und schönen Geschenken in einen Feenpalast verwandelt hatten. Es war überwältigend, was da alles ausgebreitet lag von Herrlichkeit und Gutem dieser Welt, als sollten wir noch in unsern alten Tagen üppig und hoffärtig werden. Der Frauen-Missionsverein hat uns in feinen Etuis 12 silberne Gabeln und Messer bescheert (die wir sofort zum Festessen benutzten) und schöne zwei Tischtücher, sowie eine große Torte, mit der wir dann tags darauf den Mädchenverein labten. Von

Rußland[3] waren eine ganze Menge wertvolle Geschenke und schöne Arbeiten gekommen, von Görlitz Silbersach, vom Palmenwald[4] eine Torte von den Kochfräulein und Champagner von den Kurgästen und von der alten Frau Junghans dort eine feine kleine Uhr auf Papas Studiertisch. Nestles, L. Oehler, Braue's, allerlei hiesige Freunde hatten uns reich beschenkt, und alles das hatte Adele und Marulla mit großem Geschick und viel Geschmack ganz großartig und fein arrangiert. Von Onkel Gustav[5] und Tante Jenny[6] kamen auch nette Gedichte, die bei Tisch vorgelesen wurden.

Um 11 1/2 Uhr kamen Onkel D[avid] und Tante[7], und Tante Elisabeth und Agnes samt Jettchen[8], Jettle[9], Steinhaus[10]. Zum Mittagessen waren wir zu 18 im Wohnzimmer. Zum Kaffee waren wir Alte im Wohnzimmer [...], die Jugend, zu fünfzehn, saßen an langer Tafel im ausgeräumten, festlich geschmückten Gastzimmer. Da der Öhrn geheizt war, konnte die Jugend dort später Spiele machen. Tante Jettle[9] und Julie H[unnius] hatten sich mit Dichten angestrengt, und die Mädchen führten es auf. Man las auch unsre Hochzeitsrede vom lieben Großvater und einen kurzen Rückblick auf die 25 Jahre[11], den ich für Papa zusammengestellt hatte. Zum Glück hatte Papa einen guten Tag und konnte alles mitgenießen. Man war sehr froh und harmlos heiter. Unsre Herzen strömten über von Dank gegen Gott, der so Großes an uns getan hat, und wir empfanden ganz überwältigend die Freundlichkeit Gottes und der Menschen. Man trank aus neugeschenkten Tassen und Gläsern. Von einem Vetter Johannsohn in Riga, von Jettchen Hunnius in Höchst und von Herrn Käferle in Waiblingen kamen Telegramme, Briefe und Karten massenhaft. Hans glitzerte vor Glück und ließ sich's redlich schmecken; seine Herren[12] haben ihn gern und sind zufrieden mit ihm; er besucht nun eine Fortbildungsschule. Am Adventsfest will er wieder kommen, da Karl dann im Judas Makkabäus singt, den er kürzlich in Stuttgart hörte. Er meint, Karl hätte viel schöner gesungen als Baluff. [...] Theodor konnte bis Donnerstag nachmittag bleiben, er und Karl sangen sehr schön, und Hans geigte, denn er hatte seine Geige mitgebracht, obgleich er noch am selbigen Abend zurückfuhr. Der Chor »Der Herr ist mein getreuer Hirt« wurde von unsern und Steinhauskindern unter Onkel F[riedrichs][10] Leitung wundervoll gesungen. Heute hat Papa einen schlimmen Kopfwehtag. Ich habe jetzt so arg viel Dankbriefe zu schreiben und Besuche zu machen, drum muß ich aufhören. [...]

1 Im Deutschen Literaturarchiv ist eine Tischkarte (für Vetter Hermann) aufbewahrt. S. Ausstellungskatalog: »H. H. 1877-1977«, Nr. 65. – Die Porträts von Johannes und Marie Hesse sind ungewöhnlich klein aber deutlich und blicken aus gepreßten Walderdbeerblättern.
2 Von Friedrich Gundert und Frau Emma, geb. Heermann, am 5. August 1898.
3 Von den baltischen Verwandten.
4 Kurhaus in Freudenstadt, dem die Familie Hesse nahestand. – S. auch Anm. II, Nr. 17.
5 Jüngster Halbbruder von Johannes Hesse, aus der Ehe des Großvaters von H. H. mit Christine Adele von Berg, aus dem Hause Carmel (3. Ehe des Großvaters Dr. Hermann Hesse); Landwirt; 1856-1920.
6 Jüngste damals noch lebende Schwester von Johannes Hesse (1840-1926).
7 Gundert, David; 1850-1945; Verlagsbuchhändler, mit seiner zweiten Frau Johanna Beate Feldweg (1855-1935); s. Anm. I.
8 Isenberg; Schwester von Tante Elisabeth Gundert, geb. Isenberg.
9 Ensslin, Henriette; s. Anm. I.
10 S. Nr. 545, Fußn. 4 sowie »Kdht. u. Jgd. I«, S. 50, Fußn. 1. – »Steinhaus«, das heißt hier: die Eltern (s. Fußn. 2, oben) und die 7 Steinhaustöchter.
11 S. Nr. 836.
12 Werner und Müller in Stuttgart; s. Nr. 791.

836] *Aufzeichnung von Marie Hesse für Johannes Hesse anläßlich des 22. November 1899: Vor 25 Jahren*

Vor 25 Jahren dachten wir nicht, daß wir so lange beisammen bleiben und so viel Gutes erleben dürften. Damals meinte Mama, Johannes werde nicht lange leben. Kränklich und zart war er ja all die Jahre mehr oder weniger, aber Gott hat uns reich gesegnet und treulich gedemütigt; wir haben nur uns zu schämen und ihn zu preisen. Von unsern Freunden erfuhren wir viel Liebe und Teilnahme an diesem hohen Festtage. Außer Hermann waren alle unsre Kinder dabei und hatten sich angestrengt, uns recht zu erfreuen.

Vorher, vom 3. bis 24. Oktober waren wir im Palmenwald, wo [vom] 9. - 12.ten Missionskurs war, anregend und interessant, aber für Johannes doch zu viel. Nachher hielt er die Andachten, da Herr Huppenbauer abwesend war, und arbeitete das Nötigste mit Leube. So war die Erholung leider nicht groß oder nachhaltig.

Hans fand es in Stuttgart anfangs sehr schwer, doch nach und nach geht's leichter. Am Jünglingsverein, in dessen Streichquartett er ist, hat er Ersatz für manches, und dann kommt er an Sonntagen manchmal zum Besuch heim.

Livingstone wurde neu aufgelegt und für Davids Politisches Wochenblatt übersetzte ich (im Auszug) Sheldon's: soll ich meines Bruders Hüter sein?

Unser Hermann gab heraus »Eine Stunde hinter Mitternacht«, mir zum Schmerz; er nahm meine scharfe Kritik übel auf. Doch – Gott sei Dank! – er zeigt Liebe und Vertrauen zu uns, und wir hoffen und beten.

Karl hatte in Bonn sehr an rheumatischen (? oder neuralgischen?) Schmerzen gelitten, und diese stellten sich in Reutlingen wieder ein. Es geht nicht ohne das liebe Kreuz bei uns Alten und Jungen! Aber die Barmherzigkeit Gottes ist groß über uns; wir sollen nur danken und das immer besser lernen.

Dies Jahr wurde aus des teuren Vaters Briefen und Predigten etc. Stoff gesammelt zu täglichen Andachten, wir lesen nun nach Tisch zusammen aus diesen »Schriftgedanken«. Friedrich und Jettle haben sich damit besonders viel Mühe gegeben, es ist ein schönes Andenken.

837] *H. H. an Johannes und Marie Hesse*

[Basel] Sonntag, 26. November 1899, nach Tisch.

Ihr Lieben!

Eben kam Mutters lieber Brief und Festbericht, für den ich schönstens danke. Es ist eines der wenigen großen Feste gewesen, von denen ich nur mit herzlichem Bedauern wegblieb. Daß es auch für Papa ein guter Tag war, freut mich ganz besonders.

Ich denke mit Schmerzen daran, wie viel von dem Schweren dieser 25 Jahre auf meiner Rechnung steht, und bin Gott und Euch im Herzen dankbar dafür. Wenn nicht Weihnachten nahe wäre und ich Zeit und Kraft nicht sehr sparen müßte, wäre ich vielleicht doch noch gekommen.

An Weihnachten selbst geht's leider auch nicht – Ihr wißt, wie sparsam die reformierte Schweiz mit Feiertagen bedacht ist. Dazu kommt, daß zwischen Weihnacht und Sylvester noch große Arbeit ist, da viele Basler zu Neujahr bescheren. Was Ihr mir schenken wollt, schickt Ihr am besten mit Angabe des Inhalts (womöglich nichts zum Essen) an H. Hesse, in der Buchhandlung Reich, Leopoldshöhe.

Wenn Ihr noch Exemplare habt, wünsche ich mir ein »Christianens Denkmal«[1]. Wollt Ihr es binden lassen, dann bitte in schwarzes Halbleder – ja keine Leinwand!

Daß Karl nicht wohl ist, betrübt mich. Er hat, glaube ich, zu viel kleine und zu wenig einfache Gesundheitsregeln. Ich bin mit meiner im ganzen leichtsinnigen Lebensweise hier schon über zwei starke Erkältungen leicht weggekommen.

Heut morgen sah ich im Museum ein neugekauftes Thomabild, nett, aber nichts Besonderes, und die von mir mit Spannung erwarteten radierten Porträtblätter von Stauffer-Bern, die mich wahrhaft entzückt haben. Eine flott geniale und dabei höchst gewissenhafte Radiertechnik gehört für mein Auge zu den allerhöchsten Genüssen. Überhaupt hat das stetige Umgebensein von Werken der bildenden Kunst mir unsäglich wohl getan – als hätte ein ganzer Teil meines Inneren bisher geschlafen und spürte nun den aufweckenden Sonnenschein auf den Lidern. Am Münster bin ich fast jeden Tag, ohne zu studieren, und freue mich neben allem andern naiv an dem glänzend bunten Bilde, wenn man das farbige Dach und die feinen roten Türme gegen einen blauen Mittagshimmel sieht. Die letzten Jahre einseitigster Bücherarbeit und literarischen Genusses hatten mich nach dem sinnlich Schönen arg durstig gemacht.

Von Weihnachten an sehe ich einen schönen Winter vor mir, um Museum etc., etc. recht zu genießen, und dann im Frühjahr soll mir die nahe und fernere Schönheit der Schweiz recht zum inneren Eigentum werden. Von Flüelen habe ich ein großes Verlangen »nach Mehr« mitgebracht.

Um über Basel die Basler nicht zu vergessen, muß ich erzählen, daß ich vor Tisch Herrn Dr. Burckhardt-Werthemann besuchte, den Konservator der Gemäldesammlung. Ein echter Basler! Er empfing mich kühl, aber sehr höflich, und erinnerte sich gut an Papa. Er bewohnt und besitzt den Württemberger Hof, der Euch ja von den Festen her wohl bekannt ist. Leider wird im nächsten Jahr eine Straße durch den Garten geführt!

Nach Schluß dieses Briefes werde ich Dr. Wackernagel aufsuchen, der dieser Tage vom Lago Maggiore zurückkam. Zum Tee bin ich wieder bei seinem Bruder, dem Professor, eingeladen. Alle diese Leute kommen mir, ohne daß wir einander ganz verstehen, sehr fein und herzlich entgegen, mir sehr erleichternd, daß ich im Grunde gar kein Salonmensch bin. Dabei spielt künstlerisch-literarisches und Missionsinteresse immer sonderbar durcheinander, das letztere wiegt bei den Damen vor. Zu Musikabenden im La Roche

'schen Hause kam es, der Abwesenheit der Wackernagels wegen, bisher noch nicht.
Es freut mich, daß Onkel Willy[2] hierher kommt. Auch daß das politische Wochenblatt[3] ein Ende nimmt.
Nun nochmals herzlichen Dank für Mutters Brief! Ihr wißt, wie ich Euch dankbar bin und mit Euch lebe, ohne daß ich große Festwünsche dazufüge.
NB! Für Briefe etc. bitte ich Euch die Adresse Leopoldshöhe nicht zu nehmen, da die Sachen von dort sich immer sehr verspäten.
Herzlich küßt Euch Euer Hermann

1 »Christianens Denkmal. Ein Stück Familienchronik aus dem ersten Drittel unseres Jahrhunderts«; Calw und Stuttgart, 1894, 33. Bd. der Calwer Familienbibliothek. – S. auch »Kdht. u. Jgd. I«, S. 536/37.
2 Willy Hoch, Bruder von Marie Hoch, der 1. Frau David Gunderts; half David G. längere Zeit in der Buchhandlung. Nahm im Dezember 1900 Hans Hesse in die Buchhandlung der Basler Mission. S. auch Nr. 925 und Nr. 934.
3 Politisches Wochenblatt; 1. 1898, 52 Nrn., Stuttgart 1898, D. Gundert.

838] *A. v. Huene an H. H.*

27. November 1899

Lieber Herr Hesse!
Haben Sie herzlichen Dank für Übersendung des schönen Briefes Ihrer Mutter. Es hat uns *herzlich* gefreut und interessiert, ihn zu lesen. Welch' ein schöner Tag! und wie mußten Sie vermißt werden! – [...]

839] *H. H. an Julie Hellmann*

Basel, 28. November 1899

Liebes Prinzeßchen!
Soll ich Dir ein Märchen erzählen? – Ja?
Am hellgrünen Rhein in der Stadt Basel wandelte der

junge Liedersinger über die herbstgelbe Pfalz, und der lange Schatten des großen Münsters fiel über ihn hinweg in den Rhein. Der Sänger war traurig und hatte einen sanften, bleichen Mädchenkopf im Sinn. Um ein einziges Leuchten dieses schönen Gesichtes wäre er von Basel bis ans Ende der Welt und wieder zurück gelaufen.
Er dachte an diesen sanften, bleichen Kopf mit den dunklen Rehaugen. Um einen hellen Blick dieser dunklen Rehaugen wäre er auf die oberste Spitze des Münsterturms geklettert, unter Gefahr Leibes und Lebens.
Er dachte an einen kleinen, roten Mädchenmund. Um ein Liebeswort von diesem roten Mündlein hätte er das Münster und alle Altäre der Heiligen weggegeben.
Er dachte an einen kleinen, roten Mund, – – – um einen Kuß von diesem Munde wäre er über die große Mauer in die Rheintiefe hinuntergesprungen.
Dann hätten ihn die grünsilbernen Rheinwellen fortgetragen und aller Sehnsucht entledigt. Und andre Sänger hätten ein hübsches Märchen daraus gemacht.
Und der Sänger wandelt am grünen Rhein – – etc., siehe erste Seite!
Als ich neulich bei Ugel[1] war, spielten wir das Rattenfängerlied auf der Geige und sangen leise dazu, und vor unseren Seelen zogen die Kirchheimer Sommerabende vorüber, nach Rosen duftend und voll Abendsonne. Besonders ein Abend, mein zweitletzter in Kirchheim, an dem wir alle wie zufriedene Kinder auf der Wiese saßen und Ihre Lieder singen hörten. Dieser Abend, sonnig und wolkenlos, steigt wie ein Kindertraum vor mir auf – – – –
– Aber um einen Kuß von diesem Munde spränge der Sänger lachend in den tiefen, brausenden Rhein – – –
Sie aber denkt nimmer an ihn, denn sie hat ihn nie geliebt. Sie gönnt ihm ihr Bildnis nicht, sie lacht über seine Narrheiten, und wenn sie ihm eine Karte schreibt, setzt sie freund-

liche Grüße an andere darauf und frankiert sie bloß mit fünf Pfennig.
Verzeihen Sie abermals, Prinzessin! Wie sagt der Apostel Paulus? –: Die Liebe trägt alles, die Liebe duldet alles, die Liebe höret nimmer auf. H. Hesse

Verzeihen Sie, Prinzeß!
Meine Märchen sind Ihnen einerlei, und der Liedersänger kaut trostlos an der Feder. Aber der Mädchenkopf ist nicht wegzubringen. Er hat prachtvoll dunkelseidige Haare, ein Paar dunkle Kindesaugen, ein feines Kinn und einen roten, roten Mund, und heißt Lulu.
Und wenn Sie glauben, ich würde jemals Ihre »recht freundlichen Grüße« an Ugel ausrichten, so kennen Sie mich und meine Eifersucht schlecht.
Es war ein Abend im August, da saßen Sie schön und lachend neben mir im bekränzten Zimmer und wußten nicht, wie mir das Herz brannte und unter Jauchzen Qualen litt. Lachend, schön und grausam, wie es fürstlichen Schönheiten geziemt, saßen Sie und sangen und zeigten mir zum Abschied noch einmal Ihre Schönheit so lachend und blendend, daß ich diesen fröhlichen Augustabend nie vergessen kann. Und was mich in jenen Nächten in der Krone damals nicht schlafen ließ, waren nicht so sehr die Schnaken als vielmehr meine ungeduldige, laute Leidenschaft.
Und am letzten Morgen in Kirchheim, als mir die Stimme versagen wollte und Ihre Gegenwart mich in der letzten Stunde noch so mächtig festhielt, da versprachen Sie mir, mir einmal Ihr Bild zu schenken. Aber Sie haben es nicht getan.

1 Ludwig Finckh.

840] *Marie Hesse an H. H.*

Calw, 1. Dezember 1899

Mein lieber Hermann!

Herzlichen Dank für Deinen lieben Brief. Ich hatte zur Silberhochzeit jedem Kind als Andenken 1 Gunderts Leben[1], 1 Schriftgedanken[2], und 1 Christianens Denkmal (Familienbibliothek)[3] beschert, und wußte bei Dir nur nicht, ob Du nicht die Bücher teilweise schon habest. Nun meinst du, wir sollen dir Christianens Denkmal binden lassen; wir haben sie im gewöhnlichen Einband jener Bändchen Fam[ilien]-Bibl[iothek]. Sage mir nun, ob du die drei willst oder schon was hast. Oder meinst du das alte, ehemalige Christ[ianens] Denk[mal][4]. Davon wird schwerlich noch eins zu bekommen sein, denn Onkel Theodor[5] hatte wenige drucken lassen. Hast du sonst einen besonderen Wunsch, so sag's bitte beizeiten. [...]

An dem Fest ging's ja Papa so sehr gut. Das Kopfweh und Elend kamen dann gründlich nach. Es waren einige furchtbar schwere Tage; Papa war so mutlos, daß er sich pensionieren lassen wollte und dergleichen. Am Mittwoch vormittag war eine Ausschußsitzung, wozu auch Onkel David kam. Da bat Papa um einen Vertreter, aber die Herren wollten ihm alle Mut machen und reden nur wieder von Gehilfen; man weiß halt niemand. Es geht, gottlob, jetzt Papa doch etwas besser, so daß er etwas mehr Mut hat, allein die Arbeitskraft fehlt eben wirklich, und lange kann's nimmer so fortgehen [...] Ich werde suchen, Papa möglichst zu helfen, aber das sind eben Handlangerdienste und Papa möchte eine Weile die Verantwortung los sein. [...]

1 Johannes Hesse: »Aus Hermann Gunderts Leben«, Stuttgart und Calw 1894; 2. umgearbeitete Aufl. 1907; Bd. 34 der Calwer Familienbibliothek.

2 Dr. Hermann Gundert: »Schriftgedanken auf alle Tage des Jahres«, Aus hinterlassenen Predigtentwürfen, Briefen etc.; Calw 1900; 3. Aufl. 1906.

3 Hermann Gundert: »Christianens Denkmal; ein Stück Familienchronik aus dem ersten Drittel unseres Jahrhunderts«; Stuttgart und Calw 1894; Bd. 33 der Calwer Familienbibliothek.
4 Den Privatdruck, der 1868 »nur für die nächsten Verwandten« hergestellt wurde.
5 Theodor Gundert; 1865-1945; Fabrikant in Barmen.

841] *H. H. an Johannes und Marie Hesse*

Basel, 3. Dezember 1899

Ihr Lieben!
Danke schön für Mutters lieben Brief. Ich hatte gestern abend schreiben wollen, hatte dann aber nach dem Nachtessen noch bis halb zwölf Uhr im Geschäft zu tun. O du fröhliche!
Daß Papa so schwere Tage gehabt hat, höre ich mit großem Bedauern. Sollte sich denn wirklich kein Gehilfe finden lassen, der dauernd bleiben kann, statt der Kandidaten und Vikare? Falls so einer sich fände, bitte ich den lieben Papa herzlich und dringend, ihn für ganz anzunehmen, so daß die große Arbeit ein für allemal halbiert wäre.
Für die angebotenen Bände der Familienbibliothek danke ich, bitte aber sie nicht zu schicken. Ich hatte allerdings jenen ersten Privatdruck von Chr[istianens] Denkmal im Sinn und stellte mich für den Fall, daß eines noch zu haben wäre, als eifrigen Bewerber auf.
Mein Tisch und Bett liegt voll von kleinen Kunstblättern, Reproduktionen von Renaissancebildern, mit deren Beschneiden und Aufziehen ich den ganzen Tag zubrachte. Ich hatte sie schon langeher gesammelt. Vormittags machte ich zwei kurze Verdauungsvisiten.
Letzten Sonntag war ich gemütlich in kleiner Abendgesellschaft bei Archivar Wackernagel und traf dort u. a. den Dozenten H[aller] aus Livland, einen feinen und eminent gescheiten, aber gallig kritischen, unsympathischen Mann. Montags war ich ebendort, weniger gemütlich, d. h. in gros-

ser Herren- und Damengesellschaft, sehr fein und feierlich, aber eher langweilig. Mittwoch abend war Abendgesellschaft bei Wackernagel – Merian, dem steinreichen Bruder der andern. Dort in dem prachtvollen, eleganten Hause war es äußerst nett und unterhaltsam. Ich hatte meine beste Laune und unterhielt die jungen Damen fast allein, da die jungen Herren Basler sehr zugeknöpft sind. Wir plauderten und machten Spiele etc., und ich kam die ganze Zeit bis halb ein Uhr nicht aus dem Lachen und Schwatzen. Der Wirt ist ein sehr angenehmer, feiner Mann und besitzt viel Kunstsachen.
Heute abend will ich bei Archivars sein, wo Shakespeare gelesen wird. Über diese Wackernagel'schen Familien hinaus reicht meine Bekanntschaft noch nicht – die echten Basler sind gegen Fremde, besonders junge Unbekannte, steif und mißtrauisch. Dafür bin ich besonders bei Archivars fast wie zu Hause.
Gestern kam an den »verehrtesten Herrn Hesse« ein rührender Brief von Frau Dekan Leopold[1]. Bis auf ein krankes Auge geht's ihr gut, über Mieter, Dienstmädchen etc. setzt sie mich genau aufs laufende. Zuletzt bittet sie mich, meinen »sehr geschätzten lieben Eltern die freundlichsten Empfehlungen gütigst zu übermitteln«. Es hat mich sehr gefreut. Sie lädt mich sogar auf Weihnachten zum Kommen und Logieren ein!
Nun lebt wohl. Meine herzlichsten Wünsche begleiten den lieben Papa – wenn wir doch helfen könnten! Von Huenes soll ich herzlich grüßen, ich gab ihnen Mutters letzten Brief (vom Fest) zu lesen.

Herzlich küßt Euch Euer Hermann

1 H. Hs. Tübinger Wirtin; s. auch Nr. 506, vom 18.-20. Oktober 1895.

842] *Elisabeth Berg an H. H.*

Heilbronn, 3. Dezember 1899

Lieber Hermann!

Erst in Calw erfuhr ich von dem wunderschönen Bild, das Du Karl und mir in unser eigenes Heim geschenkt hast. Verzeih deshalb die Verzögerung meiner Zeilen, und nimm auch heute noch vielen herzlichen Dank für Deine Güte, die so bedacht darauf war, unsere neue Heimat zu schmücken. Ich freue mich sehr darauf, bis Du einmal selbst zu uns kommst und das schöne Schiff bei uns prangen siehst. In Calw erfuhr ich aus einem Brief von Dir, daß Du sehr gerne in Basel seiest und so netten Umgang habest. Das mag ich Dir von Herzen gönnen. Schade war's freilich recht, daß Du allein an der silbernen Hochzeit fehltest. Mit Deinem sinnigen Gedicht[1] hast Du jedermann viel Freude gemacht. Kommst Du wohl jetzt auch noch daran, je und je Verse zu machen? In Calw durfte ich kürzlich schöne, erquickende Tage zubringen. Ich bin erst letzten Dienstag wieder von dort heimgekehrt. Am Andreasfeiertag war mein Karl[2] hier, da ich nicht über das Adventsfest in Calw bleiben durfte, was mir wegen seines (Karls) Gesangs sehr leid war. Jetzt eben wird das Konzert beginnen. Ich bin begierig, was mir Karl darüber schreibt. Unsrer Geschwister Haushaltung in Pappelau[3] ist jetzt ein Ende gemacht, da Martin seit einigen Wochen in Möckmühl Stadtpfarrverweser ist. Dort braucht er zum Glück keine Schwester, da er im Wirtshaus essen kann. Wir hier sind sehr mit Aussteuer beschäftigt, da auf die Ostervakanz unsre Hochzeit festgesetzt ist. Hoffentlich dürfen wir Dich dabei auch sehen; ich kenne meinen Schwager Hermann ja fast noch gar nicht. Unsre Thilde[4] ist seit Oktober in Altona bei Verwandten. Sie schreibt recht vergnügt von dort, und wird wohl bis Februar bleiben. Jetzt will ich Dich aber nicht länger mit meiner Epistel hinhalten. Papa, die Tanten und

Schwestern grüßen Dich vielmals. Mit nochmaligem Dank und Gruß bin ich Deine Schwägerin Elisabeth Berg

1 Abgedruckt in »Marie Hesse, Lebensbilder«, insel-taschenbuch 261, S. 272.
2 H. Hs. Halbbruder Karl Isenberg.
3 Lis Berg hatte ihrem Bruder Martin eine Zeitlang in Pappelau den Haushalt geführt. – S. auch Nr. 765.
4 »Thilde« ist eine Schwester von Elisabeth Berg.

843] *H. H. an Julie Hellmann*

Basel, 4. Dezember 1899

Grüß' Dich, schöne Prinzeß!
Noch ein Märlein? Hör' zu!
Saß ein Sänger in der Fremde am Rhein und las. Und las? Ja, las einen Brief, der war klein und von einer feinen Hand geschrieben.
Ihm aber träumte von dieser Hand, von dieser feinen, weißen, von blauen Adern geschmückten. Ihm träumte, die Hand wäre von ferne her nach ihm ausgestreckt. Und da er seine Augen schloß, träumte ihm weiter von dieser Prinzessinnenhand, sie lege sich auf seine Schultern, leis wie ein fallendes Blatt, sie lege sich auf sein Haar wie eine Mutterhand – – – –
Ihm träumte weiter, er hielte diese Hand in seiner Rechten, und legte die warmen Liederlippen leis und lang auf die Frauenhand, die weiße, schlanke, hellblau geäderte.
Als der Sänger erwachte, war sein Herz voll einer tiefen Sehnsucht.
Meine Prinzessin! Diese Hand sah ich an einem Abend im vergangenen Sommer vor mir auf dem Tische liegen und mit einer gelben Rose spielen. Diese Hand hat mir manchen Becher Wein geboten. Diese Hand hat manchmal in meiner Hand geruht, und mir manchen holden, warmen Traum erregt.

Ihr helles Bildnis sieht mich an, und kennt mich wohl, und lächelt. Und durch mein stilles Zimmer geht ein Glanz von Schönheit und Güte. Ich danke Ihnen, und möchte Ihre Hand dafür küssen, Sie Schöne, Sie Gütige!

Euer Narr lacht vor Lust, meine Gnädige, daß Ihr für ein Brieflein voll Narrheit vierzig Pfennig Strafporto erlegt habt! Und daß Ihr darüber mit ihm gezankt habt! Man hat viel Freunde, aber man zahlt nicht Postgeld für jeden. Nur freilich habt Ihr's allzu sanft gemacht. Da solltet Ihr mich einmal zanken hören!

Die Bücher aber, in denen Ihr last, die hat Euer Narr in seinen ernsthaftesten Stunden spät in dunklen Nächten geschrieben. Die Geister einer halben, verfehlten Jugend sehen mit hohlen Augen daraus hervor. Aber die andere halbe Jugend hat anders begonnen, sie begann mit einem Frühlingssonntag in Kirchheim im Jahr 1899, und an ihrer Pforte steht eine schöne Dame gelehnt, lächelt und hat ein Lied auf den Lippen, und heißt Prinzeß Lulu von Schönheits Gnaden.

Wie ich aber je mehr und mehr mit Schrecken merke, ist die schöne Prinzeß leider eine Hexe. Ach Gott, ich kann so schöne Briefe schreiben – aber wenn ich an Euch schreibe, wird's immer Blech. Wie fangt Ihr das an? Seht nur wieder den heutigen Dankbrief an – das reine Tollhaus! Soll ich Euch »schöne Hexe« nennen? Aber nein – Prinzeß ist schöner. Gell?

Ich werde nächstens versuchen, gescheiter zu sein, und Ihr seid schuld, wenn's nicht gelingt. Vor mir liegt Euer Bild – da sei der Teufel noch vernünftig!

Süßer Narrheit voll gemacht
hast Du mich mit Deiner Haare
seidenweicher, süßer Pracht,
Herrin, Hexe, Wunderbare!

Süßer Narrheit überquillt
alles was ich schreib' und denke,
während ich den Ernst versenke
allein in Dein schönes Bild.

H.

N.S. Erinnern Sie sich eines Briefes von mir, meines ersten, datiert aus Calw, August 99?[1] Von jenem Brief bis zum heutigen haben Sie eine Reihe farbiger Narrheiten, die ich als »hohe Schule der Verliebten« Ihnen nochmals feierlichst widme.

1 S. Nr. 807.

844] *Marulla Hesse an H. H.*

[Calw], 9. Dezember 1899

Lieber Hemme!

[...] Du hast ja ein feines Visitenleben, wenigstens abends. Du wirst noch ganz weltgewandt, so daß wir Landpomeranzen uns am Ende vor Dir genieren müssen. [...]

845] *Lauscher an Ugel* (S. 133)

Aus: Ludwig Finckh »Verzauberung«

Basel, den 12. Dezember 1899

Ja, Ugel – auch ich bin unterwegs. Kirchheim war gut für uns beide, Abstand, Besinnung, Entschluß. – Wir haben unser Ziel gefunden, mit heißen Opfern. Du weißt, ich bin hier in Basel in einem Antiquariat und verkaufe alte kostbare Bücher. Aber ich bin daran, neue zu schreiben, die noch keiner geschrieben hat. Die Romantik ist verflogen, und Lulu glänzt nur noch wie ein heiliger Stern am Himmel.

Auch ich habe Freunde gefunden, und Du mußt bald ein-

mal zu uns herüber kommen nach Basel, nach Riehen, zu Wackernagels, zu Laroches, auf der Rheinbrücke stehen und den Strom rauschen hören. –
Ugel ich komme zu Dir! Die Augen schmerzen mich oft, und ich fürchte, es ist da nichts zu machen. Aber ich muß doch noch schreiben in der Nacht, an dem Buch, das ich hinterlassen habe[1].

Hermann

1 »Hinterlassene Schriften und Gedichte von Hermann Lauscher«, Basel, 1901.

846] *Marie Hesse an H. H.*

Calw, 20. Dezember 1899

Mein lieber Hermann!
Heute schicken wir die Geschenke nach auswärts ab, und so geht auch an Dich jetzt nach Leopoldshöhe ein Paket, aber ohne Inhaltsangabe, da es auf der Post hieß, das gehöre nicht zu Sachen innerhalb der Grenze. Ich sage dir nun aber gleich den Inhalt, damit du nötigenfalls dem abholenden Knecht eine Liste geben kannst. Es sind zwei Hemden, drei Paar Socken, wollen, ein gebundenes Christianens Denkmal, (alte seltene Ausgabe), von den Schwestern ein Notizblock und in diesem von mir ein Briefchen mit 10 Mark und unserm Bildchen[1]. [...] Ich wünsche dir von Herzen frohe schöne Festtage! Es wird ja schon köstlich sein für dich, im Geschäft wieder Erleichterung zu spüren, wenn die strengste Zeit vorüber. [...] Seit zehn Tagen herrscht rechte Kälte und die Leute tummeln sich auf der Nagold. Hoffentlich macht dir dein Ofen im Zimmer warm. [...] Eben war der liebe Herr Dekan da und nun geht Papa mit ihm spazieren. Er grüßt dich auch und fragt als nach dir. [...]

1 Von der Silberhochzeit am 22. November.

847] *Helene Voigt-Diederichs an H. H.*

Leipzig, 23. Dezember 1899

Auch unsere herzlichsten Festwünsche Ihnen, lieber Freund! Sie werden es wohl ein wenig einsam haben am heiligen Abend, einsam in menschlicher Hinsicht. Ich will an Sie denken – unser Tannenbaum ist bloß noch nicht da, sonst kriegten Sie ein Zweiglein. [...]

Wir werden wie im vorigen Jahr nicht allein sein morgen abend, ein paar junge Leute, die hier keine Heimat haben, sind bei uns. Da wäre auch ein Plätzchen für Sie frei. [...]

Grüßen Sie Berge und Freiluft, wenn Sie hinauskommen. Sind Sie immer brav gesund?

Viel Herzliches von Ihrer Helene Voigt-Diederichs

848] *H. H. an Johannes und Marie Hesse*

Basel, 24. Dezember 1899

Liebe Eltern!

Es ist halb zwölf Uhr morgens, und ich bin eben erst aufgestanden. Ich habe ein wenig Heimweh, bin aber eigentlich sogar dazu noch zu müde.

Ich danke herzlich für Eure schöne Weihnachtssendung! Das Geld habe ich auf eine schöne hohe Zimmerlampe mit Kugelglas verwendet, da ich längst gern so eine gehabt hätte, und die Maschinerie meines Lämpchens nimmer recht fun[ktion]ierte. Auch den Schwestern danke ich recht schön, sowie Adele extra für ihr l[iebes] Briefle.

Das Leopoldshöher Paket ist durch einen Boten ohne Zoll herübergeschmuggelt worden.

Die letzten zehn Tage war ich ungemein angestrengt und mußte jeden Abend bis 12 Uhr nacharbeiten. Ich wundere mich, daß ich das schrecklich aufreibende Ladengeschäft ausgehalten habe. Freilich mit Hilfe einer epikuräischen

Diät. Ich nahm mir vor, an nichts zu denken, mich nicht zu ärgern, und siehe da, ich kam mit gutem Humor durch, obschon ich in manchen Augenblicken nicht mehr wußte, wo aus noch ein vor Arbeit, Aufregung, Müdigkeit und Kopfweh. Daneben aß und trank ich diese Zeit über im Wirtshaus (statt Pension, die ich im Januar wieder beziehe), so kräftig und delikat als möglich, mittags 2-3 Gänge mit Kaffee, abends Rostbeaf, Hasenbraten etc. Ich habe nie so viel, so gut und so teuer gegessen. Mittags und abends kam dazu je ein Schoppen Rotwein, nicht mehr noch weniger, und eine kleine Verdauungszigarre. Zuhause war ich, außer im Bett, keine Viertelstunde.

Gott sei Dank, daß es nun soweit ist! Gestern wär' ich doch ums Haar aus dem Häusle gekommen.

In dieser Woche ist Frau Pfarrer Tischhausen gestorben.

Meine Weihnachtsplauderei in der Zeitung[1] mag Euch als Barometer meiner Zufriedenheit dienen.

Freund Drach[2] ist heute früh abgereist. Statt seiner ziehe ich nächste Woche mit Jennen[3] in drei Zimmer zusammen. Jennen bezahlt zwei Zimmer, ich eins und die Heizung des mittleren. So habe ich neben dem hübschen Wohn- und Schlafzimmer einen großen Raum zum Arbeiten und kann im ungeheizten und nicht vollgerauchten Schlafzimmer besser schlafen. Dies wird bis April dauern, dann zieh' ich vielleicht wieder um (natürlich nur 1 Zimmer), am liebsten an den Rhein.

Weiter will mein Kopf nicht mit! Verzeiht mir diesen nüchternen Weihnachtsbrief! Herzlich küßt Euch

Euer dankbarer Hermann

1 »Kleine Freuden«, Erstdruck in »Allgemeine Schweizer Zeitung«, Basel, vom 24. 12. 1899. – S. auch Anm. II, Nr. 58. Vgl. H. Hesse, »Kleine Freuden«. Kurze Prosa a. d. Nachlaß. Hrsg. v. Volkar Michels, Frankfurt a. M. 1977, S. 7 ff.

2 Drach; Architekt; s. Nr. 823 vom 22. 10. 1899.

3 Jennen, Heinrich; aus dem Rheinland; Architekt. – S. auch Anm. II, Nr. 59).

849] *H. H. an Johannes und Marie Hesse*

[Basel, 24. Dezember 1899]

Liebe Eltern!

Es ist 5 Uhr – in einer Stunde will ich zu Wackernagels. Es ist ganz dunkel und still, weil alle Mitwohner zum Fest verreist sind. Ich saß den ganzen Nachmittag und dachte an alle die vielen heimatlichen Christabende. Nun brennt meine neue Lampe und Eure Geschenke liegen auf dem Tisch, Christianens Denkmal[1] aufgeschlagen. Ihr werdet jetzt bald Bescherung haben, ich denke mir alles aus und höre Papas Stimme, wie er das Evangelium liest. Ich habe mir eben ein paar Weihnachtslieder gegeigt und habe noch ein ganz stilles Dämmerstündchen, um Euch nochmals zu grüßen und Euch zu sagen, daß ich das Fest im Herzen mit Euch feire und Euch heute besonders nahe bin. Auch muß ich mit Dankbarkeit und Beschämung an alle Calwer Christabende denken, und an alles andre, was Ihr für mich getan habt. Vergebt mir alles Widerwärtige! Ich freue mich heute trotz des Heimwehs und Einsamseins, daß ich allmählich doch vorwärtsgekommen und innerlich stiller und gesünder bin als alle die letzten Jahre.

Nehmt vorlieb mit meinem herzlichsten Gruß! Dankbar

Euer Hermann

1 S. Nr. 840, vom 1. Dezember 1899, Fußn. 3 und Nr. 846.

850] *Johannes Hesse an H. H.*

Calw, 25. Dezember 1899

Lieber Hermann!

Wir sind einander doch recht nahe – ich meine jetzt äußerlich: gestern um 5 Uhr nachmittag war dein letzter Brief geschrieben, und als wir eben aus der Kirche und von zwei Besuchen – Wöhrles und Oberamtsrichters – zurückkehrten, fanden wir ihn daliegen. Gleichzeitig war auch der am Vormittag geschriebene angekommen. Mama und ich lasen beide nacheinander in der richtigen Reihenfolge, und wir haben gespürt, daß wir auch innerlich einander nahe sind. [...] Und den Vorsatz, den ich da gefaßt *(nämlich den Kindern Briefe zu schreiben)*, dir gegenüber wenigstens will ich ihn heute ausführen, nachdem du uns so erfreut durch deine Briefe und Bücher und nicht zum wenigsten durch deine Plauderei in der Allg[emeinen] Schw[eizer] Ztg. Mich hat dieselbe lebhaft an einen Vortrag erinnert, den ich einmal in den Arbeitersälen im Engelhof über das festliche Element im Leben gehalten. Ich habe große Freude an solchen kleinen psychologischen Studien und an ihrer praktischen Verwertung. Ganz auffallend ist mir die gesteigerte Empfindlichkeit und Empfänglichkeit für ästhetische Eindrücke bei mir selbst, seit ich so nervenleidend bin, am auffallendsten aber der Umstand, daß alles Schöne geradezu helfend, beruhigend, wenn auch nicht gerade heilend wirkt. [...]

Ich schließe mit dem herzlichen Wunsch, daß du gesund ins neue Jahr(hundert) hinüberkommen möchtest, und mit herzlichem Dank für deine Liebe und Anhänglichkeit. Auch das über den »Neuromantiker«[1] habe ich gelesen, und es hat mir, soweit ich's verstehe, nicht übel gefallen. Könntest du mir von jener Nummer der Allg. Schw. Ztg. etwa noch ein Exemplar schicken? Ich möchte auch den Lieben in Rußland deinen Artikel[2] zu lesen geben. Gott segne und behüte dich! Dein Vater H.

1 Wohl die »Ein Neuromantiker« überschriebene Rezension der »Stunde hinter Mitternacht«, die W. v. Scholz veröffentlichte. S. Anm. II, Nr. 49. Vgl. auch S. 400 ff., Beiblatt zum Brief an Eugen Diederichs und die Bemerkung von Marie Hesse im Brief 851.

851] *Marie Hesse an H. H.*

Calw, 25. Dezember 1899

Mein lieber Hermann!

Es war uns eine große Freude, heute zwei Briefe von dir zu erhalten; Lis[1] hoffte auf Kamerunbriefe und ging deshalb heute – Festtag – auf die Post, um für sich und uns zu holen, was da war. Von Kamerun war noch nichts gekommen. Schürles sind jetzt in sechswöchiger Vakanz auf Besuch im hochgelegenen Buea bei Clara Scheler-Riehen.

Bei der Bescherung gestern abend erhielten wir »stille Leute«[2], wofür wir dir herzlich danken. Ich las noch abends ein wenig drin, hatte zwei Stücke früher in der christlichen Welt gesehen und ich freue mich, bis wir's im Familienkreis an stillen Abenden vorlesen können. Oeser schreibt sehr schön und fesselnd, hie und da zu gesucht, zu kunstvoll, aber ich lese ihn gerne.

Sein Vater Glaubrecht war einfach und kräftig und naturwüchsig, der Sohn ist modern in mehrfacher Weise. Herzlichen Dank für das schöne Buch. Sehr interessiert haben mich die zwei Besprechungen[3] deines Buchs, danke für die Zusendung. Was du über »Kleine Freuden« schreibst, gefällt mir sehr gut und ich stimme ganz bei. [...]

Ich danke Gott von ganzem Herzen, mein herzliebes Kind, daß es dir so ordentlich geht und daß du froh und zufrieden bist. O das ist mir solch ein Trost, solche Freude. Wir denken viel an dich und freuen uns, daß du teilnehmende, wohlwollende Freunde hast, die dir so freundlich entgegenkommen. Grüße Frau Dr. Wackernagel einmal recht von mir. Das ahnten wir auf dem Rechtenberg[4] nicht, daß du noch die damals begonnene Bekanntschaft so schön zu genießen bekommen würdest.

[...] Ich wünsche Dir ruhigere Zeit im Geschäft und viel Freude und Segen und Herzensfrieden! Innig küßt Dich

Deine Mama

1 Von Georg und Julie Schürle, geb. Gundert. Diese »Lis« ist wohl Julies 3 Jahre jüngere Schwester, die 1901 den Missionar Pfleiderer heiratete.
2 Hermann Oeser; 1849-1912; »Stille Leute, 2 Lebensbilder«.
3 Wohl die Rezensionen von Wilhelm von Scholz und von R. M. Rilke. S. Anm. II, Nr. 49.
4 S. »Kdht. u. Jgd. I«, Nr. 9; außerdem: Adele Gundert »Marie Hesse«, S. 228 ff. sowie die Anm. II, Nr. 57 mit dem Brief der damals 8-jährigen Adele Hesse an den Großvater Dr. Hermann Gundert und einer späteren Erinnerung H. Hs. an jene Zeit.

852] *H. H. an Johannes und Marie Hesse*

[Basel,] 26. Dezember 1899

Liebe Eltern!

Nachdem ich auch heute wieder bis 11 Uhr Arbeit hatte, finde ich heimkommend Eure lieben Briefe. Beim Aufmachen erfüllte mich der Anblick von Papas Handschrift mit besonderer Freude. Ich lebe jetzt Euer Fest noch einmal mit, und freue mich auch sehr, daß es Hans nun leichter wird.

Denk' nur, lieber Papa, als ich gestern zu Professor Wakkernagel[1] kam, rief er mir entgegen, meine »Plauderei« hätte ihn sehr lebhaft an deinen Vortrag über das »Festliche Element« erinnert. Es macht mir im stillen große Freude, gerade in dieser Kleinigkeit so auf einem Boden mit dir zu stehen, und freilich habe ich fast alle Hauptsachen daran direkt von dir gelernt, konnte sie aber erst weitergeben, nachdem ich sie selber erlebt hatte. Weitere Exemplare kann ich jedenfalls kriegen und will sie schicken. Eigentlich ist an der ganzen Sache Frau Dr. Wackernagel schuld. – In einer Abendunterhaltung klagte ich sehr lebhaft über die unfeine Außenseite unsres Lebens, unsres Essens, unsrer Feste etc., und tat teils auf die Volksmenge als versumpfte Philisterschaft, teils auf die Form der protestant[ischen] Gottesdienste einige Ausfälle. Nun wurde sie warm und erklärte, es sei leicht zu schelten, wer Geschmack

zu haben glaube, müsse sich mitteilen, helfen, etc. So schrieb ich die Plauderei.
Diese Frau Dr. W. ist mir fast wie eine Mutter, obschon wir ewig neckische Händel haben. Sie ist von einer ganz herzlichen Güte und Gastlichkeit. Vorgestern war ich zum heiligen Abend dort, und bekam vom Dr. ein seltsames Buch aus seiner wertvollen romantischen Sammlung geschenkt, von den Damen einen Leuchter mit Kerze und selbstgemachtem Lichtschirm, dazu den geschriebenen Vers: Das ewige Licht geht da herein etc.
Gestern war ich bei Professor W.'s, wo ich Hippokras zu trinken und ein Paar gefütterte Glacés geschenkt bekam. Auch Fräulein M[arie] Wackernagel war da und läßt Mama grüßen. Herr Professor brachte Euer Wohl aus, und wir stießen alle an.
Bei Archivars[2] bin ich indessen sehr heimisch geworden und mache längst keine Besuche im Frack mehr dort. In diesem Haus ist alles Gastlichkeit, Wohlwollen und Interesse, ich bin dort zu Gast ebensosehr als Euer Sohn wie als eigene Person, während sonst meist das eine oder andre vorwiegt. Vom Rechtenberg plaudern wir oft.
Dadi[3] bitte ich von mir zu grüßen. Ebenso alle Lieben. Nachrichten von Julie in Kamerun[4] interessieren mich immer. Für Eure Briefe danke ich nochmals herzlich und extra für den vom lieben Vater. Es ist zu spät zum Weiterschreiben.
Herzlich küßt Euch Euer Hermann

1 S. Nr. 850, Mitte des Textes.
2 Dr. Rudolf Wackernagel; s. Nr. 851, Absatz 4.
3 Kathrine, frühere Magd im Haus Johannes Hesse; heiratete Mitte 1898 den Schreiner Niethammer; s. Nr. 668 und Nr. 670.
4 Julie Schürle, geb. Gundert; Kusine H. Hs.

853] *Aus dem Tagebuch von Marie Hesse*

[1899]

[...] Karl brachte das Sommersemster in Bonn zu und machte im Herbst Examen, trat danach seine Stelle in Reutlingen an. Hermann erholte sich im Sommer einige Wochen bei uns und trat [am] 1. Oktober[1] bei Herrn Reich in Basel ein. Hans durfte nach beendeter Lehrzeit mit Hermann in die Schweiz reisen und trat dann als Commis bei Herrn Werner & Müller in Stuttgart ein. Marulla machte Ende Juni ein sehr gutes Examen und kam zu uns heim.
[...]
Am 22. November durften wir mit Herzens Dank Silberhochzeit feiern [...]

1 H. H. begann schon am 15. September; s. Nr. 807, Absatz 7.

854] *Aus H. Hs. Notizen in »Bagels Geschäftskalender« 1899*

[5. Februar 1901]

... Noch ein neues Element trat in mein Leben, indem ich begann (Dezember 1899) für die A[llgemeine] S[chweizer] Zeitung zu schreiben, welche Artikel mehr noch als meine Bücher mir einen gewissen lokalen Ruf machten, der mich im gesellschaftl[ichen] Leben sehr unterstützte. Z. B. verdanke ich ihm die Bekanntschaft mit Prof. Burckhardt-Schatzmann und dessen außerordentlich schöner und vornehmer Frau.
An Herrn Reich fand ich einen liebenswürdig liberalen Chef. Dennoch befriedigte mich das Sortiment gar nicht und rieb mich zu sehr auf, so daß ich jetzt, wo ich dies schreibe, im Begriff stehe, zum Antiquariat überzugehen. Einen Freund fand ich in Basel nicht.
Oktober 1900 gab ich »Notturni« in 25 handschriftlichen Exemplaren an persönlich eingeladene Freunde aus.

Geschrieben habe ich in diesen ersten 1 1/2 Basler Jahren eine Reihe von Zeitungsartikeln und Rezensionen. Ferner Juni 1900 die Kirchheimer Novelle: »Prinzessin Lilia« und den Winter 1900 bei Reich erschienenen Hermann Lauscher, auch eine Dichtung »Schlaflose Nächte«, an deren Publikation ich noch nicht denke.

855] *H. H. an Helene Voigt-Diederichs*

Basel, 9. Januar 1900

Zum Glück ist's eine Ausnahme, daß ich so lang geschwiegen habe. Neben der vielen Arbeit und ein paar Kopfwehtagen ließ mich auch meine jetzige Wohnung[1] und Einrichtung nicht zum Schreiben kommen. Ich sitze an einem riesigen Zeichentisch, fast zu hoch zum Schreiben, alles ist voll von Papier, Reißzeug, Kohle, Zigarren etc. Denn ich wohne seit kurzem mit einem Freund zusammen, dem Architekten Jennen[2], der eben das hiesige Archiv vollendet hat und nun daran ist, sich durch seinen gotischen Rathausbau einen Namen zu machen. Ein genialer und lieber Mensch, absolut unliterarisch und künstlerisch-sinnlich, der mich liebt und wie ein zartes, schwer zu verstehendes Kind behandelt. Ich denke bis zum Frühjahr so zu leben und mich dann wieder nach meiner Art einzurichten. Zum Schreiben ist's hier nicht, unsre Zimmer passen zum Plaudern oder Trinken, aber zur Federarbeit absolut nicht.
Und nun schönen Dank für Ihren Weihnachtsbrief! Ich brachte den Christabend in der Familie Dr. Wackernagels[3] zu, wo ich mich heimisch wohl fühle und gern gesehen bin. So war ich der Einsamkeit entflohen, unter lieben Menschen, und hatte obendrein die herzerfrischende Gesellschaft einer lustigen Bande kleiner Kinder. Mit diesen stehe ich gut und balge mich jemals mit ihnen herum.

Über Ric[arda] Huchs Buch[4] war und bin auch ich sehr erfreut. Nur komme ich eben aus zweijährigen Detailstudien über dieselbe Sache heraus und mache einige kritische Bleistiftnoten. Aber trotzdem – das Buch ist meisterhaft, und einige Hauptschwierigkeiten (vor allem Fr. Schlegel) sind glänzend gelungen. Über dies und unendlich viel anderes wünsche ich immer dringender mit Ihnen mündlich zu reden, während zugleich meine Ziele immer mehr von Leipzig und Deutschland sich entfernen. Denn kaum hier festgesessen, schiele ich schon mit Leidenschaft nach Italien und nach Paris. Wie ich längst im Sinne hatte, begann ich hier fleißig Kunst zu sehen und zu lernen, und mit dem Betrachten von Farben und Zeichnungen ist ein bisher verdunkelter Teil meines Wesens fröhlich und leidenschaftlich ans Licht gesprungen und beherrscht mich bis auf Gang und Bewegung. Die frühere reichliche kunsthistorische Lektüre wird nun erst wirksam und zeigt sich nicht als unnütz. Vor allem aber ist Böcklin da, unvergleichlich berückend, und der geniale Holbein, der mich äußerst anzieht und beglückt. An Verkehr mit Künstlern und Liebhabern ist kein Mangel.

Im Theater war ich gestern zum ersten mal, in Calderons ›Das Leben ein Traum‹. Ich bin sehr befriedigt, d. h. vom Stück, die Darstellung war nicht erster Klasse. Nächsten Montag will ich Kainz als Hamlet sehen. Sonst hatte ich mit Theater und Musik und den betreffenden Kreisen hier noch keine Berührung.

Ich wollte Ihnen so vieles und Herzliches sagen, und nun zerrinnt alles in eine geringe Plauderei! Aber ich bin so verändert, älter und doch jünger geworden, daß mir's in der neuen Haut zwar wunderlich wohl, aber noch fremd ist. Lesen und Schreiben kommt mir jetzt papierener, aber auch schwerer vor, und ich bin fleißig ohne recht sagen zu können, was ich tue. Einige Dichterpläne stehen groß und glänzend wie ferne Berge vor mir ohne daß ich ihnen noch nähertreten möchte.

Rud[olf] Huchs ›Mehr Goethe‹[5] zeigte ich neulich hier an und verkaufte darauf ziemlich viel davon, ohne daß der Verleger Meyer mir gedankt hätte. Ich gestehe, daß es mich geärgert hat. Denn bei meiner kleinen Arbeit am Guten suche ich zwar keinen Lohn an Geld oder Ruhm, aber dafür die Zustimmung von Freunden und die Anerkennung der Mitarbeit. Doch genug, es ist ja eine Bagatelle! Lesen Sie meine herzliche Freundschaft zwischen den Zeilen, und nehmen Sie vorlieb mit meinem fröhlichen und treugemeinten Gruße! Wir haben eine herrliche Sache gemeinsam, das bindet und hält auch in Zeiten, wo man zum Schreiben zu konfus und glücklich ist. Herrn Diederichs und der lieben Kleinen meinen schönsten Gruß!

In Treue Ihr H. Hesse

1 Holbeinstraße 21.

2 In seinen »Basler Erinnerungen« schreibt Hesse: »Ein anderer neugewonnener Freund, mit dem ich eine Zeitlang auch eine gemeinsame Wohnung in der Holbeinstraße hatte, war der junge, rheinländische Architekt [Heinrich] Jennen, der soeben den ersten Preis in der Konkurrenz um die Erweiterungsbauten des Rathauses gewonnen hatte, ein Neugotiker, Schüler von Schäfer in Karlsruhe und ein überschäumend lebensfroher junger Mensch, der mich Einzelgänger und Asketen in manche Genüsse und Behaglichkeiten des materiellen Lebens einführte. Wir haben in den elsässischen und badischen Wein- und Spargeldörfern manche Schlemmerei veranstaltet, im Storchen Billard gespielt und in der Wolfsschlucht . . . sowie im Helm am Fischmarkt (es ist der »Stahlhelm« im »Steppenwolf«) häufig jene Studien betrieben, deren Ergebnis die Camenzindschen Hymnen auf den Wein waren«.

3 Durch die Empfehlung seines Vaters lernte Hesse den Staatsarchivar und Historiker Dr. Rudolf Wackernagel kennen, in dessen gastfreundlichem Haus Hesse bald lebhaften Verkehr mit mehreren Basler Familien, die alle der Universität nahestanden, erhielt und die meisten jüngeren Gelehrten, so z. B. Jöel, Wölfflin, Mez, Bertholet und Joh. Haller, kennenlernte.

4 Ricarda Huch, »Blüthezeit der Romantik«, H. Haessel, Leipzig, 1899.

5 Rudolf Huch, »Mehr Goethe«, Georg Heinrich Meyer Verlag, Leipzig u. Berlin, 1899. »Das Buch des älteren Bruders von Ricarda Huch gehörte 1899 zu den wenigen erfolgreichen Bänden des Georg Heinrich Meyer-Verlages, der schon bald nach 1900 seine Produktion einstellte.« (H. H.–Helene Voigt-Diederichs: Briefe; Köln, 1971; S. 179.) Hesses Rezension des Buches konnte bisher noch nicht aufgefunden werden.

856] *H. H. an Johannes und Marie Hesse*

Basel, 10. Januar 1900 [Postkarte]

Liebe Eltern!

Diesmal reicht es zu keinem Brief. Ich habe noch viel zu tun und hatte einige Kopfwehtage. Für Mutters Neujahrsbrief[1] herzlichen Dank! Ich bin nun also zu Jennen gezogen und will bis Frühjahr so wohnen bleiben. Recht eingerichtet bin ich noch nicht. Martin Wackernagel, der damals auf dem R[echten]berg[2] mit war, ist hier Student, 19jährig, ein sehr netter Mensch, die Schwestern sind zwischen fünf und zwanzig Jahre alt, dann kommt noch ein kleiner Bub, mit dem ich mich zuweilen herumbalge.

Ich denke bald wieder ans Schreiben zu kommen – augenblicklich will's nicht recht gehen. Ich wünsche Euch alles Liebe und Gute! Dankbar Euer Hermann

1 Marie Hesse hatte am 1. und am 5. Januar geschrieben und vielerlei erzählt, vor allem Familiäres über Verlobung, Krankheiten, Besuche etc.

2 S. Nr. 834.

857] *H. H. an Johannes und Marie Hesse*

Basel, 16. Januar 1900

Liebe Eltern!

Zuerst herzlichen Dank für beide Briefe von Mama und Papas Gruß! Mich hat zumeist ein körperliches Unbehagen vom Schreiben abgehalten. Nach der harten Arbeitszeit und bei dem üblen Wetter bin ich etwas abgespannt und habe Kopfweh, bin tagsüber schläferig und schlafe nachts doch schlecht. Doch ist es nicht von großem Belang, und ich bereue, daß ich mich dadurch vom Schreiben abhalten ließ.

Mit Schrecken höre ich von Karls Unglück[1]. Da ich denke, er wird Langeweile haben, bat ich Hammelehle, ihn einmal aufzusuchen. Ob und wie er's tut, weiß ich nicht, denn er

steckt eben in der auch Euch wohl bekannten Tübingerei drin, die von mir erst jetzt vollends abfallen will.
Ich bitte Euch sehr, mir immer Nachricht von Karl zu geben, und denke ihm bald zu schreiben. Er ist doch in der »medizinischen« Klinik, oder in einer Spezialklinik? Ich kann mir seinen Zustand so gut denken; mir selber hat, wie ich glaube, in Tagen des Zusammenbrechens die Angst und Auflehnung gegen eine solche Lage zum Teil wieder Kraft gemacht.
Doch genug von solchen Sachen! Trotz dieser beklommenen Tage und trotz des für die Nerven recht schlechten Basler Klimas empfinde ich mein Hiersein entschieden als eine fortdauernde Gesundung.
Olpp[2] sah ich nicht, er brachte den Brief zu Reich, während ich nicht dort war. Herr Reich, der November und Dezember verreist war, ist wieder hier, aber so unwohl, daß er wohl bald wieder zur Erholung reisen wird. Auch Nervensachen, bei ihm freilich eine Ausnahme. Frau Huber wollte ich vorgestern besuchen, traf sie aber nicht. Dagegen lassen die La Roche's Euch und Adele grüßen, auch Bauders, die ich neulich abends kurz aufsuchte.
An Neujahr schenkte mir Frau Professor Wackernagel einen schönen Alpenveilchenstock. Meine Wohnung ist nichts zum Schreiben, ich sitze an einem viel zu hohen Zeichentisch, das Zimmer ist zum Wohn[en] aber nicht zum Arbeiten. Der große Vorteil aber ist, daß ich in zweierlei Räumen arbeite (wohne) und schlafe, so daß Ofenluft und Tabaksgeruch außerhalb des immer ungeheizten Schlafzimmers bleib[en]. Für die Dauer ist mir's zu wenig ruhig und zu splendid, so zu wohnen. Jennen ist sehr lieb, ein einseitiger, unbeeinflußbarer Künstlerkopf ohne eine Spur von literarischem oder philosophischem Nerv, ganz Auge und Hand. Dies in Eile vor[m] [Zu]bettgehen. Herzlich denkt an Euch

Euer Hermann

1 Wegen Gliederschmerzen Aufenthalt in der Tübinger Univ.-Klinik.
2 Paul Olpp; 1876-1974; Missionsbuchhändler; 1904 mehrere Monate lang Mitarbeiter von Johannes Hesse; Mitgestalter und Chronist der Calwer Stadtgeschichte; mit H. H. bekannt.

858] *H. H. an Karl Isenberg*

Basel, 16. Januar 1900

Lieber Bruder!

Wieder bist Du in Tübingen, ohne daß ich dabei bin. Und diesmal wär' ich es so gern und könnte dir angenehmer und nützlicher sein als sonst! Ich denke viel an dich und kann mir deine Lage einigermaßen vorstellen. Mir war immer der Gedanke an Liegenmüssen und Stillhalten überaus zuwider, und doch hab' ich in Zeiten großer Nervenschwäche oft sehr gewünscht, einmal ausruhen zu dürfen und nur an mich selbst und an Heilung zu denken. Vielleicht spürst du trotz allem Unglück ein wenig auch davon, dazu hast du ja eine Braut[1] und damit immer ein[en] guten Gedanken mehr. Daß wir Geschwister mit herzlicher Teilnahme bei dir sind, weißt du ja. Ich weiß dir nichts Besseres zu schreiben als allerlei Persönliches und Baslerisches, was dich eher als ein wichtiger Gedankenaustausch unterhalten kann.

Daß mir's hier wohl ist, weißt du. Auch daß Basel[2], wenn nicht seinen Stil, so doch seine ganz eigentümliche Stimmung hat. In Stadt und Volk ist ein ganz köstlicher Schatz von solider Tradition, teils als Geld, teils als äußere Erscheinung, teils und vor allem als Erziehung. Dazu finde ich immer mehr, daß in diesem fast puritanisch frommem Volk ein tüchtiger Kunstboden ist. Man bekommt im Innern dieser Bürgerhäuser Sachen zu sehen, die man sonst in Museen oder Schlössern sucht. Auch der Wert des Museums, soviel ich urteilen kann, besteht besonders darin, daß es sich aus Stiftungen gesammelt hat und daß mehrere große Privatsammlungen darin stecken. So hat man weniger eine Menge einzelner Stücke als eine Sammlung ganzer Gruppen, und das Ganze ist einseitig, aber einheitlicher als sonst ein mittleres Museum. Dazu kommt, daß seit etwa zehn Jahren große Pietät für Böcklin[3] herrscht. Allerneustens sind zwei Plastiken von Stauffer-Bern und ein herrliches Thoma-Bild gekauft worden, also Sachen ersten Ranges. Von alten Sachen, Holbein ausgenommen, steckt hier wohl in Privathäusern mehr als im Museum, so sehr viele Italiener, darunter ein Lionardo, mehrere Cranach etc. Ein ganz reizender kleiner Böcklin ist bei Archivar Wackernagel. Dieses Haus ist mir fast zur Heimat geworden[4]. Dort lese ich mit dem Archivar, sehe mit dem Sohn Bilder an, rede frei und herzlich über alles mit der Frau, spaße mit der älteren Tochter und treibe Kurzweil mit den netten Kindern, die freier von normaler Wohlerzogenheit sind als andre Basler Kinder und jeweils auch eine Balgerei riskieren. Ich habe dort auch Christtag gehabt.

Außerdem wohne ich mit einem Künstler, dem Architekten Jennen zusammen, freilich ohne viel Kunstklatsch, denn er ist ein Feind alles Redens und Schreibens, liest fast nie ein Buch und sieht die Welt mit Kinderaugen an, die ich so glänzend und liebenswürdig sonst noch nicht gesehen habe. Wir haben drei Zimmer zusammen für einige Monate. Doch seh' ich ihn wenig daheim, die Abende treibt er sich immer in Gesellschaft umher oder ist im Aktzeichnen. Er baut das neue gotische Rathaus.

Wenn ich im Spalenviertel durch die bekannten Straßen laufe, fällst du mir manchmal ein, wie du als Seminarist darin wandeltest, während ich noch ein frecher ABC-Schütz war. Du bist doch schon ein ehrwürdig altes Haupt!

Trotzdem oder ebendarum wünsche ich dir recht viel Fröhliches und Jugendliches! Über Calw werde ich immer von deinem Befinden hören. Falls Häring zu dir kommt, grüße ihn bitte. Auch Wilhelm[5] und sonst Freunde. Wenn Du Langeweile und gern Besuch hast, so laß mich's wissen, ich könnte einen oder den andern Bekannten zu Dir schicken. Einen (Hammelehle) bat ich schon. Wenn er kommt, sei lieb mit ihm, er ist eine treue Seele, wenn auch noch auf Tübingerisch. Ganz herzlich küßt Dich Hermann

1 Elisabeth Berg, die mit Karl am 19. 4. 1900 die Ehe schloß.
2 Vgl. H. H.: »Basler Kultur«, in »März« 4/1910.
3 S. Nr. 815, Absatz 5.
4 S. Nr. 852, Absatz 5.
5 Wilhelm Gundert, (japanischer Vetter); geb. 12. 4. 1880 in Stuttgart, gest. 3. 8. 1971 in Neu-Ulm; Dr. phil., Prof. der Japanologie. – S. auch Anm. II, Nr. 40).

859] *Marie Hesse an H. H.*

Calw, 20. Januar 1900

Mein lieber Hermann!
Schön Dank für Deinen Brief. Als ich das letztemal schrieb, war Marulla in Tübingen. Sie kam Montag zurück und konnte nicht viel Neues berichten; es werde wohl sechs Wochen Klinik nötig sein, heißts und ein paar Monate in Ägypten wäre die beste Kur! Wir hoffen aber, daß Karl im Lande auch gesund werden kann. Wenn ihm nur die Stelle in Reutlingen[1] erhalten bleibt! [...] ob es Gelenkrheumatismus ist oder was andres, hat der Arzt nicht ausgesprochen. Professor Häring will jetzt Liebermeister bitten, sich offen und deutlich auszusprechen, damit Vater Berg[2] weiß, wie er zu handeln hat. [...]
Nun behüt Dich Gott. Tante Jettle [Ennslin] liegt krank mit Grippe seit zwei Tagen, etwas ganz Ungewohntes bei ihr. Innig küßt Dich Deine Mutter

1 S. Nr. 800.
2 Die Hochzeit Karl Isenbergs mit Elisabeth Berg war für 1900 vorgesehen.

860] *Karl Isenberg an H. H.*

Tübingen, 25. Januar 1900 und 26. Januar

Mein lieber Bruder!

Schon acht Tage ist es jetzt, daß Dein lieber Brief hier eingetroffen ist. Am liebsten hätte ich Dir gleich darauf geantwortet, weil er mich so gefreut hat; aber da ich notwendig vorher andere Briefe beantworten mußte u. beim Schreiben immer sehr bald müde werde, so hat es doch bis heute gedauert. Inzwischen ist auch Dein Freund *Hammelehle* schon zweimal bei mir gewesen, was ich ihm, der so nah vor dem Examen steht, hoch anschlage. Vielleicht kommt er heute abend wieder; er gefällt mir entschieden. 26. Jan[uar]. Herr H. kam richtig gestern abend, während gerade Vetter Wilhelm da war. Wir unterhielten uns hauptsächlich über Burckhardts griechische Literaturgeschichte, von der ich eben den I. Teil gelesen habe. Du wirst wohl auch schon hineingesehen haben: ein feines Werk, künstlerisch = einseitige Auffassung; ein abschließendes Urteil kann ich aber erst gewinnen, wenn ich vollends den II. Teil gelesen u. eine Zeitlang in mir herumgetragen habe.

Deinen Artikel über Novalis[1] habe ich mit Interesse gelesen u. möchte wohl gerne Novalis kennenlernen. Ob ich bald dazu komme, ist eine andere Frage.

Erinnere ich mich recht, so habe ich Dir noch gar nicht direkt für Dein liebes Weihnachtsgeschenk gedankt. Ich hole dies nach u. hoffe, daß mir das nette Büchlein[2] manchen Gewinn für die Auffassung des großen Musikromantikers bringen wird. Jetzt kann ich freilich nicht spielen! Will sehen, wann ich wieder ins Geschäft zurück kann, wohl kaum vor 3-4 Wochen. Leider geht die Genesung äußerst langsam vor sich. Das Ausruhen hat mir im Anfang sehr wohl getan, jetzt aber kann ich nachts nur sehr wenig schlafen, so daß ich froh wäre, wenn ich den Tag über arbeiten u. spazieren gehen könnte, um abends Ruhe zu finden.

Deine Berichte von Basel interessieren mich sehr, u. immer freue ich mich darüber, daß Du dort so vieles gefunden hast, das Dich bereichert. Wie verlassen war ich in dieser Beziehung in den letzten Jahren, am allereinsamsten in Reutlingen. Ich sehne mich wahrhaft nach dem Moment, wo ich meine Gattin ins eigene Heim führen darf. Hier habe ich's ja relativ gut, weil ich so manche Besuche bekomme von gebildeten Leuten, mit denen ich mich unterhalten kann; da fängt der eingeschnurrte Geist an, wieder ein bißchen aufzugehen. Der liebe *Häring* war heute schon zum viertenmal da zum Besuch. Ich gab ihm Deinen Novalisartikel mit. Gruß von ihm! Hier in Tübingen werde ich wohl jetzt nicht mehr sehr lange sein; vielleicht kann ich zum Schluß noch etwas in Calw mich erholen[3]. Herzlich küßt Dich

Dein Bruder Karl

1 Hesses Rezension der Novalis-Ausgabe des Diederichs Verlags in der »Allgemeinen Schweizer Zeitung« vom 21. 1. 1900.
2 Über Chopin.
3 S. Nr. 870, Absatz 4.

861] *H. H. an Johannes und Marie Hesse*

Basel, 1. Februar 1900

Liebe Eltern!
Eben las und übersetzte ich folgendes Stück aus dem *dialogus miraculorum* des Heisterbacher Mönchs Caesarius[1]: de domino Gerardo Abbate etc. – –
Der Abt Gerardus trug uns einst im Kapitel Worte heiliger Ermahnung vor. Da er nun mehrere schlafen und einige gähnen sah, sagte er plötzlich: »Höret, Brüder, eine neue Geschichte! Es war einst ein König, Artus genannt –« Er fuhr aber nicht fort, sondern sagte: »Sehet hier, Brüder,

eine gar traurige Sache! Als ich von Gott redete, schliefet ihr. Und kaum beginne ich von Nichtigem zu reden, so erwacht ihr mit begierigen Ohren und wollet kein Wort verlieren«. Ich selbst war bei dieser Rede gegenwärtig.

Es ist dieselbe Sache mit dem Zeithaben. Ein neues Bild ist in der Kunsthalle, ein Musikabend bei La Roche's, ein neues, interessantes Buch kommt, man findet einen alten Mönchsschmöker – und man muß Zeit dafür haben. Aber Briefe nach Haus schreiben – das ist eine ganz andere Sache.

Nachdem ich mir selbst diese Predigt gehalten habe, begebe ich mich in medias res. Also: ich war kopfwehig, dann war ein Abend bei La Roche's, dann eine große Gesellschaft bei Professor Wackernagel, dann war der große Wagnersänger Anthes hier, den ich im »Tannhäuser« hörte. Und schließlich war ich von alledem wieder müd und faul.

Der Abend bei La Roche's (bis 12 Uhr) war sehr nett und familiär, Dr. Bernoulli spielte mit E[lisabeth] La Roche[2] einen Satz der Kreutzersonate, ganz famos. Sonst waren nur Pfister-Stockmeyers da, welche Euch kennen und grüßen lassen, wie auch Frau La Roche, die ja mit Mama schon in Gundeldingen[3] zusammentraf. Der Abend bei Wackernagels (bis 1 Uhr) war kolossal feierlich und protzig, das Beste war das brillante Souper.

Ein ganzes Haus voll Professoren in schwarzen Fräcken und Professorinnen in Staatskleidern bewegte sich in dem geräumigen und schönen Hause nach Vermögen feierlich oder anmutig umher. Ich junger Pilz – ich war weitaus der Jüngste – saß etwas angeödet dazwischen. Bei W.s, die sonst einfach sind, nahm sich alles wie eine krampfhaft gespielte Komödie aus. Doch bewunderte ich die Frau, die ich überhaupt gern habe. Sie ist sehr gesund, lebhaft und »vive« und hat immer irgend etwas ausgesucht Nettes zum Zeigen oder Sagen im Hintergrund.

Ein Höhepunkt war der Anthes-Abend. Ich war erst zum

zweiten Mal im Basler Theater, so daß das Ensemble mir noch nicht langweilig war. Ich bin schlechterdings kein Theatermensch, aber desto mehr und intensiver genieße ich dann so einen einzelnen Abend. Anthes war imponierend schön und großartig, der erste Sänger und Mime, der mir ohne künstliche Illusion gefallen hat. Er ist ein Herkules mit einer Riesenstimme, und bewegt sich mit einer herrlichen Kraft und Würde, wie ein römischer Caesar. Er trug weder Bart noch Perücke, hat ein festes, sympathisch ernstes Gesicht mit schönen großen Augen und kurzen dunklen Haaren. Obwohl die Basler sich alle Mühe gaben, war doch den ganzen Abend alles Interesse allein auf ihn gerichtet, denn er spielte, auch wenn er nicht zu singen hatte, seine Rolle (stumm) so ernst und mit so großen Gebärden fort, daß er neben den andern Schauspielern wie ein natürlicher Mensch erschien, während diese eben Masken waren. Der Abend war mir sehr wertvoll und wird mir wohl wieder für lange genügen, denn ich möchte nicht auf das hin sobald etwas Geringeres sehen. Dagegen vermisse ich das Konzertleben, das hier ziemlich lebhaft ist – aber es fehlt an Zeit. Ich war noch in keinem einzigen öffentlichen Konzert. Fleißiger besuche ich die Kunsthalle, wo eben jetzt eine glänzende Ausstellung moderner Sachen ist (Stuck, Lenbach, Thoma etc.).

Die Abende bringe ich zuhaus mit Lesen oder Bilderbesehen zu, treibe un peu de français oder faulenze. Sonntag abends bin ich meist bei Archivars [Wackernagels], wo ich immer ein Stück Heimat finde.

Von Karl kam ein sehr netter Brief[4]. Hammelehle hat ihn doch besucht. Professor Häring ist scheint's sehr nett und aufopfernd. Sagte ich Euch, daß ich ihm neulich schrieb und zwei Tage drauf schon seine liebenswürdige Antwort hatte?

Nun genug von mir! An Euch denke ich viel und wünschte

mir eine bessere Brücke des Liebhabens als das Papier. Seid herzlich geküßt von

Eurem dankbaren Hermann

1 Caesarius von Heisterbach; ca. 1180-1245; s. H. H.: Cäsarius von Heisterbach, suhrkamp taschenbuch 252, »Eine Literaturgeschichte in Rezensionen und Aufsätzen«, S. 62 ff.
2 S. Anm. I und Anm. II, Nr. 60).
3 S. Adele Gundert: »Marie Hesse«, S. 12 ff. und Seite 228 ff.
4 S. Nr. 860.

862] *H. H. an Prof. O. Waser, Herausgeber der »Schweiz«, Zürich*

Basel, 2. Februar 1900

Verehrl. Redaktion der »Schweiz«.

Beiliegend sende ich Ihnen – für eine Frühlingsnummer der »Schweiz« – eine kleine Reihe Verse und bitte Sie, mir bald Antwort zu senden, ob Sie davon Gebrauch machen wollen.

Obschon meine literarischen Beziehungen mich nach Deutschland weisen (mein Verleger ist E. Diederichs), möchte ich, da ich wohl für mehrere Jahre in der Schweiz wohnen werde, gerne mit Ihnen in Verbindung kommen, zumal ich manche Freunde in der Schweiz besitze.

Sollten Sie meinen Beitrag nicht annehmen wollen, so bitte ich Sie um freundliche baldige Rücksendung, damit ich über das Manuskript verfügen kann, ehe die Frühlingshefte der mir befreundeten deutschen Journale gefüllt sind.

Aus Raumrücksichten könnte eins oder das andere der kleinen Lieder weggelassen werden, doch wäre mir, wennmöglich, der Abdruck des Ganzen lieber, da diese in der Form leichten Momentbilder einzeln wenig bedeuten und eben als ineinander gereihte Bilder, Nuancen *einer* Stimmung gedacht sind.

Mit Hochachtung grüßend HH

Basel, Holbeinstr. 21

863] *Marie Hesse an H. H.*

Calw, 5. Februar 1900

Mein lieber Hermann!
Herzlichen Dank für Deinen lieben Brief, den wir ersehnt hatten. Den Artikel über Novalis[1] lasen wir alle mit Freude. Du hast jetzt ein recht bewegtes Leben mit Kunstgenüssen und Geselligkeit; Gott lasse Dich nach außen und innen recht erstarken und gebe Dir Engel zur Begleitung!
[...] Leb wohl mit Kuß

Deine Mutter

1 Sonntagsbeilage der Schweizer Allg. Zeitung vom 21. 1. 1900. – Wieder abgedruckt in »Novalis, Dokumente seines Lebens und Sterbens, hrsg. von Hermann Hesse und Karl Isenberg [1901 geb., im Osten vermißt 1945], neu eingerichtet von Volker Michels, Frankfurt 1976; S. 171-177. Auch in suhrkamp taschenbuch 252, S. 228 ff., H. H.: Eine Literaturgeschichte in Rezensionen und Aufsätzen, hrsg. von Volker Michels.

864] *Helene Voigt-Diederichs an H. H.*

Leipzig, 8. Februar 1900

Gestern hörte ich im Gewandhaus die Eroica, und gleich wandelte es mich an, ich müsse Ihnen mal wieder schreiben. Musik erinnert mich immer an Sie. [...] – Ich finde immer, wenn Menschen sich soweit kennen wie wir's nun tun, dann hat man sich so unendlich viel zu sagen, daß Briefe beinahe lächerlich sind. Aber es scheint ja überhaupt nie was anderes zu werden – und ich glaube wirklich, Sie würden sich in Norddeutschland nicht heimisch fühlen. – Wir wünschen Ihnen Glück zu der großen Befreiung, die über Sie gekommen zu sein scheint. Ich denke, sie rührt wohl zuerst von körperlichem Wohlbefinden und Anschluß an sympathische Menschen (vermutlich auch Frauen) her. Sie sind wohl einer, der Einsamkeit braucht – aber zugleich einer, der in dem Umgang mit Menschen gesund und stark wird. – Mein Mann freut sich, daß Sie Ihre Teilnahme für seinen Verlag durch Taten beweisen![1] – Uns geht es gut wie Ihnen; frohe Arbeit, frohes Genießen. [...] ..., für Leipzig habe ich noch keine Sympathie. Man hat soweit bis in die Natur, und es ist so viel Spießbürgertum und industrieller Geist überall. Herzliche Grüße von uns! Bleiben Sie mir gut. Helene Voigt-Diederichs

1 Durch Rezensionen von Büchern, die im Diederichs Verlag erschienen.

865] *H. H. an Johannes und Marie Hesse*

Basel, [11.] Februar 1900

Ihr Lieben!

Samstag abend! Ich hatte heute viel zu tun und bin recht müde. Morgen ist wieder allerlei los. Morgen kommt Ludwig Finckh, mit dem ich nachmittags bei Dr. Wackernagels sein will, und abends ist Konzert des berühmten alten Geigers Joachim. (Zu meiner Schande mein erstes Konzert in Basel!)

Hausmusik hörte ich am Freitag bei Wackernagels, wo Dr. Bernoulli, der beste Basler Geiger, mit Fräulein E[lisabeth] La Roche die Kreutzersonate sehr brillant spielte.

Für Mutters lieben Brief danke ich schön. Wie ist's nun mit Karl?[1] Der erwartete »ruhige Winter« ist für Euch noch doch recht bewegt geworden. Daß Hans[2] sich angewöhnt, freut mich sehr; ich bin überzeugt, daß er neben den seichten Stuttgarter Patentherrchen sich bald gut bewähren wird, wenn's auch noch sauer geht.

Die Schwenkerstochter sah ich seither nicht. Ist sie hier in einem Dienst?

Frau List dauert mich schrecklich[3], ich hatte vor ihr immer eine besondere Hochachtung. Paul ist, glaub' ich, im Buchhandel gestrandet. Leider sind ja wir Buchhändler fast zur Hälfte entgleiste Existenzen; wir haben bei Reich auch einen ehemaligen Theologen.

Tante Jettle gratuliere ich zur Genesung. Sie ist doch noch immer ein Vorbild der Gesundheit für uns alle.
Hier ist die Antialkoholbewegung sehr lebhaft, Wackernagels und andere Familie werben dafür und wollen auch mich mit Gewalt zum Teetrinker machen, wogegen ich mich mit gutem Gewissen heftig sträube, denn ich bin einmal kein Freund von Gesetzen und Prinzipien. Doch freut mich der Fortschritt der Sache. Ich selbst habe seit genau zwei Jahren dem Bier aus ästhetischer Laune entsagt und habe im Sinn, mein Leben lang kein Bier mehr zu trinken, da ich in Tübingen die Folgen dieses Lasters vielfach mit Ekel sah. Ein guter Wein, selten genossen, ist aber zu köstlich, als daß ich auch den abschaffen möchte.
Nun lebt wohl und grüßt alles Liebe von mir, auch den armen Herrn Seeger, an den ich manchmal denken muß und der mich sehr dauert.
Herzlich dankbar Euer Hermann

1 S. Nr. 857 und Nr. 860 u. Fußn. 3.
2 S. Nr. 826 u. Fußn. 3.
3 Marie Hesse hatte am 5. 2. mitgeteilt, daß Frau Oberpostmeister List krank fortgebracht wurde.

866] *Marie und Johannes Hesse an H. H.*

Calw, 16. Februar 1900

Mein lieber Hermann!
Heute vormittag ist in Aidlingen eine kleine Thusnelde angekommen, die ich Deinem Wohlwollen empfehle. Seit drei Wochen belebt Hermännle[1] unser Haus, ein liebes, lenksames, nachdenkliches Männlein, an dem wir Freude und Spaß haben, er hat sich sehr gut gehalten. [...)
Vorgestern ist nachts der liebe Herr Seeger[2] sanft entschlafen, ... [...] Deine »schlaflosen Nächte«[3] haben uns allen sehr gefallen. [...]

Montag war im Dekanat netter Pfarrkranz, wo wir und Marulla und die Steinhaus-Eltern[4] auch waren. Jetzt erst bekam man noch unerwartet etwas Geldentschädigung für die Herbsteinquartierung. Karl bekam auch hintennach seinen Januargehalt, um den er schon viel geseufzt hatte (!!), und der Rektor schrieb sehr freundlich, er solle sich recht auskurieren hier und nicht halbkrank an die Arbeit zurückgehen – das war ihm und uns ein Trost. [...]

[Johannes Hesse]: 16. Februar 1900
Lieber Hermann! Hab herzlichen Dank für Deine letzten Briefe und Kreuzbandsendungen! Das über »schlaflose Nächte« hat mich besonders angesprochen. Nur schade, daß deine Schilderung so ganz naturwahr ist, d. h. aus eigenster Erfahrung stammt! Hast du eigentlich auch den Redaktor der Allgemeinen Schweizer Zeitung kennen gelernt, Pfr. Zellweger – nicht wahr? Und ist Herr Payer auch noch dabei? Schreib auch, wie es Herrn Reich geht und wo er ist. [...] Hörst du auch von Stadtmissionar Bauders was? Das waren ja unsre sehr lieben Nachbarn[5]. [...]

1 Das erste Kind von Theo und Martha Isenberg, geb. Cohen.
2 S. Nr. 507, Fußn. 4.
3 Erstdruck in der »Allgemeinen Schweizer Zeitung«, nicht auffindbar, zweiter Druck in »Stuttgarter Morgenpost«, 2. Jg., Nr. 154, vom 4. 7. 1905.
4 Friedrich und Emma Gundert, geb. Heermann.
5 In der Zeit vom 6. April 1881 bis 3. Juli 1886.

867] *H. H. an Johannes und Marie Hesse*

[Basel, 19. Februar 1900]

Liebe Eltern!
Danke für Eure lieben Briefe!
Ich hörte mit herzlicher Teilnahme von Herrn Seegers Tod. Er und Herr Claassen waren die einzigen Freunde Papas,

die in den Calwer Feriensommern sich mit mir abgaben, und gehören zu meinen besten Calwer Erinnerungen.
Nun Papas Fragen! Bei Bauders war ich einmal, seither hörte ich nichts von ihnen. Pfr. Zellweger, den Chef der Schweizer Zeitung, kenne ich nur vom Sehen. Pfr. Payer kommt viel in den Laden, ist fast taub, aber immer heiter und vielseitig interessiert. Der Redaktor, mit dem ich zu tun habe, ist Dr. Hans Trog, von Haus aus Historiker, ein Gescheitle und canis finus[1], der den belletristischen und kritischen Teil der Zeitung unter sich hat.
Zur neuen Tochter habe ich in Aidlingen gratuliert – wenn nur Aidlingen nicht so außer der Welt wäre, und Calw auch! Man entschließt sich von Basel aus leichter, nach Mailand als nach Calw zu fahren!
Mit Freude höre ich, daß es mit Karl besser geht. Ich wünsche ihm recht gute Tage zum Spazierengehen. Gestern war's hier recht frühlingshaft, ich bin mit Jennen ein paar Stunden im Baselbiet herumgestiegen. Als wir die Stadt beim Schützenhaus verließen und über die sehr verwandelte Matte gingen, fielen mir jene Sommerferien[2] ein, in denen ich immer den Privatstunden eines Herrn Bucher(?) zu entrinnen suchte, und die ganze prächtige Wiesenfreiheit jener Jahre trat vor meine Erinnerung.
Vor acht Tagen war Finckh da und waren wir beide im Konzert. Joachim[3] spielte brillant und ist sicher ein tieferer Künstler und gebildeterer Musiker als Sarazate[4]. Dennoch imponiert mir an Sarazate der römische Schwung des Temperaments, und die fast seiltänzerische Virtuosität, neben welcher mir Joachim zwar vornehmer, aber auch philiströser vorkommt.
Hier freut man sich auf die Fastnacht und ich freue mich trotz allem mit. Getrommelt wird schon lang in allen Häusern.
Im Geschäft ist viel Arbeit. Meine Privatstudien beschrän-

ken sich jetzt fast ganz auf Kunstgeschichtliches, worin ich viel Lücken zu flicken habe, aber ganz nett vorwärts komme. Nebenher ist etwas Kopfweh und Nervenkomödie vorhanden, die ich dem Föhnwetter zuschreibe.
Gestern vormittag machte ich Antrittsbesuch bei Professor Metzger, traf aber nur die Frau, welche Euch grüßen läßt. Ebenso Wackernagels.
Im April denke ich wieder einmal umzuziehen, vielleicht in das Haus, wo ich zu Mittag esse, doch ist noch nichts bestimmt. Hier im Haus sind die Zimmer groß und prachtvoll, aber teuer, und die Bedienung ist schlecht. In einem solchen Mietshaus etwa krank zu werden, wäre äußerst mißlich.
Nun lebet wohl und seid herzlich gegrüßt und geküßt von Eurem dankbaren Hermann

1 ›feiner Hund‹. Trog wurde im Mai 1901 Feuilletonredakteur der »Neuen Zürcher Zeitung« und führte Hesse dort sowie in den Lit. Club von Zürich ein.
2 Wahrscheinlich um 1885.
3 Joseph Joachim; 1831-1907; Violinvirtuose und Komponist. Direktor der Berliner Hochschule für Musik.
4 Sarazate (Sarasate), Pablo de; 1844-1908; spanischer Geiger; s. das Gedicht »Sarasate«, GS V, S. 388 f.

868] *H. H. an Johannes und Marie Hesse*

[Mönchenstein, 25. Februar 1900, Ansichtskarte]

Ihr Lieben!
Heute früh kam Mamas lieber Brief. Danke schön! Wir sind über St. Jakob nach Mönchenstein gewandert und sitzen da bei einer ländlichen Erfrischung. Ein prächtiger Frühlingstag, warm und farbig, auch schon Weidenkätzchen! Herzlichen Gruß und Kuß! Hermann

Unbekannter Weise grüßt Sie Martin Wackernagel.

869] *H. H. an Helene Voigt-Diederichs*

Basel, 28. Februar 1900

Meine Freundin!

Danke schön für Ihren letzten Brief! Denken Sie: fast zu gleicher Zeit als Sie Sarasate hörten[1], war ich hier in einem Konzert Joachims[1]. Er war imponierend, hat aber Sarasate bei mir nicht verdrängt. Ohne Zweifel ist Joachim der gebildetere Künstler und der tiefere Musiker, aber Sarasate hat eben das brillante Wesen des Romanen, die Gelenkigkeit und das Temperament des Südländers, er ist virtuos mit allem Bewußtsein und aller Eitelkeit, und eben das liebe ich an ihm. [...] ... Am ersten April ziehe ich um, in ein kleines Stübchen bei ganz einfachen Leuten[2], und ich fange an zu hoffen, daß dieses Jahr allerlei lang zurückgelegte Poetereien lebendig werden könnten.

Herrn Diederichs danke ich für die beiden Bücher. Die »Blaue Blume«[3] rezensierte ich gestern und sende nächster Tage die Zeitung. Kassner[4] muß ich genauer lesen – es ist ein feines, ungewöhnliches Buch. Mit der ›Blauen Blume‹ bin ich freilich nur halb einverstanden. Die neue Zeit hätte wegbleiben oder besser behandelt werden müssen. Mit dem einen Lied von Nietzsche und dem von Schönaich ist noch nicht auf die Neuromantik[5] übergeleitet, außerdem fehlen wichtige Sachen. Daß man aber jetzt eine Sammlung der Lyrik von Novalis, Schlegel und Tieck hat, damit ist alles andere gut gemacht und eine Lücke ausgefüllt.

Im Sortiment ließ sich für Novalis und Jacobsen einiges tun. Hermann Hesse wird auch in Basel verzweifelt wenig gekauft, und Helene Voigt ist für Basel zu nordisch. Für Rezensionsexemplare von Büchern, die romantische Dichtung oder neuromantische Kunstphilosophen bringen, bin ich auch fernerhin dankbar.

Aber o Jammer, was für ein Brief! Sie sehen, ich bin Ihnen

gegenüber in derselben Lage wie Sie mir: Wir kennen einander und kennen einander nicht. Sie wissen, wie sehr ich nach einem realen Händedruck von Ihnen verlange, aber von Basel aus zieht alles mich nach Süden. [...]

Ihr Hermann Hesse

1 S. Nr. 867.
2 Mostackerstraße 10.
3 Die 1900 bei Eugen Diederichs erschienene »Anthologie Romantischer Lyrik von Friedrich von Oppeln-Bronikowski und Ludwig Jacobowski« (Untertitel), 2 Bde. Die Besprechung erschien am 18. 3. 1900 in der »Allgemeinen Schweizer Zeitung«.
4 Rudolf Kassner; 1873-1959); »Die Mystik, die Künstler und das Leben«, Leipzig 1900, Diederichs. Hesses Rezension erschien am 24. 4. 1900 in der »Allgemeinen Schweizer Zeitung«.
5 »Carl Busse hat zwei Jahre später in der ›Vorbemerkung‹ zu Hesses »Gedichten« (Berlin 1902) bemerkt: ›Jedenfalls hat die neuromantische Richtung in der gegenwärtigen Litteratur mit Hermann Hesse eins ihrer stärksten und eigentümlichsten Talente gewonnen ...‹ Die von Eugen Diederichs vor 1900 propagierte ›neuromantische Dichtung‹ verstand der Verleger etwas anders: ›Dieses Wort bedeutet für mich weniger bewußte Anknüpfung an die Ziele der alten Romantik vor hundert Jahren, sondern Universalität der Welterfassung‹ (in seiner Selbstdarstellung 1927).« (Zitiert aus »Hermann Hesse/Helene Voigt-Diederichs: Briefe«, Düsseldorf 1971. S. auch Anm. II, Nr. 33) und Nr. 61).

870] *Marie Hesse an H. H.*

Calw, 9. März 1900

Mein lieber Hermann!
Seit meinem letzten Brief an Dich kam nur die Karte von Mönchenstein. Seit du mit Herrn Jennen zusammenwohnst, kommen wir zu kurz, du schriebst früher viel mehr an uns. Je weniger du schreibst, desto mehr beschäftigst du mich in schlaflosen Nächten, desto mehr muß ich für dich bitten und doch unwillkürlich auch mich sorgen.
Liebes Kind! O strebe nach wahrhaft Gutem und Hohem und fliehe die Sünde! Die Welt liegt im Argen, die Versuchung zum Bösen ist mächtig: da muß ein *ganzer Wille* da sein, sich nicht hinabziehen zu lassen und ein Schreien zu Gott um Kraft zum Sieg. Den Demütigen hilft Er, den

Aufrichtigen läßt Er's gelingen, aber mit Hochmut und unlauterm Schwanken kommt man zu Fall.
Nimm mirs nicht übel; ich kann oft nicht schlafen, wenn ich an dich denke und so gar nicht weiß, wie es dir geht.
Wir haben gegenwärtig keine leichte Zeit, denn mit Karl will's nicht voran, die Besserung macht keine merklichen Fortschritte. [...] Doch bin ich froh und dankbar, daß Karl daheim ist und ich ihn besorgen darf, er hat's so nötig, hätte es längst bedurft. [...]
Herr Oberamtsrichter Fischer war wieder ganz hergestellt und schaffte furchtbar. Das neue Gesetzbuch hatte er selbst bewältigt, aber nun mußte er allen kleinen Beamten bei jedem Geschäft die neue Geschäftsart und Ausdrücke etc. nach dem neuen Gesetzbuch erklären und immerfort andern raten, neben all seinem aufregenden Beruf. [...]

871] *H. H. an Johannes und Marie Hesse*

Basel, 10. März 1900

Ihr Lieben!
Danke für Mamas Brief, dessen erzählender Teil ja leider auch nicht viel erfreulicher ist, als der moralische. Ich konnte einiges von dem, was darin steht, nicht verstehen, einiges andere will ich nicht verstehen. Daß ich Ende März von dem Ungeheuer Jennen wegziehe, wird Euch mit Freude erfüllen[1]. Da Mama glaubt, er sei mir gefährlich oder raube Euch mein Interesse, muß ich doch berichten, daß ich seit unsrem Zusammenwohnen, also seit Neujahr, einen Sonntag und drei Abende mit ihm verbrachte und ihn sonst nie länger als auf drei Worte sah. Übrigens zu meinem Bedauern, denn er ist nicht nur ein großer Künstler, sondern auch ein herziger Mensch.
Auf Mamas sonstige Bedenken kann ich nicht antworten: Jeder hat seine schwarzen Flecken, die ihn plagen und an

denen er in schlaflosen Nächten reibt, und das tun unfromme Menschen nicht seltener als fromme, sie tun es vielleicht sogar herber und mit größerem Schmerz. Übrigens bin ich mit Glockentönen nicht zu rühren, man wird in Basel bald kühl dagegen. Hier, wo das Frommsein zum guten Ton gehört, werden einem die gewohnten Formen dieses Frommseins oft zu viel.

Mit all dem will ich weder eine Frivolität sagen noch mich oberflächlich herausreden. Aber ich möchte, wie früher wiederholt, Euch ehrlich sagen, daß bei all meiner Hochschätzung des Glaubens jeder Art mir doch ein gewisser religiöser Duft[2] – nicht zuwider, aber fremd und unverständlich ist, und daß ich nach dieser Seite hin weder Neigung noch Verantwortlichkeit spüre.

Aber verzeiht die Auseinandersetzung! Ich weiß ja, daß du, liebe Mama, nur aus sorglicher Liebe schreibst – ich weiß das nicht bloß, sondern spüre es auch deinem letzten Briefe deutlich an. Auch tut mir mein Schweigen herzlich leid. Ich bin eben ein nervöser Kerl und habe in diesen Frühlingswochen von Müdigkeit und so weiter zu leiden. Ihr seht diesem Brief an, wie wenig ich zum Schreiben disponiert bin. Es ist eine Art Influenza, die nicht herauswill und mich müd, faul und mißmutig macht.

Heute ist Herr Reich zurückgekommen, ziemlich hergestellt, wie es scheint. Letzten Sonntag war ich zu Tisch bei Professor Mezgers, wo es mir gut gefiel. Sonst war ich in den letzten Wochen bei niemand, nur je und je bei den Wackernägeln, bei denen ich fast regelmäßig ein- bis zweimal wöchentlich vorspreche. Die übrige Zeit saß ich nach alter schlechter Gewohnheit weder im Konzert noch im Theater noch in Gesellschaften oder Vorträgen, sondern über Büchern. Da ich einmal lebhafte Berührung mit der Kunst, d. h. der Malerei, gefunden habe, ist es mir ein heftiges Bedürfnis, meine etwas lückenhaften kunstgeschichtlichen Kenntnisse zu revidieren und möglichst zu vergrößern. Im Florenz des 15. Jahrhunderts und bei einigen Modernen war ich schon lang gut bekannt, jetzt suche ich von der klassischen Zeit Italiens, von der älteren deutschen und holländischen Kunst möglichst eine Übersicht und lebendige Vorstellung zu bekommen. Nebenher lese und rezensiere ich gelegentlich irgend eine Novität. Von der Schlaffheit abgesehen, bin ich gesund, schlafe leidlich und esse mit Appetit, sehe auch ungewöhnlich gut und rosig aus. Falls ich zu Karls Hochzeit komme, was ich noch nicht weiß, werdet Ihr mit meinem Äußeren sicher zufrieden sein. Doch ist vom letzten Jahr her eine sehr lästige Reizbarkeit der Nerven da, und ich habe das Gefühl, letzten Sommer mich doch nicht genügend ausgeheilt zu haben[3]. Vom 1. April an wohne ich Mostackerstraße 10^{II}.[4] Die Bude ist ein Loch, geht aber auf den Garten, und, was die Hauptsache ist, ich hoffe dort gut bedient zu werden, auch mit Knopfannähen etc.

Nun lebt wohl! Ich wünsche Euch allen, Papa und Karl insbesondere, einen guten Frühling.

Euer dankbarer Hermann

1 S. Nr. 823, Absatz 3 u. Fußn. 2 und Nr. 848, Absatz 8.
2 S. Anm. II, Nr. 62.
3 Da war H. H. in einem längeren Urlaub auch viel im Elternhaus.
4 S. Nr. 867, vorletzter Absatz.

872] *H. H. an Johannes und Marie Hesse*

Basel, 24. März 1900 [Postkarte]

Ihr Lieben!

Danke schön für Papas Karte! Bei mir ist inzwischen Influenza eingebrochen, Schnupfen, Kopfweh, Fieber etc., und ich war die ganze Woche sehr runter, da ich mich nicht ins Bett legen konnte. Jetzt geht's etwas besser. Nach

Heilbronn hab' ich gestern zugesagt[1]. Nächste Woche ziehe ich um – Mostackerstraße 10 – bei dem nassen Wetter, halbkrank, ein zweifelhaftes Vergnügen[2]. Grüße an alle!

Herzlich Euer Hermann

1 Zur Hochzeit seines Halbbruders Karl Isenberg mit Elisabeth Berg am 19. April zu kommen.

2 Johannes Hesse hatte am 18. und am 25. März Karten an H. H. geschrieben: was es so übers Alltägliche zu sagen gab; das ganze Haus habe Influenza.

873] *H. H. an Johannes und Marie Hesse*

Basel, 24. März 1900

Ihr Lieben!

Daß ich heute abend noch einen Brief an Euch beginne, daran ist, so unhöflich es klingt, nur meine Unfähigkeit zu anderer Beschäftigung schuld. Bücher und Manuskripte liegen da, aber die Influenza triumphiert, und statt mich mit dem großen Franz von Assisi[1] oder mit dem genialen Lionardo zu beschäftigen oder an den feinen Märchen Tiecks weiter zu kritisieren, denke ich müd und pflegebedürftig nachhaus zu Euch. Dennoch bin ich froh, daß ich ohne Bettliegen ausgehalten habe, so sauer es ging, denn in diesem Hause gibt es nichts, woran ein Kranker appellieren könnte, hier könnte man ungestört sterben, und es käme erst ein paar Tage später heraus. Ich freue mich auf die neue Wohnung, wo ich weniger Stille und Ungestörtheit, aber bessere Pflege finden werde.

Vor kurzem ging ich abends, wie ich manchmal tue, spät noch durch Nachtigallenwäldchen und Schützenmatte, und sah am Müllerweg in allen bekannten Häusern die Lichter brennen. Bei Tag ist mir der Weg zuwider, so sehr ist alles verbaut und verwüstet, eine Reihe kleiner, langweiliger Straßen steht auf unsern Spielplätzen. Die Schützenmatte aber besuche ich oft. Zwar sind dort der Matte entlang viel neue Häuser, und auf der Matte selber wird eine Pflanzung angelegt, eine Kirche gebaut und eine Eisenbahnlinie gezogen, aber bis jetzt ist das Ganze noch nicht wesentlich verändert. Die Kinder spielen noch dort, die Drachen steigen noch, und *die ganze große Wiese hat noch den alten Glanz für mich.* Ich meine, die Sommerferien jener Jahre, die ich fast ganz auf dieser Matte zubrachte, sind doch meine schönsten Tage gewesen. Mit solcher Leidenschaft und mit so frischer Lust habe ich keinen Sport und kein Studium mehr betrieben wie damals die Schmetterlingsjagd auf der heißen, hellen Wiese. Wenn ich vorbeigehe und die breite Wiesenfläche sehe, von der kein Fußbreit mir fremd ist, meine ich immer, daß dort auf der Wiese ein guter Teil von mir geblieben sei, der mich wie etwas Prächtiges, Unwiederbringliches anzieht und mir zugleich Vorwürfe macht. Ich sehe erst jetzt, da ich seit etwa zwei Jahren in zielbewußter Arbeit stehe und alle Kräfte nach bestem Wissen zugleich anstrenge und schone, wie viel ich in den sechs Jahren vorher vergeudet und verbummelt habe. So wild ich als Kind war und so sehr ich mir unzähliger Unarten und Bosheiten bewußt bin, ich habe doch einen wehmütigen Respekt vor der ungebrochenen Kraft und Fülle jener Jahre, die mir jetzt oft in Pracht und Sehnsucht wiederaufleben. Dabei erinnere ich mich unzähliger Spaziergänge mit Euch, besonders mit Papa, Herrn Stach (?) und Onkel Gustav[2], und an viel anderes, und denke mit Beschämung an alle Sorge und Plage, die Ihr mit mir hattet und noch habt. Es schmerzt mich, daß Mama mit meinem Schreiben unzufrieden ist, nur will ich dies nicht mit großen Versprechungen gut machen. Ich stehe hier zwischen Beruf, Privatarbeit und Geselligkeit in einem recht glücklichen, aber sehr ausgefüllten und angespannten Leben und kann mich zum Schreiben nicht immer zwingen, wie man eigentlich sollte. Um Euch zu sehen und um den Anschein der Gleichgiltigkeit oder Trägheit zu vernichten, habe ich nach Heilbronn zugesagt[3].

Nun lebet wohl! Herzlich Euer Hermann

1 Im Herbst 1904 erschienen »Franz von Assisi« und »Boccaccio«, beide bei Schuster & Loeffler, Berlin und Leipzig.

2 Gustav Hesse; 1856-1920; Onkel H. Hs., Landwirt; 1. Sohn aus der dritten Ehe von H. Hs. Großvater Dr. Karl Hermann Hesse in Weißenstein.

3 Zur Hochzeit von Karl Isenberg und Elisabeth Berg am 19. 4. 1900.

874] *Marie Hesse an H. H.*

Calw, 7. April 1900

L. H.

Inzwischen ist's bestimmt, daß unsere Marulla Ende dieses Monats bei Freifrau von Gaisberg geb. von Stryk, Livländerin, Nichte von Fräulein v. R[eutern], Tübingen, als Erzieherin eintrete. Da wir die Baronin kennen und wissen, daß es eine sehr nette Stelle ist, freuen wir uns sehr für und mit M[arulla]. Nächsten Mittwoch soll bei uns Thusneldes Taufe[1] stattfinden. [...]

1 Drittes Kind von Theodor und Martha Isenberg, geb. 16. 2. 1900.

875] *Otto Erich Faber an H. H.*

Kirchheim, 13. April 1900

Lieber Hermann Hesse!

[...] Seit Jul[1] fort ist, war ich daran Dir zu erzählen, wie alles geworden, wie alles kam.

Also die Geschichte vom reizenden kleinen Lulumädchen, damit hast Du dann auch meine Geschichte, wie's mir gegangen die ganze lange Zeit, seit wir nichts mehr von einander hörten.

Ach die Zeiten, die Tage, wie Du sie noch in Erinnerung haben wirst von der Krone, von Lulu und dem Schwester-

lein der Prinzessin, sie sind so lang vorbei und überholt durch andere schöne, aber leider im hauptsächlichen trübe, öde Zeiten mit wenig wenig Sonnenschein für die Mädchen. Wie Du fort warst, da waren wir ja noch zu Vieren am Cénacletisch[2], dann im Herbst ging Ugel, nachdem Carlo schon vorher nach Tübingen entschwunden war, Oskar und ich blieben. Wir waren ein treues Kleeblatt und lebten uns immer enger und intimer ein mit Jul, die uns all' ihre Sorgen und Tränen vertraute. Manchmal um 11 Uhr bei einem Frühschoppen und dann jeden Abend um 6 Uhr. Das waren immer kurze schöne Stunden. Lucida intervalla in meinem Examensgeschäft [... Aber] die schöne Frau Müllerschön, diese Canaille – sie ist, glaub' ich, das einzige Wesen, das ich hasse – ... war neidisch, eifersüchtig auf Jul und plagte und kränkte das arme Mädchen, wo sie konnte, stiftete ihren Latsche von Chef auch noch auf, und da waren sie vorbei, die schönen Zeiten. Auf Schritt und Tritt wurde Jul gejagt, wenn wir da waren. Jedes kleine Wort mußte man stehlen und immer unter Ängsten, daß Jul es nachher büßen müsse. So war es schon im November–Dezember. Ich ging schweren Herzens ins Examen, nun es ging ja trotz der Krone. Schon vorher bei einem großen Krach hatten wir den Mädchen, wenn auch mit schwerem Herzen und Angst um die Öde nach einer Trennung, geraten, sie sollen fort und sich nicht aufreiben an Leib und Seele. Einmal mußte es ja doch so kommen. Ach, es waren oft sehr trübe Stimmungen. [...]
Vom ganzen Cénacle war also nur ich noch da. Umso näher kamen wir uns, mein süßes Mädi, wie sehnten wir uns nach den kurzen Stunden, die wir beieinander sein konnten. Doch die tristen Verhältnisse, die immer nur fern – in einem kurzen gestohlenen Augenblick – ein schönes, freies, göttliches Leben zeigten, sie brachten viele trübe verzweifelte Sehnsüchte. Dieses zarte, feine Geschöpf, das sich mir

wie eine aufbrechende Blüte zart, schmeichelnd, duftend zuneigte und vertrauend offenbarte, warum habe ich nicht die Mittel, die Macht – oder vielleicht ehrlicher – den Mut, sie herauszuheben und in ein freies schönes Land zu heben und zu pflegen. –

Doch schau, jetzt bin ich doch da, wo ich nicht hinkommen wollte, ich wollte nur eine Chronika ganz teilnahmlos berichten — es war einmal ein schönes, schönes Wunderkind mit braunen, weichen Samtaugen, das mußte aber viel heiße Tränen weinen. – Aber so geht es, wenn die Sehnsüchte kommen, da entschlüpfen Geständnisse, die bis jetzt nur ein liebes Mädchen wußte – ich will lieber aufhören – denn der Otto Erich macht sich mit einem schweren Herzen am Ende sehr komisch, es war ja sonst so leicht. Also am 12. März 1900 abends nach 6 Uhr kam ich gewohntermaßen in die Krone, doch weder Sophie noch Jul war zu sehen und Chef und die Frau machten blöde Gesichter, wie wenn ihnen etwas hineingehüpft wäre. Endlich kam Sophie mit rotgeweinten Augen und sagte mir einen letzten Gruß von Jul, die um 4 Uhr für immer abgereist sei. – Ein sehr trauriger junger Mann ging aus der Krone. [...] Gegenwärtig ist sie in Erlangen in einer Mühle bei zwei Kindern [...] Vergessen werden wir sie jedenfalls alle nicht, unser liebes Cénaclemädchen. [...]

Vom 23. April an werde ich 10 Tage in München sein, ich freue mich riesig auf die schöne Kunststadt und auf meine Base Sophie, meine »Frau Bankdirektor v. H.« Ich werde ihr Deine romantischen Lieder und Schaukals Verse vorlesen, ich sehne mich, denn gegenwärtig ist es sehr öde und einsam in Kirchheim, und ich bin froh, tüchtig Arbeit zu haben. [...]

Wenn auch kein Brief kam, vergessen warst Du und die schönen Tübinger und Kirchheimer Cénacletage deshalb nicht.

Grüße Ugel, feiert ihr Ostern miteinander? Oder bist Du gar zu Haus?
Mit herzlichen Grüßen bleibe ich Dein alter Otto Erich

1 Julie Hellmann, 1878-1972, Nichte des Kirchheimer Kronenwirtes, vgl. »Lulu« im »Hermann Lauscher«.
2 In der »Krone« zu Kirchheim.

876] *H. H. an Johannes und Marie Hesse*

Ostern, 15. April 1900
[Ansichtskarte, Gruß aus Brunnen]

Liebe Eltern!
Hier hoch über dem See[1], zwischen den Schneebergen, jodelt der Gaisbub. Es ist köstlich, köstlich! Das Wetter klar und heiß, alles voll Veilchen, Klee und Schlüsselblumen.
Mit Kuß Hermann

1 S. Nr. 905 und Nr. 908.

877] *Helene Voigt-Diederichs an H. H.*

Leipzig, 17. April 1900

[...] Wir hatten viel Durchreisebesuch, und mit wenig Ausnahmen sind mir die Maler und Bildhauer viel lieber als die Schriftsteller. Bei letzteren oft Selbstüberhebung, öfter Einseitigkeit – am öftesten gelindes Pharisäertum. Die jungen Künstler sind nicht so leicht angekränkelt von Nachtcafés und sehen meist mit schärferen und eigeneren Augen. Auch kommt noch das Persönliche dazu, daß ich von ihnen meist viel lerne. – [...]

878] *H. H. an Helene Voigt-Diederichs*

Basel, 21. April 1900

Ihr lieber Brief hat mich herzlich gefreut. Da die nächste Zeit mir allerlei Arbeit bringt, will ich gleich wenigstens kurz antworten, d. h. Ihnen meine Neuigkeiten erzählen. Ich kam gestern von einer Reise nach Heilbronn zurück, wo ich bei der Hochzeit eines Bruders meine Eltern und Geschwister sah und meinen schönen Schwägerinnen den Hof machte. Auf dem Rückweg blieb ich einige Stunden in Freiburg, wo ich einen lieben Freund habe[1]. Mit diesem war ich zwei Ostertage am Vierwaldstätter See, meinem Lieblingsort, bei herrlicher Sonne. Die Schneeberge waren schöner als je, und die ganze lange Axenstraße entlang war ein breiter Gürtel von Veilchen und Enzian. Auf dem Axenstein, wo die Hotels noch nicht offen sind, fanden wir keine Seele als einen Gaisbuben, der zwischen den Ziegen auf dem Bauch lag und jodelte ohne nach uns umzusehen. Die Mythen waren besonders prachtvoll, dann der Urirothstock und Pilatus. Wir sahen alles Schöne was zwischen Luzern und Flüelen zu sehen ist. Da gab es, nicht weit vom Schnee, Blumen und blühende Obstbäume und unzählige Schönheiten mehr. Der See selbst mit den aneinandergereihten Schneegipfeln im Spiegel ist unsäglich schön, frisch und farbig.

Was Sie über Literaten und andre Künstler sagen, ist mir aus der Seele geredet, auch mir ist unter Kollegen nie so wohl wie unter Malern, welche ich übrigens auch den Musikern meist vorziehe. Meine gelegentliche Verwendung für den Verlag Ihres Mannes ist zunächst nicht mehr als ein Versuch, ihm den Verlust zu verringern, den mein armes Buch[2] ihm macht. Daß ich auch zurückhalten kann, sehen Sie daran, daß ich von den zuletzt erhaltenen Novitäten nur Rossetti[3] behalte – ich will das Rezensieren nicht zum Handwerk bei mir werden lassen. Rossetti ist mir in seiner Gesamterscheinung sympathisch, ohne daß ich seine einzelnen Sonette sehr hoch schätze.

Nächst Ruskin[4] bin ich nun auf nichts so gespannt wie auf Ihre Gedichte[5]!

Ihr Brief spricht von einem Thüringer Leberblümlein, das Sie beilegen wollten. Es war keines drin. Bekomm' ich's noch? Mit herzlichem Gruß Ihr H. Hesse

1 Ludwig Finckh, gen. Ugel.
2 Gemeint sind Rezensionen Hesses über im Diederichs Verlag erschienene Bücher. Das ›arme Buch‹: »Eine Stunde hinter Mitternacht«.
3 Dante Gabriel Rossetti, »Das Haus des Lebens«, Diederichs, Leipzig, 1907. Bereits am 17. April hatte Hesse Eugen Diederichs mitgeteilt: »Bücher ohne persönliche Liebe zu lesen oder gar zu beurteilen ist zu wenig nach meinem Sinn.« Diese Haltung hat Hesse zeitlebens, in seinen über 3000 Rezensionen, beibehalten.
4 Die beiden ersten der auf 15 Bände angelegten Ausgabe: John Ruskin, »Ausgewählte Werke«; Bd. 1, »Die sieben Leuchter der Baukunst«, Bd. 2, »Sesam und Lilien«, Diederichs, Leipzig, 1900.
5 Das Gedichtbuch »Unterstrom« erschien mit Verspätung, Anfang 1901.

879] *H. H. an Johannes und Marie Hesse*

Basel, 13. Mai 1900

Ihr Lieben!
Herzlichen Dank für Mamas lieben Brief! Es freut mich sehr, zu hören, daß es Karl und Marulla gut geht. Dem lieben Papa möchte ich so prächtige Tage wünschen, wie wir hier seither gehabt haben. Ich war viel spazieren und sonntags immer auswärts, gewöhnlich im Wenkenhof[1] bei Riehen, wo ich immer die freundlichste Aufnahme und einen Stuhl am Abendtisch für mich bereit finde, auch etwa ein Bett zum Übernachten.
Letzten Sonntag war ich mit Familie Reich und meinen Kollegen in Bürgeln am Blauen, wo alle Wälder frisches Laub haben und alle die vielen kleinen Täler ganz weiß von der Obstblüte sind. Mein Kollege Rosenberg geht nächsten Monat fort, und ich soll zum Teil seine Arbeit übernehmen, ein junger Hamburger soll im Juli neu kommen.
Und nun eine Kardinalfrage! Im Herbst muß ich mich zum Einjährigen stellen und muß doch immerhin mit der Möglichkeit rechnen, genommen zu werden. Habt Ihr Vor-

schläge? Ich muß eine Garnison wählen, zu der ich mich melde, und habe schon an Tübingen, Stuttgart oder Freiburg gedacht. Es wäre mir schrecklich, für ein ganzes Jahr wieder von Eurem Gelde leben zu müssen, von der Widrigkeit des Dienstes ganz abgesehen. Wenn Ihr irgend Vorschläge habt, so sagt mir's bitte bald. Ich muß eben in der Garnison, bei der ich mich im Sommer anmelde, nachher auch dienen. Ich wünsche sehr, es möchte uns erspart bleiben – Euch das viele Geld und mir die Plage und Unterbrechung meiner Basler Zeit.

Wann erwartet Ihr denn nun Tante Jenny? Ich soll Mama von Frau La Roche und Frau Stehlin-Miville grüßen, die ich dieser Tage sah, ferner Papa von Herrn Percy (Persi?), der früher bei Reichardt das Magazin druckte und jetzt technisches Oberhaupt an der Druckerei der Schweizer Zeitung ist.

Eben werde ich von Frau Professor Wackernagel zu Tisch geladen und muß nun in den schwarzen Anzug fahren.

Lebt herzlich wohl.

Euer dankbarer Hermann

1 Landhaus von Dr. R. Wackernagel; – S. auch Nr. 880, Absatz 4. S. den »Riehenhof« im »Tagebuch 1900« (Teil des »Hermann Lauscher«, WA 1, S. 316 ff. Ferner: »Wenkenhof, Eine romantische Jugenddichtung«, von H. H. als Privatdruck versandt; geschrieben 1905; jetzt in H. H. »Aus Kinderzeiten«, Gesammelte Erzählungen, 1. Bd. 1900-1905, suhrkamp taschenbuch 347, zusammengestellt von Volker Michels.

880] *Marie Hesse an H. H.*

Calw, 16. Mai 1900

Mein lieber Hermann!

Danke für Deinen lieben Brief, wir hatten recht darauf gewartet. Daß Ihr schön Wetter habt, ist Euch zu gönnen, wir haben sehr kalte Tage und müssen heizen. Gestern war alles voll Schnee, nicht nur im Schwarzwald, sondern auch

in Stuttgart hat der Schnee den blühenden Bäumen Schaden gebracht. [...] Deine Militärfrage lag auch uns im Sinn. Uns würde Tübingen am meisten einleuchten oder Stuttgart. [...]
Marulla schickte uns Maiglöckchen, die sie am Samstag im Wald mit den Kindern geholt. Sie will jetzt auch den 7jährigen Otto[1], der die Dorfschule besuchte, selber unterrichten, da er scheints nicht mitkam.
Kannst du die Anmeldung im Sommer nur schriftlich abmachen und dann erst im Herbst dich stellen? Es ist natürlich eine arge Ungewißheit bis dorthin, aber es läßt sich wohl nichts machen. [...]
Den Wenkenhof kennen wir etwas, in namenloser Hitze sind wir einmal dahin. Dr. Burckhardt hatte Papa einmal ermuntert, ihn dort zu besuchen mit den Kindern – es war eine furchtbare Strapaze. Leider war der alte Herr Doktor gerade ganz allein draußen und entschuldigte sich, er habe nicht einmal den Schlüssel zum Haus da – so zogen wir staubig, müde, hungrig und durstig wieder nach Riehen, du wirst damals auch dabei gewesen sein ohne eine Ahnung, daß dir dort noch schöne Tage blühen. [...]

1 S. Nr. 874.

881] *H. H. an Helene Voigt-Diederichs*

Basel, 30. Mai 1900

Ich muß Sie doch schnell noch grüßen! Eben verließ ich den kleinen Musiksaal, wo Otto Hegner ein brillantes Klavierkonzert gab. Da war besonders ein Andante von Haydn, im elegantesten Rokoko, kühl, silbern und wohllaut, und eine kleine Romanze von Hans Huber[1], so leicht, regellos und traurig wie ein großer dunkler Schmetterling in der Sonne. Ich genoß wie selten.
Wundert es Sie, daß ich einen solchen Genuß extra ver-

zeichne und rühme, da ich doch oft Musik höre? Aber leider kann ich eben nicht immer voll genießen. Oft im tiefen Wald, wenn alle Schönheit und Ruhe der Natur um mich ist, verlangt mich plötzlich, lieber zu Hause zu sitzen und bei Zigarre und Kerzenlicht einen romantischen Schmöker von 1800 zu lesen. Und ein ander mal wenn ich in einem guten Konzert sitze, hört mir oft urplötzlich die Lust auf und ich sehne mich irgendwo allein in einer Schlucht zu liegen, nur Felsen und Farnkraut über mir – Aber in den Augenblicken, wo eine vorzügliche Musik mich wirklich »hat«, wo der kühle, vornehme Glanz eines Holbein zu mir redet oder wo ich im grünen Wald mich entkleide um ein rasches Bad zu nehmen – in diesen Augenblicken erfüllt mich die Lust des Lebens so farbig, so reich und zitternd, daß ich nicht weiß, ob andere so voll und selig sein können.

Heute bei diesem Stückchen Haydn ging mir in einem kurzen, süßen Augenblick das Wunder dieser zarten Vollkommenheit so hell und glücklich auf, daß ich heute noch irgend jemandem sagen muß, ich sei glücklich gewesen.

Das ist nun wieder so ein abgerissenes, impressionistisches Blatt – eigentlich kann man mit Fremdbekannten nicht anders reden. Ich weiß von meinen nächsten und lieben Bekannten keinen, dem ich es schicken möchte, denn diesen bin ich so viel Alltag schuldig! Mit Ihnen aber, dank unsrer freilich oft beklagten Unbekanntschaft, verbinden mich gerade diese flüchtigen, überirdischen Augenblicke – ein Stück Musik, ein Lied, ein schönes Bild, eine Landschaft, wobei Sie mir plötzlich einfallen und wobei ich immer denke, hier würden wir uns ansehen und verstehen.

Ich könnte Sie auch noch von einer ganzen Schar lustiger Kinder grüßen, mit denen ich die letzten Sonntage auf einem nahen befreundeten Landgut[2] zubrachte. Hätten Sie gedacht, daß Ihr nervöser Dichter ganze Sonntage lang mit zehnjährigen Mädchen Ball spielen, schaukeln und Räuber spielen könnte?

Einen herzlichen Gruß an Herrn Diederichs, und einen an Ruth! Ihr Hermann Hesse

1 Hans Huber; 1852-1921; Direktor der Musikschule Basel; Komponist, Pianist. Elisabeth La Roche war Meisterschülerin von Hans Huber. Sie schrieb zur 100sten Wiederkehr seines Geburtstages ein Gedenkblatt – S. auch Nr. 882 u. Anm. II, Nr. 54 und Nr. 60.

2 Wenkenhof, Riehen bei Basel. S. Nr. 879.

882] *H. H. an Elisabeth La Roche*

[*wahrscheinlich Mai 1900*]

[Hesse schrieb 1900, wahrscheinlich im Mai, einige Briefe an Elisabeth La Roche, sandte sie jedoch nicht ab. Er hat aber, wie Hugo Ball schon 1927 in seiner Hesse-Biographie mitteilte, Elisabeth La Roche in seinen Gedichten und im ›Peter Camenzind‹ wie im ›Hermann Lauscher‹ dargestellt. Sie ist eine für die Entwicklung von Hesses Werk wichtige Person und darf darum hier nicht fehlen. Vgl. auch die Erzählung »Fragment aus der Jugendzeit« in H. H. »Die Verlobung«, Gesammelte Erzählungen, Frankfurt a. M. 1977, S. 83 ff. Die Briefe, die nichts enthalten, was nicht dem Werk zu entnehmen wäre, werden eben deshalb – der Entscheidung H. Hs. zufolge – hier nicht abgedruckt. Hesses Gedicht »Elisabeth« soll sie vertreten[1].]

1 Außerdem finden sich in den Anm. II, Nr. 54 und Nr. 60 einige spätere Zeugnisse der Verbindung zwischen H. H. und Elisabeth La Roche.

Elisabeth

III

Wie eine weiße Wolke
Am blauen Himmel steht,
So still und schön und helle
Bist du, Elisabeth.

Die Wolke geht und wandert,
Kaum hast du ihrer acht,
Und doch durch deine Träume
Geht sie in dunkler Nacht.

Geht und erglänzt so silbern,
Daß fortan ohne Rast
Du nach der weißen Wolke
Ein süßes Heimweh hast.

[Eine frühe Niederschrift des Gedichts; zitiert aus den »Basler Nachrichten« vom 10. Oktober 1971.]

883] *H. H. an Johannes und Marie Hesse*

[Pfingsten 1900, 5. Juni 1900
Poststempel Ehrenstetten; Ansichtskarte
»Gruß aus St. Ulrich (bei Freiburg i. Br.)]

Ihr Lieben!
Wir sind für Pfingsten hier abgestiegen, in einem winzigen, weltfernen Schwarzwaldnest. Mit dem Schreiben ist's wieder nix – ich hab' sehr viel Arbeit, da der Lehrling beim Militär und ein Gehilfe ausgetreten ist.

Herzlichen Gruß! H.

Einen schönen Gruß von L. Finckh.

884] *H. H. an Johannes und Marie Hesse*

[Basel,] Pfingstmontag abend [, 6. Juni 1900]
[Postkarte]

Ihr Lieben!
Eben komme ich von Freiburg zurück, von wo aus ich mit Finckh ein paar ganz unbekannte, winzige Dörflein im hohen Schwarzwald besuchte. Wir übernachteten in St. Ulrich bei einem Wirt und Müller, wo wir gestern abend mit dem

Polizeidiener und mit Hochwürden, dem katholischen Pfarrer, eine harmlose Weinkneipe hatten und heute morgen um 6 ½ Uhr den Tag mit einer eiskalten Dusche begannen. Wir brachten einfach das Wasserrad zum Stehen und stellten uns unter den Fall, der sonst die Mühle treibt, zum maßlosen Erstaunen des Müllers.

Wie Ihr seht, ist es mit dem Schreiben weniger als je, obwohl ich ordentlich gesund bin – ich habe zur Zeit fast doppelte Arbeit. Der Lehrling ist beim Militär, ein Gehilfe ist ausgetreten, ohne daß noch ein Nachfolger da ist, und ein zweiter hat nächstens Hochzeit – so steht mir ein saurer Sommer bevor. Doch denke ich's zu prestieren[1], wenn die Hitze nicht zu arg wird. Entschuldigt und seid herzlich geküßt

Hermann

1 Wie durch (Zauber)tricks zu schaffen; vgl. *prestidigitateur*, franz.: Taschenspieler.

885] *H. H. an Johannes Hesse*

Basel, 10. Juni 1900

Lieber Papa!

Meine herzlichen Glückwünsche zum Geburtstag! Ich hoffe, Ihr habet gutes Wetter, da bis jetzt sogar die Basler Hitze noch erträglich war, und könnet die Vormittage und Abende auf der Veranda sein.

Ich schicke als Geburtstagsgruß ein Buch für die Hausbibliothek, da alles andre Zoll kostet und Schwierigkeiten macht.

Eben komme ich aus der Aufführung der H-Moll Messe im Münster. Es war prachtvoll, aber ich bin zur Zeit innerlich und äußerlich nicht ruhig und genußfähig genug für so große Sachen. Statt dessen spiele ich mir je und je ein paar Takte auf der Geige, oder suche mir Blumen oder gehe, wenn ich besonders bedürftig bin, zu den Wackernagelkindern und spiele Räuberles mit ihnen oder erzähle ihnen

Märchen. So bin ich trotz Hitze und Arbeit noch leidlich auf den Beinen, nur das Besuchemachen, Briefschreiben, Lesen etc. kommt sehr zu kurz. Da ich im Geschäft sehr harte Zeit habe, lebe ich wieder wie an Weihnachten, sehr programmäßig rationell, d. h. ich gehe meist früh zu Bett, trinke tagsüber Milch und Sauerwasser etc. Außerdem stehe ich jeden Morgen um $^3/_4$ 6 Uhr auf und nehme ein kurzes kaltes Schwimmbad im Rhein. Kopfweh habe ich fast gar nicht, fürchte aber, es möchte allmählich kommen, da noch zwei Monate solcher Anstrengung vor mir liegen. Wir sind jetzt statt zu 5 nur zu dritt im Laden, außerdem hat von uns Dreien einer im Juli Hochzeit und Urlaub. Meine Vakanz wird nicht vor August sein können, ich denke, dann in die Alpen zu gehen.

Dies das Hauptsächliche über mein Befinden. Ich wünsche Dir so guten Schlaf, wie ich meistens ihn habe. Gelegentlich des Missionsfestes ist hier je und je von dir die Rede, und ich bedaure sehr, daß du nicht kommen kannst. Freilich wäre aber die Aufregung, die Reise und die hiesige Hitze nur Gift für dich. Denk' nur, das Konzertbillet heute kaufte ich von unsrem Herrn Boller[1]!

Nun adieu! Trotz der mangelhaften Schreiberei sind meine Gedanken und Wünsche viel bei Euch und heute ganz besonders bei dir. Dein dankbarer Hermann

1 S. Nr. 645, Absatz 2. Johannes Hesse hatte H. H. am 23. September 1897 mitgeteilt, daß bei Reich in Basel eine kleine Gedichtsammlung von Frau Boller-Erb erschienen war. Die Bollers hatten im Müllerweg 126 bei Hesses gewohnt (1881-1886).

886] *Marie Hesse an H. H.*

Calw, 20. Juni 1900

[...] Danke für Deine Seelisberger Karte und die Plauderei »Romantisch«[1]. Wir haben uns für Dich gefreut, daß du einen so schönen Ausflug gemacht und hoffen, du bist erfrischt wieder heimgekehrt. Papa geht's im ganzen ordentlich, nur kann er gar keine Pläne hören von Reisen und dergleichen. Wir wären gar zu gern mit ihm und Hans Montag per Kutsche nach Aidlingen gefahren, aber er hatte keinen Mut dazu. Auch die Reutlinger[2] laden schon lange vergeblich ein, so sehr es mich zieht, den neuen Haushalt zu sehen.

Onkel Hermann von Reval[3] schrieb über seines Schwagers – Dr. med. Eugen Clever's – Silberhochzeit. Da hatten Onkels das Haus voller Gäste und waren fröhlich bis 1 Uhr nacht aufgewesen. Um 3 gibts allgemeinen Alarm, ein Krach und Geräusch, eine huschende Gestalt, die durch alle Zimmer jagt – kurz, aus allen Zimmern stürzen die Gäste und Hausbewohner im Schrecken in den wunderbarsten Anzügen heraus und sagen, es spuke, es sei ein Geist an ihrem Bett vorbeigehuscht, oder es seien Diebe eingebrochen. Furchtbare Aufregung und Angst, die Untersuchung ergibt, daß Onkels 15jähriger Georg[4] mondsüchtig geworden und im Schlaf auf seinem Zweirad im Nachthemd durch alle Gemächer gejagt und endlich im großen Saal angestoßen war! Jetzt lachte alles. In Rußland ist's ja Mode, alle Türen offen zu lassen oder bloß Vorhänge statt Türen an den Schlafzimmern zu haben, damit winters überall gleich warm. – Onkel Hermann von Amerika[5] bat mich, ihm deine Gedichte und das andre Buch[6] zu schicken, er und Julie Müller wollten's lesen. So schickte ich neulich mein Exemplar dahin. [...]

1 Erschienen in der Sonntagsbeilage der »Allg. Schweizer Zeitung«, Basel, 5. Jg., Nr. 24, vom 17. Juni 1900. – S. Anm. II, Nr. 61.
2 Karl und Elisabeth Isenberg; s. Nr. 800, Absatz 1.
3 Der 7 Jahre jüngere Bruder von Johannes Hesse; Pastor zu St. Olai, Reval.
4 Georg Johannes Hesse, 5. Kind des Onkels Benjamin Karl Hermann Hesse; im ersten Weltkrieg Militärarzt, später Chirurg; Direktor der Revaler Privatklinik.
5 Hermann Gundert, Pfarrer in Mount Clemens, Michigan.
6 »Eine Stunde hinter Mitternacht«.

887] *Johannes Hesse an H. H.*

Calw, 20. Juni 1900

L. H.

Herzlichen Dank für Deinen Geburtstagsbrief, für das schöne Buch und für die romantische Plauderei. Letztere habe ich gelesen, zum Buch habe ich noch keinen Kopf gehabt. Meine Kraft reicht eigentlich nur noch zu den drei Monatsblättern.

In der Schweiz scheint man sich arg für die Buren zu begeistern. Wegen des harmlosen Burenartikels in der Mai-Nummer vom Calwer Missionsblatt erhielt ich von Pfarrer Rohr in Brunnen und von seinem Vater in Bern heftige Vorwürfe. Andere haben mir dafür gedankt. Die Hauptsache ist, daß der Krieg jetzt, wo man die Engländer in China und in Asanti sehr nötig hat, zu Ende geht. Ich lasse mir jetzt auch wieder täglich die Zeitung geben. Lange begnügte ich mich mit dem, was das Calwer Wochenblatt brachte. Die Engländerfresserei der Deutschen tat mir weh – nicht wegen der Engländer, die ja gewiß keine Engel sind, sondern wegen der Unwissenheit, Kurzsichtigkeit und Selbstgerechtigkeit der Deutschen, die eigentlich doch nur aus Neid und Schadenfreude gegen die Engländer sind.

Schuhmacher Zahn will wieder zum Basler Missionsfest. Er wohnt bei einem Fachgenossen in der Hebelstraße. Es wäre nett, wenn du ihn sehen würdest.

Leb wohl! Spare deine Kräfte! In Liebe dein Papa

888] *H. H. an Johannes und Marie Hesse*

[Ansichtskarte; 29. Juni 1900]

einen eiligen *Gruß von Lörrach!* ich bin eben für eine Stunde hier, um mich in der Militärsache zu informieren, die hoffentlich in acht bis vierzehn Tagen sich endgiltig entscheiden wird. Für Euer Letztes besten Dank, in der Burensache freut es mich, mit Papa so einig zu sein. Zu einiger Seelenruhe kann ich vor Entscheidung der Dienstfrage nimmer kommen. Herzlich H.

889] *Marie Hesse an H. H.*

Calw, 29. Juni 1900

Mein lieber, teurer Hermann!

Montag ist ja Dein Geburtstag. Da nun Schuhmacher Zahn morgen zum Basler Fest reist, geben wir ihm unsre Grüße an Dich mit, zwar der Einfachheit wegen eben Geld, von uns 15 Mark und von Tante Jenny 5 Mk. Das wirst Du zur Vakanzreise brauchen können. Es sieht recht trocken und langweilig aus, aber Dir ist's doch angenehmer als etwas, das Du vielleicht nicht gerade brauchst. Papa gibt Dir dazu seine Gutlesschachtel, die ihm Tante Jenny gebracht hatte. [...]

Gott mit Dir, Herzenskind! Wie eine feurige Mauer umgebe Dich Seine erbarmende Liebe und lasse Dich schmekken, daß Er lebt und wohltut. Innig küßt Dich

Deine Mama

890] *H. H. an Johannes und Marie Hesse*

Basel, 2. Juli 1900 [Postkarte]

Ihr Lieben!

Ich will doch wenigstens heute noch für Euer Geschenk und Mutters Brief herzlich danken! Die Arbeit drängt, dazu war ich erkältet und konnte vor Schnupfen kaum mehr sehen und hören, jetzt ist's im Heilen begriffen. Ich bekam Briefe von Hans, Karl und den Aidlingern. Hans schrieb arg nett und lustig. Hier ist große Hitze.

In Tübingen hab ich mich nun gemeldet, hoffentlich entscheidet es sich nun rasch. Die liebe Tante[1] grüße ich herzlich, danke für ihr schönes Geschenk, und wünsche ihr und

Euch allen ein schönes Beisammensein und gute Gesundheit. Wann mir endlich wieder einmal ein Brief gelingen wird, weiß ich noch nicht. An Vakanz ist vor Mitte August nicht zu denken, ich strebe, falls alles gut geht, in die Hochalpen, etwa Wengen, oder Chamonix oder auf den Simplon, aber bloß zum Ruhen, nicht zum Tourenmachen. Herzlich dankbar küßt Euch Alle Euer Hermann

1 Jenny H. aus Weißenstein; damals einzige noch lebende Schwester von Johannes Hesse; Lehrerin; unverheiratet; besuchte die Familie Hesse in Calw öfter; war auch am 2. Juli 1900 in Calw.

891] *Marie und Johannes Hesse an H. H.*

[Calw,] 3. Juli 1900

[...] Wir haben uns erquickt an alten Briefen vom lieben Großvater[1] – meinem Vater – die uns aus Amerika zugeschickt wurden. Über meinen Bruder Paul[2], seine Bekehrung und seine Krankheit kommen da wunderbar rührende Sachen. Wir wollen ja noch einiges drucken, nur für die Familie, nicht zum Verkauf, da kommen solche Stücke hinein.

[...] Wir lesen jetzt regelmäßig den Merkur[3], um über China und Afrika auf dem Laufenden zu bleiben. Es sieht ja grausig aus in der Welt, und Krieg und Blutvergießen überall. [...]

Johannes Hesse: Lieber Hermann! Deine Militärsache liegt uns sehr am Herzen. Hoffentlich bist du »ad utrumque paratus«[4]. Es wird recht werden. Ich bin jetzt sehr froh an der lieben Tante [Jenny], aber Adele vermissen wir doch sehr. Dein Papa

1 Dr. Hermann Gundert; s. Anm. I.
2 Paul Gundert; 1849-1871.
3 »Schwäbischer Merkur«, Stuttgart.
4 Auf beides vorbereitet.

892] *H. H. an Johannes und Marie Hesse*

[Lörrach, 8. Juli 1900] [Postkarte]

Ihr Lieben!

Soeben bin ich vom Arzt für *un*tauglich zum Soldaten erklärt worden. Schuld war weder Herz noch Brustumfang, sondern – womit ich gar nicht gerechnet hatte – hochgradige Kurzsichtigkeit.

In Eile Euer Hermann

893] *Johannes Hesse an H. H.*

Calw, 9. Juli 1900

Lieber Hermann!

Heute früh kam die Botschaft von Deiner Befreiung vom Militärdienst zugleich mit der Nachricht von der Rettung der Missionsleute in Kumase. Ich gestehe, daß *beides* mir Freudenbotschaften waren; denn auf dein Militärjahr war mir doch recht bange gewesen. [...] Auch daß bloß die Kurzsichtigkeit den Ausschlag gegeben, ist ja ganz erfreulich. Werde nur immer kurzsichtiger für all das Böse und Verführerische in der Welt! Es ist arg, was man alles zu sehen bekommt. Mir schweben zuweilen im Halbschlaf noch Dinge vor, die ich a[nno] 1869 auf der Durchreise in Suez gesehn! und vorgestern in der Eisenbahn zwischen hier und Hirsau hielt mir so ein feiner Schmutzkolporteur ein Couvert unter die Augen mit der Aufschrift: Nicht für Kinder! Verhütung der Empfängnis etc. Das sollte ich kaufen. Und als ich ihm sagte, er solle sich schämen, er gehöre auf die Polizei, da begehrte er erst noch auf, zog sich aber dann zum Glück doch bald zurück. Mich regt so etwas furchtbar auf, und ich zitterte noch lange nachher. [...] An Tante Jenny sind wir sehr froh.

Mama ist wieder fleißig am Büchermachen. Herzlich grüßend Dein Papa

894] *Marie Hesse an H. H.*

Calw, 9. Juli 1900

[...] Was die lieben Missionsleute alles durchgemacht haben, wird man erst später recht hören, aber daß im Fort in Kumase schon lange der Proviant so spärlich war, daß alle Hungerrationen bekamen, daß die Missionen nur das nackte Leben ohne Wäsche und dergl. retten konnten, daß sie auf der Flucht viel Mühsal, Entbehrung und Lebensgefahren durchmachten, weiß man schon nach dem Telegramm des englischen Gouverneurs.

Und in China geht's drunter und drüber! Die Missionare sollen jetzt schuld sein am Aufstand, wie dumme Zeitungsartikel melden, wo doch schon über 50 Jahre im Frieden missioniert worden ist, und erst seit dem Eingreifen der Westmächte der Aufstand begann! Wir lesen jetzt die Zeitungen alle Tage aufmerksam, Merkur und Reichsboten[1].

Am 23. Juni – denselben Tag, da die Bedrängten in Kumase die Flucht wagten – ist in Mount Clemens Emma Ullrich, 24 Jahre alt gestorben und wurde an ihrem Hochzeittag »nach einem Jahr seltenen Liebesglückes« wie mein Bruder schreibt, [am] 27. Juni begraben. Ihr Söhnlein Paul nehmen die Großeltern ins Haus, obschon diese nimmer an Kinderlärm gewöhnt sind, und Tante schon 60 Jahre alt ist. [...] Onkel Hermann hat in letzter Zeit viel gearbeitet, köstliche Auszüge zu machen aus alten Briefen vom Großvater. Es soll nur für die Familie und Freunde ein Buch Briefe[2] gedruckt werden – nicht im Buchhandel erscheinen. Onkel Friedrich hat das übernommen und trägt die Kosten. [...] Adele mußte zur Hilfe 10 Tage in Aidlingen sein, da Martha gar nicht wohl war; Freitag abend kam sie zurück. [...]

1 »Schwäbischer Merkur«, Stuttgart; ein »Reichsbote« hat sich bisher nicht ermitteln lassen. Wahrscheinlich ist die »Deutsche Reichspost« gemeint, die in Stuttgart von 1881 bis 1913 (?) erschien.

2 »Aus Dr. Hermann Gunderts Briefnachlaß«, 422 S., als Manuskript gedruckt. Herausgeber nicht genannt.

895] *H. H. an Johannes und Marie Hesse*

Basel, 10. Juli 1900

Ihr Lieben!

Danke schön für Mamas Brief und Vaters liebe Zeilen! Ich bin noch nicht recht zum Aufatmen und Freuen gekommen, doch ist mir's auch eine Erlösung, militärfrei geworden zu sein.

Ich schreibe dies in einer halbstündigen Pause, während mein Bett gemacht wird, denn ich liege seit Samstag abend an Diphteritis. Ich war schon seit acht Tagen sehr unwohl, und bin nun froh, ein paar Tage Ruhe zu haben. Morgen gehts wieder ins Geschäft, übermorgen hat ein Kollege Hochzeit, dann geht Herr Reich in die Sommerfrische, der Lehrling ist krank, und für Wochen hinaus ist gesorgt, daß ich zu keiner Ruhe und wohl auch zu keinem Brief etc. kommen werde. So viel Pech dabei ist, hätte Herr Reich doch einen weiteren Gehilfen finden können, und ich muß gestehen, daß ein gewisser Geiz und eine Art Inhumanität gegen die Angestellten leider mit zum Charakter »frommer« Geschäfte zu gehören scheint. Auch sonst, trotz wiederholter Überlegungen, kann ich nicht sagen, daß mir Güte und Christentum mehr als sonst zusammenzugehören scheinen, so sehr Euer Beispiel und das vieler Freunde es mir nahelegt. Mir ist Schönheit, wenn Ihr wollt »Kunst«, das Endziel, ich glaube damit aber nicht einen anderen Weg als Ihr zu gehen, bis zu der entscheidenden Wendung zum spezifisch protestantischen Christentum. Zu einer Art Gottesglauben, zum Glauben an die Güte der Weltordnung bin ich wohl gekommen, aber von da an wird mir Form und Sinn der Religion teils zu undurchsichtig, teils zu unnobel. Daß etwa Luther in edlerem Sinn gelebt habe und verklärter gestorben sei als z. B. der Heide Tizian, kann ich mir nicht denken – jener ein heißer, großartiger, aber ungeschliffener Geist, dieser in Gedanken, Kunst und Leben zu einer Harmonie und Vollendung gebildet, wie sie Luther kaum zu träumen zart genug war.

Aber dies ist wieder der alte leidige Kreis, in dem wir uns in Worten herumbewegen, während wir uns in Wahrheit näher sind, als wir beide meinen.

Mein Urlaub wird nun wohl Mitte August fallen. Wenn alles nach Wunsch geht, bringe ich ihn in den Hochalpen, Jungfrau oder Simplon oder so wo, zu.

Einen besonderen Gruß und Kuß der lieben Tante Jenny!

Herzlich Euer H.

896] *H. H. an Johannes und Marie Hesse*

[Ansichtskarte von Rigi-Kulm, 15. Juli 1900]

Ihr Lieben!

Endlich wieder ein schöner Tag ohne Arbeit, Sorgen und Krankheit! Die Berge sind herrlich, Wein etc. nicht zu teuer, sonnig aber frisch.

Nun eine Bitte: sendet mir die Kiste Bücher, die ich in Calw stehen habe, bald als Frachtgut nach Basel, Mostackerstraße 10. Ich wäre dafür sehr dankbar. Jetzt wo das Militär nimmer droht, kann ich erst wieder des Lebens und der schönen Schweiz mich freuen, bin aber freilich noch ziemlich herunter. Nächstens hoffe ich auch den Rechtenberg zu besuchen, wo eine mir bekannte Familie Sommerfrische macht[1]. Lebt wohl! Mit herzlichem Kuß

Euer dankbarer Hermann

1 Familie Fueter-Sulzer. S. Nr. 901. S. auch Anm. II, Nr. 63.

897] *H. H. an Johannes und Marie Hesse*

[Luzern, Ansichtskarte; 23. Juli 1900]

Wieder der Basler Hitze entlaufen. Seenachtfest in Luzern! Eine Pracht ohne gleichen und bestes Wetter! Morgen Axenstraße! Herzlich Euer Hermann

[Otto] Mörike[1] auch dabei.

1 Großneffe des Dichters Eduard Mörike; Schul- und Jugendfreund H. Hs.; war damals in Basel. S. Anm. II, Nr. 64).

898] *H. H. an Johannes und Marie Hesse*

[Basel, 26. Juli 1900]

Ihr Lieben!

Wieder einmal Lörrach! Soeben bin ich vom Bezirksamt dem Landsturm zugeteilt worden, werde aber doch noch einige Schreibereien etc. haben, ehe alles glatt ist. In Basel ist es wie in einem Bratofen, eine maßlose Hitze seit fast drei Wochen, man kann kaum noch gehen, essen und denken. Davon abgesehen geht es mir aber recht ordentlich, ich kann sogar trotz der heißen Nächte noch ziemlich schlafen. Ich hoffe, Ihr seid wohl und Papa leidet nicht zu sehr von der Hitze. In Eile herzlichst Euer Hermann

899] *H. H. an Johannes und Marie Hesse*

Basel, 31. Juli 1900

Ihr Lieben!

Danke schön für Mutters interessanten Brief! Ein etwas früherer scheint verloren oder nicht abgegangen, von der Sitzung[1] etc. wußte ich nichts.

Ich war also vor 14 Tagen auf dem Rigi, per Bahn von Vitznau aus. Die Aussicht auf die Alpen ist prächtig, dagegen schrumpft der schöne See zu einem Waschbecken zu-

sammen, und der Rigi selber ist kahl und langweilig, mehr Aussichtsturm als Berg. Nachmittags stieg ich in 2 1/2 Stunden bei Gluthitze nach Vitznau hinab, nahm ein Seebad und blieb noch ein paar Stunden dort. Ich hatte noch nie einen so heißen und steilen Weg gemacht.
Letzten Samstag nun fuhr ich mit Mörike wieder nach Luzern, zum Seenachtfest. Der ganze Quai, der prachtvolle Bahnhof und die ganze Reihe der hellen schmucken Prachthotels war illuminiert, auf Pilatus und Rigi rote Feuer. Auf dem See fuhren hunderte von farbig beleuchteten Booten und großen Gondeln mit lebenden Bildern, Musik etc. Von 9 bis 10 Uhr war großes Feuerwerk auf dem See, äußerst pompös und raffiniert, dann suchten wir in der überfüllten Stadt eine Herberge und trieben uns, nachdem wir uns eines Zimmers versichert hatten, noch die halbe Nacht in den beleuchteten Straßen am See herum. Es war alles sehr festlich und elegant, wir beschlossen das Fest um Mitternacht durch einen Weintrunk auf der Seeterasse eines feinen Hotels. Nachts war dann ein entsetzliches Gewitter, das schön abkühlte. Morgens 8 Uhr fuhren wir beim besten Wetter über den See, gingen an der Tellskapelle über Flüelen zu Fuß nach Altdorf, dort ins Kloster etc., wo wir uns mit den Kapuzinern anbiederten. Dann Rückfahrt von Flüelen, alle Schneeberge waren klar, Musik auf dem Schiff, kurz alles festlich. Abends Besuch beim Löwen[2] und Abendessen, um 9 Uhr waren wir wieder in Basel.
Bei dieser Hitze, wo man nicht arbeiten kann und in Basel fast ohne Gesellschaft ist, weiß ich mir für die Sonntage nichts Besseres als Luzern und den See.
Die Bücher, für die ich vielmal danke, sind am Montag angekommen, und noch nicht ganz aufgestellt.
Daß Martha und die Reutlinger[3] nicht recht wohl sind, tut mir leid, beiden werden die geplanten Ferien wohltun. Ich denke für Mitte August nun ernstlich an Berner Ober-

land und Wallis, wenn möglich über die Gemmi bis zum Simplon, auf dem ich einige Tage zubringen möchte.
Nun, bis dahin schreibe ich noch. Für heute reicht es nicht weiter.
Herzliche Grüße an alle. Mit Kuß Euer Hermann

1 In Sachen des Missionsvereins.
2 Luzerner Denkmal der in der franz. Rev. gefallenen Schweizergarde.
3 Martha Isenberg in Aidlingen; s. Nr. 894, letzter Absatz, sowie Karl und Elisabeth Isenberg in Reutlingen.

900] *Marie Hesse an H. H.*

Calw, 2. August 1900

Mein lieber Hermann!
Herzlichen Dank für die Karten von Luzern und Altdorf und deinen letzten lieben Brief, der gestern kam.
[...] Sonntag hielt der Prälat eine sehr treffliche Ansprache an die Gemeinde, und dann war Kirchenratssitzung, worin die Wahl eines weltlichen Abgeordneten für die evangelische Landessynode stattfand, Herr Oberlandesgerichtsrat von Nestle (unser Freund) wurde gewählt und als dessen Ersatzmann Onkel David. [...]
Die letzten Tage konnte man kaum in unser Haus, da die neue Gasleitung gemacht wird, und die Straße aufgegraben war. Auch wir sollen Gas ins Haus bekommen, der Schlosser dazu hat sich angekündigt auf morgen [...]
Deine prachtvollen Seefahrten gönnen wir dir ins heiße Arbeitsleben hinein. Wer ist auf dem Rechtenberg? Du sprachst von einem beabsichtigten Besuch dort. Bei der Sitzung versprach Papa Freund Huppenbauer, er komme Anfang September in [den] Palmenwald. Ob er's ausführt? ...
Jetzt schaffen wir am Monatsblatt für September: »Zeitereignisse«. Man ist ganz eingetaucht in alle Not Chinas,

Indiens und Afrikas! Ich bin meist oben bei Papa zum Vorlesen, Diktiertschreiben, Nachschlagen etc. [...]

901] *H. H. an Johannes und Marie Hesse*

Sonntag nacht [Basel, 6. August 1900]
[Postkarte]

Liebe Eltern!
Nur noch schnell eine Karte mit herzlichem Gruß! Ich komme soeben vom Rechtenberg zurück, wo ich heute Gast von Architekt Fueter-Sulzer's[1] war. Liebe Leute, besonders die Frau gegen mich ungemein lieb und freundlich. Der Rechtenberg steht noch ganz wie anno 83, mit kleinen Veränderungen, Pächter Hartmann[2] lebt noch, grüßt Euch; den Sohn Willi, meinen Spielkameraden, fand ich als prachtvollen, gescheiten, fleißigen Bauern. Die große Stube oben gegen Bretzwyl mit den farbigen Wandbildern und die Altane und das Wiesenwegli nach Bretzwyl bewegten mir ordentlich das Herz. »Sither het vill g'änderet«, sagte der Pächter und setzte hinzu: »Sie sind selligsmol a chli a Wilde gsi«.
Wenn's reicht, schreibe ich dieser Tage noch. Mit herzlichem Kuß
Euer Hermann

1 S. Anm. II, Nr. 63.
2 *Hartmann,* Pächter auf dem Rechtenberg; bisher waren Fragen nach ihm auch in Basel ohne Ergebnis.

902] *H. H. an Johannes und Marie Hesse*

[Basel,] Samstag, 11. August 1900
[Postkarte]

Ihr Lieben!
Gestern hatte Thilde Wackernagel Geburtstag, morgen bin ich zu Professor W[ackernagels] nach Schönthal eingeladen,

nächste Woche reise ich, so ist's nimmer zu einem Brief gekommen. Meine Adresse ist vom 15.-30. August: Hotel Bellevue, Paßhöhe des Simplon. Ich denke, über Bern – Lausanne – Genf – Martigny zu reisen und bei ganz gutem Wetter zu Fuß über die Gemmi und Leukerbad. Nach Italien reicht es diesmal leider noch nicht, höchstens nach Domodossola. Einstweilen regnet es, aber im Wallis sei ja immer schön Wetter. Ich freue mich auf die Ruhe und Luft der Hochalpen und bin froh, das Berner Oberland drangegeben und den großartigeren und einsamen Simplon gewählt zu haben. Und wie geht es bei Euch? Ich grüße Euch alle vielmal und wünsche Euch schöne Sommertage. Ich bin etwas mager, habe sonst aber den gefürchteten Basler Sommer sehr gut ertragen. Herzlich Euer Hermann

903] *H. H. an Eugen Diederichs*

Basel, 16. August 1900

Erschrecken Sie nicht, lieber Herr Diederichs, es kommt ein Manuskript[1] angefahren. Bitte sehen Sie die kleine Dichtung an und sagen Sie mir Ihre Ansicht. Sie werden wohl merken, daß die ganze Geschichte Zug für Zug Erlebnis ist, dennoch oder ebendarum glaube ich die Veröffentlichung wagen zu dürfen.

Ich fühle mich dem cénacle[2] gegenüber zu dieser Dedikation verpflichtet. Sollten Sie nun meiner Dichtung Ihren Beifall gönnen, aber schlechte Geschäfte fürchten, so wäre ich in diesem Falle ausnahmsweise bereit, mich in irgendeiner Weise an den Kosten zu beteiligen. In diesem Falle wäre ich für kleinste Auflage und hohen Ladenpreis, um dem Büchlein eine Art Raritätswert zu geben. Sollten Sie die Erzählung des vollen Verlegerrisikos für wert halten, so wäre ich natürlich doppelt erfreut.

Die Herstellung denke ich mir im Format der »Mitternacht«, jedoch mit anderer Schrift; eine schlichte altmodische Kartonage schiene mir als Äußeres am passendsten. Doch darüber später, falls es nötig wird.

Sind Sie auch mit im Norden gewesen? Ich hoffe, Sie haben dort Erholung gefunden. Ich komme erst nächster Tage zu kurzen Ferien, der lange glühende Sommer in Basel hat mich sehr abgespannt. Nächstes Jahr hoffe ich dem unseligen Sortimentsbetrieb endgültig den Abschied zu geben und mich dem Antiquariat zu widmen, zu dem ich durch starke historische und bibliographische Neigungen prädestiniert scheine.

Entschuldigen Sie die unschöne Flüchtigkeit meines Schreibens! Ich stehe augenblicklich vor dem Urlaub, zwischen Reiseplänen und letzten zu erledigenden Arbeiten, und bin, wennschon guten Mutes, doch etwas müde und nervös. Ihrer verehrten Frau hoffe ich in den Ferien zu schreiben. Ich bitte, sie herzlich zu grüßen. Gerne hätte ich auch schon längst Ihnen über allerlei Sortimentserfahrungen und über unsre gemeinsame Sache (so darf ich doch sagen) geschrieben – einstweilen kam ich nicht dazu. Unterstrom[3], die Mystiker und Ruskin sind von mir sehnlich erwartet. Nehmen Sie für heute vorlieb! In alter Dankbarkeit herzlich

Ihr H. Hesse

1 »Prinzessin Lilia«, erschien 1901 als »Lulu«-Kapitel im »Hermann Lauscher«.

2 »Petit cénacle«, Tübinger Freundeskreis (Faber, Finckh, Hamelehle, Rupp), mit dem Hesse die Kirchheimer Tage verbrachte. Das Erlebnis dieser Tage fand in der »Prinzessin Lilia« seine poetische, den Geist E. T. A. Hoffmanns beschwörende Verklärung.

3 Helene Voigt-Diederichs, »Unterstrom«, Gedichte, Diederichs, Leipzig, 1901. Hesse rezensierte das Buch 1902 in der »Allgemeinen Schweizer Zeitung« Nr. 6.

904] *H. H. an Helene Voigt-Diederichs*

Basel, 27. August. Abends [1900]

Ihr Brief trifft mich in einem glücklichen Augenblick – eben komme ich von einer 10-tägigen Reise aus meiner Heimat zurück und morgen früh soll es nach Luzern weiter gehen, bleibt also eine ruhige Abendstunde zum Schreiben. Zu Hause war es natürlich herrlich, ich genoß die Gegenwart meiner Lieben recht herzlich, und den Tannenwald, und die Berge, und alles. Auf dem Rückweg besuchte ich wieder einmal die Karlsruher Galerie, wo einige gute Bilder zwischen vielen anderen hängen.

Vor meiner Abreise sandte ich Herrn Diederichs eine Erzählung, die sein Verlegerherz ohne Zweifel mit Grausen erfüllen wird und die ich Sie zu lesen bitte. Ich habe Lust noch allerlei zu schreiben, aber es fehlt an Zeit, Ruhe u.s.w. Zu Hebbel wünsche ich Ihnen viel Vergnügen; mir ist er zu herb, so groß meine Verehrung für ihn ist. Trotz meiner Neigung zum Abstrakten und Philosophischen suche ich instinktgemäß in aller Art von Poesie den Duft des Lyrischen und den Reiz des Malerischen, Ihr Nordländer seid darin meist ernster und seht mehr auf das Mark als auf die Haut, so zweifle ich nicht, daß Ihnen Hebbel viel Freude machen wird. Ich bin, scheinbar im Gegensatz zu meiner sonstigen melancholischen Grübelei, darin ganz wie ein Kind, daß ich meine und fremde erdichtete Menschen gern auf grünen Wiesen, in Schlössern oder stilvollen Gärten wandeln sehe, daß mir nicht wohl ist, wenn nicht irgend etwas Farbiges oder Musikalisches mich, auch in der Phantasie, umgibt. Deshalb gehe ich so gerne und oft nach Luzern, liege im Boot oder Schiff und freue mich stundenlang an dem blaugrünen Wasser, an den Spiegelbildern der Berge und am Abbild des Himmels im Wasser. Sie fragen nach meinen Sommerabenden! Ich habe eine ganze schöne Perlenschnur von solchen Abenden in der Erinnerung, warme, wetterleuchtende, in kleinem Kreis verplauderte, versungene, verschwiegene, mit dem Duft von Jasmin und Kastanienlaub und Lindenblüte, Abende in den Gärten befreundeter Familien, mit Kindergeplauder oder Musik, Abende über dem blitzenden Rhein, Abende auf dem Vierwaldstätter See, die ich allein zu Schiff verschwelgte oder mit den Luzerner Mädchen verschwatzte. Dazu die schönen Abende der letzten Woche, mit den Eltern oder den Schwestern in der lieben alten Wohnstube verbracht, voll von Erzählungen, Neckereien, Zukunftsplänen u.s.w.

Herrn Pfeifer[1] grüßen Sie, bitte, schön von mir, er muß ein lieber Mensch sein nach allem, was Sie von ihm sagen, und ich beneide ihn um Ihre Gesellschaft. Oder doch nicht, wozu neidisch sein? Muß ich nicht meinem Sterne danken, daß ich neben der Heimat und der lieben Baseler Welt und über diese hinaus die Gewißheit Ihrer Freundschaft habe? Die Zeit wird am Ende doch auch kommen, wo ich Leipzig und Sie aufsuchen werde: einstweilen ist mir wohl, daß ich kein festes Ziel habe und auf meine Weise ein Stück Welt betrachten und lieben darf.

Nun wird es dunkel und mir fehlt es an einer Kerze, auch muß ich morgen noch das Nötigste zusammenschnüren. Ich bin in Gedanken so lebhaft bei Ihnen, daß ich die Nacht von Ihnen träumen müßte, was leider, ehe ich Ihr liebliches Bild besitze, nicht möglich ist. Wenn Sie nächster Tage eine besondere Art von Wohlsein empfinden, so bin ich auf dem See im Boot und wünsche, Sie möchten an meinem Glücke teilhaben.

Herzlich Ihr H. Hesse

1 Bildhauer Felix Pfeifer, »einer unserer liebsten Freunde« (Helene Voigt-Diederichs).

905] *H. H. an Mathilde Wackernagel-Burckhardt*

Vitznau, 29. August 1900 [Postkarte]

Wissen Sie, wie Regenwetter aussieht? Nicht? So kommen Sie nach Vitznau, es zu sehen. Ich hatte gar nicht gewußt, daß Regenwetter etwas so Charmantes sein kann, und bringe meine ganze Zeit damit zu, mich über meine gute Laune zu wundern. Oder wollen Sie gern einmal viel, viel Silber beisammen sehen? So kommen Sie ebenfalls nach Vitznau, denn auf dem See wird all das viele Regenwasser ganz zu Silber. Auch unsere sechs Wasserfälle bestehen daraus, ich halte deshalb jeden Morgen mein Portemonnaie drunter. Was ist mir Hekubasel!

Mit besten Grüßen H. Hesse

906] *H. H. an Johannes und Marie Hesse*

Vitznau, 30. August 1900

Ihr Lieben!

[...] Ich schwelge hier im Hotel Alpenrose. Unter den Gästen sind Herr Steinkopfs mit Enkelinnen, deren Bekanntschaft ich gestern machte.

Den See[1] genieße ich mit Raffinement nach allen seinen malerischen Qualitäten, vom Lande, vom Schiff, oder rudernd oder schwimmend. Jetzt ist's Nacht, und eben fährt ein Schiff mit allen glänzenden Laternen unter meinem Fenster vorbei. Tagsüber bringe ich ganze Stunden mit meiner alten Liebhaberei des Angelns zu oder schaukle im Ruderboot in der warmen Sonne auf dem Wasser. Am ganzen Ufer hin ist alles voll Obst, eben sind die Feigen reif und schmecken köstlich, frisch vom Ast weg. Heute Abend hatte ich eine prachtvolle halbe Stunde. Ich schwamm im lauen See einem herrlichen roten Sonnenuntergang entgegen, das Wasser war stark bewegt, und in jeder Wellensenkung glänzten die ganzen Berge rot, grün und golden mit dem

Himmel zusammen. Sonst treibe ich mich in der Gegend zu Fuß oder Boot herum, in Weggis, Buochs, Gersau, Brunnen etc., nehme Unterricht im Aargauer Dialekt bei einer lustigen Frau im Haus, bade, angle und esse. Abends bin ich dann ganz müde und schlafe den Schlaf des Gerechten. Zwischenein lese ich einen Abschnitt von Platos Gorgias (deutsch), den ich noch nicht kannte und der mich ungemein anzieht, wennschon ich den Phaidon und das Gastmahl mehr bewundere. Sonst nehme ich außer dem Schiffsfahrplan kein Buch in die Hand.
Heute vormittag hatte ich in einem Blechkübel in Wasser einige lebende gefangene Fischchen. Diese wurden, während ich etwas an der Angel knüpfte und nicht weg konnte, vor meinen Augen von der Hauskatze herausgeholt und fortgeschleppt. Seither kam sie alle halbe Stunde und sah nach, ob was im Kübel sei. – Fischkarte etc. braucht man hier nicht.
Nun lebt wohl! Mit herzlichem Gruße Euer Hermann

1 Vgl. »Hermann Lauscher«: Tagebuch 1900, WA 1, S. 316 ff.

907] *Marie Hesse an H. H.*

Calw, 15. September 1900

Mein lieber Hermann!
[...] Karl kam Dienstag sehr müde zurück und blieb seither da, denn das Reisen und Baden ist doch sehr anstrengend, die Besserung geht recht langsam vor sich, man merkt noch wenig. Er hatte diese Woche hohe Stöße Hefte für Reutlingen zu korrigieren, zum Schluß der Ferien. Gestern kam noch von dort der Gehalt, sie haben sich brav und nobel gehalten, so daß Karls trübe Ahnungen widerlegt worden sind. Diese Woche sollten Bergs in Ludwigsburg einziehen. Karl hat Erlaubnis, erst nach dem Examen, das

16. Oktober beginnt, sein Amt anzutreten. [...] Hans hat noch keine Stelle in Sicht. Gegenwärtig ist Wilhelm da, der im Steinhaus logiert, aber bei uns an einem Buch arbeitet, das Papa herausgeben wollte und nicht konnte[1]. Papa hatte gestern wieder etwas Kopfweh, er ist schwach, nimmt an Gewicht und Kraft ab, und muß sich furchtbar zwingen zum Schaffen. [...] Ich wünsche Dir nun frohen Mut und frische Kraft zur Arbeit nach den heitern Vakanztagen. Alle hier grüßen herzlich. Innig küßt Dich

Deine Mutter

1 Johannes Hesse: »Die Heiden und wir. 220 Geschichten und Beispiele aus der Heidenmission«, Calw und Stuttgart 1901; Verlag der Vereinsbuchhandlung.

908] *H. H. an Johannes und Marie Hesse*

Vitznau, September 1900

Ihr Lieben!

Danke schön für Mamas Brief, der gestern kam! Ich habe heute Muße zum Schreiben, da ich den ganzen Tag zum Ausruhen brauche und keinen Ausflug etc. unternehmen kann. Gestern nämlich leistete ich mir eine zehnstündige Ruderfahrt (8-6 Uhr!) von hier nach Gersau, Treib, Brunnen, Rütli und Sisikon und zurück. Mit Ausnahme eines halbstündigen Spaziergangs am Rütli habe ich die ganzen 10 Stunden allein im Boot zugebracht und so den See in allen Beleuchtungen etc. gesehen.

Die erste halbe Stunde fuhr ich noch im Nebel, dann kam von den Bergen zuerst der schöne, mir besonders sympathische Oberbauen heraus, dann Bürgenstock, Stanser und Buochser Horn, dann der Frohnalpstock und bald hinter Gersau die Mythen, von Brunnen an der Urirotstock, die Gaisberge etc., zwischenein in der Ferne der Glärnisch, links hinten Hochfluh, Vitznauer Stock und Rigi. Ich hatte ein Paar Reserveruder, ein Fläschchen Wein und drei Wekken mit und verließ das Boot den ganzen Tag nicht mehr. Bis zum Rütli gelang alles herrlich, dann (um 11 1/2 Uhr) überraschte mich der Urner See mit einem seiner berühmten Stürme. Anfangs hielt ich's für Spaß, als aber mein Boot anfing direktionslos hin und her zu hüpfen und Oben und Unten zu verwechseln, ward ich doch besorgt. Als der Sturm den Höhepunkt erreicht zu haben schien und ich ein Ruder verloren hatte, dachte ich mit Epikur: Lasset uns essen und trinken, denn morgen sind wir tot. Ich trank also zum letzten halben Weckli den letzten Schluck Wein, zündete dann unter Aufopferung unzähliger Streichhölzer eine Zigarre an und zog dann die Stiefel aus, um im Notfall besser schwimmen zu können. Dies wurde nun nicht nötig, dagegen trieb ich 2 1/2 Stunden so herum und landete endlich unter Brandungsgefahr bei Sisikon. Bis Flüelen reichte es also leider nicht. In Sisikon wartete ich (im Boot) 1/2 Stunde ab, dann kämpfte ich mich langsam bis Brunnen durch, von wo es wieder glatt ging. Von diesen Nöten abgesehen war die Fahrt ganz unbeschreiblich schön: Ich fuhr in jede schöne stille Bucht, die mir gefiel, bald war ich mitten im See in der Sonne, bald am Rande unter Eichen und Buchen hin im Schatten. Daß ich zehn Stunden rudern könnte, hätte ich nie geglaubt. Freilich konnte ich gestern Abend kein Glied mehr rühren, aber heute ist nur noch eine Schwere in Schultern und Händen vorhanden. Übermorgen geht's nach Basel.

Jetzt läutet es zu Tisch – ein süßer Ton im Hotelleben! – und nach dem Essen werde ich doch zu faul zum Schreiben sein – also adieu! Ich werfe noch einen Blick durchs Fenster, der See liegt sonnig, dunkelgrün mit blauen Rändern da und alle Berge sind klar. Nun muß ich mir noch schnell die blaue Tinte vom Finger waschen und dann zu Tisch.

Herzlich grüßt Euch Euer Hermann

909] *H. H. an Eberhard Goes*

[September 1900]

Als Gruß von meinem Septemberaufenthalt am See.

Im Urner See. Ich war ertrunken
Im Sturm. Nun wölbte wieder weich
Die Bucht sich aus. Ich aber lag versunken,
Einsamer Siedler in der Tiefe Reich.
Traumzart mit schwebenden Konturen
Sah jezuweil ein Berg herab,
Und schwäneleicht wie Schatten fuhren
Die Schiffe über meinem Grab.
O wär ich nimmermehr erwacht
Aus Deinen unerhörten, satten
Glanzträumen, wundervolle Nacht,
Aus Deinen silberblauen Schatten!
Da lag in bangem Zwitterlicht
Tiefblau ein Land fremdschöner Tale
Kühn wie ein fabelhaft Gedicht,
Reich wie ein Lustbau von Opale,
Zerflossen Form und Linie ganz
In schillernd blauen Zauberglanz,
In Spiele zarten Koselichts
In Duft, in Dunst, in süßes Nichts.
Nicht Form, nicht Wesen, Schönheit nur
Floß Wohllaut ohne Sinn noch Ziel
Nachwandelnd eigner Reize Spur
Gesetzlos hin in edlem Spiel.
Wie ward ich da der Bürde los,
Wie quoll mir da aus jeder Welle
Ein harmlos trauter Spielgeselle,
Ein Schmuck, ein Reiz, ein Schillern namenlos
Durch Blick und Sinn und ausgestreckte Hand!

Ein tiefes, ewiges Blau ich fand,
Daraus in Strahlen, Schauern, Hauchen
Sah ich unendlich wechselreich
Nun violett, nun silberbleich
In seligem Bad die Schönheit tauchen.
Ein Schatten fiel,
Ein Wind brach ein –
Ein neues Spiel,
Ein neuer Schein!
Ein schnell verrauschter Uferbach
Zog silbern feine Fäden nach.
Ein Fisch glitt grau vom Grund herauf,
Da glänzt er alabastern auf,
Dann rötlich, dann in gelbem Golde,
Wie Licht es und Sekunde wollte.
Mir selber aber wunderbar
Hing voll Kristall Gewand und Haar,
Bald sah ich fahlweiß meine Hand,
Bald glühend violett entbrannt.
Ich sah's wie einen Schatz der Dieb,
Ich ward mir selber herzlich lieb!
Mein Will' und Ungenügen starben
Und lösten sich samt Geist und Leib
Zu einem Spiel urschöner Farben
Mir selbst ich selbst zum Zeitvertreib.
O wie das wunderköstlich war,
So aller Sorge blank und bar
In müder Herrlichkeit zu schwimmen,
In Licht und Farbe zu verglimmen,
In Wollust ungezählter Chancen
Zu neuen, zärtlichen Nuancen!
So ist dein Lied, das hold vertönt,
Es stirbt, ist nimmer und verschönt
Auszitternd noch sich und die Welt.

O süß, von keinem Wunsch gequält
Weltfern, selbst Welt, in feinen, zieren
Luftwellen so sich zu verlieren,
So aller Ungenüge Pein,
So seiner selber ledig sein – – –
etc. etc.

Wie geht's? Verzeih die langen Pausen, die ich mache!
Ich weiß nicht, ob das ars longa vita brevis[1] je ein Mensch so wie ich gefühlt hat, so süß und bitter, so deprimierend und berauschend zugleich. Ich verfluche es, daß man schlafen, essen, sich ankleiden, auskleiden, rasieren muß, und empfinde doch schon im Augenblick des Verfluchens, daß das alles sein muß, daß aus dem allen sich das Leben zusammensetzt, auch daß man das alles nicht nur geduldig abtun, sondern mit Liebe besorgen und wenn nicht in Symbol, so doch in Schmuck verwandeln sollte. Ich möchte den Tag genießen, Freunde liebhaben, plaudern, spazieren, ich weiß, daß man jeden Augenblick als etwas Unwiederbringliches ohne Hintergrund und Absicht genießen sollte, und doch drängt es mich in jedem Augenblick weiter, zu lesen, zu arbeiten, zu sammeln, mich vorzubereiten, mich zu verfeinern, mich immer mehr mit dem Schönen, das unendlich ist, zu füllen. Die Wahl zwischen einer Lektüre, einem Ausflug, einem Museum, einem Konzert quält mich jedesmal. Ich begreife nicht, daß ich leben kann, ohne gewisse Bücher gelesen zu haben, ohne die Galerien von Florenz und Paris zu kennen, ich studiere, lese, präpariere mich, und dazwischen fällt mir wieder ein, es wäre besser mit freiem Blick in einer bequemen Bude ohne Bibliothek seine Zigarren zu rauchen und sich der einzelnen Stunde zu freuen, statt sich durch ewiges Raffinieren den eigentlichen Genuß täglich weiter hinaus zu rücken. Mit der Romantik bin ich so weit vorgerückt, daß ich sie besser als irgendwer zu kennen und

zu verstehen glaube, wobei ich als edelste Blüte des jungen Baumes den Ofterdingen, als süßeste Frucht der Spätzeit die Brambilla[2] Hoffmanns empfinde. In gewissem Sinn erscheint mir letztere als das künstlerischeste Gedicht der Neuzeit. Und so weiter. Sei mir gut und nachsichtig, mein Lieber, und laß bald von Dir hören. H –

1 »Ach Gott! Die Kunst ist lang! / Und kurz ist unser Leben.«; Faust I; Nacht. – Quelle: Aphorismus von Hippokrates, (ca. 460-375 v. Chr.) in der Überlieferung von Seneca, Lucius Annaeus, (ca. 4 v. Chr.-65 n. Chr.).

2 »Prinzessin Brambilla«, 1821; vorletztes Werk von E. T. A. Hoffmann, (1776-1822); römische Komödianten- und Karnevalsposse, nach Anregung durch ein Heft mit Zeichnungen von Jacques Callot, (1592-1635); Stecher und Radierer.

910] *Marie Hesse an H. H.*

Calw, 22. September 1900

Mein lieber Hermann!

Wir haben das wundervollste Herbstwetter und leben viel auf der Veranda, wo das Studierzimmersofa steht und Karl seine Schläfchen hält und drauflos ochst fürs Examen. Wilhelm[1] sitzt am andern Tisch und liest und schreibt, Lis und wir andern sitzen mit Arbeiten dort und im Garten unter Papas Tanne. Jetzt kommt Adele zurück, nach der ich sehr Heimweh hatte, so sehr ich ihr die Erholung gönnte. Lis will heute in acht Tagen nach Ludwigsburg[2], ich glaube, sie kanns kaum erwarten zu sehen, wie's dort im neuen Heim ist.

[...] Vaters Briefe[3] werden jetzt gedruckt, wir lesen fast täglich Fahnen. [...] Wilhelm geht Montag heim und dann nach Halle für zwei Semester, worauf er sich sehr freut. [...]

1 Wilhelm Gundert; 1880-1971; der japanische Vetter; 1. Sohn aus David Gunderts 1. Ehe mit Marie Hoch.

2 Karl Isenberg machte vom 15.-19. Oktober 1900 in Ludwigsburg sein Exa-

men mit »gut«. Er war ab 1. November in Ulm, wo er ab 1. 12. eine Vierzimmerwohnung bezog. Um 1900 war er in Ellwangen, Kreis Aalen, Württemberg, Lehrer. Nach Ludwigsburg zog er erst um 1925. Die Familie wohnte dort ca. 3 Jahre im Schloß. H. H. besuchte die Familie mit Ruth Hesse-Wenger, seiner zweiten Frau, die mit seinem Neffen Carlo Isenberg musizierte.
3 S. Nr. 894, Fußn. 2.

911] *Johannes Hesse an H. H.*

Calw, 22. September 1900

Lieber Hermann!
Ich hab' Dir noch immer nicht gratuliert zu Deiner schönen Schweizerreise und namentlich zu dem glücklich überstandenen Seesturm. Da käme ich mir vor wie ein ganzer Kerle, wenn ich so etwas erlebt hätte. Nun, ich habe auch schon mein Teil durchgemacht und ausgehalten; jetzt freilich ist es eine Zeit der Schwachheit und des Unvermögens. Für dich aber freut es mich riesig, daß du so leistungsfähig geworden bist. [...]
Du siehst, ich bin gerade sehr mit mir selbst beschäftigt; und leider kommt das so leicht, wenn man schlaflos und elend ist.
Doch habe ich in den letzten Tagen auch etwas gearbeitet und zwar an dem Buch »Die Heiden und wir«[1] – zusammen mit Wilhelm, der schon bald 14 Tage zu diesem Zweck hier ist, aber im Steinhaus wohnt. Er ist sehr dienstfertig und fleißig. [...]
In ein bis zwei Stunden erwarten wir Adele zurück.
Mit herzlichen Grüßen Dein Papa

1 S. Nr. 907, Fußn. 1.

912] *H. H. an Johannes und Marie Hesse*

Basel, 24. September 1900

Ihr Lieben!
Herzlichen Dank für Eure lieben Briefe und Grüße, insbesondere für Papas liebes eigenes Schreiben! Ich bin schon wieder so im Strudel buchhändlerischer und privater Arbeiten, daß ich mir heute gewaltsam eine halbe Stunde zum Schreiben nehmen muß.

Adele ist nun wohl zurück, ich danke ihr für die hübsche Karte. Und Karl ist in Calw. Ich wünsche ihm von Herzen Besserung und gutes Examen ohne Überanstrengung. Wie ist's mit Hans? Hat er eine Stelle?

Nun von mir. Die Seefahrt ist ganz ohne Folge geblieben. Meine anfangs zigeunerbraun gesonnten Backen und Hände werden allmählich wieder hell. Eine gewisse Kräftigung spüre ich noch, doch geht es im neuen Trubel bald wieder verloren. Desto mehr ersehne ich das nächste Jahr. Ich habe Herrn Reich für Ende 1900 oder Anfang 1901 gekündigt. Es scheint, als könnte ich dann hier im Antiquariat unterkommen, doch ist's noch ungewiß. Möglicherweise also könnte ich nach Neujahr für einige Zeit unterstützungsbedürftig werden.

Gegenwärtig bringe ich alle meine Abende im Brunngäßlein zu, um den »Godwi« zu lesen und zu exzerpieren. Das ist ein sehr seltenes Buch (Pseudonym von Brentano) aus dem Jahr 1801, das ich seit drei Jahren mit heißem Bemühen suche und das schlechterdings nimmer aufzutreiben scheint. Nun besitzt Dr. Wackernagel ein Exemplar, das er aber als echter ängstlicher Sammler nicht aus dem Hause gibt. So gehe ich täglich zwei oder drei Stunden hin; er hat mir einen Schreibtisch, Tinte etc. zur Verfügung gestellt, ein Glas Wein steht auch immer da, und da sitze ich in dem lieben Hause und studiere.

Heute haben wir nach zwei sommerheißen Tagen ein star-

kes Gewitter. Der Obstertrag etc. ist unermeßlich, man kauft das Pfund exquisite Pfirsiche in Basel um 8 cts., auf dem Land billiger. Ich genieße Obst und Trauben täglich als Vesper. Dieser Reichtum imponierte mir besonders auch in Vitznau, wo man die schönsten faustgroßen Feigen in Masse vom Baum brechen konnte.
Jennen sehe ich leider jetzt wenig; sein Rathaus geht mächtig vorwärts und nimmt ihn in Anspruch. Die Gegner seines Planes (mit Turm) erhoben neulich ein großes »Das kommt davon«, als ihm ein Arbeiter vom Turmgerüste stürzte.
Besuche hab' ich noch nicht gemacht, will aber nächstens zu Hochs.
Mit herzlichem Kuß Euer Hermann

913] *H. H. an Dr. Rudolf Wackernagel*

Basel, 3. Oktober 1900

Verehrter Herr Doktor!
Hier der Cyrano und der süße Eichendorff – ich wünsche zu beiden viel Vergnügen. Im Brunngäßlein hat es weder gebrannt noch gehagelt; Fensterladen, Türen, alles ist in Ordnung und trotzt dem Zuge der Zeit.
Daß Mathilde durchkam, ohne meiner und meines Schlüssels zu bedürfen, ist mir ebenso schleierhaft als schmerzlich. Wegen Sonntag kann ich noch nichts sagen, Wetter und Stimmung muß entscheiden. Ich bin sehr fleißig und habe unter anderem eine Dichtung begonnen[1], welche alles umfassen soll, was an Natur, Kunst, Freude, Liebe, Musik und Ironie auf Erden lebt.
Der Trauerrand bedeutet nichts. Meine eilige Handschrift bedeutet, daß ich dies Freiestr. 40 mitten zwischen dem Geschäfts .... schreibe und Sie beneide.
Herzlich grüßend Ihr ergebener HH

1 Vermutlich hatte Dr. W. Hesse gebeten, ihm die beiden Bücher in die Ferien nachzusenden.

914] *H. H. an Johannes und Marie Hesse*

Basel, 7. Oktober 1900, Sonntagmorgen

Ihr Lieben!

[...]

Immer wieder bewundere ich Mama und ihre Briefe, aus diesem ganzen Geschäfts- und Gästetrubel heraus. Tante Jettchen wünsche ich guten Umzug – es tat mir leid, sie im Sommer nicht zu sehen.

Ich bin wieder ganz im alten Vielerlei drin, zwischen Büchern, Menschen, Zeitungen. Letzten Sonntag wollte ich eigentlich schreiben. Aber da war Herrn Reichs Geburtstag (51.) und wir alle in großer Gala zu Tisch geladen. Sonderbar! Bei Herrn Reich im Haus kommt jedesmal meine frühere humoristisch ausgelassene Art über mich. Die Leute sind nett und lieb, aber langweilig, unfrei und dankbar für jeden Funken, der sie zum Lachen oder zum Nachdenken zwingt.

Ich hielt eine komische Rede bei Tisch, eine fingierte Zeitung aus dem Jahr 2150 mit Rückblick auf das jetzige Basel etc. Nachher machte ich mit einem Kollegen (Schetelig aus Hamburg) einige Aufführungen etc. Wir blieben bis fünf. Da ich mich dort so zur Unterhaltung angestrengt habe, glaube ich den Verdauungsbesuch abverdient zu haben und mache ihn nicht. Dann, abends 7, war ich zu Architekt Fueters eingeladen, bis 11 Uhr, wo musiziert wurde. Eine bekannte Sängerin, Frau Dr. Fichter, war da, spielte auch Klavier etc. Für Frau Fueter bin ich sehr begeistert, eine gescheite, handfeste Frau, geborne Gelzer. Sehr fein und sympathisch ist ihre alte Mutter, Professorin Gelzer.

Heute nun bin ich nach Schöntal eingeladen, zu Professor Wackernagels und Frau Stehlin. Ich muß bald auf den Zug,

werde wohl den ganzen Tag bleiben. Wenn ich mir nicht das Abstatten von Verdauungsbesuchen ganz abgewöhnt hätte, wäre mir's oft des Guten zu viel; so aber freut mich's und tut mir gut zwischen dem Sitzen.
Tante Jennys Geburtstag wußte ich leider nicht! Sie und Euch alle grüßt herzlich Euer Hermann

915] *H. H. an Eugen Diederichs*

Basel, 9. Oktober 1900

Werter Herr Diederichs!
Ich möchte Sie bitten, meine »Prinzessin Lilia« entweder ruhig liegenzulassen oder mir wieder zu schicken, was Ihnen bequemer ist, denn ich werde vermutlich bis Anfang 1901 ein oder zwei Stücke hinzufügen, die ich Ihnen dann etwa als »Schwäbische Erzählungen« anbieten würde[1]. Oder wäre Ihnen der Separatdruck lieber?
Leider muß ich mich diesen Winter, trotz angenehmer Angebote, des Rezensierens enthalten. Gesundheit und poetische sowie Studienpläne gebieten es notwendig. Mir liegt sehr daran, daß Sie hierin nicht eine Lässigkeit von mir sehen möchten. Was halten Sie davon, daß ich nächstes Jahr ganz zum Antiquariat überzugehen plane? Meine Nerven halten den Sortimentsbetrieb doch auf die Dauer nicht aus. – Ich bin wieder tief in die Romantica geraten, besonders Novalis ist mir teuer und unerschöpflich. – Darf ich Sie bitten, ein Exemplar Ihrer sämtlichen Novitäten immer, auch unverlangt, an R. Reich zu senden?

1 Diese »Schwäbischen Erzählungen« erschienen nicht bei Diederichs, sondern mit der Jahresangabe 1901 bereits Ende 1900 bei R. Reich, Basel, unter dem Titel »Hinterlassene Schriften und Gedichte von Hermann Lauscher. Herausgegeben von Hermann Hesse«.

916] *H. H. an Frau Cornelie Goltermann*

Basel, 10. Oktober 1900

... Einem alten Wunsche nachgebend habe ich mich entschlossen, von zwei Dichtungen, welche mir in diesem Jahre zu vollenden vergönnt war, nur die eine der Öffentlichkeit zu übergeben, die andere aber nur einer kleinen Zahl von Gönnern und Freunden, soweit diese es wünschen, handschriftlich zu überreichen.

Diese intime Art der Mitteilung ist mir längst an fremden handschriftlichen Literaturen; namentlich der persischen, anziehend und fein erschienen. Sie gewährt mir den Vorteil, meine Dichtung der Spekulation des Handels und dem Geschwätz der Presse entzogen, nur von Freunden und Wohlgesinnten gelesen zu wissen.

Der vollständige Titel findet sich am Schluß dieser Mitteilung. Ich gedenke etwa zwanzig Exemplare schreiben zu lassen, für deren Texttreue und Sauberkeit ich bürge. Ein mir sehr lieber, armer Skribent hat die Abschrift übernommen. Obwohl er selbst Poet und besserer Verse als der abzuschreibenden fähig ist, unterzieht er sich der nicht geringen Mühe in selbstloser Treue. Den Erlös werden Dichter und Schreiber[1] gleichmäßig teilen. Das Exemplar, mit persönlicher Widmung versehen, kostet zehn Mark. Bestellungen gehen an meine Adresse: Basel, Mostackerstr. 10.

Bestellungen von nicht Eingeladenen behalte ich mir vor anzunehmen oder zurückzuweisen.

Mit bestem Gruß Hermann Hesse

Notturni

1. Inspiration
2. Das blaue Wunder
3. Adagio

4. Zwei Lieder, der schönen
Eleanor gewidmet
5. Ad astra
6. Ich und ich
7. Der rote Veltliner
8. An die Schönheit

1 H. H. war Dichter und Schreiber in einem; er schrieb die Briefe mit kleinen Variationen im Ausdruck. S. auch Anm. II, Nr. 65.

917] *H. H. an Eberhard Goes*

Basel, 13. Oktober 1900

Lieber Freund!

Dein Brief hat mich herzlich gefreut. Ich möchte Dich gar zu gern einmal über deutsche Poetik unterrichten hören. Daß ich Deine Subskription auf mein Manuskript nicht erwarte, ist natürlich. Ich wollte Dich durch die Einladung nicht so sehr dazu auffordern, als Dir überhaupt davon Mitteilung machen. Der Erlös der Exemplare, die schon fast alle verkauft sind, wird hauptsächlich meiner, für nächsten Frühling geplanten italienischen Reise dienen.

Daß Dir die Ausstattung meines Buches[1] nicht gefällt, gaudiert mich. In meiner Tübinger Zeit hätte es mich empört, seither bin ich über Geschmäcker sehr tolerantdenkend geworden. Erstens halte ich meinen Verleger, der speziell im graphischen Kunstgebiet ein raffinierter Kenner ist, für den fast einzigen Verleger, der Geschmack besitzt. Zweitens habe ich die Typen nach langen sorgfältigen Proben selbst gewählt und es ist keine Zeile gedruckt worden, ehe ich sie gesehen und gebilligt hatte.

Zweitens: das »Lustwandeln« auf pag.30 betreffend! Du lieber Schulmeister hast ganz recht, daß der Dichter nicht allzu frei mit der Sprache umgehen dürfe, obwohl die Dich-

ter meistens von der Sprache mehr wissen als die Grammatik. Aber auch nach der Grammatik sagt man nicht: ich sehe (oder schaue) Dich gehend, sondern gehen, nicht lustwandelnd, sondern lustwandeln. Hast Du noch etwas dagegen?
Gefreut hat mich Deine Bemerkung dennoch, sie zeigt, wie genau Du liest.
Ich schreibe dies in Eile im Geschäft, da ich für die nächste Woche alle Zeit schon besetzt habe. Morgen will ich wieder einmal nach Freiburg. Das Geschäft läßt mich nicht zu Ende kommen. Also auf nächstes Mal, Lieber!
Herzlich Dein H. Hesse

1 »Eine Stunde hinter Mitternacht«, das bei Eugen Diederichs erschienen war, also in einem gerade auch wegen seiner Buchausstattung damals viel gelobten Verlag.

918] *H. H. an Marie Hesse*

Basel, 16. Oktober 1900 [Postkarte]

Liebe Mutter!
Nimm meine herzlichen Wünsche zum Geburtstag! Leider bin ich mit der Zeit wieder so in der Klemme, daß es zu keinem Brief reichen wollte. Doch bin ich wohl und zufrieden. Von Frau Stehlin-Miville[1] soll ich dich wieder bestens grüßen. Ich sah sie vorletzten Sonntag in Niederschönthal.
Als Gruß zum Geburtstag sende ich einen Band Gottfried Keller, der hoffentlich noch rechtzeitig ankommt. Dr. Viktor Müllers[2] trauriger Tod war mir sehr erschütternd: Gerade jetzt, wo man ihm das Beste wünschte.
Ich heize seit gestern ein und habe seit 8 Tagen den obligaten Oktoberschnupfen. Bald soll ein Brief nachfolgen. Mit herzlichem Geburtstagskuß

dein Hermann

1 Frau des Naturforschers Hans Georg Stehlin, (1870-1941); Paläontologe.
2 Die Mutter hatte im letzten Brief berichtet, daß er nach 5wöchiger Krankheit gestorben sei, wenige Tage vor seiner bevorstehenden Hochzeit.

919] *Marie Hesse an H. H.*

Calw, 20. Oktober 1900

[...] Nimm meinen warmen Dank für Deine guten Wünsche und das schöne Buch. [...] Wir haben jetzt Gasbeleuchtung, sehr hell, und die Hängelampen machen das Zimmer behaglich. [...]

Jetzt kriegst Du bald die neugedruckten Briefauszüge vom lieben Großvater[1]. [...]

1 S. Nr. 920, Fußn. 1.

920] *Marie Hesse an H. H.*

Calw, 7. November 1900

[...] Immer warteten wir auf einen Brief von Dir, aber vergebens. [...] Hans hat noch keine Stelle in Sicht, schreibt aber vergnügt. Wie steht es damit bei Dir? [...] Du wirst die »Briefe«[1] vom lieben Großvater bekommen haben; das gebundene Exemplar schenkt Dir Onkel Friedrich,[2] der ja auf seine Kosten die Briefe drucken ließ. Schreibe ihm ein Wort des Dankes, das freut ihn. [...]

1 »Aus Dr. Hermann Gunderts Briefnachlaß«, 422 S., als Manuskript gedruckt. Herausgeber nicht genannt. S. Nr. 894.
2 Friedrich Gundert; s. Anm. I.

921] *H. H. an Johannes und Marie Hesse*

Basel, 8. November 1900

Ihr Lieben!

Herzlichen Dank für Mutters Brief, dessen meist gute

Nachrichten mich sehr erfreuten, besonders die über Karl. Daß ich so lange nicht schrieb, lag an Arbeit, etwas Kopfweh, etc., und dann allerdings, wie Mama ahnte, an einer »besonderen Arbeit«. Ich besorgte von einer kleinen Dichtung, die ich nicht drucken lassen mochte[1], Abschriften für 25 namentlich eingeladene Subskribenten, teils für 10, teils für 20 francs. Da sämtliche Exemplare Unica, d. h. textlich stark variiert sind, hatte ich mehr als 3 Wochen Nacht und Tag alle Hände voll Arbeit. Nun ist's vorbei, und ich werde mir, wenn nichts dazwischen kommt, im Frühling einen Ausflug nach Italien erlauben können.

Die Antiquariatssache ist noch nicht ganz erledigt. Doch ist ziemlich sicher, daß ich zunächst hier bleiben und im Reich'schen Antiquariat arbeiten kann. Im Sortiment hab' ich auf Ende Januar gekündigt.

Für Großvaters Briefe herzlichen Dank! Ich las schon viel davon, es ist ein herrliches Buch, auch für mich. Halb und halb beklage ich es, daß die Briefe nicht chronologisch geordnet sind, doch verstehe ich den Plan, wie er jetzt vorliegt, und muß ihn billigen.

Daß Papa bessere Tage hatte, freut mich sehr. Eben jetzt, wo die arbeitsreiche Zeit wieder beginnt, spüre ich zuweilen mit Angst, was es heißt, Anlage zum Neurastheniker zu haben. Ich hoffe, es möchte mein letzter Winter sein, in dem ich vor Weihnachten Angst haben muß.

Auf Hansens Zukunft bin ich nun gespannt. Daß Karl wohler ist, freut mich ungemein, ich hatte bei meinem Sommerbesuch arg Mitleid mit ihm.

Auf Sonntag war ich zu Professor Mezgers und zu v. Huenes zu Tisch geladen, lehnte aber beides ab, da ich, nach Beendigung meiner großen Privatarbeit, in den paar Wochen vor dem Hauptgeschäft im Laden mir noch recht Ruhe lassen will. Für die Zeit bis Weihnachten habe ich auch alle Rezensionsarbeiten abgelehnt.

Letzten Sonntag lud mich Frau Stehlin zu einem der Abonnementskonzerte ein. Ich gehe immer gerne in den großen schönen Musiksaal, obwohl mich längere Orchesterkonzerte meist angreifen und ich von der Vorliebe für die moderne Instrumentalmusik etwas abgekommen bin. Diesmal entschädigte ein großes Konzert (in G-dur) von Händel für alle Schwächen des Programms. Ein herrliches Stück, ganz Händelisch, majestätisch, herb und markig. Frau Stehlin läßt Mama grüßen. Bei Dr. Wackernagels haben die Musikabende (jeden 2. Freitag) wieder begonnen, wo sich Professor Bertholet[2] als Geiger auszeichnet. Letzten Freitag unterhielt ich mich den ganzen Abend dort französisch (!) mit einer jungen Genferin, unter ewigem Stottern und Lachen.
Das Billet legt bitte gelegentlich an Onkel David bei! Schade, daß ich Euch nicht Obst schicken kann, es ist hier und besonders im Badischen (Lörrach etc.) spottbillig.
Nun seid herzlich geküßt von Eurem Hermann

1 S. Nr. 916, vom 10. 10. 1900.
2 Alfred Bertholet, (1868-1951); evang. Theologe.

922] *Marie Hesse an H. H.*

Calw, 15. November 1900

Mein lieber Hermann!
Besten Dank für Deinen lieben willkommenen Brief. Inzwischen kam deine Bernerkarte an Adele und von Herrn Heß ein lieber Brief mit der Nachricht, du habest ihn am Sonntag besucht. Welcher Freund war mit dir? Gewiß hat dir das heimelige alte Bern gut gefallen, ich mag es schrecklich. Es ist so ganz eigen, nicht wie andre Städte. Ich freu mich, bis du noch davon erzählst. Herr Heß hat an Großvaters Briefen so große Freude. Wohnt er noch im Falkenweg?

Sehr interessierte mich deine »Dichtung«. Das war eine rechte Strapaze 25mal zu schreiben. Darf man fragen, von was die Dichtung handelte? Gar zu gerne hätte ich so ein Unicum gesehen. Da hast du aber einen netten Weg eingeschlagen, dir Geld zu erwerben! Basel mit seinen reichen Kunstfreunden war auch der richtige Boden dazu. Also Glück auf zur italienischen Reise! Zu oft dürftest aber derartige Anstrengungen nicht wagen, liebes Kind. Ich hoffe, du erholst dich davon vor dem ärgsten Geschäftssturm. [...]
[*Familiäres, Nachrichten aus dem Calwer Verlagsverein*]
[...] Wir haben gegenwärtig Arbeit vollauf ... Gottlob geht's doch Papa recht ordentlich, so daß er auch fröhlicher arbeiten kann.
Hier übt jetzt der Kirchengesangverein den Paulus für Advent. Adele und Ida sind Montag spät und begeistert heimgekommen. [...]
Wir lesen in vielen amerikanischen und englischen Blättern ergreifende Berichte über die Christenverfolgung in China. Der unselige Krieg wird sich wohl in die Länge ziehen. Der arme Kaiser dauert mich, der gern nach Peking käme und nicht darf; er sollte irgendwie von der bösen Tante erlöst werden, die all seine Reformversuche so schändlich zerstörte. [...]
[*U. a. begrüßt Marie Hesse hier wiederum die Gas-Hängelampen, durch die es recht gemütlich in den Zimmern sei.* S. Nr. 919.]

923] *H. H. an Johannes und Marie Hesse*

Basel, 18. November 1900

Ihr Lieben!
Danke schön für Eure Briefe! Von Schuhmacher Zahn hörte ich gestern, es gehe besser – seine Tochter war im Laden.

Also von Bern soll ich erzählen? Ich war dort mit meinem Kollegen Schehelig, einem Hamburger Pastorssohn, mit dem ich aber sonst nicht verkehre. Wir stehen im Geschäft gut miteinander und machen manchmal einen Ausflug zusammen. Bern ist eine alte steinerne Stadt mit Türmen, Toren, Zunfthäusern, alten Brunnen, Wappen etc. Die Straßen mit den Arkaden und den schönen Bürgerhäusern machen einen vornehmen Eindruck, in Basel sind solche Häuser reicher und luxuriöser, aber nicht so burgartig charaktervoll. Alles sieht patrizisch, konservativ und nobel aus, ohne doch über das Bürgerliche irgend hinauszugehen. Von neuen Sachen ragen das Parlamentsgebäude, die Brücken, das historische Museum, der Münsterturm und das Kornhaus hervor. Eine neue katholische Kirche, in die uns Herr Heß führte und die auffallend hell, einfach und unüberladen dekoriert ist, gefiel mir weniger. Nach meinem Gefühl muß eine katholische Kirche dunkeltönige Fenster, schwere Fahnen und Gobelins und recht viel kleinere geschnitzte, goldene und silberne Zieraten haben. Eine wahre Augenlust ist das neue historische Museum, dem Basler weit über. Es ist klein und zierlich, hat bequeme sympathische Räume und gutes Licht, auch sind unter den Raritäten feine alte Stücke, namentlich große, sehr alte Gobelins von großer Schönheit, und einige sehr elegante Waffen, eingelegte Pistolen, Säbelgriffe etc. Im Gegensatz zu dem reicheren, kaufmännischen Basel fällt auch hier der stolzere und kriegerische Charakter Berns auf. Die Umgebung ist reizend, mit großen Alleen, viel Wald und dahinter die Alpen. Auch die näheren Berge hatten alle schon Schnee. Herrn und Frau Heß konnte ich bei der Eile nicht ruhig genug sprechen, sie waren sehr herzlich und lieb; Herr Heß zeigte uns noch die halbe Stadt. Der ganze einheitliche, heimelige Eindruck von Bern war mir wohltuend, ich hoffe es bald genauer wieder zu sehen. Lustig war die Rückreise bis Ol-

ten in einem Bummelzug, in den wir noch umsteigen durften, als er schon im vollen Fahren war – »Chömme Sie numme ine!« – Nachher bummelte er so behaglich, daß wir, wäre es nicht Nacht gewesen, nebenher spaziert wären. Als wir etwas ängstlich fragten, ob es noch zum Oltener Anschluß reichen werde, meinte der Schaffner: »'s ka si. Isch nit hüt, no isch mor'n«. In Olten reichte es mit knapper Not, der Kontrast des Gotthard-D-Zugs II. Klasse war dann groß.
Am Dienstag hörte ich den Raoul, den ja Adele kennt. Er machte einen guten Eindruck und scheint nicht verdorben zu sein, obwohl er etwas müde schien.
Jetzt genug. Obwohl 11 Uhr morgens, ist meine Bude zum Schreiben fast zu dunkel. Mit herzlichem Kuß

Euer Hermann

924] *H. H. an Adele Hesse*

Basel, 5. Dezember 1900

Liebe Adis!
Hier ist meine Weihnachtsgabe für Euch. Der Ruskin ist für Tante Jenny, das andere Buch für Euch Calwer zusammen.
Bitte sag Mama Dank für ihren Brief! Ich werde vor Weihnachten wohl nimmer schreiben können.
Da ich im Februar Euch besuchen möchte, bitte ich, zu Weihnachten mir nichts zu senden. Ich wünsche mir Hemden, etc., die ich dann bei Euch anmessen lassen könnte, alles sicherer und bequemer als jetzt. Meine Gesundheit war bisher gut, ist jetzt aber am Umschnappen und verspricht mir einen schlechten Winter. Gottlob, es soll der letzte sein, den ich im Laden verbringe[1].
Herzlich Euer H.

1 H. H. hatte »Im Sortiment ... auf Ende Januar gekündigt«; s. Nr. 903, Absatz 4.

925] *Adele Hesse an H. H.*

Calw, 10. Dezember 1900

Lieber Hemme!

Verzeih, daß ich nicht gleich schrieb nach Ankunft Deines Packens, dessen Inhalt mich riesig freute. Der eigentliche Dank kommt natürlich erst nach Weihnachten. Ich freue mich schon sehr, Bismarcks Briefe zu lesen, das ist jedenfalls fein. Und daß Du im Februar selbst kommst, ist noch das allerfeinste[1]. Zu Weihnachten bekommst Du also nichts, als – Deinen Bruder Hans. Ja wundere Dich nur; diesen Augenblick erst kam seine Zusage. Er kommt zu Willy[1] in die Buchhandlung; auf einen Posten, wo sie lieber einen Kaufmann als einen Buchhändler haben wollen. Mama hörte davon, daß Willy jemand suche, u. schrieb ihm gleich, da Hans immer noch nichts gefunden hatte. Willy wäre sehr froh an Hans, und dieser schreibt nun auch ganz vergnügt. Er wird jedenfalls gleich nach Weihnachten, wenn nicht früher, seine Stelle antreten. Er hat im Missionshaus Kost und Logis, so hat man weiter für nichts zu sorgen. Wir alle freuen uns sehr darüber, ich glaube, daß es für Hans ausgezeichnet paßt. So haben wir dann zwei in Basel. Ihr werdet ja wohl nicht sehr viel zusammenkommen, aber vielleicht doch sonntags manchmal zusammen ausfliegen können. Hans hatte schon alles mögliche versucht, um eine Stelle zu kriegen. Nun sich diese gezeigt hat, sind wir froh, daß aus den andern nichts wurde.

[...] Mama schickt Dir viele Grüße. Wir wünschen nur, daß Du den Geschäftstrubel glücklich überstehen und dann die Änderung[2] nach Kräften genießen könnest. Also einstweilen herzlichen Dank und einen Kuß von Deiner Adele

1 Hoch, Bruder von Marie Hoch; s. Nr. 837, Fußn. 2.

2 H. H. beendete Ende Januar 1901 seine Arbeit als Sortimentsbuchhändler in der Reich'schen Buchhandlung. Er ging dann, vor seiner ersten Italienreise im Frühjahr 1901 ins Elternhaus nach Calw. Nach der Italienreise arbeitete H. H. noch vom 1. August bis zum Frühjahr 1903 als Buchhändler im Antiquariat Wattenwyl, Basel. Danach war er ausschließlich Schriftsteller.

926] *H. H. an Adele Hesse*

Basel, 12. Dezember 1900 [Postkarte]

Liebe Adis!

Danke schön für Deinen Brief! Auch mir tut nach dem schrecklichen Föhn das kalte klare Wetter gut. Daß Hans nach Basel kommt, ist allerdings eine lustige Weihnachtsüberraschung, und eine sehr erfreuliche. Weshalb glaubst du, wir werden »nicht viel zusammenkommen«? Ich glaube das nicht, so wenig ich Veranlassung zu näherem Verkehr mit dem Missionshaus suche. Ich denke, Hans zeigt mir an, wann er eintrifft. In Eile, herzlich dein Hemme

927] *Marie Hesse an H. H.*

Calw, 19. Dezember 1900

Mein lieber Hermann!

In Eile nur herzlichen Gruß durch Hans, der heute reist. Es ging so sehr schnell, man konnte sich kaum drüber besinnen. So senden wir dir auch nicht viel zu Weihnachten durch ihn: hier die einliegenden 10 Mark und die hübsche Uhr, die dir vielleicht gefällt. Calwer Gutsle mußt doch auch wieder probieren. Tante Jenny schickt dir das Toiletteneui, und Adele auch einen besondern Gruß ihrer Hand.

[...]

Herzlichen Dank für die übersandten Blätter, die ich mit Freude und Rührung las – der ideale Duft liegt noch auf allem, auch auf den einfachen Eltern! Zur vollen wahren Kindheit voll Seligkeit kommen wir erst noch, wenn uns auch leiblich das Paradies und die Gottähnlichkeit zu Teil wird, danach sehnen wir uns hier.

Papa hatte gestern Kopfwehtag – er grüßt herzlich, Euch schöne Festtage und wieder Ruhe im Geschäft wünschend in treuer Liebe deine Mutter

928] *Helene Voigt-Diederichs an H. H.*

Leipzig, 21. Dezember 1900

Lieber *Freund*,

denn auf diesen Namen muß ich mich heut berufen, wenn ich Ihnen schreibe, nachdem ich Sie wirklich solange Zeit äußerlich schlecht behandelte. Aber innerlich sicher nicht, und oft hab' ich Ihre mir lieben Bücher in der Hand gehabt und von einigen Worten diese und jene Saite anrühren lassen. Trotzdem, es ist unglaublich und wahr: fand ich nicht die Ruhe, mich so in der Stille mit Ihnen will sagen Hermann Lauscher zu beschäftigen, wie ich's wollte, bevor ich schrieb. Und auch heut, wo es endlich mal still in mir und um mich ist, will ich lieber eine kleine Weihnachtsplauderei mit Ihnen haben als mich dem Büchlein zuwenden, das Sie uns freundlich sandten. Es war eine rechte Hatz in den letzten Monaten [...] – Oben im Haus singen Kinder »Stille Nacht« und heute brachte mein Mädel mir von der Wiese einen kleinen Tannenzweig mit, den es dort gefunden. – Leben Sie wohl – viel Herzliches von meinem Mann und Ihrer Helene Voigt-Diederichs

929] *Karl Isenberg an H. H.*

Ulm, 21. Dezember 1900

Lieber Bruder!

Herzlichen Dank für die Zusendung des Büchleins[1], das ich mit lebhaftem Interesse gelesen habe. Es hat mancherlei Fragen und Gedanken in mir wachgerufen; ein Urteil möchte ich jedoch vorläufig nicht darüber abgeben, eben weil mir zu viele Fragen vorher beantwortet sein müßten. Die Hauptfrage ist für mich: Ist Lauscher wirklich tot? d. h. ist eine Entwicklung von H. Hesse abgeschlossen? u. beginnt nun eine neue? in welcher Richtung? usw.; kurz, ein eigentliches Urteil werde ich wohl erst später gewinnen

können. Vorläufig interessiere ich mich für das Menschlich-Persönliche viel zu sehr, als daß ich das Technische u. Künstlerische rein für sich betrachten könnte – u. wollte.
Daß der liebe Hans nun auch nach Basel gekommen ist[2], freut mich recht für ihn und für Dich, noch mehr, daß Dein Wunsch, ins Antiquariat überzugehen[2], sich auf so angenehme Weise erfüllt hat, daß Du nämlich dabei in der liebgewordenen Stadt bleiben kannst. Auch in dieser Beziehung bin ich voll gespannter Erwartung, wie Ihr beiden lieben Brüder Euch jeder in seinen neuen Wirkungskreis hineinfinden werdet. Von Herzen meine besten Wünsche zu diesem Übergang, wie auch zu den bevorstehenden Feiertagen! Viele Arbeit wirst Du nun freilich diese paar Tage noch haben. Grüße auch Hans herzlich von mir!
Meiner lieben Frau u. mir geht es im ganzen ordentlich. Morgen hoffen wir nach Ludwigsburg in die Ferien zu reisen u. denken bis 5. Jan[uar] zu bleiben; am 7. fängt die Schule wieder an, täglich 1-2 Stunden für mich, außer am Samstag, der frei bleibt, u. den Tagen der Stellvertretung für kranke Kollegen.
Grüße von meiner l[ieben] Frau. In Treuen grüßt Dich

Dein Bruder Karl

1 »Hermann Lauscher«. 1900 in kleiner Auflage gedruckt. Gegen Jahresende. Der Titel war für Hesse so aufschlußreich wie kompliziert: »Hinterlassene Schriften und Gedichte des Hermann Lauscher. Herausgegeben von H. Hesse« Basel, R. Reich Buchhandlung, vormals C. Detloff, 1901. In das für Helene Voigt-Diederichs bestimmte Exemplar schrieb H. H. folgende Widmung: »Vom Verfasser und Herausgeber mit totlebendigem Gruß gemeinsam überreicht.«
2 S. Nr. 925 u. Fußn. 1.

930] *H. H. an verschiedene Freunde*

[Basel, Dezember] 1900

Meinen Freunden zur Weihnacht 1900

Es gibt ein Land, mir träumte oft davon,
Dort glühen tiefer als bei uns die Sterne,
In röterem Purpur brennt der wilde Mohn,
In blauen, reinern Duft zerrinnt die Ferne.
Dort wandeln, unserm Leben unbewußt,
Traumlang des Nachts wir friedevolle Gänge
Und füllen müde von der Welt Gedränge
Mit neuen Hoffnungen die zage Brust.
Dort leuchtet uns auf fremdbekannten Wegen
Wie Heimatgruß so lieb und wohlvertraut
Glanz, Fülle, Reiz und Wohlgestalt entgegen;
Dort trifft mit brüderlichem Koselaut
Wie Dichtergruß so neu und fremd und lieb
Uns einer reinen Sprache Klang in's Herz,
Davon der Liebe nur und nur dem Schmerz
Von dorther Anklang und Verwandtschaft blieb.
Das ist die Sprache, deren süßes Keimen
Aus Kindermund uns oft so hold erschreckt,
Und deren Wohllaut in den edlen Reimen
Unsterblicher Dichter gold'ne Wellen schlägt.

Dort klärt ein Zauber wundervoller Art
Zu Takt und Ründung jedes Schritts Bewegung,
Zu leisem Lächeln jedes Schmerzes Regung,
Zu reifer Poesie die Gegenwart.
Dort reden alle Stimmen zarter Güte,
Die sonst erstickt im Drang der Tage schweigen,
Dort lockt vereinigt Knospe, Frucht und Blüte

Zu Rast und Stundenflucht von allen Zweigen.
Dort auch begrüßen uns mit reinen Händen
Die lichten Tröster, die wir nie genannt,
Die unser liebster Traum nur fern gekannt,
Nach denen wir so manche Nacht uns sehnten.

Du schaust mich an, du fragst: Wo ist das Land?
Ich zeig es dir, doch zeig ich's nur von ferne –
Du siehst es nachts im weißen Licht der Sterne,
Du trägst's in deiner ausgestreckten Hand.
Das Land liegt dort, wo sich der Berge Zug
So blau und leis in's Ewige verliert,
Wo jener weichen, weißen Wolke Flug
So zart und schön die letzte Ferne ziert,
Es liegt, du selber sahst es manchesmal,
Im Blick des Freundes, den du herzlich liebst,
Im Dank des Armen, dem du ohne Wahl
Ein ungefordert Weggeld lächelnd gibst.
Es liegt in dir, wenn du an Liebes denkst,
In jedem Brief, in jedem Flüsterwort,
Dem du den Atem deiner Seele schenkst;
Es finden heißt: es suchen fort und fort.
Denk' an den Tag, da du zum ersten mal
Recht Arm in Arm mit einem Freunde schrittest,
Da du die warme, wunderliche Qual
Der ersten scheuen Frauenliebe littest!
Denk' an die Stunde, da der »Faust« dein Herz
Zum erstenmal mit Rätselmacht bestürmt,
Da du dein Maß von Seligkeit und Schmerz
Berauscht dem Wunderwerk hinzugetürmt!
Auch jedes fernen Abends denke noch,
An dem du in die bleiche Röte schautest
Und Heimwehstädte in die Wolken bautest,
– Es war so schön und war so traurig doch!

So schön und traurig geht durch dein Geschick,
Wie einer toten Mutter letzte Mahnung
– Ein Händedruck – ein Kinderkuß – ein Blick! –
Des fernen Heimatwunderlandes Ahnung.
Hast du mich lieb? So komm! Vielleicht zu zwei'n
Erreichen wir's, was uns allein mißglückte,
Vom Alp der Tagesluft uns zu befrei'n,
Der uns bis heut so trostlos grau bedrückte.
So suchen wir, in wachem Traum entrückt,
Das Kleinod, dessen Suchen schon beglückt,
Der Zeit und Ewigkeit vereinte Blüte:
Den Doppelkranz der Schönheit und der Güte.

H. H.

S. Anm. II, 66.

931] *H. H. an Adele Hesse*

Basel, Weihnachten 1900

Liebe Adis!

Danke herzlich für deinen Weihnachtsgruß »aus der Heimat«! Ich kann mir nichts denken, womit du mir mehr Freude hättest machen können. Die Blätter sind so reizend und graziös, besonders Bäume und Tannenberge, daß das Ganze mir ebenso als Kunstwerkchen wie als Heimatgruß Freude macht und teuer ist.

Hier ist jetzt die diesjährige Münchener Sezessionsausstellung. Ich bin abonniert, und gehe fast täglich eine Viertelstunde hin. Es sind drei, vier Bilder ersten Ranges da, namentlich ein Segantini von unglaublicher Plastik und Leuchtkraft, sowie zwei Landschaften (eine davon von dem Worpsweder Overbeck), die dein Entzücken wären. Dann noch ein äußerst raffiniertes Kinderporträt, das von Van Dyck sein könnte[1]. Und so weiter.

Von Musik hörte ich diese Wochen fast nichts, nur bei

Wackernagels einige Cornelius'sche Weihnachtslieder, von der Baslerin Frl. Herzog vorgetragen.
Beim Umwenden finde ich den Bogen von einem alten Gedichtanfang verunziert. Mag der alleingebliebene erste Vers stehen bleiben!
Nun grüße mir die Eltern und Calw recht schön! Hans hatte anfangs Not, sich einzuleben, jetzt geht's besser[2]. Ich denke, er besucht mich heute nachmittag. Gestern war ich für eine Stunde bei Wackernagels, um ihre Bescherung anzusehen und Tee zu trinken. Der Abendtisch war mit einer hübschen, einfachen Stickerei gedeckt, deren Zeichnung der Doktor anno 1883 auf dem Rechtenberg gemacht hat. Er fragte mich, ob ich sie noch kenne.
Mit herzlichem Kuß dein Hemme

1 Ninon Hesse vermutete, das Bild sei eins der Kinderbilder von Paula Becker-Modersohn (1876-1907); seit 1896 in Worpswede.
2 Hans Hesse. S. Nr. 925, 934 und 935.

932] *H. H. und Hans Hesse an Johannes und Marie Hesse*
Basel, 25. Dezember 1900 [Postkarte]

Liebe Eltern!
Heute, nachdem ich Tante und Adele schon gedankt, brachte mir Hans auch Euer liebes Geschenk, Uhr und Geld. Herzlichen Dank! Hans war den ganzen Nachmittag bei mir, und ist noch da, auf den Abend bin ich eingeladen – also nur diesen Gruß in Eile! Herzlich Euer
Hermann

Hans Hesse: Jetzt geh ich noch zu Frau Seeger, gestern war bei Onkel [Willy] Weihnachtsfeier. Ich bekam ein schönes Basler Gesangbüchle. Mit herzlichem
Gruß Euer Hanno

933] *H. H. an Helene Voigt-Diederichs*

Basel, 26. Dezember 1900

Meine Freundin!

Ihr lieber Weihnachtsbrief hat mich herzlich erfreut. Ich eile mit der Antwort, ehe die aufreibende Werkeltagsarbeit wieder beginnt. Erst heute beginnt mein ganz zermarterter Kopf wieder zu gehorchen.

Trotzdem hat die mir sonst schreckliche Festzeit mich diesmal nicht ernstlich niedergedrückt. Freilich hatte ich auch jetzt wieder den unfrommen Wunsch, jener arme Jude vor 1900 Jahren wäre lieber nicht zur Welt gekommen. Daneben aber zähle ich schon die Tage, die letzten meiner jetzigen Unfreiheit. Anfang Februar verlasse ich das Geschäft, um mehrere Monate für meine Arbeit, für meine notleidende Gesundheit und für eine Reise nach Oberitalien frei zu haben. Denn so heimisch meine Gedanken in Florenz sind, – mit Augen hab' ich es noch nie gesehen. Auf Sommer oder Herbst suche ich dann eine Stelle als Antiquar, die ich in Basel zu finden hoffe. Durch eine kleine Dichtung, die ich letzten Herbst in 25 handschriftlichen Exemplaren ausgab, hob sich mein Sparpfennig auf das erwünschte Niveau. Jetzt hat auch, ohne daß ich es wollte, mein ›Lauscher‹ mir eine kleine Summe gebracht. Das Büchlein ist im Buchhandel nicht verschickt. Es war ganz nur für Basel berechnet und hat hier einen erfreulichen Erfolg gehabt.

Mein dichterisches Ziel hat sich mir in den letzten Monaten immer einheitlicher und reiner festgestellt, und mich erfüllt trotz aller Schwächen eine restlos gespannte, süße Energie, jene letzte Säule der Rennbahn zu erreichen, an deren Fuß der Kranz für mich gelegt ist. Sie dürfen darin keine Überhebung sehen – ich weiß, daß dieser Kranz mir weder Gold noch Ruhm bringen wird. Aber er wird mir doch in heißen Stunden die müde werdenden Schläfen kühlen und wird mir einen Schatten von jenem süßen Gefühl der Sättigung,

der Ruhe und des Genügens geben, nach dem ich, seit ich denken kann, mit verdürstenden Lippen mich sehne.
So oft ich Zeichnungen von Cissarz sah oder in Zeitschriften von ihm las, mußte ich mit einigem Groll an Ihre Gedichte denken, nach denen ich nun reichlich schon ein Jahr lang die Hand ausstrecke[1]. Grüßen Sie ihn von mir – Ihre paar Worte haben mich auf das neue Buch äußerst gespannt gemacht.
Ich hoffe nun bald Ihnen aus freierer Brust einen reicheren, ungetrübten Gruß zurufen zu können. Schon jetzt weht mir die Nähe der freien Monate wie ein Bergwind in die aufatmende Brust. Die großartige Freiheit und Schönheit der Lage gibt Basel für mich einen unschätzbaren Wert. Eine Stunde – und ich bin mitten im tiefsten blauen Schwarzwald; zwei Stunden und ich bin in Luzern; zwei Stunden – und mich umgibt die friedevoll schöne, beglükkende Natur der welschen Schweiz. So wohl ich den intimen Genuß des einfachsten Stückes Erde kenne und verstehe, so beglückt mich doch über alles der große Stil und die unsägliche Macht der alpinen Natur und die herbe, kristallene Schönheit der Seen im Gebirge.
Ich denke oft, bei Ihrem verkehrsreichen und vielfachen Leben müsse meine ferne und schweigsame Freundschaft in Gefahr sein ihren stillen Platz bei Ihnen zu verlieren.
Nicht wahr, Sie sorgen, daß ich doch allemal wieder ein Stühlchen frei finde, wär's auch nur ein Taburett für eine kurze causerie.
Mit besten Grüßen, auch den Ihren, Ihr ergebener

H. Hesse

1 Helene Voigt-Diederichs hatte in ihrem Brief vom 21. Dezember 1900 mitgeteilt, daß Cysarz' letzte Zeichnungen nun da sind und das Gedichtbuch »Unterstrom« im Januar fertig und H. H. zugesandt werde.

934] *Marie Hesse an H. H.*

Calw, 26. Dezember 1900

Mein lieber Hermann!

Du hast uns so großartig beschenkt mit den Bismarck-Briefen, ich danke dir herzlich im Namen der ganzen Familie und freue mich schon auf die stillen Abende, da wir's zusammen lesen können, hineingeguckt habe ich schon etwas, und das hat mich nur begieriger gemacht. Noch mehr aber als für das schöne Geschenk möchte ich dir heute danken, daß du dich so liebevoll und warm um Hans angenommen hast, das war lieb von dir und ist uns eine Freude und Beruhigung. Der arme Hanno ist doch noch ein rechter Kindskopf, solch einen Streich auszuführen[1]! Die Spannung und Aufregung der letzten Zeit mit Stellesuchen, auf Antwort warten, dann über Hals und Kopf Einpacken und Abreisen gerade vor den erwünschten Feiertagen, war offenbar zuviel für seine Nerven. Schon hier sagte er, am liebsten hielte er jetzt einen langen Winterschlaf, denn in letzter Zeit habe er immer schlafen können. Stattdessen kam dann Abschied hier und viel des Neuen und Fremden in Basel, im Geschäft unbekannte Aufgaben, dazu seine Verzagtheit – armer Hanno! Natürlich suchten wir Papa alles zu verschweigen, erst gestern erfuhr er die Wahrheit, er hätte die Ängste und Aufregung – die auch mich halb krank machte – nicht ertragen, besonders, wo er jetzt viel Geschäft hat. Wir arbeiten an einem neuen Buch »Die Heiden und wir«[2], Zusammenstellung von Missionsgeschichten nach gewissen Gesichtspunkten. Onkel Willy schrieb ja nur an Onkel Friedrich, aber ich war gerade morgens um 9 Uhr im Comptoir, als der Brief kam, und so hörte ich gleich, daß Hans verschwunden sei. Es war dann ein schreckliches Warten, bis nach 12 Uhr das Telegramm mit Beruhigung kam. Wir konnten unmöglich an dem Vormittag das Weihnachtszimmer richten, wie wir uns vorgenommen, sondern harrten in Sorge und pflegten Papa, daß er nichts merke. Nun, Gott sei Dank! es ist vorüber, und der liebe Onkel Willy hat mit viel Geduld und Rücksicht sich um unsern Hans angenommen. Ich hoffe, daß er noch Freude an ihm erlebt und ihn doch in der Arbeit brauchen kann.

Hans schrieb Sonntag abend, nachdem er auch bei Frau Seeger gewesen, müde aber ziemlich heiter. Ich bin begierig zu hören, wie du die Sache beurteilst und ob du meinst, Hans passe nicht für den Posten.

Bei dir hält wohl noch der Strudel an bis Neujahr, dann kriegst du Ruhe, hoffen wir. Über deinen neuen Eintritt und Reisepläne etc. sind wir noch etwas im dunkeln, doch wirst du ja schreiben, wenn du etwas mehr Zeit hast. Hans schrieb, du seiest »arg lieb und nett« mit ihm gewesen, an jenem Unglückstag.

Nun muß ich aber auch berichten von unserem Festabend. Es war das erste Mal, daß der Jüngste fehlte, und daß gar keiner meiner vier Söhne da war. So wird's stiller im Alter.

[*Bericht über die Geschenke von Marulla, Jenny, Adele, Hans, Ida und von dem Onkel in Reval; später über die Geschenke von den Aidlingern, Carl, Lis.*]

Adele und Ida freuen sich sehr, vom 9. Januar an wöchentlich eine Singstunde nehmen zu können, bei Fräulein Adelheid Lang (Urach), die hier sang und gern von Stuttgart käme zu unterrichten, wenn sechs Schülerinnen da wären, nun sind aber bis heute nur fünf aufzutreiben! [...]

Gott segne deinen Eingang ins Neue Jahr und mache dein Herz fröhlich.

In treuer Liebe deine Mutter

1 Was für ein ›Streich‹ das war, konnte bisher nicht mit Sicherheit festgestellt werden. Die Briefe – besonders auch dieser – legen nahe, daß sich Hans

Hesse lediglich auf eine für ihn ungewöhnlich lange Zeit weder im Missionshaus noch in der Missionsbuchhandlung einfand.
2 S. Nr. 907, Fußn. 1.

935] *H. H. an Johannes und Marie Hesse*

Basel, 31. Dezember 1900

Liebe Eltern!
Am letzten Abend des Jahres muß ich Euch noch ein paar Zeilen schreiben. Also noch einmal ist Weihnachten überstanden! Aber – »noch ein solcher Sieg, und ich bin verloren«. Seit den Feiertagen bereiten mir Kopf und Nerven fortwährend die raffiniertesten Leiden, und ich bin zu keinerlei Festgefühl gekommen. In summa haben mich diese zwei Weihnachten in Basel um reichlich 10 Jahre älter gemacht, und erst jetzt habe ich das ganz bestimmte Gefühl, für Zeit Lebens zum typischen Neurastheniker reif zu sein. Sela.
Daß ich geistig obenauf blieb, daran ist zunächst die Aussicht auf die Ferien und auf das Verlassen der ganzen undankbaren und aufreibenden Maschine schuld. Dann aber ist mein inneres Leben, zusammen mit meinen literarischen Plänen, allmählich zu einer Klarheit und Zielbewußtheit gekommen, die mir über alles Körperliche weghilft, so hemmend und schmerzlich ich es auch oft empfinde. Ich habe bis jetzt kein an Gedanken, Selbstbetrachtung, Entschlüssen und Abschlüssen so reiches Jahr gehabt wie das vergangene.
Was von diesen Dingen sich zur Aussprache eignet, verschiebe ich lieber auf irgendein persönliches Beisammensein. Äußerlich steht die Sache so: ich verlasse meine Stelle Ende Januar. Die neue, die mir versprochen, aber noch gar nicht gewiß ist, trete ich eventuell im Sommer (Juli?) an, keinesfalls früher. Die Zwischenzeit, mindestens 5-6 Monate, soll

zunächst meinem Befinden, dann einer Italienreise und allerlei Studien zugute kommen. Weniger durch Ersparnisse als durch Glücksfälle und Beistand zweier Freunde kann ich diese Zeit und nötigenfalls ein paar Monate länger leben. Mir liegt vor allem daran, nach so viel Hast und Zersplitterung wieder einmal zu einem wohligen Lebens- und Jugendgefühl zu kommen und meine etwas verstaubte, auch vergewaltigte Existenz von innen und außen abzubürsten und zu sonnen, was ich körperlich und geistig nötiger habe, als ich mir selber zugestehen mag.
Nun genug von mir! Für Eure schönen Geschenke und für beide Mutterbriefe nochmals herzlichen Dank! Auch hier sehnt man sich nach Winter. Wir hatten Föhntage, die einem alle Nerven zerrissen. Und erst die Föhnnächte!
Über den »Fall Hans« denke ich nichts Besonderes, jedenfalls nichts Ängstliches. Er macht jetzt einen beruhigten Eindruck und gefällt mir so gut, daß ich doppelt meine jetzige Schwäche und Nervosität bedaure, in der ich ihm nichts sein kann. Sein dummer Streich wird mir (neben Hansens Mangel an Selbstvertrauen) besonders dadurch erklärlich, daß er gerade in die tollste Arbeitszeit eintrat, wo man nicht Zeit für ihn hatte, und wo alle etwas hastig, ungeduldig und kurzangebunden sind. Jetzt muß er dann mit einem andern zusammenwohnen, was mir nicht gut scheint, ihn aber wohl nicht so drückt. Sonst scheint er gern im Missionshaus zu sein. In seiner Abneigung gegen den heftigen, komplizierten und seelenlosen Geschäftsbetrieb sehe ich einen auch mir sehr naheliegenden Zug, der mich frappiert, weil wir beide sonst so total verschiedene Menschen sind. Wirklich wüßte ich bei der Verschiedenheit all unsrer Gedanken und Neigungen nichts mit ihm anzufangen, wenn nicht sein echter, gediegener Charakter mir imponierte. *Darin* ist er mir weit über.
Ich kann nicht weiter. Es ist zehn Uhr, das Neujahr hoffe

ich zu überschlafen. Mit herzlichsten Glückwünschen denke ich an Euch und grüße und küsse Euch als Euer dankbarer

Hermann

936] *H. H.: Aus den Notizen in »Bagels Geschäftskalender« 1899*

[5. Februar 1901]

»Die zuletzt geschriebene Ahnung bewährte sich bisher: außer Finckh sind alle Freunde verstummt[1]. Dieser kommt Herbst 99 als Medizinstudent (früher Jurist) nach Freiburg i. B[aden], wo ich ihn viel aufsuchte. Seine heitere, offene und unverdorbene Art wirkte oft heilend auf mich. Der Schmerz der 1 1/2 folgenden Jahre war das Gefühl vom Verlust der Freundschaft des cénacle, besonders Hammelehles, der diese ganze Zeit schweigt. Auch die in Tübingen geschlossene Freundschaft mit cand.theol. E[berhard] Goes leidet einen halben Bruch und schwebt, während ich dies schreibe, im Ungewissen. Mein bisheriger Freundschaftsglaube weicht einer halb traurigen, halb ironisch skeptischen Vereinsamung, auch den Frauen gegenüber. Doch zu den Tatsachen!

Bis über den Winter 99/1900 hinaus litt ich stark am Heimweh nach Lulu und schrieb ihr zärtliche Briefe, denen sich nach fast jähriger Pause im Winter 1900 einige kühlere Spätlinge anreihten. Das Wilde und Quälende jener Liebe zerfloß zunächst in meiner neuerlichen Skepsis, dann auch durch die Bekanntschaft mit Elisabeth[2], die mich zu halber Liebe reizt, deren sehr wahre Schilderung »Lauschers Tagebuch«[2] enthält. Im Ganzen nahm während dieses Jahres mein Wesen eine männlichere, aber kühle Art an. Meine Ansprüche an Lebensgenuß (namentlich geistigen) werden rasch größer und bald unstillbar, jenes Hoffen auf die große Erfüllung der Zukunft hört auf und ich sehe mich an

den resignierte[n] Genuß des Augenblicks gewiesen. Ein Sinken der Temperatur meines Wesens bezeichnet dies Jahr.
Übrigens ward ich in Basel bald geselliger und nahm am Leben teil. Dankbarst muß ich das Wackernagel'sche Haus nennen, wo nicht nur eine liebe Familie, sondern ein Kreis von interessanten, tüchtigen Männern mich aufnahm. (v. Haller, Wölfflin, Joel, Bernoulli, Jennen, Burger, Balmer, Dr. Gessler etc.). Zugleich brachte mich das Zusammenwohnen mit dem lieben Künstler Jennen, dem Erbauer des Rathaus[es], schnell in engste persönliche Fühlung mit der bildenden Kunst, die seither wichtig für mein Leben ward.«

....

»Trost und Heilung brachte mir in all dieser rasch aber kühl und gottlos gelebten Zeit die schöne Natur der Schweiz. Namentlich wurde mir der Vierwaldst[ätter] See lieb und bald bis in jede kleinste Bucht vertraut. Im Gegensatz zu Tübingen brachte ich fast alle freien Tage auf kleinen Lustreisen zu. In einzelnen unruhigen Wochen mußte auch der Weingenuß mir helfen.
Jetzt steht meine Abreise zu 6monat[igen] Ferien bevor, in denen ich besonders eine erste Italienreise nach Florenz machen will.«

1 H. H. hatte am 20. 9. 1899 in »Bagels Geschäftskalender« 1899 notiert: »August bis Mitte September 99 Ferien in Calw, die mir sehr wohltun. Dazwischen ein Besuch in Kirchheim, auf zwei Tage berechnet, der sich bis zu zehn Tagen ausdehnt, Lulus wegen. Dann, nach schwerem Entschluß, kurzer Abschied von Lulumädele und den Freunden, von denen ich bloß Finckhs sicher zu sein glaube. Am 10. September Abreise in Calw, Reise nach Basel, Luzern und Flüelen mit Bruder Hans, am 15. September Eintritt bei Reich in Basel.«

2 Elisabeth La Roche; s. Anm. I sowie »Tagebuch 1900« in »Hermann Lauscher«, S. auch Nr. 882.

Anhang

Nachlese 1977

H. H. neunjährig an Henriette Ensslin

Basel, 1. Jan[uar] 1886

Liebe Tante Jettle!
Ich danke Dir vielmal für das schöne Buch, das Du mir geschenkt hast. Auch Marulla läßt vielmal danken für das Buch vom Karl und Marie. Sie sagt, wenn sie groß sei, wolle sie darin lesen. Morgen geht die Schule wieder an. Wir errichteten eine Schneeburg, welche zwar schon zu einer Ruine geschmolzen ist. Wir besuchen den Onkel Gustav sehr oft. Am Dienstag bin ich zur Taufe des kleinen Pfisterers eingeladen. Man nennt ihn Imanuel. Der Schuhmacher Münzing war gerade da, um uns zu sagen, daß die Frau, bei welcher er wohnt, gestorben sei. Zum Neujahr machte er uns ein Gedicht. Ich will Dir noch ein Rätsel aufgeben. Die Auflösung wird hinten folgen.
Rätsel: Welcher Vogel hat im Leben zwei Bein und wenn er gebraten ist, vier?
Mama ist in die Bibelstunde gegangen. Papa liest aus dem Leben Ludwig Richters und hat uns auch schon viel daraus erzählt. Es ist sehr schön! Mathilde Thumm bekam in der Neujahrsnacht ein Brüderchen und sagt, sie wolle am liebsten mit dem Blitzzug hinfahren. Es grüßt und küßt Dich

H. Hesse

Die Auflösung des Rätsels: Die Gans.

Johannes Hesse an Dr. Rudolf Wackernagel

Calw, 31. Oktober 1890

Lieber und verehrter Herr Doktor!
Ich komme mit einer Bitte. Mein ältester Sohn Hermann[1]

soll im nächsten Jahr in Württemberg das sogenannte Landexamen machen, um dann den Studiengang durch die niederen Seminare und das theolog[ische] Stift in Tübingen zu machen. Zu diesem Zweck muß er württembergischer Untertan werden, wozu die einleitenden Schritte bereits geschehen sind. Was zur Erledigung der Sache nun vor allem nötig ist, ist ein Dokument[2] über seine Entlassung aus dem Basler bezw. dem Schweizerischen Bürgerverband.
Wie diese Entlassung zu erlangen, an wen ich mich deswegen zu wenden habe und in welcher Form, darüber bin ich ganz in Unwissenheit, und das treibt mich zu Ihnen mit der Bitte, ob Sie nicht die Güte haben wollten, mir die nötige Anweisung geben bezw. durch irgend einen Unterbeamten geben lassen zu wollen.
[...] Es kommt mir oft wunderlich vor, daß ich nicht mehr in Basel, sondern hier im engen Nagoldtal sitze. Aber das gehört nun einmal zu den Eigentümlichkeiten der Missionslaufbahn, daß man nirgends mehr recht daheim ist, nirgends anwächst und einwurzelt.
Es ist schmerzlich – aber als Mahnung an die einzige wahre Heimat doch auch gut. Meine Frau und Adele – unser ältestes Töchterchen – sind immer noch gute Baslerinnen[3], die Kleinen aber richtige Schwaben. [...]

In aufrichtiger Hochachtung
Ihr ergebener Joh. Hesse, Missionar

1 H. H.
2 Dieses Dokument: »Beschluß des Regierungsrates des Kantons Basel-Stadt« datiert vom 24. 8. 1898, also fast 8 Jahre später. S. auch Nr. 700 und Anm. II, Nr. 44).
3 Die ganze Familie Johannes Hesse bekam im Mai 1883, nachdem sie seit Mai 1881 in Basel wohnte, das Schweizer Bürgerrecht. Vorher war Johannes Hesse russischer Staatsangehöriger.

H. H. an die Redaktion der Fliegenden Blätter

[Maulbronn, im April 1892]

Verehrte Redaktion!

Ob »Der Karzer« und der Scherz in Ihrem Blatt Aufnahme finden können, fragt untertänigst

H. Hesse, Seminar Maulbronn.

Vom Gymnasium

[A] »Der Karzer«

Kennst Du das Land, wo keine Blumen blühen,
Den finstern Kerker, den kein Gott besucht?
O wehe dem, der dahin mußte ziehen,
O Hundeloch, sei tausendmal verflucht!

Du träumst umsonst von Spielen und von Küssen,
Von schönen Mädchen und von rotem Wein,
Die Mäuse tanzen froh zu Deinen Füßen
Und traurig schaut der schwarze Ofen drein.

Hier muß die Unschuld stundenlang oft schmachten,
Auf eines Rektors grausam Donnerwort,
Da kann man nichts als solchen Kerl verachten,
Und träumen von Befreiung und Tyrannenmord.

Der Schule Diener wird zum Kerkermeister,
Kein Schmeichelwort besticht sein eisern Herz,
Er weiß es nicht, daß freiheitsdurst'ge Geister
Viel froher sind bei Trinkgelag und Scherz.

Der Karzer ist, das stehet außer Frage,
Ein ganz verfehltes, nutzlos Institut,
Doch ist vergessen alle Pein und Plage,
Wenn wieder man in Amors Garten ruht.

H. H.

[B) Der Scherz]
A: Mein Herr, darf ich um Ihren werten Namen bitten?
B: (hochfahrend) Ich bin Konzertsänger F. Gelbleder.
A: Ah, also wohl der, der sich im Don Juan gestern so blamiert hat?

H. H. an Theodor Isenberg

Maulbronn, 4. Mai 1892

Liebster Theodor!

Herzlichen Dank für Dein Schreiben. So schreiben mir Eltern und Großeltern nicht; warum nur Du? Warum bist eben Du mir so fern, der mich versteht, soweit dies möglich ist? Ach, die Stunden, die mir gehören, sind so spärlich zugemessen, den blauen Himmel seh' ich meist nur durchs Fenster! Ich habe ein verzehrendes Sehnen, ein wehmütig Heimweh in der jungen Brust, das mich schmerzt. U[nd] doch möchte ich es nicht hergeben, ach, ich habe ja ein Herz, u[nd] das ist zu unsrer Zeit ja fast eine Schande. O Bruder, wie vermiß' ich Deine liebenden Augen, Dein freundlich Wort, Deinen schönen Sang! Wie vermisse ich vor allem die Musik! O, ich kann mir die schönen Lieder, Wort und Melodie noch so gut denken, »Du holde Kunst«, »Adelaide«, etc., aber keiner singt sie mir, ich höre keine gute Musik mehr u[nd] dies schmerzt mich. U[nd] wann kann ich Dich wieder küssen, wann soll ich wieder einen Bruder haben? Es ist mir oft, als müßte ich wahnsinnig werden, meine Lieder werden so matt, meine Phantasie lodert nimmer hell auf. Ich möchte so gerne in freier Natur singen, ein schönes, großes Lied, dann aber, umtönt von den letzten Leierklängen, das müde Haupt sinken lassen, den müden Geist befreien. Ich sage Dir im Vertrauen, daß ich Augenblicke habe, wo mein Denken sich verliert, wo ich wahnsinnig bin. Meinen Nebenmann im Schlafsaal wollte ich plötzlich ermorden, – ohne von ihm beleidigt zu sein, forderte

ich ihn zum Duell, wobei ich natürlich kraftlos zusammenbrach. Solche Augenblicke sind nicht gar selten, aber es lebt noch ein Drang in mir, ich dichte noch, aber aus meinen Liedern spricht kein Apollo, sondern ein Satyr. Ich denke mit wehmütiger Resignation an bessere Zeiten, an Dich. Im Kolleg beschäftigt uns viel die Philosphie der Alten, u[nd] nichts befriedigt mich, als etwa die jedenfalls falsche Lehre eines Gorgias »Nichts ist«. Ach, meine Violine klingt so wehmütig, wenn ich abends ihr Phantasien entlocke, so düster u[nd] schaurig, daß meine Genossen oft verwundert aufschauen, wenn sie's hören, aber sie sagen nichts, lachen nimmer, in den Augen vieler bin ich verrückt.
Es ist ein seltsamer Brief, nicht wahr? Ich u[nd] wieder ich in jedem Satz. Aber ich weiß nichts mehr, als daß ich lebe u[nd] unglücklich bin. Mir fehlt ein Wesen, das ich wirklich lieben kann, wie mein Ideal, ähnlich wie Dich. Ich weiß nichts zu sagen, leb wohl u[nd] schreib' mir einmal ein Wort, das wie Liebe klingt; auch wenn's nicht von Herzen kommt, will zäh dran festhalten, da außer Dir kein Sterblicher das Gefühl gegen mich hat, das *ich* »Liebe« nenne.

Hermann, Mönch ([...])

1 Gorgias von Leontinoi; um 380 v. Chr. über 100 Jahre alt in Larissa (Thessalien) gestorben.

H. H. an Otto Hartmann

Cannstatt, 18. Januar 1893

Lieber alter Freund!
Eigentlich sollte ich nach Maulbronn nimmer schreiben, denn ich sehe, daß ich dort total vergessen bin. Als ich Dir zum letztenmal schrieb, aus dem Irrenhaus[1], wartete ich wochenlang auf einen Brief von Dir, er hätte mich getröstet; aber Du hast Dich eines solchen Kameraden wohl geschämt. Jetzt geige ich nimmer um Mitleid und Freund-

schaft, ich bin gewohnt, überall vergessen zu werden und es tut mir nicht weh. Ich bin nimmer der aufgeregte Romantiker, als den Du mich kanntest; ich bin ein ganz andrer geworden. Nebenbei habe ich auch Christentum etc. abgelegt. Doch darum mußt Du Dich meiner nicht schämen.
Ich habe gelernt, über alles zu spotten, über Gott u. Menschheit u. Glauben u. Liebe u. Hoffnung u. Tugend u. Laster u. Ideale u. Haß, kurz über alles, was »Empfindung« oder Glaube ist. Ich wünsche nimmer, wie früher, an einem grünen Plätzchen einsam zu sterben, haha; ich habe dem Tod ins Aug' gesehen und mich nicht gefürchtet[2]. Ich habe in den Lauf des geladenen Revolvers geblickt u. losgedrückt. Solche Augenblicke machen um Jahre älter. Ich habe den »Traum der ersten Liebe« geträumt, voll und ganz, nicht in der Phantasie, sondern im Leben[2], – u. jetzt lache ich drüber, wenn ich an Liebe u. Weh u. Selbstmord denke. Ich bin Nihilist, nicht wie die jetzigen russischen Nihilisten, sondern einer à la Basaroff[3]; es würde mir Spaß machen, die ganze Welt verkrachen zu sehen, aber ich bedaure nicht, daß das nicht geschieht, es ist mir völlig gleichgiltig.
Du denkst, ob diese Philosophie nicht sehr haltlos sei? Ja, wenn ich mich heute verliebte, würde sie für einige Zeit ihre Macht verlieren, aber länger nicht.
Doch Du wirst lachen über den alten Hesse und denken, er sei noch der alte Narr. Drum genug von diesem Thema!
Ich muß fast lachen, wenn ich bedenke, daß ich an einem Ort wie Maulbronn, wo ich eine auffallend dumme Rolle gespielt, schon ganz vergessen sein soll. Seit ich fort bin, habe ich mehrmals an Euch geschrieben, ohne ein Silbe zur Antwort bekommen zu haben. Es ärgert mich nicht, aber es kommt mir höchst komisch und somit lächerlich vor.
Grüße Herrn Wüterich, auch die Hellener[4] alle, außerdem Zeller, Dollinger, Rümelin, auch die zwei Famuli! Sag Dollinger, er möchte doch auch mal schreiben.

Nun leb' wohl, Hartmann. Ob Dir mein Brief Stoff zum Nachdenken oder zum Lachen gibt – beides soll mich freuen.

Mit Grüßen ans Seminar
H. Hesse
Obergymnasiast
bei Frau Montigel, Wilhelmstr.
Cannstatt

1 Stetten in Remstal; vgl. »Kdht. u. Jgd. I«, S. 220 ff.
2 S. »Kdht. u. Jgd. I«, Nr. 244 und Nr. 248.
3 Hauptfigur in I. Turgenjew, »Väter und Söhne«.
4 Die Bewohner der Stube »Hellas« in Maulbronn, in der auch H. H. wohnte.

Otto Hartmann und andere Jugendfreunde an H. H.[1]

[Maulbronn,] 25. Februar 1894

Lieber alter Freund!
Du glaubst, man habe Dich im Seminar vergessen? Gewiß nicht. Wie oft frischen wir abends auf dem Schlafsaal Erinnerungen an die erste Maulbronner Zeit auf, wie oft belustigt uns dann so mancher Einfall, den Du gehabt!
Begnüge Dich mit diesen kurzen Zeilen und sei von allen Hellenen herzlich gegrüßt, besonders von

Otto Hartmann[2]

L[ieber] Hesse!
Als früherer Calwer Mit-Leidens-Bruder [und] Compromotionale schließe ich mich den Grüßen der andern an und wünsche Dir große Unterhaltung, kleines Geschäft und tüchtige Freunde, (was ja wir Sterbliche am nötigsten brauchen). Die Erfüllung des Segenswunsches hofft Dein Freund

Klaiber stud. [?][3]

Lieber Freund!
Für die mir von Fr[eund] Rümelin ausgerichteten Grüße danke ich Dir bestens. Man hört doch immer wieder etwas Neues von Dir, u[nd] Du hast, – scheint's, Deine alten Kameraden noch nicht vergessen. Rektor Bauer erkundigt sich stets nach Dir. Mit dem Wunsche steter Gesundheit u[nd] eines fröhlichen Lebens grüßt Dich

25. II. 94. Dein alter Fr[eund]
E. Borst[4]

Alter Freund!
Herzliche Erwiderung des mir geltenden Grußes! Dein Deiner gedenkender

25. II. 1894 H. Endriß[5]

Lieber Alter!
Besten Dank für Deinen Gruß; noch oft muß ich an meinen Aufenthalt in Calw denken, wo Du mich nach Hirsau begleitetest u[nd] wir so fröhlich miteinander plauderten. Leb' recht wohl! Dein Hans Völter[6]

Lieber Hesse!
Viele Grüße! Was macht Charles Glück? Wenn er noch in Stuttgart ist, grüße ihn vielmals.
Dein Freund C. Schulz[7]

Lieber Hesse!
Nachdem einmal der hübsche Gedanke, Dir zu zeigen, daß man hier auch noch manchmal an Dich denkt, angeregt worden ist, kann auch ich mich nicht enthalten, Dir auf diesem Wege meine besten Grüße zu senden. Ich wünsche Dir ein zufriedenes und glückliches Leben, reich an Erfolgen, arm an Enttäuschungen. Dein Freund R. Dettinger
(oder P. Dollinger)

L[ieber] Hesse!
Dank für Deinen Gruß! Ich bin, wie Du Dir denken kannst, immer noch der Alte. Wir denken noch oft an die Onkels-Lektionen, wo Du uns trotz Deiner angestrengten Aufmerksamkeit immer so gut unterhalten hast. Sonscht isch's recht.

Mit Gruß Dein W. Häcker[8]

Lieber Hermann!
Deine fr[eundlichen] Grüße erwidert herzlich

Dein alter Freund H. Kieser[9]

[*Da H. H. 1894 nicht mehr in Cannstatt Gymnasiast war, muß er seinen Brief an Otto Hartmann 1893 geschrieben haben. An der Jahresangabe 1894 in diesem Sammelbrief ist ebenfalls nicht zu zweifeln. Sie findet sich im Original zweimal.*]

1 Unter Nr. 442 in »Kindheit und Jugend« I abgedruckt.
2 Siehe »Anmerkungen I«: Hartmann, Otto.
3 Professor am Reformrealgymnasium Stuttgart; gest. 1942.
4 Stammte aus Göppingen, Professor in Ludwigsburg, gefallen 1914.
5 Bibliothekar, Leipzig.
6 Siehe »Anmerkungen I«: Völter, Hans.
7 Pfarrer i. R. in Leonbronn, Kr. Heilbronn.
8 Siehe »Anmerkungen I«: Häcker, Wilhelm.
9 Pfarrer i. R., Tübingen.
Die Angaben stammen teils vom Ephorat Maulbronn, teils von einer Aufzeichnung bei einer Zusammenkunft der Compromotionalen von 1891, im Jahre 1912.

Anmerkungen I: Personen um H. H., in alphabetischer Reihenfolge

Blumhardt Christoph, der Jüngere, 1842-1919.
Sein Vater, Johann Christoph Blumhardt, 1805-1880, in Stuttgart geboren. Er lebte im Kreis des württembergischen Pietismus, studierte Theologie in Tübingen, war Lehrer am Basler Missionshaus, dann Pfarrer in Möttlingen, bis er 1852 nach Bad Boll übersiedelte. Er sehnte sich zeitlebens »nach dem Erleben göttlicher Wirklichkeit«, und als ihm nach langem Kampf eine Krankenheilung gelang, nannte er sie »Sieg Jesu Christi«. Die Gemeinde war von da an »erweckt«, und es begaben sich Wunder durch B.'s Handauflegung. Eine weitreichende Bußbewegung begann, und viele Hilfesuchende, körperlich und geistig Kranke sammelten sich um ihn.
Sein Sohn Christoph Blumhardt studierte Theologie, war einige Jahre Vikar, übernahm 1880 die Leitung von Bad Boll. Er verkündigte die Liebe Gottes zur Welt und sein großes, »nicht an Kirche und Christenheit gebundenes Wirken«. An den Bewegungen seiner Zeit ging er nicht in weltabgewandtem Pietismus vorbei sondern bemühte sich, das Positive in Naturwissenschaft und Sozialismus anzuerkennen. Das Mitgefühl mit der ringenden und aufwärtsstrebenden Arbeiterschaft führte ihn zur Sozialdemokratischen Partei und von 1900-1906 war er ihr Abgeordneter im Württembergischen Landtag. Doch mußte er erkennen, daß »der Versuch, seine Gottesidee ins Irdische zu tragen« keine Wurzel faßte.
Aus der reichhaltigen Literatur nenne ich nur: Chr. Blumhardts Predigten und Andachten, hg. v. R. Lejeune. 5 Bde., 1925 ff., L. Ragaz: Der Kampf um das Reich Gottes in Blumhardt Vater und Sohn und weiter, 1922 (1926).

Calwer Verlagsverein
Dieser wurde im Jahr 1833 von Dr. Christian Gottlob *Barth,* Pfarrer in Möttlingen, gegründet, um auf literarischem Gebiet der »Aufklärung« entgegenzuwirken, und um gute Bildungs- und Volksschriften zu schaffen. Um dies zu ermöglichen wurde drei Jahre später, 1836, die Calwer Vereinsbuchhandlung gegründet; sie begann mit Traktaten, Jugendschriften, Missionsblättern; dazu kam die »Calwer Familien-

bibliothek«, die hundert Jahre später, 1936, es auf 72 Bände gebracht hatte.
Der Vertrieb im Buchhandel wurde zunächst kommissionsweise durch den Verleger Steinkopf in Stuttgart besorgt. Von 1878 an wurde eine eigene buchhändlerische Vertretung in Stuttgart gegründet, welche David Gundert leitete. Die Firma hieß von da an: »Die Vereinsbuchhandlung in Calw und Stuttgart«. In Calw wurden die Bücher und Blätter weiterhin an private Kunden versendet, mit Hilfe einiger Kolporteure; in Stuttgart erfolgte die Herstellung und der Versand an den Gesamtbuchhandel.
Bis 1862 war Dr. Christian G. Barth Vorstand und theologischer Leiter der Calwer Vereinsbuchhandlung. Ihm folgte Dr. Hermann Gundert, Missionar und Indologe, der Vater von Friedrich und David Gundert, welche die buchhändlerischen Geschäftsführer waren.
Nach Dr. Gunderts Tod 1893 wurde Johannes Hesse zum Vorstand gewählt. Er hatte dieses Amt bis 1905 inne.

petit cénacle
Kirchheim a. d. Teck/Tübinger Freundeskreis. In »Bagels Geschäftskalender« 1899 notierte H. H.: »Von 97 an Freundschaft mit Hammelehle (Seminarfr[eun]d), Finckh und Rupp, dazu später Faber und Schönig. [...] Sommer 97 und Wintersemester 97/98 lustige Cénacle-Zeit, viel Spaß und Übermut.« [Vgl. Briefe Nr. 659 vom 10. 11. 97, Absatz 9; Nr. 668 vom 24. 1. 98, Absatz 3; Nr. 681, Absätze 1 und 2.] ›Hauptsitz‹ des Cénacle war die »Krone« in Kirchheim an der Teck. H. H. erhielt schon während seiner Tübinger Zeit von mancher Zusammenkunft, an der er nicht teilnehmen konnte, eine Karte voller »Spaß und Übermut«. Solche Karten gingen auch noch nach Basel. Spätestens seit dem Sommer 99 gehörte auch Julie Hellmann, das Lulumädele, für H. H. mit dem Cénacle. Für O. E. Faber war sie schon seit Okt. 98 »die Seele von das Ganze«. (Vgl. auch das Lulu-Kapitel im »Hermann Lauscher«: »Prinzessin Lilia«.) Der »petit cénacle« war für H. Hs. Entwicklung sehr wichtig. Er führte ihn – bis zu einem gewissen Grad wenigstens – aus der Einsamkeit, »die mir endlich zur Freundin geworden ist« (H. H. im April 96, s. Br. Nr. 552). Das wurde zuerst durch diesen Freundeskreis verändert. Wie wichtig er war, geht auch aus den ersten unter Nr. 936 mitgeteilten Notizen aus Bagels Geschäftskalender hervor. Die noch ausstehende Hesse-Biographie sollte ihn genau beschreiben, auch im Hinblick auf sein – verändertes – Fortbestehen später. Dazu hier nur ein Brief von O. E. Faber:

Backnang, 30. 6. 37

Lieber Hesse!

Zum 60ten Geburtstag am 2. 7. 37 sende ich als »unbekannter Zeitgenosse« dieses »Martel« in piam memoriam Hermann Lauscher et Luluae in corona mit herzlichen Glückwünschen und außerdem vielem Dank für die stille Freude, die Deine »Stunden im Garten« mir u. meiner Frau in dieser lauten Zeit gemacht haben.

Sei gegrüßt von Deinem weiland Otto Erich Faber

Ensslin Henriette (»Tante Jettle«)

Tochter von Pfarrer Heinrich Ensslin, Bruder von Dr. Hermann Gunderts Mutter Christiane, welcher 1825 starb. Lehrerin. Geboren in Beinstein ü./Waiblingen, 4. März 1824. Gestorben in Calw, 23. Juli 1914.

1863 wurde sie von ihrem Vetter Dr. Gundert nach Calw berufen, um ihm bei seinen literarischen Arbeiten, besonders durch Übersetzungen aus dem Englischen, zu helfen.

Gundert Adolf

Sohn von Ludwig Gundert (»Bibelgundert«), aus dessen zweiter Ehe mit Emilie Mohl, geboren 29. 8. 1836, gestorben 20. Oktober 1898. Vermählt mit Anna Weiss, die 1882 starb. Er wurde auf dem Fangelsbachkirchhof in Stuttgart begraben.

Gundert David

Geboren 9. Oktober 1850 in Tschirakal (Indien), als jüngster Sohn von Dr. Hermann Gundert und seiner Frau Julie, geb. Dubois. Im Januar 1857 wurde er mit anderen Missionarskindern in Kannanur auf der »Seringapatam«, einem Segelschiff, nach Europa eingeschifft, wie zwei Jahre zuvor sein Bruder Friedrich, unter Obhut von Missionar Bührer und seiner Frau. Er kam ins Knabenhaus der Basler Mission; nachdem die Eltern sich in Calw niedergelassen hatten, kam er zu ihnen (1860). Er machte eine buchhändlerische Lehre bei Steinkopf (Buchhandlung und Verlag) in Stuttgart durch und ging später, 1871, in die Schweiz, nach Leipzig, Bremen, Paris, zuletzt nach London, zu Truebner & Co in die Abteilung für fremde Sprachen. 1878 kehrte er nach Deutschland zurück und trat in die Calwer Vereinsbuchhandlung ein, als Geschäftsführer.

In London war D. G. sehr gerne, er begeisterte sich für Gladstone, behielt auch die liberale Richtung stets bei und verkehrte in einem evangelischen Jünglingsverein, dem späteren CVJM, dorther stammten seine meisten späteren Freunde.

Allmählich fing er eine eigene Verlegertätigkeit in Stuttgart an; anfangs übernahm er Schriften, die dem Calwer Verlag angeboten wurden, aber nicht in dessen Rahmen paßten. Die von D. G. verlegten Bücher waren von dreierlei Richtung: Erzählungen für den Mittelstand; Abenteurergeschichten und geographische Beschreibungen; Bücher mit Versen und Erzählungen für Kinder.
Der Verlag blühte auf nach dem Ankauf der Rechte auf die Erzählungen Christof Schmids, von einem bayrischen Verlag, später durch das Verlegen der Bücher von Agnes Sapper.
1879 verheiratete David Gundert sich mit Marie Hoch, deren Vater Missionar in Indien war und die Hermann Gundert in Indien getauft hatte, was er in einem Brief berichtet hat. 1887 starb Marie Gundert. D. G. verheiratete sich 1888 mit Johanna Beate Feldweg.
Bis 1936 arbeitete David Gundert regelmäßig im Verlag, seit 1919 hatte sein Sohn Friedrich einen Teil der Arbeit übernommen.
David Gundert starb am 26. Oktober 1945.

Gundert Elisabeth (»Tante Elisabeth«)
Geboren 17. 1. 1846 in Bombay, gest. 3. 2. 1923 in Höfen/Enz; am 30. 10. 1866 Heirat mit Samuel Gundert (4. 4. 1840-8. 5. 1880), dem zweitältesten Sohn von H. Hs. Großvater Dr. Hermann Gundert. – Elisabeth Gundert wohnte mit ihren beiden Kindern: (Vetter) Hermann Gundert (s. dort) und Agnes Gundert ab Juli 1880 in Calw, zusammen mit ihrer Schwester *Henriette Isenberg*, die Klavierlehrerin war und *Tante Jettchen* genannt wurde, zur Unterscheidung von *Henriette Ensslin* (s. dort) = *Tante Jettle*, der Base von H. Hs. Großvater Gundert.
»Elisabeth Gundert war zart und oft kränklich; sie lebte ganz für ihre Kinder und machte mit einem kleinen Kreis junger Mädchen Handarbeiten zugunsten der Basler Mission. Kleine Ausflüge in die Umgebung Calws wurden gern zusammen mit den Hesse-Kindern und deren Mutter unternommen. Als Elisabeth Gunderts Sohn: (Vetter) Hermann G. in Tübingen studierte, zog Elisabeth Gundert mit ihren Kindern (1894 oder 1895) dorthin.« (S. Greiner) H. H. besuchte Tante Elisabeth während seiner Tübinger Zeit oft.

Gundert Friedrich
Geboren 7. März 1847 in Talatscheri (Indien), gestorben 15. Juli 1925. Sohn von Dr. Hermann Gundert und seiner Frau Julie, geb. Dubois. Achtjährig kam er nach Basel und wurde im Kinderhaus erzogen. 1860 konnte er zu seinen Eltern nach Calw ziehen, die 1859 aus Indien zu-

rückgekehrt waren. Er machte eine kaufmännische Lehre in Calw und ging dann nach Basel, weil er Missionskaufmann werden wollte. Als solcher reiste er 1870 nach Indien, vertrug aber das Klima nicht und kehrte 1872 nach Europa zurück. Er verheiratete sich 1873 mit Emma Heermann, wurde 1875 an die Vereinsbuchhandlung in Calw als kaufmännischer Geschäftsführer berufen, welche Stelle er bis 1925 innehatte.

Friedrich Gundert war sehr musikalisch. Er leitete den Kirchenchor in Calw von 1880 bis 1915 als Dirigent und veranstaltete mit diesem Chor, einem Orchester und Solisten aus Stuttgart und Calwer Musikfreunden regelmäßige Kirchenkonzerte. Es wurden Oratorien von Händel und von Mendelssohn, und vor allem die Passionen und Kantaten von Joh. Seb. Bach aufgeführt. Er war ein großer Bachverehrer und Mitglied der Bachgesellschaft Leipzig, als solches besaß er die große 46bändige Bachausgabe von 1851.

Gundert, Dr. Hermann (Großvater H. Hs.)
Missionar und Sprachgelehrter, Leiter des Calwer Verlagsvereins 1862-1893.

Geboren 4. 2. 1814 in Stuttgart. Besuchte 1827-1831 das Seminar Maulbronn. David Friedrich Strauß (1808-1874), der dort als Lehrer tätig war, übte großen Einfluß auf ihn aus. 1831-1835 studierte Hermann Gundert in Tübingen Theologie und Philosophie; er traf dort auch Strauß wieder. Nach seinem Erweckungserlebnis 1833 wendete sich Hermann Gundert von Strauß ab und dem württembergischen Pietismus zu. 1835 promovierte er zum Dr. phil. und reiste er nach Ostindien. Auf See lernte er Bengali und Hindostani. In Indien war H. Gundert zunächst Mitarbeiter der englischen Kirchenmission. Nach seiner Heirat mit Julie Dubois am 23. 7. 1838 trat er zur Basler Mission in Malabar über. 1839 folgte die Gründung der Missionsstation in Talatscheri, Vorderindien, wo 1840 unter Leitung seiner Frau Julie Gundert eine Mädchenschule eingerichtet wurde.

1846-47 verbrachte H. G. zur Erholung in Deutschland. 1849 setzte er, als Missionar in Tschirakal seine Übersetzungen ins Malayalam fort (Schulbücher, religiöse Schriften). 1855 wurde er nach Mangalore, dem Hauptsitz der Basler Mission in Indien, gerufen, 1857 zum Regierungsschulinspektor für Malabar und Canara ernannt; 1859 wurde er nach Krankheit und Erholung in Europa Mitarbeiter von Dr. Chr. Gottlieb Barth im Calwer Verlagsverein, 1862, nach Barths Tod, Leiter. Er veröffentlichte u. a. eine Grammatik des Malayalam sowie ein Wörterbuch des Malayalam und des Englischen.

Am 25. April 1893 starb er in Calw. – Vgl. »Kindheit und Jugend«, Band I, Seiten 534-548; Ninon Hesse berichtet dort ausführlich über Dr. Hermann Gundert.

Gundert Hermann (»Vetter Hermann«)
(Vetter von H. H., später auch sein Schwager), Sohn von Missionar Samuel Gundert und seiner Frau Elisabeth, geb. Isenberg. Geboren 21. Februar 1876 in Mangalur (Ostindien). Gestorben 20. April 1956 in Korntal. Von 1890 bis 1894 besuchte er die Seminare von Schöntal und Urach, wurde dann Einjährig-Freiwilliger in Tübingen (Oktober 1894 bis 30. September 1895). 1894 begann er als sogenannter Stadtstudent in Tübingen Theologie zu studieren, ab Herbst 1897 als Stiftler. Im Sommer 1899 legte er das erste, im Sommer 1904 das zweite theologische Examen ab. In der Zwischenzeit war er Vikar in Renningen, Winterbach, Markgröningen und andern Orten. Dann, nach dem zweiten Examen, Pfarrverweser in Ilsfeld und von 1905 bis 1907 in Rohr. Am 17. April 1906 verheiratete er sich mit H. H.s Schwester Adele Hesse. Von 1907 bis 1919 war er Pfarrer in Hopfau über Horb; von 1919 bis 1930 in Höfen/Enz; von 1930 bis 1933 in Unterreichenbach und von 1933 bis 1938 in Eckenweiler. Am 1. März 1938 wurde er pensioniert. Im September 1938 übersiedelte er mit seiner Familie nach Korntal, wo Adele Gunderts Schwester Marulla Hesse lebte.

Gundert Hermann
Pfarrer in Mount Clemens (Michigan). Ältester Sohn von Dr. Hermann Gundert und seiner Frau Julie, geb. Dubois.
Geboren 18. April 1839, gestorben etwa 80jährig. Insgesamt sind 1612 Briefe vorhanden, die Dr. Hermann Gundert an diesen Sohn gerichtet hat. Der erste Brief wurde am 19. Mai 1862 geschrieben, bis zum Jahr 1882 schrieb der Vater alle 14 Tage oder einmal im Monat – seit 1883 jede Woche. Der Briefwechsel endete 1893 mit dem Tod des Vaters.

Gundert Wilhelm
Professor Dr. phil., Japanologe. Ältester Sohn von David Gundert aus dessen erster Ehe mit Marie Hoch. Geboren 12. April 1880.
1888-1894 Eberhard-Ludwig-Gymnasium Stuttgart, 1894 »Landexamen«, dann die Seminare Schöntal und Urach. 1898 Abitur und Eintritt in das evangelisch-theologische Seminar Tübingen (»Stift«). Er studierte Philosophie und Theologie in Tübingen und Halle/S., trat während der Studienzeit der »Deutschen Christlichen Studenten Vereinigung« (D.C.S.V.) und dem Studentenbund für Mission bei. 1902

bestand er das erste theologische Dienstexamen in Tübingen, war bis 1904 Vikar in Nabern, bestand 1904 das zweite theologische Dienstexamen und wurde ordiniert. Im Februar 1906 reiste er als Missionar nach Japan und trat in Tokio in Verbindung mit dem japanischen Schriftsteller und Evangelisten Kanzô Uchimura und seinem Kreis. Im Dezember 1906 verheiratete er sich mit Helene Bossert, Tochter des Pfarrers und Kirchenhistorikers Dr. D. Gustav Bossert, bei dem er in Naben vikariiert hatte. 1909 war er deutscher Sprachlehrer an der I. Hochschule in Tokio.

1909/1910 Missionsarbeit in Tokio und auf dem Lande, 1910-1916 Missionsarbeit im Bezirk Miigata, enge Berührung mit dem japanischen Volksleben und dem japanischen Buddhismus. Doch hatte er schon begonnen, die hergebrachten Begriffe von Mission fragwürdig zu finden. 1915-1920: Lehrer des Deutschen an der V. Hochschule zu Kumamoto (Kyûshû). Daneben gingen japanische und chinesische Sprachstudien, Anfangsgründe des Sanskrit, Studium des Buddhismus und Schintoismus. 1920 reiste er nach Deutschland, studierte in Hamburg am japanologischen Seminar und wurde 1925 zum Dr. phil. promoviert. Die Dissertation »Der Schintoismus im Nô-Drama« erschien in Tokio. Bis 1936 blieb W. G. in Japan. Seit 1927 war er Deutscher Leiter an dem neugegründeten Japanisch-Deutschen Kulturinstitut, Tokio. Seine Studien umfaßten japanische Literaturgeschichte und Religionsgeschichte. Er war Vorsitzender zahlreicher wissenschaftlicher Gesellschaften. Von 1936 bis 1945: Ordentlicher Professor für Sprache und Kultur Japans an der Universität Hamburg. Nach der Entlassung aus dem aktiven Dienst (1945) konnte er sich ganz seiner literarischen Arbeit widmen. Einige Veröffentlichungen seien hier genannt: Im Handbuch der Literaturwissenschaft: Die japanische Literatur (1930). »Japanische Religionsgeschichte« (Japan. – Deutsches Kulturinstitut Tokio und David Gundert-Verlag Stuttgart 1935). Redaktion des Ostasiatischen Teiles der »Lyrik des Ostens«, München, Carl Hanser. »Übersetzung und Erklärung der chinesischen Kôan oder Beispielsammlung Bi-yän-lu«, München, Carl Hanser 1960. (1. Band.)

Über Wilhelm Gundert hat H. H. oft geschrieben: im »Rundbrief aus Sils Maria« (H. H., »Briefe an Freunde«. Rundbriefe 1946-1962, Frankfurt a. M. 1977, S. 181 f.). »Brief an Wilhelm Gundert«, Neue Zürcher Ztg. vom 3. 10. 1960. Universitas 16, 1961, S. 197-199.

Häcker Wilhelm

Dr. phil., geboren 9. Mai 1877 in Ebersbach/Fils, gestorben 18. Oktober 1959 in Blaubeuren. Seminar Maulbronn 1891-1895, Studium der

Altphilologie in Tübingen. Von 1906 bis 1912 Präzeptor in Aalen, von 1912 bis 1923 Professor in Maulbronn. Seit 1923 Professor am Seminar Blaubeuren, bis es 1941 (oder 1942) von den Nationalsozialisten geschlossen wurde. Von 1941/42 bis zur Pensionierung 1948 als Oberstudienrat am Progymnasium in Blaubeuren tätig.
Das Wiedersehn mit diesem Freund und das Zusammensein beschreibt H. H. in der »Nürnberger Reise«, WA 7 und im »Rundbrief aus Sils Maria«, a. a. O.

Haering Theodor, Professor Dr.
Geboren 1848, gestorben 10. 3. 1928. Er war befreundet mit Johannes und Marie Hesse und mit Dr. Hermann Gundert, den er sehr verehrte. Er war im Vorstand des Calwer Verlagsvereins und kam daher öfter von Tübingen nach Calw. Vom Calwer Verlagsverein herausgegeben, erschien von ihm: »Das christliche Leben auf Grund des christlichen Glaubens. Christliche Sittenlehre, 1902.« »Der christliche Glaube (Dogmatik)«, 1906, u.v.a. Im Wintersemester 1895/96 las er in Tübingen: Evangelische Glaubenslehre II, 5stündig. Erklärung des Römerbriefs, 4stündig. Dogmatische Übungen, öffentlich, einstündig.
H. H. verkehrte während seiner Tübinger Buchhändlerzeit in seinem Haus. In der »Schwäbischen Heimatgabe für Theodor Haering«, herausgegeben von Hans Voelter, Heilbronn, Salzer 1918, widmete er dem Freund der Eltern seinen Aufsatz »Wilhelm Meisters Lehrjahre«, geschrieben 1912.

Hartmann Otto
Geboren 1877 in Stuttgart, gestorben 1952 in Ludwigsburg. 1891 bis 1895: Seminare Maulbronn und Blaubeuren, dann Jus-Studium in Tübingen, Berlin, Leipzig. Ab 1904 Rechtsanwalt in Eßlingen a./N. 1919 bis 1933 Oberbürgermeister in Göppingen; von den Nationalsozialisten des Amtes enthoben. 1943-1946: Direktor der Landesdienststelle Württemberg des Deutschen Gemeindetages in Stuttgart bis zu dessen Auflösung. 1944 in Stuttgart ausgebombt, Übersiedlung auf die schwäbische Alb. Seit 1950 in Ludwigsburg. Mitarbeit am Schillermuseum in Marbach a./N. Seiner gedachte H. H. in »Herbstliche Erlebnisse«, vgl. H. H., »Briefe an Freunde«. Rundbriefe 1946-1962, S. 120 ff.

Hermelink Heinrich
1877 in Ostindien geboren, habilitierte sich 1906 in Leipzig für Kirchengeschichte, versah daneben ein Pfarramt. Später Professor in Kiel,

Bonn und Marburg. Im »Handbuch der Kirchengeschichte für Studierende« behandelte er die Zeit des Spätmittelalters, der Reformation und Gegenreformation. Sein letztes Werk war »Das Christentum in der Menschheitsgeschichte von der französischen Revolution bis zur Gegenwart«, dessen 3. Band 1955 erschien. Er starb in München, am 15. Februar 1958. In einem Brief von Ende Dezember 1949 an Heinrich Hermelink äußert sich H. H. überaus positiv zu dessen Werk »Württembergische Kirchengeschichte«. (»Briefe«, G. S. VII, S. 748/49). Der Brief ist irrtümlich unter den Briefen von 1950 eingereiht.

Hesse Adele
Geboren 15. August 1875, gestorben 24. September 1949.
Verheiratet mit Hermann Gundert (»Vetter«), 17. 4. 1906. Nach Absolvierung der Schule lernte Adele Hesse in Stuttgart in einer Malschule Malen und Zeichnen. Bis zur Übersiedlung des verwitweten Vaters nach Korntal (1905) lebte sie in Calw. Nach ihrer Verheiratung lebte sie als Pfarrfrau in Hopfau, Höfen/Enz, Unterreichenbach, Eckenweiler. Seit 1938 in Korntal (s. Hermann Gundert).
Gemeinsam mit dem Bruder H. H. schrieb sie »Zum Gedächtnis unseres Vaters«, der »Lebensabriß« ist von ihr. Von H. H. ist das 1916 geschriebene Gedenkblatt: »Zum Gedächtnis«. Tübingen, 1930, Rainer Wunderlich.
Adele Gundert: Marie Hesse. Ein Lebensbild in Briefen und Tagebüchern. Stuttgart, 1934, D. Gundert-Verlag. Mit einem Essay von Siegfried Greiner und illustriert von Gunter Böhmer, 1977 als insel taschenbuch 261.
H. H. hat der Schwester Adele neben Gedichten die »Stunden im Garten« gewidmet – er hat sie für die Schwester geschrieben (1935), die damals ihren 60. Geburtstag feierte. Von 1939 bis 1946 hatten die Geschwister einander nicht mehr gesehen – damals schrieb H. H. den »Brief an Adele« (»Betrachtungen«, WA 10, S. 92 ff.). Nach Adele Gunderts Tod schrieb H. H. das »Gedenkblatt für Adele« (»Gedenkblätter«, G. S. IV, S. 787-795). »Die Schwester« oder »Die Schwestern« kommen ein paar Mal in Erzählungen von H. H. vor. »Schwester Adele« in der Erzählung »Der Bettler« in »Innen und Aussen«. Gesammelte Erzählungen, Bd. 4, Frankfurt a. M. 1977, S. 233 ff.

Hesse Dr. Carl Hermann (Großvater H. Hs.)
Kreisarzt und russischer Staatsrat in Weißenstein, Estland.
Geboren 16. Februar 1802 in Dorpat. Nach seiner Gymnasiastenzeit und seinem Studium der Medizin, das er 1826 mit der Promotion

abschloß, bereiste Dr. Hesse Deutschland, die Schweiz und Österreich. 1828 eröffnete er eine Landarztpraxis in Merjama, Estland, 1830 zog er nach Weißenstein. Dort hatte er sein Erweckungserlebnis. 1833 gründete er in Weißenstein ein Waisenhaus. Seit 1851 wurden bei ihm regelmäßig Bibelstunden gehalten. 1865 und 1868 reiste er nach Basel. Die Praxis in Weißenstein hielt er bis zu seinem Tod aufrecht. Er starb am 16. November 1896 in Weißenstein. – Vgl. »Kindheit und Jugend«, Band I, Seiten 520-534;
Ninon Hesse berichtet dort ausführlich über Dr. Hermann Hesse.

Hesse Karl Otto Johannes (Vater von H. H.)
Missionar der Basler Mission, Leiter des Calwer Verlagsvereins 1893-1905.
Geboren am 14. Juni 1847 in Weißenstein, Estland.
Er wurde 1865 in die Basler Missionsanstalt aufgenommen und 1869 in Heilbronn ordiniert. Noch 1869 reiste er als Missionar nach Keti, Indien. 1871-1873 war er Sprachlehrer am Predigerseminar in Mangalore und studierte Kanaresisch. Im Sommer 1873 kehrte er aus Gesundheitsgründen nach Deutschland zurück. Ende 1873 wurde Johannes Hesse Gehilfe von Dr. Hermann Gundert in Calw. Am 22. November 1874 heiratete er dessen Tochter Marie, verw. Isenberg. Er war Schriftleiter des »Missionsmagazins«. Von 1881-1886 wirkte Johannes Hesse als Lehrer an der Missionsschule in Basel. 1886 kehrte er nach Calw zurück. Dort entwickelte er eine vielfältige missionarische und publizistische Tätigkeit. 1893-1905 leitete Johannes Hesse als Nachfolger seines Schwiegervaters Dr. Hermann Gundert den Calwer Verlagsverein. 1905 zog er nach Korntal, wo er am 8. März 1916 starb. – Vgl. »Kindheit und Jugend«, Band I, Seiten 548-554. – Ninon Hesse berichtet dort ausführlich über Johannes Hesse.

Hesse Johannes, genannt Hans
Jüngster Sohn von Johannes und Marie Hesse. Geboren 13. Juli 1882 in Basel, getauft von Großvater Hermann Gundert am 6. August. Gestorben in Baden (Aargau) am 27. November 1935.
Hans Hesse wurde in der Schule in Calw von seinem Lehrer unsäglich gequält, oft geschlagen. Er machte eine kaufmännische Lehre in Calw durch und trat 1899 in Basel in ein Geschäft ein, dann arbeitete er vorübergehend als Gehilfe im Basler Missionshaus.
Zwischen 1907 und 1911 arbeitete er in Deutschland und war mehrere Monate in Hopfau bei seiner Schwester und dem Schwager Gundert, lernte Maschinenschreiben und Stenographieren, übte sich im Franzö-

sischen und Englischen. Dann kam er nach Basel, nahm dort Abendkurse und Tageskurse und wurde schließlich in der Firma Brown-Boveri in Baden (Aargau) in der Abteilung Technische Korrespondenz angestellt, wo er bis zu seinem Freitod blieb.
1915 verheiratete er sich mit Frieda Gerber und wurde Vater von Zwillingssöhnen, Paul und Ueli, geboren 8. 11. 1919.
H. H. erzählt von ihm in »Schön ist die Jugend«, vgl. H. H., »Die Verlobung«, Ges. Erz. Bd. 2, S. 102 ff. Nach seinem Tode schrieb H. H. das Gedicht: »Nach einem Begräbnis«, H. H., »Die Gedichte«, Frankfurt a. M. 1977, S. 642, und die »Erinnerung an Hans«, WA 10, S. 199 ff.

Hesse, Marie, geb. Gundert, verw. Isenberg (Mutter H. Hs.), geb. 18. Oktober 1842 in Talatscheri, Vorderindien. Dort verbrachte Marie Hesse ihre Kindheitsjahre. 1846 kam sie zu Dr. Ostertag in Gundeldingen bei Basel. 1854-1856 wurde sie im Töchterinstitut Korntal ausgebildet. Vom April 1856 bis Juni 1857 lebte sie als Haushaltshilfe in Corcelles, wo sie Französisch lernte. 1857 reiste sie nach Kalikut, Indien. 1858 hatte sie ihr Bekehrungserlebnis. 1860 kehrte sie nach Europa zurück. 1864 verlobte sie sich mit dem Missionar Charles Isenberg, der 1865 nach Indien ausreiste. Die Heirat fand dort in ihrem Geburtshaus in Talatscheri statt. Nach relativ kurzer Missionsarbeit in Haiderabad erkrankte Charles Isenberg schwer. Man kehrte nach Europa zurück, wo Charles Isenberg im Februar 1870 starb. Marie Isenberg blieb zunächst in ihrem Elternhaus. Dort lernte sie Johannes Hesse, den Gehilfen ihres Vaters kennen. Sie heiratete ihn 1874, zog mit ihm 1881 nach Basel und 1886 zurück nach Calw. Marie Hesse war Mitarbeiterin ihres Mannes und publizierte selbst verschiedene Bücher. Am 24. April 1902 starb sie in Calw. – Vgl. »Kindheit und Jugend«, Band I, Seiten 554-559. Ninon Hesse berichtet dort ausführlich über Marie Hesse.

Hesse Marulla
Schwester von H. H. Geboren 27. November 1880 in Calw. Gestorben 17. März 1953 in Korntal. Marulla Hesse besuchte von Ostern 1895 bis Ostern 1896 das Mädchenpensionat des Fräulein von Reutern in Tübingen, wo neben Anstandsregeln auch Deutsch, Geschichte, Französisch u. a. gelehrt wurden. Ihre Ausbildung als Lehrerin erhielt sie im Katharinenstift in Stuttgart, von 1896 bis 1899, sie war Stipendiatin und machte ein glänzendes Examen. Danach war sie ein Jahr lang Hauslehrerin in einer adeligen Familie. Von 1902 bis 1905 in Calw,

zuerst zur Pflege der Mutter, die 1902 starb, dann als Sekretärin und Pflegerin ihres Vaters. 1905 übersiedelten der Vater, Adele und Marulla Hesse nach Korntal. Marulla Hesse blieb die Helferin des Vaters bis zu seinem Tode im Jahr 1916. Dann blieb sie bis 1918 als Privatlehrerin in Korntal, betreute von 1918-1919 Kriegsblinde in der Stuttgarter Blindenanstalt. Eine Weile war sie beim Bruder Hans Hesse in Baden (Aargau), dann von 1922 bis 1927 wieder Hauslehrerin in einer Familie in München. Seit 1927 unterrichtete sie Englisch und Französisch in Korntal. Im Herbst 1951 erkrankte sie und wurde im Wilhelmsspital Stuttgart operiert. Im August 1952 durfte sie nach Korntal zurückkehren. Sie starb am 17. März 1953.
H. H. schrieb nach ihrem Tode den »Nachruf für Marulla« (»Beschwörungen«, G. S. VII, S. 927 ff.). Schon in der frühen Jugend hatte H. H. beiden Schwestern Briefe geschrieben und Briefe von ihnen empfangen. Nach dem Tod der Mutter wurde der Briefwechsel mit den Schwestern intensiver und dauerte das ganze Leben lang. 1887, in Calw, hatte H. H. eine Erzählung »Für Marulla« geschrieben: »Die beiden Brüder«. Sie ist abgedruckt in H. H., »Briefe an Freunde«, a. a. O., S. 73 ff. »Weihnacht mit zwei Kindergeschichten«.

Hunnius Monika
Cousine dritten Grades von H. H. Sängerin und Schriftstellerin.
Geboren 1858 in Riga. Gesangsausbildung in Riga und 1882-1884 in Frankfurt am Main. Ab 1884 Gesangslehrerin in Riga, ab 1917 dort freie Schriftstellerin. Von 1913 bis 1923 lebte Monika Hunnius in Königsfeld im Schwarzwald, ab 1924 wieder in Riga, wo sie Ende 1934 starb. Sie schrieb u. a. ein Buch der Erinnerung an H. Hs. Großvater Hesse: »Mein Onkel Hermann«.

Isenberg Karl, Dr. phil.
Sohn des Missionars Charles Isenberg (gest. 1870) und der Marie Isenberg, geb. Gundert, Stiefbruder von H. H. Geboren am 25. Mai 1869 in Haidarabad, Indus, (jetzt Pakistan). Gestorben am 29. März 1937 in Ludwigsburg.
Der Vater stammte aus dem Rheinland und war britischer Staatsangehöriger; Karl Isenberg war britischer Staatsbürger bis zu seinem Eintritt ins Seminar Maulbronn, 1883, wurde dann Württemberger. 1887 bestand er den Konkurs (Matura), dann wurde er Einjährig-Freiwilliger. Er studierte von 1888-1892/93 Alt- und Neuphilologie und Mathematik in Tübingen; ein Semester in Bonn. Er bestand das Examen für höheren Schuldienst. Promoviert hat er erst viel später – 1919

– über einen englischen Philosophen. Er verheiratete sich im Jahr 1900 mit Elisabeth Berg, Tochter von Prälat Berg in Heilbronn. Zunächst wurde er Hilfslehrer in Ulm, dann Reallehrer in Heilbronn, dann in Stuttgart am Karlsgymnasium. Später Gymnasialprofessor in Ellwangen 1914-1924; dann 1924-1931 in Ludwigsburg. Im Jahr 1931 ließ er sich pensionieren. Er starb am 29. März 1937 in Ludwigsburg.

Isenberg Theodor
Sohn von Missionar Charles Isenberg (gest. 1870) und von Marie Isenberg, geb. Gundert. Stiefbruder von H. H. Geboren 9. September 1866 in Haidarabad, Indus, (jetzt Pakistan). Gestorben 2. März 1941 in Haiterbach, Württemberg. Er besuchte das Gymnasium und fing 1882 eine Apothekerlehre an. Von 1887-1889 studierte er in Stuttgart und Sondershausen Musik. Er bekam Engagements an deutsche Bühnen und nach Groningen (Holland), als Tenor. Im Februar 1890 wurde er Apothekergehilfe und entschloß sich, nach Beendigung der Lehre noch Pharmazie zu studieren. 1895 bestand er die Examina und wurde Apotheker, zuletzt in Haiterbach, wo er auch gestorben ist. Seit 1896 war er verheiratet mit Martha Cohen aus Hannover.

Kapff Ernst, Dr.
Geboren am 17. April 1863 in St. Gallen, gestorben 26. Dezember 1944 in Göppingen.
1891 als Hilfslehrer/Gymnasialvikar am Cannstatter Gymnasium. 1900 Rektor der städt. Schule in Witzenhausen. 1902-1906 Direktor der deutschen nationalen Schule in Wertheim a./M. 1906 Hilfslehrer in Ellwangen. 1907 Oberpräzeptor am Gymnasium Ulm. 1913 bis 1930 Professor am Realgymnasium in Göppingen. 1930 Pensionierung.

Lang Wilhelm
Professor Dr. Geboren 1. September 1876 in Diepoldsburg (Unterlenningen), gestorben in Finkenkrug, 26. Juli 1938.
1891-1895: Seminare Maulbronn und Blaubeuren. Studium an der Universität Tübingen, wo er in Botanik promovierte. 1904 kam er als Assistent, später als Leiter der Württembergischen Landesanstalt für Pflanzenschutz an das Botanische Institut der Landwirtschaftlichen Hochschule in Hohenheim. 1928 wurde er dort Professor.

La Roche Elisabeth
Geb. 1876, gest. 1965; viertes und jüngstes Kind des Basler Pfarrers La Roche-Stockmeyer. Traf mit H. H. erstmals 1883 zusammen, als

die Familie Hesse in Basel wohnte und die Familien Wackernagel und La Roche mit der Familie Hesse Ferien auf dem Rechtenberg verbrachten (s. auch Anm. II, Nr. 54). 1899 traf die 23-jährige Elisabeth La Roche den 22-jährigen Hesse, der damals im Reich'schen Sortiment als Buchhandelsgehilfe arbeitete, im Kreis um Dr. Rudolf Wackernagel wieder. H. Hs. Schilderung seiner Begegnungen mit Familie Wackernagel und ihrem Kreis, darunter auch die mit Elisabeth La Roche, finden sich im »Hermann Lauscher«. S. auch Nr. 881 und Anm. II, Nr. 60).
Elisabeth La Roche wurde Pianistin, Meisterschülerin von Hans Huber. Ab 1901 verbrachte sie drei Jahre in England, als Gesellschafterin, als Musiklehrerin an einer Privatschule bzw. als Erzieherin auf einem englischen Adelssitz. 1906 entdeckte sie in München, während eines Besuchs bei ihrer Schwester Marie, einer Malerin, ihre Begabung für den Tanz. Sie wurde Tänzerin, Tanzpädagogin und Choreographin. Von 1909 bis 1919 leitete sie in Florenz eine eigene Tanzschule. 1919 berief Oskar Wälterlin Elisabeth La Roche an das Basler Stadttheater. In Basel leitete sie bis in ihr 80stes Lebensjahr ihr Tanzstudio. Basel, Locarno und Straßburg waren wichtige Orte für die Aufführung ihrer Tanzschöpfungen. Im Alter von 87 Jahren schrieb Elisabeth La Roche ihre Memoiren. (S. Sonntagsblatt, Basler Nachrichten v. 10. 10. 1971: »H. H. und Elisabeth, nach unveröffentlichten Aufzeichnungen von Elisabeth La Roche, dargestellt von Marta Dietschy«. Elisabeth La Roche erinnerte sich noch nach 80 Jahren an die Begegnung im Sommer 1883.)

Rümelin Theodor
Dr. Ing. Geboren 20. Mai 1877 in Besigheim a./N., gestorben 9. November 1920. 1891-1895 Seminare in Maulbronn und Blaubeuren, 1895/96 Studium der Theologie im Stift in Tübingen. 1896/97 Kriegsschule Hannover, Offiziersprüfung, Rückkehr nach Stuttgart, wo er zwei Jahre Dienst als aktiver Offizier tat. Dann trat er aus dem Aktivdienst aus und studierte von 1898 bis 1902 Bauingenieurwesen an der Technischen Hochschule in Stuttgart. Später wurde er Oberbauleiter eines Projektes, das den Isar-Ausbau betraf. Er übersiedelte nach München, wo er 1920 starb.

Schall Franz
Geboren 1877 in Faurndau, gestorben 1943 in Altenburg (Sachsen). 1891-1895 Seminare in Maulbronn und Blaubeuren. Seit 1912 Oberlehrer (Altphilologe) am Herzoglichen Realgymnasium in Altenburg. In

einer Auseinandersetzung um H. H. in »Deutsches Volkstum«, Hamburg 1930, trat er für H. H. ein. Seit 1930 in regem Briefwechsel mit H. H., dessen Motto zum Glasperlenspiel er ins Lateinische übersetzte. In der Hitlerzeit viele Monate politisch Gefangener. H. H. widmete ihm das »Gedenkblatt für Franz Schall« in »Gedenkblätter« (G. S. IV, 765 f.), wo auch zwei Gedichte und ein Brief Franz Schalls abgedruckt sind.

Schrempf Christoph, 1860-1944
Evangelischer Theologe und freigläubiger Philosoph. »In der Jugend dem Pietismus zugehörig.« »Die wissenschaftliche Bibelkritik von C. Weizsäcker wurde für Schrempf eine ›Schule zum Unglauben‹.«
Er war Vikar, Repetent am Tübinger Stift, dann, 1886 Pfarrer in Leuzendorf. Glaubenszweifel bei Mt. 6, 33, worüber er predigen sollte. Er versprach sich selbst, künftig bei Taufen nicht mehr den Apostolicum (II, 2) zu gebrauchen, »da er Teile davon nicht für wahr hielt und wesentliche Gedanken des christlichen Glaubens und an die Nachfolge Christi darin vermißte«.
Die Gemeinde (als er ihr davon Mitteilung machte) verlangte seine Absetzung. Das Disziplinarverfahren gegen ihn wurde eingeleitet.
»Am 3. Juli 1892 wurde Schrempf ›wegen Verfehlung gegen die übernommenen Dienstgeschäfte‹ frist- und pensionslos entlassen.«
Der literarische Kampf, den Schrempf mit der Veröffentlichung der ›Akten zu meiner Entlassung aus dem Württembergischen Kirchendienst‹ eröffnete (1892), und seine Zeitschrift ›Die Wahrheit‹, 1893-1897, blieben ohne nennenswerte Wirkung auf die Landeskirche und ihre Pfarrerschaft.
Schrempf unterrichtete zunächst an einer Handelsschule und habilitierte sich 1909 an der Technischen Hochschule in Stuttgart. 1909 trat er aus der Landeskirche aus. 1911 forderte er eine »Reform des evangelischen Pfarrerstandes«.
(Diese Angaben aus dem Artikel von H. Hohlwein in »Die Religion in Geschichte und Gegenwart«.)
Nur einige Stichworte zu seinen zahlreichen Schriften: Sie sind in den Jahren 1930 bis 1940 als »Gesammelte Werke«, herausgegeben von Otto Engel bei Frommann, Stuttgart erschienen, 13 Bände und 3 Ergänzungsbände. Band IV enthält: »Menschenlos (Hiob, Ödipus, Jesus, Homo sum)« von 1900 und »Martin Luther. Aus dem Christlichen ins Menschliche übersetzt« 1901. Band VII ist betitelt »Diesseits und Jenseits«, Band IX: »Auseinandersetzungen«. Er enthält die Arbeiten: »Sokrates« 1927; »Nietzsche« 1922; »Paulus« 1926/27.

Seit 1909 begann im Verlag Eugen Diederichs, Jena, die deutsche Kierkegaard-Ausgabe zu erscheinen. K.'s Gesammelte Werke »unverkürzt hrsg. und übersetzt von H. Gottsched und Chr. Schrempf«. Für die zweite Auflage war Schrempf alleiniger Herausgeber und Übersetzer. Die Vor- und Nachworte u. a. aus verschiedenen Jahren sind unter dem Titel »Akten zur Geschichte meines Verhältnisses mit Kierkegaard von 1884 bis 1935« in Band XII erschienen. Auch eine Kierkegaard-Biographie hat Schrempf 1927/28 geschrieben.
H. H. hat zwei Rezensionen über die Gesammelten Werke geschrieben, im »Bücherwurm« 15 von 1930 und im »Bücherwurm« 17 von 1932. Ferner »Über Christoph Schrempf«, Neue Rundschau (Berlin) 41, 1930, S. 552 f.; »Im Banne des Unbedingten. Christoph Schrempf zugeeignet.« Stuttgart Frommann 1930, S. 5-13; »Über Christoph Schrempf. Zu seinem 75. Geburtstag«, Neue Rundschau (Berlin) 46, 1935, S. 540 f. »Nachruf auf Christoph Schrempf« erschien in »Gedenkblätter« (G. S. IV, S. 768 ff.).

Völter Hans
Geboren 2. August 1877 in Neckargröningen. 1888 bis 1891 Lateinschule in Göppingen bei Rektor Bauer, 1891-1895 Seminare Maulbronn und Blaubeuren. Nach dem Einjährig-Freiwilligenjahr Studium der evangelischen Theologie in Tübingen, 1896 bis 1900. Er gehörte zu den Gästen von Professor Haering, dessen Hörer er war. 1903 bis 1904 Fortsetzung der Studien in Berlin, Freundschaft mit Theodor Heuss. 1908 bis 1923 Pfarrer in Bietigheim/Enz, 1923 bis 1939 Pfarrer in Heilbronn. 1939 bis 1947 Dekan in Brackenheim, dann Pensionierung. Veröffentlichungen über Schleiermacher, F. Wichern, Friedrich Naumann. »Über die Auswirkung der Revolution von 1918 auf die württembergische Landeskirche.« In den Blättern für Württembergische Kirchengeschichte Jahrgang 1959/60: Die evangelisch-soziale Bewegung und der Bietigheimer Tag.
Des Freundes Hans Völter gedenkt H. H. im »Rundbrief aus Sils Maria«, geschrieben 1954. Vgl. H. H. »Briefe an Freunde«, a. a. O., S. 181 ff.
Völter sprach 1962 an H. H.s Grab.

Wüterich Gottlob, D.
Geboren in Metzingen, 16. 2. 1866, gestorben in Stuttgart-Sillenbuch 14. 4. 1943. Seit 1891 Repetent in Maulbronn. 1896 Pfarrer in Stetten am Heuchelberg. Jugendpfarrer in Stuttgart, zugleich vierter Pfarrer an der Hospitalkirche Stuttgart bis 1904. Vierter Pfarrer Leonhards-

kirche Stuttgart 1913, erster Jugendpfarrer und zweiter Pfarrer an der Gedächtniskirche Stuttgart 1918, Leiter der Landesjugendstelle; Kirchenrat 1929. Dr. theol. hon. causa Tübingen 1929. Pensioniert 1934.

1)
Dr. Kapff korrespondierte mit dem jungen H. H. auch über eine Auswanderung nach Brasilien, und zwar im Zusammenhang mit politischen Fragen, vor allem im Hinblick auf Bildung, Kultur, soziale Struktur des Staates. Er versorgte H. H. mit Literaturangaben und (Augenzeugen)berichten, u. a. mit einem Brief der Brüder Naschold; s. u. im letzten Zitat. Hesses späterer Begriff des »Morgenlandes« hat in diesem Teil des Briefwechsels H. H. – Dr. Kapff mindestens einen wichtigen Ursprung. Vgl. die Briefe Dr. Kapffs an Hesse vom 10.(13.?) 6. 1895, vom 8. 7. 95 sowie vom 28. 9. 95 (Originale im Deutschen Literaturarchiv Marbach). Daraus ein paar Zitate: ». . . Man muß einem vernünftigen Menschen, der nicht an der Staatskrippe, wo ein Esel dem andern das Heu wegschnappt, langsam, aber sicher versimpeln will, heutzutage entschieden vom Studium abraten. Eine höhere Bildung läßt sich ohne Universität sehr wohl erreichen, das Wissen liegt ja heutzutage auf dem Markt, man muß nur richtig einzukaufen verstehen. . . .« (10.(13.?) Juni 1895)
». . . Unser erstes Bestreben muß also darauf gerichtet sein, überhaupt wieder eine deutsche Kultur zu schaffen, die tatsächlich früher bestanden hat (in den Reichsstädten, in Universitäten u[nd] a[nderswo]) und heute noch strichweise sich vorfindet, wie z. B. vielfach auf dem Lande. Denn jede einheitliche Lebensgestaltung mit einer gewissen formellen Gebundenheit hat einen künstlerischen Anstrich und repräsentiert eine Art von Kultur. Eine solche mächtige Bewegung wird jedoch meiner festen Überzeugung nach nie von innen heraus kommen, sondern sie muß von der Peripherie her wirken. Und nun des Pudels Kern! Auf der ganzen Erde finden Sie keinen so günstigen jungfräulichen Boden für eine eigenartige und doch deutsche Kulturentwicklung wie in den Kolonien des Urwalds in Süd-Brasilien, also den Provinzen Rio Grande do Sul, Sa Katharine und Parana. Freilich gehören diese Provinzen nicht uns, allein wir müssen eben sehen, daß wir sie bekommen, und zwar nicht durch Einmischung des so lieblich regierten Deutschen Reichs, sondern durch eine von einem geheimen Bund in Deutschland unterstützte Erhebung der Deutschen drüben . . . Wenn sich Ihnen eine günstige Gelegenheit bietet, drüben anzukommen, so ergreifen Sie diese – ohne jede weitere Absicht einstweilen, als sich Ihr Brot zu verdienen. Damit Sie sich näher orientieren, lege ich Ihnen den Brief eines

drüben recht prosaisch gewordenen sehr tüchtigen Schwabenkinds, von dem ich hübsche Gedichte gelesen habe, vor, in dem er mir die Chancen schildert [*Dr. Kapff trug sich auch mit dem Gedanken, nach Brasilien auszuwandern.*]. Alles darin Gesagte gilt auch für Sie. Sie könnten eventuell geradesogut vor der Hand eine Lehrstelle annehmen oder Musterreiter werden – der Name hat allerdings etwas Odiöses für uns –, wie ein technisches Fach ergreifen. ... Ich schicke Ihnen den Brief und empfehle Ihnen zugleich die Lektüre von H. Zöllers »Der Deutsche im brasilischen Urwald« – das Ihnen die Zentralstelle für Handel und Gewerbe gewiß gern leiht ...« (28. 9. 1895)
Vgl. auch Dr. Kapffs Brief vom 30. 10. 1895 an H. H. (Im Deutschen Literaturarchiv Marbach.)

2)
Vgl. »Das Tübingen Brevier«, 1974, Tübinger Chronik, Text von Dr. Karl Lerch, Zeichnungen von Heiner Bauschert. Dort steht auf Seite 41 f.:
»GOG oder auch Raup, ursprünglich Übernamen für die Tübinger Weingärtner (Wengerter), mit der Zeit aber für die Bewohner der »unteren« Stadt, die deshalb auch »Gogerei« oder Gogei heißt. Beide Übernamen waren schon um 1500 bekannt. Woher sie kommen, hat noch niemand mit Bestimmtheit sagen können. Auch über die Herkunft der »Gogen« gehen die Ansichten auseinander. Es muß sich dabei nicht, wie schon behauptet worden ist, um die »Fußkranken der Völkerwanderung« handeln, die in der lieblichen Aue des Ammertals hängengeblieben sind. Der Dialekt der »Gogen« unterscheidet sich aber wesentlich von dem der Bewohner der »oberen« Stadt. [...]
Die Gogen sind auskömmliche Leute, etwas derb und gradaus in ihren Redensarten, mit Mutterwitz und Schlagfertigkeit begabt, der freilich, um zu wirken, einen Partner mit entsprechendem Reaktionsvermögen voraussetzt. (Siehe Abschnitt »Gogenwitze«.)«
Sie sind auch Goethe besonders aufgefallen. Herr Lerch schreibt dazu:
»Wie immer wohnen drunten an der Ammer im Gewinkel der Gassen und Gäßle die ehemaligen Weingärtner und Ackerbürger, vor deren Häusern als Relikte städtischer Bäuerlichkeit auch einige Misthaufen anzutreffen sind. Dennoch wird niemand diesem Quartier der »Gogen« – wie hierzulande die Weingärtner und ihre nicht mehr weinbauenden Nachfahren genannt werden – den Geruch der Unsauberkeit anhängen können. Möglich, daß es einstmals anders war, möglich auch, daß Herr von Goethe ziemlich übertrieben hat. Ohne Zweifel sind die

»Feldleute« dem vornehm geschniegelten Herrn nicht sonderlich ehrfürchtig begegnet. Vielleicht war dem Besuch aus Weimar diese Art von Stadtvolk zu rustikal. Sie ist es heute noch. Das Talent der Gogen, Meinungen ungeschminkt von sich zu geben, blieb über die Zeiten erhalten. Sie nehmen wahrlich kein Blatt vors Maul«. (a.a.O., S. 8).

3)
Eine andere Auseinandersetzung mit der Gartenlaube erschien 1967 in zweiter Auflage: »Die Gartenlaube als Dokument ihrer Zeit«, hrsg. von M. Zimmermann. Willy Haas stellte im Vorwort zu »Die Gartenlaube, Rosinen aus der Gartenlaube«, Signum Taschenbücher, o. J. u. a. fest: bei der »Gartenlaube« und Ähnlichem handle es sich um »ein spezifisch deutsches Produkt« ». . . der deutsche Bürger setzte sich in die Gartenlaube, um die eroberte Welt zu beherrschen. Während die Bürger in Paris, London, in den Vereinigten Staaten wirklich kämpften, im Parlament, in der Presse, auf den Barrikaden, wenn es nötig war, um die politische Macht in ihrem Lande zu erkämpfen, saß der deutsche Bürger in der Gartenlaube und war romantisch. Deutsche Kaufleute, deutsche Ingenieure, deutsche Chemiker eroberten inzwischen die Welt; aber der deutsche Bürger selbst blieb der romantische Spießer . . . dieser Zusammenstoß der Gartenlaubenromantik mit dem enormen Auftrieb der deutschen Technik, der deutschen Chemie, des deutschen Außenhandels, das gibt die eigentliche unfreiwillige, weil paradoxe Komik des Zeitalters der deutschen Gartenlaube.«

4)
H. H. im Nachruf auf Ch. Schrempf: ». . . damals bekam ich einen ersten lebendigen Eindruck von Schrempf und seiner Art; das Manuskript kam nämlich nicht ohne Sang und Klang zurück, sondern es lag ein Briefchen von Schrempf bei, und außerdem war mein Aufsatz von seiner Hand mit manchen Strichen, Kreuzen und andern Zeichen versehen, und aus beidem konnte ich genau erfahren, aus welchen Gründen mein Versuch abgelehnt war und wo seine Schwächen steckten. . . .«

5)
Dr. Theodor Rümelin stand seit etwa 1904 bis zu seinem Tod 1920 mit H. H. wieder in Verbindung. Hesse schrieb seinem Freund Dr. Reinhold Geheeb, Direktor des Verlags Albert Langen und Chefredakteur des »Simplizissimus« zwischen 1925 und 1929 über Rümelin: »Dr. Th. Rümelin war ein Maulbronner Schulkamerad von mir und war mir ein sehr lieber Freund. Er war ein ungewöhnlich begabter, froher,

strahlender Mensch, ein bedeutender Ingenieur, der auch wissenschaftlich gearbeitet hat, und gegen Kriegsende leider gestorben ist. Ich stand ihm sehr nahe und habe ihn früher mehrmals besucht.«
Einen Nachruf auf »Dr. Ing. Theodor Rümelin« schrieb Oberregierungsrat Krieger, Staatskommissariat für den Ausbau der Mittleren Isar.

6)
»Karl Isenberg ist richtig der, den Sie in ihm vermuten: zweiter Sohn meiner Mutter aus ihrer ersten Ehe, mein lieber Stiefbruder. Er war ein stiller, freundlich-heiterer Mann, vielseitig begabt, vor allem sprachlich und musikalisch, guter Sänger und Klavierspieler. Ich habe ihn sehr geliebt und sehr betrauert, er starb im Frühjahr 1937 in Tübingen, wo er nach seiner Pensionierung lebte. . . . Im »Glasperlenspiel« kommt Carlo Ferromonte vor. Dessen Urbild ist Carlo Isenberg, Sohn des obigen, mein Neffe und Freund. Er war ein ebenso liebenswerter Charakter wie sein Vater und ein hochbegabter Musiker: Organist, Chordirigent, Cembalist. Er ist 1945 als Sanitäter im Osten umgekommen.« (H. H. undatiert an Herrn Wöhrle.)

7)
»Unser Karlmann reiste im Juli nach Estland zum lieben Großvater und lernte die Verwandten dort kennen, ehe er in seine Hauslehrerstelle in Alschanka bei Lgow, Gouvernement Kursk, eintrat bei Frau von Baur-Breitenfeld, wo er den Winter blieb.« *Aus dem Tagebuch von Marie Hesse.* Vgl. auch Adele Gundert: »Marie Hesse, Ein Lebensbild in Briefen und Tagebüchern«, Stuttgart, Verlag D. Gundert. Erschien 1977 auch als inseltaschenbuch 261.

8)
Daten aus Adolf Stoeckers Leben: 1874-89 Hof- und Domprediger in Berlin; Parteiführer (Christlichsoziale Arbeiterpartei, Kreuzzeitungspartei [ultrarechts]), Antisemit aufgrund wirtschaftlich sozialer Erwägungen; im preußischen Abgeordnetenhaus (1879-98), im Reichstag (1881-93 und 1898-1908); 1890 Mitbegründer des Evangelisch-sozialen Kongresses, 1896 Trennung von dieser Bewegung nach Meinungsverschiedenheiten mit Friedrich Naumann; 1897 Gründer der Kirchlich-sozialen Konferenz; Aufbau der Berliner Stadtmission (seit 1877); seit 1887 Herausgeber der Deutschen Evangelischen Kirchenzeitung.

9)
Daten aus Wilhelms, Freiherr von Hammerstein-Gesmold Leben: im preußischen Abgeordnetenhaus (seit 1876), im Reichstag (1881-90 und 1892-96); Führer des äußersten rechten Flügels der Deutschkonservativen Kreuzzeitungspartei; Gegner Bismarcks im Kulturkampf; Gegner der Nationalliberalen; Zuneigung zum Zentrum; 1895 wegen Urkundenfälschung und Betrugs aus seinen Ämtern entlassen, 1896 zu Zuchthaus verurteilt.

10)
»Mein Großvater Theodor Isenberg hat zunächst Musik studiert (Gesang, Tenor) und hat anläßlich seines ersten Engagements in Groningen (Holland) meine Großmutter, Martha Cohen, kennengelernt. Beide Familien machten vor einer Heirat zur Bedingung, daß a) Theo einen »bürgerlichen Beruf« ergreift und b) meine Großmutter nach Calw kommt, um dort schwäbische Küche und schwäbischen Haushalt zu lernen. Theo studierte daraufhin in Stuttgart Pharmazie und war zunächst Apotheker in Freudenstadt. Ab 1896 war er Apotheker in Aidlingen (das liegt halbwegs zwischen Calw und Böblingen). Dort wurden die Kinder Hermann, Gertrud, Thusnelde (meine Mutter) und Theodor geboren. Später (1910?) übernahm mein Großvater Theo Isenberg die Apotheke in Haiterbach bei Nagold. Sowohl nach Aidlingen als auch nach Haiterbach kam, nach den Schilderungen meiner Mutter, Hermann Hesse öfters zu Besuch.« (Dr. Götz Wolff)
Theodor Isenberg und Martha Cohen heirateten am 2. Mai 1896; im Herbst 1896 zogen sie nach Aidlingen.

11)
[... Goethe] fuhr fort: »Und nun gar in politischen Dingen! Was ich da für Not und was ich da zu leiden gehabt, mag ich gar nicht sagen. Kennen Sie meine ›Aufgeregten‹?«
»Erst gestern«, erwiderte ich, »habe ich wegen der neuen Ausgabe Ihrer Werke das Stück gelesen und von Herzen bedauert, daß es unvollendet geblieben. Aber wie es auch ist, so wird sich jeder Wohldenkende zu Ihrer Gesinnung bekennen.«
»Ich schrieb es zur Zeit der französischen Revolution«, fuhr Goethe fort, »und man kann es gewissermaßen als mein politisches Glaubensbekenntnis jener Zeit ansehen. Als Repräsentanten des Adels hatte ich die Gräfin hingestellt und mit den Worten, die ich ihr in den Mund gelegt, ausgesprochen, wie der Adel eigentlich denken soll. Die Gräfin kommt soeben aus Paris zurück, sie ist dort Zeuge der revolutionären

Vorgänge gewesen und hat daraus für sich selbst keine schlechte Lehre gezogen. Sie hat sich überzeugt, daß das Volk wohl zu drücken, aber nicht zu unterdrücken ist, und daß die revolutionären Aufstände der unteren Klassen eine Folge der Ungerechtigkeit der Großen sind. Jede Handlung, die mir unbillig scheint, sagt sie, will ich künftig streng vermeiden, auch werde ich über solche Handlungen anderer in der Gesellschaft und bei Hofe meine Meinung laut sagen. Zu keiner Ungerechtigkeit will ich mehr schweigen, und wenn ich auch unter dem Namen einer Demokratie verschrien werden sollte!

»Ich dächte«, fuhr Goethe fort, »diese Gesinnung wäre durchaus respektabel. Sie war damals die meinige und ist es noch jetzt. Zum Lohn dafür aber belegte man mich mit allerlei Titeln, die ich nicht wiederholen mag.«

»Man braucht nur den ›Egmont‹ zu lesen«, versetzte ich, »um zu erfahren, wie Sie denken. Ich kenne kein deutsches Stück, wo der Freiheit des Volkes mehr das Wort geredet würde, als in diesem.«

»Man beliebt einmal«, erwiderte Goethe, »mich nicht so sehen zu wollen wie ich bin, und wendet die Blicke von allem hinweg, was mich in meinem wahren Lichte zeigen könnte. Dagegen hat Schiller, der, unter uns, weit mehr ein Aristokrat war als ich, der aber weit mehr bedachte, was er sagte, als ich, das merkwürdige Glück, als besonderer Freund des Volkes zu gelten. Ich gönne es ihm von Herzen und tröste mich damit, daß es anderen vor mir nicht besser gegangen.

Es ist wahr, ich konnte kein Freund der französischen Revolution sein, denn ihre Greuel standen mir zu nahe und empörten mich täglich und stündlich, während ihre wohltätigen Folgen damals noch nicht zu ersehen waren. Auch konnte ich nicht gleichgültig dabei sein, daß man in Deutschland *künstlicherweise* ähnliche Szenen herbeizuführen trachtete, die in Frankreich Folge einer großen Notwendigkeit waren.

Ebensowenig aber war ich ein Freund herrischer Willkür. Auch war ich vollkommen überzeugt, daß irgend eine große Revolution nie Schuld des Volkes ist, sondern der Regierung. Revolutionen sind ganz unmöglich, sobald die Regierungen fortwährend gerecht und fortwährend wach sind, so daß sie ihnen durch zeitgemäße Verbesserungen entgegenkommen und sich nicht so lange sträuben, bis das Notwendige von unten her erzwungen wird.

»Weil ich nun aber die Revolutionen haßte, so nannte man mich einen *Freund des Bestehenden.* Das ist aber ein sehr zweideutiger Titel, den ich mir verbitten möchte. Wenn das Bestehende alles vortrefflich, gut und gerecht wäre, so hätte ich gar nichts dawider. Da aber neben vielem Guten zugleich viel Schlechtes, Ungerechtes und Unvollkommenes

besteht, so heißt ein Freund des Bestehenden oft nicht viel weniger als ein Freund des Veralteten und Schlechten.
Die Zeit aber ist in ewigem Fortschreiten begriffen, und die menschlichen Dinge haben alle fünfzig Jahre eine andere Gestalt, so daß eine Einrichtung, die im Jahre 1800 eine Vollkommenheit war, schon im Jahre 1850 vielleicht ein Gebrechen ist.
Und wiederum ist für eine Nation nur das gut, was aus ihrem eigenen Kern und ihrem eigenen allgemeinen Bedürfnis hervorgegangen, ohne Nachäffung einer anderen. Denn was dem einen Volk auf einer gewissen Altersstufe eine wohltätige Nahrung sein kann, erweist sich vielleicht für einen anderen als ein Gift. Alle Versuche, irgend eine ausländische Neuerung einzuführen, wozu das Bedürfnis nicht im tiefen Kern der eigenen Nation wurzelt, sind daher töricht und alle beabsichtigten Revolutionen solcher Art ohne Erfolg; *denn sie sind ohne Gott, der sich von solchen Pfuschereien zurückhält.* Ist aber ein wirkliches Bedürfnis zu einer großen Reform in einem Volke vorhanden, so ist Gott mit ihm und sie gelingt. Er war sichtbar mit Christus und seinen ersten Anhängern, denn die Erscheinung der neuen Lehre der Liebe war den Völkern ein Bedürfnis; er war ebenso sichtbar mit Luther, denn die Reinigung jener durch Pfaffenwesen verunstalteten Lehre war es nicht weniger. Beide genannten großen Kräfte aber waren nicht Freunde des Bestehenden; vielmehr waren beide lebhaft durchdrungen, daß der alte Sauerteig ausgekehrt werden müsse, und daß es nicht ferner im Unwahren, Ungerechten und Mangelhaften so fortgehen und bleiben könne.«
Aus J. P. Eckermann, »Gespräche mit Goethe«, 3. Teil – Schluß der Aufzeichnungen vom Freitag, dem 2. Januar 1824.

12)
G. Kittel, von dem bisher noch nicht zu ermitteln war, in welchem Verhältnis er zur Familie Hesse stand, schrieb in einem Gedenkblatt an seine Pensionsmutter (Frau Plebst) über die Stunden, die im Calwer, Stuttgarter, Korntaler Raum in verschiedenen Formen abgehalten wurden: »In ihrem Hause habe ich noch etwas kennen gelernt, und zwar etwas, das für meine theologische Entwicklung von entscheidender Bedeutung geworden ist. Sie gehörte zu dem Kreis der alten schwäbischen Pietisten, die sich durch ihre Weitherzigkeit von ernsten Christen in andern Ländern vorteilhaft unterscheiden. So kam es, daß ich an den sog[enannten] Stunden, die sie in ihren Häusern abhielten, teilzunehmen Gelegenheit hatte. Im Wohn- und Speisezimmer meiner Pensionsmutter saß man gemütlich um einen Tisch herum;

jeder hatte eine Bibel mit oder ohne Erklärung vor sich. Nachdem einer der Anwesenden einen Abschnitt verlesen und seine Bemerkungen dazu gemacht hatte, wandte er sich an seinen Nebenmann mit der Frage: ›Was meinst Du, lieber Bruder?‹ Der liebe Bruder sprach seine Meinung aus und fragte den nächsten nach der Seinigen, und so ging es weiter im Kreise ohne Ausschluß der Frauen. Dabei kann man sich denken, daß gar mancherlei Ansichten zu Tage traten, und auch solche, die widersprechend erschienen. Aber keinem fiel es ein, seinen Gegner zu richten und ihm mangelnde Rechtgläubigkeit zum Vorwurf zu machen; vielmehr achtete jeder die Ansicht des anderen als Zeugnis seines persönlichen Glaubens. Alle wußten sich trotz abweichender Lehrmeinungen durch die Liebe zu dem Herrn Christus aufs innigste verbunden und konnten daher *ein* Herz und *eine* Seele bleiben. Auf der Höhe ihrer christlichen Erkenntnis stand ich damals noch nicht, und es hat viele Jahre gedauert, bis ich mich zu der Überzeugung hindurchgerungen hatte, daß das wahre Christentum nicht in der Lehre, sondern im Leben besteht. ...«

Das Gedenkblatt findet sich im Tagebuch von Marie Hesse, als Einlage. Die da beschriebene ›Stunde‹ – und ihre Wirkung – gelten wohl auch für die ›Stunden‹ im Haus Johannes Hesse, Calw.

13)

Jesus am Kreuze

Die Sonne hat sich stumm verhüllt,
Schwül weht der Abend übers Land,
– Rings Wolken – nur dein bleiches Bild
Ist licht dem Himmel zugewandt,
Der schon in Dunkel schwand –
Ecce homo.

Wie ist dein Mund von Qual entstellt,
Der letzte Hauch ein graunvoll Ach,
Und unter dir rauscht fort die Welt,
Hier bleich, gebeugt von Weh und Schmach,
Weint dir die Mutter nach –
Ecce homo!

Doch aus den Augen schmerzverklärt
Ein Strahl der Liebe sehnend bricht,
Der sterbend wohlzutun begehrt;
Das ist des Schmerzes Flamme nicht,

Das ist des Himmels Licht –
Ecce deus!

H. H.

(Sollte ECCE DEUS unmöglich sein, so würde AVE es wohl ersetzen.)

14)
Dr. Kapff im Brief vom 30. März 1896 an H. H.: »... Besonders gefiel mir »Jasmin«, darin sind Sie auch nicht so tieftraurig, wie das so oft der Fall ist. Ihr Lyriker seid doch seltsame Kameraden! Kann man eigentlich dichten oder sonst künstlerisch tätig sein, wenn ein Alpdruck auf einem lastet? Klavier- oder Flötenspielen, ja das meinethalb, aber wie man sich einen Kummer wegdichten kann, ist mir absolut unklar. ...«
Das Gedicht »Jasmin« in H. Hs. Brief an Dr. Kapff lautet:

Jasmin

Kein Mai kann Lieberes mir bringen,
Als Dich mit Deinem keuschen Weiß,
Daraus die vollen Düfte dringen
Befremdend süß und sonnenheiß.

Du bist der ersten Liebe Zeichen
Mit Deiner Blüten schlichter Zier,
Aus deren Schnee, dem schimmernd bleichen,
Emporflammt zagende Begier.

Kann keiner Dir vorübergehen,
Und wär's ein harter, karger Mann,
Aus Deinen wilden Düften wehen
Verliebte Träume wirr ihn an.

Das wäre mir ein Frühling nimmer,
In dem Dein Duft mich nicht bestrickt,
Und süß und weh aus Deinem Schimmer
Mich erste Liebe angeblickt.

Außerdem fand sich da noch das Gedicht »Nachtlied«. – Das Gedicht »Jasmin« zeigt, vergleicht man es mit dem Gedicht »Über Hirsau« (H. H., »Die Gedichte«, 1977, S. 80) den Weg früher Gedichte H. Hs., der sein Thema immer wieder neu formte, variierte ... um es immer stärker ins Wort zu fassen.

15)

Die Schwalben

Hermanns Gruß zur Hochzeit

Wenn der Frühling über die Berge geht,
Dann werden im Garten die Bäume wach.
Wenn der fröhliche Wind in die Veilchen weht,
Dann hängen die Schwalben ihr Nest an's Dach.
Sie schaffen und tragen und bauen vergnügt,
Da sind schon die zierlichen Wände gefügt;
Das Völkchen schaut munter zur Sonne empor,
Und wenn auf den Bergen der Abend liegt,
Dann sprechen sie höflich beim Nachbar vor,
Und fragen, ob er was Neues vernommen,
Ob ihm die Reise auch wohl bekommen,
Wie bald dies Jahr wohl die Kirschen reifen –
Das ist ein Schwatzen und Piepsen und Pfeifen,
Sie rühmen den Acker, der grünend steht,
Als wäre für sie der Roggen gesät,
Sie freun sich, daß endlich der Habicht gestorben,
Der ihnen so manchmal die Brut verdorben. –
Da füllt ein Leben die ärmlichen Wände,
Man fragt sich und lacht sich und zankt sich aus,
Es nimmt das Gepfeif und Gepiepse kein Ende,
Kaum kommt die Familie vor Nacht noch nach Haus.

Gern mag ich dem Völklein, dem plaudernden, lauschen
Wie sie solch' wichtige Reden tauschen;
Sie schwatzen zusammen, hat Jeder recht;
Ihre Nester winzig an Wänden kleben
Und sind doch so voll von begierigem Leben,
Als wär'n sie das einzige Herrengeschlecht.
Und sie haben recht.

Wie die Schwalben vom schönen Süden kommen,
So kommen wir auf die Erde zu Gast;
Was wir haben, wir haben's geschenkt bekommen,
Unser Stückchen der Lust, unser Stückchen der Last.
Hat mancher viel Jahre gesorgt und gesonnen,
Am Ende ist alles wie Wasser zerronnen,

Ein andrer hat nimmer an's Sorgen gedacht,
Und fiel ihm das Glück in den Schoß über Nacht.

Doch wo sich zwei zusammen geschworen,
Ihr Haus zu bauen auf Lieb und Treu',
Da hat ihre Lieb immer Maien geboren,
Der blühet und lacht alle Tage neu;
Auf ihren stillen verborgenen Wegen
Tritt ihnen das Glück hellsonnig entgegen,
Das heimliche Glück, das kein Name nennt,
Nach dem lautlärmend die Menge rennt,
Und das versteckt in des Hauses Nacht
Vergnüglich aus jeder Ecke lacht.
Und sich freut, verschwiegen und ganz im Stillen,
Euer Haus mit lauter Sonne zu füllen.

Drum heget das Glück, das im Stillen wohnt,
Und gern Euch die sorgende Liebe lohnt;
Wenn Winde brausen und Wolken ziehen,
Es wird in duftenden Rosen blühen,
Wird mit Euch sorgen und tragen gern,
Eures Hauses Grund, Eures Hauses Stern.

Wenn der Frühling über die Berge geht,
Wenn der fröhliche Wind in den Veilchen weht,
Dann werdet Ihr glücklich die Schwalben schauen
Geschäftig an Euren Wänden zu bauen.
Sie werden schwatzen und piepsen und pfeifen
Und munter den neuen Besitz ergreifen.
Sie werden des Abends nach ihrem Schmaus
Besuch empfangen vor Eurem Haus,
Und werden, wie sie von Alters taten,
Viel wichtige Dinge wichtig beraten,
Als wär'n sie das einzige Herrengeschlecht.
Und sie haben recht.

Hermann

16)
In einer Rezension von Fiona Mecleod's 1905 im Diederichs Verlag erschienenen Gedichtband »Wind und Woge« erinnert sich Hesse an seine Ossian-Lektüre:

»Als im achtzehnten Jahrhundert die Gesänge Ossians von England her klangen, war es wie ein Zauberlied und ging wie eine Woge über die Länder, Erinnerungen fernster Jahrhunderte weckend, als wäre ein Barde aus tausendjährigem Zauberschlaf in den Nebeln der Heide erwacht und sänge seine Lieder weiter, deren letzte Zuhörer Wikinger und gälische Seeräuber gewesen waren. Es dauerte Jahre und Jahrzehnte, bis diese Töne verklangen und ihre Macht verloren; dann kamen die Philologen und wiesen nach, daß die Lieder gar nicht so alt und Ossian nur eine Fabel gewesen sei, und dann wuchs Gras über den Sänger und über Fingals Grab. In den Bücherschränken unserer Großväter stehen jene Gesänge noch, englisch und deutsch, sorgsam und schön gebunden und an rührenden Stellen mit einem Federstrich oder mit einem eingelegten Jasminblatt bezeichnet; aber wenn wir Jungen darin lesen, geschieht es mit Lächeln.«
(1905 in »Die Rheinlande« [Düsseldorfer Monatshefte für deutsche Art und Kunst])
Übernommen aus »Gesammelte Briefe, I«, Frankfurt 1973; hrsg. von Ursula und Volker Michels in Zusammenarbeit mit Heiner Hesse.

17)
»[...] Wenn das Kurhaus, das im Sommer 1895 die ersten Gäste aufgenommen hatte, schon nach wenigen Jahren nicht nur eine beliebte Erholungsstätte geworden war, sondern auch ein Tagungsort für staatspolitische, Missions- und andere Konferenzen, so war dies vor allem der originellen Persönlichkeit David Huppenbauers zu verdanken, [...] als die führende Persönlichkeit der Basler Mission in unserem Lande (Württemberg) zu wirken [..], eignete sich Huppenbauer, und Hesse fühlte sich seit der Eröffnung des »Palmenwaldes« zu jenem hingezogen. Der Calwer Verlagsleiter weilte gerne zur Erholung dort, er war auch immer bereit, bei den im Kurhaus stattfindenden Missionskonferenzen Vorträge zu halten, ja er empfand sich als zur Familie des Direktors gehörig, und für die sechs Kinder Huppenbauers war er ein ›lieber Onkel‹ .....«

Aus Siegfried Greiner, »Beim ›Wirt und Seelsorger‹ im Kurhaus Palmenwald«, in »Schwäbische Heimat«, Heft 2, April-Juni 1972, Kohlhammer, Stuttgart.
H. H. schrieb ins Fremdenbuch des Kurhauses »Palmenwald« folgende Verse:

1896[1]

Ich liebe diese ernsten Tannen,
Wenn drin der junge Sommer spinnt.
Erschrocken rauscht das Reh von dannen
Großäugig wie ein scheues Kind.
Im Winde schwankt die Heiderose
Grüßt frisch in meinen wachen Traum,
Die Gräser schaukeln über Mose,
Und auf den Bächen treibt der Schaum.

Da wird die Brust so weit, so offen
Und klar der Blick; es schlägt das Herz
Zu neuem Lieben, neuem Hoffen
In neuer Flamme himmelwärts.
Und in des Hauses stillem Wesen
Ist mir das Heimweh auch erwacht
Nach einem ewigen Genesen,
Nach einem Stern in unsrer Nacht.

O ewig banges Ungenügen!
O endlos herbe Erdenlast,
Bis wir geborgen endlich liegen
Im Bretterhaus zur letzten Rast!
O Gott der Liebe! sieh uns irren,
O reiche Deine starke Hand
Und führ uns durch des Lebens Wirren
Nach Haus, nach Haus ins Friedensland!

1 Von Johannes Hesse auf die Seiten 57 und 58 des der Mutter Marie Hesse zum 18. 10. 1897 gesandten schwarzen Wachstuchheftes »Plauderabende« geschrieben. Überschrift von Johannes Hesse: »1896 Hermanns Gedicht im Fremdenbuch im Palmenwald.«

18)

Eine Version des Unglücks, die auch in deutschen Zeitungen jener Zeit berichtet wurde, lautet so: Die Moskauer Festtage sind leider vor ihrem Abschluß durch ein schreckliches Unglück getrübt worden. Auf dem Chodynka-Feld bei dem Petrowskij-Palais sollte am 30. Mai die Vertheilung der vom Kaiser gespendeten Gedenkkrüge und Speisen stattfinden. Schon seit dem Abend vorher hatten sich dort mehrere hunderttausend Personen versammelt. Die für das Volk bestimmten Gaben

waren in Schaubuden untergebracht, die man mit Gräben umgeben hatte. Als sich nun früh das Gerücht verbreitete, daß die Verteilung begonnen habe, setzten sich die Massen in der Richtung auf die Buden zu in Bewegung. Bei den Gräben kamen die Herandrängenden zum Fall, während die nachfolgenden Massen unaufhaltsam weiterdrängten, alles unter sich zermalmend. Der Druck war ein so gewaltiger, daß die Bretter der Buden eingedrückt wurden und die Menschen in die Buden hineinstürzten. Dabei wurde eine große Menge Menschen, meist Bauern und Arbeiter, darunter viele Frauen, erdrückt und schwer verletzt. Die Zahl der Getöteten und an ihren Verwundungen gestorbenen Personen soll gegen 2000 betragen. Der Kaiser läßt 1000 Rub. an jede verwaiste Familie auszahlen und die Begräbniskosten auf seine Rechnung setzen. –
Eine alte russische Emigrantin erzählte eine andere Version, wonach auch gegen 2000 Personen umgekommen sein sollen, aber aufgrund eines Mißverständnisses: Sie seien vom Lande nach Moskau gekommen, um dem Zaren zu huldigen. Ihr Zug sei als Putschversuch mißverstanden und von Soldaten des Zaren bekämpft worden.

19)
S. auch Basler Stadtbuch 1969, S. 41-61; Briefe von H. H. und 1 Brief von Johannes Hesse an H. H.

20)
H. H. beantwortete im April 1951 die Frage eines Lehrers, wie es denn in Kastalien mit dem Rauchen stehe, so: »Über das Rauchen in Kastalien habe ich mir keine Gedanken gemacht. Als ich das Buch schrieb, war ich noch Zigarrenraucher wie mein ganzes früheres Leben lang. Aufgehört habe ich mit Rauchen erst vor bald sieben Jahren.«
Ninon Hesse notierte: »H. H. hörte im September 1944 auf zu rauchen. Bis zu seinem Tode 1962 hat er nie mehr geraucht.«

21)
In Marbach ist dieser Brief H. Hs. an Eberhard Goes nicht vorhanden. Auch sonst war bisher weder das Original noch eine vollständige Kopie auffindbar. Leider sind durch das Fotokopieren auf 2 Seiten wahrscheinlich je eine Zeile verlorengegangen; einmal unten auf der Seite, dann oben. Daher die zweite Lücke. Der Brief ist im Ganzen aber so wichtig, daß er auch in dieser Form aufgenommen wird: ohne

die fehlenden Zeilen und ohne Anfang. Die erste erhaltene und aufgefundene Seite beginnt so:
»Noch nicht lange ist es her, seit ich folgendes närrische Gedicht erlebte:

Heut war ein trüber, dunkler Tag;
Nun klingen Becher beim Gelag,
Ich will am Wein mich laben;
Es pocht mein Herz mit rauhem Schlag –:
Meinen Freund hab' ich begraben.

Er liegt im dunklen Grabe nicht,
Er sitzt mit lachendem Gesicht
Und hält ein Weib umfangen;
Ihr Mund ist rot, ihr Auge spricht
Von zärtlichem Verlangen.

Noch gestern, gestern war sie mein,
Nun bin ich stumm und ganz allein,
Am Wein will ich mich laben,
Will trotzig sein und einsam sein –:
Meine Liebe hab' ich begraben.«

Fortsetzung: »Dies ist alles, was ...« usf.

22)
H. H. spricht im Brief vom 4. Oktober 1897 an die Eltern von 6 Briefen, »alle ganz köstlich voll von junger Kraft und alter Weisheit!« – Bisher waren nur die 5 in »Kdht. u. Jgd. I« abgedruckten Briefe auffindbar, die der Großvater nach Maulbronn geschickt hat. Den 6. Brief hat H. H. wahrscheinlich in Tübingen erhalten. Er ist in Marbach nicht vorhanden.

23)
H. H. hat die Ballade im Januar 1897 seinem Freund Eberhard Goes in einem Brief mitgeteilt. Sie folgt hier:

Nocturno
eine Ballade

Es leerte sich der Saal.
Im grünen Zimmer schon
Klang Rand an Rand mit Freudeton
Manch schimmernder Pokal,

Und durch die Portieren schlich
Vom blauen Rauche der Zigarren
Träg in den Flur ein dünner Strich.
Die Alten waren
Zu ihren Karten weggegangen.

Da trieb ein mächtig Heimverlangen
Aus den langweilig öden Räumen
Uns beide abseits. Ein vertraut Gemach
Umfing uns dämmernd. Wie ein Träumen
Weht es vom Garten auf. Das Mondlicht brach
In breiten Strähnen aus den Bäumen.
Elise setzte sich ans dämmrige Klavier,
Über die Tasten glitt der Mond,
Und heimlich grüßend, altgewohnt,
Erklang Chopins Nocturno mir.

Das war so ganz der Märchenklang,
Von scheuen Händen leis beschworen,
So lieb, so zart, so bang,
Und flüchtig in die Nacht verloren;
So ganz der holdbewegte Takt,
Der mich gemahnt an Windes Wehn,
An's ferne Meer, das nächtlich klagt,
An roter Sonne Untergehn. – – – – –

Noch einmal hört' ich ihn,
Den süßen Zauberklang, beschworen
Von ihrer scheuen Hand, vorbei mir fliehn,
In Herbst und Nacht flüchtig verloren.

Noch einmal, lieb und altgewohnt!
In ihrer Nähe durft ich sitzen
Und sah des Herbstes weißen Mond
Feucht auf den welken Kronen blitzen,
Und sah ihn bleich mit welkem Schein
Schwermütig auf den Tasten säumen,
Den hold bewegten Liederträumen
All seinen keuschen Reiz zu leih'n.

Mit den umringten Augen,
Mit dem verblaßten, herben Munde,
Schien sie der letzten Stunde

Schmerzliche Wonne gierig einzusaugen. –
Leise und leiser traf ihr Spiel mein Ohr,
Bis es in bleiches Schweigen sich verlor.

Aus meinen liebsten Liedern schaut
Mich manchmal jene Stunde bleich
Und bitter an, wie eine kranke Braut,
Wie einen König sein verloren Reich.
Dann brennt in mir die nie geheilte Wunde,
Dann brennt mein Herz in Lieb, in Reu' und Scham,
Dann quälen mich die Geister jener Stunde,
Da ich von ihr für's Leben Abschied nahm.

H.

S. auch unten, Anm. 25).

24)
Der »Sprachmusiker« H. H. hat hier seinen Ausgangspunkt. Er blieb bis ins Spätwerk hinein voll gegenwärtig. Dieses Faktum ist für eine adäquate Rezeption des Werkes von Hesse bedeutsam. Musiker wissen das besser als Germanisten. Darum sei hier der Absatz aus »Die Musik in Geschichte und Gegenwart«, Bd. 6, Kassel 1957, mitgeteilt, der H. Hs. Verhältnis zur Musik skizziert: »H. Ball nennt Hesse den *»letzten Ritter aus dem glanzvollen Zuge der Romantik«;* und so ist das Verhältnis des Dichters zur Musik, wie das seiner geistigen Ahnen Novalis, Brentano, Hoffmann, ein sehr inniges, aber vielfach auch sehr verborgenes, schwer aus dem Ganzen seines Schaffens lösbares. Stets ist das musikalische Element in seinen Werken gegenwärtig, in der Sprache des Lyrikers, in den Gedichten, die häufig vld.-artigen Charakter tragen und in deren Überschriften und Inhalten die Nähe zur Musik oft deutlich zum Ausdruck kommt (so *Chopin*, *Sarasate*, *Gavotte*, *Nocturne* u. v. a. aus der früheren, *Feierliche Abendmusik*, *Konzert*, *Dreistimmige Musik*, *Zu einer Toccata von Bach*, *Orgelspiel* u. a. aus der mittleren und späteren Zeit). Aber auch in der Prosa zeigt sich diese Nähe zum Musikalischen, von den *»chopinesken«* Anfängen im *Hermann Lauscher* über die wagnerisch-spätromant. Rauschhaftigkeit des auch sprachlich glühenden *Klingsor* durch die Katharsis des *Steppenwolf* zur maß- und zuchtvollen, nahezu kontrapunktisch-linearen sprachlichen Durchsichtigkeit im *Glasperlenspiel.* Das Musikalische beeinflußt die dichterische Gestaltung (nach des Dichters eigenen Worten ist der *Steppenwolf »um das Intermezzo des Tractates herum so streng und straff gebaut wie eine Sonate«;* bei dem Gedicht

orgelspiel wird, wie M. Peter feststellt, *»im Wortbild der Bau der Fuge sichtbar«); sie geht gelegentlich sogar bis zum syntaktisch-musikalischen Spiel (der *Satz über die Kadenz* ist auch seinem grammatischen Aufbau nach eine *»Kadenz«*). – Die Musikanschauung Hesses läßt sich nur aus der Rolle der Musik in seinen Werken interpretieren. Diese hat mehrere für den Dichter charakteristische Wandlungen erfahren. Die Frühzeit wird von den gedämpften Farben und der Melancholie Chopins beherrscht (ein Chopin-Bild hing in seinem Tübinger Zimmer; seine erste Frau war eine vorzügliche Chopin-Spielerin). Wagner erscheint kaum, erlangt aber dafür in der Zeit der großen Krise (hauptsächlich in *Klein und Wagner*) eine eigentümlich zwielichtige Bedeutung: einmal als Symbol alles bisher Verdrängten, der sich selbst nicht eingestandenen Jugendschwärmerei einer zarten Lohengrin-Seele, dann aber auch als der Verführer *»zu Lebenslust, Sinnenlust, Luxus«*, zu Mord und Tod. Gesteigert noch erscheint diese *»uralte Rattenfängerei«* im *Klingsor,* dem *»Selbstbildnis des sterbenden Romantikers«* (Ball), in der *»süßen, bangen Musik des Untergangs«*, der Tonart Tsing Tse, und dem entfesselten Toben mechanischer Karussellmusik. Hier liegt der große Wendepunkt: War die Musik anfänglich unbewußte Zuflucht, Abkapselung von der Welt *(Gertrud),* nach Einbruch der Krise aber Symbol einer frei gewordenen, überschäumenden Triebhaftigkeit, also romantisch-subjektiv gebunden, so wird sie nun, nach längerer Pause erst im *Steppenwolf* wieder bedeutsam, zum Leitbild einer neuen Lebenshaltung: in Pablo, dem naturhaft-sinnenfreudigen Jazz-Saxophonisten, verkörpert sich die Meisterung des Lebensspiels durch Humor ebenso wie in Mozart, der zentrale Bedeutung gewinnt als Vertreter der [...] Welt der »Unsterblichen«. Von hier aus geht eine gerade Linie zu dem (vom Dichter selbst so bezeichneten) *»mathematisch-musikalischen Geistspiel:* dem *Glasperlenspiel,* das in seinem Wesen und seinen Gesetzen eine nahe Beziehung zur Polyphonie alter Meister, namentlich Bachs, erkennen läßt. Hesse, durch seinen Neffen Karl Isenberg (im Buch: Carlo Ferromonte) mit der musikwissenschaftlichen Forschung in nähere Berührung gekommen, läßt dieses Spiel sich geradezu aus solchen Anfängen heraus entwikkeln (vgl. die *Einführung* des Buches). Mathematik und Musik werden als *»die große bleibende Leistung jener Kulturepoche«* bezeichnet, *»welche zwischen dem Ende des M. A. und unseren Zeiten* (ca. 2400 n. Chr.) liegt«. Hochbedeutsam miteinbezogen in diese abendländ. Perspektive werden alte chin. Quellen (Teile des Musikkap. aus Lü Bu We's *Frühling und Herbst* erscheinen im Wortlaut zitiert). Aus beidem formt sich das Bild der (für den Dichter) *»klass. Musik«* aus dem 16. bis 18. Jh. als *»Extrakt und Inbegriff unserer Kultur«*, als *»Geist heiterer und tapferer Frömmigkeit«*, als *»unübertrefflich ritterliche Moral«;* sie wird zum *»hohen Sinnbild alles Anbetungs- und Erstrebenswerten«*, zum *»Inbegriff der Ordnung«* schlechthin. Damit ist innerhalb des Hesseschen Werkes der Endpunkt einer Entwicklung erreicht, die nicht allein die außerordentliche Vertiefung und Vergeistigung der persönlichen Musikanschauung des Dichters widerspiegelt, sondern die darüber hinaus beispielhaft erscheint für die Wandlung des musikalischen Weltbildes seit dem Ausgang der Spätromantik zu Beginn unseres Jahrhunderts.«

25)
Den Brief beenden 4 Gedichte: »Drüben«, (»Drüben überm Berge...«), »Minnelied« (»Mein Herz weiß eine Königin ...«), »Chopins grande valse« (»Ein kerzenheller Saal...«) und »Nocturno, Eine Ballade« (»Es leerte sich der Saal ...«) vgl. 23). – Das 2. und das 4. Gedicht nahm H. H. später nicht mehr auf. Das frühe Gedicht »Drüben« ist in »Die Gedichte«, S. 288 kaum noch wiederzuerkennen. Dennoch ist ein Vergleich reizvoll. »Grande valse Chopin« sandte H. H. (verändert) mit seinem Brief vom 13. 1. 1898 an Helene Voigt; es findet sich (abermals verändert) auch in »Die Gedichte«, S. 13 f. (Titel: Chopin II – Grande Valse). An den drei Fassungen läßt sich gut verfolgen, was H. H. z. B. im Brief an Eberhard Goes, im Januar 1897, Nr. 602 anspricht und vor allem auch im Brief Nr. 581.
Im Folgenden die drei Fassungen von Chopin »Grande Valse« sowie die frühe Fassung von »Drüben«. Dazu die Prosafassung der »Valses«.

Chopins grande valse

Ein kerzenheller Saal
Und Sporengeläute und Tressengold!
In meinen Pulsen klingt das Blut.
Mein Mädchen gib mir den Pokal, –
Und nun zum Tanz! Der Walzer tollt.
Erhitzt vom Wein mein Brausemut
Nach aller ungenoss'nen Lust begehrt.

Vor den Fenstern wiehert ein Pferd.

Und vor den Fenstern hüllt die Nacht
Das dunkle Feld. Es trägt der Wind
Von fern Geschützebrüllen her,

Noch eine Stunde bis zur Schlacht!
Tanz rascher, Schatz, die Zeit verrinnt;
Es wiegt der Sturm die Binsen hin und her,
Die nächste Nacht mein Bette sind.

Mein Totenbett vielleicht! Juchhe, Musik!
In durstigen Zügen trinkt mein heißer Blick
Das junge, schöne rote Leben ein;
Und trinkt sich nimmer satt an seinem Licht.
Noch einen Tanz! Wie bald, – und Kerzenschein
Und Klang und Lust zerrinnt – der Mondschein flicht
Schwermütig seinen Kranz in Tod und Graus.
Juchhe, Musik! Vom Tanz erbebt das Haus,
Erregt am Pfosten klirrt mein hängend Schwert.

Vor den Fenstern wiehert mein Pferd.

H

Grande Valse
Chopin

Ein kerzenheller Saal
Und Sporengeläut und Tressengold!
In meinen Adern klingt das Blut.
Mein Mädchen, gieb mir den Pokal,
Und nun zum Tanz! Der Walzer tollt;
Erhitzt vom Wein mein Brausemut
Nach aller ungenossenen Lust begehrt!

Vor den Fenstern wiehert mein Pferd.

Und vor den Fenstern deckt die Nacht
Das dunkle Feld. Es trägt der Wind
Von fern Kanonenbrüllen her, –
Noch eine Stunde bis zur Schlacht!
Tanz rascher, Schatz! Die Zeit verrinnt –
Es wiegt ein Sturm die Binsen hin und her,
Die nächste Nacht mein Bette sind.

Mein Totenbett vielleicht! – Juhe, Musik!
In durstigen Zügen trinkt mein heißer Blick
Das junge, schöne, rote Leben ein
Und trinkt sich nimmer satt an seinem Licht.
Noch einen Tanz! Wie bald – und Kerzenschein

Und Klang und Lust zerrinnt – der Mondschein flicht
Schwermütig seinen Kranz in Tod und Graus!
– Juhe Musik! Vom Tanz erbebt das Haus,
Erregt am Pfeiler klirrt mein hängend Schwert –

Vor den Fenstern wiehert mein Pferd.

[Fassung aus »Hermann Hesse – Helene Voigt Diederichs, Briefe, Köln 1971, S. 28.]

Chopin
II
Grande Valse

Ein kerzenheller Saal
Und Sporengeläut und Tressengold.
In meinen Adern klingt das Blut.
Mein Mädchen, gib mir den Pokal!
Und nun zum Tanz! Der Walzter tollt;
Erhitzt vom Wein mein Brausemut
Nach aller ungenossenen Lust begehrt –

Vor den Fenstern wiehert mein Pferd.

Und vor den Fenstern hüllt die Nacht
Das dunkle Feld. Es trägt der Wind
Von fern Kanonendonner her.
Noch eine Stunde bis zur Schlacht!
– Tanz rascher, Schatz; die Zeit verrinnt,
Es wiegt der Sturm die Binsen hin und her,
Die nächste Nacht mein Bette sind –

Mein Totenbett vielleicht. – Juchhe, Musik!
In durstigen Zügen trinkt mein heißer Blick
Das junge, schöne, rote Leben ein,
Und trinkt sich nimmer satt an seinem Licht.
Noch einen Tanz! Wie bald! und Kerzenschein
Und Klang und Lust verlischt; der Mondschein flicht
Schwermütig seinen Kranz in Tod und Graus.
–Juchhe, Musik! Vom Tanz erbebt das Haus,
Erregt am Pfeiler klirrt mein hängend Schwert. –

Vor den Fenstern wiehert mein Pferd.

H. H., »Die Gedichte«, a. a. O., S. 13 f.

Drüben

Drüben überm Berge,
Wo die späten Glocken gehn,
Weiß ich eine große Stadt
Und ein kleines Haus drin stehn.

Drüben überm Berge
Und im Staub der großen Stadt
Weiß ich einen süßen Mund,
Der mein Herz vergiftet hat.

Drüben überm Berge,
Wo das lichte Leben wohnt,
Liegt die Welt und liegt mein Glück
Bleich und fern im bleichen Mond.

Drüben überm Berge,
Wo die späten Glocken gehn,
Muß ich jede Nacht im Traum
Vor dem kleinen Hause stehn.

Im schwarzen Wachstuchheft »Plauderabende«, das H. H. seiner Mutter 1897 zum Geburtstag schenkte, steht unter »III. *Chopin*« als letztes Stück folgende Vorform zu »Chopin, Grande Valse«:

Valses

Kerzenlicht aus krystallenen Kronleuchtern. Ein Ahnensaal. Lachende, trinkende, plaudernde, heißblütige Jugend in weißen Ballkleidern und prahlenden Uniformen. Vor den Fenstern liegt schwarz und trostlos ein verwüstetes Land.

Morgen ist die große Schlacht.

Sie wartet ihrer Opfer, ihr Schatten kriecht schon über's Feld und grinst in die erleuchteten Fenster.

Noch einen Becher, ehe der Walzer beginnt! »Es lebe die Jugend! Es lebe Polen! Es leben unsre Frauen! Es lebe das Heute, das rote, heiße, lachende Heute! Der Mut! Der Leichtsinn! Der süße, letzte Augenblick!«

Morgen ist die Schlacht.

26)

Im Licht

Der Meister saß im Abendglanz
Und dacht' an einen späten Kranz,

Dacht', wie dem edelsten Bemühn
So wenig Dank und Lorbeer blühn.

Da fiel in seine Träumerein
Ein Brief aus fremder Hand hinein,
Voll ungedämpfter Jugendglut,
Die sich in Worten gütlich thut.

Mich dürstet, Meister, nach dem Quell,
Dir sprudelt herrlich er und hell;
Ich bin im Dunkeln, du im Licht,
Verstoße deinen Jünger nicht.

Da wars dem Alten tiefbewegt,
Als ob ein Kranz ihm sacht sich legt
Ins weiße Haar. Und leise sprach
»Du bist im Licht« die Lippe nach.

Dann nahm er Stift und Blatt zur Hand
Und hat sein Brieflein abgesandt;
Viel Dank und Lohn, und ganz zuletzt
Hat er dies Sprüchlein hingesetzt:

Nennst du ein heilig Feuer dein,
Sei treu und halt die Flamme rein.
Lohnt auch die Welt dem Hüter nicht,
Dich krönt ein Kranz: Du bist im Licht.

[Aus »Zwischen zwei Nächten. Neue Gedichte von Gustav Falke.« Stuttgart 1894. Vgl. auch 31).]

27) Ob meinem Tische hängt ein Bild.
Ein einsam ernstes Angesicht,
Todblaß. Nur aus dem Auge wild
Ein schmerzlich Feuer flammend bricht.
Ich schaue oft hinauf zu Dir,
Bis jäher Schauer wild mich faßt,
Und stöhne bang: laß ab von mir,
Laß ab, Du ungestümer Gast!

Ich greife oft mit rascher Hand
Nach Dir mit abgewandtem Blick
Und fühle plötzlich mich gebannt,
Und hänge schweigend Dich zurück.

Ich habe oft spät in der Nacht
Mit heißen Lippen Dich geküßt
Und lang allein mit Dir gewacht.
Dann hast Du höhnend mich gegrüßt:

»Komm Knabe, komm in meinen Schoß.
Hast ja so gern mich sonst geküßt,
Ich laß Dich nie und nimmer los,
Bis Du bei mir im Grabe bist.«

H (anno 94)

28)
H. H. an Gertrud Fischer

Tübingen, April 1897

Verehrtes Fräulein!
Meine Schwester Adele bat mich neulich, einige Notizen über baltische Dichtung neuerer Zeit für Sie zusammenzustellen. Als Schwärmer für baltische Art versprach ich leichtsinnig einen Aufsatz über dies Kapitel, mit dem Hintergedanken, denselben als Beitrag für eine literarische Zeitschrift zu benützen.
Nun begegnet mir das denkbar Betrübendste – ich suche nach Namen, nach Quellen, nach biographischem Material, und finde – nichts, absolut nichts. Das baltische Land, das so viele Gelehrte und Künstler besaß, ist arm, sehr arm an Dichtern. An Namen ist kein Mangel, aber fast alles ist unbedeutend. Ich war selbst überrascht davon, daß in der poetischen Malerei die Ostseeprovinzen gänzlich schweigen. Was ich fand, waren hübsche, aber wenig bedeutende Gedichte, eine Anzahl Romane, die Namen einiger Essayisten und Journalisten. Daher, daß ich einseitig moderne Lyrik studiere, mag es kommen, daß das Wenige, was mir von moderner baltischer Literatur nennenswert schien, Lyrik ist. Freilich eine harmlose, zuweilen nur Gelegenheits-Lyrik! Aber einiges Lyrische findet sich doch.
Ein Dichter Adolfi hat kurze, anspruchslose Vaterlandslieder geschrieben, auch von Grotthuß (ein tätiger Mitarbeiter des »Daheim«) ist hier zu nennen. Der Bedeutendste, der einzige große Dichter dieser baltischen Gruppe ist M. R. von Stern.
Stern lebt in Zürich. Er hat meist Lyrik geschrieben, der man freilich oft nichts Baltisches anmerkt. Als baltisch sind seine Heimatlieder interessant und wertvoll. Denken Sie sich in zarten, sehr rein gebauten Versen eine schlichte, warme Sprache. Da stehen Hügel und Wälder im Sommerlicht, schweigsame Flüsse und laute Dörfer, viel Heide und

Sturm, und dann das weite, baltische Meer, »Finnlands Golf«. Über all den Bildern eine weiche, zärtliche Heimwehstimmung, denn Stern ist seit vielen Jahren verbannt.

»Tief in den Schachten des Innern
Dämmert ein schweigender Raum;
Führerin ist das Erinnern,
Türhüter ist der Traum.«

Stern schrieb viel Lyrik, auch Kritisches und Essays. Er ist Herausgeber des »Literarischen Bulletins der Schweiz«. Ausgewählte Gedichte von ihm erschienen 1891.
Doch lohnt es sich kaum, die einzelnen Werke all dieser Literaten zu lesen, und es gibt zwei, in ähnlichem Sinn redigierte, Anthologien baltischer Lyrik:
J. v. Grotthuß, Baltisches Dichterbuch (mit literarhistorischen Studien und Portraits) und
H. Johannsson, Die baltischen Lande in Liedern ihrer Dichter.
Diese Sammlungen genügen, die baltische Dichtung kennen zu lernen. Die Johansson'sche enthält zwei hübsche Beiträge unsres Onkels Carl Hunnius, sowie vieles von Adolphi.
Ich muß Sie nun bitten, das negative Resultat meiner Zeilen möglichst zu verschmerzen. Ich selbst war bisher, durch die feine, liebenswürdige Bildung unserer baltischen Landsleute bestochen, der fröhlichen Überzeugung, in den Ostseelanden müsse es von Dichtern wimmeln, und bin sehr enttäuscht über meine kläglichen Funde. Eine *heutige* baltische Literatur scheint es gar nicht zu geben, außer etwa im kleinen Kreis der »Baltischen Zeitschrift« in Riga. Seltsam! Dort viele Gebildete und Schöngeister und keine Dichter, – bei uns eine blühende Moderne ohne Leser! Möglich, daß die Balten im Ganzen zu gebildet sind, um originale Poesie hervorbringen zu können. Es fehlt eben an Volk, an Leben, an Zukunft in der armen Heimat meines Vaters! Dieser Ton der Resignation, ein Hauch von Leiden und Schwermut gibt den baltischen Liedern neuerer Zeit jene bleiche, zarte, oft rührend traurige Stimmung. Auch in mir hat dieser Zug sich einmal geregt, obwohl ich die Ostsee nie gesehen habe. Ich schrieb einmal einen Zyklus »nordische Lieder«, die zum Teil gedruckt sind. Einige dieser Verse, die im letzten Jahr in Zeitschriften erschienen sind, erlaube ich mir beizulegen. Doch bitte ich sehr, Sie möchten aus meinen Versen nicht üble Schlüsse auf die übrigen Lyriker der Balten ziehen. Ich hätte Ihnen gern einiges von Stern etc. abgeschrieben, kann aber leider zur Zeit nicht in den Besitz der Quellen kommen. Meine Zeit ist überfüllt von Arbeit, Stu-

dien und eigenem Schaffen, auch bin ich momentan etwas nervös überreizt, halten Sie mir also die Kümmerlichkeit meines Schreibens freundlich zu gute! Ich hätte überhaupt nicht gewagt, Ihnen über diese undankbare Sache zu schreiben, wenn ich nicht gehofft hätte, Sie würden an einem herzlichen Gruß aus Ihrem Tübingen eine kleine Freude haben.

Ich bin mit herzlichen Grüßen an Sie und Ihre verehrte Mutter

Ihr ergebener HH

Tübingen, im April 1897

[Es folgen Gedichte: An Makuscha. I, II, III. H.H. 1895]

29)

H. H. in »Plauderabende«; seiner Mutter zum 18. 10. 1897:

Jacobsen

Jacobsen! Wie doch Dein Name und Andenken mir den trüben Regenabend so licht macht! So oft ich der Menschen satt und müde bin, so oft die Geheimnisse meiner Gedanken mich drängen und mir das Heimweh wachrufen nach Sonne und Kraft, nach Freunden und Schutzgöttern, dann besucht mich Dein Bild sichtbar und lebend. Dann sehe ich Deine feine Gestalt, Dein blasses Gesicht, mit den klugen, leidenden Zügen, dann sehe ich Dein lichtdurstig brennendes Auge, dem farbige Welten bekannt sind, von welchen uns selten nur in Nächten der Sehnsucht träumt.

Du warst ein Gast, wo Du auch weiltest, und Du konntest den Glauben nicht finden, weil Du nie ein Genügen kanntest. Du fandest kein Wahres noch Schönes, das das Begehren Deiner Träume nicht wahrer und schöner geahnt hätte. Dir genügte kein Wert, dessen Vollkommenheit Du zu denken vermochtest. Ich lese wieder »Niels Lyhne«. Das ist ein seltsames Wunderbuch, als wär' es geschrieben von einem, der eben aus Träumen erwacht. Ich weiß nicht, ob es ein andres Buch gibt, in dem so der Zauber des Ungesagten, der Stimmung, lebt, in dem so wenig Worte sind und so viel Schönheiten, so viel Duft, so viel Sonne. Wir lauschen dem Herzen Lyhnes, wir hören die Atemzüge und Seufzer seines in tatenloser Unruhe sich verzehrenden Lebens. Frühlingswinden gleich brausen seine ungesungenen Lieder und Gedanken durch die flüchtige Erzählung seines Lebens. Und zwischen den lose verknüpften Kapiteln erblicke ich Dein Gesicht, Du lieber Dichter, schweigend in melancholischer Ironie. [. . .]

Er ist einsam und glücklos, denn er ist ein Vorgänger.

Herzlich wünsche ich für ihn und uns, daß er als Vorgänger gehört und verehrt, und daß er als Künstler überwunden werden möge!

[*Die Auslassung folgt einer Anregung H. Hs., der das Heft »Plauderabende« für eine eventuelle Publikation durchgelesen und mit einigen Bemerkungen versehen hat.* (S. auch Anm. II, 35).]

30)

Darunter befindet sich auch folgende Bemerkung zu einem Wiederzusammentreffen mit dem Kompromotionalen und Mitbewohner der Stube Hellas in Maulbronn, Otto Knapp: »Des Umgangs wird mir oft fast zu viel. Den Kneipen, Antrittskommersen etc. bin ich glücklich mit List entronnen, aber nächsten Sonntag ist schon der erste Kaffee, und zwar bei Otto Knapp, mit dem ich in Maulbronn so arge Händel hatte. Er scheint mich aus Mitleid einzuladen, da dem strammen Burschen der Normannen mein Philisterleben natürlich sehr traurig vorkommt.«

31)

H. H. schrieb in diesem Brief über Falke schon einmal:

»Es sind da, dem Dutzend nach, prächtige Lieder zu finden, voll Wohlklang und besonnenen Maßes. Fast alle reinen Lieder Falkes, d. h. die nicht allegorischen Sachen, sind voll Sonne, sie gleichen einem Waldwinkel, durch den das Sonnengold in lachendem Reichtum bricht.

»Blütenschwere Tage
In Düften und Gluten rings,
Mein Herz tanzt wie auf Flügeln
Eines trunkenen Schmetterlings« etc.

Oder: »Rosen, Guitarren und Lachen!
Schatten eilen von ferne –
– Ach wie bald, und der heiterste Tag
Schläft und es wandeln die Sterne!« etc.

Oder: »Es klopft mit ihrem gold'nen Finger
Die Sonne lachend an mein Haus« etc.«

Dann, im schwarzen Wachstuchheft für Marie Hesse:

Gustav Falke

Wie eine klare Herbstnacht uns in's Fenster blickt, wie ein blanker Sommermorgen uns lachend weckt, so sind Falkes Lieder. Und viele sind wie alte, kostbare Bilder, die in vornehmen Häusern hängen, mit jenem Ton der Vollendung, mit jener eleganten Pracht, jenen Gärten und Balkonen – –, es ist Licht und Adel darin, und das Meisterlächeln, das feine, gütige, kluge, das uns an Lichter und Höhen erinnert, an Homer – an Goethe. –

Verse, die Rehen ähnlich auf schüchternen Zehen wiegen, scheu, lauschend – man hält den Atem an, sie nicht zu stören. Und wieder Verse, deren reiner Bau in stolzer Tektonik an die Stanzen der großen Italiener erinnert.

– »Gleich des Tages Auf und Ab
wirft des Traumes Wechselflut
an der Seele Strand verworrenes Gut,
und Gespenster steigen aus dem Grab.«

Oder: – »Eine liebliche Stunde
stand vor mir, den Finger am Munde.
Große, klare Augen sagten
von Gedanken, die nicht hervor sich wagten ...«

Und dann wieder: – »Der Lampe Schein im schweigenden Gemach,
in das ich mich zum Träumen eingeschlossen,
rief der entschlafnen Stunden eine wach;
die schenkte mir den prächtigen Bahngenossen,
der weit voraus im raschen Siegesgang
den Lorbeer schon in trunkenen Händen schwang.

Ihm nach! Ihm nach! Die Geisel meinen Rossen!
Es gilt dem Ruhm! Schon steht am Ziel und Sieg
der Freund von Glanz und Götterglück umflossen.
Ein Lächeln, das ihm aus dem Herzen stieg,
winkt mich heran: du wirst der nächste sein.

– Was dunkelte jäh meiner Lampe Schein?
Erschrocken sah ich zwischen Traum und Licht
die Muse stehn. Ihr edel Angesicht
sah mich mit feinem Spott von oben an –
ein Seufzer –, und ein stolzer Traum zerrann.

Wenn ich Falke lese, wünsche ich alle meine Lieben her, um mit ihnen die Pracht zu teilen, und freue mich doch wieder des stillen, reinen, ganzen Genusses.
Wenige Dichter haben sich so überwunden und so den Künstler in sich erzogen wie Falke. Allen Dingen geben seine Lieder ihr wahres, sprechendes Wesen, und selten nur klingt ein rein subjektiver, undisziplinierter Ton hindurch, meist als lächelnde Resignation oder als bittere Frage und Klage. Klage über das Los des Dichters, der immer liebt, immer schenkt, und dessen zarte Wunder unter dem grellen Licht von

heute leiden. Doch hat Falke die Grenze vornehmster Bescheidenheit nie überschritten.
Unter den Großen von heute steht er, viel geliebt, doch immer etwas beiseite, vornehm bescheiden. Er liebt nicht das Heutige, Rasche, Unfertige, und hat selber die seltene Größe, uns nur das zu schenken, was sich von seinem Schaffen als reife, goldene Frucht gelöst hat.
[Aus »Plauderabende« 1897; s. Nr. 650]

32)
»Viele Welten kreuzten ihre Strahlen in diesem Hause. Hier wurde gebetet und in der Bibel gelesen, hier wurde studiert und indische Philologie getrieben, hier wurde viel gute Musik gemacht, hier wußte man von Buddha und Lao Tse, Gäste kamen aus vielen Ländern, den Hauch von Fremde und Ausland an den Kleidern, mit absonderlichen Koffern aus Leder und aus Bastgeflecht und dem Klang fremder Sprachen, Arme wurden hier gespeist und Feste gefeiert, Wissenschaft und Märchen wohnten nah beisammen.«
[H. H. in »Kindheit des Zauberers«.]

33)
Eine Erinnerung an Carl Busse
Am 3. Dezember sind es zehn Jahre, seit *Carl Busse* gestorben ist, ein in meiner Jünglingszeit unter uns Jungen viel gelesener und diskutierter Dichter und Schriftsteller. Einige seiner Gedichte hatten wir gern, und seine Anthologie der neuern deutschen Lyrik war jahrzehntelang eins der verbreitetsten Gedichtbücher in Deutschland, ist es vielleicht heute noch. Trotzdem hätte ich Busse vielleicht vergessen, wie die Öffentlichkeit ihn ein wenig scheint vergessen zu haben. Er starb gerade nach Deutschlands Zusammenbruch, da hatte niemand Zeit und Stimmung, sich eines einst geschätzten Dichters zu erinnern. Aber für mich wurde Carl Busse, den ich persönlich nie kennengelernt habe, auf andere Weise wichtig. Er ist einer der ganz wenigen Menschen, die mir in meinen jungen Jahren Vertrauen erwiesen haben und mir moralisch halfen, die Jahre des Anfangs, des Unbeachtetbleibens und Ausgelachtwerdens zu überstehen. Ich war ein junger Mensch von etwa 23 Jahren und arbeitete als Gehilfe in einer Buchhandlung mit einem monatlichen Gehalt von 110 (hundertundzehn) Franken. Ich hatte ein winziges Heft Verse [*»Romantische Lieder«*] auf eigene Kosten drucken lassen, das natürlich ganz unbeachtet blieb, außerdem war bei dem damals ganz jungen Verleger Diederichs (jetzt in Jena) [inzwischen in Düsseldorf] ein Bändchen früher Prosa von mir erschienen. Diese zweite Ver-

öffentlichung hatte mir eine freundschaftliche Besprechung durch Rilke[1] gebracht, im übrigen war sie ebenso erfolglos wie die erste geblieben. Ich konnte nicht hoffen, nochmals einen Verleger zu finden. Da kam eines Tages, aus blauem Himmel, ein Brief von Carl Busse aus Berlin. Er habe Verse von mir gelesen, schrieb er, und da er soeben bei Grote eine kleine Reihe von Versbüchern jüngster Lyriker herauszugeben beginne, lade er mich ein, ihm einen Band Gedichte zur Herausgabe zu überlassen. Diese freundliche Aufforderung war die erste wirkliche Freude, die ich in meinem jungen Literatenleben erfuhr. Ich machte mich sofort an die Auswahl und Ordnung des Gedichtbandes, und saß glücklich und ungeduldig Nacht für Nacht viele Stunden an dieser Arbeit, bis ich das Manuskript an Busse absenden konnte. Es war der Band »Gedichte«, der bei Grote als dritter der Busseschen Sammlung erschien, und der heute noch existiert. Zwar hatte auch dieser Gedichtband damals nicht den mindesten Erfolg. Aber daß ich von einem berühmten Schriftsteller ohne mein Zutun zur Publikation eingeladen worden war, daß mein Gedichtband bei einem angesehenen Verleger erscheinen konnte, das hielt meinen Glauben wieder für zwei Jahre am Leben. Eine ähnliche Freude wie die über Busses Einladung habe ich nur noch einmal erlebt: als ein oder zwei Jahre später, ebenfalls für mich ganz überraschend, der Verleger S. Fischer mir einige Zeilen schrieb, in denen er mich einlud, ihm mein nächstes Manuskript zur Prüfung zu übersenden.

Ich lebte damals ebenso abseits wie heute, und hatte keine Ahnung davon, was für ein freundlicher Glücksfall jener Brief Busses an mich war. So sehr er mich überraschte und erfreute, so schien es mir damals doch im Grunde durchaus verständlich und richtig, daß ein arrivierter Literat, wenn er ein junges Talent entdeckt zu haben glaubt, sich seiner ein wenig annehme. Mit den Jahren lernte ich sehen, was für eine edle und seltene Ausnahme die gute Tat Busses bedeute. Ich bin ihm dafür immer dankbar geblieben.

Hermann Hesse

[Neue Zürcher Zeitung 2223, v. 3. 12. 1928]

1 S. Nr. 851.

34)

H. H. am 28. 1. 1941 an Erwin Ackerknecht, über Johannes Frohnmeyer:

Jener Basler Missionsinspektor Frohnmeyer, ein Schwabe, ist richtig der Vater jener Ida gewesen, die als Kind eine Weile bei uns in Calw im Hause war. Viel früher, als junger Kandidat und werdender Missionar, war er ein Verehrer meines Großvaters Gundert und liebte meine Mutter, die damals als junge Witwe aus Indien gekommen war. Ich habe Frohnmeyer bis in seine letzten Tage gekannt, bat ihn z. B. noch in der Zeit, da ich am Siddhartha arbeitete, um einige Auskünfte über indische Namen. Seine Witwe lebt noch in Basel, wo auch Ida zuhaus ist.

[Vgl. auch »Schweizer Frauenblatt«, Winterthur, 36, 1957, Nr. 27: »In Hermann Hesses Elternhaus«, von Ida Frohnmeyer.]

35)

[*Das schwarze Wachstuchheft »Plauderabende«, das H. H. seiner Mutter zum 18. Oktober 1897 als Geburtstagsgabe sandte, enthält folgende 18 Kapitel:*]

I Es ist schon spät. – II Jens Peter Jakobsen. – III Chopin. – IV Gustav Falke. – V Was ich liebe (Verse). – VI Richard Schaukal. – VII Lieben. – VIII Freudenstadt 1896 (Verse). – IX Tagesnotizen. – X Fragmente der »Wallfahrt«. – XI Die Blutbuche (Verse). – XII Julitag (Verse.). – XIII Maurice Maeterlinck. – XIV Abend (Verse.) – XV Eine Stunde hinter Mitternacht (Verse). – XVI C.F. Meyer. – XVII Dorfabend (Verse). – XVIII Die Sphinxe (Verse). –

[*Auf das Inhaltsverzeichnis folgt:*]

Widmung

Wenn mein Zimmer einsam ist
und der Lampe spätes Licht
fremd und matt die roten Strahlen
in den schwarzen Abend flicht,
bin ich manchmal weich und müd
und des Heute ganz vergessen
wie in frühen Kinderzeiten
an Dein Knie geschmiegt gesessen.

Und dann hab ich Dir erzählt,
was das Leben mir bedeutet,
was aus einer andern Heimat
so in meine Seele läutet.
Und ich hätte gerne Dich
mitgeführt in meine Welt,
in die Gärten, deren Blüte
meinen Blick gefesselt hält.

Gütig, wie die Mütter sind,
sollst Du Dich, und lächelnd, neigen
zu dem plauderfrohen Kind,
das Dir seinen Schatz will zeigen.

Hermann

36)

C. F. Meyer. [H. H. in »Plauderabende«.]

Was mir Falke als Liederdichter ist, ist mir Meyer als Erzähler.

Seine Bücher sind so voll klarer Luft, hohen Himmels, strenger, scharfer Konturen, so voll Sonne, Form und Farbe, daß man beim Lesen sich selber merkwürdig frisch und helläugig vorkommt. Da sind viele Zartheiten und geistreiche Spiele, die an Goethe erinnern, und mehr noch an alte Erzähler, an die Novellisten und causeurs des cinquecento.

Und da haben wir gleich Meyers Domäne, seine Heimat, seinen Liebling, – das Jahrhundert des erhöhten Lebens, der großen Künstler in Leben, Politik und Kunst, die Zeit der großen Römer und Florentiner, die Zeit Raphaels, Michelangelos, der Medici.

Große, klar blickende Gestalten vornehmster Bildung stehen auf berückenden Lebenshöhen mit klugen Augen über großen, verflochtenen Schicksalen, deren Fäden in ihre Hände laufen. Daneben im Krieg zusammengewürfelte Nationen, darunter ausgezeichnet des Dichters Landsleute, die Schweizer, mit derben Seelen und kräftigen Gebirgsnaturen. Aus ihnen wachsen starke, unbändige Leidenschaften, zuweilen in einem einzelnen, felsigen, fast übermenschlichen Mann verkörpert (am herrlichsten im Jürg Jenatsch).

Darüber aber sind nirgends, wie sonst in Staatsaktionen und Pompstücken, die großen und kleinen seelischen Zustände und Vorgänge vernachlässigt oder vergewaltigt. Eine einfache, tiefe, in hohem Grade künstlerische Menschen- und Seelenkenntnis frappiert in allen Werken Meyers. Aus seinen runden, edel gebauten Perioden und Kapiteln scheint oft das schlaue schelmische Auge Boccaccios zu blicken oder das dunkle versehnte des Schwärmers Tasso.

Die Tragik in Meyers Novellen ist einfach, groß und zwingend. Sie hat nicht die ungeheure Tiefe, die grausam überlegene Willkür Shakespears, aber ihre Entwicklung ist einzigartig in ihrer Klarheit und Stetigkeit.

Ähnlich sein Humor, sein Lachen. Das Lachen eines guten Menschen. Rein, silbern, olympisch oder auch voll der Lustigkeit eines lebhaften Kindes. Und dann das Letzte und Beste! Das, worauf wir schlecht erzogene Leser am spätesten zu achten gewohnt sind, – die Sprache! Es läßt sich eine Sprache, ein Stil nicht beschreiben. Man muß selbst ihren Reiz kosten und ihr mit Liebe nachgehen auf ihren verborgensten Wegen.

Bei Meyer lohnt sich das. Denn er *hat* eine Sprache, er *hat* einen Stil. Seine Sprache wirkt wie die Luft im Hochgebirge. Alle Verhältnisse treten in guter Beleuchtung greifbar hervor; eine deutliche, kurz und rein umrissene Nähe, durch charakteristische Staffage sich einprägend, feine Abstufung der Lichter, eigene Perspektiven und eine rundende, milde Ferne in gütigem Lichte – Höhenhorizont! Zuweilen finden sich liebenswürdig naive Schweizer Spracheigenheiten.

Wer ein Liebhaber des Latein ist oder überhaupt ein Bewunderer des knappen, sicheren Ausdruckes, der Prägung, der muß sich an Meyers Sprache laben wie an einem römischen Historiker. Cäsar, Tacitus, auch Livius sind hier deutlich zu erkennen.

Die Verbindung einer großen Feinfühligkeit und Künstlerbegabung mit dieser Sprache ergibt den Hauptwert und Reiz der Meyerschen Dichtung, die erstaunliche Plastik der Schilderung. Auch in seinen zwei oder drei schwächeren Erzählungen versöhnen solche einzelne Schilderungen reinlichster Zeichnung mit dem Mißverhältnis zwischen Stoff und Kunst. Eine Landschaft, eine Menschenmenge, von Meyer geschildert, sind herrlich; und wo es sich um Details handelt, um ein Portrait, um eine Architektur, ein Bildwerk, einen Schmuck, ein Wappen, – da ist er unerreicht, homerisch.

Aus alledem ergibt sich die großartig einseitige Begabung dieses Mannes zum Novellendichter. Was wir unter »Novelle« verstehen, reife Schicksale in ihren Höhepunkten von einem leidenschaftlichen Erzähler berichtet, dramatische Situationen, dritte und fünfte Akte, alles in sorgfältig gewählten Rahmen, die Farben mit besonnener Technik auf Harmonien gestimmt, über dem Ganzen der kostbare Hauch, der über alten Meistergemälden, die Patina, die über wertvollen Bronzen liegt, – das ist sein Gebiet, da liegt seine Begabung und Meisterschaft.

Meyer sagt in einer seiner besten Novellen von dem erzählenden Dante »Seine Fabel lag in ausgeschütteter Fülle vor ihm; aber sein strenger Geist wählte und vereinfachte.« Man denkt beim Lesen unwillkürlich an den Dichter selber. [1897]

37)

»Die Helene Voigt, deren Erinnerungen Ihr laset, war der erste Leser, der mir einen Brief schrieb. Es war so etwa im Jahr 1893 oder 94, da war ein Gedicht von mir in einer seither verschollenen Zeitschrift er-

schienen, eins meiner ersten, die gedruckt wurden, und daraufhin kam ein Brief von der damals etwa 19 oder 20jährigen Helene Voigt, die es gelesen hatte und mir dafür dankte. Wir haben eine längere Zeit je und je Briefe getauscht, und als sie dann sich mit dem jungen Verleger Diederichs verlobte, der auch lange tot ist, führte das dazu, daß Diederichs meine »Stunde hinter Mitternacht« druckte. Jetzt wußte ich seit Jahren nichts von ihr, doch hat einmal ein Sohn von ihr, der jetzt den Verlag führt, mich hier kurz besucht.«
[Aus einem Brief H. Hesses vom März 1938 an seine Schwester Marulla]

38) Mittagsspuk

Gewunden läuft der Pfad. Rings Julischimmer
Auf heißem Mohn und Haferähren liegt.
Ein Meer von weißlich zuckendem Geflimmer
Wallt um den Falter, der als müder Schwimmer
Sich leicht auf roten Distelköpfen wiegt.

Des Wärterhäuschens Dach den Glanz gefangen
In seine schrägen Schieferplatten zwingt.
An schwarzgeteerten Telegraphenstangen
Fliehn eilig hin der Drähte Kupferschlangen,
Bis blauer Eichenschatten sie verschlingt.

Die Stille blinzt verträumt. Da – hohles Grollen,
Und schreckverworren hebt ein Möwenhauf
Sich von des Brachfelds glutversengten Schollen.
Das Murren schwillt zu lautem Donnerrollen –
Schon jagt es her in wildem Siegeslauf –

Die Schienen klirren . . . Wahnsinngleiches Wüten . . .
Ein Rattern und ein Rasseln . . . und – vorbei . . .
Noch zittern bang am Hohlwegrand die Blüten,
Ein weißes Wölkchen steht im Sonnenbrüten,
Und aus der Ferne gellt's wie Todesschrei . .

39)
In den Anmerkungen zum Briefwechsel Hermann Hesse – Helene Voigt-Diederichs steht zum Stichwort Böcklin: »Der aus Basel gebürtige Maler Arnold Böcklin hat die ›Villa am Meer‹ 1864/65, nach fünfjährigem italienischen Aufenthalt, in Basel und München gemalt (Schack-Galerie). Nicht nur Hesses besondere Liebe galt den Werken

Böcklins, die er dann 1900 als Buchhändler in der Basler Kunsthalle studierte; auch für Helene Voigt war er ›der‹ Maler der Gegenwart. Sie fand sich darin bestätigt durch Eugen Diederichs, dessen Enthusiasmus sich u. a. in einem Zeitungsreisebericht ›Bei den Meergöttern Böcklins!‹ (Beilage zum Naumburger Kreisblatt vom 5. 9. 1896) ausgedrückt hat.«

40)
Aus H. Hs. »Brief an den Übersetzer und Kommentator Wilhelm Gundert« am 8. Oktober 1960 in der »Neuen Zürcher Zeitung« nach Erscheinen des »Bi-Yän-Lu«: [Damit des Meister Yüan-wu's Niederschrift von der Smaragdenen Felswand verdeutscht und erläutert erscheinen konnte,] ... bedurfte es wiederum eines ganzen, einmaligen, aus vielen Herkünften vorbereiteten Menschenlebens, eben des deinen, denn die zwölf oder dreizehn Jahre, die du schließlich dem Zustandekommen gewidmet hast, sind ja nur das letzte Kapitel in einem Leben, das sich, noch lang ehe du von Yüan-wu, seinen großen Vorgängern und seiner gewaltigen Nachwirkung und Nachfolge wissen konntest, wie vorbestimmt auf diese Aufgabe vorbereitet und gerüstet hat.
In unserer Generation sind es wir beide, du und ich, die, wenn auch in sehr verschiedener Weise, etwas vom Wesen und Geist unsres Großvaters mitbekommen und dieses Erbe durch die eigene Lebensarbeit neu gestaltet und weiter überliefert haben. Die Tradition wird nicht aufhören, ich sehe sie schon von einem deiner Söhne und einer deiner Enkelinnen aufgenommen und fortgeführt.
Die Differenzierung und Sublimierung Gundertscher Gaben, Neigungen und Strebungen, verbunden natürlich auch mit Anfälligkeiten und Gefährdungen, begann bei unsrem Großvater, der aus der Umhegung seiner gediegenen schwäbisch-pietistischen Herkunft und Erziehung in verschiedenen Etappen den Weg in die Welt, in die übernationale und zeitlose Gemeinschaft der Geister fand. Zwar ist er, nach kurzen jugendlichen Rebellionsversuchen, im großen ganzen dennoch ein schwäbischer Pietist geblieben, doch mußte der Theologe statt in die Landeskirche in die Heidenmission, statt zu einer schwäbischen Pfarrerin zu einer welschen Frau gelangen, die nie wirklich Deutsch gelernt hat, und der zentralen Macht, die sein Leben regierte, der christlichen Frömmigkeit, halfen mancherlei andre Kräfte und Gaben dies reiche Leben erweitern, schmücken, mildern, vor allem: die innige Beziehung zur Musik und die noch innigere zu den Sprachen, die ihn zum Sanskritisten, Indologen, Übersetzer, Grammatiker und Lexikographen werden ließ. Er sprach nicht nur mit indischen Brahmanen Sanskrit, er

erwarb sich auch eine innige, geradezu verliebte Vertrautheit mit der vielfarbigen Welt der indogermanischen Sprachen, und seine Liebe galt nicht nur den Skeletten der vielen Sprachen, die sich ihm erschlossen, nicht nur ihrer Grammatik und ihrem Vokabular, sondern auch ihrer Haut, ihrem sinnlichen Reiz, ihrem Spieltrieb, ihrer Musik. Davon haben wir beide etwas mitbekommen, du die philologische, ich die poetische Freude an den Wundern und Zaubern der Sprache, des besten Schatzes der Menschheit, in dem Natur und Geist, Gesetzmäßigkeit und Freiheit einander so vielfältig durchdringen.
Mit des Großvaters indischer Sendung begann denn jenes besondere Seelenklima, jene eigentümliche Gestimmtheit und Empfänglichkeit für den Osten, die sich bei den Enkeln in so verschiedener Weise als westöstlich zu erkennen gab. Daß der Enkel Wilhelm einmal das berühmteste geistliche Übungsbuch des aus Indien nach China gewanderten und dort zu Zen gewordenen Buddhismus verstehen, übersetzen und dem Abendland erschließen, daß der Enkel Hermann bei den Upanishaden, beim Buddhismus und bei chinesischer Lebensweisheit in die Schule gehen werde, dazu hat des Alten Vorgang und Vorbild den Grund gelegt. Er wäre mit beidem vermutlich nicht einverstanden gewesen, nicht mit dem Gebrauch, den du von deinem östlichen Wissen und deinen reifsten Lebensjahren gemacht hast, und noch weniger mit meiner indischen Dichtung. Aber dennoch hätte er beim Lesen des Titelblattes deines verdeutschten Bi Yän Lu hinter seinem schönen Greisenbart mit einem nicht eingestandenen Vergnügen und einer nicht eingestandenen Anerkennung gelächelt, und ähnlich gelächelt hätte er, glaube ich, zur Heimkehr meines Siddhartha, zu seinem Erscheinen in vielen Sprachen Indiens, darunter aùch in Großvaters geliebtem Malayalam. [Aus Werkausgabe H. H., Bd. 12 und auch suhrkamp taschenbuch 252]

41)
Jacob Burckhardt 1818-1897
»Kultur der Renaissance«
... Wir begrüßen es, nicht bloß weil damit ein einzelnes klassisches Buch (ein Buch, das die besten Geister zwei Generationen lang tief und nachhaltig beeinflußt hat) auch den Unbemittelten zugänglich wird, sondern vor allem, weil Burckhardt nach unsrer Meinung der denkbar edelste Vertreter einer Geisteshaltung ist, der wir Heutigen viel tiefer verpflichtet und verschuldet sind, als wir meistens wissen und zugeben. Wenn es auch heute noch unter den Lehrern und Autoren inmitten der großen Kulturdämmerung Geister gibt, welche ihre Mission und Pflicht

darin sehen, eine unbestechliche, vom Aktuellen her unbeeinflußbare, lediglich von der eigenen Verantwortlichkeit abhängige Geistigkeit als vorbildliche Haltung über die Erschütterungen und Verführungen des Tages hinweg den Nachkommen zu vererben – wenn die Unabhängigkeit, die Nichtkäuflichkeit und das Gewissen auch heute noch gültige Ideale für die geistige Leistung sind, so verdankt unsre Zeit das vorbildlichen Geistern wie Burckhardt. Gewiß, seine herrlichen Werke wären undenkbar ohne sein gewaltiges Wissen, seine riesige Belesenheit und ohne den starken Einschuß von Künstlertum in seinem ganzen Wesen und Werk; aber die Grundlage von allem ist doch sein Charakter, die strenge, beinah asketische Form seiner intellektuellen Sittlichkeit. Darum wünschen wir jenen unter seinen Werken, welche auch von Nichtgelehrten verstanden werden können, und in erster Linie seinen »Weltgeschichtlichen Betrachtungen« und seiner »Kultur der Renaissance« die größte Verbreitung. Mögen diese schönen Ausgaben, die man heute halb geschenkt bekommt, für sehr viele bloß Bilderbücher sein, es wird sich doch immer wieder da und dort ein suchender junger Mensch zu ihnen finden, sich durch sie belehren, sich an ihnen Vorbilder und Richtlinien suchen und das Gute in sich durch sie bestätigt und gefördert sehen. (1935)

[Aus Werkausgabe H. H., Bd. 12; und suhrkamp taschenbuch, 252]

42)

Mein Zimmer (1. VI. 1898)

(Mit Kopfweh und Langeweile geschrieben, aus Unfähigkeit zu anderer Beschäftigung.)

Mein Zimmer ist mäßig groß und fast so breit als lang. Die Höhe ist eben noch genügend; sie erscheint geringer als sie ist, da die Decke hell gemalt ist und etwas jäh von der grauen Tapete absticht. Im Zimmer steht ein Tisch mit Sofa und zwei Stühlen. Er dient als Eßtisch und zum Ablegen der in Gebrauch befindlichen Bücher und Journale. Immer steht etwas Brot und ein Glas Wasser darauf. Zum Schreiben wird er nicht benützt. Dazu dient ein Stehpult, hoch und breit aus unlackiertem Holz, mit zwei dreiseitigen Bücheretagen. Unter der Schreibplatte ist der Raum für Briefe, Manuskripte, Papier. Auf dem Pultsims sind Lampe, Tintenfaß, Federn, Aschenbecher, Papiermesser, Federnschachteln, eine Flasche Odeur, als Schmuck die Bilder der Eltern und eine kleine, gelbliche Goethebüste. Die übrigen Möbel sind: Zwei Bücherständer, wovon der eine mit Pultplatte versehen, Kleiderkasten, polierte Kommode, zugleich Schmucktisch, Waschtisch, Bett mit Stuhl und Nachttisch, dann noch ein Rauchtischchen, aus Rohrgeflecht mit Bambusfüßen, leicht und ohne festen Standort. Einige Zimmerpflanzen in Töpfen sind nicht mehr da, weil der Verpflegungs- und Erhaltungsmodus verfehlt oder ungenügend war. Eine Wand hat zwei Fenster, jede andre eine Türe, doch ist nur die den Fenstern gegenüber liegende Türe in Gebrauch; von den andern ist die eine durch den Kasten, die andre durch einen Vorhang verdeckt. Dadurch ist ein systematisches Arrangement des Wandschmuckes unmöglich gemacht. Über dem Sofa hängt Böcklins »Villa am Meer« in großem Stich und eine allzu kleine Toteninsel, Fotografien von Teinach und Teinacher Sägemühle und ein Tschibuk. Links vom Sofa zwischen Ecke und Fenster Georgi's »Alte Stadt«, darunter in Oktavformat Portraits von Hauptmann, Nietzsche, Chopin. Über dem Pulte, zwischen beiden Fenstern, ein hohes und schmales Seestück. Über dem Bette hängen drei Bilder von Adele und ein Damenbild von Franz Stuck. Über dem Waschtisch ein Spiegel, von dem darunterstehenden Rasierspiegel ironisiert. Über der Kommode ein größeres Chopinportrait, von vier Oktavbildern: Beethoven, Mozart, Schumann, Weber umgeben. Unter Chopin steht ein bunter Papierfächer, als Hintergrund einer auf der Kommode stehenden Hermesbüste in schöner Größe. Auf der Kommode vereinigen sich einige Zinnbecher mit Bierkrug, Hermes, Muschelkorb etc. etc. zu einer künstlerisch barocken Gesamtwirkung. Auf dem Kasten ein Still-Leben von Zigarrenschachteln, Flaschen, Honigtopf etc. An Bilder[n] sind noch mehrere Ölstudien, ein Bild von Spiro und der schöne »Faustturm« zu nennen. Der eiserne Ofen grinst vor Begierde, auch noch im Juni gelegentlich benutzt zu werden. Heute ist er's nicht. Wasserglas, Aschenbecher, Zigarrenspitzen und der »kleine Meyer« bilden stündlich neue, überraschende Gruppen von behaglichster Wirkung, unterstützt von Lineal, Billardkreiden, Gummitopf, Schere, Buchhülsen, Buchzeichen, Besteck, Uhrständer und vielen anderen Manifestationen häuslicher Wirtschaft.

43)
»Gefreut hat mich der Gruß von *Hermelink*. Er ist einer der wenigen mir bekannten deutschen Gelehrten, die eine Ahnung von der Welt und Wirklichkeit hatten und ist überdies in seiner Breite und gesunden Wucht ein erfreulicher Mensch.«
(Aus einem Brief H. Hs. vom Januar 1948 an Wilhelm Gundert)

»Hermelink ist also richtig hier gewesen, war 2 oder 3 Tage mein Gast, und es wurde von Basel, Göppingen und Tübingen viel gesprochen. Unter andern Schnurren, von denen ich nichts mehr wußte, erzählte er:

einst sei er mit mir in die Ferien verreist, von Göppingen, da habe ich ihn gefragt, warum er so still und bedrückt sei, und er habe geklagt: es sei ihm sehr bang wegen des Landexamens, denn wenn er das nicht bestehe, dann müsse er unweigerlich zu seinen Verwandten in Norddeutschland und Bauer werden. Darauf soll ich gesagt haben: Ich mache mir nicht viel daraus, ob ich bestehe oder durchfalle, dann werde ich einfach »freier Schriftsteller«. Dieses Wort hatte ich offenbar damals gehört oder gelesen und mir zu eigen gemacht.«
[Aus einem Brief H. Hs. vom 22. 4. 1948 an Edmund Natter]

Hesse Ende Juli 1950 aus Sils Maria an Hans Völter: »mit Hermelink bin ich ein wenig befreundet. Ich kannte ihn schon von Basel her, dann trafen wir in Göppingen wieder zusammen, zuweilen auch wieder in Tübingen. Jahrzehnte später war ich einmal bei ihm in Marburg, und er hat mich zweimal in Montagnola besucht, das letzte Mal erst vor etwa einem Jahr. Seine Kirchengeschichte ist mir wohlbekannt, ein famoses Buch.«

44)
»Wegen der Frage meiner Schweizer Staatsangehörigkeit, die ich übrigens dem Verlag schon vor Jahren einmal beantwortet habe, versprach ich Ihnen schriftliche Auskunft, sie soll hier folgen.
Die beiden Eltern meines in Estland geborenen Vaters waren russische Staatsangehörige, aber nach Blut und Sprache deutsche Balten. Von den Eltern meiner Mutter war der Vater Württemberger, die Mutter Schweizerin (Kanton Neuchâtel).
Mein Vater lebte von 1880 bis 86 in Basel. Während dieser Zeit hat er, da er dort für immer zu bleiben dachte und seine russische Staatsangehörigkeit, wie alle Deutschbalten wenig schätzte, sich in Basel eingebürgert, seither waren wir Kinder Schweizer und Basler. Um 1886 wurde mein Vater von Basel weg nach Calw in Württemberg berufen, und da vom schwäbischen Großvater her eine Verbundenheit mit Württemberg und dessen Schulen da war, und ich das Examen für die Aufnahme in ein dortiges theologisches Seminar machen sollte, wurde ich (ich glaube im Jahr 1890 oder 91) in Württemberg naturalisiert, wurde also Deutscher, während die übrige Familie die Schweizer Staatsangehörigkeit beibehielt.
Ich lebte später teils in Württemberg, teils in Basel, heiratete 1904 eine Schweizerin, zog 1912 endgültig in die Schweiz und habe seither, beinah 30 Jahre, ununterbrochen in der Schweiz gelebt.
Natürlich tauchte, als ich sah, daß ich wohl für immer in der Schweiz

bleiben würde, und meine Kinder ganz in schweizerischer Tradition und Mundart heranwuchsen, schon ziemlich früh der Gedanke auf, meine Rück-Einbürgerung als Schweizer durchzuführen. Dies hätte ich auch getan, wenn nicht der Weltkrieg gewesen wäre. Während des Krieges von 1914 und der ersten darauf folgenden Jahre wäre ein Verzicht auf die deutsche Staatsangehörigkeit mir als unanständig erschienen. So kam es, daß ich die Frist von 10 Jahren, während welcher ich das Recht gehabt hätte, meine unentgeltliche Wiederaufnahme in das Schweizer Bürgerrecht zu verlangen, verstreichen lassen mußte. Erst als nach Scheidung meiner ersten Ehe meine drei Söhne Schweizer geworden waren, schien auch mir die Zeit gekommen, die Einbürgerung zu beantragen. Sie geschah im Jahr [1924].«
[Aus einem Brief vom 17. Dezember 1941 an Peter Suhrkamp]

Aus einer Auskunft Hesses über seine »staatsbürgerliche und biographische Zugehörigkeit zur Schweiz«: »... Wegen der Schulen für unsere Kinder beschlossen wir, in die Nähe einer größern Stadt zu ziehen, und zwar in die Schweiz, wohin es meine Frau und mich wieder zog. Wir zogen 1912 nach Bern und haben dort bis 1919 gewohnt. Damals, in der Zeit vor dem Kriege, spielte die Staatsangehörigkeit keine große Rolle, niemand besaß einen Paß, und so versäumte ich es, mein als Kind aufgegebenes Basler Bürgerrecht wieder in Anspruch zu nehmen – ich hätte nach meiner Rückkehr in die Schweiz das Recht darauf gehabt, mich unentgeltlich wieder einbürgern zu lassen. Bei Ausbruch des Krieges war ich also noch Deutscher. Ich nahm die Konsequenzen auf mich und habe während des ganzen Krieges als Mit-Leiter einer großen Abteilung der Kriegsgefangenenfürsorge, der deutschen Gesandtschaft in Bern angegliedert, Dienst getan. Sowohl während des Krieges wie in den ersten, unruhigen Jahren nach dem Krieg kam eine Wieder-Einbürgerung in der Schweiz für mich nicht in Frage. Da ich als Schriftsteller der Öffentlichkeit ausgesetzt bin, konnte und wollte ich es nicht auf mich nehmen, meine zufällige deutsche Staatsangehörigkeit während der Zeit, in der sie Opfer von mir forderte, zu verleugnen und abzulegen. Ich habe mich erst im Jahre [1924] wieder zum Schweizer gemacht. Inzwischen haben meine drei Söhne alle ihren Militärdienst etc. in der Schweiz gemacht, ich selbst lebe seit 24 Jahren in der Schweiz. ...« [1937]

45)
Maurice Maeterlinck
Obwohl ich von Maurice Maeterlinck nur wenig gelesen habe, möchte ich nicht darauf verzichten, auch über ihn etwas zu plaudern, weil er

der Originellste und Neueste unter den Neuen ist. Er ist der Mystiker unserer neuen Dichtung, und seit Anfang der neunziger Jahre bekannt. Octave Mirbeau[1] war der erste, welcher den neuen Namen in ›weitere Kreise‹ trug.

Ich las zuerst wenige Skizzen und Aufsätze Maeterlincks in Zeitschriften, dann zum ersten Mal ein Werk von ihm. Von diesem will ich erzählen.

Ein Drama »Der Eindringling« (»L'Intruse«), von L. v. Schlözer gut übersetzt.

Der Held dieses Dramas ist unsichtbar. Denn er ist – der Tod. Aber wir spüren ihn. Er ist uns bemerklicher als alle Personen und Worte; wir fühlen seinen Hauch, wir schauern, wenn wir ihn fühlen, und wir haben Angst, er möchte plötzlich aus irgend einem Vorhang treten.

Ein sonderbares Drama! Es geschieht nichts. Es wird fast nichts gesprochen. Wenig Personen, kein Handeln, kein Ab- und Zugehen, kein Ortswechsel!

Eine Familie sitzt um den Tisch bei der Lampe, im Nebenzimmer, von dem aber nichts zu sehen ist, liegt eine Kranke. Der einzige gewissermaßen Handelnde im Stück ist ein blinder Großvater, der vermöge des Spürsinns, den alle Blinden haben, den ins Haus kommen[den] Unsichtbaren, das Unheil, den Tod, – fühlt. Der Vater und dessen Bruder sind während der ganzen Szene ruhig und ahnungslos. Sie schwatzen harmlos, nur der Blinde stört mit ängstlichen Ahnungen in das Gespräch. Jemand wird erwartet. Das Gartentor knarrt. Man hört die Schwäne im Teich sich ängstigen und zur Seite rudern, wie wenn jemand vorbeiginge; – aber niemand kommt. Vom Garten klingt ein scharfes, deutliches Sensendengeln. Der Blinde fährt zusammen. »Es ist der Gärtner« sagt jemand ruhig. »Siehst du nichts? Es ist einer im Garten«, sagt der Alte. Die Tochter sieht hinaus. »Nein, nur ein Wind macht die Bäume zittern.«

Die Lampe geht aus. Es ist kein Öl mehr drin. Der Mond kommt. Da fühlt der Blinde einen Fremden im Zimmer. Alle müssen ihm die Hand geben und sagen, daß sie da sind. »Aber da ist noch einer«, sagt der Alte. »Nein! – Wie sonderbar doch die Blinden sind!« meint der Sohn.

Eine scheue, schwüle Stimmung wird das ganze Stück durch mit fabelhafter Technik gesteigert. Wir werden gespannt, ergriffen, entsetzt, und doch sehen wir in Wahrheit nichts als eine Familie, die ruhig um den Blinden versammelt sitzt.

Die Sprache ist, soweit ich aus der Übersetzung schließen kann, von raffinierter Einfachheit. Das Gespräch ist arm. Man höre!

Großvater: »Mir scheint, die Uhr macht viel Lärm.«

Tochter: »Weil wir nicht mehr sprechen, Großvater.«

Großvater: »Aber warum schweigt Ihr denn alle?«

Oheim: »Wovon sollen wir denn sprechen? Du bist komisch heute abend.«

Großvater: »Was ist das, was ich höre, Tochter?«

Ursula: »Nichts, Großvater. Es sind die Blätter, die auf die Terrasse fallen.«

So geht das Gespräch. Aber man wird von der Angst des Blinden immer mehr ergriffen, sie geht auf uns über und sagt uns mehr als die sparsamen Worte des Dichters.

Maeterlincks Worte alle sind dünne Schleier, hinter denen wir unergründliche Tiefen spüren, hinter denen man das Schicksal mit beängstigenden Schritten wandeln hört. Seine Tragik ist still, aber in dem kaum merklichen Fortschreiten der Handlung von ergreifend geheimnisvoller Düsterkeit.

Da werden keine Menschen gezeichnet. Die Personen Maeterlinck'scher Dramen sind Marionetten der Stimmungen viel mehr als Macbeth und Hamlet, Puppen des Schicksals, des Ewigen, dessen Darstellung Maeterlinck mit seiner transzendenten Kunst bezweckt.

In diesen Dramen ist alles »étrange«, seltsam, gesteigert. Ein scheues Tier, ein furchtsames Kind, ein ahnungsvoll mißtrauischer Blinder sind oft Träger der Stimmung und Wirkung. Oder auch nur ein Bild, ein Symbol, z. B. eine erlöschende Ampel, ein aufrauschender Springbrunnen, ein Vogelruf, ein Gewitter, eine Windstille. Es fehlt alles Sinnliche, Körperliche. Hinter unendlich simplen, oft kargen Sätzen zittert eine feine, erregte Seele, furchtsam vor allem Störenden, Zufälligen, nicht Ewigen.

Maeterlinck ist der vollendete Impressionist. Seine Worte führen uns bis an die mystischen Grenzpunkte des Lebens, wo das »principe inconnu« beginnt und die »lois inexplicables et profondes«. Unsere Augen lesen Maeterlincks spärliche Zeilen, und zugleich beginnt unsere Seele ein bewußtes Leben. Die Worte sind nur Leiter. Sie sagen wenig, sie befriedigen nie, aber sie wecken das Unbewußte in uns, sie machen uns sensibler, reicher und – demütiger. »Trésor des humbles« heißt bezeichnend eins seiner Werke.

Ich habe versucht, das Unsagbare dieses Phänomens anzudeuten. Ich mußte darauf verzichten, nur Eigenes zu geben. Diese Skizze soll sich von den andern hier gegebenen dadurch unterscheiden, daß sie einen Dichter für sich, nicht speziell in seiner Wirkung auf *mich* schildern will. Ich benutzte deshalb mehrere Quellen, während ich sonst jede Anlehnung an solche ganz vermied.

Daß sich »Zitate« aus Maeterlinck nicht geben lassen, leuchtet ein.
[1898] H. H.

1 Octave Mirbeau, 1848-1917, französischer Schriftsteller und Journalist.

46)
Die »Romantischen Lieder«, mit der Jahreszahl 1899 im Impressum, lagen bereits Ende 1898 vor.
Ludwig Finckh schrieb am 6. November 1898 aus Reutlingen an H. H.:
»Lieber!
Lach' mich nicht aus: ich hab' geweint um Dich vor Glück; es ist wunderbar, jedes einzelne Stück ein Schatz. Laß mich Dir Dank sagen. Ich jauchze darüber, daß Du endlich hervortrittst und möchte die Gesichter sehen von Kritik und Dichtern, wenn sie das Anfängerbändchen Pierson ein paar Wochen auf dem Tisch haben herumfahren lassen, ohne hineinzusehen. Du bist jetzt berühmt. Du stellst Dich an erste Stelle und wirst viel mit Neid zu kämpfen haben; das ist das Richtige. Das gibt Dir Kraft und neues Leben. Du – die Marialieder. Wunderschön. Und das letzte, das kann kein Falke besser. [...]« S. auch Anm. II, 33).

Im Folgenden eine Rezension, die erst nach »Eine Stunde hinter Mitternacht« erschien. Das dort auch besprochene – und zitierte – erste Gedicht der »Romantischen Lieder« lautet in der genauen Zeilenfolge:

An die Schönheit

Über meinen Kinderzeiten
War Dein Flügel ausgespannt,
Grüne Nähen! Goldne Weiten!
Und am letzten Himmelsufer
Schufest Du mein Heimwehland.

Über meinen Jünglingsjahren
War das Lenken Deiner Hand –
Edle Frau'n mit Lockenhaaren,
Kecke Tänze und Gefahren,
Denkernächte über Tag und Tod.
Und am Himmelsufer glühte rot
Jede Nacht mein Heimwehland.

Tänze und Gefahren sanken
In den dunklen Fluß der Zeit,
Ohne Nähen, ohne Schranken
Wölbt sich meine Einsamkeit.
Grün und Gold und Himmel schwand;
Über'm Ufer meiner kranken
Seele liegt mein Heimwehland.

Karl Ernst Knodt,
Hermann Hesse
Romantische Lieder (Pierson's Verlag).

»Mein Herz greift in die schweren Fernen
Nach Heimwehschätzen und Harfenklängen,
Und schauert, und schaut hoch in den Sternen
Den Kranz zukünftiger Lieder hängen.«

Eine Handvoll Verse nur – diese »Romantischen Lieder« Hermann Hesse's. Nur 44 Seiten stark das ganze Buch. Ein kleines, aber feines Liederbuch. Voller Musik. Nicht etwa, weil es von Chopin und Sarasate singt, sondern weil es selbst singt und klingt.
»Meine Lieder haben einen seidenen Klang« – sagt's »zum Scherz«. Es sagt auch:

»Meine Lieder stehen vor Deiner Thür;
Sie klopfen an und bücken sich: Öffnest Du mir?«

Ein Thor, wer das nicht thut! Man bekommt wohl von vielen Versen, denen man aufthut, Ohr- und Herzweh. Aber wirklich: diese Lieder haben einen seidenen Klang. Sie sind so fein gesponnen und so zart und zerbrechlich, wie Seide.
Wer die Musik in Nietzsche's Zarathustra-Gesängen zu hören versteht, wer Maeterlincks »Schatz der Armen« nur sprachlich zu schätzen weiß, wer auch unseres Dichters Skizzenbuch *»Eine Stunde hinter Mitternacht«* gelesen, laut gelesen hat, der weiß, was ein »seidener Klang« ist. Wirklich! Schon das bloße Lesen oder Hören (denn diese Bücher nötigen zu lautem Lesen!) muß hier wirken, selbst wenn kein besonderer Geistesgehalt in den Worten wäre. Aber hier, selbst in diesen romantischen Liedern, ist trotz aller Romantik Kern und Gehalt. Urtiefe Gedanken, ganz ureigene, bisher unausgesprochene Gedanken klingen darin. Mag ja sein, daß ein Christ, der die Realitäten einer Ewigkeit glaubt und spürt, mehr hineinlegt, als unser heimwehkranker Dichter selbst gefühlt hat.
Gleich das erste Gedicht *»An die Schönheit«* ist ein zwingendes.

»Über meinen Kinderzeiten
War Dein Flügel ausgespannt.
Grüne Nähen! Goldne Weiten!
Und am letzten Himmelsufer
Schufest Du mein Heimwehland« ...

Der Dichter spricht weiter von »Denkernächten über Tag und Tod«, die ihm die verlorene Schönheit schuf, von »Tänzen und Gefahren, die in den dunklen Fluß der Zeit sanken«, – und klagt:

»Über'm Ufer meiner kranken
Seele liegt mein Heimwehland« ...

Er verzehrt sich in Sehnsucht nach diesem Heimwehland:

»Meine Arme sind gebreitet
Uferwärts. Die Sehnsucht weitet
Über Tod und Leben meinen Blick.
Wartend knieen meine Lieder –
Kommst Du wieder?
Wartend liegt auf Knieen mein Geschick.«

Ein gewisser Glaube trägt ihn weiter:

»Meines Heimwehlandes Tempel steh'n
Festbereit. Ich kann die Zinnen seh'n,
Kann von dorther einen Duft verspüren« ...

Und die Klage um das verlorene Schönheitsland klingt aus in der Frage:

»Wenn mein Auge nimmer sehen kann,
Herrin, wird der dunkle Fährmann dann
Mich nach Hause führen?«

Nach Hause! Wirklich, so was nimmt gleich mit an die Hand und führt auch nach Hause – gemäß dem Wort, das wie eine Verheißung der Bergpredigt lautet: »Selig sind, die da Heimweh haben; sie sollen nach Hause kommen!«

Das zweite Gedicht nennt sich *Melodie.* Und Melodie ist alles in dem Buch. Ganz wunderbare Bilder, wie aus einer neuen Welt, wiegen Ohr und Herz in Wonnen. So wenn er von Chopin sagt: »Schütte wieder ohne Wahl über mich die bleichen, großen Lilien Deiner Wiegenlieder – Deiner Walzer rote Rosen – Deines Stolzes schaukelschlanke Feuernelken« – und: »Flicht darein den schweren Hauch Deiner Liebe, die im Welken Duft verstreut«. Das ist so was von dem »schweren Rot«, das seine Lieder kleidet! Oder: Es segelt oft durch meinen Traum das Königsschiff (der Heimwehwelt) ... Auf violetten Astern irrt noch ein später Falter her und hin – mit krankem Flügelschlagen – und welke Beete sagen, daß ich zu spät gekommen bin ... Wir wollten Nähen und

Fernen mit Glücksliedern übersternen ... In den stummen Säulengängen Dunkle Abendfalter hängen, Und ein Atmen hin und wieder Ungebor'ner Königslieder ... Über breiten Marmorstiegen Hundert ferne Jahre liegen – Flüsternde Tapeten tragen Hundert graue Zukunftssagen ... Auf breiten Treppen schläft die Zeit ... Und hinter mir bleibt zögernd stehn die Jugend, neigt das schöne Haupt Und will nicht fürder mit mir gehn ... Ein Wetterleuchten beschaut sich bleich Mit großen, feuchten Augen im Teich ... Oder aus der *Krankheit*: »Dann kommt mit leisen Schritten – Und zagen Kinderbitten Mein Glück zu mir – Und sieht, was ich gelitten Und sagt: Mein Freund, was ward aus Dir?« ... Oder: »Das Leben trat in Deinen Traum hinein Und stieß der Mädchenliebe Tempel ein« ... Von der *Blutbuche* sagt er:

»So wie die Blutbuche kann kein Baum
In Frühlingsprächten schwelgen,
Hat keiner so farbigen Sommertraum
Und so ein jähes Welken« ...

Er sagt uns weiter, *wer seine Freunde* sind:

Zugvögel, über'n Ozean verirrt,
Schiffbrüchige Schiffer, Herden ohne Hirt,
Die Nacht, der Traum, der heimatlose Wind«

u.s.w. und bekennt sich selbst als einen *Heimatlosen*:

»Ich habe nie ein Ziel errungen –
Meine Faust hat nie einen Feind gezwungen –
Mein Herz hat nie ein volles Glück gefühlt!«

Oder in seiner »Berceuse«:

»Ich bin ja auch so welk und schwank,
Gebrochen und am Heimweh krank,
Und kann nicht mehr nach Hause kommen« ...

Doch! wer will, der kann! »Ich will mich aufmachen und zu meinem Vater gehen!«

Wir fühlen, es ist tiefster Nietzscheton darin, des Nietzsche, der nicht nur die Schlange, sondern auch den Adler zum Symbol hat und also nicht nur in den Staub und Sumpf, sondern auch in die Höhe und zur Sonne reißt. Die aus Nietzsche nicht das Gift, sondern das Gold zu nehmen wissen, werden eine *Bewegung* dem Lichte zu nehmen – entgegen Dehmel und allen Taumelnden. So Hermann Hesse, wenn auch etwas von dem in ihm ist, was er also vertönt:

»Ich bin ein Stern am Firmament –
Der die Welt betrachtet, die Welt verachtet
Und in der eignen Glut verbrennt« ...

Das war ja des unglücklichen »Meisters« Los! Aber der Jünger kann hier über dem Meister sein. Der Mensch muß und kann überwunden werden, sagt Nietzsche selbst, und der gesunde Mensch wird sich von einem Nietzsche weiter zu einem Kierkegaard entwickeln, der allen Wahn überwunden und als ein höchstes Genie den rettenden Sprung des Glaubens gewagt hat.

Unser Dichter sagt einmal: Ich bin krank an meiner eignen Kraft. Sein Herz greift in die schweren Fernen nach Heimwehschätzen und Harfenklängen: Denn sein Herz ist groß. Bis hinter Mitternacht gehn seine Träume. Von seiner wilden, brennenden Liebe kann ihn kein Engel erlösen. Es trinkt sein Herz mit Trauern den Kelch der Sehnsucht bis zum Grund. Er hat noch nie verspürt – »was Heimat ist und Vaterland«.

Wohl! Ein Solcher ist krank, muß krank sein. Aber eben hier ist der Arzt an der Stelle und zur Stelle, der da gesagt hat: »Nicht die Gesunden bedürfen des Arztes, sondern die Kranken« – und: »Ich bin der Herr, Dein Arzt!« Und weiter muß ich den Jünger mit seines anderen Meisters Wort schlagen, das da lautet: »Weh' dem, der keine Heimat hat!« und dagegen: »Wohl dem, der eine Heimat hat!« – Ist auch dieser Meister selbst kein Weg (sagt er doch: »Ich habe das Ziel verloren! Warum? Ich habe den Weg verloren!«), so ist er doch ein warnendes Exempel für alle ihm blind Nachströmenden, daß sie sich nicht zu weit und vor allem nicht ohne Steuer und Kompaß auf das uferlose Meer hinauswagen. Zielbewußt! Heraus aus allem Wahn und aller Nietzschenot! Gottbewußt! Hindurch durch alle Nebel zur seligen Gewißheit der Gotteskindschaft! Ein Kind Gottes sein, das ist in Wahrheit ein Herrenmensch sein. Dei servitus – summa libertas!

Unser Dichter sagt einmal:

»Das ist die tiefste Lebenslist,
Den Ort auf jedem Wege wissen,
Wo seine *Sphinx* verborgen ist!«

Wo die *seine* verborgen ist, wird er wissen. Wir trauen's ihm zu und wollen nicht hoffen, daß er sich wie ein Nietzsche von ihrem grünen Hungerblick zu weit hinauslocken lassen wird, um dann von ihren Tigerkrallen zerrissen zu werden. Das wird unser Dichter trotz seiner Jugend auch wissen: Alle die weißen und roten Schlösser der Phantasie und alle selbsterschaffnen, mondbeglänzten Königreiche der Träume halten an einer Stelle nicht Stand, da – wo die realen Mächte des Lebens sich geltend machen, Sünde und Schuld, Krankheit und Tod, Hunger des Leibes und Hunger des Herzens. Da braucht man einen festen Boden unter den Füßen, die Realitäten nicht nur einer vergänglichen Welt, sondern einer ewigen Überwelt. Und diese gewisse Welt ist nicht

– das sonnenrote Reich der Kunst, nicht die Welt der Ästhetik, sondern der Wahrheit und Gerechtigkeit. Unser Dichter sagt selbst: »Wem aller Sinne Brücke zerbrach, den führet ins Leben niederwärts kein Weg zurück« ... Wohl! Und darum aufwärts, überwärts, in's vita nuova der christlichen Innerlichkeit und Ewigkeit!

An einer anderen Stelle sagt er auch:

»Wer klingen will,
Wer Lieder singen will,
Darf keine Risse haben.«

Wenn er damit den unheilbaren Riß des modernen Pessimismus meint, dann unterschreibe ich ihm das Wort. Andrerseits aber bleibt es auch bei dem ewigen Carolathwort: *»Poesie ist tiefster Schmerz«* – und *»Ein fröhliches Herz fand noch niemals ein großes Lied.«* Gerade darum hat auch unser Hermann Hesse so große Lieder, weil er selber eine solche seltene Violine spielt, von der es heißt:

»Schräg im Boden, sichtbar keinem Laien,
Zog sich ein Riß und gab den edlen Tönen
Ein seltsam hartes,
Verwundetes, krankes Stöhnen« ...

Schlanke, kranke Geigenstriche, sind's, die er uns spielt, wie sein Meister Chopin auf dem Klavier. –

– Möge mir der in seinem tiefsten Liedton so sehr sympathische Dichter verzeihen, daß ich ihn nicht nur *metrisch*, sondern *menschlich* gemessen habe. Ich liebe nicht die Dichter, die sich bloß metrisch messen lassen. Dichter müssen Seher und Wegzeiger der Zukunft sein. Ich wünsche dem jungen Poeten, was jener Schmied an seinem Amboß einst über seinen Landgrafen sprach: »Landgraf Ludwig, werde hart!« – ich meine »hart« in dem Sinne des Wortes: »Es ist ein köstlich Ding, daß das Herz fest werde.« Wenn sein Auge klar sehen lernt, wenn er an den vielen Künsten, die der einfach geschaffene Mensch sucht, vorbei- und der einfachen Wahrheit nachgehen lernt, dann wird diese ganz einfache Wahrheit sicherer als alle Schönheit auch dies heimatlose Königskind aus dem Lande der Heimatlosen nach Hause führen, in des Einen Vaters Haus, wo der Wohnungen viele sind und »die Tempel stehen festbereit«.

[Aus »Monatsblätter für deutsche Litteratur«, VI. Jg., Heft 5, Februar 1902, S. 225-228.]

47)
Pauper
Im Gegensatz zu den Reichsstädten traten in der Fürstenstadt Tübin-

gen die Zünfte im Mittelalter kaum in Erscheinung. Dafür spielten hier die Bruderschaften eine Rolle, Vereinigungen, deren Mitglieder durch Andachten und geistliche Übungen »einander in den Himmel bringen« wollten. Auch Gewerbetreibende schlossen sich in solchen Bruderschaften zusammen, die dann Namen hatten wie Weingärtnerbund (1484), Schmiedkerzenbruderschaft (1496). Die »Salve-Bruderschaft zur Pfarrkirchen« (1474) ist insofern von Bedeutung, als sich in ihrem Gefolge die Institution der Pauper entwickelt hat. Bei den Feierlichkeiten der Bruderschaft halfen der Kantor und seine armen Schüler »das Salve singen«, wofür sie zusammen drei Pfund Heller und »jeder eines Pfennigs wert Brod« erhielten. Noch bis ins 19. Jahrhundert gab es die »Pauper«, die mit ihrem Präfekten jeden Donnerstag vor den Häusern sangen und milde Gaben annahmen. In der Weihnachtszeit zogen sie mit einer großen Laterne von Haus zu Haus und sangen Weihnachtslieder. 1909 erlosch dieser Brauch, er lebte aber 1949 wieder auf, so daß man jetzt wieder zur Weihnachtszeit den Paupern mit ihrer Laterne in den Gassen Alttübingens begegnen kann.
[Aus »Das Tübingen Brevier«, 1974, Tübinger Chronik, Text von Dr. Karl Lerch, Zeichnungen von Heiner Bauschert, S. 56 f.]

48)
Die Partitur der Komposition Karl Isenbergs befindet sich im Deutschen Literaturarchiv Marbach.

49)
Ludwig Finckh sandte H. H. Ende 1899 in einem Brief ein Blatt, auf dem steht: »Der Verfasser ist ein Landsmann Uhlands; aber nicht dieser hat bei ihm Pate gestanden, sondern das Haupt aller Romantiker – Novalis. Fast unzeitgemäß mutet uns am Ende des 19. Jahrhunderts diese Verehrung der Frauen an, dieses Sehnen nach Reinheit, nach allem Unfaßbaren. Und dazwischen hinein tönen Fantasien wie Chopinsche Musik. Dieses Buch ist ein Zeichen der Zeit. Ein starker Poet, ein Dichter, der Neues zu sagen weiß, der der Natur so nahe steht wie unsere Romantiker, tritt zum ersten Mal an die Öffentlichkeit.«
Aus Diederichs Prospekt.
S[einem] l[ieben] H.H. hingeschrieben von U[gel]. [= Ludwig Finckh]

Aus R. M. Rilkes Rezension im »Boten für die deutsche Literatur, ausgesandt an die Deutschen der Erde«, Verlag von Georg Heinrich Meyer, Leipzig, September 1899:

Hermann Hesse: Eine Stunde hinter Mitternacht

Es verlohnt sich wohl von einem Buche zu reden, welches fürchtig ist und fromm von einer dunklen betenden Stimme; denn die Kunst ist nicht ferne von diesem Buche. Der Anfang der Kunst ist Frömmigkeit: Frömmigkeit gegen sich selbst, gegen jedes Erleben, gegen alle Dinge, gegen ein großes Vorbild und gegen die eigene ungeprobte Kraft. Hinter der ersten Hoffart unseres Herzens beginnt jenes große Belagertsein von Gott, welches damit endet, daß wir mit hundert Toren aufgehen vor dem dunklen Ring seiner Macht. Da hebt unser Leben an: das neue Leben, die vita nuova.

In diesem Gefühl entstand Hermann Hesses Buch. Seine Worte knien. Es ist ein erster Dank an die heiligen Erhöher eines jungen sehnsüchtigen Lebens: an Dante und an eine Frau, welche, Beatricen vergleichbar, in das Schicksal eines Jünglings stieg und rief und ging. In diesem Buche folgt er ihr in doppeltem Sinne nach: Er sucht hinter der Vergangenen her auf dem wilden, verworrenen Wege, den die sentimentalen Dichter beschrieben haben; und unsere Mütter wurden als Mädchen traurig davon. In dem einen Stück des Buches (es heißt »Frau Gertrud«) weiß er den anderen Weg zu finden und das Rührende zu sagen: daß diese ganze große heilige Liebe nur ein erstes Erlebnis war, das seine Sinne zusammenfaßte aus ihrem Zerstreutsein und seine Möglichkeiten vertausendfachte und seine Leiden persönlich und eigentümlich färbte und ihn unterschied von dem Alltäglichen und von dem Zufall. Er erkennt, daß seine Seele sich sehnte, von den weißen Händen, die sie trugen, hinaufgeworfen zu werden in das steigende Licht, damit sie allein in ihren jungen Flügeln hänge über der rauschenden Welt. Alle Geschehnisse und Wunder, die ihm im Raume verloren gingen bislang, vereinen sich in ihm in der schönen Gestalt der verlorenen Geliebten und schenken sich ihm durch sie. Und er preist ihr Vergangensein; denn mit ihm beginnt ihre ruhigere Gegenwart. Und es wird eine Zeit kommen (fühlt man), wo er sie nicht mehr unterscheiden wird von jenen leisen Gefühlen seines Wesens, mit denen er zuerst sie pries. Einmal wird er ahnen, daß seine jünglinghafte unbewußte Seele der See war, darin sie badend ertrank, und daß er damals über ihrer verlorenen Gestalt die ersten Ringe zog, die weit und wachsend bis ans Ufer reiften.

Unter der Rubrik »Erstlingswerke« besprach Wilhelm v. Scholz das Buch in »Das litterarische Echo«, 2, 1899/1900, Spalten 322/323:

Ein Neuromantiker

Hermann Hesse ist, wie ich erfahre, ein Schwabe. Es ist merkwürdig, daß die litterarische Richtung und Art, die uns als spezifisch schwäbisch

gewohnt ist, in den *jungen* Schwaben nicht mehr viel Boden hat. Allerdings ist der Eindruck der Versandung in den letzten Ausläufern der schwäbischen Schule für junge Kräfte wenig auffordernd zur Nachfolge. Sie schlagen mehr in die Art ihres Landsmannes Hölderlin, das Land der Griechen mit der Seele suchend. Ich beobachtete dies bei mehreren schriftstellernden jungen Schwaben und fand bei anderen aus Württemberg stammenden Kunstfreunden meine Wahrnehmung insofern bestätigt, als diese eine durchaus auf das Symbolisch-Formale, Hellenische weisende Geschmacksrichtung zeigten. Das Buch von Hermann Hesse ist mir eine neue Bestätigung. Allein damit, daß wir ihn den, ich möchte kurz sagen: ästhetischen Dichtern zuweisen, ist über seine Eigenart noch nichts ausgesagt. Denn gerade die Vertreter dieser Schule, die bewußter Weise Kunst aus Kunst zu geben strebt, ermangeln – von den zwei, drei Gründern der Kunstart abgesehen – mehr persönlicher Eigenart, als die strikten Anhänger anderer Richtungen, die zum Leben in engerer Beziehung stehen. In dieser Schule können auch im Anfang stehende Talente unterkommen, in denen sich eine vielleicht ganz wo andershin weisende Eigenart später einmal entwickeln wird. Das in der Form – wenn auch gewiß nicht in oberflächlichem Sinne – beruhende Wesen dieser Schule wird gerade solche Begabungen, denen formales Talent den Weg zur eigenen Tiefe wie zum vollen Leben zunächst erschwert, eine Zeit lang anziehen; Begabungen, denen man vielleicht sehr unrecht thäte, wollte man sie kurzweg mit der Sterilität und Zukunftslosigkeit der Schule identifizieren.
Eine der in diesem Bande vereinigten Skizzen läßt mich mit Grund für den Verfasser die Hoffnung aussprechen, daß er einst eine selbständige Eigenart finden wird. Es ist »Das Fest des Königs«, wo echte Leidenschaft statt klug bedachter Empfindungen, Farbenrausch statt kalter Farbenkompositionen, Leben statt Bild den Verfasser erfüllt. Eine originale Leistung ist »Das Fest des Königs« freilich noch nicht: aber es liegen wertvolle Keime in ihm. Und hier ist der nicht echte Stil des Verfassers, der in »Inseltraum« am störendsten wirkt, am wenigsten aufdringlich. Der Stil Hesses ist keineswegs unbeholfen, aber er ist im höchsten Maße unpersönlich, uneigen. Nur der Stil, der rein aus der Persönlichkeit fließt, unverklügelt, nach inneren Gesetzen, nicht nach Regeln, der die undefinierbare Form des Geschaffenen ist, nicht ein umgehängtes Kleid wie hier, kann Anspruch darauf machen, ein *künstlerischer Stil* zu sein. Der Stil dieses Buches aber verrät uns nur einen Zug seines Verfassers: abwägende Besonnenheit, und die ist dem Künstler, wenn er der großen Leidenschaft fähig geworden ist, eine hohe Zugabe. Allein vermag sie nichts.

Der Inhalt des Buches steht unter verschiedenen stark hervortretenden fremden Einflüssen. An der oft kalten, unwahren, ästhetisch-langweiligen Vorstellungswelt ist Stephan George schuld. Die Gedanken und manche der feinen Stimmungen verdankt der Verfasser dem großen Vlamländer. So erinnert die ganze Schilderung des Schlosses in dem weiter unten wiedergegebenen, für Hesses jetzige Art sehr charakteristischen »Notturno« auffallend an Maeterlinck; ich denke besonders an das Schloß im »Tod des Tintagiles«. Und wenn er in »An Frau Gertrud« davon spricht, daß den Frauen alle Geheimnisse am nächsten stehen, so brauche ich wohl kaum auf die engen Beziehungen hinzuweisen, die diese Bemerkung zu Maeterlincks Aufsatz »Sur les femmes« im »Trésor des humbles« hat.
Möge uns das nächste Buch Hesses reichere und interessantere Aufschlüsse über den Verfasser bringen; die Keime zu einer freieren Entwicklung sind in seinem Erstlingswerk jedenfalls zu finden.

München Wilhelm von Scholz

Von den Rezensionen, die nach der Neuauflage der »Stunde hinter Mitternacht« 1941 und 1942 erschienen sind, zwei: eine, die auf die oben mitgeteilten Kritiken Bezug nimmt, und eine zweite von Anni Carlsson, die sich mit H. Hs. Werk viel beschäftigt hat:
[Neue Zürcher Zeitung, Samstag, 6. Dezember 1941, Blatt 5, Morgenausgabe.]
Carl Seelig: Hermann Hesses erstes Prosabuch
Es hat einen seltsamen Reiz, nach geleistetem Lebenswerk zu den künstlerischen Anfängen eines Dichters zurückzukehren. Wieviele Keime seiner späteren Entwicklung liegen schon darin und wie vieles wird nun begreiflich, was bei seinem Erscheinen Befremden hervorrief, vielleicht gar Ablehnung. Die Sammlung von neun kleinen Prosastükken, die 1899 unter dem symbolischen Titel *»Eine Stunde hinter Mitternacht«* im Verlag Eugen Diederichs herauskam, fand damals nur zwei Kritiker von Rang. Der eine war *R. M. Rilke*, der andere *Wilhelm von Scholz*, der auf die Verwandtschaft des zweiundzwanzigjährigen Hermann Hesse mit Maeterlinck und Stefan George hingewiesen hat. In seinem Vorwort zur kultivierten Neuausgabe bestätigt nun der Verfasser, daß er in jener Zeit den »Schatz der Armen« und »Tintagiles« gelesen hat; Georges erste Verse lernte er hingegen erst einige Monate später in Basel kennen, als er Buchhändlergehilfe war. Schon in seinem nächsten Prosabuch »Hermann Lauscher« hat er jedoch durch die Erzählung »Lulu« deutlich gegen den beginnenden George-Kult, gegen »die Pflege eines geheimbündlerischen Pathos, einer überhebli-

chen Cliquen-Esoterik, die ich gefühlsmäßig von Anfang an ablehnte«, opponiert und sich mannhaft gewehrt, um nicht von den Gefahren einer teils weltscheuen, teils hochmütigen Vereinsamung aufgefressen zu werden. Als ihn dann fünf Jahre nach seinem Erstling der »Peter Camenzind« mit einem Schlag berühmt machte, stellte sich ein ganz anderer Hermann Hesse vor, als er sich in der noch so lyrischen »Stunde hinter Mitternacht« angekündigt hatte: ein bewußt zum Gesunden, Natürlichen und Naiven strebender Erzähler, der im holden Bild der unverdorbenen Jugend schon den tiefen Kulturpessimisten und Verächter des trüben Cliquenwesens ankündigte, der er später immer deutlicher wurde.

Grundsätzlich läßt sich bei Neuauflagen von Büchern, auf die sich bereits der Staub der Jahrzehnte gelegt hat, gewiß die Frage aufwerfen, ob sie sowohl dem Autor wie auch dem Publikum ungeteiltes Vergnügen bereiten? Wer dieses seit Jahrzehnten vergriffene, nun in 1500 Exemplaren nachgedruckte Erstlingswerk liest, wird darin einen Anfänger vorfinden, der seltsam weich und manchmal bläßlich-schwülstig geschrieben hat, einen Jüngling voll Sehnsucht und Klage um den Verlust des reinen Kinderparadieses, bezaubert von Botticelli und Chopin, den er in der sanften, an Adjektiven reichen Sprache des Romantikers melodisch nachzuahmen versuchte. Er sah sich als schiffbrüchigen Träumer: ein Bild, zu dem er immer wieder zurückkehrte, um seine am harten Tagleben wundgeriebene Seele anzudeuten. Viele Szenen muten heute seltsam unmodern und kraus an; aber in einem Satz wie »Das Bild der Jugend sieht ihn mit den traurigen Augen eines mißhandelten Knaben an« spürt man schon die Melancholie der späteren Lyrik, die über den Trümmern der Jugendwelt ihr dunkles Amsellied sang. Der fiebrige Zustand der jungen Menschen, ihre taumelnde Verzücktheit und geschwisterliche Zuneigung zu den Bäumen, Bächen und Winden hat in diesem Buch unruhig nach Erlösung gesucht. Aber alles blieb noch Ahnung, unbekannte Morgenröte. Doch schon damals fühlte der Dichter: »Ich bin ein Neuer geworden, mir selber noch ein Wunder, ruhend zugleich und tätig, empfangend und schenkend, ein Besitzer von Gütern, deren werteste ich vielleicht noch nicht kenne.« Diese Gedichte in Prosa geben auch die frühesten Reime preis, deren sich Hermann Hesse erinnern kann.

Ist damals der empfindsame Jüngling zu schönen Frauen, die mit goldenen Bällen spielten, zu meisterlichen Geigern und festefeiernden Königen geflohen, so hat der spätere Dichter seinen Fluchtversuch aus der Zeit der Technik und des Geldes, des Krieges und der Habsucht mit tieferen Schmerzen und tieferen Werken bezahlt. Tiefer ist er dem

Steppenwolf Mensch an die Gurgel gefahren. In seiner bedeutenden und innerlich reichen Entwicklung stellt dieses symboldurchtränkte Buch »Eine Stunde hinter Mitternacht« die unterste Stufe dar, die zu kennen wir froh sind, weil sie in seinem Gesamtwerk weder fehlen durfte noch konnte. [Verlag Fretz & Wasmuth in Zürich]

Aus »Neue Schweizer Rundschau«, Mai 1942:
Anni Carlsson: *Zu Hermann Hesse: Eine Stunde hinter Mitternacht*
Wenn der Dichter Hermann Hesse, der ein Leben an sein Werk gesetzt hat, noch einmal der Stimme seiner Jugend lauscht, so mag sie ihn ergreifen, als habe sie durch die Jahre zugenommen an Tiefe und Bedeutung. Denn einst war diese Stimme zart, war das Gelöbnis träumender Kräfte, heut tritt der Erstling der eigenen Stunde entrückt in die vollzählige Gemeinschaft der Lebensbilder und Inkarnationen. Dort ist alle Werdenot aufgehoben. Dem Frühling gesellt sich der Sommer, der Erwartung die Erfüllung. Insofern aber das Gleichnis eines Menschenlebens auch dessen Geschichte abspiegelt, ordnen sich Bilder und Jahreszeiten wieder in sinnvollen Bezügen, öffnen Stufenfolgen ins Verborgene, da Erwartung schon Bestätigung, da die früheste Stimme das reinste Zeugnis geheim hält. Denn für die Wesensschau ist das Antlitz der Jugend das älteste Antlitz Hermann Hesses.
Die »Stunde hinter Mitternacht«, das lang verschollene und jetzt in beschränkter Auflage neugedruckte Erstlingswerk Hermann Hesses, ist »das Dokument einer schönen und innigen, doch nicht leichten Jugendzeit«. Sie bewahrt noch den Morgenhauch der ersten Frühe. Des Dichters Augen stehen »klar in weiten Höhlen mit wachsamen Kinderblicken« und streifen in unerschöpflichen Bildern Gefahrenzonen, Wunschparadiese und Erinnerungen, die das große Seelentor der Erwartung auftun. Dieses bald hellsichtig nach innen versunkene, bald an Vergangenem sich sättigende Vorgefühl schafft den Raum für die visionäre Welt des jungen Hesse, ihre einheitliche Dimension. Sie wird niemals durchbrochen, durch keine Ungeduld, keinen Überdruß, keine »Beängstigung«, deren komplizierte Erfahrungen dann Hermann Lauscher machen wird, und eben dieser noch unversehrte Traumanspruch an das Leben verdichtet die Einsatzkraft der ersten Jugend.
Der Zwanzigjährige, der hier zur Feder greift, ist kein Anfänger. Es ist erstaunlich, wie er bereits das Material der Sprache beherrscht, die einfache Kontur mit allen farbigen und tönenden Reizen abwechselt, ohne den Bau des schönen Ganzen zu lockern. Und er schmiegt in die gehorsame Form die Abenteuer seiner Einbildungskraft, wirkliche und imaginäre Züge seines Schicksals, die sein frühreifer Blick differenziert.

Schon in diesen ersten Bekenntnissen braucht Hesse seine eigentümlichste Gabe: den Vorgängen in der Tiefe des Seelenlebens Bilder und Handlungen zu erfinden, die sie so genau symbolisieren wie Bilder und Handlungen des Traumes, nur daß die Symbolsprache der Dichtung unendlich ausgebildeter, dem wachen Geist in tausend schwebenden Bezügen verpflichtet ist. Selbst der Titel kündet die zweifach dimensionierte Welt. Die Nacht, die späte Nacht war schon die Vertraute von Novalis und Hölderlin, und auch Hesse wird ihr ein Leben lang treu bleiben. Aber Nacht, Mitternacht bringt hier nicht Schlaf, nicht Preisgabe ans Dunkel, sondern die innigste Verschwisterung wachender und träumender Zustände, eine schaffende Gemeinschaft mit Kräften, die sich sonst nur hervorwagen, wenn der Geist ruht, und die nun offen, ja begünstigt, ihr Spiel treiben. Sie wecken Erinnerungen der Kindheit, die anspruchslos heiter erzählt werden und gerade der einfache Umriß tiefer und bezeichnender Vorgänge faßt ein Stück Leben, ein Stück Wirklichkeit, das schon der Erzählerkunst von »Demian« und »Kinderseele« nahesteht. Aber auch die Problematik des Jünglings bricht in die entlegene Traumwelt. Das »Stirb und Werde« der menschlichen Natur, das Hesse immer wieder gefährden und verwandeln wird, setzt Feindschaft zwischen den Regungen des Geistes und des Blutes, des Überdrusses und der Sehnsucht bis zu Konflikt und Austrag. Ist es nicht schon der Klosterschüler Goldmund, der so schreibt: »Ich war lange Zeit krank, mein innerster Grund war mir fremd geworden. Das in mir, was von Ewigkeit und Muttergeschenk ist, war in Ketten gelegt, sein schweres Atmen reichte nur in den stillsten Mitternächten noch zu mir herauf. Nun atmet es befreit und atmet mit meiner Brust und erschließt alles in mir der entschleierten Gegenwart«. Oder: Ich hatte nichts mehr, mich danach zu sehnen, nichts mehr anzubeten und zu hassen«. »Incipit vita nuova. Ich bin ein Neuer geworden«.

Traumecht ist die Kulisse der Bilder: das übermenschliche, aufgereckte Schloß, farbenprächtig überfüllte Straßen, Landschaften von visionärer Blendung und Deutlichkeit, die doch im nächsten Augenblick vertauscht werden können wie eine »bemalte Wand«. Gewiß sind diese gespenstischen Schloßlandschaften noch weit von der Symbolkraft des Steppenwolf-Theaters oder vom Bundesarchiv des Morgenlandfahrers H. H. Dennoch verraten Entwurf und Anordnung den gleichen imaginären Architekten hier wie dort. Er bevölkert seine tapferen Inseln mit den Geschöpfen des inneren Weltalls, trifft überall »bekannte Augen, Bewegungen und Blicke, die ich zu anderen Zeiten schon gesehen hatte«. Frauen, Freunde, Züge des eigenen Wesens gewinnen Blut, Leben, Maske, ordnen sich »unvergänglich in herrlichen und vollkommenen Bildern«. Er ist der Sänger, der das Fest des Königs in das »fabelhafte Fratzenbild eines seelenkranken Malers« verkehrt, aber er ist auch der Kronprinz, der »bitter lächelnd« und »herben Herzens« zusieht. Er ist der Gast, der nachts sein Roß zur tausenjährigen »granitenen Burg« lenkt, aber er ist auch der Wächter, der schon »vor tausend Jahren auf dieser Türschwelle saß«.

Jedes Traumbild entdeckt ihm nicht nur eigentümliche Züge seines Daseins, sondern auch das Gebot, ihre Spur festzuhalten. Eine Stimme mahnt ihn, wenn er nach innen blickt: »Sieh um Dich. Hier liegt in ungehoffter Vollendung Dein ganzes Lied«. Dieses Wissen, daß sein früher Seelenkern wesentlich reif ist, daß er sein Schicksal großzieht, und die kaum verflogene erste Jugend die Grundlinien dieses Schicksals beschreibt, bestimmt auch seine Dichtung. Nicht nur, daß ihre künftigen Figuren: Hans Giebenrath, Emil Sinclair, der Steppenwolf, Goldmund in der ersten Jugend den Schlüssel zum Verständnis ihres Schicksals hüten, im Seelenraum des jungen Hesse sind auch alle diese Gestalten schon vorhanden. Noch nicht voneinander gesondert, noch nicht bis zur Individualität ausgebildet, im Fluß noch, ineinander verwoben, lebendige Elemente, die hier und dort sich verdichten, aus vertrautem Antlitz blicken, um sogleich wieder ins Namenlose auseinander zu streben. Eine hoheitsvolle allwissende Frauengestalt, »die Schönste und die Königin der andern«, zieht alle Strahlenkräfte an sich und vereint überlegene Mütterlichkeit mit dem Zauber der Liebeslockung. Eine andere nächtliche Vertraute ist die »Fiebermuse«, mit der die Seele sich geheimnislos unterredet wie mit ihrem Spiegelbild. Später werden diese Frauenbilder wiederkehren, die mütterliche Geliebte taucht ins Kosmische zurück, Frau Eva, die Urmutter, ist sie dort, und die Fiebermuse erscheint dem Steppenwolf als Seelenschwester Hermine. Selbst das falsche Pathos des Zuernstnehmens, dessen sich der Steppenwolf in seinem »magischen Theater« schuldig macht, indem er »eine hübsche Bilderwelt mit Wirklichkeitsflecken besudelt«, verdunkelt schon das Fest des Königs. Wie der Steppenwolf Hermine und Pablo beisammen trifft, so findet der Königssohn den Sänger in den Armen der Königin, er läßt es zum Blutvergießen kommen, und »die kalte Hand des Grausens trennt mit einer Berührung drei nahe Befreundete«. Auch Demian, auch der Bruder Leo, von dem der Morgenlandfahrer H. H. sagen wird: »Er muß wachsen, ich muß abnehmen«, nahen als »Tröster und unsichtbarer Dritter«, »als Geist und Schutzgott« den Lebens- und Liebespfaden des Jünglings. Im Gespräch sucht er den ewig Stummen zu stellen, der sich ihm entzieht, der ihm nur fühlbar wird in den Bekenntnissen, die er vor ihm aufreißt, mit denen er sich und ihm ein Denkmal setzt. »Denn ich liebe dich«, spricht der Zwanzigjährige, »mit der Liebe, welche jeder Verwandlung fähig ist und keine höchste Stufe kennt. Ich liebe dich wie eine Schöpfung meiner Kunst, ich liebe dich wie man die Rätsel und das Schauerliche liebt. Ich liebe Dich auch wie ein Glied meines Leibes und liebe dich wie einen morgenden Tag und wie ein Abbild meiner selbst und wie meinen Dämon und meine Vorsehung«.

In der »Stunde hinter Mitternacht« bereitet Hermann Hesse den »schwankenden Gestalten« seines Seelenlebens die erste Zuflucht ihres Seins. Damit verschieben sich die Schwergewichte. Was dem Träumer noch eben als Spiel unbegrenzter Möglichkeiten zu Gebote stand, verdichtet sich nun zum Beginn einer Welt, zu ihrem ersten Schöpfungstage, und er, ihr Herr, begreift das Schicksal, das jene künftige Welt ihm abfordert. Das Eidos des Dichters ist erwacht in ihm. Seit diesem ersten Unterpfande seiner Bestimmung weiß der junge Hermann Hesse die Aufgabe: Er muß wachsen, ich muß abnehmen.

50)
Es ist wichtig, neben den Zeugnissen wechselseitigen Widerspruchs bzw. Nichtverstehens die der Zustimmung bzw. des Verstehens zu beachten, wie H. H. den Musikmeister im »Glasperlenspiel« J. K. informiert: es kommt darauf an, »die Gegensätze richtig zu erkennen, erstens nämlich als Gegensätze, dann aber als die Pole einer Einheit«. – Es ist wichtig, neben Josef Knecht den Knulp zu sehen und in seiner Eigenart gelten zu lassen.

Der Brief des Vaters Johannes Hesse vom 14. Mai 1899 zeigt, daß zwischen Hermann und Johannes Hesse grundsätzliche Übereinstimmungen bestanden, denen zufolge jeder das ihm Gemäße tat und das ihm Ungemäße zwar nicht tun aber gelten lassen konnte. – Für dieses Faktum finden sich in den Briefen und Lebenszeugnissen (beider Teile) manche Belege. Sie aufzuzählen, ist hier nicht die Aufgabe. Der Hinweis darauf ist aber angebracht. Er sei ergänzt durch den Hinweis auf den Brief, den H. H. am 5. Januar 1949 »An einen jungen Künstler« schrieb:

»Was Du im Leben leistest, und zwar nicht nur als Künstler, sondern ebenso als Mensch, als Mann und Vater, Freund und Nachbar etc., das wird vom ewigen ›Sinn‹ der Welt, von der ewigen Gerechtigkeit nicht nach irgend einem festen Maß gemessen, sondern nach Deinem einmaligen und persönlichen. [...] es kommt, wenn ein Mensch das Bedürfnis hat, sein Leben zu rechtfertigen, nicht auf eine objektive, allgemeine Höhe der Leistung an, sondern eben darauf, daß er sein

Wesen, das ihm Mitgegebene, so völlig und rein wie möglich in seinem Leben und Tun zur Darstellung bringe.«

51)
Hermann Hesse an Adele, Febr. 1934: Mich interessiert an Mutters Leben im Grunde bloß das Persönliche, das was eben uns Kinder angeht. Das andre sehe ich eher zweifelhaft an: die Art von Frömmigkeit und Christentum, die unsre Eltern hatten, war aufrichtig und es wurden ihr Opfer gebracht, aber ganz objektiv kann ich das nicht betrachten, ich spüre auch heute noch etwas Unzulängliches, Gedrücktes, sogar etwas hysterisch Übersteigertes darin, und verzichte darum auf jedes Urteil. Den Großvater Gundert sehe ich noch als Spätling einer Reihe, die bis Bengel zurückgeht; aber an Mutters Leben sehe ich das, was mich stört, allzudeutlich. Vermutlich ist das bloß ein Überbleibsel von Widerständen aus der Jugend, wo Mutter mir ein- oder zweimal häßliche und vernichtende Dinge über meine Dichtungen sagte, so daß ich einmal im Zorn ihre sämtlichen Briefe an mich, in Jahren treu gesammelt, verbrannt habe.

52)
Julie Hellmann: Erzählung aus der Hessezeit – Kirchheim Teck 1899
Aug in Aug ließe sich's vielleicht besser aus jenen goldenen Jugendtagen erzählen, aber ich will auch auf diesem Weg versuchen, mein Möglichstes zu tun.
Als heimatlose Verwandte kam ich im Sommer 1899 anläßlich des Manövers eines Tübinger Reg[imen]ts nach Kirchheim-Teck in die Krone, wo ich der Frau meines Vetters als unbezahlte Arbeitskraft willkommen war, da meine Schwester, die das Kochen dort erlernte, der Mehrarbeit nicht mehr gewachsen war. Da es, trotzdem die Post dort das erste Hotel war, die Manöverteilnehmer mehr in die gemütliche Krone zog, wurden die Kronenbäschen von den Kirchh[eimer] Gastwirtstöchtern nicht wenig beneidet, zumal sie nach Rückkehr des Tüb[inger] Reg[imen]ts in die Garnison eine Manöverurkunde als Anerkennung erhielten. Als dann im Herbst wieder Ruhe in dem Städtchen Kirchh[eim] herrschte, und nur noch die üblichen Gäste in der Krone zu sehen waren, gesellte sich zu diesen eines Tages auch der einsame Mittagesser Ugel, der nun tägl[ich] am 1. Tischchen neben dem Klavier saß. Er hatte sich von der Jurisprudenz dem Medizinstudium zugewandt und schien seinem Wesen nach einen geheimen Kummer in sich zu tragen. Er war Antialkoholiker und dadurch bei dem Kronenwirt kein beliebter Gast, der mich anstachelte, Ugel gegenüber eine

diesbezügl[iche] Bemerkung zu machen. Daraufhin überreichte Ugel der Lulu in galanter Weise einen Korkzieher in der Annahme, das Öffnen der Mineralwasserflasche machte zuviel Umstände. Diesen hielt Lulu lange in Ehren, sie hat ihn erst 50 Jahre später einer ausgebombten Frau geschenkt. Eines Tages erklärte Ugel, morgen käme ein Freund von ihm; für den er auf 14 Tage um 1 Zimmer bitte. Beim nächsten Mittagessen saß dann an dem 1. Tischchen außer Ugel noch ein blonder, schmächtiger Jüngling, der etwas linkisch und schüchtern zu sein schien, der aber wie sein Freund Ugel sehr schön Violine spielte, was er jedoch nur in seinem Zimmer tat. Die beiden Freunde machten häufig mit den andern Besuchern gemeinsame Spaziergänge, ließen sich aber sonst wenig in der Krone sehen, während die andern Besucher, Erich Tänzer und Oscar Rippler täglich nach Schluß ihrer Referendarstätigkeit, regelmäßig von 5 - 6 Uhr in die Krone kamen, wo sie als fast einzige Gäste ihr Glas Bier tranken und sich mit Lulu, die um diese Zeit wenig zu tun hatte, unterhielten. Der Verkehr gestaltete sich bald zu einem freundschaftlichen, dem dann kl[eine] Aufmerksamkeiten folgten, wie die Überreichung eines Bildes v[on] Hermann u[nd] Dorothea u[nd] ähnl[iches]. Als Gegengabe dedizierte Lulu den Freunden ein Stammglas, das die Gäste dann tägl[ich] benützten.
Ein weiterer Cénacler wohnte in Wendlingen, des Schulth[eißen] Sohn Carlo Hamelt, den die Freunde öfter dort abholten. Dabei trafen sie alle einmal ganz unvermutet auf dem Weg mit Lulu und deren Schwester zus[ammen], die gerade ihren freien Nachm[ittag] hatten und sich im Freien ergingen. Jugend freute sich an Jugend, und bald saßen wir alle wie zufriedene Kinder auf der Wiese und sangen fröhliche Lieder. Wie glücklich waren wir alle, voll Jugendlust. Hesse warf Lulu einen verliebten Vers und nicht weniger verliebte Blicke zu. Die Tage vergingen und bald kam der Abschiedstag Lauschers, der eine Reise nach Basel geplant hatte. So wurde ein Abschiedsabend für den scheidenden Freund veranstaltet, das hintere Nebenzimmer wurde mit Blumen, Lampions und bunten Bändern ausgeschmückt, gelacht, gesungen und angestoßen. Man hatte Festkleider angelegt, Lauscher warf Lulu Rosen in den Schoß und sie wurde von den Cénaclern zur Prinzessin erhoben. Sogar die zurückhaltende Schwester von Lulu wurde heiter und freute sich mit. Mit Lauscher habe ich 1918, als mir »Musik des Einsamen« in die Hände kam, die briefl[iche] Verbindung wiederaufgenommen, auch Ugel ließ wieder von sich hören und ich erhielt gelegentl[ich] [einige unleserliche Wörter]. Alles war in Feststimmung und man wollte sich darüber wegtäuschen, daß Lauscher nun aus diesem Kreis ausscheiden und andern Tags schon in weite Ferne reisen

würde. Als der Scheidende dann andern Morgens so blaß und ernst vor Lulu stand und sie mit bebender Stimme noch um ihr Bild bat, tat er ihr doch recht leid, denn sie merkte erst jetzt, daß er eine tiefe Zuneigung zu ihr gefaßt hatte, was Lulus Schwester schon länger beobachtet, diese ihr aber nicht geglaubt hatte. Von unterwegs kamen dann tägl[ich] Grüße an Lulu – und nach abgeschlossener Reise von Lauschers Heimat viele bunte Schwarzwaldblumen, Lieder und Briefe, liebesselige Briefe. Manche schöne Verse waren darunter, die Lulu das Herz Lauschers öffneten. Dann haben wir uns alle aus den Augen verloren, da Lulu von Kirchh[eim] abreiste, und niemand von dem Kreis hat Wort gehalten, sich nach 10 Jahren in Heilbronn wieder zusammenzufinden. Hamelt habe ich dann einige Jahre später in einer Stuttg[arter] Kunstausstellung wiedergesehen, wo er mir seine Braut vorstellte. Auch habe ich ihn, als sein erstes Kind geb[oren] war, einmal mit einer Bekannten, mit der sie verkehrten, in Stuttg[art], wo er als Rechtsanwalt lebte, besucht. Oscar Rippler, der, wie aus einer Zeitschrift zu ersehen war, inzwischen Präsident geworden ist und mir in K[irchheim] ein lieber Freund war, hat sich später, etwa im Jahr 1902, einmal gemeldet und mich in Nürnberg, wo er durchfuhr und ich als Kinderfr[äu]l[ein] in einer Familie war, um ein Wiedersehen gebeten, zu dem es aber leider nicht kommen konnte. Eine spätere Begegnung mit O. E. Tänzer, dem ich einmal näher stand, möchte ich aber nicht erwähnt wissen, denn er hat mich damals schwer in meiner Frauenehre gekränkt. Mit Alfred Finckh, Deinem Vetter, der ein lustiger Student gewesen sein muß, haben wir mal auf der Bühne des Forsthauses, wo er uns beim Wäscheaufhängen endeckte, einen Walzer gedreht. Das war nett und lustig. An Emil Koch, der später ein Kochfräulein aus der Krone geheiratet hat, kann sich nur noch meine Schwester erinnern. Ich war damals wohl schon von Kirchheim weg.

53)
Hermann Hesse, Basler Erinnerungen
Meine Beziehungen zu Basel sind so alt wie ich und noch älter, denn nicht nur mein Vater stand im Dienst der Basler Mission, sondern auch schon der Vater meiner Mutter, einer von den gelehrten Missionaren, der gelegentlich junge Indologen dadurch in Erstaunen setzte, daß er Sanskrit nicht bloß lesen, sondern auch sprechen konnte, und der sich um die Kenntnis, Grammatik und Lexikographie des Malayalam und anderer indischer Sprachen verdient gemacht hat. Dieser schwäbische Großvater (der andere war der russische) ist vor einem halben Jahrhundert den Besuchern der Basler Missionsfeste als ständiger Redner

der Eröffnungsansprache in der Martinskirche bekannt gewesen. Seine Tochter, meine Mutter, war in Gundeldingen bei Basel erzogen worden und sprach Baseldeutsch so gut wie Englisch oder Malayalam. Ihr jüngster Bruder war mit einer Baslerin verheiratet. Und außer und über all dem war die Basler Mission und ihre oberste Behörde, »die Committée«, eine beherrschende und täglich genannte Macht im Leben der Eltern und Großeltern. Ich wußte also von Basel und hatte eine Vorstellung von ihm, noch ehe ich selber, im Alter von annähernd vier Jahren, es zum erstenmal sah. Damals wurde nämlich mein Vater nach Basel versetzt, als Lehrer am Missionshaus, und wir Kinder freuten uns über den Wechsel nicht nur, weil es ein Wechsel war und eine Reise bedeutete, sondern wir hatten auch von Basel eine prächtige und verlockende Vorstellung, denn man hatte uns nicht bloß von der Mission und dem Missionshaus erzählt, sondern auch vom Rhein und den Brücken, der schönen, alten Stadt, dem Münster und dem Lällenkönig, und viele dieser Merkwürdigkeiten kannten wir schon aus Abbildungen.

Von 1881 bis 1886 lebten wir dann in Basel und wohnten am Müllerweg, dem Spalenringweg gegenüber; zwischen beiden lief damals die Elsässer Bahnlinie hindurch. Der Anblick der Züge und das häufige Stehen und Warten beim Bahnübergang, wenn man in die Stadt wollte, gehört zu den frühesten meiner Basler Eindrücke. In jenen Jahren hat mein Vater sich um das Basler Bürgerrecht beworben und es erhalten.

Unser Müllerweg mit seiner Umgebung war vermutlich eine ziemlich bescheidene Vorstadtgegend, für uns Kinder jedoch war er ein Paradies und Urwald, in dem die Entdeckungen und Abenteuer kein Ende nahmen. Das Land begann schon ganz in der Nähe unseres Hauses; ein Bauernhof, gegen Allschwil hin gelegen, und eine Kiesgrube in seiner Nähe boten Gelegenheit zu ländlichen Spielen. Und die große, für mich Kleinen endlos große Schützenmatte, damals unbebaut vom Schützenhaus bis zum »Neubad« hinaus, war mein Schmetterlingsjagdgebiet und der Schauplatz unserer Indianerspiele. Manche Erinnerungen jener Zeit sind im Kindheitskapitel des »Hermann Lauscher« aufgezeichnet. Allmählich lernte ich, namentlich auf Sonntagsspaziergängen mit meinem Vater, auch die innere Stadt näher kennen, den Rhein mit der Fähre beim Blumenrain und den Brücken, das Münster und die Pfalz, den Kreuzgang, das historische Museum, das damals überm Kreuzgang untergebracht war. Und von den Eindrücken, die mir das damalige Kunstmuseum bei einigen Besuchen unter der Führung meines Vaters gab, fand ich einige noch vollkommen lebendig, als ich zwölf oder mehr Jahre später wieder nach Basel zurückkehrte; zu diesen Eindrücken gehörten Böcklins Fresken im Treppenhaus, Holbeins Familienbild und der tote Christus, Feuerbachs Aretino und die Kinderidylle und das Bild von Zünd mit dem Kornfeld, das ich als Knabe besonders liebte. In den zwei oder drei letzten Jahren unserer damaligen Basler Zeit war auch die Messe im Oktober ein großes Erlebnis mit den Buden und Karussellen, den Moritatengesängen auf dem Barfüßerplatz und den süßen Meßmocken und den vielen Orgelimännern, die sich bis in unsere Vorstadt hinaus sehen und hören ließen.

Als ich gerade neun Jahre alt war, mußte ich Basel wieder verlassen; mein Vater war zurück ins Schwabenland berufen worden, wir Kinder mußten uns an neue Schulen gewöhnen und das Baseldeutsch wieder verlernen. Die Beziehungen zu Basel freilich blieben, und Besuche aus Basel waren sehr oft bei uns. Doch sah ich die Stadt, mit Ausnahme eines kurzen Ferienaufenthaltes, erst als Erwachsener wieder.

Wie stark Basel in der Kinderzeit auf mich gewirkt hatte, zeigte sich, als ich am Ende meiner Lehrzeit als Buchhändler und Antiquar zum erstenmal frei und nach eigener Wahl in die Welt hinauszog. Ich hatte keinen anderen Wunsch, als wieder nach Basel zu kommen; es schien dort etwas auf mich zu warten, und ich gab mir alle Mühe, als junger Buchhandlungsgehilfe eine Stelle in Basel zu finden. Es gelang, und im Herbst 1899 kam ich wieder in Basel an, mit Nietzsches Werken (soweit sie damals erschienen waren) und mit Böcklins gerahmter Toteninsel in der Kiste, die meine Besitztümer enthielt. Ich war kein Kind mehr und glaubte mit dem Basel der Kindheit und dem Missionshaus und seiner Atmosphäre nichts mehr zu tun zu haben; ich hatte schon ein kleines Heft Gedichte veröffentlicht, hatte Schopenhauer gelesen und war für Nietzsche begeistert. Basel war für mich jetzt vor allem die Stadt Nietzsches, Jacob Burckhardts und Böcklins. Dennoch galten einige meiner ersten Gänge in jenen Spätsommertagen nach der Ankunft den Stätten der Kindheit: dem Müllerweg, der Schützenmatte, dem Spalentor.

In der Reichschen Buchhandlung (heute Helbing u. Lichtenhahn) trat ich meine Arbeit an, und gleich nach einem der ersten Tage fragte ich meinen Kollegen Helbing, ob ihm vielleicht ein gewisser Dr. Hans Trog bekannt sei. Ich hatte nämlich, noch in Tübingen, von dem jungen Hans Trog eine kleine Biographie Jacob Burckhardts gelesen. Helbing lachte und sagte, der sitze gleich hier nebenan, im selben Haus mit uns, da könne ich ihn aufsuchen. Trog war damals einer der jüngsten Redakteure der Allgemeinen Schweizer Zeitung, deren Redaktion im Hinterhause unserer Buchhandlung saß. Es ergab sich aus dieser ersten Basler Literaturbekanntschaft eine gelegentliche Mitarbeit am Feuilleton dieser

Zeitung, die paar ersten meiner Buchrezensionen sind um 1900 dort erschienen. Und an einem der ersten Basler Sonntage suchte ich nun, recht schüchtern, das Haus des Historikers und damaligen Staatsarchivars Rudolf Wackernagel auf, den »hinteren Württemberger Hof« am Brunngäßli, wohin mich mein Vater empfohlen hatte. Ich wurde dort, und bald darauf auch bei Jakob Wackernagel in der Gartengasse, überaus freundlich empfangen, und bald hatte ich neben meiner Arbeit und meinen Kollegen einen lebhaften Verkehr mit mehreren Basler Familien, die alle der Universität nahestanden und wo ich auch die meisten jüngeren Gelehrten kennenlernte. Am häufigsten sah ich Joël, Wölfflin, Mez und Bertholet, auch Joh. Haller. Ein anderer neugewonnener Freund, mit dem ich eine Zeitlang auch eine gemeinsame Wohnung an der Holbeinstraße hatte, war der junge rheinländische Architekt Jennen, der soeben den ersten Preis in der Konkurrenz um die Erweiterungsbauten des Rathauses gewonnen hatte, ein Neugotiker, Schüler von Schäfer in Karlsruhe und ein überschäumend lebensfroher junger Mensch, der mich Einzelgänger und Asketen in manche Genüsse und Behaglichkeiten des materiellen Lebens einführte. Wir haben in den elsässischen und badischen Wein- und Spargeldörfern manche Schlemmerei veranstaltet, im Storchen Billard gespielt und in der Wolfsschlucht, welche damals noch ein kleines, stilles Weinstübchen war, sowie im Helm am Fischmarkt (es ist der »Stahlhelm« im »Steppenwolf«) häufig jene Studien getrieben, deren Ergebnis die Camenzindschen Hymnen auf den Wein waren.

Nun, diese Studien hätte ich auch anderswo betreiben können. Aber den Geist, von dem das damalige gebildete Basel, wenigstens soweit es mir sichtbar wurde, beherrscht war, hätte ich nirgends sonst in dieser Reinheit angetroffen, und es wurde mir erst später klar, daß es ein einziger Mann war, der diesem Geist die charakteristische Prägung gegeben hatte. Eine schöne Stadt mit alter Tradition und einer gebildeten höheren Bürgerschaft, einer kleinen Universität, einem schönen Museum usw. mochte es auch anderswo geben. Hier aber war alles getränkt vom Geist, vom Einfluß und Vorbild eines Mannes, der einige Jahrzehnte lang dem geistigen Basel als Lehrer und in kulturellen Dingen als arbiter elegantarium gedient hatte. Er hieß Jacob Burckhardt und war erst vor wenigen Jahren gestorben. Ich war auch damals schon sein Leser, gewiß, ich hatte schon in Tübingen die »Kultur der Renaissance« gelesen und in Basel den »Konstantin«, aber ich war noch allzutief von Nietzsche bezaubert, um seinem direkten Einfluß ganz offen zu stehen. Desto stärker war der indirekte: ich lebte, ein lernbegieriger und aufnahmebereiter junger Mensch, inmitten eines

Kreises von Menschen, deren Wissen und Interessen, deren Lektüre und Reisen, deren Denkart, Geschichtsauffassung und Konversation von nichts und niemand so stark beeinflußt und geformt waren wie von Jakob Burckhardt. Die Sage von mehreren seiner Vorlesungen und Vortragszyklen, namentlich der »Weltgeschichtlichen Betrachtungen«, erreichte mich in diesem Kreise zu einer Zeit, als seine postumen Werke noch nicht erschienen waren, und als ich im Jahre 1901 meine erste italienische Reise antrat, hatte ich nicht nur seinen Cicerone im Köfferchen, sondern es war die ganze Reise, ihre Stimmung und Tendenz, der Kreis dessen, wonach ich suchte und worauf es mir ankam, in einem Maß von ihm beeinflußt, das ich erst viel später voll erkannte, als längst der Zauber Nietzsches erblaßt und Burckhardt für mich zu einem wirklichen Führer geworden war.
Als ich Basel nach diesen paar lebhaften Jugendjahren wieder verließ, nahm ich außerdem noch andere Einflüsse und Bindungen mit: Ich war mit einer Baslerin verlobt, wurde in Basel getraut und habe, wenn auch meine Besuche mit den Jahren seltener wurden, nicht nur mit Basel stets in vielerlei Beziehungen gestanden, sondern ihm auch im Herzen Treue und Dankbarkeit bewahrt. (1937)

54)
»Mit 87 Jahren erinnert sich Elisabeth La Roche jener Zeit [1899/1900]: ›Es gab damals ein gastliches Haus in Basel, wie es heute keines mehr gibt, und zwar bei Dr. Rudolf Wackernagel, dem Archivar. Das (seither abgerissene) Haus stand am Brunngäßlein. Dort war eine Geselligkeit, wie man sie heute nicht wieder findet. Der Gastgeber und seine Frau, von allen Frau Bethli genannt, hatten die Gabe, eine Menge Leute zusammenzubringen und doch unter denselben eine große Einheit zu schaffen. Man scharte sich meist um den Hausherrn, einen bedeutenden Gelehrten [...] Seine Frau, die Güte selbst, sich ganz den Gästen und deren äußerem und innerem Behagen widmend, gab dem Kreise etwas Heimatliches. [...] Jungen Talenten bezeigte man großes Verständnis, indem man sie aufforderte, aus ihren Werken vorzulesen oder vorzuspielen. Die jungen Maler reichten ihre Skizzen herum. [...] Im Sommer bewohnten Wackernagels den kleinen Wenkenhof bei Riehen. [...] Dort hinauf pilgerte man an schönen Samstagabenden oft in größerer Gesellschaft. Es war zu jener Zeit, daß ich mit Hermann Hesse wieder zusammentraf, von dem in der Familie Wackernagel schon viel die Rede gewesen war. Der junge Dichter schien sich in diesem Milieu sehr wohl zu befinden, und die ganze Familie Wackernagel war ihm sehr zugetan. Aber ich hatte damals meinen Kopf und

meine Gedanken immer noch [..] in Gardone, und so war mein Interesse an Basler Bekanntschaften nicht sehr lebhaft.«
[Sonntagsblatt der »Basler Nachrichten«, vom 10. 10. 1971; aus »Hermann Hesse und Elisabeth«. Nach unveröffentlichten Aufzeichnungen von Elisabeth La Roche (1876-1965), dargestellt von Marta Dietschy.]

55)
H. H. an Karl Isenberg

[Basel, September 1899]

Mein lieber Bruder –
seit meiner Ankunft in Basel hatte ich noch nicht die Zeit, Dir zu schreiben. Wie ich hoffe, hast Du Dein Examen inzwischen mit viel Glück beendet. Also folgt nun die Frage, wo wohnen, wann heiraten?
Zu mir: mich faszinieren an meiner Freizeit oft die wunderbaren Bilder Böcklins, und ich will meine Wintersonntage vor allem für Museumsbesuche nutzen. Das ist ein wahrer Augen-, Herz- und Seelentrost. Und Böcklin ganz besonders!
Französisch zu lernen, ist keineswegs eine angenehme Beschäftigung; es aber zu verstehen und geläufig zu sprechen, ist ebenso schön wie notwendig. Ich wünsche Dir einen annehmbaren Winter und gute Gesundheit. Dein Bruder Hermann

56)
»Ihr[1] Vater ist jener Onkel, der in »Schön ist die Jugend« vorkommt, er war Buchhändler, hat aber manche Jahre den kleinen Kirchenchor in Calw recht gut geleitet, da gab es z.B. (gekürzte) Aufführungen der Matthäuspassion, bei denen alle meine Schwestern und Basen mitsangen, oder im Orchester mitspielten, und einer meiner Stiefbrüder den Christus, einer den Evangelisten sang. Meine Base[1] war am Konservatorium als Geigerin ausgebildet, ist aber lang verheiratet ...«

[H. H., Mai/Juni 1935 an Franz Schall]

1 Fanny Schiler, geb. Gundert; die jüngste der sieben Steinhauskinder von H. Hs. Onkel Friedrich Gundert und Frau Emma, geb. Heermann.

57)
Adele Hesse an Hermann Gundert

Rechtenberg, 12. Juli 1883
(via Calw 23. Juli 83, erh. 6. August)

Lieber Großpapa!
Diesmal schreibe ich Dir nicht von Basel wie sonst, sondern von dem

Rechtenberg. Es ist sehr lustig hier und wir haben überall herum so schöne Berge. Heute Morgen waren Papa, Mama, Hermann und ich in Bretzwiel. Auf dem Wege wurden Hermann und ich sehr müde. In Bretzwiel kauften wir dann: Brot, Kirschen und Eier, und auf dem Heimweg begegneten uns die Mädchen, die das Fleisch auf den Rechtenberg bringen. Gestern Vormittag wollten wir auf einen der Berge gehen, die um unser Haus herum sind. Aber da war der Weg so schmutzig, daß wir nicht hinauf konnten. Darum gingen wir weiter und gingen auf einen anderen Berg. Da oben war ein Bänkchen unter einem Kastanienbaum. Da war auch ein Mann, der hatte dort sein Gut. Der führte uns in sein Häuschen und zeigte uns Bilder von seinem Vater und Großvater und gab dem Papa ein kleines Tagebüchlein, das sein Vater geschrieben hatte, mit zum lesen. Unser Haus ist ganz mit grünen Wiesen umgeben und es ist so schön hier oben. Wir sind fast immer auf der schönen Wiese drunten.
Grüße mir alle Bäsle und Vetterle, die Tanten und Onkel, auch die liebe Großmama Deine Adele

Dein Brief hat mich an meine Jugend und noch mehr an meine Kindheit erinnert; von damals her sind die Juratäler in der Basler Gegend mir sehr lieb. Einmal, im Jahr 1883, waren wir, die ganze Familie, im Sommer einige Wochen im »Rechtenhof« bei Reigoldswil, in der Nähe des Paßwang, man fuhr damals umständlich und lang in einer Droschke von Basel über Grellingen dorthin, es war sehr schön dort, ich war 6 Jahre alt und war Zuschauer, wie mein um 5 Jahre jüngerer Bruder Hans das Gehen lernte und eines Tages den ersten Schritt allein tun konnte. In einem anderen Sommer war ich einmal etwa eine Woche oder zwei oben am Hauenstein als Gast von Freunden meiner Eltern – wir kleinen Buben genossen es damals sehr, auf einem kleinen Wagen, dessen Deichsel man mit den Füßen lenkte, große Strecken die Paßstraße hinunter zu fahren. Die Juratäler kommen öfter auch bei Spitteler vor, besonders schön in den »Mädchenfeinden«.

[Aus einem Brief H. Hs. vom 23. 5. 1935 an seinen Sohn Bruno]

58)
»Kleine Freuden. Verstreute und kurze Prosa aus dem Nachlaß«, suhrkamp taschenbuch 360, hrsg. und mit einem Nachwort von Volker Michels, Frankfurt 1977, S. 7 ff. in der späteren Fassung aus »Neue Freie Presse«, Wien, 18. 10. 1904 wieder abgedruckt.

59)
Herr Jennen war Neugotiker; unter Architekt Vischers Leitung Mitarbeiter am Basler Rathausumbau 1898–1901; 1900 1. Preis in der Konkurrenz um die Erweiterungsbauten des Basler Rathauses; verzog am 14. 6. 1902 nach Berlin. H. H. schrieb eine Fragment gebliebene Erzählung »Das Rathaus«, in der Jennen und andere seiner Bekannten geschildert sind. Vgl. H. H., »Aus Kinderzeiten«, Frankfurt a. M. 1977, S. 51 ff.

60)
»Ich war in Basel bei den Mozartfestspielen, ich hoffte, so über die Zeit von Ninons Abwesenheit hinweg zu kommen. Es war musikalisch sehr schön und auch die Luft von Basel, das für mich voll Erinnerungen seit der Kindheit her ist, war mir wieder ein Erlebnis. Ich sah sogar das Mädchen wieder, das ich einst in Basel liebte, noch ehe ich Deine Mutter kannte: die Elisabeth des Camenzind und der Gedichte, nach etwa 27 Jahren sahen wir uns wieder, alt und grau geworden.«
[Aus einem Brief Hesses vom 26. 5. 1930 an seinen Sohn Bruno]

Sie fragen, ob ich Rh[einfelden] kenne. Ich war nur ein einziges Mal dort, ein paar Stunden, um Freunde zu besuchen, die zur Kur dort waren. Es war während jener Mozartwoche, etwa 1930, zu der ich nach Basel gekommen war, und wo ich eine Abendstunde Ihr Gast war. Ich habe Basel seither nicht wiedergesehen. Erst waren es allerlei Umstände, die mich vom Reisen abhielten, der Bau des Hauses in Montagnola und andres, und dann begann in Basel die Zerstörung der alten Gassen und Quartiere, und ich mochte mir das Bild der Stadt, wie ich sie kannte und liebte, nicht verderben. Mit Deutschland hielt ich es ebenso, nachdem die herrlichen alten Städte und Städtchen kaputt gemacht waren, dort kam freilich noch andres hinzu, was mit Politik etc. zusammenhing.«
[Aus einem Brief Hesses vom September 1961 an Elisabeth La Roche]

61)
In der »Allgemeinen Schweizer Zeitung«, Basel; 5, 1900, S. 96, erschien H. Hs. Artikel »Romantisch«. – Er wird hier nach der Abschrift mitgeteilt, die Ninon Hesse unter Berücksichtigung späterer Änderungen H. Hs. angefertigt hat:

Romantisch
Jemand fragte mich neulich, nachdem wir über Novalis gesprochen

hatten: »Ist es wohl blamierend zu fragen: was heißt eigentlich romantisch?«

Ich mußte lachen, konnte aber den Neugierigen mit der Versicherung beruhigen, daß es wohl kaum zwei Menschen gibt, für welche jenes merkwürdige Wort genau dasselbe bedeutet. Auf unzählige Dinge wendet die Tagessprache es gelegentlich an, auf Bücher, auf Musik, auf Kostüme, auf Gemälde, auf Landschaften, auf Freundschaften und Liebesverhältnisse, und bald in anerkennendem, bald in ablehnendem Sinn. Eine romantische Landschaft – das heißt in der populären Sprache eine Landschaft mit Schluchten, Tannenwald und Ruinen, deren Anblick zugleich Wohlgefallen und Beklemmung verursacht. Ein romantisches Musikstück – darunter versteht man gemeinhin eine Musik, in welcher mehr Stimmung ist als klare Tektonik, mehr Weichheit als Härte, in welcher etwas Ungelöstes, Verhaltenes, Verschleiertes liegt, eine Musik mit vielen halb gelösten Dissonanzen, mit scheuen, unklaren, rubato zu spielenden Takten. Schließlich denkt man an Ähnliches, wenn man von einer romantischen Liebe, einem romantischen Lebenslaufe spricht. Man meint damit meistens etwas zugleich Unvernünftiges und Berückendes, etwas bizarr Abenteuerliches mit der Tendenz ins Blaue hinaus, etwas unbürgerlich Phantastisches, was junge Mädchen begeistert und bei gescheiten Leuten Kopfschütteln hervorruft, jedenfalls aber apart und interessant ist. Romantisch nennt man im Leben alles, was form- und gesetzlos erscheint, was auf keinem deutlich erkennbaren Prinzip beruht und wolkenartig flüchtige Umrisse hat.

Sieht man weiter in die Zeiten zurück, so findet man, daß das Wort niemals nachweislich der Ausdruck für eine genau zu bestimmende Eigenschaft gewesen ist, sondern zu allen Zeiten in Rede und Schrift nur mit ziemlich unklaren Vorstellungen verbunden erscheint.

Uns interessiert seine Geschichte am meisten von jener Zeit an, in welcher es der Name einer deutschen Dichterschule wurde, deren rasche Blüte und langsames Verwelken mehr als ein Drittel des neunzehnten Jahrhunderts füllt und deren Geschichte sich in allen maßgebenden europäischen Literaturen merkwürdig ähnlich wiederholt hat. Da nun diese »Schule« ihren Namen nicht von zeitgenössischen Kritikern oder späteren Literarhistorikern erhalten hat, sondern ihn selber mit Bewußtsein, ja mit Koketterie auf ihre Fahne schrieb, ist es von Interesse zu fragen: was bedeutet das Wort »romantisch« für die ersten Romantiker selber?

Die Antwort lautet: es bedeutet etwas anderes für August Wilhelm als für Friedrich Schlegel, für diesen etwas anderes als für Novalis, für ihn

wieder etwas anderes als für Tieck. Während Schiller mit der Bezeichnung »romantisches Drama« für seine Jungfrau von Orleans nur den in seiner Dichtung mitwirkenden mystischen Elementen gerecht werden wollte, bedeutet auf den Büchertiteln Schlegels und Tiecks das Wort etwa so ziemlich dasselbe wie das Prädikat »modern« für einen heutigen Roman oder für ein heutiges Gemälde. Novalis braucht das Wort selten mit Absicht und fast nie als prägnanten Ausdruck; Tieck, das fröhliche Kind, spielt gerne damit und läßt es sich anmerken, daß das dunkle Wort ihm große Freude macht, ohne daß es ihm im Grunde mehr gewesen wäre, als ein hübscher Schmuck. Von dem Tage an, an dem Schlegels Zeitschrift »Athenäum« eine romantische Doktrin begründet hatte, beklebt er fast alle seine Dichtungen mit der wohltönenden neuen Etikette. Die Einzigen, bei denen das Wort eine Art von bestimmter Bedeutung hatte, waren die beiden Brüder Schlegel, so zwar, daß der Ältere mehr formale, Friedrich dagegen mehr philosophische Werte damit umschrieb. Ihnen schwebte dabei, allerdings zugleich mit anklingender Erinnerung an »romanisch«, hauptsächlich der Begriff des Romans vor.
Das große Ereignis jener Jahre war das Erscheinen des ersten deutschen Romans im modernen Sinne, des Wilhelm Meister. Kaum ein anderes deutsches Buch hat seine zeitgenössische Literatur so mächtig beeinflußt wie dieses. Mit ihm war in Deutschland der Roman als Ausdruck für eine Reihe bis dahin unsagbarer Dinge erschienen. Und das, was an Wilhelm Meister so neu, so wunderbar und tief und kühn war, das ist im Grunde das »Romantische« bei den Schlegels, namentlich bei Friedrich. Er und Tieck wandten nun das Wort auf ihre eigenen Dichtungen an, worüber es schon bald wieder aufhörte, etwas Deutliches zu sagen. Sie empfanden dabei etwa das, was ein junger Künstler unserer Tage bei dem Wort l'art nouveau empfindet, alles Herrliche, Neue, Tiefe, Eigenartige, Zukünftige. Je breiter die Grundlage des Schaffens jener Dichter wurde, je mehr ihr Kreis sich ausdehnte und Naturforscher, Philologen Philosophen und Theologen in sich schloß, desto mehr wuchs der Reiz und schwand die Bedeutung des neuen Wortes.
Immerhin war dies Wort für die früheren Romantiker noch völlig frei von der notwendigen Mitbedeutung des Ritterlich-Frommen, Mittelalterlichen, treuherzig Altväterischen, die es bald darauf, hauptsächlich durch die bedenklichen Moderomane des vielschreibenden Fouqué bekam. Dagegen ward es in der Bedeutung »unklassisch«, ja antiklassisch schon damals verstanden. Was in der Malerei die Wendung zum Alleininteresse an Luft und Licht bedeutet, das bedeutet in der Ge-

schichte unsrer Dichtung diese bewußte Wendung vom Stilvollen zum Regellosen, vom Vers zur rhythmischen Prosa, vom gerundeten Aufsatze zum »Fragment«. Man suchte nicht mehr Form und Transparenz, sondern Duft und Dämmerung. Man strebte nicht mehr aus dem Allgemeinen ins künstlerisch begrenzte Einzelne, sondern drängte umgekehrt nach der Quelle zurück, nach der Ureinheit der Dinge und der Künste. Man verweilte mit Schleiermacher im »Anschauen des Universums«.
Wenn im Laufe der Zeit unter dem Romantischen immer weniger diese Schlegel-Schleiermacher-Schelling'sche Doktrin und immer mehr etwas Formales, nämlich das Archaisierende, ritterlich Kostümierte verstanden wurde, so ist das im Hinblick auf die Entwicklung der romantischen Dichtung nicht zu verwundern. Auch sind Novalis und die Schlegel nie auch nur halb so bekannt und populär geworden wie die späteren Romantiker. Novalis starb im Jahre 1801, während die Zeit der romantischen Mode zwanzig Jahre später liegt. Die Romantiker, die den Geschmack des größeren Publikums beeinflußt haben, sind Brentano und Arnim, dann aber namentlich Fouqué, Eichendorff und E. T. A. Hoffmann. Und gerade Hoffmann, einer der tiefsten Romantiker, ist meistens schlecht und oberflächlich verstanden worden.
Von dieser späteren romantischen Literatur geht der Eindruck aus, der seither bei uns allgemein als Wesen des Romantischen empfunden wird und wenig mehr mit den philosophisch-spekulativen Absichten des Novaliskreises zu tun hat. Je ferner die Innerlichkeit und Tiefe jener wahren Romantiker dem lesenden Volke blieb, desto mehr kam nachträglich die hübsche Etikette in Mode. Und heute braucht ein Dichter nur »Mondnacht« über einen Vers zu schreiben oder die Figuren einer Novelle ein wenig farbig und phantastisch zu kostümieren, so wird er den Titel und den Ruf eines Romantikers nicht mehr los.

62)
Im Frühling 1926 schrieb H. H. in einem Brief an seine Schwester Adele Gundert, geb. Hesse, in Höfen:
(...) In deinem Brief schreibst du über die Tage von Papas Begräbnis[1] »es war doch nicht bloß eine wunderbare Stimmung drin, sondern Kraft«.
Ja, sieh, Adisle, da kann ich nicht mit, bei so feinen Unterscheidungen, und es erinnert mich ein klein wenig an unsre Eltern. Da kam es oft vor, daß Papa oder Mama über ein Gedicht oder eine Musik sehr anerkennend sprachen, mit einem etwas verräterischen Lächeln, dann aber stets hinzufügten, daß das alles natürlich *»nur«* Stimmung, *nur* schön,

nur Kunst sei, und im Grund halt doch lang nicht so hoch stehe, wie Moral, Charakter, Wille, Ethik u. s. w. Diese Lehre hat mein Leben verdorben, und ich kehre nicht zu ihr zurück, auch nicht in der lieben, sanften Form deines Briefes. Nein, wenn unser Erlebnis bei Papas Tod eine wunderbare »Stimmung« war, so will ich kein »nur« dazu setzen, sondern diese Stimmung dankbar hinnehmen als ein Erlebnis.

1 Johannes Hesse starb am 8. März 1916. – S. auch Hermann und Adele Hesse: Zum Gedächtnis unseres Vaters; Tübingen 1930; bes. S. 77 ff. sowie S. 25 ff.
S. ferner »Mein Glaube«, GS VII, S. 370 ff., geschrieben 1931.

63)
»Das Landgut Rechtenberg bei Bretzwil im Kanton Basel-Land gehörte dem Basler Ratsherrn Sarasin. Im Juli 1883 waren die Eltern Hesse mit den 4 Kindern dort seine Gäste; dort trafen sich erstmals der 6jährige Hermann H. und die 7jährige Elisabeth La Roche. Familie La Roche-Stockmeyer besaß kein Landgut, sondern verbrachte die Ferien in gemieteten Stuben eines nahen Bauernhofes.
Wenn H. Hesse 1900 auf dem Rechtenberg war, so kam dies auf folgende Weise zustande: Hesse war damals mit dem deutschen Architekten Heinrich Jennen befreundet, mit dem er auch vom Dez. 1899 bis April 1900 die Wohnung, Holbeinstr. 21 in Basel teilte. Jennen war Angestellter der Baufirma E. Vischer & Fueter. E. Vischer, mit einer Sarasintochter verehelicht, hat wohl seinen Kompagnon R. E. Fueter-Gelzer auf den Rechtenberg eingeladen; dessen Gäste wiederum waren H. Hesse und Heinr. Jennen – ob gemeinsam, ist mir nicht bekannt. R. E. Fueter verstarb übrigens schon 1901.« (Marta Dietschy) Heiner Hesse fügte hinzu, daß die Bekanntschaft mit Fueter-Gelzers älter ist als die mit Jennen. – Schon H. Hs. Eltern kannten diese Familie.

64)
H. H. schrieb in einem Brief an Karl Dettinger [ca. Ende September, Anfang Oktober 19??]:
»Ich habe mit Mörike oft Grüße getauscht. Er hatte einen Zug nach dem Literarischen hin, nur fiel das Schreiben ihm zu leicht, er schüttelte es aus dem Ärmel, und so blieb es in einer gewissen dilettantischen Sphäre. Aber beobachtet und geschildert hat er gut, ich habe manche seiner Aufzeichnungen mit wirklichem Vergnügen gelesen. Ich habe ihn seit der Schulzeit gern gehabt, ihn aber seit seiner Basler Fälklizeit nicht wiedergesehen.«
In den Basler Nachrichten, Nr. 25, 46. Jg. veröffentlichte Otto Mörike

den Artikel: »Der junge Hesse, persönliche Erinnerungen an Schul- und Jugendzeit«.

65) [ca. Oktober 1900]

Einem alten Wunsche nachgebend habe ich mich entschlossen, von zwei Dichtungen, welche mir in diesem Jahr zu vollenden vergönnt war, nur die eine der Öffentlichkeit zu übergeben, die andere aber nur einer kleinen Zahl von Interessenten auf Wunsch schriftlich zu überreichen.

Um diese intime Art der Mitteilung habe ich längst gewisse fremde handschriftliche Literaturen, namentlich die persische, beneidet. Sie gewährt mir den Vorteil: meine Dichtung, der Spekulation des Handels und dem Geschwätz der Presse entzogen, nur von Freunden und Wohlgesinnten gelesen zu wissen.

Der vollständige Titel findet sich am Schluß dieser Zeilen. Ich gedenke etwa zwanzig Exemplare auszugeben, von denen zehn bis jetzt versprochen sind. Ein armer Poet, der selbst besserer Verse als der abzuschreibenden fähig ist, hat die Abschrift übernommen und wird den Erlös mit dem Dichter gleichmäßig teilen. Das Exemplar, mit persönlicher Widmung versehen, kostet zwanzig Franken. Bestellungen von nicht Eingeladenen werden nicht angenommen.

Notturni

1. Inspiration.
2. Das blaue Wunder.
3. Adagio.
4. Zwei Lieder, der schönen Eleonor gewidmet.
5. Ad astra.
6. Ich und ich.
7. Der rote Veltliner.
8. An die Schönheit.

[*An Frau Esther La Roche-Stockmeyer schrieb H. H. im Oktober 1900*]

»Hier ist nun das erwartete Kuriosum[1]. Ich wünsche den harmlosen Versen harmlose Leser.

Die Exemplare sind sämtlich sowohl durch die Widmungen wie durch absichtliche, zum Teil bedeutende Variationen im Text als Unica gekennzeichnet.

Sollte Ihnen ein Vers besonders gefallen, so bitte seien Sie überzeugt, daß ich ihn speziell für Sie eingefügt habe. Bei weniger glücklichen Passagen aber mögen Sie sich sagen, daß ich mir sie vermutlich in den übrigen Exemplaren besser überlegt haben werde. H. Hesse

1 Die »Notturni«-Handschrift.

Nach alter schwäbischer Sitte muß jeder Kauf durch eine »Dreingabe« gefeiert werden. Als solche möge das beigegebene Büchlein[2] gelten.

2 »Romantische Lieder«.

Aus der »Notturni«-Handschrift für Frau Dr. Rudolf Wackernagel:
»Verehrte Frau Doktor!
Kennen Sie die Nocturne in Es Dur von Chopin?
Oder kennen Sie Ossian?
Oder kennen Sie die »Stunde hinter Mitternacht« des berüchtigten Neuromantikers Hesse?
Ja? – Ich sage Ihnen: Alles ist dumm und verlogen, was man gegen die Es Dur, gegen Ossian und gegen die »Stunde hinter Mitternacht« böswillig behauptet hat. Chopin ist kein Seiltänzer, Ossian ist kein Schwindler und Hesse kein Manierist.
Wenn Sie in diesem Augenblick mit des Teufelchens Asmodi Beistand mir durch Schädel, Rock und Haut in's Innere sehen könnten, so würden Sie glauben, den Mittelsatz jener Nocturne zu hören, den Fingal oder das »Albumblatt für Elise« aufgeschlagen zu sehen. »Gedanken?« – Hm. »Bilder?« Hm. »Aber was denn sonst?« Ich kann Sie fragen hören! Aber Sie verstellen sich nur. Freilich ist es eine landläufige Meinung aus »Gedanken« und »Bildern« bestehe der eigentümliche Besitz der Poeten. Aber Sie kennen jene Seite in meinem Lexikon:

landläufig vide vulgär

Vulgär – (s. v. a. sehr verbreitet) = häßlich, immer im Unrecht, dumm, feindlich, barbarisch. Es ist wie mit der berühmten Formel

$$a^2 + 2ab + b^2 \text{ etc.,}$$

d. h. man mag addieren, subtrahieren, multiplizieren oder dividieren wie man will – es läuft auf einen Sumpf hinaus.
Folglich können wir auf die Gedanken und Bilder verzichten, müssen es auch, denn es sind keine vorhanden.
Und dennoch Stimmung? Und dennoch Poesie? und Romantik? Und Notturno?
Allerdings. Ich garantiere auf Verlangen bei gegenwärtiger Verfassung sogar für Verse. Denn sehen Sie, Verse, das heißt nicht Gedanken noch Bilder, sondern das heißt Musik, das heißt Farbe, heißt Schwung, heißt Takt und Glut.
Hören Sie's nicht? Nicht? Tut mir leid. Ach Gott, es geht mir wie allen Dichtern. Wir studieren unser Leben lang daran, die Sprache zu finden, in der die uns inwohnenden Verse abgefaßt sind, und müssen fast immer bei harten und unkorrekten Übersetzungen in unsre Mut-

tersprache stehen bleiben. Alles Herbe, Mittelmäßige und Fade ist Fehler des Übersetzers. Manchmal bei Stücken, die man traumwandelnd übertrug, klingt noch etwas von der ursprünglichen unsäglichen Schönheit nach, ist noch ein Duft vom zauberhaften Wohllaut der Ursprache und von der lückenlosen Harmonie des Originaltextes zu verspüren. Sie kennen z. B. jenes Lied mit der Strophe

»Die Vöglein schweigen im Walde«.

Spürt man das nicht wie ein Wunder, wie eine selige Insel inmitten der ganzen deutschen Sprache? Aber tausend solche und zehntausend noch edlere Lieder lagen und liegen da und dort in Dichterherzen verschlossen. Wer will die Dichter tadeln, die sie nicht übersetzen können? Daß Goethe so viel gute Übersetzungen machte, muß noch nicht bedeuten, daß er die besten Originale besaß. War er wirklich ein so unübertrefflicher Übersetzer? Oder lagen nicht vielleicht seine Urtexte unsrem Verstand und unsrer Sprache näher als die anderer Dichter?

Umgekehrt, wenn einer stammelt, so kann das ebensowohl bedeuten, daß er ein Idiot ist, wie daß die Dinge, die er sagen möchte, zum Sagen auf deutsch zu heilig, zu schön, zu sublim und geistig sind.

Was mich betrifft, so bin ich überzeugt, daß in der andern Welt, an welche die Dichter noch mehr glauben und von der sie auch vielleicht mehr wissen als die Frommen –, daß, sage ich, in der andern Welt die Gemeinschaft der Dichter, so verschieden ihr Glück auf Erden war, an Brüderlichkeit der Gemeinschaft der Heiligen nicht nachstehen wird. Wenn in jener Welt Goethe und ich einander begrüßen werden, so wird das von seiner Seite gewiß ebenso ohne Stolz wie von meiner Seite ohne Scham geschehen. Er wird an meine schlechteren irdischen Verse so wenig denken als Abraham an die Armut des Lazarus.

Aber genug! Es ist entsetzlich spät und kalt. Im Kleinbasel brennt es und der ganze Himmel ist rot. Gute Nacht!

Ihr ganz ergebener etc.«

66)

Hermann Hesse stellt am Ende des »Kurgast« sein »Dilemma und Problem« in einem auf die Musik gestützten Gleichnis dar. Er will eine »Doppelmelodie« schaffen, »zu jedem Ton stets den Gegenton, den Bruder, den Feind, den Antipoden«. H. H. ist sich der Unerreichbarkeit dieses Zieles bewußt. Er gibt es zu. Dennoch bleibt für ihn gültig, was er so sagt: »Ich möchte einen Ausdruck finden für die Zweiheit, ich möchte Kapitel und Sätze schreiben, wo beständig Melodie und Gegenmelodie gleichzeitig sichtbar wären, wo jeder Buntheit die Einheit, jedem Scherz der Ernst beständig zur Seite steht. [...]

Dies ist mein Dilemma und Problem. Es läßt sich viel darüber sagen, lösen aber läßt es sich nicht. Die beiden Pole des Lebens zueinander zu biegen, die Zweistimmigkeit der Lebensmelodie niederzuschreiben, wird mir nie gelingen. Dennoch werde ich dem dunklen Befehl in meinem Innern folgen und werde wieder und wieder den Versuch unternehmen müssen. Dies ist die Feder, die mein Ührlein treibt.« [Ende des »Kurgast«] Im Gruß »Meinen Freunden zur Weihnacht 1900« sind die beiden Schlußzeilen im Sinn der »Doppelmelodie« zu verstehen. Mit den Worten »Schönheit und ... Güte« wird das klassische Ideal für edles Menschentum, die »Schöngutheit« (Kalokagathia) beschworen. Im Brief Nr. 499 (an Dr. E. Kapff) heißt es ziemlich am Ende, »daß die Philosophie, die Ästhetik die beste ist, welche das Schöne und das Wahre zugleich, das eine im andern sucht und findet«.

Das stehe hier, ohne weiteren Kommentar; als Hinweis und Anregung, wie auch der Hinweis auf ein besonders schönes und wichtiges Gedicht des ›späten‹ Hesse; die letzte Strophe:

»Was du liebtest und erstrebtest,
Was du träumtest und erlebtest,
Ist dir noch gewiß,
Ob es Wonne oder Leid war?
Gis und As, Es oder Dis –
Sind dem Ohr sie unterscheidbar?«

Nachwort

Der ›Fortsetzer und Erweiterer‹ ist zunächst eine Erklärung darüber schuldig, weshalb der zweite Band von »Kindheit und Jugend vor 1900« mit Verspätung erscheint. Ninon Hesse hatte ja das ›Material‹ bereits gesammelt und auch manche Anmerkung dazu schon festgehalten. Die genaue Durchsicht ergab jedoch, daß sich zwischen den von ihr versammelten Briefen manche Lücken befanden: Als Ninon Hesse um die Mitte der sechziger Jahre die Zeugnisse zusammentrug, lagen ihr eine ganze Anzahl wichtiger Briefe noch nicht vor; sie starb 1966. Ihre Sammlung der Briefe von 1895 bis 1900 war vor 1973, als der erste Band der »Gesammelten Briefe« erschien, noch nicht aufgefunden. Sie wurde erst 1975 entdeckt und warf bei der Durchsicht Fragen auf, für die sich in den Zeugnissen keine Antworten fanden. Nicht selten entstand der Eindruck, daß da etwas fehle; und als Bearbeiter, dem die Fortsetzung der Arbeit von Ninon Hesse übertragen worden war, *wußte* ich, daß dieser Eindruck zu Recht bestand. Ich wußte, daß vor allem jenes komplizierte, differenziert aufrichtige Verhältnis zwischen H. H. und seinen Eltern noch nicht deutlich genug hervortrat: daß zum Beispiel Briefe fehlen mußten, in denen das Verständnis des Vaters für den Sohn, ja auch Gemeinsamkeiten zwischen ihnen angesprochen werden; ich wußte, daß der für Hesse so wichtige Aspekt der Freundschaft noch nicht vielschichtig genug dokumentiert war und daß Briefe fehlten, in denen von jenem so entscheidenden Sich-Erarbeiten einer persönlichen deutschen Prosodie die Rede ist. Diese Dinge spielten sowohl in meinen Gesprächen mit Hermann Hesse eine bedeutende Rolle wie auch in Gesprächen mit Ninon Hesse, als ich ihr 1963 und 1964 einige Wochen lang in Montagnola bei der Sichtung und ersten Ordnung des Nachlasses von Hermann Hesse behilflich war.

Ninon Hesse hat 1966 im Nachwort zum vorhergehenden Band die Hauptaufgabe unserer Fortsetzungsedition bereits formuliert –: zu zeigen, wie H. H. »den Versuch der Anpassung macht und wie dieser ihm teilweise glückt«.

Ein »Versuch der Anpassung« ist niemals so ›laut‹ wie das Darstellen von Konflikten. So findet sich aus den Jahren 1895 bis 1900 auch keine Parallele zu jenem spektakulären Brief des 15jährigen Hermann aus der Nervenheilanstalt Stetten (vom 11. 9. 1892), der zuweilen mit Kafkas »Brief an den Vater« verglichen wurde. Daraus darf jedoch nicht geschlossen werden, daß Hesses Lehrjahre in einem bürgerlichen Beruf ohne Spannungen verlaufen seien. Es ging in jenen Jahren von 1895 bis zum Januar 1901, in denen der 18- bis 23jährige Hesse die Voraussetzungen zur Verwirklichung seines Kindheitstraumes schuf, »entweder ein Dichter oder gar nichts [zu] werden« (»Kurzgefaßter Lebenslauf«), tatsächlich um alles oder nichts. Hesse wußte das, und er wußte auch, daß es für ihn unter diesem Entweder-Oder nur eine erfolgversprechende Lösung gab, die nämlich, daß der Buchhändler Hesse der Geburtshelfer des Dichters Hesse wurde. Der 18jährige nahm die »peinliche Einsicht« ernst, daß es für Dichter keine Schule gibt, keinen vorgezeichneten Weg und keinen Unterricht für den Anfänger. Darum unterzog er sich einer Ausbildung, die ihm – solange es nicht anders ging – einen Broterwerb ermöglichte. Er wählte sich dazu

jenen bürgerlichen Beruf, in dessen Ausübung er vom ersten Tage an zugleich sein Lebensziel am besten verfolgen konnte, und begann seine zweite Buchhandelslehre – die erste hatte er im Oktober 1893 nach 3 Tagen abgebrochen – in bewußter ›Zweigleisigkeit‹ und mit dem Vorsatz, daß er diesmal nicht scheitern dürfe – nicht scheitern werde.
Wie er diesen Vorsatz verwirklichen konnte, darüber geben die Briefe und Lebenszeugnisse zwischen 1895 und 1900 Auskunft. Rückblickend schreibt Hesse im Jahre 1935 in der »Erinnerung an [seinen Bruder] Hans«: »Anfangs unklar und nur mit halbem Glauben, dann immer energischer und konzentrierter [hatte ich] mich auf die Zukunft hin bewegt, von der ich seit Knabenzeiten träumte. Auch als ich, nach schweren Kämpfen, den Eltern nachgab und mich einem Beruf und einer Lehrzeit unterzog, als Buchhändler, hatte ich es im Blick auf mein Ziel getan, es war eine Anpassung, ein vorläufiger Kompromiß gewesen. Ich war Buchhändler geworden, um zunächst einmal von den Eltern unabhängig zu werden, auch um ihnen zu zeigen, daß ich im Notfall mich beherrschen und etwas im bürgerlichen Leben leisten könne, aber es war für mich von Anfang an nur ein Sprungbrett und Umweg zu meinem Ziel gewesen.« (Brief Nr. 504)
Hesses ›Anpassung‹ bedeutete also kein Aufgeben des Kindheitstraumes, sondern ein Annehmen der Bedingungen, unter denen er – eine günstige Entwicklung vorausgesetzt – erreichbar blieb. Ende 1900 hatte sich dieser Weg als richtig, das Ziel als zwar noch nicht erreicht, doch als nahe und sicher genug erwiesen. Ein neuer Lebensabschnitt konnte beginnen.
Mit dem Beruf des Buchhändlers hat Hesse offenbar nie ernsthafte Schwierigkeiten gehabt. Er hat ihn zwar nicht sehr geliebt, seine Pflichten jedoch in der dafür angesetzten Zeit gewissenhaft erfüllt. »Bis auch mir einmal etwa

Heiratsgedanken in den Kreis der Möglichkeiten rücken werden [...] halte ich's für besser, 11 Stunden für 80 Mark [monatlich] zu arbeiten, als 14 für 100«, schrieb Hesse am 9. Juni 1899 seinem Halbbruder Karl; und am 2. Oktober 1898 hat er sich in einem Brief an die Eltern über seinen bürgerlichen Beruf so geäußert: »Je ruhiger ich werde und je mehr ich mich bemühe, meinem Berufe Liebe und Fleiß zu widmen, desto gewisser wird mir seine relative Niedrigkeit – es ist eben Kauf und Verkauf, und im Sortimentshandel ist sogar, der Einförmigkeit des Verkehrs und der festen Preise wegen, für kaufmännisches Genie kein Raum, welches ich freilich auch nicht besitze. So sehr ich mich in mein Fach zu vertiefen versuche – abends nach dem Ladenschluß ist der Buchhandel tot und vergessen bis zum nächsten Morgen.«

Trotzdem muß Hesse ein guter Lehrling und Gehilfe gewesen sein, obwohl er neben der Berufsarbeit noch als Autodidakt ein gründliches Studium der Literatur und ausgewählter Gebiete der Kunstgeschichte absolvierte und seine ersten Bücher schrieb. Denn seine »eigene Ausbildung«, die er seinen Angaben im »Kurzgefaßten Lebenslauf« zufolge »mit 15 Jahren begann«, setzte er auch während seiner Buchhändlerlehrzeit fort: »Zwischen meinem sechzehnten und zwanzigsten Jahre habe ich nicht bloß eine Menge Papier mit meinen ersten Dichterversuchen vollgeschrieben, sondern habe in jenen Jahren auch die halbe Weltliteratur gelesen und mich mit Kunstgeschichte, Sprachen, Philosophie mit einer Zähigkeit bemüht, welche reichlich für ein normales Studium genügt hätte.« Daß dieses Dictum aus dem »Kurzgefaßten Lebenslauf« zu Recht besteht, bezeugen Hesses Briefe aus Tübingen und aus Basel ebenso wie die Proben der Ergebnisse seines Privatstudiums, die hier in den Anmerkungen II mitgeteilt werden. Doch nahm Hesse auch seine Buchhändlerpflich-

ten ernst. Sein Lehrherr bescheinigte ihm »gediegene Kenntnisse«, Fleiß, Treue und Ehrlichkeit, »Interesse für das Geschäft und Hingabe an den Beruf«. (Nr. 802) Hesse sah den bürgerlichen Beruf zwar als notwendiges Übel an, als »Sprungbrett und Umweg zu [s]einem Ziel«, doch er ›erledigte‹ ihn nicht ›nebenbei‹. Er ›erledigte‹ nichts ›nebenbei‹. Die Qualitäten, die Herr Sonnewald dem aus der Heckenhauerschen Buchhandlung ausscheidenden Gehilfen bescheinigte, bildeten die Grundlage von Hesses Persönlichkeit, die sich freilich noch durch weitere Eigenschaften charakterisieren läßt, z. B. durch »Tapferkeit, Eigensinn, Geduld« (die ihn zuweilen verließ) und seine an kein Dogma gebundene Religiosität. Alle diese Eigenschaften blieben H. H. sein Leben lang erhalten als Grundlage des Werkes und seines Umgangs mit Menschen.
Auch der Maulbronner Seminarist, ja schon der Göppinger Lateinschüler lebte und handelte aufgrund dieser Eigenschaften. Und doch besteht zwischen dem Lateinschüler beziehungsweise dem Seminaristen einerseits und dem Buchhändler andererseits nicht nur die Gemeinsamkeit, daß sich der junge Hesse in Göppingen, in Maulbronn und in Tübingen seiner selbst noch gar nicht so bewußt war, sondern auch ein bedeutsamer Unterschied: erst der Tübinger Hesse besaß die Chance, sich selber treu zu bleiben und doch mit seiner Umwelt nicht in ausweglose Konflikte zu geraten.
In Göppingen wurde der Ausbruch jener Konflikte zwar noch vermieden, da Hesse dort zum zweiten Mal in seiner Schülerzeit im Göppinger Rektor Bauer einen Lehrer fand, den er »verehren und lieben konnte«, wie später Josef Knecht den Musikmeister verehrt und liebt. 1926 versuchte er, im Gedenkblatt »Aus meiner Schülerzeit«, seine eigene Jugend psychologisch zu verstehen. Er kam zu dem Schluß, »daß das Beste und Wirksamste in ihr, trotz

mancher Rebellion und auch mancher Fahnenflucht, eine Fähigkeit zur Ehrfurcht war, und daß [s]eine Seele am besten gedieh und am schönsten blühte, wenn sie verehren, anbeten, zu hohen Zielen streben durfte. Dies Glück, von dem [Hesse] in Calw bei Professor Schmid eine Ahnung bekommen hatte, jene so unendlich fruchtbare, dabei so subtile Beziehung zwischen einem geistigen Führer und einem begabten Kinde [...] kam unter Rektor Bauer zur vollen Entfaltung, zum ersten- und zum letztenmal in meinem Leben«.

Daß Hesse das Landexamen so gut bestand und Seminarist wurde, ist weitgehend jenem Verhältnis zwischen ihm und Rektor Bauer zuzuschreiben.

In Maulbronn aber fand er keinen solchen Lehrer. Dort stürzte er – wie es schien ohne Grund – in schwere Kämpfe mit sich selber wie mit seiner Umwelt, weil er an seinem »Eigen-Sinn« festhielt, der ihm doch selber noch ein Rätsel war. »Verstanden«, schrieb der fast 50jährige im »Kurzgefaßten Lebenslauf«, »verstanden habe ich jene Kämpfe erst zwei Jahrzehnte später [also etwa am Ende der Jahre in Gaienhofen am Bodensee, die Hesse auf eine neue Stufe der Erkenntnis seiner selbst und auf die Indienreise führten], »damals [in den Jahren vor Hesses Eintritt in die Heckenhauersche Buchhandlung] damals waren sie einfach da und umgaben mich, wider Willen, als ein furchtbares Unglück«.

In Tübingen nun gelang es, diesem Unglück ein Ende zu machen, indem sich der junge Hermann Hesse aus eigenem Antrieb »hohe Ziele« setzte – : indem er sich selber mit rigoroser Strenge und kompromißloser Konsequenz in die doppelte Pflicht nahm, seine Ausbildung und Bildung gleichzeitig auf zwei Wegen intensiv zu betreiben: Er gab sich der ›bürgerlichen‹ Buchhandelslehre ebenso ungeteilt hin wie der Verwirklichung seines ›eigen-sinnigen‹ Kindheitstraumes und fand damit einen Weg, seine individuelle Eigenart und Mitgift in der nun als unentrinnbar erkannten und hingenommenen bürgerlichen Alltäglichkeit zu bewahren und fortzuentwickeln –: ›Tasso‹ und ›Antonio‹ in ihm gleichermaßen ihr Recht und ihren Einfluß zuzugestehen.

Das gelang ihm vor allem auch aufgrund seiner fortwährenden Beschäftigung mit Goethe, der ihm als Dichter »nie zum Problem geworden« ist (»Dank an Goethe«), ihn aber als »der Literat, der Humanist und Ideologe (der er auch war) so beschäftigt, so angezogen und gepeinigt, so zur Auseinandersetzung gezwungen hat [... wie] kein anderer Schriftsteller außer Nietzsche«.

Kennengelernt hatte ihn Hesse »beinahe noch als Knabe«, in Tübingen aber wurde ihm »Vater Goethe« – wie Hesse ihn am 10. Dezember 1895 in einem Brief an seinen Halbbruder Karl apostrophiert – sowohl die Unruh, die seine Literaturstudien trieb und leitete, wie auch ein Vorbild, das seinem Leben Halt gab. »Merkwürdig hat sich mir Lernen und Urteil erleichtert, seit ich mich zu Goethe schlug und damit einen bestimmten Standpunkt für die Beurteilung gewann«, heißt es im Brief vom 11./13. Januar 1896 an die Eltern, und ebendort: »Was ich bei Goethe fand, scheint mir überhaupt das Beste und Einzige, die Kunst nämlich, bei allem Interesse, bei aller Phantasie, aller Beweglichkeit sich doch ein Stückchen Seele, einen Raum in der Brust, still und stumm zu bewahren, damit der Grund ruhig sei, wenn auch oben Stürme gehen – ein Letztes zu wahren, in das kein Sturm, kein Staub der Welt kommen darf, von dessen Inhalt kein Wort reden darf.«

Über Hesses Tübinger Privatstudien wird noch einiges zu sagen sein. Hier ging es zunächst um den Versuch einer Erklärung dafür, weshalb es in Tübingen gut ging mit

Hesse, nachdem »mehr als vier Jahre lang [...] alles unweigerlich schief [gegangen war], was man mit [ihm] unternehmen wollte«. (»Kurzgefaßter Lebenslauf«)
Auch mit den Eltern kam Hesse nun besser aus. Er besuchte sie oft. Wieder und wieder ist – bei Erinnerungen an frühere Jahre – in seinen Briefen z. B. die Rede von dem »großen Unrecht, das ich Euch abzubitten habe« (Brief Nr. 716), von Dankbarkeit und von der Bitte »um Verzeihung und um neue Liebe« (Brief Nr. 691). Das Elternhaus wurde für ihn wieder zu einem Ruhepol, zu einem Ort der Geborgenheit und des Nachdenkens über sein Leben und über die Welt. Briefe, die Hesse seiner »fremdbekannten« Freundin Helene Voigt-Diederichs während des Calwer Urlaubssommers 1899 *vor* seiner Übersiedlung nach Basel schrieb, bezeugen das so gut, wie jene Aufzeichnungen, die er *nach* der Basler Sortimentsbuchhändlerzeit während eines anderen Urlaubs in Calw Anfang 1901 in Bagels Geschäftskalender eintrug. (S. 524f.)
Die Bereitschaft, sich mit den Eltern so zu verständigen, daß jedem Gerechtigkeit werde, gehörte offenbar zu den Vorsätzen, mit denen Hesse die Tübinger Lehrzeit antrat. Er kam den Eltern zum Beispiel entgegen, indem er zuweilen ihre Sprache mitsprach, so etwa am 17. Januar 1896: »Der Herr hat Großes an uns getan, des sind wir fröhlich.« (Brief Nr. 528) In solchen Äußerungen, für die es immer einen besonderen Anlaß gab – hier die Heilung der Mutter durch das »Hände auflegen« des Altpietisten Elias Schrenk –, steckt aber auch ein Stück Selbstverleugnung. Hermann Hesse blieb ja »bei all [s]einer Hochschätzung des Glaubens jeder Art [...] doch ein gewisser religiöser Duft – nicht zuwider, aber fremd und unverständlich« (Brief Nr. 871). Nur wußte Hesse, daß der Gott der Eltern nicht der »Sonntagsgott der Kirchenchristen« (Brief Nr. 583) und daß ihr Pietismus praktiziertes Christentum

war. Darum konnte er auch auf ihre religiöse Sprache eingehen.
Dennoch war Religion für ihn nicht so einfach wie offenbar für Elias Schrenk, den die Eltern um Fürbitte gebeten hatten und der Hesse daraufhin riet, »[s]ich dem Heiland einfach zu übergeben mit Leib und Seele. [Denn] Er hat Dich erkauft mit Seinem Blute.« – Die Eltern hatten Elias Schrenk als Vermittler zwischen ihnen und H. H. angenommen. Doch wollte der Sohn gerade in Glaubensfragen keinen Vermittler zwischen sich und den Eltern anerkennen. Darum schrieb er ihnen am 27. Februar 1896: »Wie ich zur Bibel stehe, daß ich sie mehr lese und liebe als jedes andre Buch, auch als Goethe, wißt ihr; es mag Euch schmerzlich sein, daß unsre Gottesdienste mich nicht fesseln, daß ich nicht zum Abendmahl gehe, überhaupt lieber im eignen Zimmer und Herzen mich erbaue als mit tausend andern, und vielleicht wird sich mein Empfinden auch hierin noch wesentlich ändern, aber daß dies durch eine Absicht Dritter in plötzlicher Weise geschehe, widerstrebt im Innersten meiner ganzen Eigenart. Versteht mich nicht falsch, und laßt durch nichts unsern offenen, herzlichen Verkehr trüben!«
Schon dem Tübinger Hermann Hesse erschien »eine persönliche Religion [...] Ende und Ziel jeder Weltanschauung«. (Brief Nr. 630) Seinem Halbbruder Karl Isenberg, der die Notwendigkeit einer »Zentrale« für das Geistesleben eines jeden Menschen betont hatte, antwortete er im Juni 1897: »Meine Zentrale habe ich im Glauben an das Schöne gefunden, der mit dem Glauben an die Kunst annähernd zusammenfällt; [sie ist mir] aus einem interessanten Ding und Spielzeug infolge innerer Erfahrungen zu einer Religion geworden.« (Brief Nr. 630)
Auf der Unterschiedlichkeit von Hesses religiöser Haltung und der seiner Eltern beruht nahezu alles Nichtverstehen

zwischen den Eltern und ihm. Der 15jährige hatte das Problem mitten in der Krise am 11. September 1892 bereits auf die überspitzte Formel gebracht: »Ihr seid Christen, und ich – nur ein Mensch.« Die Formel stimmt. Sie besagt, daß Hesses Christentum, daß sein Glaube – im geistigen wie im geographischen Sinn – ›erdumfassender‹ war, menschlicher. Die fernöstliche Komponente, die Hesse 1931 in der Betrachtung »Mein Glaube« darlegte und mit seinem Christentum in Verbindung brachte, war ihm damals allerdings erst »in der Gestalt einer kleinen, tanzenden indischen Götzenfigur im Glasschrank [s]eines Großvaters [Gundert]« als geheimnisvolle Bildungsmacht vertraut, die mit dem Großvater und auch mit der Mutter verwandt schien und H. H. »mit morgenländischen, uralten Bildern und Gedanken so erfüllt[e], daß [er] später jede Begegnung mit indischen und chinesischen Weisen als eine Wiederbegegnung, als eine Heimkehr empfand«. (»Kindheit des Zauberers«)
Bis Hesse das erkannt hatte, nahm die ästhetische Weltanschauung den Platz ein, der für die fernöstlichen ›Inhalte‹ seines Lebens ›bestimmt‹ war und später auch von ihnen ausgefüllt wurde. Dem Tübinger Hesse waren diese Inhalte noch verborgen. Darum bezeichnete er »die ewige Schönheit [als] [s]eine Herrin und Freundin, [als] [s]ein Leben und Lieben. [Und er brauchte für sie ›große‹ Anschauungsgegenstände. Darum wurde ihm Tübingen zu eng.] Es fehlt mir hier ein Hochgebirg oder Meeresufer, wo ich sie [die ewige Schönheit] immer aufsuchen und ungestört und singend schauen könnte. Dadurch bin ich ein Büchermensch geworden.« (Brief Nr. 667) Und im Juli 1920 schreibt er in einem Brief an die Schwester Adele: »Dein Brief hat mich in vielem sehr an unsre Mutter erinnert. Was war sie für ein prächtiger Mensch! Es ist schade – für mich war eines der deprimierendsten Erleb-

nisse der Jünglingsjahre ein Brief von ihr, in dem sie meine ersten Dichtungen mit Prüderie und Moralpredigt besprach. Wenn sie den ›Klein und Wagner‹ hätte lesen müssen, und wissen, daß jenes Moralisieren mich auf meinen Weg getrieben hat! Aber das muß sie ja zum Glück nicht, und ihr liebes Bild ist doch das Beste, was mir im Leben je gehörte.« Und 1926, ebenfalls an Adele: »Da kam es oft vor, daß Papa oder Mama über ein Gedicht oder eine Musik sehr anerkennend sprachen, mit einem etwas verräterischen Lächeln, dann aber stets hinzufügten, daß das alles natürlich ›*nur*‹ Stimmung, ›*nur*‹ schön, ›*nur*‹ Kunst sei, und im Grund halt doch lang nicht so hoch stehe, wie Moral, Charakter, Wille, Ethik u.s.w. Diese Lehre hat mein Leben verdorben, und ich kehre nicht zu ihr zurück, auch nicht in der lieben, sanften Form deines Briefes.« (S. 621 f.)

Solche Konflikte waren auch während Hesses Tübinger Jahren zuweilen kritisch und ernst. Sie wirkten sich nur nicht mehr so spektakulär aus wie vier Jahre zuvor. Im Verlauf der Diskussion um »Eine Stunde hinter Mitternacht« steht in einem ohne Anrede geschriebenen Brief Hesses: »Ihr kennt wohl das Wort: ›Den Reinen ist alles rein‹ und habt mich sonach zu den Unreinen gestellt.« (Brief 788) Der Brief wurde nicht abgeschickt. Es kam dafür ein anderer, ein resignierender Brief, der auf eine Auseinandersetzung verzichtete. Seine Mutter antwortete: »Dank Dir, daß Du jenen ›herben‹ Brief nicht geschickt [hast]«. (Brief 789)

Man sieht, das Dilemma dauerte an. Es wurde aber auf beiden Seiten durch die seit Tübingen nie mehr in Frage gestellte gemeinsame Basis in diesem diffizilen und differenzierten Verhältnis aufgefangen: einem Verhältnis der Treue zu sich selbst, zugleich aber der Verständnisbereitschaft für den anderen. Dieser Schwebezustand, genauer:

das Aufrechterhalten seiner stets gefährdeten Balance ist eine der entscheidenden Kräfte, die das Werden des Menschen und des Schriftstellers H. H. bestimmten. Es in den Briefen und Lebenszeugnissen von 1985 bis 1900 zu verfolgen, ist eine der besten Einführungen in Hesses Lebenswerk. – Noch im Juli 1900 formulierte Hesse in einem Brief an die Eltern auch das fortdauernde und unauflösbare Problem aufs neue: »Mir ist Schönheit, wenn Ihr wollt, ›Kunst‹ das Endziel, ich glaube damit aber nicht einen anderen Weg als Ihr zu gehen, bis zu der entscheidenden Wendung zum spezifisch protestantischen Christentum. Zu einer Art Gottesglauben, zum Glauben an die Güte der Weltordnung bin ich wohl gekommen, aber von da an wird mir Form und Sinn der Religion teils zu undurchsichtig, teils zu unnobel. Daß etwa Luther in edlerem Sinn gelebt habe und verklärter gestorben sei als z. B. der Heide Tizian, kann ich mir nicht denken – jener ein heißer, großartiger aber ungeschliffener Geist, dieser in Gedanken, Kunst und Leben zu einer Harmonie und Vollendung gebildet, wie sie Luther kaum zu träumen zart genug war. – Aber das ist wieder der alte leidige Kreis, in dem wir uns in Worten herumbewegen, während wir uns in Wahrheit näher sind als wir beide meinen.« (Brief 895)
Auch manche Briefe der Eltern zeigen und anerkennen dieses Problem; zum Beispiel der des Vaters vom 3. 10. 1897: »Mit dem Einander-verstehen oder -nichtverstehen ist es ein eigen Ding. Wer versteht denn nur auch sich selbst? Wir lernen alle und sind alle im Werden. Die Hauptsache ist, daß man einander trägt und liebt und füreinander hofft und glaubt. Und das tun wir doch. Das Vollkommene wäre freilich besser, aber ich möchte sagen: Wer das Unvollkommene verachtet, ist des Vollkommenen nicht wert.«
Es gibt für diese Haltung manche Zeugnisse, darunter ein

besonders schönes und wichtiges: H. H. bekannte dem Vater im Frühjahr 1899, daß seine zu jener Zeit »ziemlich schwach[e], nervös[e] und mißmutig[e Verfassung die Folge] einer Überarbeitung im letzten Jahre« sei. Johannes Hesse nahm diese Einsicht mit Freude auf. Er erklärte dem Sohn »die Überarbeitung [als] eine Folge der Ungeduld[...], die ich als mein und Dein Hauptlaster erkenne«. (Brief Nr. 777) Dann gab Johannes Hesse ein kurzes Kolleg über Wert und Sinn der Geduld, und H. H. brachte später, was der Vater da in trockenen Worten darlegte, wieder und wieder in Briefe wie in wichtige Gestalten seiner Werke ein, in Briefen am klarsten gegenüber seinem Sohn Bruno (S. 608), in seinen Büchern sind u. a. Knulp und Josef Knecht die beiden Pole solchen eigensinnigen Lebens auf dem Grund der Geduld.

In vollem Ausmaß wird dieses komplexe Verhältnis erst deutlich, wenn es in jedem seiner Einzelzüge bipolar und in der ihm zugrundeliegenden Einheit verstanden wird. Daher müssen auch die Großväter stets mit in Betracht gezogen werden: der Weißensteiner Kreisarzt und russische Staatsrat Dr. Karl Hermann Hesse mit seiner weltfrohen Frömmigkeit wie der »von lächelndem Geheimnis« umgebene schwäbische Großvater Dr. Hermann Gundert mit seinem auf Philosophie und Sprachwissenschaft gegründeten, dem Indisch-Fernöstlichen aufgeschlossenen missionarischen Pietismus. Weiter ist in diesem Zusammenhang das Abendländisch-Nordöstliche des baltendeutschen Vaters Johannes Hesse als ›Bildungsmacht‹ mitbestimmend. H. H. erlebte es im Calwer Alltag seines Vaters, der ihm da bei allen Anpassungsversuchen doch »abseits [zu stehen schien], einsam, ein Leidender und Suchender, gelehrt und gütig, ohne Falsch und voll von Eifer im Dienst der Wahrheit, aber weit weg von jenem Lächeln [des Großvaters Gundert], edel und zart, aber klar«.

Die ›Brücke‹ zwischen dem Vater und diesem Großvater war Hesses Mutter, die in Talatscheri in Vorderindien geboren war und dort – nach Jahren in Europa – in ihrem Geburtshaus auch zum erstenmal geheiratet und ihre ersten Ehejahre verbracht hatte. Sie hatte sowohl an der Klarheit des Vaters teil wie am Geheimnisvollen des Großvaters Gundert, an diesem vor allem.

Schließlich darf auch das Romanisch-Europäische nicht übersehen werden, das durch die Großmutter Julie Gundert aus der calvinistischen Winzerfamilie Dubois in Neuchâtel zu den Grundlagen von Hesses Leben und Werk zählt, jene Großmutter, »die wir etwas fürchteten, weil sie kein Deutsch sprach und in einer französischen Bibel las«.

So weit war Hermann Hesses Lebensmitgift von den Vorfahren her gespannt, und der Sohn und Enkel H. H. nahm sie an und brachte sie zur Entfaltung. Er tat es im Sinn jenes für ihn und für sein Werk entscheidenden Imperativs, dem er in immer neuen und immer umfassenderen Verwirklichungen gerecht zu werden versuchte: »Werde, der du bist!«

Dazu war es nötig, alles von den Vorfahren Heterogene in ihm sich auswirken zu lassen und miteinander in Verbindung zu bringen: sich zu einer durch fernöstliche Lebensform und Lebensweisheit ebenso wie durch das abendländische Erbe bestimmten Persönlichkeit auszubilden.

Dem 18jährigen war das alles natürlich noch nicht bewußt. Er war ›nur‹ entschlossen, sich – so wie er es verstand – in der bürgerlichen Alltäglichkeit zu behaupten und *dabei* ein Dichter zu *werden*. Das »furchtbare Unglück« der letzten Jahre vor der Tübinger Buchhändlerzeit, in denen mit H. H. »alles unweigerlich schief ... ging« (»Kurzgefaßter Lebenslauf«), hatte ihn zu diesem Entschluß gebracht. Darum stürzte er sich, um eben diesem Unglück ein für allemal zu entgehen, mit rigoroser Vehemenz in die selbstgewählte zweigleisige Lehrzeit. Das forderte Selbstdisziplin und das Opfer mancher Bequemlichkeit, manches einfachen alltäglichen Genusses.

Hesse sah daher die Berechtigung der ›10 Gebote‹ des Vaters für Tübingen (Brief Nr. 503) nicht nur ein, er ging aus freien Stücken noch darüber hinaus. Davon zeugen viele Bemerkungen in seinen Briefen, vor allem aber die Intensität seines Lesens und Studierens, die Ansprüche, die er an sich selbst stellte, und nicht zuletzt die Resultate seiner Arbeit.

Zur Selbstdisziplin gehörte die Tages- bzw. die Abend-und-Nacht-Einteilung, die Hesse vornahm: Der Tag dem Buchhandel (der »abends nach dem Ladenschluß, ... vergessen [war] bis zum nächsten Morgen«) – der Abend den Privatstudien, den Schreibversuchen und – seltener – der Geselligkeit. Er dauerte anfangs etwa von 8 bis 10 Uhr, später auch bis nach Mitternacht. Der Titel des ersten Prosabuches von H. H.: »Eine Stunde hinter Mitternacht« ist nicht zuletzt auch unter diesem konkreten Gesichtspunkt der Tageszeit zu sehen.

So wird verständlich, daß in den Briefen auf den ersten Blick so verwunderlich oft von Nervosität, Abgespanntheit, Reizbarkeit, Kopfschmerzen die Rede ist. Hesse lernte damit zurechtzukommen.

Günstige Umstände halfen ihm dabei, vor allem, daß die Belastungen aus diesem Leben für ihn ›nur‹ physischer Art waren. Schon im Januar 1896 stellte er in einem Brief an die Eltern fest: »Daß mein Privatstudium der Ästhetik und Literatur im Einklang mit meinem Berufe steht, erfrischt mich natürlich sehr.« Dann half ihm die Entschiedenheit seines Studiums: der feste Vorsatz, das selbstgesetzte »Ziel, Wesen und Geschichte der europäischen Dichtung wirklich zu verstehen, doch noch, so weit möglich, zu erreichen«. (Brief Nr. 517) Hinzu kam aber auch schon das Wissen um bestimmte Voraussetzungen, die erfüllt sein mußten, wenn dieses Ziel überhaupt realistisch verfolgt werden sollte: die Einsicht z. B., daß man »sehr viel [lesen mußte] und [...] von Phrasen und Romaneffekten nicht leicht zu bestechen« (Brief Nr. 499) sein durfte, sowie die ebenso wichtige Einsicht, daß solches Lesen auf ein ›System‹ gegründet sein mußte.

Das alles brachte H. H. schon nach Tübingen mit. Dort aber verstärkte er die zielgerichtete Disziplin seines Lesens auf die für ihn einzig angemessene Weise: Er »schlug [...] sich zu Goethe« und las zunächst einmal »alles als Vorarbeit zu Goethe« (Brief Nr. 537), auch die ›Alten‹, deren Studium er um Goethes willen begrenzte: »Wäre nicht Goethe mein Ziel, so würde mich wohl nichts so bald aus der trojanischen Ebene und dem steinigen Ithaka, aus dem attischen Treiben und aus dem Mikrokosmos des forum Romanum hinweglocken.« (Brief Nr. 544) Den Eltern erschien Hesses ›Goethezeit‹ wohl bedenklich. Der Sohn schrieb ihnen manches »zum Beweise, daß [er] nicht rein in Goethe aufgegangen« sei. Zu Recht. In H. H. suchte sich keineswegs ein epigonaler Geist hohe Muster für sein Schreiben, denen es nachzustreben gelte, da suchte ein ›Nachgeborener‹ am hohen Vorbild *seinen* Weg. Hesse hatte erkannt, daß *er* an Goethe als *seinem* Lehrer und *seinem* Maßstab nicht vorbeigehen durfte, daß *er* sein Lesen und Urteilen an Goethe zu orientieren und auszubilden hatte. Dieser Erkenntnis folgte er, und schon im Januar und im Februar 1896 erläuterte er das den Eltern: »Auch sollt Ihr nicht fürchten, ich verbohre mich einseitig in Vater Goethe und vergesse andres darüber. Im Gegenteil, Goethe erzieht einigermaßen, vor allem lehrt er Harmonie und eine Art von Takt, die sonst kaum gelehrt und gelernt werden kann«; und: »Was Goethe zum Einzigen, Größten macht, ist eben das, daß in ihm allein das Rätsel der Neuzeit sich gelöst hat, Feuer und Wasser sich verbunden haben, nämlich das klassische und romantische Element in Denken und Dichten, Ja und Nein, Plato und Aristoteles, Idee und Ironie, Homer und Dante. Für jeden, der nicht Goethe ist, ist zwischen Iphigenie und Faust ein klaffender Abgrund. Von all den Millionen denkender Menschen, die seit hundert Jahren gelebt haben und leben, ist *er* der einzige, für den es keine französische Revolution gab, dessen Stand höher war als selbst dieses Höchste, diese rote Sonne der Neuzeit.« (Brief Nr. 531)

Neben Goethe wählte sich der junge Hesse z. B. Homer und Dante, Jens Peter Jacobsen und Novalis als Maßstab für sein vieles Lesen »nach bestimmten Gesichtspunkten und ohne Leidenschaft« (Brief Nr. 690), C. F. Meyer, Gottfried Keller, Theodor Storm ... (Register und Zeittafel bringen weitere Hinweise). Das Nachwort kann den Bildungsprozeß des Lesers und Schriftstellers H. H. nicht im einzelnen darstellen, sondern nur die entscheidenden Voraussetzungen und Stationen von Hesses Werdegang zwischen 1895 und 1900 skizzieren.

Für den Schriftsteller Hesse bleiben vier Umstände besonders beachtenswert: 1) daß Goethe Hesses wichtigster Lehrmeister blieb, 2) daß Hesse auch sein ausgedehntes Studium der Romantik und der Romantiker an Goethe orientierte, 3) daß er »alles sein [wollte], nur kein Romantiker« (Brief Nr. 552), 4) daß Hesses ›Goethezentriertheit‹ ›historisch bedingt‹ ist.

Hierzu einige Bemerkungen: Hesse befaßte sich in Tübingen auch deshalb so intensiv mit Goethe, weil er ahnte, daß ihn nur Goethe hinreichend zuverlässig anleiten könne, seine auf die zukünftige Epoche der Menschheitsgeschichte gerichtete Lebensaufgabe zu lösen –: Goethe hatte für diese künftige Epoche mit seinem »Faust« ja schon die Versöhnung von europäischer Moderne und europäischem Altertum geleistet, und er hatte, vor allem im »West-Östlichen Divan«, bereits auf die west-östliche Versöhnung hingewiesen, die als nächste große Aufgabe anstand und die H. H. aufgrund seiner Lebensmitgift entscheidend fördern konnte.

Hesses Verhältnis zur Romantik ist komplizierter. Die Romantik verkörperte ihm zwar in seinen frühen Jahren als »Schönheit [und] ›Kunst‹ das Endziel« (Brief Nr. 895), aber nur weil die fernöstliche Komponente damals noch keine aktuelle Kraft in Hesses Denken war. Schon im Februar 1896 erklärte er die Romantik als eine Krankheitserscheinung der Goetheschen Anschauung: »Wenn die Goethesche Anschauung krank wird, was sie bei Goethe selbst nicht tut, wird sie zur romantischen, und Goethe allein steht fest wie auf festem Boden auf diesem schlüpfrigen höchsten Gipfel, zwischen Real und Ideal, zwischen Griechisch und Deutsch, zwischen Antike und Romantik.« (Brief Nr. 541) Im November 1898 hieß es dann: »Meine romantischen Detailstudien haben geholfen, meine Anschauung zu läutern«. Und im Dezember 1898 über Novalis, der H. H. »teuer und unerschöpflich« war und »der einzige innerlich Feste und seine Zeit überragende unter dieser Gemeinde« der Romantiker: »Mir ist Novalis immer zumeist ein Lehrer der Wahrhaftigkeit gewesen. Wenn mir's gelänge, einmal ganz von Herz zu Herz zu schreiben, ohne einen Rest von Phrase, ohne alles Rhetorische, und doch beredt in vollen Klängen, dann hätt' ich davon den größern Teil Novalis zu danken, diesem Gewissenhaften der Rede.« Hesse trennt (bei allem Verstehen und aller Wertschätzung der Romantik) seine auf Vergegenwärtigung der Zukunft gerichtete Sehnsucht von der auf ein Unsichtbares oder Jenseitiges gerichteten Sehnsucht der Romantiker. Ihm ging es – mit den Worten des Mottos zum »Glasperlenspiel« – um die »Darstellung gewisse[r]

Dinge, deren Existenz weder beweisbar noch wahrscheinlich ist, welche aber eben dadurch, daß fromme und gewissenhafte Menschen sie gewissermaßen als seiende Dinge behandeln, dem Sein und der Möglichkeit des Geborenwerdens um einen Schritt nähergeführt werden«. Darum ist »realisieren« ein Lieblingswort der Glasperlenspieler. Und Hesses Verfahren, Zukünftiges zu realisieren, besteht in der Versöhnung alles Vergangenen: der persönlichen Lebensmitgift wie der Erkenntnisse früherer Epochen mit und in der eigenen – individuellen wie gesellschaftlichen – Gegenwart. Später nennt er dieses Verfahren ›Glasperlenspiel‹, seine Definition: »ein Spiel mit sämtlichen Inhalten und Werten unserer Kultur«.

Der Tübinger Hesse hatte anstelle dieses ›Morgenlandes‹ noch das ›Sehnsuchtswort‹ »Heimwehland«, das in Gedichten und besonders in Briefen an Helene Voigt-Diederichs wiederholt vorkommt. Im April 1896 schrieb er über die »Welt der Poesie«, sein ersehntes poetisches »Heimwehland«: es »liegt über jenem Strich draußen, vor dem wir jetzt fast alle noch vergebens den Gaul der Philosophie und Poesie spornen – vielleicht ›jenseits von Gut und Böse‹«. In einem wichtigen Brief vom September desselben Jahres erklärt sich Hesse etwas konkreter: »mit der ›Welt der Poesie‹ meine ich eine Welt, zu welcher alle bestehenden Dichtungen bis zur Ilias und Hamlet und Faust nur eben ein dürftig angelegter Vorhof sind«. (Brief Nr. 583) Die ›schönste‹ – und das heißt für H. H. zugleich ›wahrste‹ – Beschreibung dieses ›Landes‹ findet sich dennoch in dem Brief vom April 1896 an Dr. Kapff, in dem Hesse über »das Ideal der Dichtung, wie [er] es heg[e]« notiert: »Das ›Land‹ ist keineswegs die Traumwelt, die Dichterwelt, es ist auch nicht Brasilien, jenseits der Grenze, wo sich die kecken Reiter finden, gibt es keine Schubladen und Grenzpfosten, auch kein Deutschland mehr.« Das ist heute so

zu verstehen: der junge Hesse verfolgte seine west-östliche Aufgabe auf die einzig sinnvolle Weise, die es zu einer Zeit gab, als sich ihm diese Aufgabe noch nicht konkretisiert hatte, nämlich im Gebrauch seines Handwerkszeugs, der Sprache. Darum ging er »den Gesetzen sprachlichen Wohlklanges, den jeder exakten Forschung entrückten Rätseln der innern Rhythmik nach [...] bis auf jene geheimnisvollen Gebiete, wo dunkel und ahnend in ewigem Werden das liegt, was ich ›Gesetze der Stimmung‹ nennen möchte«. (Brief Nr. 580) Darum suchte er die »letzten, geheimsten Rätsel der Poetik [...] die Musik der Sprache [...] jene unformulierbaren Gesetze, die den Wohlklang lebendiger Prosa bedingen und mit der Rhetorik verwandt sind, jene rätselhaften Gesetze, die über der Geburt des Sprachschönen walten, – die Gesetze der Stimmung!« (Brief Nr. 581)
Das Schöne gehörte für Hesse zwar zeit seines Lebens zur Kunst. Es war für ihn aber unabdingbar mit dem Wahren verbunden, ohne das es für Hesse auch kein Kunstschönes gab. Nicht Schönheit, sondern Wahrhaftigkeit war von Anfang an Hesses Antrieb, in der Kunst wie im Leben. Darum konnte er auch schon im Februar 1896 einen Gedanken formulieren, der Kunst und Leben aufgrund eines Kulturbegriffs in Einklang bringt, zu dem wir auch heute noch bestenfalls auf dem Weg sind: »Zum Kunstwerk wird in weiterem Sinn das Leben eigentlich durch jede Kultur, jede gemäße einfach begrenzte Lebensform.« (Brief Nr. 532)
Seitdem Hesse seinen Versuch der Anpassung an die Umwelt als gelungen ansehen durfte, wurde ihm Tübingen zu eng. Es hatte ihm den Wiederanschluß an das Elternhaus ermöglicht; es hatte ihm die Bewährung in einem bürgerlichen Beruf gebracht; hier hatte er sein eigenwilliges System eines Privatstudiums entwickelt und seine ersten beiden Bücher veröffentlicht. Aber es war und blieb für ihn –

trotz gelegentlicher Exkursionen – dennoch der Ort ohne Naturerfahrungen, ohne »Hochgebirg oder ein Meeresufer«, (Brief Nr. 667) der Ort »einseitigster Bücherarbeit und literarischen Genusses«. (Brief Nr. 837)
Schon im März 1897 bemerkt er in einem Brief an Eberhard Goes: »In Tübingen wird es mir zuweilen recht eng, dies ganze Leben drückt mich wie ein Rock, der zu klein wird und aus Sparsamkeit noch getragen wird. Ich sehne mich nach Menschen, nach Leben und Fülle, nach einem Land und einer Gesellschaft [!], wo ich mich hingeben und verschwenden könnte.« Und seiner Schwester Adele schrieb Hesse im Oktober desselben Jahres: »Mir fehlt Ruhe, mir fehlen Lichter und Farben, mein Leben müßte reicher an Menschen und Leidenschaften sein, um mich wieder zu wecken. So komme ich fast nie zu mir selber.«
Auch Hesses »Hauptlaster«, die Ungeduld, mag daran teilhaben, daß sich Tübingen für ihn so rasch ›abnutzte‹. Im September 1900 schrieb Hesse dem Freund Eberhard Goes: »Ich weiß nicht, ob das *ars longa vita brevis* je ein Mensch so wie ich gefühlt hat, so süß und bitter, so deprimierend und berauschend zugleich. Ich verfluche es, daß man schlafen, essen, sich ankleiden, auskleiden, rasieren muß, und empfinde doch schon im Augenblick des Verfluchens, daß das alles sein muß, daß aus dem allen sich das Leben zusammensetzt, auch daß man das alles nicht nur geduldig abtun, sondern mit Liebe besorgen und wenn nicht in Symbol, so doch in Schmuck verwandeln sollte. Ich möchte den Tag genießen, Freunde liebhaben, plaudern, spazieren, ich weiß, daß man jeden Augenblick als etwas Unwiederbringliches ohne Hintergrund und Absicht genießen sollte, und doch drängt es mich in jedem Augenblick weiter, zu lesen, zu arbeiten, zu sammeln, mich vorzubereiten, mich zu verfeinern, mich immer mehr mit dem Schönen, das unendlich ist, zu füllen.«

Solche Ungeduld ließ Hesse zum Beispiel im Wald plötzlich nach einer Lektüre zu Hause verlangen oder in einem guten Konzert die Sehnsucht nach einem Alleinsein in der Natur wachwerden. Sie ist auch die ›Quelle‹ für die Bipolarität, die »Doppelmelodie« in Hesses Werk, in der sich diese Ungeduld ›beruhigt‹. Sie führte zu Hesses Dialektik im Ausforschen und Auslegen von Welt und Menschenleben, die keine letzte Gewißheit kennt, sowie zu der entscheidenden Interdependenz vieler wichtiger Gestalten von Hesses Werk, wie z. B. Hans Giebenrath und Hermann Heilner, Demian und Sinclair, Klein und Wagner, Siddhartha und Govinda, Harry Haller und Hermine, Narziß und Goldmund ... Goethe wurde ihm auch dabei zum Lehrherrn. Im Jahr der Tübinger Goethestudien heißt es zum Beispiel: »Ich forsche in G[oethe]s Leben und Briefen, in wieweit er selber zu den verschiedenen Zeiten des werdenden Stückes Tasso oder Antonio war, finde bis jetzt aber nur die undeutliche Meinung, daß er als Antonio nach Italien ging und deshalb davor bewahrt blieb, ganz als Tasso zurückzukommen [...] Es ist arg schwer, die *Dicta* des älteren Goethe über seine Werdezeit richtig zu benützen, sie scheinen trübe, wo sie richtig sind, und umgekehrt, es beginnt jene Doppelwahrheit, der Doppelweg, den man nicht verfolgen kann, ohne die Füße zu weit voneinander zu bringen, und es ist selten eine Mitte da.« (Brief Nr. 558)
Dies gilt analog auch für H. H., in dessen Werk sich die Bipolaritäten psychologisch vielfältig differenzieren und auch in den einzelnen ›Polen‹ noch aufspalten. Im letzten Kapitel des »Kurgast« steht Hesses bündigste Auskunft darüber. Dem Tübinger Hesse war sie noch nicht bewußt. Die Jahre dort blieben ihm als Jahre des Mangels und der ›Krankheit‹ in Erinnerung. Am 20. September 1899 – also noch während seiner ersten Basler Woche –

notierte er in ›Bagels Geschäftskalender‹ 1899: »Ich beginne in Tübingen noch den Roman ›Schweinigel‹ [bisher nicht aufgefunden], höre aber von Mai 99 an mit aller Privatarbeit auf. Kopfweh und gänzlicher Schlafmangel. Um mich zu heilen und weil ich in Tübingen kein Genüge mehr fand, verließ ich Stadt und Stelle am 1. August in Freundschaft, nachdem ich für Herbst schon eine Stelle bei Reich in Basel gefunden.«

Erst die Basler Jahre empfand Hesse dann »entschieden als eine fortdauernde Gesundung«. (Brief Nr. 857) Er ›vergaß‹ einfach, daß diese Gesundung, mit der es ihm nun verständlicherweise recht eilig war, in der Tübinger Zeit ihre Voraussetzung, ja auch schon ihren Anfang hatte: »Meine Gesundheit ist dauernd gut [hieß es am 9. November 1898]. Ebenso meine Stimmung. Ich bin fast gar nimmer nervös, hastig und selbstquälerisch, und im ganzen hat dieses für mich vielfach wichtige Jahr in mir den Grund einer neuen kräftigen Bildung und Lebensschätzung gelegt.« Für seine »Lieblingsstadt« Basel aber besaß Hesse schon dank einer dort »überaus glücklich verlebte[n] Kindheit [...] ein Heimatgefühl« (Brief Nr. 667), das durch seinen Basler Aufenthalt im Oktober 1892 noch gefestigt worden war, als sich ihm dort nach zwei Aufenthalten in der Nervenheilanstalt Stetten »Leib und Seele [wieder] stärkte«. (Brief Nr. 764)

Außerdem hatte diese Stadt auch aufgrund ihrer Nähe zum Schwarzwald, zu Luzern, zur welschen Schweiz »einen unschätzbaren Wert« (Brief Nr. 933) für Hesse. »Im Gegensatz zu Tübingen brachte ich [während der Basler Jahre] fast alle freien Tage auf kleinen Lustreisen zu«, notierte er, als er sich am 5. Februar 1901 vor seiner ersten Italienreise Rechenschaft ablegte über die jüngstvergangenen 1½ Jahre. »Eine Stunde – und ich bin mitten im tiefsten blauen Schwarzwald; zwei Stunden und ich bin

in Luzern; zwei Stunden – und mich umgibt die friedevoll schöne, beglückende Natur der welschen Schweiz. So wohl ich den intimen Genuß des einfachsten Stückes Erde kenne und verstehe, so beglückt mich doch über alles der große Stil und die unsägliche Macht der alpinen Natur und die herbe, kristallene Schönheit der Seen im Gebirge.« (Brief Nr. 933) – Die Natur war also das eine regenerierende Element, das H. H. während seiner Basler Buchhändlerjahre sehr zugutekam – nach den »letzten Jahre[n] einseitigster Bücherarbeit und literarischen Genusses«. (Brief Nr. 837)
Dazu wurde Basel die Stadt, die Hesse durch häufige Museumsbesuche sowie vor allem durch »das Zusammenwohnen mit dem lieben Künstler Jennen, dem Erbauer des Rathaus[es], schnell in engste persönliche Fühlung mit der bildenen Kunst [brachte], die seither wichtig für mein Leben ward«. (Brief Nr. 936)
Schon im November 1899 und im Januar 1900 erklärte Hesse, was diese »Fühlung« mit der in Tübingen so vermißten – originalen! – bildenden Kunst für ihn bedeutete: »Das stetige Umgebensein von Werken der bildenden Kunst [...] hat [...] mir unsäglich wohl getan – als hätte ein ganzer Teil meines Inneren bisher geschlafen und spürte nun den aufweckenden Sonnenschein auf den Lidern«. (Brief Nr. 837) »Mit dem Betrachten von Farben und Zeichnungen ist ein bisher verdunkelter Teil meines Wesens fröhlich und leidenschaftlich ans Licht gesprungen und beherrscht mich bis auf Gang und Bewegung«. (Brief Nr. 855) Das malerische Element, das z. B. Dr. Kapff schon in den »Romantischen Liedern« so stark aufgefallen ist, hat Hesse erst in Basel recht sehen und verstehen gelernt.
Dann hielt diese Stadt für den bis dahin recht einsam gebliebenen Hermann Hesse noch ein weiteres regenerierendes Element bereit: die mit den Hesses von früher her schon recht gut bekannten Familien der Wackernagels: das

Haus des Professors Wackernagel und das des Staatsarchivars und Verfassers der *Geschichte der Stadt Basel*, Dr. Rudolf Wackernagel, in dessen Familie H. H. schon im Dezember 1899 »fast wie zu Hause« war, [...] »ebensosehr als [...] Sohn [seiner Eltern] wie als eigene Person«. »Dort lese ich mit dem Archivar, sehe mit dem Sohn Bilder an, rede frei und herzlich über alles mit der Frau, spaße mit der älteren Tochter und treibe Kurzweil mit den netten Kindern, die freier von normaler Wohlerzogenheit sind als andre Basler Kinder und jeweils auch eine Balgerei riskieren. Ich habe dort auch Christtag gehabt.« (Brief Nr. 858) Doch Hesse fand in diesem Haus auch »ein[en] Kreis von interessanten, tüchtigen Männern ... (v. Haller, Wölfflin, Joel, Bernoulli, Jennen, Burger, Balmer, Dr. Gessler etc.)«. (Brief Nr. 936)
In Basel kam Hesse also in ein vielfältigeres und farbigeres Verhältnis zu seiner Umwelt als in Tübingen. Er merkt das im Rückblick vom Februar 1901 ausdrücklich an: »Übrigens ward ich in Basel bald geselliger und nahm am Leben teil« – seit Dezember 1899 auch als Artikelschreiber für die Allgemeine Schweizer Zeitung, was ihm »mehr noch als [s]eine Bücher [...] einen gewissen lokalen Ruf [einbrachte], der [ihn] im gesellschaftl[ichen] Leben sehr unterstützte«. (Brief Nr. 854)
Durch alles das kam sich H. H. schon im Januar 1900 »so verändert [vor], älter und doch jünger geworden, daß [es ihm] in der neuen Haut zwar wunderlich wohl, aber noch fremd« war. Und Ende Dezember stellte er fest: »Ich habe bis jetzt kein an Gedanken, Selbstbetrachtung, Entschlüssen und Abschlüssen so reiches Jahr gehabt wie das vergangene.«
Helene Voigt-Diederichs hatte ihrem ›verwandelten‹ Briefpartner schon im Februar 1900 »Glück zu der großen Befreiung [gewünscht, die über ihn gekommen zu sein

scheine]. Ich denke [heißt es in ihrem Brief], sie rührt wohl zuerst von körperlichem Wohlbefinden und Anschluß an sympathische Menschen (vermutlich auch Frauen) her. Sie sind wohl einer, der Einsamkeit braucht – aber zugleich einer, der in dem Umgang mit Menschen gesund und stark wird«. (Brief Nr. 864) Die »fremd-bekannte« Brieffreundin, die H. H. im November 1897 den ersten Leserbrief schrieb, hat mit dieser ›Doppelwahrheit‹ vielleicht das Aufschlußreichste überhaupt über Hermann Hesses Verhältnis zu sich selbst wie zu seiner Umwelt gesagt. Sie ist – noch vor Hesses Eltern, vor Dr. Kapff und vor Hesses Halbbruder Karl Isenberg, vor den Wackernagels, vor Julie Hellmann und Elisabeth La Roche die wichtigste Begleiterin Hermann Hesses während seiner entscheidenden Werdejahre in Tübingen und in Basel – die einzige, die ihn nicht nur immer verstand, sondern auch ermutigte und beriet. Dabei haben sich Hermann Hesse und Helene Voigt-Diederichs nie gesehen. Sie haben sich *nur* in Briefen »ein rückhaltlos[es] Gefühl der Freundschaft und des Vertrauens« (Brief Nr. 724) entgegengebracht und ihre innersten Gefühle voreinander nicht verborgen.

Hesses ›Erfahrenheit‹, die bis dahin allein in der ›Welt‹ der Bücher und des geistigen Genusses bestanden hatte, erweiterte sich in der Basler Buchhändlerzeit also um die ›Welt‹ der Natur und um die ›Welt‹ der bildenden Kunst sowie um die einer ›unverbindlich-verbindlichen‹ Geselligkeit.

Diese zwei bis drei »bisher verdunkelte[n] Teil[e] [s]eines Wesens« (Brief Nr. 855) rückten erst jetzt ins Licht. Dennoch blieb die Musik – der immer noch viel zu wenig erforschte Grundzug von Hessens Wesen – auch in Basel im Grunde die bestimmende Kraft. Am 22. Februar 1899 hatte Hesse – in Calw – seine erste Geigenstunde. Ende 1897 hat er sich »schweren Herzens [...] von der ausübenden Musik getrennt« (Brief Nr. 665), aber schon ein

Dreivierteljahr später, nach Abschluß seiner Lehrzeit, wieder eine Geige gekauft. Doch spielte Hesse nie öffentlich; er hat zeit seines Lebens Musik vor allem gehört, »am Karfreitag, wenn es möglich war, am liebsten eine Bach-Passion«; und den Eindruck der Mozart-Klaviersonate No. 7 in C-Dur, KV 309, die er am Abend des 8. August 1962 im Radio hörte, nahm er mit in seinen letzten Schlaf. Der Musiker, mit dem Hesse seinen poetischen Weg begann, war Chopin, »der so unbegreiflich mir aus der inneren Seele redet« (Brief Nr. 726). Hesse liebte ihn damals »wie außer Mozart keinen Musiker« und stellte ihn neben Beethoven. Chopin war ihm mehr als Wagner für Nietzsche gewesen war. Im September 1897 erklärte er den Eltern: »mit diesen warmen, lebendigen Melodien, mit dieser pikanten, lasziven, nervösen Harmonie, mit dieser ganzen so ungemein intimen Musik Chopins hängt alles Wesentliche meines geistigen und seelischen Lebens zusammen«; und im November 1898 führte er die meisten seiner Verse, »die [ihm] selber am liebsten sind, [...] auf Stücke von Chopin und Beethoven zurück [...]. [Er] werde [...] durch die Musik wie sonst durch nichts schöpferisch angeregt«. (Brief Nr. 726)
Hesses Umgang mit Musik blieb sein ganzes Leben und Werk hindurch bis hin zum »Glasperlenspiel« nicht einfach ›musikalische Welterfahrung‹, sondern vor allem ein Ringen um die eigene, ihm und dem jeweils entstehenden Werk gemäße Sprache aus dem »Geiste der Tapferkeit und der Musik«. Darum wurde Hesses Werk auch Gegenstand des Handbuchs »Die Musik in Geschichte und Gegenwart«, obwohl er weder etwas komponiert hat noch als Musiker oder Musiktheoretiker eigens hervorgetreten ist. Der ›Musiker‹ Hesse blieb stets die ›Zuflucht‹ des Menschen und Schriftstellers, dem die Musik immer klarer und selbstverständlicher zur Richtschnur und zum Maßstab sei-

nes Lebens und Schreibens wurde. Sie spielte darüber hinaus eine wichtige Rolle bei der Wahl seiner Freunde. Auch Elisabeth La Roche musizierte, und Hesses erste Frau spielte ausgezeichnet Klavier.

Eine Sehnsucht Hesses blieb allerdings auch in Basel noch ohne rechte Erfüllung, die »nach Menschen, nach Leben und Fülle, nach einem Land und einer Gesellschaft, wo [er] sich hingeben und verschwenden könnte«. (Brief Nr. 608) Da war zwar das Wackernagelsche Haus, von dem H. H. im Februar 1901 notierte, daß er es »dankbarst [...] nennen [...] muß«; da waren z.B. die Künstler Jennen und Drach, da waren Elisabeth La Roche, die ihn »zu halber Liebe reizt[e]«, die Musikabende bei Dr. Wackernagels (auch mit Prof. Bertholet, Theologe und einer der damals besten Basler Geiger); da waren Frau Stehlin-Miville, Architekt Fueters, Prof. Burckhardt-Schatzmann und Frau, La Roche-Stockmeyers und weitere Damen und Herren der Basler Gesellschaft... »Freunde« – doch »einen Freund fand ich in Basel nicht«. (Brief Nr. 854)

Schon im Oktober 1898, also noch aus Tübingen, hatte Hesse einmal geschrieben: »Einen lieben Freund Zimmer an Zimmer neben mir haben, war mir immer [!] ein Ideal.« Und nun mußte er auch in Basel nicht nur auf eigensinnige, gute treue Freunde warten, sondern sogar den »Verlust der Freundschaft des cénacle« verschmerzen und seine Liebe zu Julie Hellmann überwinden. Er konnte sich dabei nun aber nicht mehr nur auf einseitige Hingabe an die »Bücherwelt« stützen, sondern ebensosehr, ja noch stärker auf die Natur und auf die bildende Kunst wie auch schon auf kultivierte Geselligkeit, die Hesse immerhin näher zu Menschen brachte als die Jahre davor.

Hundert Jahre nach Hesses Geburt wird erkennbar, warum der »Schmerz« der freund-losen Basler Jahre eine notwendige Stufe auf dem Weg des Schriftstellers H. H. zu sich selber war. Hesse war damals *selber* für das Freundsein noch nicht bereit, nach dem er sich schon immer sehnte –: er wurde es erst, nachdem er die Natur ganz erfahren hatte, die im »Peter Camenzind« eine so bedeutende Rolle spielt. Als diese Aufgabe erfüllt war, traten die früheren Freunde – auf neue Weise – wieder in sein Leben ein, und neue kamen hinzu.

Bücher (und die Musik) – Natur und bildende Kunst (und die Musik) – Menschen (und die Musik) ... das waren – in dieser Reihenfolge – die ›Gegenstände‹ der Auseinandersetzung auf dem Wege des Schriftstellers H. H. zu sich selber. ›Natürlich‹ gab es alles das zu jeder Zeit von Hesses Leben gleichzeitig. Es fügte sich nur eben so, daß er die drei entscheidenden ›Schulen des Urteilens‹ in dieser Reihenfolge und in einem ungewöhnlich strengen Nacheinander absolvieren mußte: Um überhaupt auf seinen Weg zu finden, hatte er mit »Jahre[n] einseitigster Bücherarbeit und literarischen Genusses« zu beginnen (etwa 1895 bis etwa Spätsommer 1898). Diesen Jahren folgte eine Zeit, in der ihm vor allem die Erfahrung der Natur und der bildenden Kunst als eine Erweiterung und Gesundung seiner selbst wichtig wurde (Ende 1898 bis nach 1900; gelegentlich auch in späteren Jahren wieder). Erst nachdem so aufgrund der Erfahrungen eines eigen-sinnig systematischen Lesers wie eines enthusiastischen Liebhabers der Natur und der bildenden Kunst ein relativ sicherer Boden für ›Urteile‹ gewonnen war, begann Hesse mit dem exakten Studieren *und* Darstellen von Menschen – nachdem er die Aufgabe angenommen hatte: den wichtigen Büchern der Vergangenheit wie der eigenen Lebenszeit jenes Wissen zu entnehmen, das *er* erleben und in Erfahrung umsetzen mußte, weil jeder einzelne das für *ihn* Wichtigste weder aus Büchern noch aus Lehren oder aus Kunstwerken ›lernen‹ und vorfabriziert übernehmen kann, sondern – um zu sich selber zu kommen – vor allem anderen das Vertrauen und den Mut zu sich selber braucht und ... gute treue Freunde.

Darum vergewisserte sich Hesse immer sehr gründlich der ›Sache‹, die gerade sein ›Gegenstand‹ war, nicht nur intellektuell, sondern mit seiner ganzen Persönlichkeit. Die Schritte des Studierens und des Erlebens, die das erforderte, ließ er in der Regel nicht explizit ins Werk eingehen; »Siddhartha« ist dafür ein besonders schönes Beispiel. Aber auch »Demian«, »Klingsors letzter Sommer«, »Der Steppenwolf«, »Narziß und Goldmund«, »Die Morgenlandfahrt« und »Das Glasperlenspiel« haben ihre Form aufgrund des Verfahrens gefunden, das sich Hesse in Tübingen und in Basel erarbeitet hat und das die schönste und gewiß auch die wichtigste Frucht seiner Werdejahre ist, in denen Hesse mit seiner Weise der Rezeption wie der Produktion sprachlicher Überlieferung auch seinen ›Stil‹ für den Umgang mit Menschen wie mit den Fragen der Zeit, wenn nicht vollendet so doch gegründet hat. Schon damals entdeckte er die nie beruhigte Bipolarität (oder Interdependenz) ›Eigensinn und Freundsein‹, das Kontinuum ›Einsamkeit‹ in allen ihren auf ›Morgen‹ gerichteten Möglichkeiten und die Zukunft herbeiführende Kraft eines Lebens »im Geiste der Tapferkeit und der Musik«. (»Das Glasperlenspiel«)

Daraus erklärt sich auch der schon damals wache ›prophetisch‹-zeitkritische Zug von Hesses eigen-sinniger Welt- und Lebensbetrachtung, wie er z. B. in der folgenden Fragestellung zum Ausdruck kommt: »Gehen wir der Zeit entgegen, wo Kunst und Poesie überhaupt ihre Sonderstellung verlieren und als gleichwertige, vielleicht minderwertige ›Branchen‹ der Gewerbestatistik gelten werden?« (Brief Nr. 517) Oder in Gedanken wie diesen: »Dies grelle Blühen unserer Literatur, unserer Geschichtsschreibung, dies Sterngucken und Schatzgraben ist so ganz das Zeichen einer sich selbst ungenügenden Zeit, eines unwahren, gesteigerten Schattenlebens, unsere ganze Zivilisation ist morphiumsüchtig: Und ich möchte leben, nicht wie ein hastiger Schatten, wie ein Schwindsüchtiger, nein, warm und wahr und blühend.« »Seine Knabenideale muß jeder einmal begraben; aber was ich erlernt und erkämpft habe, was ich nun, oft menschenscheu, in mir bewahre und vor der allgemeinen Fäulnis und Verflachung zu hüten strebe, das möchte ich ganz behalten, und was ich wünsche, sind Lebensgrundlagen, auf denen ich ohne Angst und Rückhalt bauen und wohnen kann. Und das Leben zu einem Kunstwerk gestalten, das kann man nur auf dem Boden der Natur und der Wahrheit, daher kann es bei uns der Reiche so wenig wie der Arbeiter. Zum Kunstwerk wird im weiteren Sinn das Leben eigentlich durch jede Kultur, jede gemäße einfach begrenzte Lebensform. An eine Reformation des Lebens, der sozialen Zustände Deutschlands und Europas glaube ich eigentlich nicht; ich denke, das faule Blatt muß von selber fallen und dem Neuen Platz machen. Zurückdämmen läßt sich dieser ›Fortschritt‹, dieses Fieber der Nerven nicht, aber es wird sich überleben. Ich glaube nicht, daß einer der jetzt Lebenden in Deutschland eine neue Epoche erleben wird, ich glaube, es wird eine lange Zeit der Öde und Barbarei zwischen dem Zusammenbruch unsrer Lebensformen und dem neuen Frühling liegen. Dieser Frühling mag dann immerhin ›von der Peripherie‹, etwa von Brasilien, her kommen. Dieser Frühling wird eine soziale Frage nicht kennen, und statt den Produkten unsrer greisen Zivilisation möchte ich ihm lieber den Apoll von Belvedere und etwa das Bild Goethes hinüberretten. Ganz sicher weiß ich, daß es im 21. Jahrhundert einen Bellamy-Staat nirgend geben wird. Ob man nicht in sehr später Zeit unsre Epoche als das sagenhafte

Zeitalter der Maschinentitanen kennen, sie noch später mit der Legende vom Turmbau zu Babel verwechseln wird – ob unsre Zeit nicht für die Geschichts- und Menschenkunde dieser späten Jahrhunderte nur von pathologischem Interesse sein wird?« (Brief Nr. 532)

Gerhard Kirchhoff

Editorische Notizen

Das Ziel der Edition war, aus der Zeit des Sortimentsbuchhändlers und werdenden Schriftstellers Hermann Hesse eine Versammlung von Briefen und Lebenszeugnissen zustande zu bringen, die ebenso ›lesbar‹ wie aufschlußreich ist. Darum bestand die Aufgabe nicht im Abdruck alles Vorhandenen, sondern in der gewissenhaften Auswahl und Kommentierung alles Wichtigen. Dieses Prinzip hatte Ninon Hesse ihrer Herausgeberarbeit zugrunde gelegt. Es war auch bei den Erweiterungen beizubehalten, die schon zu Beginn des Nachwortes begründet wurden. Zu den Kürzungen bleibt noch etwas zu sagen.

Alle Abkürzungen sind durch Punkte in eckigen Klammern gekennzeichnet. Runde Klammern gehören zum Text. Gekürzt bzw. weggelassen wurden nur solche Informationen, die auch für den Empfänger unmittelbar nach dem Eingang eines Briefes Bedeutung hatten. Derartige Informationen sind nur dann aufgenommen, wenn sie dem Leser einen Eindruck vom Alltag der Familien Hesse, Gundert und Isenberg vermitteln.

Im Gegensatz zum ersten Band wurden auch in Briefen *von* Hermann Hesse öfter Kürzungen vorgenommen. Das Buch wäre sonst zu umfangreich geworden. Die Kürzungen betreffen jedoch nie das Substantielle, sondern stets Aktuell-Alltägliches, das schon an anderen Stellen charakteristisch dokumentiert ist.

Wie im ersten Band zeigt Kursivschrift Unterstreichungen der Briefschreiber an. In eckigen Klammern stehen Zusätze des Herausgebers. Die Orthographie folgt in der Regel der heutigen Schreibweise.

Zu Personen und Sachen finden sich kurze Angaben als Fußnoten jeweils unter den einzelnen Briefen oder Lebenszeugnissen. Ausführliche Angaben über die wichtigsten vorkommenden Personen enthalten die »Anmerkungen I« in alphabetischer Folge.

Die »Anmerkungen II« bringen erläuternde Zitate aus Hesses Briefen oder Werken, frühe Verse und Aufsätze H. Hs., Kritiken zu Hesses frühen Werken sowie erläuternde Äußerungen anderer Autoren und weiterführende Bemerkungen des Herausgebers.

Das Register (für Personen und Sachen) hält fest, mit wem und womit sich Hermann Hesse während seiner Werdejahre als Schriftsteller auseinandersetzte.

Alle Texte sind aus den Handschriften publiziert, die sich mittlerweile

nahezu alle im Deutschen Literaturarchiv (Schiller-Nationalmuseum Marbach am Neckar) befinden. Das Original des Briefes an Otto Hartmann vom 18. Januar 1893 (S. 553 ff.) befindet sich in Dornach/Schweiz bei Herrn Georg Hartmann, dem ich für die Erlaubnis zum Abdruck danke.
Weiter danke ich Herrn Prof. Dr. Bernhard Zeller, Direktor des Schiller-Nationalmuseums, für die Genehmigung in Marbach nach allem zu suchen, was Ninon Hesse noch nicht vorgelegen hat. Herrn Winfried Feifel, Deutsches Literaturarchiv Marbach, danke ich für seinen Rat und für seine Hilfe bei der Suche nach bestimmten Briefen bzw. Fakten für Fußnoten und Erläuterungen.
Herrn Volker Michels, dem Verwalter und Herausgeber des Nachlasses von Hermann Hesse, Suhrkamp Verlag Frankfurt, danke ich für unbegrenzte Unterstützung meiner Arbeit, die er durch Rat und Tat förderte und für die er mir alle Unterlagen zur Verfügung stellte, die er mit seiner Frau Ursula Michels-Wenz im Lauf von Jahren zusammengetragen hat.
Mein Dank gilt auch Herrn Heiner Hesse, Küsnacht/Schweiz, der, wie Volker Michels, alle Korrekturen mitlas, in der Landesbibliothek Bern nach frühen Briefen an seinen Vater suchte und zur Klärung vieler Fragen beitrug. Ebenso danke ich Herrn Siegfried Greiner, Calw, für manche klärende Auskunft und für sein Mitlesen der Korrekturbogen, Frau Paula Wachtfeichtl, Diplom-Bibliothekarin, Staatliche Bibliothek Passau, danke ich für biographische und bibliographische Hinweise wie für ihre Mithilfe bei der Suche nach manchen entlegenen Fakten und Daten. Für verschiedene Auskünfte danke ich Herrn Heiner Bauschert, Frau Dr. Marta Dietschy, Herrn Dr. Albrecht Goes, Frau Lene Gundert, Herrn Georg Hartmann, Frau Ilse Hesse, Herrn Ulrich Hesse, Herrn Pfarrer Hans Kroll, Hermann Hesses Cousine Frau Fanny Schiler, Herrn Stadtarchivar Walter Staudenmeyer, Calw, Herrn Dr. Uwe Jens Wandel, Universitätsarchiv Tübingen, Herrn Dr. Götz Wolff, Mitarbeitern der Stadtarchive Tübingen und Ulm sowie der Feuilletonredaktion der Neuen Zürcher Zeitung. Ihnen allen habe ich für die Antwort auf manche Fragen zu danken, die ohne ihre Auskunft wohl offengeblieben wären.

G. K.

Chronik

1895 1. Oktober: H. H. beschäftigt sich noch mit Auswanderungsplänen nach Brasilien (vgl. die Briefe an Dr. Ernst Kapff, Nr. 499, S. 9 ff. und Nr. 532, S. 67).

3. Oktober: Inserat im »Schwäbischen Merkur«, Stuttgart, in dem für Hermann Hesse eine Lehrlingsstelle in einer Buchhandlung gesucht wird.

4. Oktober: Angebot der Buchhandlung Heckenhauer, Tübingen.

7. Oktober: H. H. schreibt für die Buchhandlung Heckenhauer seinen Lebenslauf.

12. Oktober: ›10 Gebote‹ des Vaters Johannes Hesse »für Tübingen«.

16. Oktober: Bestätigung der seit November 1890 bestehenden württembergischen Staatsangehörigkeit H. Hs. »durch Naturalisation«, über das Königlich-Württembergische Oberamt Calw.

17. Oktober: H. H. tritt seine Lehrzeit bei Heckenhauer an. — Wohnung während der ganzen Tübinger Zeit bei Frau Dekan Leopold, Herrenbergstraße 28.

Ab Mitte Oktober: »Ein tüchtiger Grund wird gelegt durch ein Jahr fleißig ernster Beschäftigung mit Goethe ausschließlich« (H. H. am 24. März 1899, s. S. 338) – daneben Privatstudien der Ästhetik und Literatur« (s. S. 53).

Zweite Oktoberhälfte: H. H. liest »Wilhelm Meister«, Buchhandelskataloge und »treibt Latein«; spielt gelegentlich Geige; lernt über seinen Maulbronner Mitseminaristen Wilhelm Lang den Theologiestudenten Eberhard Goes kennen.

November: H. H. liest »Phädon« von Moses Mendelssohn.

Ende November/Anfang Dezember: Erster Brief von Eberhard Goes an H. H.

24. Dezember: H. H. über Weihnachten kurz in Calw. Rückreise schon am 25. Dezember.

27. Dezember: H. H. und sechs Studenten abends bei Prof. Häring.

31. Dezember: Silvesterabend mit Vetter Hermann Gundert auf H. Hs. Zimmer. – Abreise von H. Hs. Halbbruder Karl Isenberg aus Alschanka (Rußland), wo er eine Zeitlang Hauslehrer war.

1896 Neujahr: bei Vetter Hermann Gundert.

Januar: H. H. nutzt die Bibliothek, die Herr Hermes, der »Stolz des Hauses« Heckenhauer verwaltet; er beurteilt eine Novelle von Dr. Ernst Kapff (s. S. 57 f. und S. 32 f.), studiert Ästhetik und Literaturgeschichte und schreibt einen Brief über Goethe und Schiller (s. S. 53 ff.).

11. Januar: Rückkehr Karl Isenbergs aus Rußland.

Februar: H. H. liest Gottschall (Nationalliteratur), 1000 und 1 Nacht, Vergil, »einiges Dramaturgische«, Boccaccio, Cervantes, Fielding und Heine, Kataloge und Zeitschriften.

27. Februar: Brief H. Hs. über sein Verhältnis zur Bibel, über Lessing, Goethe, Schiller, über Lesepläne (Antike, Mittelalter, Klassik), vor allem über den »Begriff des Dramatischen« (bei Shakespeare und den Germanen, bei den Griechen, bei Goethe, bei Schiller) sowie zur Romantik als »Krankheitserscheinung der Goetheschen Anschauung« (s. S. 79 ff.).

März: Lektüre Vergils beendet. H. H. klärt sein Vorgehen bei der Fortsetzung seines Studiums der »Alten«, Mythologie inbegriffen (s. S. 84 ff.); er verbringt regelmäßig die kurze Mittagspause auf dem Schloßberg. H. H. liest die Ilias, die Odyssee und L. Prellers »Griechische Mythologie«, J. Scherrs »Bildersaal der Weltliteratur«, Ebrards »Cheirisiphos' Reise durch Böotien«.

Ein Gedicht H. Hs. erscheint im »Deutschen Dichterheim«, Wien.

5. März: Besuch bei Prof. Häring.

6. März (Sonntag): Gespräch mit Fräulein von Reutern (s. S. 24 Fußn. 4) über französische und russische Literatur.

April: H. H. spricht in seinem Brief an Dr. Ernst Kapff über Dichten als Therapie, über seine Einsamkeit und sein »Land« der Poesie: »im übrigen will ich alles sein, nur kein Romantiker« (s. S. 96 ff.).

Gedicht »Wieder in B[oll]«.

Gedicht für seinen Halbbruder Theodor und Martha Cohen zur Hochzeit am 2. Mai (s. S. 561 f.).

Marulla Hesse tritt nach Ostern in die 9. Klasse des Katharinenstiftes Stuttgart ein.

Wahrscheinlich gleich nach dem 2. Mai schreibt H. H. einen Brief über Goethe (als Tasso und als Antonio) und sein eigenes Studieren, über den »Doppelweg« bzw. die »Doppelwahrheit«, »das Zweiseitige, Vieldeutige« in Goethe (s. S. 102 ff.).

H. H. liest Ossian (dessen Schwächen er durch einen Vergleich mit Homer aufzeigt), auch »neueste Literatur«, z. B. Sudermann;

mit besonderem Genuß aber Lessings Laokoon-Essay und die Ilias.

2. Mai: Hochzeit Theodor Isenbergs mit Martha Cohen in Calw. – Nach der Hochzeit arbeitet Theodor als Apotheker in Freudenstadt.

29. Mai: H. H. in Freudenstadt.

Juni: H. H. beendet die Lektüre von Lessings Laokoon-Essay und von K. Heinemanns »Goethe«, liest weiterhin die Ilias und Nietzsche, wiederholt die Lektüre von Werken Goethes, setzt seine Vergleiche zwischen Goethe und Schiller fort (s. S. 115 ff.).

H. H. Gast bei Prof. Härings offenen Abenden (s. S. 113).

Juli: H. H. »seit Wochen appetitlos und unwohl« (s. S. 121).

4. Juli: Johannes Hesse besucht H. H. in Tübingen.

Mitte Juli: H. H. schickt dem »Deutschen Dichterheim«, Wien, 2 Lieder (s. S. 128).

Zweite Juli-Hälfte: H. H. zur Erholung in Freudenstadt.

Erste Augustwoche: H. H. in Calw.

8. August: H. H. reist nach Tübingen zurück und besucht Dr. Ernst Kapff in Canstatt.

2. Augustwoche: H. H. verbringt einen Abend im Buchhändlerverein und feiert an einem anderen Abend – mit Vetter Hermann Gundert – Abschied von Eberhard Goes.

H. H. empfindet – und überwindet – sein Ungenügen an dem »anstrengende[n] Tagestreiben« eines Buchhändlers (s. S. 130).

September: H. H. treibt statistische und kritische Literaturgeschichte, setzt seine »›lyrischen Versuche‹« fort, studiert griechische, lateinische, mittelalterliche, barocke wie moderne Rhythmik und »›Poesie der Sprache‹« und äußert sich über die Ergebnisse dieses Studiums (s. S. 133 ff.).

Er liest Goethes italienische Briefe »mit einem Genuß wie noch nie ein Buch« (S. 134).

Auf 6. September Einladung zu einem Ausflug des Gehilfenvereins. H. H. freut sich darüber, nimmt aber nicht teil.

13.-19. September: Brief zur »Gottsuche«, über den »Sonntagsgott der Kirchenchristen« und über den »Christenglauben« wie zu H. Hs. »›Welt der Poesie‹« (s. S. 138 ff.).

20. September (Sonntag): Besuch bei Fräulein von Reutern.

1. Oktober: Hans Hesse tritt seine kaufmännische Lehre an.

2. Oktober: Abreise von Theodor und Martha Isenberg nach Aidlingen, wo Theo eine Apotheke übernimmt.

14. Oktober: Examen von Karl Isenberg in Stuttgart; ab Herbst feste Anstellung als Hilfslehrer an der Lateinschule in Biberach.

20. November: H. Hs. baltischer Großvater Dr. Carl Hermann Hesse stirbt in Weißenstein, Estland.

23. Dezember: Besuch des Halbbruders Karl in Tübingen.

24. (abends) - 26. Dezember: H. H. verbringt Weihnachten in Calw.

1897 »Von Januar 1897 bis Frühjahr 1898 wurden sämtliche Gedichte geschrieben, die Ende 1898 als ›Romantische Lieder‹ erschienen.« (H. H.)

Januar: H. H. liest Gottfried Keller, dazu »viel Neuestes«; er korrigiert sein Gerhart-Hauptmann-Bild und reflektiert die »›neue Kunst‹«. Liest G. Falke.

Brief H. Hs. über Freundschaft, Poesie und Musik.

H. H. schreibt Richard Dehmel und würdigt ihn in Knittelversen.

Anfang März: H. H. in Calw und in Stuttgart.

April: H. H. liest Hermann Bahrs Essays »Studien zur Moderne« und »zum xten-male« ›Niels Lyhne‹ von Jacobsen; er schreibt Gertrud Lang, einer Freundin seiner Schwester Adele, den versprochenen Brief über baltische Dichtung.

Mai: H. H. schreibt »Mai-Lied« (frei nach Heine) (s. S. 192). H. H. verbringt einige Abende bei Prof. Häring.

16. Mai: Besuch des Schneiders Textor, den H. H. in der Anstalt Stetten kennenlernte (s. S. 177 f.).

22. Mai: Johannes Hesse bricht in Frankfurt die lange geplante Rußlandreise ab und begibt sich zur Erholung in das Kurhaus Palmenwald, Freudenstadt.

Juni: H. H. liest G. Falke.

Vetter Hermann Gundert wird ins Tübinger Stift aufgenommen.

6. und 7. Juni: H. H. besucht seinen Vater über Pfingsten im Kurhaus Palmenwald, Freudenstadt.

12. und 13. Juni: H. H. schreibt seinem Halbbruder Karl über das Schöne, über Religion und Moral (s. S. 189 ff.).

20. Juni: Besuch von Frau Finckh, Reutlingen, der Mutter des Cénaclers »Ugel« = Ludwig Finckh. Frau Finckh lädt H. Hs. Mutter nach Reutlingen ein.

2. Juli: Marie Hesse bei H. H. in Tübingen.

»Sommer 1897 und Wintersemester 1897/98 lustige Cénacle-Zeit« (H. H.).

1. August (Sonntag): H. H. besucht Finckhs in Reutlingen (2. Besuch).

15. August: H. H. in Calw.

September: H. H. liest »belletristische Novitäten« und Rousseaus »Konfessionen«; er erwartet die Veröffentlichung eines Chopin-Lieds im »Dichterheim«, Wien. »Für Mutters Geburtstag« (am 18. Oktober) schreibt er Aufsätze »zur intimen Mitteilung« (s. S. 205).

12. September (Sonntag): 3. Besuch bei Finckhs in Reutlingen.

25. September: Urteil über religiöse Lyrik (S. 205).

Oktober: H. H. notiert zu seiner Lektüre des Sommers und des Herbstes 1897: »viel gelesen.... manches Interessante: Pastor Bierbaum, Falke, Scheerbart, Dehmel etc.«

Seit Herbst 1897 bewußtere Zuwendung zur Natur.

4. Oktober: Brief über Dichtkunst, Moral, Ästhetik und religiöse Lyrik (s. S. 209 ff.).

Bis zum 17. Oktober schreibt H. H. Aufsätze und Gedichte in das Heft »Plauderabende, Meiner lieben Mutter« zum Geburtstag (18. 10.).

November: H. H. oft mit Finckh, Rupp, Hammelehle (Mitglieder des petit cénacle) zusammen (s. S. 221).

22. November: Helene Voigt schreibt ihren ersten Brief an H. H. (s. S. 225).

Dezember: H. H. schreibt Sarasate-Gedicht (s. S. 228, Fußn. 4).

1898 Januar: H. H. beschäftigt sich mit kunsthistorischen Studien (Ghiberti, Brunellesco, Pisa des 14., Florenz des 15. Jahrhunderts).

Einige Abende und Sonntage mit den Freunden des Cénacle. Ausgiebige Lektüre: Dichter, sowie »in kleinen Zügen« Montaigne und Carlyle.

20. Januar: H. H. hört im Akademischen Musikverein Schumanns Requiem.

30. Januar: H. H. besucht mit Freund O. Rupp »Onkel« Ernst Gundert in Eßlingen (s. S. 239 und S. 241, Fußn. 2), sowie Geigers und Montigels in Canstatt (s. S. 241, Fußn. 3 und 4).

6. Februar (Sonntag): H. H. besucht mit seinen Freunden O. Rupp und C. Hammelehle seinen Vetter Wilhelm Gundert sowie einen Bruder seines Freundes Cloß im Seminar Urach.

März: Fortsetzung der Lektüre von Carlyle und Montaigne, Renaissance-Studien (Geschichte und Kunstgeschichte); »Hauptlektüre« (H. H.) seit ca. 10. März J. Burckhardt: »Kultur der Renaissance in Italien«.

1. März: Nachricht von Helene Voigts Verlobung mit Eugen Diederichs am 12. Februar 1898.

20. März (Sonntag): H. H. in Calw.

April: Bei H. H. erste Zusammenkunft des Freundeskreises petit cénacle im neuen Semester.

H. H. schreibt »Schwalben fliegen«, »Gespräche mit Maria«, »Frau Gertrud«.

Mai: H. H. hört den Pianisten Max Pauer Mendelssohn, Schumann und Chopin spielen (s. S. 257 f. u. S. 279).

1. Mai (Sonntag): H. H. läßt sich fotografieren und schickt das Bild Helene Voigt und seinem Halbbruder Karl.

1. Mai: »Frühlingsfeier« des petit cénacle auf Schloß Lichtenstein (s. S. 268).

11. Mai: Helene Voigt schickt H. H. ihr Foto »als Gegengabe«.

Juni: H. Hesse liest G. Keller, C. F. Meyer, Th. Storm, L. Tieck, Novalis und andere deutsche Romantiker. Er beginnt die »Romantischen Lieder« zum Druck vorzubereiten.

4. Juni: Hochzeit von Helene Voigt mit Eugen Diederichs.

13. Juni: H. H. schickt seinem Vater ein schwarzes Wachstuchheft mit Versen, Prosa und Tagebuchaufzeichnungen »Zum 14. 6. 1898«, dem Geburtstag von Johannes Hesse.

3. bis 10. Juli: H. H. in Calw; trifft dort baltische Verwandte (s. S. 269).

Nach dem 10. Juli: H. H. mit »ernstlichen Romantikerstudien« befaßt.

H. H. sucht einen Verleger für die »Romantischen Lieder«, lehnt aber ab, das Manuskript Eugen Diederichs zu schicken.

Um den 20. Juli: Marulla und Adele Hesse einige Tage zu Besuch in Tübingen. H. H. führt sie zusammen mit einigen Cénaclefreunden auf den Lichtenstein.

30. Juli: H. H. beendet die Lektüre des II. Bandes von J. P. Eckermann: »Gespräche mit Goethe«.

August: H. H. liest Th. Mundt: »Allgemeine Literaturgeschichte«, A. W. Schlegels Kritiken und Novalis' Hymnen.

24. August: H. H. »aus dem Basler Bürgerrecht entlassen« (s. S. 276 f.).

Ende August: H. H. nach Calw. Mit seinem Bruder Hans am Wartberg. Gibt Hans seine alte Geige und kauft sich eine neue.

September: H. H. liest Novalis; schreibt Seminar-Erinnerungen auf. Historische Details und »die Briefwechsel der Schlegel-Schleiermacher - Hardenberg - Tieck - Dorothea - Karoline« (s. S. 283) werden in die Romantik-Studien einbezogen. Auch Schelling und Fichte werden H. H. wichtig.

4. September: H. H. wieder in Tübingen.

11. September (Sonntag): H. Hesse zur Verlobung seines Halbbruders Karl mit Elisabeth Berg in Heilbronn; nachmittags bei Dr. Kapff, Bad Canstatt.

12. September: Familie Prof. Häring besucht Familie Hesse in Calw.

30. September: H. H. beendet seine Lehrzeit; wird Gehilfe und bezieht nun Gehalt, bleibt weiterhin bei Frau Dekan Leopold, Herrenbergstr. 28, in Kost und Logis.

Oktober: H. H. liest Schleiermachers Briefwechsel sowie die »Reden und Monologe«; er schreibt für seinen Vater eine Hunniusrezension.

1. Oktober: H. H. Sortimentsbuchhändler bei Heckenhauer in Tübingen.

3. Oktober: H. H. besucht seine Eltern in Freudenstadt.

15. Oktober: Ankunft von H. Hesses Zimmernachbar Keller, einem Musiker, bei Frau Leopold (s. S. 292).

20. Oktober: Johannes und Marie Hesse kommen nach 3 Wochen Kur in Freudenstadt wieder in Calw an.

November: Bei Pierson, Dresden, erscheinen die »Romantischen Lieder« (im Impressum die Jahreszahl 1899).

H. H. treibt - biographische - Novalis-Studien, liest C. F. Meyer »Gedichte« und Mühlbrecht: »Geschichte der Bücherliebhaberei«; schreibt der Mutter einen Brief über Novalis, liest J. P. Jacobsen »Frau Marie Grubbe«, beginnt »Eine Stunde hinter Mitternacht«.

2. November: cand. theol. Käferle beginnt als Gehilfe bei Johannes Hesse.

Dezember: H. H. hat oft Kopfschmerzen. In »schlaflosen Nächten« entstand im Winter 1898/1899 das im Juli 1899 bei Eugen Diederichs erschienene Buch »Eine Stunde hinter Mitternacht«.

10. Dezember: H. H. beendet die Lektüre von Diltheys Erstlingswerk über das Leben Schleiermachers und blättert in Wakkenroders »Phantasien«. »Aussetzen der eigentlichen Studien« (s. S. 321).

25. und 26. Dezember: »Zwei kurze schöne Tage [...] bei den Eltern in Calw«.

1899 Januar: Befinden »gering«. Pläne für einen »Wald- und Faulenz-Kur-Sommer« (S. 321) in Calw sowie für einen Stellenwechsel (s. S. 316). H. H. treibt – zur Erholung – »Geschichte, deutsche und französische, des Mittelalters« (S. 321).

1. Januar (Sonntag): »gut begonnen; Abend bei Tante E(lisabeth Gundert).«

22. Januar (Sonntag): »Mit Finckh Lichtenstein; sah K[auf]f-m[ann] Goltermann.«

23. Januar: „Müde. Kopfweh. Kämmels Geschichte begonnen. Mittags spazieren"

24. Januar: »Kopf leicht.« Traum vom Ährenfeld. Mittags spazieren. Treffe Heini Pfisterer.«

29. Januar (Sonntag): Mittags mit Vetter [Hermann Gundert] Gang im Schnee. Abends bei Tante [Elisabeth Gundert]

Februar: H. H. schickt das Manuskript »Eine Stunde hinter Mitternacht« über Helene Voigt-Diederichs an Eugen Diederichs. Er liest M. Maeterlinck und beginnt den Roman »Schweinigel«. (Manuskript bisher nicht aufgefunden.)

7. - 9. Februar: Besuch von H. Hs. Nichte Julie Gundert in Tübingen; daher H. H. während seiner ganzen Freizeit bei Tante Elisabeth Gundert.

13. Februar: H. H. sieht Basel als bevorzugtes Ziel für den Stellenwechsel.

19. Februar: H. H. hört Schapitz' Beethoven-Quartett.

26. Februar: H. H. in Calw.

5. März: H. H. trifft auf dem Weg nach München kurz seine Schwester Marulla in Stuttgart. Er besucht – wohl mit einigen Cénacle-Freunden – in München eine Ausstellung der Sezession und eine Aufführung der Meistersinger.

24. März: H. H. schreibt Daten aus seinem Leben in »Bagels Geschäftskalender« 1899 (s. S. 338 f.).

4. April: Eugen Diederichs nimmt »Eine Stunde hinter Mitternacht« zum Druck an. Der erste Korrekturbogen ist um den 20. April in Tübingen.

Gegen Ende April: H. H. liest Carl Müller-Rastatt: »In die Nacht! Ein Dichterleben« (zu Hölderlin).

Ende April (29. und/oder 30.): H. H. besucht seinen Halbbruder Theo in Aidlingen.

Juni: Ärztliches Lese- und Schreibverbot für H. H.; statt dessen Baden und regelmäßige Abendspaziergänge verordnet. Die Freunde C. Hammelehle und O. E. Faber begleiten H. H. – »Eine Stunde hinter Mitternacht« erscheint, Auflage 600 Exemplare.

H. H. kündigt zum 1. August 1899. – Entschluß H. Hs., sich im Juli zum Militärdienst zu melden (als Einjährig-Freiwilliger). Liest Wolfram von Eschenbach und Gottfried von Straßburg.

4. Juni: Ausflug H. Hs. auf den Teck (Berg der Schwäbischen Alb), wohl auch nach Kirchheim unter Teck.

13. Juni: Zum Geburtstag von Johannes Hesse am 14. Juni geht ein Vorausexemplar der »Stunde hinter Mitternacht« nach Calw.

15. Juni: Kritik von Marie Hesse »mit Prüderie und Moralpredigt« (H. H.) (Johannes Hesse ist krank.).

16. Juni: H. H. fordert das Buch zurück.

25. Juni: H. H. besucht mit seinem Onkel David Gundert und dessen Kindern Paul, Marie und Ruth die Burg Hohenzollern in Hechingen.

9. Juli (Sonntag): H. H. hört den Brahms-Chor »Vineta«, der ihn »aus allen Fugen« bringt.

15. Juli: Marie Hesse an H. H.: Marulla hat ihr Examen in Stuttgart mit »sehr gut« I b bestanden. – Die Buchhandlung Reich, Basel, bietet H. H. ab 1. Oktober eine Stelle an.

17. Juli: Nachricht von H. H. an die Eltern: H. H. nimmt die Stelle in Basel an und will sich 1900 zum Militärdienst stellen.

Ende Juli: Karl Isenberg wird einstimmig als Lehrer an die höhere Mädchenschule in Reutlingen gewählt.

31. Juli: Zeugnis der Buchhandlung Heckenhauer, Tübingen, für H. H.

»August bis Mitte September 99 Ferien in Calw, die mir sehr wohltun. Dazwischen ein Besuch in Kirchheim, auf 2 Tage berechnet, der sich bis zu 10 Tagen ausdehnt, Lulus wegen.« (H. H. am 20. 9. 99 in »Bagels Geschäftskalender« 1899.)

Um den 3. August: H. H. kommt nach Calw. Er genießt die Natur und lernt dabei »im Laufen und Liegen« Französisch. Lehrerin ist seine Schwester Adele. Er schwimmt regelmäßig vor Tisch in der Nagold.

Ca. 15 - 25. August: H. H. mit Ludwig Finckh in Kirchheim unter Teck. Wohnung in der »Krone«, wo er Julie Hellmann (»Lulu«) kennenlernte.

26. August: 1. Brief H. Hs. (aus Calw) an Julie Hellmann im »Fieberzustand [...] süße[r], peinigende[r] Liebe«, der ihn veranlaßt, »schon am 15. September nach Basel [zu] reisen« (H. H. am 20. 9. 99 in »Bagels Geschäftskalender« 1899). Weitere Briefe, Karten, Verse folgen aus Basel.

23. August bis 17. September: Einquartierung im Haus Hesse, Calw, anläßlich des Kaisermanövers.

1. September: Eugen Diederichs rät H. H. Antiquariatsbuchhändler zu werden.

10. September: Abreise H. Hs. aus Calw. Sein Bruder Hans begleitet ihn auf einer kleinen Schweizerreise. Stationen: Basel, Luzern, Flüelen, Basel.

15. September: H. H. beginnt seine Arbeit in der Reich'schen Buchhandlung. Er wohnt in der Pension von Frau Bäschlin und lernt abends Französisch. Auch bei Tisch wird die Unterhaltung meistens auf Französisch geführt.

17. September: H. H. besucht den Gottesdienst in der französischen Kirche; mittags mit Hans bei Dr. Huber, einem Bekannten der Hesses, zu Tisch.

20. September: Weitere Tagebucheintragungen in »Bagels Geschäftskalender« 1899, für die Zeit vom Frühjahr 1898 bis zum 15. September 1899.

22. September: Hans abgereist. H. H. »wieder bei Hubers zu Tisch«.

24. September: H. H. hört die Predigt in der französischen Kirche, macht dann seinen ersten Besuch bei Dr. Rudolf Wackernagel im Brunngäßlein und – noch vor Tisch – seinen ersten (von vielen) Museumsbesuchen, besonders des Böcklinsaales.

Am oder kurz nach dem 24. September schreibt H. H. seinem Halbbruder Karl einen Brief auf Französisch.

1. Oktober: H. H. hört in der französischen Kirche die Predigt seines »Haus- und Tischgenossen« Pfarrer Barth; er würdigt die »künstlerische Kanzelrhetorik« der drei französischen Pfarrer, die er an seinen drei ersten Basler Sonntagen hörte. Nach der Kirche (...) eine Seite Französisch und [das] Museum. [...] lange bei Böcklin«. Stadtspaziergang. Abends bei Dr. Wackernagel.

14.-16. Oktober: H. H. zieht in die Holbeinstraße 21, wo er mit den Architekten Jennen und Drach zusammenwohnt.

22. Oktober: Museumsbesuch. Besuch bei Missionsdirektor Oehler. Mittags bei v. Huenes. Abends bei Dr. Wackernagel.

November: H. H. schreibt (für E. Diederichs) einige »Gedanken über ›Neuromantik‹« (s. S. 400 ff.), setzt seine Französischstudien fort, liest wenig, etwa »Gottfried Keller oder was Kunstgeschichtliches«; »gesundet und erneuert [sich] im Baselland oder in den Basler Kirchen und Sammlungen« (S. 399).

6. November: Ausflug nach St. Crischona, bei Riehen.

11. November: H. H. zum erstenmal im Künstlerverein.

12. November (Sonntag): Ludwig Finckh besucht H. H. in Basel. Museumsbesuch, Ausstellungsbesuch, Stadterkundungen. H. H. abends als einziger geladener Gast im Familienkreis von Prof. Wackernagel (erste Einladung zu ihm).

22. November: Silberhochzeit der Eltern. H. H. kann nicht nach Calw reisen.

26. November: Wieder im Museum; vor Tisch Besuch bei Dr. Burckhardt-Werthemann, dem Konservator der Gemäldesammlung. Kunst- und Naturerfahrungen als selbstverordnete ›Therapie‹ H. Hs. stark im Vordergrund. Besuche bei Dr. Wackernagel und bei Prof. Wackernagel (zum Tee) und kleiner Abendgesellschaft.

27. November: H. H. in großer Herren- und Damengesellschaft bei Prof. Wackernagel.

28. November: ›Brief-Märchen‹ an Julie Hellmann.

29. November: H. H. zur Abendgesellschaft bei Wackernagel-Merian, dem »steinreichen Bruder der andern«.

Dezember: H. H. arbeitet jeden Abend bis 11 oder 12 Uhr in der Buchhandlung. Schreibt auch am »Hermann Lauscher« weiter. »Kleine Freuden«, H. Hs. erster Zeitungsbeitrag, eine »Weihnachtsplauderei« erscheint in der »Schweizer Allgemeinen Zeitung«. Lektüre Nietzsches.

4. Dezember: Zweites ›Brief-Märchen‹ H. Hs. an Julie Hellmann.

24. Dezember: Christabend in der Familie Dr. R. Wackernagel.

1900 »Der Dichter« (unveröffentlichtes Manuskript), Ein Buch der Sehnsucht, ca. 120 Seiten. Rezensionen in der »Allgemeinen Schweizer Zeitung«, u. a. zu Ricarda und zu Rudolf Huch, zu J. P. Jacobsen und Novalis ...

H. H. beschäftigt sich mehrere Monate mit Franz von Assisi, Leonardo da Vinci und mit den Märchen Tiecks.

Januar: Besuche bei Wackernagels (fast alle Sonntag-Abende), La Roches, Bauders. Häufige Besuche der Kunsthalle.

1. Januar: H. H. beginnt das »Tagebuch 1900«.
8. Januar: Erster Theaterbesuch in Basel: Calderon »Das Leben ein Traum«.
Zwischen 9. und 15. Januar: 2. Theaterbesuch: »Tannhäuser« mit Anthes.
Mitte Januar: H. H. bemüht sich durch Briefe und Vermittlung von Besuchern (C. Hammelehle, Prof. Häring) sehr um seinen Halbbruder Karl, der krank in der Universitätsklinik von Tübingen liegt.
16. Januar: 3. Theaterbesuch; sieht Kainz als Hamlet.
21. Januar: Artikel über Novalis in der Sonntagsbeilage in der »Allgemeinen Schweizer Zeitung«.
Januar/Februar: H. H. übersetzt Caesarius von Heisterbach, »Dialogus miraculorum«.
Februar: H. H. kommt oft mit Dr. Hans Trog, dem Redakteur der »Allgemeinen Schweizer Zeitung«, zusammen. Er treibt fast ausschließlich kunstgeschichtliche Privatstudien.
11. Februar: H. H. trifft anläßlich einer Hausmusik bei Dr. Wackernagels Elisabeth La Roche, die mit Dr. Bernoulli, dem damals besten Basler Geiger, die Kreutzersonate spielt.
12. Februar: Mit Ludwig Finckh, der H. H. in Basel besucht, nachmittags bei Archivar Wackernagels. Abends erster Konzertbesuch in Basel; Solist Joseph Joachim, Geige.
18. Februar: Antrittsbesuch bei Prof. Metzger.
25. [26. Februar, Sonntag]: Wanderung mit Martin Wackernagel nach Mönchenstein.
27. Februar: Rezension zur Anthologie »Die blaue Blume«.
März: H. H. sucht oft die Stätten seiner Kinderzeit in Basel auf, besonders die Schützenmatte. (s. S. 457 f.). Weniger Besuche als bisher, doch »fast regelmäßig ein- bis zweimal wöchentlich [...] bei den Wackernägeln«.
9. und 10. März: Auseinandersetzung zwischen Marie Hesse und H. H. (s. S. 453 ff.).
31. März: Umzug in die Mostackerstr. 10, zur Mutter von Frau Bäschlin.
April: Rezension über Maeterlinck (Allgemeine Schweizer Zeitung); vgl. WA, XII, S. 391 ff.) und zu Rudolf Kassner (Allgemeine Schweizer Zeitung). S. auch »Tagebuch 1900« in »Hermann Lauscher«, Insel Taschenbuch 206, S. 121-144; WA, I. S. 316-339.

13. April: O. E. Faber teilt H. H. die ›prosaische Lulugeschichte‹ mit (S. 459 ff.).
15. und 16. April: mit Ludwig Finckh am Vierwaldstätter See.
19. April: H. H. bei der Hochzeit seines Halbbruders Karl mit Elisabeth Berg in Heilbronn.
20. April: Besuch bei Ludwig Finckh in Freiburg im Breisgau.
Mai: »Sonntags immer auswärts, gewöhnlich im Wenkenhof bei Riehen« (Landsitz von Dr. R. Wackernagel). Er schreibt – wahrscheinlich im Mai – einen Briefzyklus an Elisabeth La Roche, schickt ihn jedoch nicht ab. (s. S. 468).
8. Mai: Mit Familie Reich und den Kollegen der Reich'schen Buchhandlung in Bürgeln am Blauen, Schwarzwald.
19. Mai: H. H. trifft Elisabeth La Roche im Haus von Dr. R. Wackernagel, der er schon als 6-jähriger einmal begegnet ist.
30. Mai: Klavierkonzert des Pianisten Otto Hegner (Haydn, Hans Huber, Basel).
Juni: H. H. lebt – wegen sehr harter Zeit im Geschäft – »wie an Weihnachten, sehr programmäßig rationell«, nimmt außerdem »jeden Morgen um 3/4 6 [...] ein kurzes kaltes Schwimmbad im Rhein«. (s. S. 471) Er schreibt die »Kirchheimer Novelle »Prinzessin Lilia‹«, (1908 als Lulu-Kapitel in Hermann Lauscher aufgenommen) und beendet die Übersetzung des »Dialogus miraculorum« von Caesarius von Heisterbach. Er vervollständigt seine »Sammlung Romantica« (s. Lauscher, Tagebuch 1900, 6. Juni), liest E. T. A. Hoffmann.
4. Juni: Zu Ludwig Finckh nach Freiburg im Breisgau.
4.-6. Juni (Pfingsten): Mit Finckh in den Schwarzwalddörfern St. Ulrich bei Freiburg und Ehrenstetten.
10. Juni: H. H. hört im Basler Münster die Aufführung der h-Moll-Messe.
17. Juni: »Romantisch«, von H. H. erscheint in der Sonntagsbeilage der »Allgemeinen Schweizer Zeitung«, Basel, Nr. 24/1900. (s. S. 472, Fußn. 1).
8. Juli: H. H. wird bei der Untersuchung in Lörrach wegen hochgradiger Kurzsichtigkeit für wehrdienstuntauglich erklärt.
15. Juli: H. H. auf dem Rigi; nachmittags Seebad in Vitznau.
23. Juli: H. H. mit dem Schul- und Jugendfreund Otto Mörike beim Seenachtsfest in Luzern.
24. Juli: Im Boot ans Ostufer des Vierwaldstätter Sees, zur Tells-

kapelle, zu Fuß über Flüelen nach Altdorf (Klosterbesuch). Zu Schiff nach Luzern, per Bahn nach Basel.

26. Juli: H. H. wird vom Bezirksamt Lörrach dem Landsturm zugeteilt.

6. August: H. H. auf dem Rechtenberg bei Basel. Trifft den Pächter Hartmann wieder, der sich noch an den 6-jährigen Hermann Hesse erinnert.

16. August: Hesse schickt Eugen Diederichs »Prinzessin Lilia« und teilt ihm seinen Entschluß mit, nächstes Jahr ins Antiquariat überzuwechseln.

17. - 27. August: In Calw.

27. August: Besuch der Galerie in Karlsruhe, Rückkehr nach Basel. Findet Hebbel »zu herb«.

28. August: Nach Luzern.

29. August bis ca. Mitte September: In Vitznau: wandert, rudert, schwimmt, angelt, lernt den Aargauer Dialekt, liest ein wenig Plato (Gorgias, Phaidon, Gastmahl). Erlebt eine stürmische Bootsfahrt.

September: H. H. kündigt als Sortimentsbuchhändler für Ende 1900 oder Anfang 1901. Er liest in der 2. Septemberhälfte alle Abende den »Godwi«, nimmt überhaupt die Romantikstudien wieder auf und beginnt auch wieder zu schreiben, vor allem die »Schwäbischen Erzählungen« (»Hermann Lauscher«) zu vervollständigen und zusammenzustellen, die mit der Jahresangabe 1901 noch Ende 1900 bei Reich in Basel erscheinen. Verzichtet im Winter 1900/1901 auf das Rezensieren.

11. September: H. H. kehrte wahrscheinlich an diesem Tag nach Basel zurück (vgl. H. L. S. 139 (it. 206) oder WA, I, S. 334).

Oktober: H. H. schreibt 25 Exemplare »Notturni« ab, für subskribierende Freunde (Preise ca. 10-20 Franken).

7. (oder 10. Oktober?): Bei Prof. Wackernagels und Frau Stehlin in Schöntal.

Ende Oktober/Anfang November: Wiederbeginn der Musikabende bei Dr. Wackernagel (jeden zweiten Freitag).

14. November: H. H. besucht mit seinem Kollegen Schehelig Herrn Heß in Bern.

Dezember: Bereits Ende 1900, nicht 1901, wie das Impressum sagt, erscheint »Hinterlassene Schriften und Gedichte des Hermann Lauscher. Herausgegeben von H. Hesse. Basel: R. Reich'sche Buchhandlung, vormals C. Detleff. 1901.«

19. Dezember: Hans Hesse kommt nach Basel, um in der Buchhandlung des Missionshauses zu arbeiten.
H. H. schreibt seinen Freunden »zur Weihnacht 1900« ein Gedicht (s. S. 514 ff.).
24. Dezember: Besuch bei Dr. R. Wackernagels.
Um Weihnachten: H. H. besucht »fast täglich eine Viertelstunde« die Ausstellung der Münchner Sezession in Basel.

Personen- und Sachregister[1]

1 Das Register versucht festzuhalten, womit sich Hermann Hesse während seiner Werdejahre als Schriftsteller auseinandersetzte. Darum verzeichnet es neben Personen auch grundsätzlichere Themen, z. B. »Ästhetik« wie »Auswandern«, »Berufsarbeit« wie »Denken« usf. Buch- oder Zeitschriftentitel erscheinen kursiv gedruckt. Zahlen in ( ) verweisen auf Fußnoten der angegebenen Seiten.

Inhalt